Klassen. Gefühle. Erzählen

Gegenwartsliteratur –
Autoren und Debatten

Klassen Gefühle Erzählen

Affektordnungen des Sozialen
in der Gegenwartsliteratur

Herausgegeben von
Sophie König, Lara Tarbuk, Robert Walter-Jochum
und Jana Maria Weiß

DE GRUYTER

Die Publikation dieses Bandes wurde gefördert durch Zuschüsse aus der leistungsbezogenen Mittelvergabe des Fachbereichs Philosophie und Geisteswissenschaften sowie aus dem Open-Access-Publikationsfonds der Freien Universität Berlin.

ISBN 978-3-11-162514-0
e-ISBN (PDF) 978-3-11-162518-8
e-ISBN (EPUB) 978-3-11-162521-8
ISSN 2567-1219
DOI https://doi.org/10.1515/9783111625188

Dieses Werk ist lizenziert unter einer Creative Commons Namensnennung 4.0 International Lizenz. Weitere Informationen finden Sie unter https://creativecommons.org/licenses/by/4.0.

Die Creative Commons-Lizenzbedingungen für die Weiterverwendung gelten nicht für Inhalte (wie Grafiken, Abbildungen, Fotos, Auszüge usw.), die nicht im Original der Open-Access-Publikation enthalten sind. Es kann eine weitere Genehmigung des Rechteinhabers erforderlich sein. Die Verpflichtung zur Recherche und Genehmigung liegt allein bei der Partei, die das Material weiterverwendet.

Library of Congress Cataloging-in-Publication Data
A CIP catalog record for this book has been applied for at the Library of Congress.

Bibliografische Information der Deutschen Nationalbibliothek
Die Deutsche Nationalbibliothek verzeichnet diese Publikation in der Deutschen Nationalbibliografie; detaillierte bibliografische Daten sind im Internet über http://dnb.dnb.de abrufbar.

© 2026 bei den Autorinnen und Autoren, Zusammenstellung © 2026 Sophie König, Lara Tarbuk, Robert Walter-Jochum und Jana Maria Weiß, publiziert von Walter de Gruyter GmbH, Berlin/Boston, Genthiner Str. 13, 10785 Berlin. Dieses Buch ist als Open-Access-Publikation verfügbar über www.degruyterbrill.com.

Einbandabbildung: mooltfilm / iStock / Getty Images Plus

www.degruyterbrill.com
Fragen zur allgemeinen Produktsicherheit:
productsafety@degruyterbrill.com

Inhalt

Sophie König, Lara Tarbuk, Robert Walter-Jochum und Jana Maria Weiß
Klassen. Gefühle. Erzählen
Einführung in ein Spannungsfeld der Gegenwartsliteratur —— 1

Erzählweisen und Poetiken

Enno Stahl im Gespräch mit Robert Walter-Jochum
Klasse, Gefühl und Form im „Analytischen Realismus" —— 23

Eva Blome
Klassismus statt Klassenkampf?
Über literarische und soziologische Konjunkturen —— 41

Friederike Schruhl-Hildebrand
Zur Faktizität von ‚Klasse' in der Gegenwartsliteratur —— 61

Kevin Drews
Arbeit, Klasse, Migration
Kritische Erinnerungsarbeit in der postmigrantischen Gegenwartsliteratur —— 81

Sophie König
**„wohin jetzt mit mir", „wohin mit dieser Geschichte" –
Standortsuche und Selbstverortung in Dinçer Güçyeters**
Unser Deutschlandmärchen —— 105

Franziska Wilke
Poetik des Konkreten
Ästhetische und inhaltliche Vermittlung von Klassengefühlen
bei Lukas Rietzschel und Manja Präkels —— 131

Carolin Führer
Schreibweisen des Prekären im Werk von Heinz Strunk —— 153

Bastian Schlüter
Zwischen Scham und Hygge-Glück
Klasse und Gefühl in jüngeren Kinderromanen —— 171

Gefühlswelten in Bewegung

Barbara Juch im Gespräch mit Lea Schneider
Class Confusion
Zwischen Verortung und Verrat —— 197

Julia Bodenburg
Liebevolles Erzählen
Zur Affektpoetik von *transclasse*-Figuren und ihrer ‚Mutter-Sprache'
in Romanen von Daniela Dröscher, Josefine Soppa und Ocean Vuong —— 215

Sarah Carlotta Hechler
Eine distanzierte Vermittlung der Scham?
Affektrekonstitution und -verweigerung in Annie Ernaux'
autosoziobiografischem Schreiben —— 239

Jana Maria Weiß
Class Listening mit Deniz Ohde
Über Sound, Klasse und Affekt in der Gegenwartsliteratur —— 261

Gesa Jessen
Ertappt in der Creative Class
Gefühlswelten von Kunstschaffenden und Kreativen
in der Gegenwartsliteratur —— 285

Tanja Prokić
Kurzer Aufsatz über Tobias
Zu Hyperindividualisierung und *digital class* bei Jakob Nolte —— 299

Lisa Wille
**Brüchige Aufstiegsversprechen und soziale Exklusionsangst in
Kristine Bilkaus *Die Glücklichen* und Deniz Ohdes *Streulicht*** —— 317

Klassen, Räume, Unordnungen

Ilija Matusko im Gespräch mit Arnold Maxwill
Zwischen den Klassen
Sich stets dahin schreiben müssen, wo andere längst sind —— 339

Lara Tarbuk
Postmigrantische Perspektivierungen sozialer Aufstiegsnarrative
Saša Stanišićs *Herkunft* und *Ein schönes Ausländerkind*
von Toxische Pommes —— **365**

Katja Holweck
Aufwachsen in „blühenden Landschaften"
Zur Verhandlung von soziogeografischer Herkunftsscham in
Hendrik Bolz' *Nullerjahre* (2022) —— **385**

Sarah Mahlberg
Endstation Vorstadt
Intersektionalität im suburbanen Raum in Deniz Ohdes *Streulicht*,
Shida Bazyars *Drei Kameradinnen* sowie Leif Randts *Allegro Pastell* —— **407**

Robert Walter-Jochum
„Apropos Waffen." – Gentrifizierung und Verdrängung bei
Anke Stelling, Enno Stahl und Torsten Schulz —— **427**

Simon Zeisberg
„Ich meine, ich kenne das, was unter der Insel liegt oder dahinter" –
Sylt und Klasse als Thema der Popliteratur vor, in
und nach Christian Krachts *Faserland* —— **445**

Autor:innenverzeichnis —— **479**

Sophie König, Lara Tarbuk, Robert Walter-Jochum und Jana Maria Weiß

Klassen. Gefühle. Erzählen

Einführung in ein Spannungsfeld der Gegenwartsliteratur

Schon ein lediglich schweifender Blick auf die Gegenwartsliteratur und ihre Erforschung zeigt: Das Sprechen über Klasse – als gelebte Erfahrung, aber auch als erzählte und zu erzählende Kategorie – hat Konjunktur. Während noch im Jahr der Jahrtausendwende die US-amerikanische Literatur- und Kulturwissenschaftlerin bell hooks konstatierte, über Klasse zu sprechen sei – im Gegensatz zu *race* oder *gender* – uncool, scheint diese Beobachtung spätestens seit der Nobelpreisverleihung an Annie Ernaux 2022 nicht mehr aktuell zu sein.[1] So lässt sich, ausgehend von Frankreich, gerade in der erzählenden Literatur der letzten Jahre eine zunehmende Auseinandersetzung mit sozialer Herkunft, Klasse und Klassismus beobachten: „Die Klassenfrage ist zurück in der Literatur"[2] titelte etwa 2020 die Schweizer Zeitschrift *Republik*. Auch seitens der Literaturwissenschaft ist diese Entwicklung als „Rückkehr zur Klasse"[3] oder „Rückkehr zur Herkunft"[4] beschrieben worden – Formulierungen, die auch den vergangenen Konjunkturen der Klasse Rechnung tragen.

Auffällig ist nun aber, dass schon hooks – deren Feststellung mittlerweile gleich mehrere Veröffentlichungen zum Konnex von Klasse und Literatur eröffnet[5] – von der oft zitierten *uncoolness* direkt zu einer Beschreibung der mit dem

---

1 bell hooks, Class Matters. Where we stand, New York 2000, vii.
2 Daniel Graf, Die Klassenfrage ist zurück in der Literatur, in: Republik, 14.10.2020, https://www.republik.ch/2020/10/14/die-soziale-frage-ist-zurueck-in-der-literatur (09.06.2025).
3 Heribert Tommek, Rückkehr zur Klasse. Soziologisierte Gegenwartsliteratur in Frankreich und Deutschland (Eribon, Ernaux, Ohde, Baron), in: „Die drei Kulturen" reloaded. Neue Perspektiven auf einen Klassiker der Literatursoziologie, hg. von Christine Magerski und Christian Steuerwald, Wiesbaden 2024, 105–122, hier: 105.
4 Eva Blome, Rückkehr zur Herkunft. Autosoziobiografien erzählen von der Klassengesellschaft, in: Deutsche Vierteljahrsschrift für Literaturwissenschaft und Geistesgeschichte 94 (2020), H. 3, 541–571, hier: 541.
5 Michiel Rys und Liesbeth François, Re-Imagining Class. Intersectional Perspectives on Class Identity and Precarity in Contemporary Culture, in: Re-Imagining Class. Intersectional Perspectives on Class Identity and Precarity in Contemporary Culture, hg. von dens., Leuven 2024, 11–40, hier: 11. Maria Barankow und Christian Baron, Vorwort, in: Klasse und Kampf, hg. von dens., Berlin 2021, 7–12, hier: 7.

Open Access. © 2025 bei den Autorinnen und Autoren, publiziert von De Gruyter. Dieses Werk ist lizensiert unter einer Creative Commons Namensnennung 4.0 International Lizenz.
https://doi.org/10.1515/9783111625188-001

Begriff auftretenden Gefühle wechselt: Sie schreibt von einer kollektiven Angespanntheit und Nervosität im Umgang mit Klassenfragen und koppelt diese an die Prekarität der erzwungenen Suche nach oder gar Formulierung von einem eigenen Standpunkt zum Thema Klasse und innerhalb eines Klassensystems. Das Sprechen, aber auch das Erzählen von Klasse und Klassenzugehörigkeiten – so die Leitthese des vorliegenden Bandes – scheint in einem spezifischen, einem privilegierten, in Teilen gar symbiotischen Verhältnis zu mit ihr aufkommenden oder in sie eingeschriebenen Gefühlen zu stehen. Wer nach Klassensystemen fragt, muss, wie sich zeigt, auch nach deren Affektordnungen fragen. Das zeigt sich bereits auf Ebene des Alltagserzählens über soziale Herkunft, das häufig mit negativen Affekten wie Scham und Schuld verbunden ist.

Wenngleich die literarische Bearbeitung von Klassenfragen literarhistorisch gesehen kein Novum ist, wie die Rede von der ‚Rückkehr' hervorhebt, scheint es für Gegenwartsautor:innen dennoch alles andere als selbstverständlich zu sein, Klasse, insbesondere die eigene, zum Thema ihrer Texte zu machen. Titel wie Daniela Dröschers *Zeige deine Klasse!* (2018) perspektivieren das öffentliche Sprechen über soziale Herkunft stattdessen als riskanten Enthüllungsakt – ein Wagnis, das Überwindung kostet. Schon die Entscheidung, von Klasse zu erzählen, ist also in komplexe affektive Dynamiken verstrickt, die es mit dem vorliegenden Band ebenso zu erforschen gilt wie die konkreten Strategien, mit denen Schreibende ihnen begegnen. An Klasse gebundene Gefühle und Affekte, die dem Erzählen zunächst im Weg stehen, werden von Autor:innen beispielsweise oft selbst zum Erzählanlass gemacht – man denke etwa an Ernaux' *Die Scham* (2000, im franz. Original 1997). Für den Erzählakt fungieren sie so gewissermaßen als Bremse und Motor zugleich und bringen, in dieser Zwiespältigkeit, auch ambivalente Erzählungen hervor.

Neben der Scham lässt der Begriff der Klasse zunächst die Ergänzung durch den ‚Kampf' erwarten, wie in der 2021 erschienenen Anthologie *Klasse und Kampf*, herausgegeben von Maria Barankow und Christian Baron. Sie versammelt Texte, die mit dem Begriffspaar verbundene affektive Modi der Wut und des Hasses ausformulieren, ebenso wie solche der Selbstfindung in einem übergreifenden Klassenbewusstsein, darauf gerichtet, die Verhältnisse zu verändern, womöglich mit revolutionärem Eifer. Texte, die einen Bezug zu Klassenkämpfen aufweisen und sie in eine spezifische Ästhetik einbinden, gibt es wie selbstverständlich auch in der Gegenwartsliteratur: Die ‚Kanakster' aus Feridun Zaimoglus *Kanak Sprak* und *Koppstoff* (1995/1998) gehen ihnen voran, und in anderer Weise wird Wut als Movens in Kontexten eingesetzt, die etwa eine Befreiung vom Patriarchat zum Ziel haben (Mareike Fallwickl, *Die Wut, die bleibt*, 2022) oder von den Belastungen erzählen, die der fossile Kapitalismus der Erde aufbürdet (Raphael Thelen, *Wut,*

2023). Wie sich in diesen Texten andeutet, überschneiden sich in den affektiven Weltzugängen von Protagonist:innen und Erzählinstanzen unterschiedliche Bereiche – *race* und *gender* erweisen sich nicht, wie man angesichts der eingangs angesprochenen Gegenüberstellung bei bell hooks denken könnte, als Gegenpole zu Klasse, sondern sind eng mit ihr verbunden. Es entstehen damit Texte, die Klasse und Klassengefühle immer auch in ihren intersektionalen Dimensionen erzählen.[6] Wenn Şeyda Kurt in ihrem gleichnamigen Essay den *Hass* (2023) „als Kategorie der Ermächtigung, als widerständiges Handwerk" verhandelt, kommen die genannten Bereiche, in denen es zu affektiven Auseinandersetzungen kommt, erkennbar zusammen.[7] Texte, die einen Bezug zu Klassenkämpfen haben und sie in einer spezifischen Ästhetik präsentieren, grenzen folglich nicht zufällig an zentrale Fragestellungen unserer Zeit, verhandeln alternative Ordnungen zum Patriarchat, die klassenspezifischen Auswirkungen des Klimawandels oder gesellschaftlich-politische Teilhabeprozesse in einer postmigrantischen Gesellschaft.

Klassengefühle sind jedoch bei Weitem nicht nur diejenigen eines nach außen, auf verändernde Aktivität gerichteten Registers. Klasse verspricht affektive Gemeinschaftsbildung mit denjenigen, die dieselbe Klasse teilen – sie kann aber auch bedeuten, sich ausgeschlossen zu fühlen, insbesondere, wenn man sich in Konfrontation mit einer hegemonialen Klasse und den von ihr kontrollierten Ausschlussmechanismen erleben muss. Gegenseite des emanzipatorischen Klassenbewusstseins können Diskriminierungsformen des Klassismus sein, die zu gesellschaftlicher Ausgrenzung und zur Abwertung von anderen führen. In zahlreichen literarischen Texten der Gegenwart zeigt sich dies zum Beispiel in der Schilderung von Phänomenen der individuellen Verunsicherung beim Wechsel der Klasse, auch in Situationen der Scham, die das Verstecken der eigenen Klassenherkunft zum Gebot macht. So zum Beispiel, wenn in Fatma Aydemirs *Dschinns* (2022) vom Unwohlsein des 15-jährigen Ümit erzählt wird, dessen Vater mit Aldi-Tüte zu seinem Fußballspiel kommt, und damit auf symbolische Materialisierungen seiner Klassenzugehörigkeit verwiesen ist. Oder wenn die Scham als Unbehaustsein in einer von anderen Klassenbedingungen geprägten Umgebung auftritt, als Gefühl, unsichtbar sein zu wollen. Die Erzählerin in Deniz Ohdes *Streulicht* (2020) beschreibt es als „[e]ine ängstliche Teilnahmslosigkeit, die bewirken soll, dass man mich übersieht".[8]

---

6 Zu intersektionalen Herkunftserzählungen vgl. auch die Beiträge und einleitenden Ausführungen in Reto Rössler und Dominik Zink (Hg.), Herkünfte erzählen. Verflechtungsästhetiken von Interkulturalität und Intersektionalität in deutschsprachiger Gegenwartsliteratur, Berlin und Boston 2025.
7 Şeyda Kurt, Hass: Von der Macht eines widerständigen Gefühls, Hamburg 2023, 15.
8 Deniz Ohde, Streulicht, Berlin 2020, 7.

Literarische Klassenerzählungen differenzieren und erweitern den skizzierten Gefühlshaushalt der sozialen Verortung maßgeblich, stellen dabei aber auch infrage, aus welcher Perspektive diese affektiven Verankerungen eigentlich (vor-)geschrieben werden und welche Gegenentwürfe zu ihnen denk- und schreibbar sind – sie stellen mithin die Frage nach den sozialen (Macht-)Strukturen und Prozessen, die klassenbezogenen Affektordnungen zugrunde liegen. So zum Beispiel in Kim de L'Horizons *Blutbuch* (2022), in dem (sich) das prekäre erzählende Ich explizit fragt:

> Bin ich dieses Stadtstudentchen, das über die Bauern in den Bergen so pseudokluge Sachen sagt und in einer anderen Sphäre lebt? Ich schäme mich, und gleichzeitig bin ich wütend auf die Scham, die ja nie etwas Persönliches ist, die mensch in uns installiert hat, um die Bergbauern* bei den Bergbauern* und die Stadtstudentchen bei den Stadtstudentchen […] zu halten.[9]

Das Gefühl der Wut legt hier die kollektive, oder genauer: systemische Dimension der Scham frei und eröffnet damit den Raum für ihre Hinterfragung – eine Hinterfragung, an der viele der hier besprochenen literarischen Texte ebenso teilhaben. Aus ganz anderer Perspektive erzählen wiederum Protagonist:innen oder Erzählinstanzen, die selbstbewusst aus einem hegemonialen Habitus heraus agieren, also gewissermaßen ein ‚Klassenbewusstsein von oben' ausleben, das einerseits mit Abwertung anderer, andererseits aber auch mit der Entspanntheit und Nonchalance der Arrivierten einhergehen kann. So kann man das beispielsweise in Leif Randts *Allegro Pastell* (2020) im Hinblick auf eine neue ‚kreative Klasse' wahrnehmen, die auf den ersten Blick jenseits tradierter Klassenverortungen zu Hause zu sein scheint. Dass hier Figuren entwickelt werden, die sich in ihrer Schablonenhaftigkeit und Glätte jeglicher Einfühlung oder Empathie verweigern, ist auch hinsichtlich der Frage der Klasse ein wichtiges Phänomen: Was zeigt sich, wenn die Figuren etwa bei Randt, aber beispielsweise auch in Teresa Präauers *Kochen im falschen Jahrhundert* (2023) in ihrer *coolness* und Distanziertheit gegenüber den sozialen Bedingungen ihrer Existenz vorgestellt werden? Wie lässt sich das im Hinblick auf die Diagnose einer „Bürgerliche[n] Kälte" lesen, die ganz offenbar im Kontrast steht zu den Wut- und Hass-Narrationen der oben genannten Texte?[10] Wichtig scheint dabei die Erkenntnis, dass auch diese kühlen, abgeklärten Erzähl-

---

[9] Kim de L'Horizon, Blutbuch, Köln 2023, 60.

[10] Den Begriff prägt Henrike Kohpeiß in Bezug auf eine wesentliche Dimension europäischer Affektivität, die die eigene emotionale Sicherheit nur um den Preis eines Ignorierens des Leids anderer erhalten kann. Kohpeiß macht diese Disposition eingangs ihres Buches eindrücklich anhand der medialen Verhandlungen über das massenhafte Sterben auf den Routen Flüchtender über das Mittelmeer deutlich. Vgl. Henrike Kohpeiß, Bürgerliche Kälte. Affekt und koloniale Subjektivität, Frankfurt a. M. und New York 2023.

weisen von einer spezifischen affektiven Ökonomie[11] zeugen und alles andere als ‚emotionsfrei' sind. In einem offenen Verständnis des Begriffs ‚Klasse' reflektiert erzählende Literatur die Rolle der Klassenzugehörigkeiten für die soziale Verortung Einzelner in ihrem Umfeld und damit auch für die affektive Verankerung in der gesellschaftlichen Realität. Aber auch das individuelle Fühlen und das Erleben des Selbst sind an Klassenverhältnisse gebunden. Der Zusammenhang zwischen Klasse, Gefühl und Affekt ist jener neuralgische Punkt, an dem dieser Sammelband mit Blick auf erzählende Gegenwartsliteratur ansetzt.

Dass es gerade das Erzählen ist, das hier eine zentrale Rolle spielt, ist vor diesem Hintergrund erläuterungsbedürftig. Denn das Verhältnis gegenwärtiger Klassenerzählungen zum *literarischen* Erzählen gestaltet sich ambivalent. Zum einen, weil literaturwissenschaftlich eingeübte Unterscheidungen zwischen ‚fiktionalen' und ‚nicht-fiktionalen' Texten einen Ausschluss von Herkunftserzählungen aus dem literarischen Feld begünstigt oder zumindest die Wahrnehmung und Anerkennung solcher Texte als ‚Literatur' behindert haben. Zum anderen, weil aus aktivistischer Perspektive die politische Wirksamkeit literarischer Klassenerzählungen immer wieder in Zweifel gezogen worden ist: Werden Klassendarstellungen im Zuge ihrer Literarisierung nicht zwangsläufig der gesellschaftlichen Realität enthoben, von der sie zeugen wollen? Grenzt gar die Wahl des literarischen Genres die Adressat:innengruppe nicht auf bürgerlich-akademische Öffentlichkeiten und deren spezifische affektive Repertoires ein? In ihrer Rezension von Barankows und Barons Anthologie *Klasse und Kampf* warnte die Autorin Marlen Hobrack in der *taz* etwa vor einer politischen Entschärfung von Klassenreflexionen durch ihre Literarisierung: Eine ästhetische „[Ü]berform[ung]" von Gesellschaftsanalysen, so Hobrack, berge die „Gefahr", das klassenkämpferische Potenzial von Klassendarstellungen „literarisch einzuhegen".[12] Während solch eine binäre Gegenüberstellung von Ästhetik und Politik durchaus problematisch erscheint, zeugt sie doch davon, wie eng literarische Klassenerzählungen mit Debat-

---

11 Den Begriff der *affective economies* nutzt die Theoretikerin Sara Ahmed, um die Zirkulationslogiken von Affektivität, die sie als sowohl für Gemeinschaftsbildung als auch Subjektivierung grundlegendes Geschehen versteht, zu beschreiben, womit sie die These verbindet, dass ein Kollektivphänomen wie Klasse immer schon grundlegend von ‚Gefühlen' bzw. Affekt und Emotion bestimmt ist. Vgl. Sara Ahmed, Affective Economies, in: Social Text 22 (2004), H. 2, 117–139. Zu einer weiter gehenden Reflexion dieses Konzepts und seiner Implikationen vgl. Hauke Lehmann, Hans Roth und Kerstin Schankweiler, Affective economy, in: Affective Societies: Key Concepts, hg. von Jan Slaby und Christian von Scheve, London und New York 2019, 140–151.
12 Marlen Hobrack, Raus aus der Fischfabrik. Welche Geschichten werden vom „Rand" der Gesellschaft erzählt?, in: taz, 18.04.2021, https://taz.de/Sammelband-Klasse-und-Kampf/!5763204/ (13.06.2025).

ten um Literarizität verknüpft sind – allein deshalb, weil ihr Sujet und politischer Wirksamkeitsanspruch für viele quer zum bürgerlich geprägten Feld der Literatur und ihrer fiktionalisierenden Erzählverfahren stehen.

Wie die Forschung der letzten Jahre gezeigt hat, treibt diese Problematik auch viele Gegenwartsautor:innen um, formt ihre Schreibweisen und im Falle der Autosoziobiografie gar die Konturen eines ganzen Genres.[13] Dass neben den mit dem Nobelpreis geehrten Texten von Annie Ernaux auch im deutschsprachigen Raum verschiedene autobiografisch geprägte Klassenerzählungen mit Literaturpreisen bedacht wurden – von der Short-List-Nominierung für Bov Bjergs *Serpentinen* (2020) und Deniz Ohdes *Streulicht* (2020) beim Deutschen Buchpreis bis zur Auszeichnung von Saša Stanišićs *Herkunft* (2019) mit dem Preis 2019 –, löst die Spannungsverhältnisse zwischen fiktionalem und faktualem Erzählen, literarischer und nicht-literarischer Darstellung, Autobiografie und Gesellschaftsanalyse, die in den Texten angelegt ist, keineswegs zu einer Seite hin auf. Wenn sich der vorliegende Band dem Ziel verschreibt, den Zusammenhang von Klasse, Gefühlen und Erzählen in der Gegenwartsliteratur zu sondieren, geht es also nicht darum, diese Verstrickungen fiktionstheoretisch zu entwirren oder Beweise zu erbringen, dass literarische Klassenerzählungen selbstverständlich zur Literatur gehören. Das Erkenntnisinteresse richtet sich vielmehr gezielt auf Schreibweisen und affektive Dynamiken, die aus der skizzierten Unselbstverständlichkeit der literarischen und fiktionalen Verfasstheit dieser Texte hervorgehen.

Die umrissenen Spannungsfelder sind für literarische Gegenwartstexte über soziale Ungleichheit, Herkunft und Klassenverhältnisse konstitutiv. Was es bedeutet und was es erschwert, Klasse (literarisch) zu erzählen, wird in den Texten, die in den Beiträgen dieses Bandes untersucht werden, stets mitverhandelt und oft auch explizit thematisiert. Affektive Dynamiken sozialer Ein- und Ausschlussmechanismen spielen dabei ebenso eine zentrale Rolle wie die Frage, welche literarischen Verfahren und Formen sich dafür eignen, Gefühlen wie Scham, Schuld oder Wut, aber auch Stolz, Zugehörigkeit oder Zärtlichkeit schreibend Ausdruck zu verleihen, sie zu vermitteln und so, weitergedacht, Klassenbewusstsein zu stiften und kollektives Handeln anzustoßen. Dass mit den drei konstellierten Begriffen jeweils Großkategorien nicht nur der literaturwissenschaftlichen, sondern insbesondere der soziologischen, psychologischen und gar physiologischen Forschung aufgerufen sind, macht die Notwendigkeit einer eingehenden Begriffsreflexion und Einführung in die entsprechenden Forschungsfelder und Traditionen genauso

---

[13] Eine Bestandsaufnahme der Entwicklung dieses *genre in the making* eröffnet der Sammelband Eva Blome, Philipp Lammers und Sarah Seidel (Hg.), Autosoziobiografie. Poetik und Politik. Abhandlungen zur Literaturwissenschaft, Berlin 2022.

deutlich, wie es auch schon die Grenzen und Einschränkungen eines solchen Unterfangens zu erkennen gibt. Entsprechend erheben auch die folgenden Ausführungen, die sich den Konzepten, ihrer Geschichte und literaturwissenschaftlichen Anwendbarkeit jeweils einzeln annähern, nicht den Anspruch abschließender Begriffsbestimmungen. Viel eher gilt es, das Augenmerk auf die unscharfen Grenzen der zu bestimmenden Begriffe und Phänomene zu richten, um so – und darauf liegt der Schwerpunkt des vorliegenden Bandes und seiner Beiträge – deren Verhältnis zueinander, in seinen Grenzen, Zwischenräumen und Überschneidungen, auszuschreiten und zu kartieren. Wenn sich die folgenden Darstellungen den Begriffen zunächst einzeln widmen, sich dann aber, mehr als einmal, in ihrem Zusammenspiel und ihren Wechselwirkungen wiederfinden und geradezu verirren, legt das Scheitern einer getrennten oder gar begrifflich scharf unterscheidenden Betrachtung den Blick auf die unterschiedlichen Konstellationen und Verhältnisbestimmungen der Trias von Klassen, Gefühlen und Erzählen frei.

1 Klassen

Gehörte die Theoretisierung sozialer Klassen – nachdem der Begriff aus dem römischen Steuerrecht über das naturgeschichtliche Ordnungsdenken des 18. Jahrhunderts seinen Weg in die politisch-soziale Sprache gefunden hatte[14] – einst zu den Gründungsmomenten der modernen Soziologie, so lässt sich rückblickend weder eine lineare Weiterentwicklung und Präzisierung dieses Begriffs nachzeichnen noch seine Relevanz als eine Konstante der soziologischen Gesellschaftsbeschreibung behaupten. Viel eher gilt es auch hier, das Augenmerk auf die wechselnden Konjunkturen dieses immer schon so umkämpften wie oszillierenden Begriffs zu richten. Eine solche Perspektive legt die These nahe, dass dessen Wirkmacht sich vielleicht gerade aus seiner konstitutiven Unschärfe speist – dass jenes Kapitel über Klassen in Karl Marx' Hauptwerk bekanntlich unvollendet blieb, erscheint vor diesem Hintergrund geradezu bezeichnend. Seine Auf- und Abstiege auf ihre jeweiligen politischen, historischen und sozialen Voraussetzungen hin zu prüfen und damit stets auch nach den Zeiten und Umständen zu fragen, die den Klassenbegriff jeweils (wieder) in Umlauf bringen, bietet sich auch für den vorlie-

---

14 Zur Begriffsgeschichte der Klasse: Otto Gerhard Oexle, Werner Conze und Rudolph Walther, Stand, Klasse, in: Geschichtliche Grundbegriffe, Bd. 6, hg. von Otto Brunner, Werner Conze und Reinhard Koselleck, Stuttgart 1990, 155–284.

genden Band an, der dezidiert nach der Konjunktur von Klasse in der Gegenwartsliteratur (seit 2000) fragt.

Noch 1983 hatte Ulrich Beck das Hierarchiemodell der sozialen Klassen in Anbetracht steigender wirtschaftlicher Prosperität, expandierender Bildung und zunehmender sozialer Mobilität in seinem viel diskutierten Aufsatz *Jenseits von Stand und Klasse* in seinem Realitätsgehalt infrage gestellt.[15] In Nachbarschaft der konkurrierenden und stärker deskriptiv operierenden Begriffe der sozialen Schichten und Milieus mutete das Begriffspaar von Klassen und Klassenkämpfen für längere Zeit geradezu archaisch an;[16] auch in den Kulturwissenschaften führte es lediglich ein Schattendasein.[17] Wird heute, etwa angesichts sich verschärfender gesellschaftlicher Spannungen und wachsender sozialer Ungleichheit (auch infolge der Klimakrise), in den Sozialwissenschaften und auch andernorts wieder vermehrt von Klassen gesprochen,[18] so sind damit jedoch selten die von Karl Marx entlang des Besitzes von Produktionsmitteln unterschiedenen gesellschaftlichen Großklassen von Bourgeoise und Proletariat gemeint, die sich als geschichtstreibende Kräfte in einem antagonistischen Kampf gegenüberstehen.

Erhalten hat sich jedoch die schon bei Marx grundlegende Fundierung sozialer Klassen in ökonomischen (Macht-)Verhältnissen, die entlang unterschiedlicher Ressourcen, Besitz-, Arbeits- und Einkommensverhältnisse voneinander unterschieden werden.[19] Wichtig ist dabei, dass mit dem Begriff der Klasse – so fordert es auch seine politische Valenz ein – neben der deskriptiven Beschreibung einer Gesellschaft entlang ihrer sozialen Unterschiede auch Annahmen über die Mechanismen und Gesetzmäßigkeiten ihrer Bildung und Erhaltung getroffen werden. Dem von Beck 1986 postulierten ‚Fahrstuhleffekt' widerspricht der Armutsforscher Christoph Butterwegge bereits 1990 mit dem ‚Paternostereffekt', welcher

---

15 Ulrich Beck, Jenseits von Stand und Klasse? Soziale Ungleichheiten, gesellschaftliche Individualisierungsprozesse und die Entstehung neuer sozialer Formationen und Identitäten, in: Soziale Ungleichheiten, hg. von Reinhart Kreckel, Göttingen 1983, 35–74.
16 Patrick Eiden-Offe, Ein ‚leise anachronistisches air'. Über die Gegen-Zeitlichkeit des Klassenkampfs bei Adorno, Thompson, Balibar, Rancière und Badiou, in: Historische Anthropologie 3 (2016), 396–417.
17 Zur Abgrenzung der Kulturwissenschaften von einem marxistisch geprägten Klassenbegriff vgl. Eva Blome, Patrick Eiden-Offe und Manfred Weinberg, Klassen-Bildung. Ein Problem-Aufriss, in: Internationales Archiv für Sozialgeschichte der deutschen Literatur (2010), H. 2, 158–194.
18 Zur neuerlichen Konjunktur des Klassenbegriffes vgl. auch: Jakob Graf, Kim Lucht und John Lütten (Hg.), Die Wiederkehr der Klassen. Theorien, Analysen, Kontroversen, Frankfurt a. M. 2022.
19 Für eine Annäherung an und kritische Kommentierung gegenwärtiger Klassenbegriffe vgl. einführend: Marlen Hobrack, Klassismus. 100 Seiten, Ditzingen 2024, bes. 15–44.

die Zunahme sozialer Ungleichheiten zwischen Arm und Reich beschreiben soll.[20] Auch Andreas Reckwitz bedient sich der Metapher des Paternosteraufzugs, um die Sozialstruktur der Spätmoderne zu charakterisieren: Diese sei eben nicht mehr, wie in der (vermeintlich) nivellierten Mittelstandsgesellschaft, durch eine allgemeine Anhebungsbewegung gekennzeichnet, sondern durch die Gleichzeitigkeit von sozialem Aufstieg und Abstieg unterschiedlicher Bevölkerungssegmente – einer aufsteigenden neuen akademischen Mittelklasse sowie einer absteigenden neuen Unterklasse.[21] Dabei zeichnen sich die von Reckwitz unterschiedenen Klassen nicht nur durch ihre jeweiligen Einkommens- und Vermögensverhältnisse aus, sondern auch durch geteilte Muster der kulturellen Lebensführung. Im Falle der aufgestiegenen ‚neuen Mittelklasse' umfassen die berücksichtigten Klassenmerkmale neben einem bestimmten kulturellen Kapital der erworbenen Bildung und Qualifizierung sowie der Selbstkulturalisierung des eigenen Lebensstils auch die Valorisierung und Entwertung anderer Lebensformen;[22] viele der in diesem Band besprochenen literarischen Texte schreiben gegen ebendiese von Reckwitz als eine „Kulturalisierung der Ungleichheit"[23] beschriebenen (Ab-) Wertungsprozesse an.

Einen zentralen Referenzpunkt für die Berücksichtigung kultureller Gesichtspunkte und Lebensstile in der Theoretisierung sozialer Klassen bilden – wie auch der Blick in den gegenwartsliterarischen Diskurs schnell verdeutlicht – die Arbeiten des französischen Soziologen Pierre Bourdieu. In seinem 1979 im französischen Original erschienenen Hauptwerk *La distinction. Critique sociale du jugement* (dt. *Die feinen Unterschiede. Kritik der gesellschaftlichen Urteilskraft*, 1982) erweitert er den Marx'schen Kapitalbegriff um die Kategorien des kulturellen, sozialen und symbolischen Kapitals, die für seine Theorie des sozialen Raums grundlegend sind.[24] Zusätzlich zu der kapitalbasierten Kartierung des sozialen Raumes bringen dessen unterschiedliche Akteure selbst klassifizierbare Praxisformen sowie klassifizierende Urteile hervor, mithilfe derer sie sich im sozialen Raum verorten: Die soziale Position des Einzelnen findet ihren Ausdruck in seinem Habitus, der sowohl einen bestimmten Lebensstil als auch dessen Beurteilung und Bewertung (besonders in Form seines Geschmacks) innerhalb eines

---

20 Christoph Butterwegge, Wohlfahrtsstaat im Wandel. Probleme und Perspektiven der Sozialpolitik, Opladen 1999, 124.
21 Vgl. Andreas Reckwitz, Die Gesellschaft der Singularitäten. Zum Strukturwandel der Moderne, Frankfurt a. M. 2017, 277–285.
22 Vgl. Reckwitz, Die Gesellschaft der Singularitäten, 283–284.
23 Reckwitz, Die Gesellschaft der Singularitäten, 284.
24 Vgl. Pierre Bourdieu, Die feinen Unterschiede. Kritik der gesellschaftlichen Urteilskraft, übersetzt von Bernd Schwibs und Achim Russer, Frankfurt a. M. 1982, 143–149.

Systems distinktiver Zeichen erzeugt.[25] In diesen Abgrenzungen werden der soziale Raum und seine (Klassen-)Grenzen in ihm selbst thematisch.[26]

Die entlang der Unterscheidungsprinzipien des ökonomischen und kulturellen Kapitals beschriebenen sozialen Klassen bilden allerdings, wie Bourdieu 1994 mit Blick auf *Die feinen Unterschiede* nachträglich betont hat,[27] lediglich Klassen „*auf dem Papier*"; sie sind Ergebnisse einer theoretischen Klassifikation, die es wiederum von „*realen*", d. h. politisch mobilisierten Klassen zu differenzieren gilt.[28] In dieser Unterscheidung macht Bourdieu mit Blick auf Marx auch einen Theorieeffekt der soziologischen Klassenanalyse geltend, der darin bestehe, „eine ‚Realität' anschaulich zu machen (*theorein*), die solange nicht vollständig existiert, wie sie nicht erkannt und anerkannt wird".[29] Die Mobilisierung einer Klasse erscheint damit mitunter als Resultat der Durchsetzung eines bestimmten Klassenbegriffes, die soziologische Beschreibung der Klasse trägt zu ihrer Verwirklichung als soziale Gruppierung bei: Eine säuberliche Trennung von Klasse als wissenschaftlichem Beschreibungs- und politischem Kampfbegriff erweist sich einmal mehr als fraglich.

Ausgehend von der postulierten Wirksamkeit der theoretischen Anschaulichkeit jener „nur auf dem Papier existierenden Klasse"[30] ließe sich ferner nach der Wirksamkeit literarischer Klassenerzählungen und ihrer jeweiligen Klassen ‚auf dem Papier' fragen. Damit verschiebt sich, schließlich, auch der Fokus von Klassen als vermeintlich vorhandenen gesellschaftlichen Großgruppen hin zu den Mechanismen und Voraussetzungen ihrer diskursiven Herstellung – und damit zur Klassen-Bildung in einem doppelten Sinne, wie Eva Blome, Patrick Eiden-Offe und Manfred Weinberg für eine literaturwissenschaftliche Beschäftigung mit der Klassenfrage vorgeschlagen haben.[31] Darüber hinaus gilt es, wie eingangs bereits herausgestellt, die Frage nach Klassenzugehörigkeiten stets intersektional zu denken und in ihren Verschränkungen mit weiteren sozialen Differenzkategorien (prominent, aber nicht ausschließlich in der Trias von *class*, *race* und *gender*) in den Blick zu nehmen sowie sie auf ihre jeweilige emotionale und affektive Grundierung hin zu befragen.

---

25 Vgl. Bourdieu, Die feinen Unterschiede, 277–286.
26 Vgl. Bourdieu, Die feinen Unterschiede, 277.
27 Pierre Bourdieu, Praktische Vernunft. Zur Theorie des Handelns, aus dem Französischen von Hella Beister, Frankfurt a. M. 1998, 23. Hervorhebung im Original.
28 Bourdieu, Praktische Vernunft, 25. Hervorhebung im Original.
29 Bourdieu, Praktische Vernunft, 25.
30 Bourdieu, Praktische Vernunft, 25.
31 Vgl. Blome, Eiden-Offe und Weinberg, Klassen-Bildung, 160.

2 Gefühle

Der mittlere jener drei Begriffe, deren Konstellation sich dieser Band zum Ausgangspunkt gemacht hat, ‚Gefühle‘, zielt erneut auf eine Kategorie mit großem Interpretationsspielraum und einer entsprechend komplexen Theoriegeschichte. Im umgangssprachlichen Sinne fokussiert der Begriff ‚Gefühl‘ zunächst eine Qualität menschlicher Existenz, die eine emotional-affektive Verarbeitung des menschlichen In-der-Welt-Seins in den Blick nimmt. ‚Klassengefühle‘ ließen sich so verstehen als notwendige und immer schon mitgeführte Ergänzung von materiellen Klassenbedingungen, die immer auch bereits von Anfang an in dieser Dimension erfasst werden. Als konkrete Klassengefühle lassen sich etwa solidarische Gefühlslagen im Klassenkampf benennen, Klassenhass und Klassenwut, die agonal auf eine gemeinschaftliche Gegenwehr gegen Ungleichheiten im Klassenkampf (oder gar: individueller auf konkrete Klassenfeinde) gerichtet sein können. Aber Klassengefühle sind auch die in den letzten Jahren viel benannten Entwicklungen von Scham oder Unbehaustheit, die die in der aktuelleren Erzählliteratur vielfach beschriebenen Aufsteiger- bzw. *transfuge-/transclasse*-Figuren bestimmen. Neben diesen Gefühlen, die bei Individuen durch Klassenmobilität oder den Versuch, diese kämpferisch zu erreichen, entstehen, wäre auch an Gefühle aus der Gegenrichtung sozialer Mobilität zu denken: etwa die Angst vor dem Klassenabstieg, die nicht selten durch solche Gefühlslagen wie Hass und Abwertung anderer kompensiert wird, oder gar der tendenziell fröhliche und entspannte Snobismus desjenigen, der seine erhöhte Klassenlage als gesichert wahrnimmt und sich so über Angehörige anderer Klassen, deren Probleme und Gefühlslagen kühl erheben kann.

Die hier nur kurz skizzierten Dimensionen von Klassengefühlen lassen sich in verschiedener Hinsicht deuten: Einerseits kann sich hinter ‚Gefühl‘ ein Verständnis von Emotion nach unterschiedlichen psychologischen oder physiologischen Konzeptionen verbergen. Emotionen in diesem Sinn sind dann im Subjekt angesiedelt, sie sind gewissermaßen ‚Besitz‘ des Einzelnen, sei es als neurochemische bzw. physiologische Reaktion oder als (automatisiertes) evaluatives kognitives Geschehen. Die im literatur- und sozialwissenschaftlichen Feld vergleichsweise selten rezipierten Emotionsverständnisse aus dem medizinisch-physiologischen Bereich gehen auf die Vorstellung zurück, dass Emotionen in erster Linie physiologische Reizverarbeitungen darstellen, die etwa als „Handlungsprogramme [...] Verhaltenssysteme[n] von Säugetieren" nachgebildet sind, „die sich als evolutionär wichtig herausgestellt haben, um sich selbst und die eigene Art zu erhalten".[32] Auch die mittlerweile wissenschaftlich infrage gestellte Vorstellung sogenannter „Basisemotionen", die jeder einzelne Mensch kulturell unabhängig in ähnlicher Weise als spontane Reaktion auf feststehende Reize quasi automatisiert ausdrücke,[33] begreift Emotion als individuelles Vermögen, das sich in sämtlichen Individuen in ähnlicher Weise artikuliere. Emotion ist diesen Ideen zufolge physiologisch messbar, etwa mit Methoden des Neuro- oder Biofeedbacks, was die Verknüpfung emotionalen Geschehens mit dem einzelnen Körper betont.

Eine ebenfalls subjektzentrierte Vorstellung von Emotion vertreten kognitionspsychologische Ansätze, etwa wenn sie Emotion im Rahmen eines kognitiven *Appraisal*-Geschehens als Methode des Menschen zur Verarbeitung von Umweltreizen fokussieren. Emotion erscheint dabei als ein psychischer Zustand, der im Zusammenspiel mit „den übrigen Subsystemen der Psyche"[34] Teil der menschlichen Informationsverarbeitung ist. Emotionen sind solchen Theorien zufolge intentionalen Beschreibungen zugänglich und lassen sich sogar in komputationale Systeme übersetzen.[35]

Diese aus der Vielfalt psychologischer und physiologischer Begriffsverständnisse von ‚Emotion' herausgegriffenen Konzepte verdeutlichen, dass Emotion in diesen Zusammenhängen als ein mit Eigenschaften des menschlichen Körpers bzw. der menschlichen Psyche direkt verknüpftes Phänomen wahrgenommen wird. Der Ort, an dem die Emotion wirksam und beobachtbar wird, ist der Körper oder das Gehirn eines individuellen Menschen. Bezogen auf die Frage nach Klassengefühlen führt die Nutzung solcher Emotionsbegriffe nicht selten zu einer Individualisierung dieser Gefühle: Der Blick fällt auf die Verarbeitung der Realität beim einzelnen Menschen, ‚Scham' erscheint so als individuelle Reaktion auf eine Situation der Verunsicherung, ‚Wut' als persönlicher Treiber im Kampf gegen Ungerechtigkeiten. Wie die Entstehung der Gefühle ist auch ihre Regulierung oder ihre Nutzung einer solchen Theoriebildung zufolge eine Frage, die sich vor allem

---

32 Christina J. Müller und Lars Kuchinke, Lassen sich Emotionen messen? Emotionskonzepte der Physiologie, in: Emotionen. Ein interdisziplinäres Handbuch, hg. von Hermann Kappelhoff et al., Berlin 2019, 65–72, hier: 65. Müller und Kuchinke nehmen hier Bezug auf Jaak Panksepp, Toward a general psychobiological theory of emotions, in: The Behavioral and Brain Sciences 5 (1982), H. 3, 407–467.
33 Vgl. Müller und Kuchinke, Lassen sich Emotionen messen?, 65. Der Begriff der Basisemotionen geht zurück auf Paul Ekman und Wallace V. Friesen, Constants across cultures in the face and emotion, in: Journal of Personality and Social Psychology 17 (1971), H. 2, 124–129. Vgl. auch Paul Ekman, An Argument for Basic Emotions, in: Cognition and Emotion 6 (1992), H. 3/4, 169–200.
34 Rainer Reisenzein, Emotionen aus kognitionswissenschaftlicher Sicht, in: Emotionen. Ein interdisziplinäres Handbuch, hg. von Hermann Kappelhoff et al., Berlin 2019, 81–87, hier: 82.
35 Vgl. Reisenzein, Emotionen aus kognitionswissenschaftlicher Sicht, 83.

dem Individuum stellt. In kritischen Einlassungen zur Form der Autosoziobiografie ist gezeigt worden, dass sich hieraus eine Spannung ergibt: Dem kollektiven Phänomen der Klasse bzw. der Klassenzuordnung steht so eine Reaktion auf individueller Ebene gegenüber, die es verhindern kann, zu einem kollektiven Agieren zu kommen oder auch nur auf Veränderungen an dieser gruppenübergreifenden Dynamik vorzubereiten. Einfach gesagt: Wer Klassenfragen nur auf der individuellen Gefühlsebene begegnet, wird wenig Aussichten haben, gesellschaftliche Veränderungen umzusetzen – sodass neoliberale Logiken, die dem Klassenkampf entgegengesetzt ausgerichtet sind, nur allzu gern diesem Paradigma der individuellen Gefühlswelt und Verantwortung folgen.[36]

Diese Ausgangslage führt dazu, dass andere Zugriffe auf ‚Gefühle', die stärker kollektive Momente umfassen, das Interesse von Sozial- und Geisteswissenschaften, die sich mit diesen Fragen beschäftigen, auf sich gezogen haben. Besonders einschlägig in dieser Hinsicht sind in den letzten Jahren Ansätze gewesen, die sich einerseits im Anschließen an phänomenologische Vorstellungen von Gefühl für dessen komplexe situationsbezogene Einbindungen und Entstehungsbedingungen interessieren[37] oder sich andererseits von den angloamerikanischen *Affect Studies* ausgehend mit einem Konzept von ‚Affekt' befassen, das relational gedacht wird:[38] Die Verwendung des Begriffs ‚Affekt' anstelle von ‚Emotion' betont dabei die Idee einer Abkehr bzw. Infragestellung vom individualistischen Emotionsverständnis zugunsten kollektiver bzw. relationaler, beziehungsbezogener Dimensionen. Als ‚Affekt' wird insoweit im Anschluss an Spinoza ein grundlegendes Austauschverhältnis zwischen verschiedenen Körpern verstanden, etwa zwischen dem menschlichen Körper und anderen Körpern in seiner Umwelt. Der Fokus liegt dann nicht mehr auf der individuellen Verarbeitung eines Reizes, sondern auf einer Austauschbeziehung zwischen Körpern, die unter anderem auch dazu führt, dass Subjektivität allererst im Austausch mit der Umwelt erfahren werden kann. Ein Geschehen des gegenseitigen Affizierens und Affiziert-Werdens tritt so an die Stelle der Logik der Reizverarbeitung, was den Fokus des Interesses vom ‚Inneren' eines Menschen verlagert hin zu den relational erfassbaren Settings, in denen Menschen (oder auch nichtmenschliche Akteure) sich begegnen bzw. mit ihrer Umwelt interagieren. Mit dem Begriff der Affektordnungen im Untertitel des vor-

---

36 Auf diesen Zusammenhang hat beispielsweise Spoerhase hingewiesen: Carlos Spoerhase, Politik der Form. Autosoziobiografie als Gesellschaftsanalyse, in: Merkur 71 (2017), H. 818, 27–37.
37 Vgl. überblicksartig Thomas Fuchs, Verkörperte Emotionen. Emotionskonzepte in der Phänomenologie, in: Emotionen. Ein interdisziplinäres Handbuch, hg. von Hermann Kappelhoff et al., Berlin 2019, 95–101.
38 Vgl. Jan Slaby und Birgit Röttger-Rössler, Introduction. Affect in Relation, in: Affect in Relation. Families, Places, Technologies, hg. von dens., London und New York 2018, 1–28.

liegenden Bandes deuten wir die Relevanz solcher Zusammenhänge im hier untersuchten Feld an. Versteht man unter Klassengefühlen in diesem Sinne wahrgenommene Affekte, verändert sich der Untersuchungsfokus, was in einigen der Beiträge dieses Bandes erprobt wird: Beziehungen zwischen Ich und Welt rücken ins Zentrum des Interesses; statt fester Emotionsbegriffe treten Dynamiken des umfassenden Affizierungsgeschehens in den Blick, das, mit Spinoza, das „Thätigkeitsvermögen des Körpers vermehrt oder vermindert, erhöht oder beschränkt".[39] Solche Ansatzpunkte liegen, könnte man sagen, für die Analyse von Klassengefühlen besonders nahe, weil in der Logik dieser Gefühlsbegriffe die kollektiv-relationalen Dimensionen, die auch den Klassen-Begriff selbst betreffen, eingeschrieben sind.

3 Erzählen

Die Beschäftigung mit Klassengefühlen scheint in der Gegenwartsliteratur innerhalb des letzten Jahrzehnts nicht nur einen festen Platz gefunden zu haben, sondern auch eine bevorzugte Form: die autosoziobiografische Selbsterzählung. In der Einleitung zu ihrem Band *Autosoziobiographie. Poetik und Politik* konstatieren die Herausgeber:innen eine enge Verknüpfung zwischen der autosoziobiografischen Erzählform und den Sujets „Klasse und Herkunft".[40] Die benannte thematische Kombination zeigt dabei zugleich an, wie Klasse in diesen Texten perspektiviert wird: als Herkunftserzählung, genauer gesagt: als Herkunftserzählung von Klassenübergänger:innen, die die Geschichte ihres Klassenwechsels zurückverfolgen. Unter dem Schlagwort „Arbeiterkinderliteratur" fasst Christina Ernst Autosoziobiografien als „(literarische) Texte […], die Arbeiter*innenklassenherkunft als autobiographische Erzählung mit Blick auf die sozialen Gegebenheiten verhandeln".[41] Die Klammer, die sie dabei um die Bezeichnung ‚literarisch' legt, ist bei der Erforschung dieses *genre in the making* ebenso intensiv diskutiert worden wie die beschriebene Spannung zwischen Selbsterzählung und Gesellschaftsanalyse. Autosoziobiografien, so Carolin Amlinger, sind

---

39 Benedictus de Spinoza, Die Ethik mit geometrischer Methode begründet, in: ders., Opera – Werke, lateinisch und deutsch. Bd. 2, hg. von Konrad Blumenstock, Darmstadt 1980, 84–557, hier: 261.
40 Eva Blome, Philipp Lammers und Sarah Seidel, Zur Poetik und Politik der Autosoziobiographie, in: Autosoziobiographie. Poetik und Politik. Abhandlungen zur Literaturwissenschaft, hg. von dens., Berlin 2022, 1–14, hier: 5.
41 Christina Ernst, ‚Arbeiterkinderliteratur' nach Eribon. Autosoziobiographie in der deutschsprachigen Gegenwartsliteratur, in: Lendemains 45 (2020), H. 180, 77–91, hier: 79.

Grenzerzählungen, die sich fiktionale Erzählprinzipien zunutze machen, um Aussagen über die soziale Realität treffen zu können. Sie behaupten soziologische Erkenntnisse, indem sie das Ich als sozialen Tatbestand *erzählen*.[42]

In der Erkundung von Klassengrenzen loten die Texte Grenzen zwischen fiktionalem und faktualem Erzählen ebenso aus wie zwischen Individualität und Kollektivität. Dass Affekte dabei eine zentrale Rolle spielen, ist in diesem Zusammenhang oft angemerkt worden. Wo und wie sie in den beschriebenen narrativen Grenzziehungsprozessen zu verorten sind, bedarf jedoch einer genaueren Klärung.

In den Erzählungen von Klassenübergänger:innen scheint die Distanzierung vom Herkunftsmilieu oft mit einer emotionalen Distanzierung einherzugehen. Annie Ernaux, auf die die Bezeichnung ‚autosoziobiografisch' zurückgeht,[43] charakterisiert diese Schreibweise so etwa als Suche nach einer ‚Stimme ohne affektive Zeichen'.[44] Die zu Recht als wertend problematisierte Perspektivierung vom Klassenwechsel als ‚Aufstieg'[45] korrespondiert mit Blick auf die dargestellten Gefühlslagen bisweilen also mit einer Abwertung von Emotionalität – auch wenn eine affektive Verbundenheit mit dem Herkunftsmilieu zugleich als ‚Authentizitätssiegel' für das autosoziobiografische Erzählen fungiert.[46] Daraus zu schlussfolgern, affektives Erleben sei in autosoziobiografischen Klassenerzählungen primär mit dem Herkunftsmilieu verknüpft, erschiene jedoch vorschnell. Schließlich ist auch das Streben, die eigene Klasse zu verlassen, in den Texten oft stark affektiv aufgeladen.[47] Ob autosoziobiografisches Erzählen zwangsläufig einen Akt narrativer Gefühlsbändigung darstellt – ein Sich-Losschreiben von Herkunft und Affekt –, bleibt vor diesem Hintergrund noch zu diskutieren; gleich mehrere Beiträge dieses Bandes greifen diesen argumentativen Faden auf und be-

---

42 Carolin Amlinger, Literatur als Soziologie. Autofiktion, soziale Tatsachen und soziologische Erkenntnis, in: Autosoziobiographie. Poetik und Politik. Abhandlungen zur Literaturwissenschaft, hg. von Eva Blome, Philipp Lammers und Sarah Seidel, Berlin 2022, 43–66, hier: 44. Hervorhebung im Original.
43 Im französischen Original „auto-socio-biographique" (Annie Ernaux, L'écriture comme un couteau. Entretien avec Frédéric-Yves Jeannet, Paris 2011, 23).
44 Deutsche Übersetzung von Sarah Carlotta Hechler, im französischen Original „voix, dépourvue de marques affectives" (Annie Ernaux, Épilogue. Raisons d'écrire, in: Le symbolique et le social. La réception internationale de la pensée de Pierre Bourdieu, hg. von Pascal Durand, Liège 2005, 361–365, hier: 363).
45 Zur Kritik des Aufstiegsbegriffs vgl. Blome, Rückkehr zur Herkunft, 543–544. Aus ähnlichen Gründen verwirft Chantal Jaquet im Französischen auch den Begriff des *transfuge* (dt. ‚Klassenflüchtling') und plädiert stattdessen für die Bezeichnung *transclasse* (dt. ‚Klassenübergänger'), vgl. dazu Chantal Jaquet, Zwischen den Klassen. Über die Nicht-Reproduktion sozialer Macht, mit einem Nachwort von Carlos Spoerhase, aus dem Französischen von Horst Brühmann, Konstanz 2018, 19–20.
46 Vgl. Spoerhase, Politik der Form, 36.
47 Vgl. Jaquet, Zwischen den Klassen, 67.

leuchten dadurch Wirkmacht und Potenziale des Erzählens in der Reflexion und Diskussion von Klassenverhältnissen.

Auch im autosoziobiografischen Spannungsverhältnis zwischen individuellem und kollektivem Erzählen kommt Affekten und Emotionen eine ambivalente Rolle zu. Wo sind Klassengefühle verankert – im individuellen oder kollektiven Erleben? Und wie werden sie auf der Erzählebene verortet und vermittelt? Eine feste Verankerung von Emotionen im Subjekt erscheint mit Blick auf Klassenerzählungen allein deshalb problematisch, da diese Gefühle im Erzählakt geteilt werden: „Das Schlimmste an der Scham ist, dass man glaubt, man wäre die Einzige, die so empfindet",[48] schreibt Annie Ernaux in *Die Scham* – eine emotionale Vereinzelung, die sie erzählend jedoch gleichzeitig durchbricht. Dies zeigt sich nicht nur in Ernaux' eigener Schreibreflexion, sondern auch in ihrer Rezeption in der deutschsprachigen Gegenwartsliteratur. Wenn Daniela Dröscher in ihrem Vorwort zur Anthologie *check your habitus* (2021) den zitierten Satz von Ernaux aufgreifend erklärt, ihre Textsammlung von 18 Autor:innen ziele darauf, aus dieser „gefühlten Vereinzelung ein[en] Chor gegen die Einsamkeit zu machen",[49] tritt die Bedeutung von Intertextualität und kollaborativen Formaten für das Erzählen von Klassengefühlen deutlich hervor. Insbesondere die Anthologiebildung – neben der *SuKulTur*-Reihe *check your habitus* (2021), *Soll & Habitus* (2021) und *Herz & Habitus* (2023) ist hier auch an Barankows und Barons *Klasse & Kampf* zu denken – hat als kollaborative Erzählform von Klasse in den vergangenen Jahren an Bedeutung gewonnen.

Auch auf intratextueller Ebene spielen Formfragen für das Erzählen von Klasse und Affekt eine wichtige Rolle. Carlos Spoerhases Verweis auf die *Politik der Form* von Klassenerzählungen erscheint mit Blick auf die literarische Gestaltung von Gefühlswelten äußerst bedenkenswert: Denn eine erzählerische Vermittlung von Klassengefühlen als inneres Erleben eines Individuums erscheint keineswegs unproblematisch. Wie laut Spoerhase der Fokus auf individuelle Aufstiegsgeschichten birgt auch eine subjektzentrierte Perspektivierung von Klassengefühlen, wie bereits angedeutet, die „Gefahr", einen „politische[n] Individualismus" zu stützen.[50] Ein bürgerlich konturiertes Emotionsverständnis, das Affekte zur individuellen Angelegenheit erklärt, bürdet das Aushandeln und Artikulieren von Klassengefühlen einzelnen *transclasse*-Figuren auf. Die Untersuchungen, die

---

[48] Annie Ernaux, Die Scham, aus dem Französischen von Sonja Finck (im Original: 1997), Berlin 2020, 91.
[49] Daniela Dröscher, Intro, in: check your habitus, hg. von ders. und Paula Fürstenberg, Hamburg 2021, 3.
[50] Spoerhase, Politik der Form, 37.

dieser Band versammelt, richten das Augenmerk darauf, wie narrative Darstellungen von Klasse und Affekt diesen Risiken begegnen: Wie lassen sich die affektiven Dynamiken der Klassengesellschaft, aber auch klassenspezifische Gefühlslagen anders erzählen als in Form von Geständnissen? Und inwiefern werden dabei die Grenzen der Selbsterzählung, vielleicht gar die des Erzählens ‚an sich' gedehnt? Die Vielfalt der Romane, die das Thema ‚Klasse' verhandeln, deutet ein Spektrum an, das sich auch und gerade um die Frage des ‚Wie erzählen?' formiert. Damit wird die Frage akut, welche Schreibweisen sich in Auseinandersetzung mit Klasse oder als Konsequenz aus einem intersektionalen Weltzugang entwickeln. Inwiefern ist das Erzählen selbst eine Technik, die an der Konstruktion von Klasse beteiligt ist, und wie werden Affekte durch Texte erzeugt und geprägt, die dann wiederum auf die affektive Klassenzuordnung rückwirken? Welche Wechselverhältnisse zwischen Reflexion und Konstruktion lassen sich also erkennen, auch im Zusammenhang von Schreiben und Lesen?

Dass Klasse und Klassengefühle in der Gegenwartsliteratur vorrangig in Erzähltexten verhandelt werden, lässt die Wahl einer narrativen Darstellungsform zur Auslotung sozialer Herkunft und Ungleichheit regelrecht selbstverständlich erscheinen. Literaturgeschichtlich sind die Artikulation von Klassengefühlen sowie die Reflexion gesellschaftlicher Klassenverhältnisse mit lyrischen und dramatischen Formen jedoch ebenso eng verbunden. Angesichts der langen Tradition des Arbeiterlieds oder der Wirkmacht, die dem Theater zur Stiftung von Klassenbewusstsein zugeschrieben wurde, zeigt sich: Klassenfragen sind literarhistorisch auch mit der Aushandlung von Gattungsfragen verknüpft. Um dies ins Bewusstsein zu rufen, nimmt der Band dezidiert auch Texte in den Blick, die sich an den Rändern des Erzählens bewegen und sich einer klaren Zuordnung zur Erzählliteratur versperren – von den Prosagedichten der österreichischen Autorin Barbara Juch[51] bis hin zu gattungsexperimentellen Texten wie Dinçer Güçyeters *Unser Deutschlandmärchen* (2020), für den der Einbezug lyrischer und dramatischer Formen ebenso prägend ist wie intermediale Erweiterungen des Erzählens.

4 Zum vorliegenden Band

Mit der Trias aus Klasse, Gefühlen und Erzählen stellt sich der vorliegende Band einem Spannungsfeld, das ein ebenso weitgreifendes wie heterogenes Textkorpus impliziert und überdies unterschiedliche theoretische Zugänge hervorbringt, die

---

51 Vgl. das Autorinnengespräch zwischen Barbara Juch und Lea Schneider im vorliegenden Band.

die Zusammenhänge zwischen den Kategorien je spezifisch auslegen. Die Gliederung spiegelt dies wider: Mit der ersten Sektion, die den Fokus auf „Erzählweisen und Poetiken" legt, geraten jene Formen und Schreibweisen in den Blick, die aus dem Zusammendenken von Klasse, Affekt und Erzählprosa entstehen. Die zweite Sektion, „Gefühlswelten in Bewegung", fokussiert wiederum die Dynamiken, die sich aus diesem Zusammenspiel ergeben, wenn hier Affektordnungen des Sozialen in erzählenden Gegenwartstexten analysiert werden. Mit der dritten Sektion, „Klassen, Räume, Unordnungen", wird das Augenmerk schließlich auf die mit Klassengefühlen verbundenen Räume und Verortungen gelegt und insbesondere die Frage nach jenen (hegemonialen) Ordnungen gestellt, die in den literarischen Texten in so profunde wie produktive Unordnungen geraten. Jede Sektion wird durch ein Autor:innengespräch eröffnet: Enno Stahl spricht mit Robert Walter-Jochum über „Klasse, Gefühl und Form im ‚Analytischen Realismus'", Barbara Juch beleuchtet im Gespräch mit Lea Schneider die „Class Confusion" zwischen Verortung und Verrat in Hinblick auf ihre lyrische Praxis und Ilija Matusko diskutiert mit Arnold Maxwill über die Frage, was es bedeutet, „Zwischen den Klassen" zu stehen, oder „[s]ich stets dahin schreiben müssen, wo andere längst sind". Mit der Ergänzung um die Produktionsperspektive ist nicht zuletzt dem Umstand Rechnung getragen, dass der Gegenstand dieses Bandes, die Gegenwartsliteratur, immer eine Literatur *in the making* ist, deren Analytik selbst in Diskurse und Debatten um den Zusammenhang aus Klassen, Gefühlen und Erzählen eingebunden bleibt.

Literatur

Primärliteratur

Aydemir, Fatma: Dschinns, München 2022.
Barankow, Maria, und Christian Baron: Vorwort, in: Klasse und Kampf, hg. von dens., Berlin 2021, 7–12.
Bjerg, Bov: Serpentinen, Berlin 2020.
Ditloff, Christian, und Paula Fürstenberg (Hg.): Herz & Habitus, Hamburg 2023.
Dröscher, Daniela: Intro, in: check your habitus, hg. von ders. und Paula Fürstenberg, Hamburg 2021, 3.
Dröscher, Daniela: Zeige deine Klasse! Die Geschichte meiner sozialen Herkunft, Hamburg 2018.
Dröscher, Daniela, und Paula Fürstenberg (Hg.): Soll & Habitus, Hamburg 2021.
Ernaux, Annie: Die Scham, aus dem Französischen von Sonja Finck (im Original: 1997), Berlin 2020.
Ernaux, Annie: Épilogue. Raisons d'écrire, in: Le symbolique et le social. La réception internationale de la pensée de Pierre Bourdieu, hg. von Pascal Durand, Liège 2005, 361–365.
Ernaux, Annie: L'écriture comme un couteau. Entretien avec Frédéric-Yves Jeannet, Paris 2011.
Fallwickl, Mareike: Die Wut, die bleibt, Reinbek b. Hamburg 2022.
Güçyeter, Dinçer: Unser Deutschlandmärchen, Frankfurt a. M. 2020.
L'Horizon, Kim de: Blutbuch, Köln 2023.
Ohde, Deniz: Streulicht, Berlin 2020.

Präauer, Teresa: Kochen im falschen Jahrhundert, Göttingen 2023.
Randt, Leif: Allegro Pastell, Köln 2020.
Stanisić, Saša: Herkunft, München 2019.
Thelen, Raphael: Wut, Zürich 2023.
Zaimoglu, Feridun: Kanak Sprak. 24 Mißtöne vom Rande der Gesellschaft, Berlin 1995.
Zaimoglu, Feridun: Koppstoff. Kanaka Sprak vom Rande der Gesellschaft, Berlin 1998.

Sekundärliteratur

Ahmed, Sara: Affective Economies, in: Social Text 22 (2004), H. 2, 117–139.
Amlinger, Carolin: Literatur als Soziologie. Autofiktion, soziale Tatsachen und soziologische Erkenntnis, in: Autosoziobiographie. Poetik und Politik. Abhandlungen zur Literaturwissenschaft, hg. von Eva Blome, Philipp Lammers und Sarah Seidel, Berlin 2022, 43–66.
Beck, Ulrich: Jenseits von Stand und Klasse? Soziale Ungleichheiten, gesellschaftliche Individualisierungsprozesse und die Entstehung neuer sozialer Formationen und Identitäten, in: Soziale Ungleichheiten, hg. von Reinhart Kreckel, Göttingen 1983, 35–74.
Blome, Eva: Rückkehr zur Herkunft. Autosoziobiografien erzählen von der Klassengesellschaft, in: Deutsche Vierteljahrsschrift für Literaturwissenschaft und Geistesgeschichte 94 (2020), H. 3, 541–571.
Blome, Eva, Patrick Eiden-Offe und Manfred Weinberg: Klassen-Bildung. Ein Problem-Aufriss, in: Internationales Archiv für Sozialgeschichte der deutschen Literatur (2010), H. 2, 158–194.
Blome, Eva, Philipp Lammers und Sarah Seidel (Hg.): Autosoziobiographie. Poetik und Politik. Abhandlungen zur Literaturwissenschaft, Berlin 2022.
Blome, Eva, Philipp Lammers und Sarah Seidel: Zur Poetik und Politik der Autosoziobiographie, in: Autosoziobiographie. Poetik und Politik. Abhandlungen zur Literaturwissenschaft, hg. von dens., Berlin 2022, 1–14.
Bourdieu, Pierre: Die feinen Unterschiede. Kritik der gesellschaftlichen Urteilskraft, übersetzt von Bernd Schwibs und Achim Russer, Frankfurt a. M. 1982.
Bourdieu, Pierre: Praktische Vernunft. Zur Theorie des Handelns, aus dem Französischen von Hella Beister, Frankfurt a. M. 1998.
Butterwegge, Christoph: Wohlfahrtsstaat im Wandel. Probleme und Perspektiven der Sozialpolitik, Opladen 1999.
Eiden-Offe, Patrick: Ein ‚leise anachronistisches air'. Über die Gegen-Zeitlichkeit des Klassenkampfs bei Adorno, Thompson, Balibar, Rancière und Badiou, in: Historische Anthropologie 3 (2016), 396–417.
Ekman, Paul: An Argument for Basic Emotions, in: Cognition and Emotion 6 (1992), H. 3/4, 169–200.
Ekman, Paul, und Wallace V. Friesen: Constants across cultures in the face and emotion, in: Journal of Personality and Social Psychology 17 (1971), H. 2, 124–129.
Ernst, Christina: ‚Arbeiterkinderliteratur' nach Eribon. Autosoziobiographie in der deutschsprachigen Gegenwartsliteratur, in: Lendemains 45 (2020), H. 180, 77–91.
Fuchs, Thomas: Verkörperte Emotionen. Emotionskonzepte in der Phänomenologie, in: Emotionen. Ein interdisziplinäres Handbuch, hg. von Hermann Kappelhoff et al., Berlin 2019, 95–101.
Graf, Daniel: Die Klassenfrage ist zurück in der Literatur, in: Republik, 14.10.2020, https://www.republik.ch/2020/10/14/die-soziale-frage-ist-zurueck-in-der-literatur (09.06.2025).
Graf, Jakob, Kim Lucht und John Lütten (Hg.): Die Wiederkehr der Klassen. Theorien, Analysen, Kontroversen, Frankfurt a. M. 2022.

Hobrack, Marlen: Raus aus der Fischfabrik. Welche Geschichten werden vom „Rand" der Gesellschaft erzählt?, in: taz, 18.04.2021, https://taz.de/Sammelband-Klasse-und-Kampf/!5763204/ (13.06.2025).
Hobrack, Marlen: Klassismus. 100 Seiten, Ditzingen 2024.
hooks, bell: Class Matters. Where we stand, New York 2000.
Jaquet, Chantal: Zwischen den Klassen. Über die Nicht-Reproduktion sozialer Macht, mit einem Nachwort von Carlos Spoerhase, aus dem Französischen von Horst Brühmann, Konstanz 2018.
Kohpeiß, Henrike: Bürgerliche Kälte. Affekt und koloniale Subjektivität, Frankfurt a. M. und New York 2023.
Kurt, Şeyda: Hass: Von der Macht eines widerständigen Gefühls, Hamburg 2023.
Lehmann, Hauke, Hans Roth und Kerstin Schankweiler: Affective economy, in: Affective Societies: Key Concepts, hg. von Jan Slaby und Christian von Scheve, London und New York 2019, 140–151.
Müller, Christina J., und Lars Kuchinke: Lassen sich Emotionen messen? Emotionskonzepte der Physiologie, in: Emotionen. Ein interdisziplinäres Handbuch, hg. von Hermann Kappelhoff et al., Berlin 2019, 65–72.
Oexle, Otto Gerhard, Werner Conze und Rudolph Walther: Stand, Klasse, in: Geschichtliche Grundbegriffe, Bd. 6, hg. von Otto Brunner, Werner Conze und Reinhard Koselleck, Stuttgart 1990, 155–284.
Panksepp, Jaak: Toward a general psychobiological theory of emotions, in: The Behavioral and Brain Sciences 5 (1982), H. 3, 407–467.
Reckwitz, Andreas: Die Gesellschaft der Singularitäten. Zum Strukturwandel der Moderne, Frankfurt a. M. 2017.
Reisenzein, Rainer: Emotionen aus kognitionswissenschaftlicher Sicht, in: Emotionen. Ein interdisziplinäres Handbuch, hg. von Hermann Kappelhoff et al., Berlin 2019, 81–87.
Rössler, Reto, und Dominik Zink (Hg.): Herkünfte erzählen. Verflechtungsästhetiken von Interkulturalität und Intersektionalität in deutschsprachiger Gegenwartsliteratur, Berlin und Boston 2025.
Rys, Michiel, und Liesbeth François: Re-Imagining Class. Intersectional Perspectives on Class Identity and Precarity in Contemporary Culture, in: Re-Imagining Class. Intersectional Perspectives on Class Identity and Precarity in Contemporary Culture, hg. von dens., Leuven 2024, 11–40.
Slaby, Jan, und Birgit Röttger-Rössler: Introduction. Affect in Relation, in: Affect in Relation. Families, Places, Technologies, hg. von dens., London und New York 2018, 1–28.
Spinoza, Benedictus de: Die Ethik mit geometrischer Methode begründet, in: ders., Opera – Werke, lateinisch und deutsch. Bd. 2, hg. von Konrad Blumenstock, Darmstadt 1980, 84–557.
Spoerhase, Carlos: Politik der Form. Autosoziobiografie als Gesellschaftsanalyse, in: Merkur 71 (2017), H. 818, 27–37.
Tommek, Heribert: Rückkehr zur Klasse. Soziologisierte Gegenwartsliteratur in Frankreich und Deutschland (Eribon, Ernaux, Ohde, Baron), in: „Die drei Kulturen" reloaded. Neue Perspektiven auf einen Klassiker der Literatursoziologie, hg. von Christine Magerski und Christian Steuerwald, Wiesbaden 2024, 105–122.

Erzählweisen und Poetiken

Enno Stahl im Gespräch mit Robert Walter-Jochum
Klasse, Gefühl und Form im „Analytischen Realismus"

Robert Walter-Jochum: Enno Stahl, mit dem Konzept eines „Analytischen Realismus"[1] als Klammer haben Sie 1997 einen großen Romanzyklus mit dem Titel „Turbojahre" begonnen, dessen letzte drei Texte wir unserem Gespräch zugrunde legen wollen: *Winkler, Werber* von 2012, *Spätkirmes* von 2017 und *Sanierungsgebiete* von 2019.[2] Ausgehend von diesem Titel „Turbojahre" und dem Roman *Winkler, Werber* – was ist mit dem Begriff gemeint und wen haben wir in dem Roman vor uns?

Enno Stahl: „Turbojahre" leitet sich natürlich ab vom Turbokapitalismus der 1990er Jahre, der Zeit also, in der der neoliberale Kapitalismus seinen Durchbruch hatte. Er geht ja in seinen Anfängen schon auf die 1970er Jahre zurück, aber da wurde er dann einfach gesellschaftsmächtig – und das erleben wir heute noch. Mit dem dazugehörigen Menschenbild, der Egozentrik, die dadurch eingesetzt hat – wir können das jeden Tag auf der Straße sehen, bei ‚uns allen', muss man sagen, wir sind ja alle davon geprägt. Dieser Romanzyklus versucht, dieses Phänomen aus verschiedenen Perspektiven in Romanform künstlerisch auszuarbeiten. In *Winkler, Werber* kommt das extrem auf den Punkt, weil die Hauptfigur ein Werber ist – ich hatte zunächst auch überlegt, ob ich da lieber einen Unternehmer nehmen soll, aber dazu habe ich zu wenig Ahnung von diesem Bereich und habe mich deshalb für jemanden entschieden, der ebenfalls mit Worten tätig ist, in der Vermittlungsebene, also einen Werber, der die neoliberale Ideologie, die diesen neuen Unternehmensformen zugrunde liegt, mit Werbung zu erklären und zu vermitteln versucht.

> ... gerade ich hab das schon immer gemacht. Und besser als die meisten, schließlich ist die Werbung ... also die Werbung ist die zweite Realität. Oder sogar die erste. Und wer hätte das besser kapiert als ich, daher bin ich eben, bin ich ... Werner, der sagt das andauernd: *Was ich an dir schätze, ist dein Selbstbewusstsein*, ganz genau, stimmt auffallend [...]. (Winkler, Werber, 9)

---

[1] Vgl. Enno Stahl, Diskurspogo. Über Literatur und Gesellschaft, Berlin 2013; Enno Stahl, Diskursdisko. Über Literatur und Gesellschaft, Berlin 2020; Enno Stahl, Für eine „kämpfende Ästhetik". Realismus und Widerspiegelungstheorie, in: Literatur im politischen Kampf. Schriftsteller und Schriftstellerinnen in Revolution und Reaktion, hg. von Ingar Solty und dems., Berlin 2021, 153–176.
[2] Enno Stahl, Winkler, Werber, Berlin 2012; Enno Stahl, Spätkirmes, Berlin 2017; Enno Stahl, Sanierungsgebiete, Berlin 2019. Zitate aus diesen Texten werden im Folgenden mit Kurztiteln direkt im Fließtext nachgewiesen.

∂ Open Access. © 2025 bei den Autorinnen und Autoren, publiziert von De Gruyter. Dieses Werk ist lizensiert unter einer Creative Commons Namensnennung 4.0 International Lizenz.
https://doi.org/10.1515/9783111625188-003

RWJ: Jo Winkler mit all seiner breitbeinigen Präsenz, die für diese Turbojahre ja eine typische Erscheinung ist, ist ein Beispiel dafür, welche ‚Typen', diesen neoliberalen Betrieb produzieren. Was, würden Sie sagen, haben die für eine Einstellung zu Klasse und was haben sie für eine Einstellung zu ihrer Umwelt? Die wird ja in dem Roman sehr markant präsentiert.

ES: Winkler ist eine komische Figur – es kommt später heraus, dass der eigentlich eine linke Vergangenheit hat, die er aber leugnet. Stattdessen lebt er relativ zynisch in einer Art Verblendungszusammenhang, bei dem er diese neoliberale Ideologie quasi doppelt verinnerlicht hat – doppelt stark, weil sich vielleicht noch irgendetwas in ihm dagegen wehrt. Und dabei steht er natürlich auch unter einem wahnsinnigen Druck, sodass er beim kleinsten Anlass in totale Aggression ausbrechen kann. Und das ist schon typisch für Leute in dieser Situation, heute vielleicht noch mehr als in den 1990er Jahren.

RWJ: Wir haben diese Stellen zum Teil am Romananfang schon, an späteren Stellen wird das noch expliziter, wie diese ‚angekratzte Männlichkeit' in der Situation, wo es eben nicht mehr läuft, umkippt ins Ressentiment, in die Abwertung von anderen.

ES: Das ist von Beginn an eigentlich so der Widerspruch in ihm, aus diesem Grund ist das Buch als innerer Monolog verfasst: Dass man diese ganzen Sachen, diese Gedanken einfach laufen lassen kann und er desavouiert sich eben selbst und zeigt seine inneren Widersprüche. Das funktioniert so viel besser, als wenn man das einfach sagen oder in Szenen bringen würde, deshalb habe ich das so geschrieben, als einen durchgehenden *Stream of Consciousness* über 300 Seiten. Das ist seine Weltwahrnehmung, die aber natürlich vom Leser dann auch immer wieder konterkariert gesehen wird. – Klassenzugehörigkeit war noch die Frage: Das ist bei ihm natürlich nicht ganz einfach, man erfährt auch nicht hundertprozentig, was jetzt sein ökonomisch-sozialer Hintergrund ist, man kann vielleicht annehmen, dass er aus einem relativ soliden Bürgertum stammt und dann 70er-typisch in K-Gruppen aktiv war und jetzt definitiv einer ziemlich gehobenen Klasse angehört und auch einen ziemlich krassen Dünkel aufgrund dieser ganzen Unsicherheiten entwickelt hat – und deshalb schimpft er dann eben so über Rentner oder …

RWJ: … die Praktikanten, die Werksstudenten, die ihn dann letztlich zu ersetzen drohen – er ist dann der Kader, der zu teuer ist für die Firma, und kann in seiner Arbeit leicht ersetzt werden – insofern auch eine spezielle Klassenlage in dieser ‚Kreativen-Industrie'.

ES: Wobei er das in dem Moment natürlich noch gar nicht merkt, er fühlt sich ja immer noch ganz oben auf.

> Die Hand, Werners Hand, groß ist sie und warm, sein Mund, der ist auch groß, überdimensional groß, er starrt, Werner starrt mich an, wie ein Bann ist das: „Jo, *du* bist mein größtes Problem. Die Studenten, die Praktikanten, die kosten mich alle nichts. Du, Jo, bist zu teuer und du bringst nichts ein. Leider nichts mehr ein." Haha. Er ist ganz übergeschnappt, komplett von Sinnen, der Whiskey, dieser ganze Whiskey, den er trinkt, seit zwei Tagen, er fantasiert, was sagt er? (Winkler, Werber, 292)

ES: Sein Chef und langjähriger Weggefährte Werner sagt Winkler nach einer Nacht in der Spielbank auf dem Betriebsausflug nach Bad Neuenahr, dass er zu teuer ist, die Agentur pleite und Winkler, selbst wenn Werner mit ein paar Praktikanten noch weitermachen kann, auf jeden Fall nicht mehr dabei ist. Das ist die Hauptsache für Winkler, dass er, der sich für so einen ‚Top-Performer' hält, komplett infrage gestellt und negiert wird, ihm wird seine Identitätsgrundlage entzogen.

RWJ: In diesen späteren Teilen des Romans sehen wir diese Figur, die sich uns über 290 Seiten als extrem unsympathischer, egozentrischer Angeber präsentiert hat, dann noch einmal anders: Wir werden am Ende in sein Selbstmitleid, seine aussichtslose Situation, auch: sein tatsächliches Leid mit hineingezogen. Diese Logik der Abstoßung dieser Figur und dann aber auch ihrer Identifikationsfähigkeit – welche Rolle spielen diese beiden Pole für die Konzeption von solchen Figuren, wie sie ja in Ihren anderen Romanen auch wiederkehren – solche Figuren, die eigentlich nicht besonders sympathieträchtig sind, aber dann trotzdem ‚unter die Räder' dieses Systems kommen, das sie eigentlich in Gang halten?

ES: Das ist ganz wichtig, diese Dialektik, die sich da auswirkt. Das führt uns zum „Analytischen Realismus", wie ich ihn verstehe. Realismus gibt es ja schon recht lange, mit seiner Hochzeit im 19. Jahrhundert, wenn man da denkt an die französischen Autoren Stendhal, Balzac, Flaubert, Zola oder an Giovanni Verga (*I Malavoglia*) in Italien – es gibt ja immer wieder diese Elendsgeschichten, die zeigen, wie die Leute in einer schweren Gesellschaftssituation versuchen, klarzukommen – und es am Ende eben doch nicht schaffen. Und damit konnte man sich – und kann man sich auch heute noch – sehr gut identifizieren, mit der Härte des Lebens und so weiter, aber das haben wir natürlich schon so oft gesehen – wenn wir jetzt mal in Italien bleiben, gab es das auch im Kino, dem Neorealismo, der das noch mal aufgegriffen hat und ganz stark solche Elendsgeschichten erzählt hat, De Santis' *Bitterer Reis*, De Sicas *Fahrraddiebe* – und im Endeffekt denkt man sich: So what? Dafür eignet sich Journalismus eigentlich besser, um solche tatsächlich schrecklichen ökonomischen Zustände aufzudecken, egal wo auf der Welt. Literarisch macht das meines Erachtens keinen Sinn, sondern man muss hier eine zweite Ebene einbauen – und die besteht in so einem Fall eben darin, dass man diesen Typen eigentlich nicht mag (obwohl manche Leute sagen, dass sie über bestimmte Stellen lachen konnten, weil sie solche Dinge in Wahrheit eben auch denken, wobei sie sich dann dabei ertappen, dass sie sich auf eine bestimmte Art identifizieren können). Wenn aber so jemand in eine solche Lage kommt, hat man nicht unbedingt Mitleid, andererseits funktioniert das eben gerade dadurch, weil man merkt: Auch so jemand ist dann echt am Arsch, in dem Moment. Die gesellschaftliche Härte macht vor niemandem Halt. Das passiert nicht nur netten Menschen und nicht nur nette Menschen haben dann auch ein Leiden daran, sondern eben auch weniger nette.

RWJ: Das kann man hier sehr gut erkennen, weil wir an dieser Figur so besonders nah dran sind über diese lange Strecke. – Man könnte sagen, eine nicht ganz unähnliche Figur hat auch der nächste Roman, *Spätkirmes*, der als Gegenstand einer germanistischen Tagung auch deshalb einschlägig ist, weil einer der ‚Helden' Juniorprofessor für Germanistik ist und an der Sehnsucht nach der bürgerlichen Welt einerseits und der Prekarität seiner Beschäftigung andererseits krankt, aber eben auch kein durchgehender Sympathieträger ist. In einer Seminardiskussion, die ich mit Studierenden zu Hannes Tannert hatte, waren sein ressentimentgeladenes Weltbild, seine Entgleisungen jenseits dieser bürgerlichen Oberfläche ein großes Thema. Und wir haben hier ja ein Setting, das unter einem anderen Stern dieser „Turbojahre" steht, wenn auf dem Dorf, in der Kleinstadt dieses bürgerliche Weltbild mit einer scheinbaren Alternative konfrontiert wird, die Hannes und seine Frau Meta, die aus der Stadt nach „Kirchweiler" im Rheinland ziehen, erleben. Auf der Spätkirmes, wo man mit der Bevölkerung des Ortes in Berührung kommt, werden diese Lebenskonzepte und Lebenslügen noch mal infrage gestellt. Wie ist aus Ihrer Sicht der Bezug zu diesem Turbokapitalismus hier sichtbar?

ES: Ein wichtiger Punkt hier ist die neoliberale Ausrichtung des Wissenschaftssystems – das kennen Sie ja alle hier, wie das aussieht. Es ist eben so, dass dieser Hannes extrem unter Druck steht, weil alles von ihm abhängt – die haben ein Haus gekauft, das abbezahlt werden muss, und so weiter –, woraus sich bei ihm bestimmte Aggressionen ergeben (daneben existieren noch ganz andere Probleme, wie man am Ende erfährt). Das ist ein Sinnbild für die prekäre ökonomische Lage der heutigen Mittelklasse, dass es eben diesen ganz schmalen Grat gibt: Wenn man es nicht geschafft hat, an das ‚rettende Ufer' zu kommen, droht das Nichts. Er ist ja Juniorprofessor und hatte gehofft, er würde im *Tenure Track* übernommen werden, aber das passiert nicht. Würde es passieren, würde er Teil des gutsituierten Bürgertums werden, dann wäre die Sache gegessen, es könnte ihm in Deutschland nichts mehr passieren (außer wenn er eine ganz große Verfehlung begehen würde, was bei ihm möglich wäre) – passiert es aber nicht, ist der Absturz vorprogrammiert, außer er hat noch einmal Glück und kann einen Strohhalm erhaschen. Und das ist eine Lage, wie sie wirklich erst in den 1990er Jahren überhaupt aufgetreten ist, weil das analog zur Wirtschaft auch an den Universitäten, selbst in den Stadtverwaltungen Einzug gehalten hat, so eine Art von Prekarität.

> Meta spannte die Wäschespinne auf, sie schloss die Augen, einen Moment nur innehalten, bis ein Gefühl sie wärmend durchströmte, dann griff sie sich das erste T-Shirt und befestigte es mit Holzklammern am wackelnden Plastikstrang. Erneut lärmten die Glocken, einmal mehr, Samstagmittag, Sondertermin wegen der Kirmes? Damit sich die Festgäste moralisch stärken können, bevor es auf die Piste geht? Na. Nichts dagegen. Warum auch? Immer dieses Rechten und Hadern, bin ja nicht Hannes, der. Man lebt besser, wenn man einverstanden ist, Zufriedenheit, klingt platt, trotzdem ist es das, zufrieden mit der Situation und mit sich selbst im Einklang. (Spätkirmes, 17)

ES: Der Witz an der Sache ist, dass das jetzt mit einem ganz anderen Milieu konfrontiert wird – nicht umsonst feiern die Leute in Kirchweiler 175 Jahre Bürgerschützenverein, unglaubliche Tradition, wahnsinnig lang –; das ist ein Ort, der hauptsächlich aus Handwerkern, ein paar Bauern und Kleinunternehmern, Selbstständigen besteht, die aber alle völlig ‚gesettled' sind, schon immer so leben und auch immer so weiterleben können, höchstens betroffen von den Dingen, die das Leben ihnen bereitet – wenn man Krebs bekommt und stirbt, dann tut man das eben –, aber letztlich ist die Gesellschaft dort in ökonomischen Belangen relativ in Ordnung, da ist nicht besonders viel Mobilität und so weiter. Das ist natürlich das Gegenteil zum „Herrn Professor", der aber vielleicht bald gar kein Professor mehr ist. Seine Frau dagegen ist ein verbindendes Element, weil die das eigentlich gut findet mit dieser harmonisierenden Welt – es gibt also auch nicht nur negative Figuren in diesem Roman, anders als bei *Winkler, Werber*.

> „Ich-find-es-scheiße, dass du Geld mit der Sparkassenkarte abgehoben hast, das Konto ist schon tierisch überzogen."
> „Na und? Ich sollte doch einkaufen."
> „Ja, ja, einkaufen, klar. Aber gleich hundert Euro?"
> „Ja, hundert Euro. Und weißt du was? Die sind auch schon wieder weg!"
> „Was? Das ist doch gar nicht möglich, der Kühlschrank ist leer, was hast du denn davon gekauft, echt, ich fass es nicht!"
> „Na, was ich eben gekauft habe. Wir brauchten Kaffee, Milch, Apfelsaft für das Kind, Wasser, einen Kasten Bier, etwas Fleisch, Käse ..."
> „Bier, Fleisch, klar, wo ich überhaupt kein Fleisch esse, und Bier, wann trink ich mal Bier? Ich verdiene das Scheiß-Geld und du verfrisst und versäufst es!"
> „Verfrisst und versäufst ... Also echt ... du kannst mich mal!"
> „Man kann nun mal kein Geld ausgeben, das man nicht hat! Auf dem anderen Konto ist längst Land unter, jetzt ist das Sparkassenkonto auch noch mit vierhundert überzogen, wie soll ich

> das ... Wie sollen wir das denn jemals ausgleichen? Du wirst sicherlich nicht diejenige sein, welche ..." (Spätkirmes, 40–41)

ES: Das Hadern zwischen den Eheleuten hat auch noch einen weiteren wichtigen Grund: Es geht um Geld. Auch eine Erfahrung des prekären Mittelstands, dass man vielleicht ein Gehalt hat, was vor 20, 30 Jahren super gereicht hätte, um ganz solide, fast schon im gehobenen Mittelstand zu sein – und mittlerweile ist am Monatsende alles weg.

> Und wieder angedockt, klar, beim Kulturdezernenten, und wer ist der andere? Könnte der Geschäftsführer von dem Verein hier sein, Graewert oder so, ja, ich glaube. Mich stellt er ums Verrecken nicht vor, bin eben nicht wichtig, nicht satisfaktionsfähig auf dem blanken Parkett der Hochkultur, hat er mich eigentlich jemals akzeptiert? Der merkt das gar nicht. Das ist es, er nimmt mich gar nicht wahr. Immer nur er. Und wie er sich wieder ranschmeißt.
> „Sie sind doch Professor in Düsseldorf, wenn ich recht informiert bin."
> „Also, äh, nicht ganz. Ordentlicher Professor bin ich ... noch nicht. Ich habe momentan eine Juniorprofessur inne." Ja, das wäre was, das würde ihm so passen, da könnte er sich spreizen, der überaus bedeutende Lehrstuhlinhaber Prof. Dr. Tannert, wie ein Pfau, die beiden wiegen wissend die Köpfe.
> „Aha. Hm. Was genau war das noch mal?"
> „Bleiben Sie denn noch zum Büffet?"
> „Äh, ja. Warum nicht?!"
> „Na, dann bis gleich. Äh, Herr Dobelius, wir wollten ja noch mal ..."
> „Genau, Sie hatten ..."
> Und schon lassen sie ihn stehen, haben was zu besprechen. Da steht er dumm da, möchte so gerne rein und merkt gar nicht, dass es niemals passieren wird. (Spätkirmes, 147–148)

RWJ: Diese bürgerliche Welt hat verschiedene Seiten und hält einige Abgründe bereit, die aus diesen Stellen deutlich werden. Fangen wir noch mal an mit Hannes Tannert, der sich in der Szene um dieses Konzert redlich bemüht, an alle möglichen wichtigen Menschen Anschluss zu finden – da gelingt ihm wenig und das zeigt auch, dass er insgesamt überhaupt keine Handhabe hat, Anschluss an die Menschen zu finden, weil er eben in ‚Entfremdungszusammenhängen' gefangen ist, gut marxistisch gesprochen. Er ist zwar kein Industriearbeiter, aber es gibt eben überhaupt keine Basis, auf der er zwischenmenschliche Kontakte halten kann, denn es geht immer nur um das Vorankommen, um die Organisation von nächsten Schritten und so weiter.

ES: Ja, er ist total verkrampft und voller Kalkül, es gibt überhaupt nichts, was er aus menschlichen Beweggründen tut, es ist alles Berechnung, er versucht irgendwie mit der Brechstange, Beziehungen aufzubauen zu Leuten, wie man es hier sehen kann – und das merken die Leute natürlich auch. Man spürt ja, ob sich Leute mit einem unterhalten um des Unterhaltens oder um eines selber willen oder ob das vor allem irgendwelche untergründigen Zwecke hat. Und das kann er gar nicht verbergen, den Stress, in dem er da steckt, vielleicht auch von seinem grundsätzlichen Naturell her. Auch hier würde ich denken, dass die Figur aus dem einigermaßen soliden, mittleren Bürgertum kommt – er sagt selbst mal, dass er Lehrereltern hat –, aber eben ohne Kontakt in höhere Kreise, wie das so bei Lehrerkindern ist. Da fehlt ihm ein bisschen was am Habitus – er versucht, bei diesem Konzert für zeitgenössische Musik da zu sein, wo vielleicht auch noch ein altes Bildungsbürgertum steckt, aber in Wirklichkeit eher so die ‚oberen Zehntausend', die diese Musikrezeption kultivieren, ohne dass sie in Wahrheit etwas davon verstehen. Das sind Bedingungen, bei denen dann offenbar auch noch so ein leichter Klassenwechsel für ihn eine Rolle spielt, wobei ‚Klassenwechsel' eigentlich schon zu viel gesagt ist – Wechsel zwischen ‚Schichten', würde ich eher sagen, innerhalb der Mittelklasse.

RWJ: Wo Sie den Begriff ‚Habitus' schon ansprechen: Es ist ja auch eine Frage der Verhaltensweisen in solchen Situationen, die hier imitiert werden, aus einem bestimmten Bereich kommen, aber bei Hannes dann auch nicht richtig ‚sitzen', was man ziemlich deutlich sieht. Und das ist etwas, was dann auch besonders deutlich wird in der Kommunikation mit den Leuten aus dem Ort. Hier kann er gar nicht ‚andocken', weil diese Leute solche Probleme eben überhaupt nicht haben, sein Habitus geht hier ins Leere, weil sie mit solchen Situationen eben einfach anders umgehen können.

ES: Ja, es ist eigentlich so, dass er der Prototyp einer Person ist, die zwischen den Klassen steht: In der einen ist er (noch) nicht ganz drin, der anderen kann er gar nicht zugehören. Zum Proletariat – oder zum Kleinbürgertum eher –, da hat er gar keine Anschlussmöglichkeit, diese Welt interessiert ihn auch überhaupt nicht, während Meta sich dort bewegt wie ein Fisch im Wasser. Das finde ich interessant an dieser Figur, dass sie eigentlich klassentheoretisch gesehen heimatlos ist.

RWJ: Was man erkennt in dem Vergleich zwischen dem Habitus, den er kultiviert, auch in dieser Ehe, hinsichtlich der Beziehungsdynamik, die in den Streitereien der Eheleute über das Geld deutlich wird, und dieser Welt im kleinen Ort, das sind die ungebrochen patriarchalen Strukturen, die sich hier wie dort zeigen und auswirken. Meta rücken sie in die Rolle der Nebenbeschäftigten, der ‚Mini-Jobberin' – obwohl sie selbst auch ausgebildet ist als Ernährungswissenschaftlerin, wird sie an die Seite gedrängt. Das ist ja sicherlich auch ein wichtiges Thema hier, was sich dann auf der Ebene des Dorflebens artikuliert und in dieser männlichkeitslastigen Schützenkultur, die da gefeiert wird, auf einer anderen Ebene wiederkehrt.

ES: Insofern passen die beiden eigentlich ganz gut rein dort, das stimmt. Das ist natürlich noch mal ein anderes Thema des Buchs, diese Dorfgemeinschaft – es gibt in diesem Buch Passagen, die nicht im inneren Monolog, sondern auktorial dargestellt sind, in denen es darum geht, was in diesem Dorf so passiert, beim Schützenfest, welche sozialen Strukturen sich dort ausbilden. Die sind ganz anders geartet und letztlich hat es mich natürlich auch interessiert, das zu schildern. Man kann sagen, es gibt ja auch noch eine übergreifende soziale Logik in diesem Text, es geht nicht nur um den prekären Mittelstand, es geht auch um die Illusion eines störungsfreien Raumes der Heimat, der Tradition, die da viel beschworen wird, in einer Gesellschaft, die von Dissoziation betroffen ist. Denn all die Dinge, die in der Welt passieren, gehen an dem kleinen Ort ja nicht spurlos vorüber: Es gibt auch Nazis, die in der Nacht brüllen, es gibt fast einen Lynchmord, es gibt alles, was es sonst wo auch geben kann an Auseinandersetzungen. Die soziale Idylle ist nur ein Schein. Das ist noch ein anderes Thema vor dem Hintergrund dieser Ehegeschichte.

RWJ: Ein weiterer Aspekt, der damit eng verbunden ist, ist die Geschichte, die Hannes als potenziellen pädophilen Straftäter zeigt. Es gibt eine Interaktion mit einem Mädchen, das elf, zwölf Jahre alt ist und stark markiert wird als Figur aus sehr prekären Verhältnissen, und wir wissen nicht so richtig, was da passiert. Sie erhebt dann Vorwürfe, kommt aber mit diesen Vorwürfen nie durch.

ES: Ja. Wenn so eine Person dem Herrn Professor was vorwirft, dann ist das einfach so ein Machtgefälle, dass es kaum möglich erscheint, dass jemand ihr glaubt. Deswegen kommt Hannes zumindest in dieser Phase im Buch glimpflich weg. Obwohl man auch nicht wirklich weiß: Ist es tatsächlich passiert oder hat sie sich das jetzt ausgedacht, um irgendwie auf sich aufmerksam zu machen? Denn das tut sie die ganze Zeit auf dieser Kirmes in verschiedener Weise und mit einer bestimmten Dramaturgie und ansteigenden Tendenz. Aber man soll ja nicht immer alles verraten ...

RWJ: Wir sehen auch in den inneren Monologen von Hannes bestimmte Blicke auf junge Frauen, junge Mädchen, dass eben auch klar wird, dass diese patriarchalen Logiken in dieser heimatlosen Figur ein extrem ungutes Potenzial erwecken. – Vielleicht noch zu der Machart dieses Textes. Sie haben es gerade schon angesprochen: Wir sind nicht wie bei *Winkler, Werber* in einem permanenten Fokus der Figur, sondern wir haben hier eine sehr aufgeteilte Erzählform mit wechselnden Figurenperspektiven und es gibt ganz andere Teile, die auf einer Montage-Ebene Faktenerzählungen, Hintergründe der sozialen Situation, des Schützenwesens präsentieren. Wie ermöglicht dieses Verfahren ein anderes Einfangen der Realität, als es etwa bei *Winkler, Werber* der Fall ist?

ES: Ich habe 2005 und 2006 in zwei Essays die Nutzung dieses Konzepts des „Analytischen Realismus" aufgebracht.[3] Eines Realismus, der sich nicht mit dem bloßen Abbild befasst, sondern versucht, die wirkenden Prozesse in der Gegenwartsgesellschaft darzustellen und die Widersprüche aufzuzeigen, ohne dass man das jetzt hervorkehrt, sondern dass sie sich aus sich selbst heraus, aus der Erzählung ergeben. Also nicht nur Abbild, sondern auch die mitgelieferte Analyse, welche Strukturen und welche Zusammenhänge dieses Abbild hervorbringen, es untergründig durchwirken.

Vor dem Hintergrund, dass *Spätkirmes* ja auch so ein bisschen ein ‚Heimatroman' ist, ein ‚Provinzroman' könnte man sagen, habe ich überlegt: Was ist denn Heimat? Woraus besteht das und wie kann man das materialistisch fassen? Und wenn man das tut, kann man zum Beispiel geografische Texte verwenden – wo liegt das überhaupt, an welchen Koordinaten? Welche historischen Aspekte sind dort konstitutiv? Wie hat sich das Schützenwesen eigentlich entwickelt, welche Rolle hat die katholische Kirche gespielt, man denke an den Kulturkampf zum Beispiel. Das ist in diesem Roman der Versuch, Momente der Analyse einfließen zu lassen, indem Faktenmaterial eingespeist wird in den Erzähltext, der dadurch aufgebrochen wird, um dann – tatsächlich mich auf meine Doktorarbeit über die historische Avantgarde rückbeziehend[4] – in der Tradition Dadas und des Surrealismus die *Gemachtheit* eines solchen Textes zu zeigen, dass die Fiktion also auch Fiktion ist. So wie alles fiktionale Erzählen auch eine Art Metafiktion ist. Das ist ein Mittel gewesen, möglichst verschiedene Textsorten einzubringen, um gewissermaßen von allen Seiten diese Ortsrealität zu bespiegeln. Wie kommt das, dass es so ist? Das Schützenwesen hat im 15. Jahrhundert angefangen, ist also nicht nur 175 Jahre alt, sondern noch viel älter. Was ist eigentlich der Grund, wieso machen die das? Wie war das früher? Da war es beispielsweise Fakt, dass man, wenn man sich zu sehr betrank, ausgeschlossen wurde aus allem, man durfte nicht mehr mitmachen – heute unvorstellbar, das ist ja fast Mitmachbedingung. Das sind Aspekte, bei denen ich ganz wichtig finde, dass man verschiedenste horizontale und vertikale Blickwinkel einbringt in das, was so ein ‚Ortskosmos' eigentlich ist, über die reine Fiktion einer Erzählung mit ausgedachten Personen hinaus.

RWJ: Wir könnten das schon auf Ihren nächsten Roman, *Sanierungsgebiete*, beziehen, wo dieses Verfahren eine große Rolle spielt – wir könnten es aber auch in

---

3 Vgl. Enno Stahl, Literatur in Zeiten der Umverteilung, Berlin 2005, und Enno Stahl, Der sozialrealistische Roman, Berlin 2006.
4 Enno Stahl, Anti-Kunst und Abstraktion in der literarischen Moderne. Vom italienischen Futurismus bis zum französischen Surrealismus, Frankfurt a. M. et al. 1997.

Kontrast setzen zu einer breiten Strömung der Gegenwartsliteratur, mit der Sie sich ja zum Teil sehr kritisch auseinandergesetzt haben, die diese Dimensionen häufig vermeidet zugunsten starker Erzählstimmen, die aus ihrer geschlossenen Perspektive diese Welt wahrnehmen.

ES: Vielleicht zunächst mal zu etwas, das ich „Mainstream- oder Tatort-Realismus" nennen würde. Es gibt ja manchmal so Einlassungen – von Sibylle Lewitscharoff[5] oder Juli Zeh[6] – gegen den Realismus, der überkommen oder sogar vulgär sei. Das finde ich insofern schwachsinnig, als meines Erachtens 95 Prozent der Literatur der Gegenwart im Großen und Ganzen einem realistischen Anspruch folgen.

Die Frage ist nur, ob das tatsächlich eine Wirklichkeit abbildet, wie sie ist – meines Erachtens ist das sehr oft klischeehaft und ideologisch; ich sage immer „Tatort-Realismus", weil man das am *Tatort* besonders gut sehen kann: Wenn die mal das Thema ‚Obdachlosigkeit' haben, dann wird das eben auf einer totalen Phänomen-Ebene abgetan, es wird überhaupt nicht nach gesellschaftlichen Hintergründen gefragt, und es wird meistens auch noch individualisiert: Dann hat die Person noch irgendetwas anderes Besonderes, weswegen sie da eine Rolle spielt – nicht nur dass sie obdachlos ist, sondern ein Alleinstellungsmerkmal, das sie dann nach Ansicht der TV-Macher erst für die Zuschauer interessant macht. Dadurch ist das aber gesellschaftlich gesehen völlig uninteressant. Denn es geht darum, dass die Leute zwar Einzelpersonen sind, aber typische Charaktere. Die alleinerziehende Mutter mit drei Kindern ist ein typischer Charakter, die meinetwegen im Supermarkt arbeitet bis zehn Uhr – wie schwierig das ist, das wäre eine Geschichte, die man erzählen kann. Wenn sie dann aber noch einen alzheimerkranken Vater hat und einen Freund, der gerade vielleicht in *Gender Troubles* ist oder so etwas, dann wird es eben einfach nur noch zu einer individuellen Geschichte, die mit den sozialen Problemen, vor denen die alleinerziehende Supermarktkassiererin mit drei Kindern steht, nichts mehr zu tun hat. Das finde ich immer fatal. Die kritische Sprengkraft, die der simplen Offenlegung des schlechten Status quo innewohnt, wird dadurch vollkommen verdeckt. Da gibt es ein Briefzitat von Friedrich Engels: „Realismus bedeutet [...] die getreue Wiedergabe typischer Charaktere unter typischen Umständen."[7] Das finde ich ganz wichtig. Das Erste, was daraus folgt, ist, dass das alles definiert und verstanden sein muss vom Autor. Man muss die „typischen Umstände" verstanden haben – was ist das eigentlich, die typischen Umstände, wie

---

5 Vgl. Sibylle Lewitscharoff, Vom Guten, Wahren und Schönen, Berlin 2012.
6 Vgl. Juli Zeh, Zur Hölle mit der Authentizität, in: Die Zeit, 21.09.2006.
7 Friedrich Engels, Briefentwurf an Margaret Harkness, in: Marx-Engels-Werke, Band 37: Briefe: Januar 1888–Dezember 1890, Berlin 1986, 42.

ist ein soziales Milieu gekennzeichnet, wie drückt sich das aus? – Und: Wie ist eine Figur, die sich in diesen Umständen bewegt?

Und als dritte Ebene kommt dazu: Welcher Autor, welche Autorin erzählt darüber und in welchen Umständen bewegt er oder sie sich? Der ‚Klassenstandpunkt' des Autors oder der Autorin ist eine Sache, die meines Erachtens zwingend mitbedacht werden muss. Man kann zwar über den Klassenbegriff noch einiges sagen – ich benutze ihn mal jetzt so als Hilfskonstruktion –, aber das ist eine Sache, von der ich meine, dass sie ganz wichtig ist, wenn man mit einer analytischen Form von Realismus hantieren will, dass man die Figuren einzeln sozial durchdringt von ihrer Position her – wo kommen sie her? Wieso sprechen sie so, wie sie sind? Wie reden sie überhaupt? Wovon leben sie und wie bestimmt das ihr So-Sein und ihr Bewusstsein? Und gleichzeitig: Wenn ich das schreibe, warum schreibe ich das so und kann ich das so schreiben – oder was muss ich vielleicht noch wissen, dass ich es so schreiben kann? Ich bin kein Verfechter von: „Nur Leute, die auch das Schicksal erlebt haben, dürfen auch darüber schreiben." Oder: „Nur Frauen dürfen Frauenfiguren haben und nur Männer dürfen Männerfiguren haben." Ich finde, das war schon immer Teil der Literatur, da kreativ sein zu können, und vor allem die Möglichkeit von Recherche, dass man eben in andere Welten, die nicht die eigenen sind, eintauchen kann – das ist doch gerade das Spannende.

RWJ: Von dort aus ist der Weg zu *Sanierungsgebiete* eigentlich vorgezeichnet, ein Text, der sehr stark sichtbar macht, wie diese Recherche aussieht, in dem zum Teil Figuren selber diese Recherche machen und zum anderen Teil die Recherche aus Quellenmaterial im Text offengelegt wird: Was kommt woher, welche Logiken sind die, die analytisch von Ihnen erfasst wurden, um diese Welt zu zeichnen? Eine Welt, die hier jetzt nicht die Kleinstadt ist, sondern der Prenzlauer Berg, die dortigen Sanierungsgebiete, die zu einer starken Veränderung dieser Kieze geführt haben und die Sie durchaus aus den individuellen Perspektiven der Figuren beleuchten, die insgesamt aber ein Gesamtbild dieses Prozesses als Romanthema hervorbringen.

ES: Der Zyklus „Turbojahre" hat ja insgesamt die Idee, bestimmte Gegenwartsbereiche auszuleuchten als literarische Erkenntnisform. In *Spätkirmes* ist das der prekäre Mittelstand und die Dissoziation der Gegenwartsgesellschaft, in *Winkler, Werber* ist es die neoliberale Ideologie, auch die *New Economy*, und in *Sanierungsgebiete* ist es die Perspektive auf die Gentrifizierung, aber eben auch die Urbanität – was bedeutet das heute? Natürlich wäre es langweilig – oder eher etwas für Wissenschaft oder Journalismus –, wenn man das zu offensichtlich machte; man muss das schon über eine Geschichte und über Figuren erzählen, die in diese Prozesse in verschiedener Weise einbezogen und verwickelt sind, ob als ‚Täter' oder als ‚Opfer' oder sonst was. Und so ist es hier eben auch.

Es gibt vier Figuren, die erste Figur – Otti Wieland – ist eine Art subkultureller Intellektueller mit Ost-Vergangenheit, deswegen kann man auch nicht so genau sagen, welcher Klasse er eigentlich zugehörig ist, weil sich das mit dem Zusammenbruch der DDR ja sehr verändert hat – natürlich gab es da auch eine Form von Bürgertum, aber es gab eine Menge Leute, die nicht dazugehörten, und die Arbeiterklasse hatte auch noch eine andere Bedeutung – also er ist da nicht so genau einzuordnen, für Marx hätte er wahrscheinlich zum Lumpenproletariat gehört, er hat sich da ein bisschen durchgewurschtelt, und das macht er jetzt immer noch.

> Otti Wieland läuft die Straße entlang, die Rykestraße, seine Straße, in der er seit all den Jahren wohnt, lebt, arbeitet, die Straße, die er seit all den Jahren kaum je verlässt. Er bewegt sich wenig, sein Leben spielt sich hauptsächlich in seiner Wohnung ab, denn, je weiter man sich wegbewegt, so Otti, desto größer die Gefahr, dass man ungenau wird. (Sanierungsgebiete, 10)

ES: Die zweite Figur, ebenfalls aus der DDR, Donata, sie ist mal Punk gewesen, ganz jung, allerdings war ihre Mutter eine gefeierte Opernsängerin, sie hat sich zwar nicht allzu sehr um ihre Tochter gekümmert, bewegte sich aber in einflussreichen Kreisen, die auch für Donata selbstverständlich waren – nicht unbedingt so wie Jenny Erpenbeck, so ganz gehobene DDR-Sozialisation, aber auch nicht prekär, DDR-Kulturschickeria, von der sie sich als junge Frau lossagte und eben Punk wurde. Inzwischen ist sie alleinerziehende Mutter, und zwar hat sie ein Kind von Otti, der nicht so richtig was auf die Reihe bringt, und sie hat ihn daher ganz konsequent sofort verlassen mit Geburt des Kindes, weil sie wusste, da passiert nichts an Beitrag von seiner Seite, und hat es lieber alleine versucht. Jetzt ist sie stellvertretende Chefredakteurin einer Gewerkschaftszeitung.

> Rasmussen. Winkt, „Hey, Donata, komm mal her", will mich vorstellen, na gut, wer ist denn das? Kenne ich die? Nee. Also. Den Käse stillschweigend auf dem Büffet verschwinden lassen, sieht ja keiner, oder? Nein. Und lächeln ... ein strahlendes Lächeln. Ja, das verfängt. Wie es immer verfängt. Jetzt brennen sie darauf, mich kennen zu lernen ... (Sanierungsgebiete, 27–28)

ES: Donata hat, wie man sieht, weniger Probleme mit dem sozialen Kontakt, zum Beispiel verglichen mit einer Figur wie Hannes, der ebenfalls gerne aufsteigen möchte, deswegen gelingt ihr das auch viel besser. Man nennt das auch ‚emotionale Intelligenz'.

Die dritte Figur ist eine Studierende, Lynn. Sie stammt aus Düsseldorf, aus ziemlich gehobenen Verhältnissen, lebt jetzt aber in anderem Zusammenhang, besitzt immerhin eine Eigentumswohnung, die Mama gekauft hat, schon mal eine ziemlich gute Situation in der Beziehung, hat also keine Sorgen, aber jetzt auch keine großen Reichtümer oder so etwas zur Verfügung. Sie befasst sich mit dem Gentrifizierungsthema, über das sie eine Arbeit schreibt, nämlich über die Sredzki-, Ecke Rykestraße, wo sie auch wohnt, und will nun quasi ihren eigenen Kiez bearbeiten. Und jetzt kommt es aber dazu, dass sie zum Pflichtpraktikum in einem Architekturbüro anheuert, was ihr natürlich auch ganz recht ist, da sie eine Möglichkeit sieht, so in die Arbeitswelt reinzukommen. Es fängt auch ganz gut an, aber sie merkt dann immer mehr, dass es ganz und gar nicht in ihrem Sinne läuft. Sie kann sich da tierisch einen abarbeiten und bleibt sogar länger als die vereinbarten sechs Monate, man hat ihr immer gesagt, ‚irgendwann gibt es vielleicht auch mal Geld', aber natürlich wird das wieder nichts. Gleichzeitig hat sie inzwischen schon ziemlich viele Erkenntnisse über die Gentrifizierungsprozesse gewonnen und die Verdrängungen, die damit einhergegangen sind, ihr Bewusstseinsbildungsprozess ist schon weit gekommen mittlerweile und deswegen hat sie schon eine sehr veränderte Einstellung zu der Arbeit im Architekturbüro.

RWJ: Sie haben uns jetzt drei der vier zentralen Figuren dieses Romans vorgestellt, die alle ein Verständnis von sich selbst als ‚links' vertreten. Aber man sieht sehr deutlich, wie stark sich die Zugriffe auf dieses Gentrifizierungsthema bei den dreien unterscheiden, und auch, was für unterschiedliche Gefühlswelten bei diesen Figuren damit verbunden sind. Eine Frage, die sich aufdrängt bei diesem Roman: Es klappt ja nicht, diese Gentrifizierung aufzuhalten, zu mindern, auch nur eine gemeinschaftliche Solidarität demgegenüber zu finden – inwiefern spielen diese Punkte hier eine Rolle in dem ja eher pessimistischen Blick auf die Möglichkeit, solche Prozesse, die für viele Figuren auch sehr problematisch werden, zu gestalten oder auszuhalten, auszubremsen auch?

ES: Ich habe sehr lange an diesem Roman geschrieben, von 2007 an, wo er auch einsetzt, und der geht dann so bis 2011 irgendwann – und er ist erschienen 2019. In dieser Zeit ist natürlich extrem viel passiert. Als er dann beendet wurde, da war die Gentrifizierung in weiten Teilen tatsächlich erfolgt. Genauer gesagt, relativ am Anfang steht die Aufhebung des Sanierungsgebiets Kollwitzplatz, womit der Prozess abgeschlossen war, um den es da geht. Im Endeffekt ist es eine Bestandsaufnahme dessen, was passiert ist, und der Prozesse, die damit normalerweise einhergehen, auch an anderen Stellen der Stadt und natürlich auch in lauter anderen Städten weltweit.

Die Figuren haben alle auf die eine oder andere Weise damit zu tun, aber natürlich kann keiner mehr etwas dagegen machen, weil da sowieso sehr viel größere Kräfte am Werk sind. Trotzdem werden in dem Roman bestimmte Widerstandsformen geschildert, sehr radikale und weniger radikale, damit kann sich der Leser oder die Leserin identifizieren oder auch nicht. Im Endeffekt versuchen alle Leute, daraus was zu machen: Otti ist ‚Opfer', aber nur in Anführungsstrichen, weil er seinen Vermieter bis aufs Mark reizt und zur Verzweiflung bringt, bis er für eine saftige Abfindung von 30.000 Euro auszieht, sich den Umzug vom Arbeitsamt bezahlen lässt und so weiter. Das ist schon ein bisschen fragwürdig – möglicherweise hat er sogar selbst ein Feuer im Haus gelegt, das dem Vermieter angelastet wird, oder legen lassen, weil er auf so eine Gruppe von radikalen Gentrifizierungsgegnern manipulativen Einfluss ausübt.

Donata versucht das mit ihrer Gewerkschaftszeitung, wodurch sie dann gleichzeitig noch einen beruflichen Aufstieg schafft, weil sie am Ende Pressereferentin des kommenden Senators für Bauwesen wird, und denkt sich, dass sie da vielleicht in bestimmter Weise auf solche Prozesse einwirken kann – in Wahrheit kann sie natürlich gar nichts machen, ist klar.

Und Lynn versucht das auf eine Weise, die ich eigentlich am sympathischsten finde, indem sie sich mit diesen ganzen Initiativen auseinandersetzt, mit Leuten redet, Interviews macht und eben wissenschaftlich in so eine Richtung arbeitet, wie man es von Andrej Holm oder solchen Akteuren kennt – es gibt auch eine Figur, die entfernte Ähnlichkeit mit ihm hat. Also: Dass man zumindest mal versucht, diese Prozesse aufzuzeichnen, wo man noch gar nicht weiß, welche Konsequenzen das für die Zukunft hat. Möglicherweise wird das doch zu einem Umdenken führen, dass von der Politik, die in der Verantwortung steht, solche Entwicklungen auf eine andere Weise gehandhabt werden oder dass solche kritischen Aspekte stärker einbezogen werden – dass es also langfristig vielleicht mehr bringt, als Brandsätze zu werfen oder so etwas. Andererseits habe ich dieses Thema natürlich bewusst gewählt, weil das – mehr vor einigen Jahren als jetzt – eine absolute Frontlinie der sozialen Auseinandersetzung war, die Wohnungsfrage, gerade hier in Berlin, wo eine ziemliche Mobilisierung und auch Radikalisierung stattgefunden hat und man merkte, dass das ein extrem essenzielles Thema ist für die Leute.

RWJ: Um einmal auf den engeren Kontext unseres Tagungsthemas zurückzukommen: In den letzten Jahren ist ‚Klasse' als literarisches Sujet wieder mehr in den Blickpunkt gerückt. Wie sehen Sie diese Entwicklung?

ES: Einerseits begrüße ich natürlich, dass die soziale Frage wieder vermehrt Eingang in die Literatur gefunden hat. Andererseits habe ich große Probleme mit der Art und Weise, wie das geschieht.[8] Denn, wie mir scheint, geht es dabei weniger um ‚Klasse' als um ‚Klassismus', also um die Diskriminierung qua Herkunft. Mit diesem Begriff geht meines Erachtens eher eine Entpolitisierung einher, da darunter lediglich schlechte Lebensbedingungen, geringere Einkommensverhältnisse usw. gefasst werden, ohne dass die dem zugrunde liegende allgemeine Klassenstruktur,

---

8 Vgl. dazu und zum Folgenden: Enno Stahl, Literatur und Klasse, in: Woher wir kommen. Literatur und Herkunft, hg. von Cornelius Mitterer und Kerstin Putz, Wien 2025, 42–56.

der Grundwiderspruch, Berücksichtigung fände, dass einige wenige den Mehrwert einstreichen, den die vielen Lohnabhängigen mit ihrer Arbeitskraft erwirtschaften. Dieses System aber generiert zwangsläufig Ungerechtigkeit. Statt als generelles Problem, das aus diesem gesellschaftlichen Antagonismus resultiert, ergibt sich unter dem Siegel des Klassismus nur eine moralisch verwerfliche, individuelle Benachteiligung, derer dann einzelne Funktionsträger wie zum Beispiel Lehrer oder Professoren geziehen werden, die doch letztlich auf ein und derselben Seite des gesellschaftlichen Widerspruchs stehen.

RWJ: Sie spielen damit wahrscheinlich auf die verschiedenen Aufstiegsgeschichten in der französischen und inzwischen deutschen Literatur an: Ernaux, Eribon, Louis. In Deutschland Deniz Ohde oder Christian Baron.

ES: Ja, genau, wobei das aus meiner Sicht ganz unterschiedlich zu bewerten ist. Annie Ernaux zum Beispiel ist wunderbar. Für mich analytischer Realismus in Reinkultur. Obwohl sie nur über sich schreibt, tut sie das eben komplett distanziert. Man denke an die berühmte Selbstaussage, sie betrachte sich als Ethnologin ihrer selbst. Das heißt: Ihre Biografie, ihre spezifischen Erfahrungen sieht sie als ‚Quelle', die es auszuwerten gilt. Und das tut sie auf nahezu objektive Art (wobei Literatur natürlich niemals ‚objektiv' sein kann, sein will, sein muss ...). Sie rekonstruiert so in perfekter Weise den französischen Kleinbürgerkosmos der 1950er Jahre, der für ihre Sozialisation maßgeblich war.

Bei den anderen genannten Autoren und Autorinnen liegt der Fall für mich anders. Bei Eribon vielleicht noch nicht mal so sehr, denn seine *Rückkehr nach Reims* ist zwar geprägt von dieser Idee des ‚Klassenwechsels', mir scheint aber, sein eigentliches Erkenntnisziel war es, herauszufinden, warum die Arbeiterklasse, die Menschen seines Herkunftsmilieus, nicht mehr links, sondern nun mehrheitlich rechts wählen. Diese Klassismus-Lesart ist meiner Ansicht nach erst in der deutschen Rezeption so stark herausgestrichen worden. Das Buch war hierzulande ja auch viel erfolgreicher als in Frankreich. Schon der Begriff des ‚Klassenwechsels', den ich oben selbst schon mal verwendet habe, ist ziemlich problematisch.

RWJ: Aber es ist doch schon so, dass die Protagonisten der erwähnten literarischen Klassenromane eine objektive Aufstiegserfahrung gemacht haben, auch bei Annie Ernaux ist das ja ausführlich beschrieben – der Wechsel in eine andere gesellschaftliche Schicht, die sie von ihrem Herkunftsmilieu entfernt. Gleichzeitig fühlt sie sich aber auch im neuen Mittelklasse-Umfeld nicht wirklich zu Hause.

ES: Das ist richtig. Fraglich ist nur, ob das wirklich ein ‚Klassenwechsel' ist oder nicht nur ein gewisser sozialer Aufstieg innerhalb der Klasse der Lohnabhängigen. Das hängt schlicht von der Definition des Begriffs ‚Klasse' ab. Was ist das heute überhaupt? Kann man einfach so von einer ‚Arbeiterklasse' sprechen? In der fordistischen Zeit waren 50 Prozent der Erwerbstätigen im industriellen Sektor beschäftigt, Mitte der 1960er Jahre etwa. Dieser Anteil ging inzwischen aber rapide zurück. Jetzt arbeiten 75 Prozent der Menschen im Dienstleistungssektor, und der ist sehr heterogen. Was ist also die ‚Arbeiterklasse'? Marxisten sprechen von der Klasse der Lohnabhängigen, das wären dann eben alle, die nicht im Besitz der Produktionsmittel sind – demnach auch Annie Ernaux als Gymnasiallehrerin, die sie damals war, oder Eribon als Professor. Ein regelrechter ‚Klassenwechsel' wäre das dann also nicht. Aber es ist richtig, wie Sie sagen, dass die Protagonisten in diesen Büchern einen Aufstieg geschafft haben, der ihre Lebensbedingungen deutlich verbessert hat. Nach Bourdieu könnte man auch von drei Klassen sprechen, Arbeiter-, Mittel- und Oberklasse. Dann wären Ernaux und Eribon eindeutig von der Arbeiter- in die Mittelklasse aufgestiegen. Andreas Reckwitz unterteilt diese Mittelklasse noch in alte und neue Mittelklasse. Die alte Mittelklasse wäre so etwas wie die Arbeiterschaft im Normalarbeitsverhältnis, Angestellte usw., darunter gibt es für ihn noch eine untere Klasse der Abgehängten, der Erwerbslosen oder im Niedriglohnsektor Beschäftigten. Die neue Mittelklasse wäre dann das kulturalistisch geprägte urbane Milieu, Leute, die in der Wissensökonomie und der Kreativwirtschaft arbeiten, also Leute wie wir. Kann sein. In diesem Modell wäre es ebenso wie bei Bourdieu möglich, von einem Klassenwechsel zu sprechen. ‚Klasse' wäre dann aber immer noch ein ziemlich diffuses Konglomerat, besonders dann, wenn man es als politisch wirksames Kollektiv produktiv machen wollte.

RWJ: Aber Literatur hat ja nicht die Aufgabe, saubere Begrifflichkeiten für komplexe gesellschaftliche Aggregatzustände zu entwickeln. Ist es nötig, dass Autoren und Autorinnen ein Klassenbewusstsein besitzen, um engagierte oder ästhetisch wirkungsvolle Literatur zu schreiben?

ES: Natürlich nicht. Aber es hilft, wenn man sich den eigenen gesellschaftlichen Standpunkt bewusst macht, wie ich oben schon sagte. Ganz gleich, welchen Klassenbegriff man zugrunde legt, muss doch klar sein, *dass* es unterschiedliche gesellschaftliche Ebenen gibt, die ihre dazugehörigen Subjekte in bestimmter Weise determinieren. Das gilt übrigens nicht nur für die Unterklasse, sondern ebenso für alle anderen sozialen Schichten. An der Klassengesellschaft selbst dürfte heutzutage kein Zweifel mehr bestehen, trotz aller Abgrenzungsproblematiken gibt es ja eine Reihe von Kriterien, an denen man sich orientieren kann, sei es der ökonomische Grundwiderspruch der marxistischen Perspektive oder die Habitustheorie Bourdieus, die eine deutliche Verfeinerung in die Betrachtung von Distinktionsprozessen eingebracht hat. Für Autorinnen und Autoren heißt es ganz einfach, zu wissen, wo man selbst steht und wo man herkommt, um dadurch zu begreifen, wo die anderen stehen, ja noch dazu auch, wo die *eigenen Figuren* sozial und politisch zu verorten sind. Das heißt für mich, der literarische Text muss sich auf die Klassengesellschaft rückbeziehen, muss sich ihrer bewusst werden und sie als grundlegende Bedingung in Handlungsentwicklung und Figurenzeichnung einbeziehen.

Das Gespräch wurde im Juni 2024 im Rahmen der Tagung „Klassen. Gefühle. Erzählen" in Berlin geführt. Der Abdruck der Auszüge aus Enno Stahls Romanen erfolgt mit freundlicher Genehmigung des Verbrecher Verlags.

Literatur

Engels, Friedrich: Briefentwurf an Margaret Harkness, in: Marx-Engels-Werke, Band 37: Briefe: Januar 1888–Dezember 1890, Berlin 1986, 42.
Lewitscharoff, Sibylle: Vom Guten, Wahren und Schönen, Berlin 2012.
Stahl, Enno: Anti-Kunst und Abstraktion in der literarischen Moderne. Vom italienischen Futurismus bis zum französischen Surrealismus, Frankfurt a. M. et al. 1997.
Stahl, Enno: Literatur in Zeiten der Umverteilung, Berlin 2005.
Stahl, Enno: Der sozial-realistische Roman, Berlin 2006.
Stahl, Enno: Winkler, Werber, Berlin 2012.
Stahl, Enno: Diskurspogo. Über Literatur und Gesellschaft, Berlin 2013.
Stahl, Enno: Diskursdisko. Über Literatur und Gesellschaft, Berlin 2020.
Stahl, Enno: Für eine „kämpfende Ästhetik". Realismus und Widerspiegelungstheorie, in: Literatur im politischen Kampf. Schriftsteller und Schriftstellerinnen in Revolution und Reaktion, hg. von Ingar Solty und dems., Berlin 2021, 153–176.
Stahl, Enno: Spätkirmes, Berlin 2017.
Stahl, Enno: Sanierungsgebiete, Berlin 2019.
Stahl, Enno: Literatur und Klasse, in: Woher wir kommen. Literatur und Herkunft, hg. von Cornelius Mitterer und Kerstin Putz, Wien 2025, 42–56.
Zeh, Juli: Zur Hölle mit der Authentizität, in: Die Zeit, 21.09.2006.

Eva Blome
Klassismus statt Klassenkampf?
Über literarische und soziologische Konjunkturen

Auf den ersten Blick wirkt es so, als ob Begriffe und Konzepte des Klassenhasses und des Klassenkampfs neuerdings wieder vermehrt populär- und subkulturell in Erscheinung treten. Nur drei besonders plakative und disparate – aber sicherlich nicht repräsentative – Beispiele seien hier eingangs kursorisch angeführt: Der Deutschrapper Vizzion veröffentlichte auf seinem Album *Propaganda* einen Song mit dem Titel *Klassenhass*: „Für die Kinder keine Hinterlassenschaften. Armut wird vererbt, so wie auch Reichtum", heißt es darin. *Klassenkampf* lautet der Titel einer 2015 erschienenen Autofiktion des Comedians André Heller, in der es laut Klappentext „um zehn vergebliche Versuche, nicht zum Klassentreffen zu gehen" geht. *Klassenkampf* ist aber auch der Titel eines dokumentarischen Spielfilms von Sobo Swobodnik, der bisher, seit seiner Premiere 2021 – wie zur Bestätigung einer auf der Homepage des Partisan-Filmverleihs veröffentlichten Aussage eines anonymen (eventuell rein fiktiven) Filmkritikers[1] – in nur sehr wenigen Kinos gelaufen ist. Dieser Film folgt dem (insbesondere in literarischer Form so erfolgreichen) autosoziobiografischen Narrativ von der Rückkehr ins Herkunftsmilieu:

> Der Film KLASSENKAMPF thematisiert die Klassenpolitik und erzählt ganz subjektiv anhand der Biografie des Regisseurs das Porträt einer sozialen Herkunft und stellt nebenbei stellvertretend und exemplarisch für viele, die aus den unteren Schichten der Gesellschaft stammen [sic!] die Klassenfrage.[2]

Mit diesem Anspruch bezieht sich der Film explizit auf Texte der Literaturnobelpreisträgerin von 2020, Annie Ernaux, vor allem aber auf Didier Eribons Erfolgsbuch *Retour à Reims* (2009), mit dem das Genre der Autosoziobiografie auf die Agenda von Literaturszene und Feuilleton gehoben wurde – wobei nicht zuletzt das Erscheinen der deutschen Übersetzung 2016 diese Entwicklung beschleunigt hat. In Eribons zweitem in diesem Zusammenhang einschlägigen Buch *Gesellschaft als Urteil* (2017; franz. Erstpublikation 2013) steht ein ganzes Kapitel unter

---

[1] Hier heißt es: „Der Film wird es schwer haben, sehr schwer, stammen doch die meisten Kritiker, fast alle Journalisten aus bürgerlichem Milieu, aus gehobenen Kreisen, die werden Schwierigkeiten haben das zu verstehen. [...] Die haben das nicht auf der Agenda." Partisan Filmverleih, https://www.partisan-filmverleih.de/filme/klassenkampf/ (11.07.2025).
[2] Partisan Filmverleih, https://www.partisan-filmverleih.de/filme/klassenkampf/ (11.07.2025).

Open Access. © 2025 bei den Autorinnen und Autoren, publiziert von De Gruyter. Dieses Werk ist lizensiert unter einer Creative Commons Namensnennung 4.0 International Lizenz.
https://doi.org/10.1515/9783111625188-004

der Überschrift „Klassenkampf";[3] dies mag im Fall von Swobodniks Film womöglich eine Rolle für die Titelwahl gespielt haben.

Fern von jeder Möglichkeit der Verallgemeinerung scheint diese Zusammenstellung anzudeuten, dass die Signifikanten ‚Klassenhass' und ‚Klassenkampf' zumindest in bestimmten, gleichwohl sehr verschiedenen kulturellen Kontexten und Formaten gegenwärtig wieder in Erscheinung treten, wobei ihr Verweischarakter auf soziale Phänomene jedoch fraglich ist oder sogar zur Disposition gestellt werden muss. Vielmehr dominiert der Eindruck, dass es hier eher um Fragen *kulturalisierter* Klassenverhältnisse geht.

Vor dem Hintergrund der sich bisher nur in Umrissen andeutenden neuen Popularität des Begriffs des Klassenkampfes nimmt der vorliegende Beitrag Konjunkturen und Konturen der Thematisierung von Klassen und Klassenkonflikten in ihren literarischen und soziologischen Erscheinungsweisen in den Blick und untersucht die in ihnen wirkenden Affektmodi.[4] Ausgangspunkt ist dabei zum einen die vordergründige Beobachtung, dass in der autosoziobiografischen Gegenwartsliteratur tendenziell eine spezifische Kritik an Klassismus dominiert, während Klassenkämpfe im engeren Sinn eher in den Hintergrund der Darstellung treten.[5] Womöglich gilt es aber, diese erste nur vorläufige Annahme zu revidieren.

Zum anderen fällt im öffentlichen, wissenschaftlichen und – mit Abstrichen – auch im literarischen Diskurs eine Verhandlung von Klassenverhältnissen unter Berücksichtigung einer ganz bestimmten Emotion, nämlich des Gefühls des Ressentiments, auf. Als – eine gemeinhin von außen zugeschriebene – Empfindung ist das Ressentiment mit Gefühlen wie Unterlegenheit, Neid, Wut und einer (oft auf Stereotypen beruhenden) Abneigung verbunden. Es lässt sich zeigen, dass bei der Entstehung des Ressentiments Kränkungserfahrungen eine Rolle spielen.[6]

---

3 Didier Eribon, Gesellschaft als Urteil. Klassen, Identitäten, Wege, aus dem Französischen von Tobias Haberkorn, Berlin 2017, 177–204.
4 Der vorliegende Beitrag greift dabei auf einige Überlegungen zurück, die ich im Rahmen der Monografie *Ungleiche Verhältnisse. Bildungsgeschichten als literarische Soziologie*, Göttingen 2025, angestellt habe.
5 So wird in Eribons *Rückkehr nach Reims* die anzustrebende Analyse der „praktische[n] Existenz sozialer Klassen und gesellschaftlicher Konflikte" gerade gegen die Gefahr, „erneut bei der mystischen Beschwörungsformel vom ‚Klassenkampf' zu landen" (Didier Eribon, Rückkehr nach Reims, aus dem Französischen von Tobias Haberkorn, Berlin 2016, 144) abgehoben. (Vgl. dazu auch Stephan Gregory, Class Trouble. Eine Mediengeschichte der Klassenanalyse, Paderborn 2021, 677; Gregory stellt hier am Ende seiner Studie Eribons Verweigerung der Formel vom Klassenkampf Patrick Eiden-Offes „Versuch zur Rettung des Klassenbegriffs" in dessen Studie *Die Poesie der Klasse*, Berlin 2017, gegenüber.)
6 Vgl. Carolin Amlinger und Oliver Nachtwey, Gekränkte Freiheit. Aspekte des libertären Autoritarismus, Berlin 2022.

Vor diesem Hintergrund stellt sich die Frage, in welcher Beziehung die in verschiedenen Kontexten verhandelten Formen von ‚Klassengefühlen' zueinander stehen. Zu verdeutlichen ist zudem, welche theoretischen Sichtweisen auf Klasse und Klassenkampf zu beobachten sind, die womöglich auch für die Auseinandersetzung mit literarischen Konkretisierungen und Thematisierungen von Klassenverhältnissen virulent sind oder sein sollten.

Um diese Zusammenhänge aufzuhellen, wird im Folgenden erstens zunächst mit der Autosoziobiografie ein rezentes Phänomen der Gegenwartsliteratur in den Blick genommen, das den Anspruch erhebt, anhand der Narrativierung des eigenen Lebens sozial- und bildungspolitisch relevante Diagnosen zu gewinnen. Um literatur- und theoriegeschichtliche Linien in der Nähe dieses – nur vermeintlich neuen – Genres sichtbar zu machen, wird zweitens ein kurzer Abstecher in die 1970er Jahre unternommen. Im darauffolgenden analytischen Teil steht drittens die 2021 publizierte Anthologie *Klasse und Kampf* im Mittelpunkt. Die Wahl fiel dabei auch deshalb auf diesen Band, weil sich an den in ihm versammelten Texten aufzeigen lässt, inwiefern verschiedenen *Formen* autosoziobiografischen Schreibens oder ‚soziologisierter' Literatur unterschiedliche Weisen der Beschreibung gesellschaftlicher Ungleichheiten korrespondieren. Es geht mithin also auch darum, die *formale* Vermittlung von gesellschaftlicher Segregation und damit zusammenhängender sozialer und emotionaler Narrative (und gegebenenfalls deren Scheitern) zu akzentuieren, bevor schließlich viertens mit dem Ressentiment das Gefühl der Kränkung in soziologischen Reflexionen zu aktuellen gesellschaftlichen Problemlagen in den Blick genommen und der Thematisierung von Klassenverhältnissen und den mit Klassismus-Erfahrungen einhergehenden Emotionen gegenübergestellt wird.

1 Autosoziobiografie: Zwischen literarischen und soziologischen Gegenwartsdiagnosen

Unstrittig scheint die aktuelle Konjunktur autosoziobiografischer Texte, die aus der Perspektive so genannter Klassenübergänger:innen verfasst sind und als autobiografisch grundierte literarische Sozioanalysen in Erscheinung treten. Wurde die Forschungsdebatte zur Autosoziobiografie auffälligerweise zunächst vor allem in der Soziologie (und der Bildungs- und Erziehungswissenschaft) geführt, so wird das *genre in the making* nun auch bereits seit einiger Zeit in der

Literaturwissenschaft thematisiert.⁷ Disziplinenübergreifend besteht ein weitgehender Konsens darüber, dass die autosoziobiografische Gegenwartsliteratur eine Auseinandersetzung mit ‚sozialer Ungleichheit' zu ihrem Sujet hat. Weniger eindeutig scheint jedoch zu sein, was unter „Ungleichheit" mit Blick auf die rezente Gattung der Autosoziobiografie eigentlich genau verstanden werden darf und wie diese ‚Ungleichheit' in den zur Diskussion stehenden Texten jeweils in Erscheinung tritt. Ähnlich unklar ist zudem, welche emotionalen Scripts dieser Thematisierung von Ungleichheitsverhältnissen inhärent sind und in welcher Beziehung Affekte und Klassen(kämpfe) in ihren theoretischen und literarischen Erscheinungsweisen jeweils zueinander stehen.⁸

Deutlich erkennbar ist hingegen, dass autosoziobiografische Texte ‚soziale Ungleichheit' als biografisch erfahrene Ungleichheit von Herkunftsmilieu und Ankunftskontext ihrer Protagonist:innen narrativieren und auf diese Weise über diejenigen Diskriminierungserfahrungen erzählen, die beim ‚Klassenwechsel' besonders spür- und sichtbar werden. Affekte und Affektionen richten sich dabei offensichtlich auf die zwangsläufige Wiederholung – durch individuelle, aber auch durch kollektive Zugehörigkeit markierter – sozialer Schicksale, die im Rahmen der Reproduktion von Ungleichheitsverhältnissen (als einem zentralen strukturellen Element der Klassengesellschaft) ins Leben gerufen werden. Dabei kommt insbesondere der durch das Bildungssystem induzierten Chancenungleichheit eine besondere, auf die *paradoxe* Anlage der Autosoziobiografie verweisende Aufmerksamkeit zu: Bildungsstrukturen und -institutionen werden als statuszuweisend und damit als soziale Ungleichheit reproduzierende Größen beschrieben und zugleich formiert sich der so genannte soziale ‚Aufstieg' der Klassenwechsler:innen oftmals genau in diesen Einrichtungen bzw. in Abhängigkeit von diesen.⁹

Auffällig ist in diesem Zusammenhang, dass sich auch das (seit Langem bestehende) soziologische Interesse an literarischen Texten in den letzten Jahren

---

7 Vgl. Eva Blome, Philipp Lammers und Sarah Seidel (Hg.), Autosoziobiographie. Poetik und Politik, Berlin 2022.
8 Besondere Beachtung erfuhr bisher insbesondere das in der Autosoziobiografie oft dominante Gefühl der Scham; vgl. z. B. Dirck Linck, Die Politisierung der Scham. Didier Eribons „Rückkehr nach Reims", in: Merkur 808 (2016), 34–47; sowie jüngst Carolin Rocks und Elgen Sauerborn, Gebotene Scham. Emotionsrepertoires des sozialen Aufstiegs in deutschsprachigen Autosoziobiographien der Gegenwart, erscheint in: Kulturwissenschaftliche Zeitschrift 2026/2027.
9 Zur Problematik der Rede von ‚oben' und ‚unten' im Zusammenhang mit der Beschreibung von Klassenverhältnissen vgl. Olja Alvir, Nieder mit der Sprossenwand! Brechen wir mit der Vorstellung von sozialem Aufstieg, in: Solidarisch gegen Klassismus – organisieren, intervenieren, umverteilen, hg. von Francis Seeck und Brigitte Theiß, Münster 2021, 19–28.

vor allem auf die literarische Sozialfigur des so genannten Bildungsaufsteigers richtet. So eröffnete die Zeitschrift *WestEnd* des Frankfurter Instituts für Sozialforschung 2015 eine neue Rubrik, die sich dem Verhältnis von Ästhetik und Gesellschaft widmen will, mit einem ‚Special' unter der Überschrift „Ambivalenzen einer literarischen Sozialfigur" zu John Williams' bereits 1865 erschienenem, lange aber unbeachtet gebliebenen und dann umso erfolgreicheren Roman *Stoner*, der die zwiespältige Geschichte des Aufstiegs eines amerikanischen Bauernsohns zum Collegeprofessor erzählt.[10] Umgekehrt ziehen aber auch Figuren, die sozialen ‚Abstieg' trotz Bildung zu verkörpern scheinen, im Rahmen soziologischer Gegenwartsdiagnosen Aufmerksamkeit auf sich. Auch in diesem Fall dienen literarische Texte als Ausweis von spezifischen gesellschaftlichen Entwicklungen.[11] Bezeichnend ist zudem, dass die für die Autosoziobiografie typische Verzahnung von soziologischem (Theorie-)Wissen und literarischen Verfahren insbesondere an dem diese dominierenden Rekurs auf Pierre Bourdieus bildungs- und milieusoziologischen Studien abzulesen ist. So akzeptiert etwa Ernaux die Fremdzuschreibung, sie sei „Bourdieu als Roman".[12] In der BRD der 1970er Jahre hingegen waren die theoretischen Referenzen im Kontext des literarischen Schreibens über Klassen noch andere. Dass diese auch heute noch im Diskurs über soziale Ungleichheitsverhältnisse von Relevanz sind, lässt sich auf der Folie der – zumeist nicht explizierten – Präfiguration autosoziobiografischen Erzählens und deren Affektdynamiken aufzeigen.

2 Klassenliebe – Klassenhass – Klassenlosigkeit

Als 1973 Karin Strucks erster Roman erscheint, trägt dieser den Titel *Klassenliebe*. Die Autorin beklagt jedoch, dass sie eigentlich einen anderen Titel, nämlich *Klassenliebe – Klassenhass*, für ihren Text vorgesehen gehabt hätte, dieser jedoch vom Suhrkamp-Verlag – aufgrund von (wie vermutet wird) verkaufsstrategischen Über-

---

10 Axel Honneth (Hg.), Stoner – Ambivalenzen einer literarischen Sozialfigur (Themenschwerpunkt), in: WestEnd. Neue Zeitschrift für Sozialforschung 2 (2015), 79–133.
11 Vgl. Oliver Nachtwey, Die Abstiegsgesellschaft. Über das Aufbegehren in der regressiven Moderne, Berlin 2016, 8–9.
12 Annie Ernaux, La littérature est une arme de combat ... Entretien avec Annie Ernaux, écrivain – 19 avril 2002, Cergy, réalisé par Isabelle Charpentier, in: Rencontres avec Pierre Bourdieu, hg. von Gérard Mauger, Paris 2005, 159–175, hier: 172.

legungen – abgelehnt worden sei.[13] Mit dem „Klassenhass" fehlt dem Romantitel aber nicht nur die dem originären Vorschlag eingetragene Ambivalenz, sondern auch die – mit dem im öffentlichen Diskurs der frühen 1970er Jahre etablierten Begriff des Klassenhasses verbundene – politisch-kollektive Komponente. Der als Titel erhalten gebliebene Neologismus „Klassenliebe" bezieht sich hingegen zwar auch auf die soziale Kategorie, aber das emotionale Spektrum, das aufgerufen wird, bleibt deutlich stärker auf eine individuelle Erfahrung beschränkt. Dabei wäre die konträre Fügung von Liebe und Hass mit ihren subjektiven und kollektiven Konnotationen geeignet gewesen, das Sujet und das narrative Verfahren von Strucks autofiktionalem Roman treffend zu fassen: In die Darstellung und literarische Reflexion von Klassismus und dessen Wirkung im psycho-emotionalen Haushalt der homodiegetischen Ich-Erzählerin und ihrer Beziehungsmuster sind nämlich zum einen die Suche nach einem literarischen Ausdruck für die Präsenz der Erfahrung der sozialen Desintegration der Klassenübergängerin eingelassen. Zum anderen wird offenbar der Versuch unternommen, vom ‚Kampf der Klassen' gegeneinander *und* zugleich auch innerhalb des einzelnen Individuums zu erzählen, das sich selbst als „zwischen den Klassen" und daher als „klassenlos" wahrnimmt.[14]

Einige Jahre vor Erscheinen von Strucks Roman, 1965, hatte Ralf Dahrendorf mit *Arbeiterkinder an deutschen Universitäten* diejenige soziologische Studie vorgelegt, die sich wie *die* (im Roman allerdings ungenannte) theoretische Referenz zu Strucks (mit soziologischem Wissen gesättigtem) Text liest. Und bereits 1968 hatte Dahrendorf die These von der ‚nivellierten Mittelstandsgesellschaft' (Helmut Schelsky) als „vieldeutig", aber „leichtfertig" kritisiert. Er fragt, „[k]ann man eine solche Behauptung, ernstlich aufrechterhalten in einer Gesellschaft, in der allenfalls jedes zehnte Arbeiterkind die Chance des Aufstiegs hat […]?"[15], und fühlt sich an Theodor Geigers Charakterisierung des neuen Mittelstandes erinnert: „Eine Klasse

---

13 Vgl. Ariane Neuhaus-Koch, Karin Struck und die Arbeiterliteratur, in: Schreibwelten – erschriebene Welten. Zum 50. Geburtstag der Dortmunder Gruppe 61, hg. von Gertrude Cepl-Kaufmann und Jasmin Grande, Essen 2011, 267–272, hier: 269–270; Fabienne Steeger weist hingegen darauf hin, dass das Buchmanuskript Strucks zunächst den Titel *Die sinnlichen Unterschichtskathrins* habe tragen sollen, vgl. Fabienne Steeger, Gedanken einer Aufsteigerin. Karin Strucks private Tagebücher als Vorstufen ihres Tagebuchromans *Klassenliebe*, in: Jahrbuch Freunde der Monacensia (2021), 272–287, hier: 284.
14 Karin Struck, Klassenliebe. Roman, Frankfurt a. M. 1973, 245; vgl. dazu ausführlicher Blome, Ungleiche Verhältnisse, 290–292.
15 Ralf Dahrendorf, Gesellschaft und Demokratie in Deutschland, München 1972 [1968], 139.

leugnet mit Entrüstung, Klasse zu sein, und führt einen erbitterten Klassenkampf gegen Wirklichkeit und *Idee des Klassenkampfs* [meine Hervorhebung, E. B.]."[16]

Wenn also zuweilen bis heute konstatiert wird, dass die westdeutsche Gesellschaft bis über die 1970er Jahre hinaus eine ‚nivellierte Mittelstandsgesellschaft' gewesen und die Soziologie spätestens seit den 1980er Jahren von einer mobilen und individualisierten Gesellschaft „jenseits von Klasse und Stand"[17] ausgegangen sei,[18] so wird übersehen, dass literarische wie soziologische Arbeiten dieser Jahre auch andere (Gesellschafts-)Bilder malen und problematisieren, hatte doch Helmut Schelsky selbst bereits einige Jahre nach seiner Zeitdiagnose von der ‚nivellierten Mittelstandsgesellschaft' festgestellt, dass „die Ideologisierung der Klassenlosigkeit" in der „westdeutschen Gesellschaft funktional ‚Mittelstandsideologie' geblieben"[19] sei. Die Selbstkennzeichnung von Strucks Erzählerin als „klassenlos" unterstreicht diese Diskrepanz, wenn im Roman mit der Denkfigur der Klassenlosigkeit auf die soziale Evidenz von Klassen und ihre Bedeutung für die individuelle Situierung im gesellschaftlichen Gefüge verwiesen wird.

3 *Klasse und Kampf* – oder: Klassismus und Intersektionalität

Auch in der fast 50 Jahre nach Strucks *Klassenliebe* erschienenen, von Maria Barankow und Christian Baron herausgegebenen Anthologie *Klasse und Kampf* geht es zunächst und explizit – wie in vielen jüngeren autosoziobiografischen Texten – um eine Wiederbelebung des Konzepts der sozialen Klasse und dessen kritischer Befragung vor dem Hintergrund individueller Erfahrungen. Das Vorwort zum Band formuliert jedoch zudem den Anspruch, „den Widerspruch zwischen Kapital und Arbeit, mit sich einander unversöhnlich gegenüberstehenden Interessen" zu thematisieren. Weiter heißt es:

---

16 Dahrendorf, Gesellschaft und Demokratie, 140; Dahrendorf zitiert hier Theodor Geiger, Die Klassengesellschaft im Schmelztiegel, Köln-Opladen 1949, 168.
17 Ulrich Beck, Jenseits von Klasse und Stand? Soziale Ungleichheiten, gesellschaftliche Individualisierungsprozesse und die Entstehung neuer sozialer Formationen und Identitäten, in: Soziale Ungleichheiten, hg. von Reinhard Kreckel, Göttingen 1983, 35–74.
18 Vgl. für diese Sichtweise z. B. Andreas Reckwitz, Das Ende der Illusionen. Politik, Ökonomie und Kultur in der Spätmoderne, Berlin 2019, 63, 68–69 und 71–72.
19 Helmut Schelsky, Die Bedeutung des Klassenbegriffes für die Analyse unserer Gesellschaft, in: ders., Auf der Suche nach Wirklichkeit. Gesammelte Aufsätze zur Soziologie der Bundesrepublik, Düsseldorf und Köln 1965 [1961], 352–388, hier: 373.

> Der von uns gewählte Titel *Klasse und Kampf* verspricht auf den ersten Blick eine Programmschrift, ein Manifest, eine Anklage. All das ist diese Anthologie nicht, und all das ist sie irgendwie doch. Die Beiträge finden für unser widersprüchlichen Leben im Kapitalismus literarische Mittel.[20]

Der Band versammelt mit dieser Absicht vierzehn kurze Texte von deutschsprachigen Autor:innen, die sich von ihrem sozialen, zumeist durch Armut geprägten Herkunftsmilieu entfernt haben.[21] Sowohl auf der Ebene der *histoire* als auch des *discours* zeichnet sich *Klasse und Kampf* einerseits durch eine gewisse Serialität, andererseits durch Heterogenität aus: Bestimmte semantische Momente (z. B. die wiederkehrende Thematisierung von Habitusproblematik, Selbstsabotage und Scham, aber auch von Resilienz) oder formale Aspekte (z. B. die homodiegetische Perspektive in der Ich-Form oder die Verschränkung von klassentheoretischem Vokabular mit individuellen Erfahrungswerten) führen in der Zusammenschau der Texte zu einem deutlichen Wiedererkennungswert und zahlreichen *Déjà-vus*. Zugleich werden vermeintlich feststehende Klassenkategorien ebenso dekonstruiert wie neue Klassenkonzepte entworfen, wenn etwa Francis Seeck mit Blick auf ihre Berliner Kindheit feststellt:

> Ein Arbeiter*innenkind bin ich nicht, da meine Mutter studiert hat. Bin ich deshalb ein Akademiker*innenkind? Meine Eltern arbeiteten immer in niedrig entlohnten Berufen, nach der Wende waren sie lange erwerbslos. Ich bezeichne meinen Klassenhintergrund als Armutsklasse. Wir waren reich an Bildung und arm an Einkommen. […] dass Bildungsabschlüsse in jedem Fall zu einem sozialen Aufstieg verhelfen, ist ein Klischee.[22]

Im Gegensatz dazu erlebt auch Sharon Dodua Otoo Klasse zwar auch als eine „Reihe von Ausschlüssen: Immer wieder merke ich, dass meine gelebten Erfahrungen nicht zu den Theorien passen".[23] Allerdings steht diese „Reihe von Ausschlüssen" konträr zu derjenigen von Seeck, denn Otoo ist gerade nicht

> in Armut aufgewachsen. Meine Eltern hatten genug Geld, sowohl um die Bedürfnisse meiner zwei Geschwister und mir zu sichern, als auch, um hin und wieder für Extras zu sorgen. […]

---

20 Maria Barankow und Christian Baron, Vorwort, in: Klasse und Kampf, hg. von dens., Berlin 202, 7–12, hier: 10.
21 Vgl. auch Christoph Schaub, Arbeitende Klasse und Diversität. Über persönliche Erzählungen in der Gegenwartsliteratur (*Klasse und Kampf*; *Streulicht*), in: Zeitschrift für interkulturelle Germanistik 15 (2024), 33–46, hier: 37–40.
22 Francis Seeck, Kohlenkeller, in: Klasse und Kampf, hg. von Maria Barankow und Christian Baron, Berlin 2021, 65–81, hier: 68.
23 Sharon Dodua Otoo, Klassensprecher, in: Klasse und Kampf, hg. von Maria Barankow und Christian Baron, Berlin 2021, 109–124, hier: 113.

> Gehörten sie deswegen zur Mittelklasse? Ökonomisch gesehen vielleicht. Aber kulturell definitiv nicht. Meine Familie ging nicht ins Theater, in Museen, in Kunstgalerien oder in die Oper.[24]

Dass die preisgekrönte Autorin in ihrem Text vor allem ihre aktuelle miserable ökonomische Situation offenlegt, impliziert eine Befragung ihrer Klassenzugehörigkeit nach soziologischen Kriterien – nach bestehenden Klassenmodellen wäre diese hingegen nicht ohne Weiteres anzugeben; wie sich auch im Anschluss an Oliver Nachtwey ersehen lässt, der jüngst kritisierte, dass prekäre Akademiker:innen im Konzept einer *neuen Mittelschicht*, die sich laut des Soziologen Andreas Reckwitz kulturell konstituiert und vornehmlich aus Hochqualifizierten, die auch gut verdienen, besteht, nicht berücksichtigt sind.[25]

Ein weiteres Merkmal von *Klasse und Kampf* ist, dass die schreibenden Akademiker:innen ihre eigene privilegierte Position problematisieren. So macht etwa Anke Stelling in ihrem Text das Sterben ihrer Schwiegermutter, einer ehemaligen Pflegekraft, zum Thema und stellt diese Wahl unter das Verdikt:

> Ich wollte unbedingt mal von mir absehen, weil mir nämlich eingeleuchtet hat, was da neulich im Feuilleton stand: dass diese ganzen Klassenfragetexte doch immer nur von der Herkunft der Schreibenden handeln und wie heldenhaft sie da jeweils rausgekommen sind. Das sei kitschig, hieß es, und das hat mir eingeleuchtet. Weg mit dem Ich, hab ich gedacht, her mit der Schwiegermutter. Deren Elend baller ich euch ins Gehirn.[26]

Dieser *Move* korrespondiert mit einer Hinwendung zu den *nicht* gesehenen, aber eigentlichen ‚Leistungsträgern' unserer Gesellschaft, wie sie etwa auch in zeitgenössischen soziologischen Publikationen zu beobachten ist.[27] Allerdings bleibt die Problematik des Sprechens-für dennoch bestehen. Insgesamt kann dahin gehend eine doppelte Bewegung für *Klasse und Kampf* konstatiert werden: Einerseits wird, wie im Text von Arno Frank, die Möglichkeit der Repräsentation eines Kollektivs durch das Individuum infrage gestellt: „Wer ‚im Namen von' egal wem spricht, zeige mir sein Mandat – andernfalls möge er oder sie die Klappe halten".[28] Dabei wird zudem dem Aufstiegsnarrativ als solchem eine Absage im Namen

---

24 Otoo, Klassensprecher, 114.
25 Vgl. Oliver Nachtwey, Klassen und Klassenkonflikte. Anmerkungen zu Andreas Reckwitz, in: Leviathan 49 (2021), H. 2, 174–180, hier: 174–175.
26 Anke Stelling, Plastikteile, in: Klasse und Kampf, hg. von Maria Barankow und Christian Baron, Berlin 2021, 96–108, hier: 102–103.
27 Vgl. z. B. Nicole Mayer-Ahuja und Oliver Nachtwey (Hg.), Verkannte Leistungsträger:innen. Berichte aus der Klassengesellschaft, Berlin 2021.
28 Arno Frank, Bremsklotz, in: Klasse und Kampf, hg. von Maria Barankow und Christian Baron, Berlin 2021, 13–31, hier: 29.

einer – eigentlich idealistisch-humanistischen – Idee autonomer Selbstbildung erteilt: „Wohin also? Nie nach oben, so viel ist sicher. Es ist schon ein Privileg, sofern dort überhaupt welche wachsen, sich seitwärts in die Büsche schlagen zu können. Um dort zu werden, wer man ist".[29] Andererseits kommt es, wie bei Otoo, dazu, sich über eine geteilte Erfahrung von Armut und Klassismus mit einer ganz bestimmten prekarisierten Bevölkerungsgruppe, zu der zum Beispiel Bergmänner, Fabrikarbeiter, Handwerker gezählt werden, solidarisch zu erklären und individuelle Schicksale als kollektive zu erfahren, die die eingeübte Wahrnehmung von Klassenverhältnissen subvertieren.

Neben den disparaten Formen von Armut ist ein dominierendes Thema der Texte aus *Klasse und Kampf* die ungleiche Verteilung von Lebenschancen und die Intersektionalität von Diskriminierungsformen. So führt Pınar Karabulut in ihrem Text *Augenhöhe* eine regelrechte Liste an Sätzen an, die alle mit „Du hast nicht die gleichen Chancen, wenn [...]"[30] beginnen und in dem Befund endet: „Die Liste an Rassismen und Sexismen ist unendlich und unerschöpflich."[31]

Klassismus wird in *Klasse und Kampf* insgesamt als ein Phänomen gefasst, das nicht alternativ zum marxistischen Klassenkampf-Verständnis steht und aufs engste mit intersektionalen Perspektiven verbunden ist, was angesichts der Geschichte der Klassismuskritik nicht verwundern darf: Zwar wird der Begriff ‚Klassismus' in Deutschland im öffentlichen Diskurs – nach einem ersten Peak 2007 und einem nochmaligen kleinen Anstieg zwischen 2010 und 2012 – überhaupt erst seit etwa 2016 in relevanter Weise verwendet.[32] In deutschsprachigen wissenschaftlichen Kontexten fand das Konzept des Klassismus allerdings bereits 2005 Eingang – und zwar über die frühe in den Gender Studies beheimatete interdisziplinäre Intersektionalitätsforschung.[33]

---

29 Frank, Bremsklotz, 30–31.
30 Pınar Karabulut, Augenhöhe, in: Klasse und Kampf, hg. von Maria Barankow und Christian Baron, Berlin 2021, 82–95, hier: 91–92.
31 Karabulut, Augenhöhe, 92.
32 Vgl. DWDS Verlaufskurve „Klassismus". https://www.dwds.de/r/plot/?view=1&corpus=zeitungen&norm=date%2Bclass&smooth=spline&genres=0&grand=1&slice=1&prune=0&window=3&wbase=0&logavg=0&logscale=0&xrange=1946%3A2021&q1=Klassismus (29.07.2025)
33 Vgl. Gudrun-Axeli Knapp, Intersectionality – ein neues Paradigma feministischer Theorie? Zur transatlantischen Reise von ‚Race, Class, Gender', in: Feministische Studien 23 (2005), H. 1, 68–81. Förderlich für die Integration des Intersektionalitätsparadigmas in die deutsche (sozialwissenschaftliche) Forschungslandschaft war der Aufschwung der soziologischen Ungleichheitsforschung in den frühen 2000er Jahren (vgl. Cornelia Klinger und Gudrun-Axeli Knapp, Achsen der Ungleichheit – Achsen der Differenz: Verhältnisbestimmungen von Klasse, Geschlecht, „Rasse"/Ethnizität, in: Achsen der Ungleichheit. Zum Verhältnis von Klasse, Geschlecht und Ethnizität, hg. von dens. und Birgit Sauer, Frankfurt a. M. und New York 2007, 19–41, hier: 22).

Die Verankerung von Begriff und Konzept von Klassismus respektive Klassismuskritik in der Geschlechter- und Intersektionalitätsforschung verdankt sich dabei deren eigentlicher Herkunft, an die hier ebenfalls kurz erinnert sei: Der Begriff ‚Classism' ist nämlich ebenso alt wie Strucks *Klassenliebe*; erstmals Erwähnung fand er in einer Essaysammlung mit dem Titel *Class & Feminism* (1974) der US-amerikanischen Frauengruppe *The Furies Collective*.[34] Darin wird von den Autor:innen, die sich selbst als „lesbian/feminist collective composed of white lower, working, and middle class women"[35] beschreiben, Klassismus als Diskriminierung aufgrund sozialer Herkunft *und* als Problem, das die feministische Bewegung spaltet, beschrieben. Mitursächlich sei dafür die Illusion der US-amerikanischen Gesellschaft, klassenlos zu sein. Zugleich arbeitet *Class & Feminism* bereits mit ganz ähnlichen Erzählweisen, wie sie das heute als Autosoziobiografie bekannte Genre verzeichnen kann, indem sie zu kleinen Szenen verdichtete Schilderungen von Kindheitserlebnissen in ihre klassentheoretischen Reflexionen einbauen. Christian Baron hat bereits 2014 in einem Aufsatz darauf aufmerksam gemacht, dass es *The Furies Collective* darum gegangen sei, „das kapitalistische Credo ‚Vom Tellerwäscher zum Millionär', wonach in einer Marktwirtschaft alle alles erreichen können, wenn sie sich nur genügend anstrengen, als Lüge zu entlarven".[36]

Vor diesem Hintergrund scheint der Anschluss autosoziobiografischer Texte an den Diskurs von Klassismus und Intersektionalität seinen Grund auch in der spezifischen paradoxalen Struktur des Herkunftsnarrativs zu haben, die darin besteht, dass die Autosoziobiograf:innen ihren eigenen (ökonomischen und/oder kulturellen) Klassenübergang zunächst einmal plausibilisieren müssen, um ihn dann in Bezug zu einer Analyse bestehender und sich selbst reproduzierender Klassenverhältnisse zu setzen. Als (nur *ein*) gegenwartsliterarisches Beispiel legt die Anthologie *Klasse und Kampf* damit bezeichnenderweise doppelt Zeugnis ab – sowohl von ihrer Exemplarität als auch zugleich von ihrer Exzeptionalität. Ein Spannungsfeld, das das autosoziobiografische Genre als Ganzes prägt und mit einer Abgrenzung von Klassenkampf und Klassismus bei einer gleichzeitigen Verkopplung dieser beiden Konzepte einhergeht.

Dieses Bild differenziert sich aus, wenn nicht nur autosoziobiografische Texte, die dem autobiografischen Pakt entsprechen, in die Betrachtung miteinbezogen

---

[34] Vgl. dazu auch Eva Blome, Postautonome Literatur? Gegenwartsliteratur(wissenschaft) in der *longue durée*, in: Deutsche Vierteljahrsschrift für Literaturwissenschaft und Geistesgeschichte 97 (2023), H. 4, 973–981, hier: 977–978.
[35] Charlotte Bunch und Nancy Morgen (Hg.), Class and Feminism. A Collection of Essays from THE FURIES, Baltimore 1974, hier: 7.
[36] Christian Baron, Klasse und Klassismus. Eine kritische Bestandsaufnahme, in: Prokla 175 (2014), 225–235, hier: 226.

werden, sondern auch Romane wie *Klassenliebe* oder auch Deniz Ohdes *Streulicht* (2020). Anders als die meisten unter der Genrebezeichnung Autosoziobiografie diskutierten Texte erhebt *Streulicht* selbst nicht den expliziten Anspruch, zeitdiagnostisch ausgerichtete Sozioanalyse zu sein. Dennoch ist auch hier ein kurzer Besuch im Herkunftsmilieu der (trotz Studium als Reinigungskraft arbeitenden) Ich-Erzählerin Anlass zu einem, narrativ besonders durch Zerstückung auffallenden Erinnerungsfluss entlang der Frage, warum wollte, konnte und musste ich gehen. Der Begriff ‚Klasse' taucht dabei allerdings gar nicht auf; Atmosphären und zu prägnanten Szenen verdichtete Beschreibungen insbesondere von Diskriminierungserfahrungen während der Kindheit und Schulzeit ersetzen vollständig das von Autosoziobiografie bekannte Verfahren von literarischer Narration und soziologischer Reflexion. Polyphone Semantiken kommen hier also mit anderen formalen Mitteln zustande als in *Klasse und Kampf*. Ein literarischer ‚Sinnüberschuss' ist in *Streulicht* deutlich ausgeprägter. Soll das Verhältnis der Literarisierung, Analyse und Ästhetik sozialer Ungleichheiten zu spezifischen Affektmodi diskutiert werden, so sehen wir uns also zuallererst mit der Disparität von Erzähl- und Gefühlsweisen konfrontiert.

4 Klasse, Kampf und Kränkung – zum (soziologischen) Ressentiment-Diskurs

Im Vergleich zur autosoziobiografischen Literatur werden in der aktuellen Soziologie (und in benachbarten Disziplinen) neben Klassismus und gesellschaftlicher (Nicht-)Mobilität und den mit diesen Phänomenen einhergehenden psychosozialen Dynamiken zunehmend auch diejenigen Emotionsrepertoires thematisch, die mit faktisch wahrnehmbaren oder aber auch ‚nur' subjektiv empfundenen gesellschaftlichen ‚Spaltungen' in Verbindung stehen. Besonders auffällig ist dabei die Auseinandersetzung mit dem Ressentiment, wobei dieses, so die Diagnose, bei allem Konfliktpotenzial eher nicht zur Revolte führe.[37]

---

[37] Vgl. Nathalie Quintane, Wohin mit den Mittelklassen?, Berlin 2018, 72. Aus der großen Zahl aktueller sozial- und kulturwissenschaftlicher Veröffentlichungen zum Ressentiment seien hier exemplarisch genannt: Joachim Bischoff und Bernhard Müller, Berliner Republik: eine Klassengesellschaft. Soziale Spaltungen, Wut auf das Establishment und rechte Ressentiments, Hamburg 2019; Jens Kersten, Claudia Neu und Berthold Vogel, Einsamkeit und Ressentiment, Hamburg 2024; Cynthia Fleury, Hier liegt Bitterkeit begraben. Über Ressentiments und ihre Heilung, übersetzt von Andrea Hemminger, Berlin 2023 [Orig. Ci-gît l'amer. Guérir du ressentiment, Paris 2020];

Eine Verknüpfung der langen Geschichte der Idee des Ressentiments mit sozialen Verwerfungen und individuellen Klassen-Gefühlen ist naheliegend: So bezeichnet das *resentiment* bei Michel de Montaigne, der den Begriff vermutlich in den geistesgeschichtlichen Diskurs eingeführt hat,[38]

> die Gefühlsregung, die ein im Kampf Überlegener dem Unterlegenen dadurch beibringt, dass er ihn nach dem Duell am Leben lässt. Dieser Tötungsverzicht diene, so Montaigne, der dauerhaften Verankerung der Überlegenheit des Siegers im Bewusstsein des Besiegten. Der Besiegte kommt zwar mit dem Leben davon, die Schmähung, die dies nach sich zieht, fügt ihm jedoch neben den vielleicht während des Kampfes erlittenen Blessuren auch eine psychische Verletzung zu: den Wunsch der Rache am Sieger, der sich als beständiger, aber unauslebbarer Groll im Gedächtnis des Besiegten einnistet.[39]

Schon diese Urszene des Ressentiments ist also in existenzieller Weise an eine Ordnung des Sozialen, an gesellschaftliche Hierarchien bzw. Gefälle gebunden – und dies nicht nur in Bezug auf die Folge des Tötungsverzichts, eben das Ressentiment, sondern auch bereits hinsichtlich der Voraussetzungen, die dem von Montaigne geschilderten Geschehen zugrunde liegen. Denn beim Tötungsverzicht handelt es sich um „ein an ritterlichen Kodizes ausgerichtetes Verhalten".[40] Das Leben-Lassen bei gleichzeitiger Tötungsoption im Duell dient nämlich dazu, den Niedergestreckten als Geisel nehmen zu können und für seine Herausgabe Lösegeld zu verlangen. Mithin lässt sich die Entstehung des Ressentiments bei Montaigne zuletzt auf soziale und ökonomische Interessen zurückführen. Diese Eingebundenheit des Ressentiments in die Hervorbringung gesellschaftlicher Ungleichheitsverhältnisse ist es, was heute noch dazu veranlasst, von einem „Sozialaffekt des Ressentiments"[41] zu sprechen: Dem Ressentiment werden weiterhin und gerade aktuell wieder bestimmte Funktionen in der Genese und Fortschreibung sozialer Ordnung(svorstellung)en attestiert.

Eine *dezidierte* Klassensignatur wird dem Ressentiment dann bereits zu Beginn des 20. Jahrhunderts – nachdem Friedrich Nietzsche in seiner *Genealogie der Moral* (1887) das Ressentiment in post-darwinistischer Manier dem Schwachen

---

Jürgen Große, Die kalte Wut. Theorie und Praxis des Ressentiments, Marburg 2024; Joseph Vogl, Kapital und Ressentiment. Eine kurze Geschichte der Gegenwart, München 2021.
38 Vgl. Michel de Montaigne, Couradise mère de la cruauté. Essais II, 27, Paris 1950, 777.
39 Christian Ernst Weißgerber, Die neue Lust am Ressentiment. Grundzüge eines affekttheoretischen Ressentiment-Begriffs, in: Affekt Macht Netz. Auf dem Weg zu einer Sozialtheorie der Digitalen Gesellschaft, hg. von Rainer Mühlhoff, Anja Breljak und Jan Slaby, Bielefeld 2019, 225–244, hier: 226.
40 Weißgerber, Die neue Lust am Ressentiment, 226, Fn. 2.
41 Vogl, Kapital und Ressentiment, 8.

zugeschrieben hatte, der seine Schwäche durch das Ressentiment kompensiere[42] – von Max Scheler mit Blick auf die post-ständische Gesellschaft eingetragen.[43] Dabei spielt das meritokratische Leistungsprinzip in einer Gesellschaft, die allen zunächst einmal rechtlich Gleichheit zugesteht, eine entscheidende Rolle. Denn so besteht prinzipiell eben auch die Möglichkeit, dass das Versprechen von Chancen- und Leistungsgerechtigkeit nicht erfüllt wird. Genau in dieser Enttäuschung sieht Scheler den ursächlichen Grund des Ressentiments bei den ‚dienenden' und ‚beherrschten' Menschengruppen.[44]

Aktuelle deutschsprachige Ansätze, die sich mit dem Ressentiment in seinen sozialen Begründungen und Auswirkungen auseinandersetzen, schreiben Schelers Perspektive, dass das Ressentiment aus der Diskrepanz zwischen gefühlten Anrechten und faktischen Positionen erwachsen würde, fort und erweitern diese mit Blick auf die Gegenwartsgesellschaft.[45] So stellt Joseph Vogl – mit Bezug auf Werner Sombart (*Der Bourgeois. Zur Geistesgeschichte des modernen Wirtschaftsmenschen*, 1913) sowie auf Scheler, aber auch auf Marx – fest, dass das Ressentiment – mit seinen vielfach festgestellten „Strukturelementen" – „einen wesentlichen Beitrag zur Ausbildung eines ‚kapitalistischen Geistes'" leiste und daher „zu einer ergiebigen Ressource für die Funktionsweise von Eigentums- und Konkurrenzgesellschaften erklärt" werden könnte.[46] Das „Kapital des Ressentiments" läge dabei „vor allem in einem spezifischen Vergleichs- und Relationszwang, in einem Reflex zu Valorisierung und Bewertung, in einer wuchernden

---

42 Vgl. Amlinger und Nachwey, Gekränkte Freiheit, 143.
43 Vgl. Max Scheler, Das Ressentiment im Aufbau der Moralen, Frankfurt a. M. 2004 [1912].
44 Vgl. Thomas Bedorf, Zur Rhetorik des politischen Ressentiments, in: Zeitschrift für Praktische Philosophie 6 (2019), H. 1, 239–256, hier: 243–244; sowie Amlinger und Nachwey, Gekränkte Freiheit, 145.
45 Dabei kann beobachtet werden, dass diese neueren Veröffentlichungen zum (Klassen-)Ressentiment – allerdings zumeist nur implizit – an eine bereits etwas ältere Tradition von Klassentheorien anschließen bzw. zumindest anschließbar sind, deren Hauptvertreter und Vordenker wiederum Bourdieu ist. In *Die feinen Unterschiede* (1979) beschreibt dieser die „Unredlichkeit eines zwieschlächtigen revolutionären Gestus, den letztlich das Ressentiment gegenüber dem in der Konfrontation mit den eingebildeten Erwartungen als Deklassierung erscheinenden Zustand speist." (Pierre Bourdieu, Die feinen Unterschiede. Kritik der gesellschaftlichen Urteilskraft, aus dem Französischen von Bernd Schwibs und Achim Russer, Frankfurt a. M. 1987, 260) Für Bourdieu ist das Ressentiment die „Kehrseite von Prätention" (683). Bourdieu bezieht sich damit zwar nicht direkt auf Scheler, formuliert aber hier ganz im Einklang mit dessen Ressentiment-Auffassung. Für die Auseinandersetzung und auch womöglich im Kontrast zur aktuellen Ressentiment-Theorie ist interessant, dass das Ressentiment von ihm dezidiert im rechten wie linken Lager ausgemacht wird und konstatiert wird, dass mit ihm ein „Anstrich von Avantgarde" (ebd.) verbunden sei.
46 Vogl, Kapital und Ressentiment, 162.

Urteilslust".[47] Vogl folgert, dass erst „die notorischen Divergenzen zwischen formaler Gleichheit und materieller Ungleichheit",[48] von der die demokratischen Gesellschaften seit der Moderne geprägt seien, dieses Phänomen hervorbringen würden. Carolin Amlinger und Oliver Nachtwey fragen hingegen vor allem nach der heutigen Konjunktur des Ressentiments, nach einer „Ausweitung der Kränkungszone".[49] Eine empfundene Macht- und Einflusslosigkeit des Einzelnen wird dabei für die Zunahme des Ressentiments als ursächlich angesehen.[50]

Eine ganz anders gelagerte Deutung – und zudem ein Lösungsangebot – macht die französische Philosophin und Psychoanalytikerin Cynthia Fleury in ihrem Buch *Hier liegt Bitterkeit begraben*, in dem sie das Verhältnis von Politik und Psyche in den Mittelpunkt ihrer Gegenwartsdiagnose rückt. Ihre Perspektive richtet sich auf die *Durchschreitung* des Ressentiments. Dabei gehe es, so Fleury, „darum, die Pflicht zur Distanzierung zu vertreten, die ethische und intellektuelle Pflicht, seine Urteile nicht dauerhaft zu verfälschen und nicht nur die persönliche Gesundheit zu bewahren, sondern auch die eher kollektive, die mit dem demokratischen Gefühl verbunden ist".[51] Diese Pflicht sei eine, die dem Rechtsstaat in Form einer notwendigen Fürsorge obliege – und die, wie hier nur angedeutet werden kann, offensichtlich eine ganz andere Aufgabe ist als diejenige der Verminderung von sozialer und ökonomischer Ungleichheit. Fleurys Ansatz ist damit auch der einzige von den hier nur knapp vorgestellten Ressentiment-Analysen, für den nicht in gleichem Maße gilt, was, anknüpfend an den Kunsttheoretiker Helmut Draxler, gesagt werden kann, dass nämlich das Ressentiment immer, auch in den soziologischen und sozialtheoretischen Texten, als das ‚Ressentiment der Anderen' in Erscheinung tritt – und zwar zumeist als das Ressentiment der Deklassierten.[52]

Der Literatur weist Fleury im Kontext der Bearbeitung des Ressentiments eine zentrale Rolle zu: „Das Territorium der Literatur ermöglicht", heißt es ganz am

---

47 Vogl, Kapital und Ressentiment, 162–163.
48 Vogl, Kapital und Ressentiment, 163; vgl. des Weiteren 163–166.
49 Vgl. Amlinger und Nachtwey, Gekränkte Freiheit, 146–163.
50 Stellt sich die Frage, ob und inwiefern dieses *re-aktive* Ressentiment unter bestimmten Bedingungen in ein aktives, die Demokratie gefährdendes Verhalten (oder auch in legitimen Protest) umschlagen könnte, so findet sich dazu etwa formuliert, dass in „der verteilungspolitischen Oben-Unten-Arena [...] zwar ein verbreitetes ‚Unbehagen' mit der Ungleichheit" existiere, „aber statt einer klassenpolitischen Mobilisierung meritokratische Verteilungsnormen und horizontale Positionskämpfe" dominierten (Steffen Mau, Thomas Lux und Linus Westheuser, Triggerpunkte. Konsens und Konflikt, Berlin 2023, 26).
51 Fleury, Hier liegt Bitterkeit begraben, 82.
52 Helmut Draxler, Polarisierung und Ressentiment. Ein Nachtrag zur Debatte, in: Merkur 896 (2024), 17–27, hier: 22.

Ende ihrer Studie, „sämtliche Ressentiments zu sublimieren und gerade die Bitterkeit der Dinge, Wesen und Ideen zu schätzen."[53] Löst die Gegenwartsliteratur eine solche Hoffnung ein? Man darf vermutlich zunächst einmal skeptisch sein – und dies hat viel mit den dominierenden Perspektiven von ‚oben' nach ‚unten' und der im Genre der Autosoziobiografie virulenten (Erzähler-)Figur des Klassenübergängers bzw. des Bildungsaufsteigers zu tun. So tritt schon Eribon mit *Rückkehr nach Reims* an, seinem Ankunftsmilieu, also insbesondere der Academia und dem Bildungsbürgertum, die Ressentiments seines Herkunftsmilieus zu erklären, die mitursächlich für den Rechtsruck in der französischen Arbeiterschaft seien. Anders verfahren allerdings Romane, wie *Streulicht* oder auch Natasha Browns *Assembly* (2021), die gerade nicht von *vollendeten* Bildungswegen ‚nach oben' erzählen. Diese Romane widmen sich vielmehr den Vorurteilen, die ihren Protagonistinnen von den Angehörigen der oberen Klassen, den ökonomisch Bessergestellten oder dem Bildungsbürgertum, etwa vertreten durch Professor:innen, entgegengebracht werden – und zwar verstärkt, wenn sich abwertende Klassenvorurteile intersektional mit rassistischen Stereotypen vermengen. Hier werden also gerade umgekehrt die Ressentiments der ‚Anderen' als diejenigen sichtbar, die verletzen. Wobei sich umgekehrt aber auch die Frage stellt, worin denn die Verletzung derjenigen eigentlich besteht, die das Ressentiment entwickelt haben. Im Fall von *Assembly* scheint dies ziemlich eindeutig bestimmbar. Die Verletzung liegt darin, dass die Verlobung des Sohnes aus der weißen Oberschicht mit einer Frau, deren Familie nach England migriert ist und die als ‚Emporkömmling' wahrgenommen wird, eine Bedrohung des eigenen Status darstellt, diese Bedrohung aber aus Gründen nicht direkt artikuliert werden darf. Zugleich formuliert Browns Protagonistin eine klare Kritik am Meritokratismus, wenn sie ihr Dilemma zum Ausdruck bringt, dass sie mit ihrer Geschichte als Aufsteigerin am Ende selbst zu einer Mitwirkenden am Narrativ vom Schaffen oder Scheitern werde.[54] Wird oft angenommen, dass sich in einer Gesellschaft der Gewinner nicht vom Scheitern erzählen lässt,[55] so gilt dies für die Literatur offenbar nicht unbedingt.

---

53 Fleury, Hier liegt Bitterkeit begraben, 311–312.
54 „Surviving makes me a participant in their narrative. Succeed or fail, my existence only reinforces this construct. I reject it. I reject these options. I reject this life." (Natasha Brown, Assembly, London 2021, 96.)
55 Vgl. Amlinger und Nachtwey, Gekränkte Freiheit, 156.

5 Schluss

Eine andere Deutung der Konjunkturen der An- und Abwesenheit einer Aktualität des Klassenkampfs bietet Patrick Eiden-Offe an: Die „Anlage zu solch einem Wechsel" sucht er nämlich „im Gegenstand selbst",[56] wenn er – im Durchlauf verschiedener theoretischer Ansätze zum Klassenkampf – „den Anachronismus als genuine historische Daseins- und Vollzugsweise des Klassenkampfes" versteht. Damit ließe sich „die Geschichte immer wieder und bisweilen eben auch gegen den Strich – gegen den Anschein des Veralteten und Überkommenen – als ‚Geschichte von Klassenkämpfen' [...] betrachten".[57] Im Anschluss an E. P. Thompsons *The Making of the English Working Class* (1966) argumentiert Eiden-Offe, dass Klasse „*gar keine* ‚Kategorie' darstelle, sondern ‚etwas, das tatsächlich geschieht' und gemacht *wird*",[58] sei. Folglich ist „zwischen Klasse als Begriff einer wissenschaftlich-terminologischen Klassifizierung (Differenzierung und Etikettierung) und Klasse als Name einer politisch-kulturellen (Selbst-)Identifizierung"[59] zu differenzieren: „Klasse als ‚historisches Phänomen' ist ein Geschehen, ein Prozess gegenseitiger Bezugnahmen und Verknüpfung".[60] Solcherart wird der Fokus auf die Disparität von Klassen-Figurationen und ein ‚doing class' gelegt, das sich immer erst im Vollzug – z. B. von literarischen Klassen-Entwürfen – zeigt. Dieser Prozess als solcher könnte demnach (auch) als Klassenkampf gewertet werden, als ein „Kampf, der Klassen hervorbringt. Und wenn diese Klassen dann konstituiert sind, das heißt einem bestimmten *Begriff* entsprechen und über ein bestimmtes *Klassenbewusstsein* verfügen, dann ist der Klassenkampf als vorgängiger und universeller Prozess vielleicht auch schon wieder vorbei oder in den Hintergrund getreten."[61]

Auf die hier angestellten Überlegungen rückbezogen, würde dies bedeuten, dass die (literarisch-soziologische) konjunkturelle Auseinandersetzung mit Klassismuserfahrungen und (Klassen-)Ressentiments eine der Verständigung über Klassenkonzepte ist, in deren Rahmen der Klassenkampf in seinen tradierten Formen zwar überwiegend nicht explizit als Begriff auftaucht, aber durchaus ein solcher ausgetragen wird.

---

56 Patrick Eiden-Offe, Ein „leise anachronistisches air". Über die Gegen-Zeitlichkeit des Klassenkampfs bei Adorno, Thompson, Balibar, Rancière und Badiou, in: Historische Anthropologie 3 (2016), 396–417, hier: 397.
57 Eiden-Offe, Gegen-Zeitlichkeit des Klassenkampfs, 397.
58 Eiden-Offe, Gegen-Zeitlichkeit des Klassenkampfs, 401.
59 Eiden-Offe, Gegen-Zeitlichkeit des Klassenkampfs, 401.
60 Eiden-Offe, Gegen-Zeitlichkeit des Klassenkampfs, 402.
61 Eiden-Offe, Gegen-Zeitlichkeit des Klassenkampfs, 402.

Literatur

Alvir, Olja: Nieder mit der Sprossenwand! Brechen wir mit der Vorstellung von sozialem Aufstieg, in: Solidarisch gegen Klassismus – organisieren, intervenieren, umverteilen, hg. von Francis Seeck und Brigitte Theiß, Münster 2021, 19–28.
Amlinger, Carolin, und Oliver Nachtwey: Gekränkte Freiheit. Aspekte des libertären Autoritarismus, Berlin 2022.
Barankow, Maria, und Christian Baron: Vorwort, in: Klasse und Kampf, hg. von dens., Berlin 2021, 7–12.
Baron, Christian: Klasse und Klassismus. Eine kritische Bestandsaufnahme, in: Prokla 175 (2014), 225–235.
Beck, Ulrich: Jenseits von Klasse und Stand? Soziale Ungleichheiten, gesellschaftliche Individualisierungsprozesse und die Entstehung neuer sozialer Formationen und Identitäten, in: Soziale Ungleichheiten, hg. von Reinhard Kreckel, Göttingen 1983, 35–74.
Bedorf, Thomas: Zur Rhetorik des politischen Ressentiments, in: Zeitschrift für Praktische Philosophie 6 (2019), H. 1, 239–256.
Bischoff, Joachim, und Bernhard Müller: Berliner Republik: eine Klassengesellschaft. Soziale Spaltungen, Wut auf das Establishment und rechte Ressentiments, Hamburg 2019.
Blome, Eva: Postautonome Literatur? Gegenwartsliteratur(wissenschaft) in der *longue durée*, in: Deutsche Vierteljahrsschrift für Literaturwissenschaft und Geistesgeschichte 97 (2023), H. 4, 973–981.
Blome, Eva: Ungleiche Verhältnisse. Bildungsgeschichten als literarische Soziologie, Göttingen 2025.
Blome, Eva, Philipp Lammers und Sarah Seidel (Hg.): Autosoziobiographie. Poetik und Politik, Berlin 2022.
Bourdieu, Pierre: Die feinen Unterschiede. Kritik der gesellschaftlichen Urteilskraft, aus dem Französischen von Bernd Schwibs und Achim Russer, Frankfurt a. M. 1987.
Brown, Natasha: Assembly, London 2021.
Bunch, Charlotte, und Nancy Morgen (Hg.): Class and Feminism. A Collection of Essays from THE FURIES, Baltimore 1974.
Dahrendorf, Ralf: Gesellschaft und Demokratie in Deutschland, München 1972 [1968].
Draxler, Helmut: Polarisierung und Ressentiment. Ein Nachtrag zur Debatte, in: Merkur 896 (2024), 17–27.
Eiden-Offe, Patrick: Ein „leise anachronistisches air". Über die Gegen-Zeitlichkeit des Klassenkampfs bei Adorno, Thompson, Balibar, Rancière und Badiou, in: Historische Anthropologie 3 (2016), 396–417.
Eiden-Offe, Patrick: Die Poesie der Klasse. Romantischer Antikapitalismus und die Erfindung des Proletariats, Berlin 2017.
Eribon, Didier: Rückkehr nach Reims, aus dem Französischen von Tobias Haberkorn, Berlin 2016.
Eribon, Didier: Gesellschaft als Urteil. Klassen, Identitäten, Wege, aus dem Französischen von Tobias Haberkorn, Berlin 2017.
Ernaux, Annie: La littérature est une arme de combat ... Entretien avec Annie Ernaux, écrivain – 19 avril 2002, Cergy, réalisé par Isabelle Charpentier, in: Rencontres avec Pierre Bourdieu, hg. von Gérard Mauger, Paris 2005, 159–175.
Fleury, Cynthia: Hier liegt Bitterkeit begraben. Über Ressentiments und ihre Heilung, übersetzt von Andrea Hemminger, Berlin 2023 [Orig. Ci-gît l'amer. Guérir du ressentiment, Paris 2020].
Frank, Arno: Bremsklotz, in: Klasse und Kampf, hg. von Maria Barankow und Christian Baron, Berlin 2021, 13–31.
Geiger, Theodor: Die Klassengesellschaft im Schmelztiegel, Köln-Opladen 1949.
Gregory, Stephan: Class Trouble. Eine Mediengeschichte der Klassenanalyse, Paderborn 2021.
Große, Jürgen: Die kalte Wut. Theorie und Praxis des Ressentiments, Marburg 2024.
Honneth, Axel (Hg.): Stoner – Ambivalenzen einer literarischen Sozialfigur (Themenschwerpunkt), in: WestEnd. Neue Zeitschrift für Sozialforschung 2 (2015), 79–133.

Karabulut, Pınar: Augenhöhe, in: Klasse und Kampf, hg. von Maria Barankow und Christian Baron, Berlin 2021, 82–95.

Kersten, Jens, Claudia Neu, Claudia und Berthold Vogel: Einsamkeit und Ressentiment, Hamburg 2024.

Klinger, Cornelia, und Gudrun-Axeli Knapp: Achsen der Ungleichheit – Achsen der Differenz: Verhältnisbestimmungen von Klasse, Geschlecht, „Rasse"/Ethnizität, in: Achsen der Ungleichheit. Zum Verhältnis von Klasse, Geschlecht und Ethnizität, hg. von dens. und Birgit Sauer, Frankfurt a. M. und New York 2007, 19–41.

Knapp, Gudrun-Axeli: Intersectionality – ein neues Paradigma feministischer Theorie? Zur transatlantischen Reise von ‚Race, Class, Gender', in: Feministische Studien 23 (2005), H. 1, 68–81.

Linck, Dirck: Die Politisierung der Scham. Didier Eribons „Rückkehr nach Reims", in: Merkur 808 (2016), 34–47.

Mau, Steffen, Thomas Lux und Linus Westheuser: Triggerpunkte. Konsens und Konflikt, Berlin 2023.

Mayer-Ahuja, Nicole, und Oliver Nachtwey (Hg.): Verkannte Leistungsträger:innen. Berichte aus der Klassengesellschaft, Berlin 2021.

Montaigne, Michel de: Couradise mère de la cruaulté. Essais II, 27, Paris 1950.

Nachtwey, Oliver: Die Abstiegsgesellschaft. Über das Aufbegehren in der regressiven Moderne, Berlin 2016.

Nachtwey, Oliver: Klassen und Klassenkonflikte. Anmerkungen zu Andreas Reckwitz, in: Leviathan 49 (2021), H. 2, 174–180.

Neuhaus-Koch, Ariane: Karin Struck und die Arbeiterliteratur, in: Schreibwelten – erschriebene Welten. Zum 50. Geburtstag der Dortmunder Gruppe 61, hg. von Gertrude Cepl-Kaufmann und Jasmin Grande, Essen 2011, 267–272.

Otoo, Sharon Dodua: Klassensprecher, in: Klasse und Kampf, hg. von Maria Barankow und Christian Baron, Berlin 2021, 109–124.

Quintane, Nathalie: Wohin mit den Mittelklassen?, Berlin 2018.

Reckwitz, Andreas: Das Ende der Illusionen. Politik, Ökonomie und Kultur in der Spätmoderne, Berlin 2019.

Rocks, Carolin, und Elgen Sauerborn: Gebotene Scham. Emotionsrepertoires des sozialen Aufstiegs in deutschsprachigen Autosoziobiographien der Gegenwart, erscheint in: Kulturwissenschaftliche Zeitschrift 2026/2027.

Schaub, Christoph: Arbeitende Klasse und Diversität. Über persönliche Erzählungen in der Gegenwartsliteratur (*Klasse und Kampf*, *Streulicht*), in: Zeitschrift für interkulturelle Germanistik 15 (2024), 33–46.

Scheler, Max: Das Ressentiment im Aufbau der Moralen, Frankfurt a. M. 2004 [1912].

Schelsky, Helmut: Die Bedeutung des Klassenbegriffes für die Analyse unserer Gesellschaft, in: ders., Auf der Suche nach Wirklichkeit. Gesammelte Aufsätze zur Soziologie der Bundesrepublik, Düsseldorf und Köln 1965 [1961].

Seeck, Francis: Kohlenkeller, in: Klasse und Kampf, hg. von Maria Barankow und Christian Baron, Berlin 2021, 65–81.

Steeger, Fabienne: Gedanken einer Aufsteigerin. Karin Strucks private Tagebücher als Vorstufen ihres Tagebuchromans *Klassenliebe*, in: Jahrbuch Freunde der Monacensia (2021), 272–287.

Stelling, Anke: Plastikteile, in: Klasse und Kampf, hg. von Maria Barankow und Christian Baron, Berlin 2021, 96–108.

Struck, Karin: Klassenliebe. Roman, Frankfurt a. M. 1973.

Vogl, Joseph: Kapital und Ressentiment. Eine kurze Geschichte der Gegenwart, München 2021.

Weißgerber, Christian Ernst: Die neue Lust am Ressentiment. Grundzüge eines affekttheoretischen Ressentiment-Begriffs, in: Affekt Macht Netz. Auf dem Weg zu einer Sozialtheorie der Digitalen Gesellschaft, hg. von Rainer Mühlhoff, Anja Breljak und Jan Slaby, Bielefeld 2019, 225–244.

Friederike Schruhl-Hildebrand
Zur Faktizität von ‚Klasse' in der Gegenwartsliteratur

„Class matters":[1] Darüber scheint man sich derzeit einig zu sein. „Man redet wieder von sozialen Klassen."[2] Als „Genre der Stunde'"[3] werden dabei Autosoziobiografien[4] gehandelt, die literarisch umzusetzen versuchen, „wie sich die Klassen heute ‚anfühlen'".[5] Aber warum hat das „Erzählen über Klasse [...] Hochkonjunktur"?[6] „Warum schreiben alle über Klasse?"[7] Weswegen erhält eine Schreibweise in der Gegenwart so viel Aufmerksamkeit, die sich „zwischen theoretischer Analyse der sozialen Welt und literarischer Erzählung der eigenen Biografie",[8] also dezidiert zwischen Faktualität und Fiktionalität einordnen lässt?

An diese Überlegungen schließt der vorliegende Beitrag an. Im Zentrum soll die Frage stehen, ob und inwiefern die wissenschaftliche, publizistische und literarische Aufmerksamkeitsinvestition in die Kategorie der ‚Klasse' bzw. der Autosoziobiografie und der intensiv diskutierte Problemhaushalt des Faktischen in Verbindung zueinander stehen – und auf welche Weise spezifische Affektdyna-

---

[1] Vgl. etwa den Paneltitel der 47. Jahrestagung der *German Studies Association* in Montréal, Kanada: „‚Class matters'. Komparatistische Lektüren der deutschsprachigen Gegenwartsliteratur" (05.–08.10.2023, Montreal).
[2] Andreas Reckwitz, Das Ende der Illusionen. Politik, Ökonomie und Kultur in der Spätmoderne, Berlin 2019, 63.
[3] Siehe die Workshopankündigung von Philipp Böttcher, Sozialer Aufstieg in der postmigrantischen Literatur der Gegenwart, Workshop im Literaturforum im Brecht-Haus Berlin, 18.10.2024, https://lfbrecht.de/event/sozialer-aufstieg-in-der-postmigrantischen-literatur-der-gegenwart/ (13.05.2025).
[4] „Autosoziobiografien erzählen von der Klassengesellschaft." Dies ist der programmatische Untertitel von folgendem Beitrag: Eva Blome, Rückkehr zur Herkunft. Autosoziobiografien erzählen von der Klassengesellschaft, in: Deutsche Vierteljahrsschrift für Literaturwissenschaft und Geistesgeschichte 94 (2020), H. 4, 541–571.
[5] Reckwitz, Das Ende der Illusionen, 65.
[6] Marlen Hobrack, Arbeiterin, Mutter, Ostdeutsche, der Freitag, 27.08.2022, https://www.freitag.de/autoren/marlen-hobrack/marlen-hobracks-klassenbeste-wie-herkunft-unsere-gesellschaft-spaltet (31.01.2025).
[7] Vgl. den Titel einer Podcastfolge des Carl Hanser Verlags: Emily Modick und Florian Kessler im Gespräch mit der Autorin Daniela Dröscher, Podcast: Hanser Rauschen | #10: Warum schreiben alle über Klasse?, 09.11.2023, https://hanser-rauschen.podigee.io/76-warum-schreiben-alle-uber-klasse-zu-gast-daniela-droscher (31.01.2025).
[8] Christina Ernst, *Transclasse* und *transgenre*. Autosoziobiographische Schreibweisen bei Paul B. Preciado und Jayrôme C. Robinet, in: Autosoziobiographie. Poetik und Politik, hg. von Eva Blome, Philipp Lammers und Sarah Seidel, Berlin 2022, 257–273, hier: 260.

ə Open Access. © 2025 bei den Autorinnen und Autoren, publiziert von De Gruyter. Dieses Werk ist lizensiert unter einer Creative Commons Namensnennung 4.0 International Lizenz.
https://doi.org/10.1515/9783111625188-005

miken dieses Verhältnis mitkonstituieren. Die Argumentation des Beitrags vollzieht sich dabei in drei aufeinanderfolgenden Schritten. In einem ersten Schritt geht es um die Konjunktur der ‚Klassenfrage', insbesondere an ihrem aktuellen französischen Inspirationsort, um darauf aufbauend in einem zweiten Schritt spezifische Klassen-Herkunfts-Erzählungen im Hinblick auf ihre besonderen Distanz- und Nähekennzeichen zu reflektieren. In einem letzten Schritt wird die Problematizität des Faktischen und die ‚Wahrheit der Fiktion' thematisiert, um die Affektfixierung der Autosoziobiografien zu beschreiben.

1 Zur Konjunktur der ‚Klassenfrage'

Texte, insbesondere literarische, über Herkünfte und soziale Mobilitäten haben derzeit Konjunktur.[9] Die breit diskutierte ‚Rückkehr der Klassenfrage' schlägt sich vielfach in der Gegenwartsliteratur nieder.[10] Seit einiger Zeit erscheinen französische, englische und deutsche Publikationen, deren Gemeinsamkeiten kaum zu übersehen sind: Zumeist handelt es sich dabei um eine literarisierte Auseinandersetzung mit der soziokulturellen Herkunftsgeschichte, der Thematisierung des Klassenwechsels und der Beobachtung des – vorläufigen – Ankunft-Milieus. Es geht um die narrative Soziologisierung eines nur vermeintlich singulären Schicksals bzw. die Kollektivierung und Politisierung individueller Erfahrungen; es geht um die Darstellung der Reproduktion respektive der Nicht-Reproduktion sozialer Verhältnisse und um die damit in Verbindung stehenden Affektstrukturen einer Klasse. Der Begriff der ‚Klasse' wird dabei in seiner literarisch-imaginativen Formung zumeist primär kultursoziologisch gedacht.[11] Er zielt darauf – ausgehend von der jeweiligen sozioökonomischen Positionierung –, gesellschaftliche Klassifikations- und Ausschlussmechanismen, Auf- und Abwertungsprozesse und die damit verbundenen Verlusterfahrungen, Identifikationen, Stimmungen und Affekte zu begreifen.

---

9 So z. B. mit Blick auf den deutschen Buchmarkt: Daniela Dröscher, Zeige deine Klasse (2018); Christian Baron, Ein Mann seiner Klasse (2020); Anke Stelling, Schäfchen im Trockenen (2018); Anna Mayr, Die Elenden (2020); Deniz Ohde, Streulicht (2021); Marlen Hobrack, Klassenbeste (2022) u. v. a. m.
10 Vgl. Lars Henk, Lea Sauer, Die Klassenfrage und die Literatur. Interview mit der Soziologin Prof. Dr. Silke van Dyk, Literaturportal France, 13.03.2022, https://literaturportal-france2000-lit.webflow.io/essais-entretiens/bourdieus-erben-interview-silke-van-dyk (31.01.2025).
11 Zum Begriff der ‚Klasse' siehe einleitend Andreas Kemper und Heike Weinbach, Klassismus. Eine Einführung, Münster 2009, sowie Erik Olin Wright, Warum Klasse zählt. Mit einem Nachwort von Oliver Nachtwey, Berlin 2023.

Diese in der Gegenwartsliteratur zu konstatierende thematische Konzentration auf die Klasse wird zudem nicht nur publizistisch wahrgenommen,[12] sondern auch wissenschaftlich diskutiert. Man könnte nahezu von einem ‚Boom' der *literary class studies* sprechen.[13] Auf diverse Tagungsankündigungen und Panelausrufungen folgten in den letzten Jahren zahlreiche literaturwissenschaftliche Publikationen.[14] Neben der inhaltlichen Fokussierung auf den Begriff der ‚Klasse'[15] und seine Korrelation mit ‚Herkunft'[16] wurde insbesondere die gewählte literarische Form der ‚Autosoziobiografie'[17] thematisiert.

2 Eribon und die Folgen

Ihren gegenwärtigen Inspirationsort[18] findet die Autosoziobiografie in Frankreich bzw. bei französischsprachigen Intellektuellen, die sich insbesondere in einer von

---

12 Vgl. hierzu die vielen Feuilletonbeiträge der letzten Jahre, so z. B. Tania Martini, Bücher über Klassengesellschaft. Eine Frage der Klasse, taz.de, 04.10.2023, https://taz.de/Buecher-ueber-Klassengesellschaft/!5960866/ (31.01.2025); Katharina Walser, Die Pommes-Kinder, ZEIT online, 03.12.2024, https://www.zeit.de/kultur/literatur/2024-12/literatur-klassismus-pommes-elina-penner-ilija-matusko-pola-schneemelcher-jovana-reisinger (31.01.2025).
13 Vgl. hierzu den Band: Julia Bodenburg und Irene Husser (Hg.), Literary Class Studies. Soziale Herkünfte in der Literatur/Wissenschaft, Stuttgart 2025 [i. E.].
14 Vgl. etwa die entsprechenden akademischen Aktivitäten der letzten Jahre, welche die Mailingliste H-Germanistik hierzu aufführt.
15 Der hier vorliegende Band ist aktuelles Zeugnis dieser Forschungstendenzen. Vgl. zudem Rafael Hiden und Werner Michler (Hg.), Klassenübergänge. Figuren – Figurationen – Narrative, Wien 2025 [i. E.]; Bodenburg und Husser, Literary Class Studies. Einführend: Eva Blome, Patrick Eiden-Offe und Manfred Weinberg, Klassen-Bildung. Ein Problemaufriss, in: Internationales Archiv für Sozialgeschichte der deutschen Literatur (IASL) 35 (2010), H. 2, 158–194; vgl. hierzu das Interview: Eva Blome und Patrick Eiden-Offe, Literaturwissenschaft und Klasse [Interview], in: Undercurrents. Forum für Linke Literaturwissenschaft (01.04.2012), https://undercurrentsforum.com/index.php/undercurrents/article/view/2 (31.01.2025).
16 Vgl. bspw. Blome, Rückkehr zur Herkunft; Reto Rössler und Dominik Zink (Hg.), Herkünfte erzählen: Verflechtungsästhetiken von Interkulturalität und Intersektionalität in deutschsprachiger Gegenwartsliteratur, Berlin und Boston 2025 [i. E.].
17 Vgl. insb. den Sammelband von Eva Blome, Philipp Lammers und Sarah Seidel (Hg.), Autosoziobiographie. Poetik und Politik, Berlin 2022, sowie Blome, Rückkehr zur Herkunft. Für das historische Begriffsverständnis sehr erhellend: Marcus Twellmann, Franz Michael Felder. Aus meinem Leben – Autofiktion, Autosoziobiografie, Autoethnografie, in: IASL 47 (2022), H. 2, 480–514.
18 Zur kritischen Einordung der Geschichte der Autosoziobiografie siehe Marcus Twellmann, Autosoziobiografie als reisende Form. Ein Versuch, in: Autosoziobiographie. Poetik und Politik, hg. von Eva Blome, Philipp Lammers und Sarah Seidel, Berlin 2022, 91–115, hier: 95.

Pierre Bourdieu geprägten Tradition klassen- und milieuspezifischer Habitus (Bourdieu) oder sogenannter *„complexions"* (Jaquet) verorten und das ‚Ich' mithin explizit als sozialen Fakt imaginieren.[19] Der aktuelle Erfolg deutschsprachiger Klassen-Herkunfts-Texte ist somit kaum zu denken ohne die bahnbrechende Resonanz, die Didier Eribons *Rückkehr nach Reims* erfahren hat.[20] Vielfach wird sogar – wie es etwa im Feuilleton tituliert wurde – von einem „Eribon-Genre"[21] gesprochen, da selbst noch Jahre nach dem Erscheinen der deutschen Übersetzung von *Rückkehr nach Reims* diese Publikation als Referenz, intellektueller Bezugsrahmen sowie inhaltliche und formale Orientierungsgröße für autosoziobiografische Klassen- bzw. Herkunftstexte – sowohl von der Rezeption als auch von den Autor:innen selbst – verwendet wird.

Die Publikation des Publizisten, Philosophen und Soziologen Eribon – der bis zu dieser Veröffentlichung eher einem akademischen Fachpublikum als Biograf Michel Foucaults bekannt gewesen sein dürfte – handelt von seiner Familiengeschichte und der Rückkehr in seine Heimatstadt aufgrund des Todes seines Vaters. Eribon verknüpft in seinem Text „autobiographische Betrachtungen über seinen Lebensweg als Bildungsaufsteiger aus der französischen Arbeiterklasse mit weitreichenderen Analysen zur politischen und gesellschaftlichen Lage in Frankreich".[22] Er fokussiert eine Form des Schreibens, die Annie Ernaux als „auto-sociobiographique[ ]"[23] bezeichnet hat; ein Schreiben zwischen „Literatur, Soziologie

---

19 Siehe zu dem Konzept der *„complexion"* nach Jaquet erklärend Carlos Spoerhase, Nachwort. Aufstiegsangst: Zur Autosoziobiografie des Klassenübergängers, in: Chantal Jaquet, Zwischen den Klassen. Über die Nicht-Reproduktion sozialer Macht, Konstanz 2024, 231–253, hier: 234–235. Vgl. hierzu auch das DFG-Projekt „Bourdieus Erben. Zur Rückkehr der Klassenfrage in der französischen Gegenwartsliteratur" (2021–2024).
20 Didier Eribon, Rückkehr nach Reims. Retour à Reims, übersetzt von Tobias Haberkorn, Berlin 2017 (im Original: 2009). Vgl. in diesem Kontext bspw. Gregor Schuhen, Erfolgsmodell Autosoziobiografie? Didier Eribons literarische Erben in Deutschland (Daniela Dröscher und Christian Baron), in: Lendemains 180 (2020) = Transfuge, transfert, traduction. La réception de Didier Eribon dans les pays germanophones, hg. von Elisabeth Kargl und Bénédicte Terrisse, 51–63.
21 Siehe den Hinweis bei Christina Ernst, ‚Arbeiterkinderliteratur' nach Eribon. Autosoziobiographie in der deutschsprachigen Gegenwartsliteratur, in: Lendemains 180 (2020) = Transfuge, transfert, traduction. La réception de Didier Eribon dans les pays germanophones, hg. von Elisabeth Kargl und Bénédicte Terrisse, 77–91, hier: 78.
22 Sina Farzin, Biographie als Gegenwartsdiagnose. *Rückkehr nach Reims* von Didier Eribon, in: Soziologische Gegenwartsdiagnosen 3, hg. von Sina Farzin und Henning Laux, Wiesbaden 2023, 109–120, hier: 109.
23 Annie Ernaux, L'Écriture comme un couteau. Entretien avec Frédéric-Yves Jeannet, Paris 2003, 23.

und Geschichtsschreibung",[24] das die eigene Herkunftsgeschichte als Ausdruck von Klassenverhältnissen erzählt: „[J]e me sers de ma subjectivité", formuliert Ernaux, „pour retrouver, dévoiler des mécanismes ou des phénomènes plus généraux, collectifs".[25] Eribon führt diese Schreibweise von Ernaux fort, wenn er reflektiert, dass seine Publikation ein „nonfiktionaler Roman" sei – ein „theoretisches Buch darüber, wie Gesellschaften, soziale Klassen, Sexualität, Geschlecht, Politik und die Formierung der sozialen Subjekte, die wir alle sind, funktionieren".[26] Auch wenn *Rückkehr nach Reims* ein „sehr persönliches Buch" ist, da Eribon über seine „soziale Herkunft" spricht, sei es „eher ein soziologisches Werk und ein Geschichtsbuch": „Ich versuche", so Eribon, „von meinem persönlichen Werdegang aus eine soziale Struktur zu rekonstruieren".[27]

Es ist demnach nicht verwunderlich, dass auch die Soziologie ihre Aufmerksamkeit auf Eribons autosoziobiografische Texte und die „konzeptuelle Verknüpfung zwischen literarisch-narrativer Stilisierung und soziologischer Gesellschaftsanalyse"[28] richtet. Insgesamt macht sich in den letzten Jahren innerhalb „der Soziologie ein verstärktes Interesse an literarischen ‚Selbstzeugnissen' von Soziolog*innen bzw. soziologisch informierten Autor*innen bemerkbar".[29] Auch Caro-

---

24 Annie Ernaux, Eine Frau. Une femme, übersetzt von Sonja Finck, Berlin 2019 (im Original: 1987), 88.
25 Ernaux, L'Écriture comme un couteau, 42. Übersetzung ins Deutsche [FSH]: „Ich bediene mich meiner Subjektivität, um allgemeinere, kollektive Mechanismen oder Phänomene aufzuspüren und zu enthüllen."
26 Didier Eribon, Ihr seid nicht das Volk, taz, 23.09.2016, https://taz.de/Didier-Eribon-zur-Krise-der-Linken/!5340042/ (26.01.2025).
27 Didier Eribon, In was für einer Welt, verdammt noch mal, wollen wir leben? Gila Lustiger und Didier Eribon im Gespräch mit Tanya Lieske, Deutschlandfunk Kultur, 23.10.2017, https://www.deutschlandfunk.de/zwei-intellektuelle-ueber-frankreich-in-was-fuer-einer-welt-100.html (26.01.2025).
28 Raffael Hiden, ‚Vom Rückblick zur Rückkehr'. Zur Interdependenz von gesellschaftlichen Selbstbeschreibungsformen und soziologischer Theoriebildung in der (Spät-)Moderne, in: Soziologie und Krise. Gesellschaftliche Spannungen als Motor der Geschichte der Soziologie, hg. von Nicole Holzhauser, Stephan Moebius und Andrea Ploder, Wiesbaden 2023, 235–253, hier: 245. Vgl. ebenso Christoph Schaub, Autosoziobiografisches und autofiktionales Schreiben über Klasse in Didier Eribons *Retour à Reims*, Daniela Dröschers *Zeige deine Klasse* und Karin Strucks *Klassenliebe*, in: Lendemains 180 (2020) = Transfuge, transfert, traduction. La réception de Didier Eribon dans les pays germanophones, hg. von Elisabeth Kargl und Bénédicte Terrisse, 64–76, hier: 65.
29 Julia Reuter und Christian Lömke, Hontoanalyse, teilnehmende Objektivierung, unpersönliche Autobiografie, in: Eribon revisited – Perspektiven der Gender und Queer Studies, hg. von Karolin Kalmbach, Elke Kleinau und Susanne Völker, Wiesbaden 2020, 13–29, hier: 13. Vgl. ebenso Sina Farzin, Literatur als Quelle und Methode soziologischer Zeitdiagnose, in: Deutungsmacht von Zeitdiagnosen: Interdisziplinäre Perspektiven, hg. von Heiner Hastedt, Bielefeld 2019, 137–148.

lin Amlinger weist darauf hin, dass derzeit autosoziobiografische Textformen von der Soziologie als epistemische Objekte nobilitiert werden:

> Von Soziolog:innen wird Autosoziobiographien darum ein soziologisches Erkenntnispotenzial zugeschrieben, d. h. ihnen wird ein Wahrheitsgehalt zugesprochen, den sonst nur nichtliterarische Textsorten für sich reklamieren. [...] Autosoziobiographien sind Grenzerzählungen, die sich fiktionale Erzählprinzipien zunutze machen, um Aussagen über die soziale Realität reffen zu können.[30]

In ähnlicher Weise hat auch die Soziologin Sina Farzin diese „Hybridgattung zwischen Literatur und Soziologie"[31] beschrieben: Der Konnex zwischen „Biographie und soziologischer Analyse" bei Eribon könne gleichzeitig einen „ästhetisch vermittelten Wiedererkennungseffekt mit Blick auf die eigene (Generationen-)Erfahrung sozialer Mobilität" leisten und diese um eine „soziologische Diagnose [...] mit biographischer Dignität" ergänzen.[32] Farzin unterscheidet damit zwischen einer identifikatorischen Lektüreweise und einer soziologisch-gegenwartsdiagnostischen Analyseform. Diese Dualität ließe sich um eine literaturwissenschaftliche respektive literatursoziologische Perspektive ergänzen, welche den narrativen Verfahren und ästhetischen Prinzipien autosoziobiografischer Texte gesteigerte Aufmerksamkeit schenkt. In einem solchen Zugriff, der gegenwärtig im Kontext des ‚social turns' der Germanistik bzw. der Renaissance der Literatursoziologie[33] gepflegt wird, findet eine (erneute) Annäherung zwischen Literaturwissenschaft und Soziologie statt.[34] Die Beobachtung und Untersuchung des ästhetischen Konstrukts der Autosoziobiografie bzw. die gemeinsam geteilte Nobilitierung der „Faktizität des Gegebenen"[35] hat aus dieser Perspektive disziplinäre Folgen. Die zu konstatierende Konjunktur der ‚Klassenfrage' organisiert sich demnach innerhalb einer zu diagnostizierenden Konjunktur der Literatursoziologie.

---

30 Carolin Amlinger, Literatur als Soziologie. Autofiktion, soziale Tatsachen und soziologische Erkenntnis, in: Autosoziobiographie. Poetik und Politik, hg. von Eva Blome, Philipp Lammers und Sarah Seidel, Berlin 2022, 43–65, hier: 44.
31 Farzin, Biographie als Gegenwartsdiagnose, 115.
32 Farzin, Biographie als Gegenwartsdiagnose, 118.
33 Vgl. hierzu etwa einführend Guy Schwegler, Was kann die literatursoziologische Analyse leisten?, in: Luc Boltanski und die Literatursoziologie, hg. von David-Christopher Assmann, Wiesbaden 2024, 93–116. Siehe hierzu auch folgende Publikation [i. E.]: Schreibweisen des Sozialen / Writing the Social, hg. von Carolin Amlinger, David-Christopher Assmann und Urs Büttner, in: Journal of Literary Theory 19 (2025), H. 1.
34 Vgl. hierzu auch Blome, Rückkehr zur Herkunft, 570–571.
35 Amlinger, Literatur als Soziologie, 61.

3 Klasse erzählen/von sich erzählen: Indizes der Autosoziobiografie

Derzeit kann man mit Blick auf die Autosoziobiografie sehen, inwiefern ein ‚Doing Genre' bzw. ein „Genre in the Making"[36] praktiziert wird.[37] Es gibt – davon zeugen zahlreiche Beobachtungsaktivitäten der letzten Jahre – kollektive Bemühungen, diese Textform in ihren charakteristischen Konturen zu fixieren. Dieses „‚Machen' von Gattungen" kann verstanden werden als die Summe von „verschiedenen, jeweils genauer zu untersuchenden Praktiken der Produktion, Distribution und Rezeption generischer Phänomene im Literaturbetrieb und der Literaturwissenschaft".[38] Die literarischen Formbildungsprozesse und die wissenschaftlichen Konventionalisierungsversuche des Genres versammeln sich häufig um genrespezifische Merkmale und Merkmalsgruppen, die je nach ästhetischem Gegenstand flexibel und variabel miteinander verknüpft werden können.

Ordnungs- bzw. Verweisgröße der autosoziobiografischen Texte ist zumeist Eribons *Rückkehr nach Reims*. Ijoma Mangold fragt etwa mit Blick auf Christian Barons Text *Ein Mann seiner Klasse* (2021):[39] „Ist er ein deutscher Didier Eribon?"[40] Christian Baron antwortet auf diese an ihn häufig adressierte Frage in einem Interview, dass ihm bei seiner Publikation zentrales Anliegen gewesen sei, „allein der Kraft der Erzählung zu vertrauen und keine soziologischen Reflexionen einzuarbeiten".[41] Tatsächlich sind die formalen Ähnlichkeiten zwischen Eribons und Barons Text eher überschaubar. Die Literaturwissenschaftlerin Christina Ernst insistiert sogar, dass die deutschsprachigen Autosoziobiografien – mit der von ihr in einer Fußnote erwähnten Ausnahme von Daniela Dröschers *Zeige deine Klasse. Die Geschichte meiner sozialen Herkunft* (2018) – entgegen des Eribon'schen Leitideals

---

[36] Blome, Lammers und Seidel, Zur Poetik und Politik der Autosoziobiografie, 1. Ebenso Ernst, ‚Arbeiterkinderliteratur' nach Eribon, 80–82.
[37] Carlos Spoerhase, Akademische Aufsteiger: *scholarship boys* als literarische Sozialfiguren der Autosoziobiografie (Politik der Form II), in: Autosoziobiografie. Poetik und Politik, hg. von Eva Blome, Philipp Lammers und Sarah Seidel, Berlin 2022, 67–88, hier: 67–68.
[38] Angela Gencarelli, Doing Genre. Grundlagen, Begriffe und Perspektiven einer praxeologischen Gattungsforschung, in: Doing Genre. Praxeologische Perspektiven auf Gattungen und Gattungsdynamiken, hg. von Angela Gencarelli, Berlin und Boston 2024, 1–22, hier: 10.
[39] Christian Baron, Ein Mann seiner Klasse, Berlin 2022.
[40] Ijoma Mangold, Prekär in Kaiserslautern, ZEIT online, 31.01.2020, https://www.zeit.de/2020/06/ein-mann-seiner-klasse-christian-baron-unterschicht-buchrezension (03.02.2025).
[41] Sergen Canoglu, Interview mit dem „Mann seiner Klasse" Christian Baron, etosmedia, 10.08.2020, https://etosmedia.de/gesellschaft/interview-mit-dem-mann-seiner-klasse-christian-baron (03.02.2025).

„tendenziell wieder klareren Genrezuordnungen"[42] gehorchten. „Herkunft und Klasse werden in ihnen narrativ verhandelt, auch wenn das französische Vorbild als Hypotext Theorie- und Reflexionsgrundlage bleibt."[43] Ernst beobachtet, dass unabhängig von den von der Rezeption beschworenen Ähnlichkeitsbeziehungen zu Eribons Schreiben die genreüberschreitende Typik von *Rückkehr nach Reims* in der deutschsprachigen autosoziobiografischen Adaption nicht in gleicher Konsequenz umgesetzt wurde. Ihre Ausgangsvermutung – „während die Schriftsteller*innen Romane verfassen, geben die Sozialwissenschaftler*innen Sammelbände heraus"[44] – differenziert sie zwar, aber grundsätzlich weist sie darauf hin, dass es im deutschsprachigen Raum weniger zu einer „Hybridisierung", sondern vielmehr zu einer „Affizierung" der Textsorten gekommen sei.[45] „,Autosoziobiographie' ist dann vielleicht nicht primär eine Textsorte, sondern zunächst ein bestimmter Modus der autobiographischen Bezugnahme auf soziale Phänomene."[46]

Eine solche Perspektive auf Autosoziobiografien soll auch im Folgenden eingenommen werden, um die Autosoziobiografie weniger als geschlossene, fixierte Textform, sondern vielmehr als spezifischen ‚Modus'[47] zu porträtieren. Als ästhetisches Projekt zielt dieser Modus darauf, die (Re-)Produktion sozio-mentaler Verhältnisse zu literarisieren; als soziologisches Projekt versucht er, die den singulären Erfahrungen und Affekten zugrunde liegenden gesellschaftlichen Hierarchisierungsprozesse sichtbar zu machen. Ein solcher Modus des Autosoziobiografischen ist – so die These – weitgehend bestimmt durch folgende Indizes.

Hierzu zählt zunächst die literarische Umsetzung von Distanz.[48] Der (I.) Index der Distanz wird auf zeitlicher Ebene zumeist durch eine retrograde Erzählweise umgesetzt.[49] Im Gestus des Erinnerns blickt der/die Protagonist:in aus der Position

---

42 Ernst, ‚Arbeiterkinderliteratur' nach Eribon, 85.
43 Ernst, ‚Arbeiterkinderliteratur' nach Eribon, 85.
44 Ernst, ‚Arbeiterkinderliteratur' nach Eribon, 88.
45 Ernst, ‚Arbeiterkinderliteratur' nach Eribon, 88.
46 Ernst, ‚Arbeiterkinderliteratur' nach Eribon, 88.
47 Vgl. hierzu auch die Überlegung bei Ernst, ‚Arbeiterkinderliteratur' nach Eribon, 88.
48 Vgl. zu den „Schreibweise der Distanz" („écriture de la distance") von Annie Ernaux, die sie an die „objektivierende Distanz" („distance objectivante") bei Pierre Bourdieu rückbindet, ausführlich und mit weiteren Verweisen Sarah Carlotta Hechler, Zwischen Autobiographie und Autoszioanalyse. Zur Verbindung von Annie Ernaux' autosoziobiografischen Erzählungen mit Pierre Bourdieus Soziologie, in: Autosoziobiographie. Poetik und Politik, hg. von Eva Blome, Philipp Lammers und Sarah Seidel, Berlin 2022, 17–41, hier: 20.
49 Siehe hierzu die Anmerkungen von Eva Blome im Unterkapitel „Zur Retrospektion der Autosoziobiografie" in: Eva Blome, Formlos. Zur Gegenwart sozialer Desintegration in Karin Strucks *Klassenliebe* (1973), in: Autosoziobiographie. Poetik und Politik, hg. von Eva Blome, Philipp Lammers und Sarah Seidel, Berlin 2022, 211–233, hier: 211–212, sowie die Anmerkungen von Blome im

einer qua Bildung erworbenen Distanz zurück und konstruiert anhand von Rückblenden, welche Konstellationen Kindheit und Jugend der Erzählerin oder des Erzählers sowie die Familiengeschichte prägten. Diese zeitliche Distanznahme ist um die räumliche Distanz zu ergänzen. Zum Zeitpunkt des Erzählens hat das ‚Ich' seinen primären Sozialisationsort bereits verlassen. Die Texte erzählen vom vollzogenen Auszug aus der Kernfamilie, häufig auch von dem Bruch mit einer generationenübergreifenden Familiengeschichte, dem Verlassen der Dorfgemeinschaft, des Quartiers und den diesen Orten anhaftenden Milieukontexten, um in einen selbst gewählten, meist urbanen Raum und an die dazugehörigen Bildungsinstitutionen zu wechseln. Ausgangspunkt und Anlass der erzählten Selbstreflexion ist die zeitlich begrenzte Rückkehr zum sozialen Ursprungsort, die zumeist durch ein außerordentliches Ereignis – oftmals der Tod eines Elternteils – motiviert wird, wie etwa in Christian Barons *Ein Mann seiner Klasse*.[50] Die Protagonist:innen überschreiten gleichzeitig

> nicht nur eine topographische Entfernung (Zentrum und Peripherie, Stadt und Land etc.), sondern mit ihr die topologische Unterscheidung von oben und unten, die eine asymmetrische soziale Semantik von Fremdem und Vertrautem oder Elaboriertem und Restringiertem irritiert.[51]

Die räumliche Distanz ist demzufolge eng verbunden mit einer sozialen Distanz oder genauer einem Prozess der Defamiliarisierung: der Schilderung eines unüberwindbaren Spannungsverhältnisses zwischen dem ursprünglichen Sozialisationsort und der neuen, selbst gewählten sozio-mentalen Umwelt der Universität, des neuen Kolleg:innen- und Freundeskreises etc., in der das ‚Ich' aufgrund seiner sozialen Herkunft niemals ‚gänzlich' ankommt. So ist die Spannung zwischen dem sozialen Herkunfts- und dem gewählten Lebensort Anlass affektiver Manifestationen einer zerrissenen Identität: Wut, Trauer, Unwohlsein, Unsicherheit und Scham prägen die Gefühlshaushalte der Protagonist:innen. Die soziale Distanz erscheint als „leidvoll[e]" Geschichte einer „doppelten Nicht-Zugehörigkeit",[52] wie sie etwa die Figur des Soziologieprofessors in Bov Bjergs *Serpentinen* (2020) oder die Protagonistin in Daniela Dröschers *Zeige deine Klasse* (2018) präsentieren. Hier

---

Kontext des literarischen ‚Rückkehrnarrativs', in: Blome, Rückkehr zur Herkunft, 547. Ebenso zum „Motiv der Rückkehr" siehe Ernst, ‚Arbeiterkinderliteratur' nach Eribon, 81–82.
50 Vgl. hierzu Blome, Rückkehr zur Herkunft, 548 sowie insb. 550.
51 Amlinger, Literatur als Soziologie, 48.
52 Vgl. Spoerhase mit Blick auf Chantal Jaquet in: Carlos Spoerhase, Politik der Form. Autosoziobiografie als Gesellschaftsanalyse, in: Merkur 71 (2017), H. 818, 27–37, hier: 29.

erzählen nicht „glückliche[ ] Hybride[ ]",[53] die es verstünden, heterogene Welten zu einem attraktiven Selbstentwurf einer singulären Identität zu kombinieren, sondern überspannte, krisenhafte Subjekte, die das Angestammte verlassen haben, ohne je in ihrer neuen Welt angekommen zu sein. Gleichzeitig – und damit verbindet sich die epistemische Ebene – ist es gerade ihr Nicht-Angekommensein, das sie für die Soziologie prädestiniert und intellektuell auszeichnet. Es ist Bourdieu, der Fremdheit und Nicht-Zugehörigkeit als die eigentliche Voraussetzung für die Soziologie festlegt:

> In die Soziologie tritt nur ein, wer die Bande und Verhaftungen löst, die ihn gemeinhin an eine Gruppe binden, wer den Glaubensüberzeugungen abschwört, die unabdingbar sind, um dazuzugehören, wer jegliche Mitgliedschaft oder Abstammung verleugnet.[54]

Die Eigenschaft der Distanzierungsfähigkeit bzw. der soziologisierende Blick gehört damit strukturell zur Ausstattung des Protagonisten bzw. der Protagonistin – mit der Quintessenz, dass erst durch die sozial ‚heimatlos' gewordenen Klassenübergänger:innen soziale Klassen und ihre Reproduktionsmechanismen überhaupt detektierbar werden. Carolin Amlinger beschreibt diesen Aspekt treffend, wenn sie festhält, dass die Literarisierung der „subjektiven Entfremdungserfahrungen [...] eine produktive *Ver*fremdung der Sozialverhältnisse in Gang [setzen], die soziale Erkenntnisse generiert".[55] Der Klassenübergänger sei, so Amlinger, „darum mehr als eine Erzählfigur, er ist eine soziologische Methode, welche die symbolische Ordnung des Sozialen beschreibbar macht".[56] Klassenübergänger:innen sind demnach Soziolog:innen *par excellence*. Schließlich generiert dieser immer unvollständige Klassenwechsel – und damit derselbe soziobiografische Prozess, der die Protagonist:innen zu besonders hellsichtigen Soziolog:innen macht – Phantasmen einer vermeintlich vollständigen, versöhnten Identität, die den Figuren ihrer sozialen Zielgruppe attestiert wird. Diese imaginative Ebene, welche die ‚richtige' Klasse, das Vollständig-Sein, das konfliktfreie, gar harmonisch integrierte Subjekt – trotz aller biografischen Anstrengungen – als ersehnten Zustand in weiter Ferne vorstellt, organisiert den Affekthaushalt der erzählenden Protagonist:innen und bindet sie vielfach fest an das Herkunftsmilieu.

Dieser Aspekt verweist auf einen weiteren Index des Autobiografischen. Der Index der Distanz wird ergänzt und komplementiert durch einen (II.) Index der

---

53 Spoerhase, Politik der Form, 29.
54 Pierre Bourdieu, Sozialer Raum und ‚Klassen'. Leçon sur la leçon. Zwei Vorlesungen, übersetzt von Bernd Schwibs, Frankfurt a. M. 2016 (im Original: 1985), 50.
55 Amlinger, Literatur als Soziologie, 47 [Hervorhebung im Original].
56 Amlinger, Literatur als Soziologie, 47.

Proximität. Die erzählte Klassendistanz wird nämlich paradoxerweise durch die erzählerische Intervention zu verkürzen versucht. Dieser Versuch der Annäherung zwischen den Klassen bzw. der Versöhnung der Klassenfremdheiten[57] wird insofern vollzogen, als dass durch eine Perspektive von ‚innen' über die Klasse erzählt wird, um ihr Personal in ihrer strukturellen Determiniertheit oder Bedingtheit nach ‚außen' zu rechtfertigen. Diese Innen/Außen-Struktur durchkreuzt zugleich auch eine temporale Achse, indem eine der Klasse ehemals angehörende Figur aus der Gegenwart rekonstruktiv über die Vergangenheit spricht – häufig mit dem Ziel oder der Hoffnung, ein „gemeinsame[s] Dasein[ ]"[58] jenseits milieubedingter Differenzen herzustellen. Für Carlos Spoerhase fungiert der Klassenübergänger gegenüber dem antizipierten klassenfernen Lesepublikum als „Übersetzer des Sozialen":[59] Er erscheint als „Experte in einer meist implizit bleibenden Epistemologie des Sozialen, die Herkunft als uneinholbaren Erkenntnisvorteil begreift".[60] Christina Ernst erweitert diese Funktion der Übersetzungshilfe in eine andere Richtung, in dem sie darauf hinweist, dass nicht nur biografisch verbürgtes „Erfahrungswissen", sondern zugleich auch soziologisches „Expert:innenwissen" vermittelt wird.[61] Die frühere Zugehörigkeit und anhaltende Verbundenheit mit der Herkunftsklasse wird dabei in erster Linie und maßgeblich durch affektive Nähen bezeugt. Es sind nicht allgemeine moralische Verpflichtungen oder einzelne rational-reflexive Entscheidungen, sondern Affekte, die die Bindung zur Herkunftsklasse kennzeichnen. Die erzählerische Integration von Affekten wie Wut, Scham, Schmerz etc. stiftet Authentizität. Die sozial defamiliarisierten und epistemologisch distanzierten Klassenübergänger:innen müssen sich hier in ihrer biografisch bedingten Involviertheit zeigen. Sie sind auf paradoxe Weise zugleich gelöst und verstrickt.

In ihrem Zusammenwirken entfalten diese gegenläufigen Indizes von Distanz und Proximität jenes literarische und epistemische Potenzial, das für die Autosoziobiografie konstitutiv ist. Auf der autobiografischen Seite suggeriert die affektiv vermittelte Bindung ins Herkunftsmilieu gemeinsam mit der detaillierten Inventarisierung der Lebenswelt und den damit verbundenen Erinnerungen Authentizität; auf der autosoziobiografischen Seite suggeriert die Distanz eine gewisse Generalisierung und Politisierung des – eben nur vermeintlich partikularen – Leidens und der Verletzlichkeit der Protagonist:innen. Die in dieser Weise

---

57 Vgl. hierzu Blome, Rückkehr zur Herkunft, 560, sowie den Rekurs auf Ernaux bei Eribon bezüglich der ‚Klassendistanz' in: Eribon, Rückkehr nach Reims, 25.
58 Blome, Rückkehr zur Herkunft, 560.
59 Spoerhase, Politik der Form, 35.
60 Spoerhase, Politik der Form, 35–36.
61 Ernst, ‚Arbeiterkinderliteratur' nach Eribon, 81.

erzählten Episoden der Hauptfiguren erscheinen somit nicht als partikulare Momente eines bestimmten (mehr oder minder verwirkten oder bedauerten) Lebens, sondern als literarisierte Kristallisationspunkte einer klassenspezifischen und damit übersubjektiven „Kollektiverfahrung".[62] Die durch den autobiografischen Pakt von Autor:in, Erzähler:in und Protagonist:in aufgerufene Authentizität wird flankiert durch ein genuin soziologisches Objektivitätspostulat, welches das Erinnerte und Erzählte als ‚exemplarische'[63] Manifestationen von Klassenverhältnissen geltend macht. Faktische soziale Verhältnisse werden mit der narrativen Struktur autobiografischen Schreibens verflochten, wodurch die Lebens- und Gefühlswelten des ‚Ich' und seiner Nächsten als Effekte gesellschaftlicher Subjektivierungen repräsentiert werden. Zusätzlich zu dem für die Autobiografie typischen Wahrhaftigkeits- (dass das Erzählte von dem/der Autor:in wirklich gemeint sei) und Wahrheitsanspruch (dass das Erzählte wirklich so geschehen sei) postuliert die Autosoziobiografie ein genuin (sozial)wissenschaftliches Objektivitäts- und Allgemeinheitsversprechen: Sie deutet das Erlebte und Erinnerte als Ausdruck tiefer liegender Mechanismen, die die konkret erzählten Identitätsentwürfe organisieren und zugleich über sie hinausweisen. Eribon formuliert diesen Leitgedanken in folgender Weise: „Hier soll nichts fiktiv sein, nur die Wahrheit, in jedem Fall aber die Veridiktion, also die Sorge darum, die Wahrheit zu sagen, soll hier vorherrschen."[64]

4 Die Problematizität des Faktischen und die Wahrheit der Fiktion

Mit der Autosoziobiografie liegt demnach eine ganz bestimmte Form faktualen Erzählens vor, die ihre wissenschaftlichen, mithin soziologischen Ambitionen vielfach auch explizit macht. Exemplarisch findet sich dieser Aspekt etwa bei Annie Ernaux, die das poetologische Prinzip ihrer autosoziobiografischen Schreibweise als einen Versuch des ‚Objektivierens' konzipiert, ohne das ‚spezifisch Literarische' aufzugeben: „[J]e cherche à objectiver, avec des moyens rigoureux, du ‚vivant' sans abandonner ce qui fait la spécificité de la littérature, à sa-

---

62 Blome, Lammers und Seidel, Zur Poetik und Politik der Autosoziobiografie, 4.
63 Vgl. zum Faktor der Exemplarität bspw. Blome, Lammers und Seidel, Zur Poetik und Politik der Autosoziobiographie, 4, sowie Spoerhase, Akademische Aufsteiger, 68.
64 Didier Eribon, Grundlagen eines kritischen Denkens. Principes d'une pensée critique, übersetzt von Oliver Precht, Wien 2018 (im Original: 2016), 15.

voir l'exigence d'écriture, l'engagement absolu du sujet dans le texte."⁶⁵ Sie problematisiert damit die Komplexität eines Faktizitätsindexes innerhalb autosoziobiografischer Operationen. Diese Konzeption ihres eigenen Schreibens spiegelt sich auch in der feuilletonistischen Rezeption ihrer Texte. Wenn Ernaux dort als ‚Erklärerin der Klassengesellschaft' stilisiert wird, so liegt dem die Vorstellung zugrunde, dass die Autorin in ihren autosoziobiografischen Texten – gleich soziologischer Studien – von faktischen (Klassen-)Verhältnissen berichtet. Es geht nicht nur um Authentizität, Wahrhaftigkeit und subjektives Wahrheitserzählen; gleich wissenschaftlichen Studien verpflichten sich die Texte, objektiv wahre Aussagen zu formulieren. Sie aktualisieren nicht nur den autobiografischen Pakt von Autor:in, Erzähler:in und Protagonist:in, sondern legen nahe, eine den sozialen Akteuren oftmals intransparente, unzugängliche Wahrheit freizulegen, die die Selbst- und Weltverständnisse der Figuren und damit auch ihr soziales Handeln strukturiert. Insofern überrascht es auch nicht, dass die Konjunktur der Autosoziobiografie dezidiert an das Interesse an faktischen, außerliterarischen Zusammenhängen gebunden wird.⁶⁶

Diesen Aspekt reflektiert Carlos Spoerhase in seinem Beitrag zur „Politik der Form".⁶⁷ Für ihn gehen das breite, internationale Interesse an der Autosoziobiografie und die damit verbundenen publizistisch-öffentlichen und wissenschaftlichen Aufmerksamkeitsinvestitionen auf drei Gründe zurück. Erstens sei die/der Klassenübergänger:in als erzählende Figur aufgrund ihrer Distanzierungsfähigkeit prädestiniert, gesellschaftlich-soziale Zusammenhänge zu erfassen und kritisch zu reflektieren. Zweitens werden autosoziobiografische Texte deswegen als besonders spannend betrachtet, weil ihnen zugeschrieben wird, als „intellektuelle[ ] Übersetzer"⁶⁸ Auskunft über die Erfahrungs- und Vorstellungswelten jener (vermeintlich) weit entfernten Milieus und Klassenlagen zu geben. Drittens manifestiere sich in den Autosoziobiografien der Klassenübergänger:innen aber auch das Scheitern eines wenn nicht universellen, dann zumindest überindividuellen

---

65 Annie Ernaux, Vers un je transpersonnel, in: Autofictions & Cie, Cahiers Recherches interdisciplinaires sur les textes modernes 6, hg. von Serge Doubrovsky, Jacques Lecarme und Philippe Lejeune, Paris 1993, 219–222, 221. Ebenso veröffentlicht unter: https://www.annie-ernaux.org/fr/textes/vers-un-je-transpersonnel (03.02.2025). Übersetzung ins Deutsche [FSH]: „Ich versuche, mit strengen Mitteln ‚Lebendiges' zu objektivieren, ohne das aufzugeben, was die Besonderheit der Literatur ausmacht, nämlich den Anspruch des Schreibens, die absolute Hingabe des Subjekts an den Text."
66 Siehe zu diesem Verhältnis beispielsweise Ernst, ‚Arbeiterkinderliteratur' nach Eribon, 80, und Blome, Rückkehr zur Herkunft, 543.
67 Spoerhase, Politik der Form, insb. 35–37.
68 Spoerhase, Politik der Form, 35.

Modernisierungs- und Fortschrittsnarrativs. Wenn sich das gesellschaftliche Bildungs- und Aufstiegsversprechen für eine Gesellschaft als leer erweise, dann läge es nahe, emanzipatorische Potenziale im Individuum zu verorten und dessen Bedürfnisse und Begehren zum theoretischen Fluchtpunkt zu stilisieren, so Spoerhase im Anschluss an Raymond Williams.[69]

In ähnlicher Weise argumentiert Eva Blome,[70] wenn sie das Interesse an den autosoziobiografischen Texten Eribons, Bjergs oder Barons als Ausdruck politisch-kultureller und damit außerliterarischer Prozesse deutet. Die literarischen Texte und ihre Rezeption seien zum einen Reaktionen auf die Reproduktion und Verschärfung sozialer Ungleichheit, die ja bekanntermaßen gerade auch das Bildungssystem betreffen – also just jene Sphäre, die soziale Mobilität und individuelle Selbstbestimmung ermöglichen soll. Zum anderen aber würden die Texte gelesen, um den global gewordenen Aufstieg eines regressiven Rechtspopulismus zu verstehen, der nicht ausschließlich, aber überproportional von den Herkunftsklassen der Erzähler:innen getragen werde.

Beide stimmen also darin überein, dass sie die intensive Rezeption der Autosoziobiografien auf außerliterarische, virulente gesellschaftliche und politische Phänomene zurückführen. Die oben skizzierte doppelte Konjunktur der autosoziobiografischen Klassenliteratur und des Interesses am faktualen Erzählen wird in erster Linie an eine krisenhafte Gegenwart gebunden, die eben nicht nur die repräsentativen Institutionen des politischen Systems, sondern auch das Selbstverständnis liberaldemokratischer Gesellschaften affiziert. Nachdem die Klasse und die damit verbundenen Verteilungskonflikte im Laufe der 2000er und frühen 2010er Jahre aus dem Blick geraten waren, manifestiert das Interesse an Klassen und Klassenübergänger:innen den Reflexionsbedarf, der mit Blick auf die Krise der politischen und diskursiven Repräsentation von Klassenverhältnissen ausgemacht wird. Die literarisierte Auseinandersetzung mit Klasse wird somit als Versuch gelesen, das irrationale Phänomen post-faktischer und post-argumentativer politischer Diskurse auf eine objektive, sozialstrukturell bedingte Ursache zurückzuführen. Es geht also in den literarischen Texten selbst, vor allem aber auch in rezeptiven Texten des Feuilletons darum, eine Faktizität des Postfaktischen auszumachen, der Welt der alternativen Fakten und der Rhetorik der *fake news* einen bestimmten, soziologisch ermittelten Sinn zuzuschreiben, ihre habituellen Inkorporierungen, ihre sozio-mentale Grammatik, den klassenspezifischen Denkstil hinter den affektiven Manifestationen zu entschlüsseln.

---

69 Vgl. Spoerhase, Politik der Form, 36.
70 Blome, Rückkehr zur Herkunft, 543–544.

Dies findet sich etwa in Christian Barons *Ein Mann seiner Klasse*, einer literarischen Rekonstruktion der sozioökonomischen bzw. soziopsychischen Misere des Vaters des Protagonisten. Baron erzählt vom ‚Malochen' – der spezifisch männlichen Lebenshaltung und Ethik des Arbeiters und dem damit verbundenen Maskulinitätsideal einer schroffen und zugleich stolzen Virilität, die sich jeder psychoemotionalen Innenschau verschließt und auch in dem als grob oder „roh[ ]"[71] besprochenen Stil Barons seinen Niederschlag findet.

Ein anderes Beispiel für die Literarisierung der Faktizität sozialer Verhältnisse sowie ihrer affektiv-internalisierten Logiken ist eine Szene in *Streulicht* (2020) von Deniz Ohde.[72] Die Protagonistin – ein postmigrantisches Arbeiterkind – hat sich nach ihrem Abschluss in Form eines ‚zweiten Bildungswegs' an der Abendschule nun am Gymnasium beworben und muss hierfür in einem persönlichen Aufnahmegespräch vor dem Rektor bestehen. Der Rektor fragt sie nach den Gründen und Ursachen für die Brüche und Lücken in ihrer – eigentlich sehr hart erkämpften – Bildungsbiografie. Zunächst antwortet die Protagonistin ausweichend: „ich war – ich war früher nicht so gut" (S, 164). Der Rektor gibt sich damit jedoch nicht zufrieden und insistiert gleich mehrfach. „Ich weiß nicht genau; es hat eins zum anderen geführt", antwortet die Protagonistin. Auch das lässt der Rektor wieder nicht gelten und fragt weiter nach dem „ausschlaggebenden Moment" (S, 165). Die knapp gehaltenen Antworten der Protagonistin und das Gespräch mit dem Rektor werden von Erinnerungen an diskriminierende Schulszenen und milieuspezifische bildungsferne Familiensituationen und affektive Rückblenden unterbrochen – bis die Protagonistin den Satz formuliert: „Ich war sehr schüchtern, ich habe mein Licht unter den Scheffel gestellt" (S, 167). „Der Rektor wiegte den Kopf, das verstand er" (S, 167). Interessant an dieser Szene ist mehreres zugleich. Zunächst die Antizipation und Inkorporierung diskriminierender Strukturen der Protagonistin, welche sich darin zeigt, dass sie in der für sie zukunftsweisenden Bewerbungssituation nicht als ‚diskriminiertes Subjekt' auftreten darf, da daraus weitere Diskriminierungen – hier in Form der Schulablehnung – folgen könnten. Sie verfügt über das intellektuelle Wissen, dass sie hier nicht das ‚falsche Bildungsversprechen' der bundesrepublikanischen Gesellschaft zum Grund ihres Scheiterns erklären darf, sondern nur die neoliberal ge-

---

71 Vgl. hierzu die Beobachtungen in Heribert Tommek, Rückkehr zur Klasse: soziologisierte Gegenwartsliteratur in Frankreich und Deutschland (Eribon, Ernaux, Ohde, Baron), in: „Die drei Kulturen" reloaded. Neue Perspektiven auf einen Klassiker der Literatursoziologie, hg. von Christine Magerski und Christian Steuerwald, Wiesbaden 2024, 105–122, hier: 120.
72 Deniz Ohde, Streulicht, Berlin 2023. Im Folgenden wird der Text unter der Sigle S und mit Seitenzahlen zitiert.

formte Antwort – dass alles ihr eigener Fehler gewesen sei, dass sie alles hätte erreichen können, wenn sie sich doch entsprechend angestrengt hätte – Anerkennung findet. Nur diese Wahrheit akzeptiert der Rektor. Dieses strategische Leugnen geht einher mit starken Affekten wie Scham ob der unaussprechlichen sozialen Wirklichkeit und Wut ob der Ignoranz des bildungsnahen Milieus, die hier durch den Rektor verkörpert werden. Die Affektkontrolle, auch davon berichtet der Text von Ohde, ist aber zentral für das Bestehen im sozialen Kontext. Nachdem der Rektor ihren mühsam erarbeiteten schulischen Erfolg auf der Abendschule schmälert und sie darauf hinweist, dass an seiner Schule von ihr mehr gefordert würde als nur ‚artiges Sitzen', sagt die Protagonistin: „Das ist mir klar" – um danach gleich wieder zu verstummen „aus Angst, das fragile Wohlwollen des Rektors mit einer falschen Bewegung zu zerstören" (S, 168). Der anvisierte Übertritt in eine ‚neue' Klasse erfordert somit von der Protagonistin, die intensiv erlebten Affekte infolge ihrer Diskriminierungserfahrung vollständig zu kontrollieren.

In den hier skizzierten Passagen geht es um Literarisierungen von affektiven Grundierungen der Klassengesellschaft. Affekte wie Wut, Scham, Zorn oder Schmerz haben ihren Ursprung dort, wo sich marginalisierte Subjekte mit den Reproduktionsmechanismen der Klassengesellschaft konfrontiert sehen – die Klassenübergänger:innen etwa auf Widerstände stoßen, die sie an ihre strukturelle Ungleichheit, ihre Ohnmacht und ihre scheiternden Ambitionen erinnern. Es geht also um eine soziostrukturelle Verortung und Deutung von Affekten. Forciert durch die Ich-Erzählweise wird vorgeführt, wie Affekte die Selbst- und Weltwahrnehmung der Protagonist:innnen und ihrer Herkunftsmilieus prägen. Bei Baron bilden affektive Begriffe wie Zorn, Glück, Wut, Scham, Stolz gar die Überschriften der Kapitel. Es geht aber eben nicht nur um die Affekte selbst, sondern immer auch um ihre Verwurzelung in der Klassengesellschaft. Im Gegensatz zum liberalen Diskurs werden die affektgesteuerten Träger des Post-Faktischen und Post-Argumentativen nicht wie Aussätzige von der wohlgeordneten Gesellschaft verstoßen.[73] Stattdessen wird vorgeführt, wie die affektiven Lagen durch die für die Klassengesellschaft konstitutive Reproduktion von Ungleichheit evoziert werden. Autosoziobiografisches Schreiben ist so gelesen nicht nur die Konstituierung spezifischer Subjekterfahrung, sondern eben auch eine Intervention gegen die Beschämung des inferiorisierten Individuums – mit den Mitteln der Soziologie und der Narration.

---

73 Vgl. Silke van Dyk, Krise der Faktizität? Über Wahrheit und Lüge in der Politik und die Aufgabe der Kritik, in: Prokla. Zeitschrift für kritische Sozialwissenschaft 188, 47 (2017), H. 3, 347–367, hier: 349.

Literatur

Amlinger, Carolin: Literatur als Soziologie. Autofiktion, soziale Tatsachen und soziologische Erkenntnis, in: Autosoziobiographie. Poetik und Politik, hg. von Eva Blome, Philipp Lammers und Sarah Seidel, Berlin 2022, 43–65.

Amlinger, Carolin, David-Christopher Assmann und Urs Büttner (Hg.): Schreibweisen des Sozialen / Writing the Social, in: Journal of Literary Theory 19 (2025), H. 1.

Blome, Eva: Rückkehr zur Herkunft. Autosoziobiografien erzählen von der Klassengesellschaft, in: Deutsche Vierteljahrsschrift für Literaturwissenschaft und Geistesgeschichte 94 (2020), H. 4, 541–571.

Blome, Eva: Formlos. Zur Gegenwart sozialer Desintegration in Karin Strucks *Klassenliebe* (1973), in: Autosoziobiographie. Poetik und Politik, hg. von Eva Blome, Philipp Lammers und Sarah Seidel, Berlin 2022, 211–233.

Blome, Eva, und Patrick Eiden-Offe: Literaturwissenschaft und Klasse [Interview], in: Undercurrents. Forum für Linke Literaturwissenschaft (01.04.2012), https://undercurrentsforum.com/index.php/undercurrents/article/view/2 (31.01.2025).

Blome, Eva, Patrick Eiden-Offe und Manfred Weinberg: Klassen-Bildung. Ein Problemaufriss, in: Internationales Archiv für Sozialgeschichte der deutschen Literatur 35 (2010), H. 2, 158–194.

Blome, Eva, Philipp Lammers und Sarah Seidel (Hg.): Autosoziobiographie. Poetik und Politik, Berlin 2022.

Blome, Eva, Philipp Lammers und Sarah Seidel: Zur Poetik und Politik der Autosoziobiografie. Eine Einführung, in: Autosoziobiographie. Poetik und Politik, hg. von dens., Berlin 2022, 1–14.

Bodenburg, Julia, und Irene Husser (Hg.): Literary Class Studies. Soziale Herkünfte in der Literatur/Wissenschaft, Stuttgart 2025 [i. E.].

Bourdieu, Pierre: Sozialer Raum und ,Klassen'. Leçon sur la leçon. Zwei Vorlesungen, übersetzt von Bernd Schwibs, Frankfurt a. M. 2016 (im Original: 1985).

Canoglu, Sergen: Interview mit dem „Mann seiner Klasse" Christian Baron, etosmedia, 10.08.2020, https://etosmedia.de/gesellschaft/interview-mit-dem-mann-seiner-klasse-christian-baron (03.02.2025).

van Dyk, Silke: Krise der Faktizität? Über Wahrheit und Lüge in der Politik und die Aufgabe der Kritik, in: Prokla. Zeitschrift für kritische Sozialwissenschaft 188, 47 (2017), H. 3, 347–367.

Eribon, Didier: Ihr seid nicht das Volk, taz.de, 23.09.2016, https://taz.de/Didier-Eribon-zur-Krise-der-Linken/!5340042 (26.01.2025).

Eribon, Didier: Rückkehr nach Reims. Retour à Reims, übersetzt von Tobias Haberkorn, Berlin 2017 (im Original: 2009).

Eribon, Didier: In was für einer Welt, verdammt noch mal, wollen wir leben? Gila Lustiger und Didier Eribon im Gespräch mit Tanya Lieske, Deutschlandfunk Kultur, 23.10.2017, https://www.deutschlandfunk.de/zwei-intellektuelle-ueber-frankreich-in-was-fuer-einer-welt-100.html (26.01.2025).

Eribon, Didier: Grundlagen eines kritischen Denkens. Principes d'une pensée critique, übersetzt von Oliver Precht, Wien 2018 (im Original: 2016).

Ernaux, Annie: L'Écriture comme un couteau. Entretien avec Frédéric-Yves Jeannet, Paris 2003.

Ernaux, Annie: Eine Frau. Une femme, übersetzt von Sonja Finck, Berlin 2019 (im Original: 1987).

Ernaux, Annie: Vers un je transpersonnel, in: Autofictions & Cie, Cahiers Recherches interdisciplinaires sur les textes modernes 6, hg. von Serge Doubrovsky, Jacques Lecarme und Philippe Lejeune, Paris 1993, 219–222. Ebenso veröffentlicht unter: https://www.annie-ernaux.org/fr/textes/vers-un-je-transpersonnel (03.02.2025).

Ernst, Christina: ‚Arbeiterkinderliteratur' nach Eribon. Autosoziobiographie in der deutschsprachigen Gegenwartsliteratur, in: Lendemains 180 (2020) = Transfuge, transfert, traduction. La réception de Didier Eribon dans les pays germanophones, hg. von Elisabeth Kargl und Bénédicte Terrisse, 77–91.

Ernst, Christina: *Transclasse* und *transgenre*. Autosoziobiographische Schreibweisen bei Paul B. Preciado und Jayrôme C. Robinet, in: Autosoziobiographie. Poetik und Politik, hg. von Eva Blome, Philipp Lammers und Sarah Seidel, Berlin 2022, 257–273.

Farzin, Sina: Literatur als Quelle und Methode soziologischer Zeitdiagnose, in: Deutungsmacht von Zeitdiagnosen: Interdisziplinäre Perspektiven, hg. von Heiner Hastedt, Bielefeld 2019, 137–148.

Farzin, Sina: Biographie als Gegenwartsdiagnose. *Rückkehr nach Reims* von Didier Eribon, in: Soziologische Gegenwartsdiagnosen 3, hg. von Sina Farzin und Henning Laux, Wiesbaden 2023, 109–120.

Gencarelli, Angela: Doing Genre. Grundlagen, Begriffe und Perspektiven einer praxeologischen Gattungsforschung, in: Doing Genre. Praxeologische Perspektiven auf Gattungen und Gattungsdynamiken, hg. von Angela Gencarelli, Berlin und Boston 2024, 1–22.

Hechler, Sarah Carlotta: Zwischen Autobiographie und Autosoziananalyse. Zur Verbindung von Annie Ernaux' autosoziobiographischen Erzählungen mit Pierre Bourdieus Soziologie, in: Autosoziobiographie. Poetik und Politik, hg. von Eva Blome, Philipp Lammers und Sarah Seidel, Berlin 2022, 17–41.

Henk, Lars, und Lea Sauer: Die Klassenfrage und die Literatur. Interview mit der Soziologin Prof. Dr. Silke van Dyk, lit.fr.2000, 13.03.2022, https://literaturportal-france2000-lit.webflow.io/essais-entretiens/bourdieus-erben-interview-silke-van-dyk (31.01.2025).

Hiden, Raffael: ‚Vom Rückblick zur Rückkehr'. Zur Interdependenz von gesellschaftlichen Selbstbeschreibungsformen und soziologischer Theoriebildung in der (Spät-)Moderne, in: Soziologie und Krise. Gesellschaftliche Spannungen als Motor der Geschichte der Soziologie, hg. von Nicole Holzhauser, Stephan Moebius und Andrea Ploder, Wiesbaden 2023, 235–253.

Hiden, Rafael, und Werner Michler (Hg.): Klassenübergänge. Figuren – Figurationen – Narrative, Wien 2025 [i. E.].

Hobrack, Marlen: Arbeiterin, Mutter, Ostdeutsche, der Freitag, 27.08.2022, https://www.freitag.de/autoren/marlen-hobrack/marlen-hobracks-klassenbeste-wie-herkunft-unsere-gesellschaft-spaltet (31.01.2025).

Kemper, Andreas, und Heike Weinbach: Klassismus. Eine Einführung, Münster 2009.

Mangold, Ijoma: Prekär in Kaiserslautern, ZEIT online, 31.01.2020, https://www.zeit.de/2020/06/ein-mann-seiner-klasse-christian-baron-unterschicht-buchrezension (03.02.2025).

Martini, Tania: Bücher über Klassengesellschaft. Eine Frage der Klasse, taz.de, 04.10.2023, https://taz.de/Buecher-ueber-Klassengesellschaft/!5960866/ (31.01.2025).

Modick, Emily, und Florian Kessler im Gespräch mit der Autorin Daniela Dröscher: Podcast: Hanser Rauschen | #10: Warum schreiben alle über Klasse?, 09.11.2023, https://hanser-rauschen.podigee.io/76-warum-schreiben-alle-uber-klasse-zu-gast-daniela-droscher (31.01.2025).

Ohde, Deniz: Streulicht, Berlin 2023.

Reckwitz, Andreas: Das Ende der Illusionen. Politik, Ökonomie und Kultur in der Spätmoderne, Berlin 2019.

Reuter, Julia, und Christian Lömke: Hontoanalyse, teilnehmende Objektivierung, unpersönliche Autobiographie, in: Eribon revisited – Perspektiven der Gender und Queer Studies, hg. von Karolin Kalmbach, Elke Kleinau und Susanne Völker, Wiesbaden 2020, 13–29.

Rössler, Reto, und Dominik Zink (Hg.): Herkünfte erzählen: Verflechtungsästhetiken von Interkulturalität und Intersektionalität in deutschsprachiger Gegenwartsliteratur, Berlin und Boston 2025.

Schaub, Christoph: Autosoziobiografisches und autofiktionales Schreiben über Klasse in Didier Eribons *Retour à Reims*, Daniela Dröschers *Zeige deine Klasse* und Karin Strucks *Klassenliebe*, in: Lendemains 180 (2020) = Transfuge, transfert, traduction. La réception de Didier Eribon dans les pays germanophones, hg. von Elisabeth Kargl und Bénédicte Terrisse, 64–76.

Schuhen, Gregor: Erfolgsmodell Autosoziobiografie? Didier Eribons literarische Erben in Deutschland (Daniela Dröscher und Christian Baron), in: Lendemains 180 (2020) = Transfuge, transfert, traduction. La réception de Didier Eribon dans les pays germanophones, hg. von Elisabeth Kargl und Bénédicte Terrisse, 51–63.

Schwegler, Guy: Was kann die literatursoziologische Analyse leisten?, in: Luc Boltanski und die Literatursoziologie, hg. von David-Christopher Assmann, Wiesbaden 2024, 93–116.

Spoerhase, Carlos: Politik der Form. Autosoziobiografie als Gesellschaftsanalyse, in: Merkur 71 (2017), H. 818, 27–37.

Spoerhase, Carlos: Akademische Aufsteiger: *scholarship boys* als literarische Sozialfiguren der Autosoziobiographie (Politik der Form II), in: Autosoziobiographie. Poetik und Politik, hg. von Eva Blome, Philipp Lammers und Sarah Seidel, Berlin 2022, 67–88.

Spoerhase, Carlos: Nachwort. Aufstiegsangst: Zur Autosoziobiografie des Klassenübergängers, in: Chantal Jaquet: Zwischen den Klassen. Über die Nicht-Reproduktion sozialer Macht, Konstanz 2024, 231–253.

Tommek, Heribert: Rückkehr zur Klasse. Soziologisierte Gegenwartsliteratur in Frankreich und Deutschland (Eribon, Ernaux, Ohde, Baron), in: „Die drei Kulturen" reloaded. Neue Perspektiven auf einen Klassiker der Literatursoziologie, hg. von Christine Magerski und Christian Steuerwald, Wiesbaden 2024, 105–122.

Twellmann, Marcus: Franz Michael Felder: Aus meinem Leben – Autofiktion, Autosoziobiografie, Autoethnografie, in: Internationales Archiv für Sozialgeschichte der deutschen Literatur 47 (2022), H. 2, 480–514.

Twellmann, Marcus: Autosoziobiographie als reisende Form. Ein Versuch, in: Autosoziobiographie. Poetik und Politik, hg. von Eva Blome, Philipp Lammers und Sarah Seidel, Berlin 2022, 91–115.

Walser, Katharina: Die Pommes-Kinder, ZEIT online, 03.12.2024, https://www.zeit.de/kultur/literatur/2024-12/literatur-klassismus-pommes-elina-penner-ilija-matusko-pola-schneemelcher-jovana-reisinger (31.01.2025).

Wright, Erik Olin: Warum Klasse zählt. Mit einem Nachwort von Oliver Nachtwey, Berlin 2023.

Kevin Drews
Arbeit, Klasse, Migration
Kritische Erinnerungsarbeit in der postmigrantischen Gegenwartsliteratur

Autosoziobiografie und postmigrantische Literatur gehören zu den prägenden Erscheinungsformen der deutschsprachigen Gegenwartsliteratur und sind auch Gegenstand einer wachsenden Zahl literaturwissenschaftlicher Forschungsbeiträge, bislang allerdings meist unabhängig voneinander. Dass für die intersektionale Konstellation von Klasse und Migration in der Gegenwartsliteraturforschung kaum Fallstudien oder systematische Analysen vorliegen, dürfte nicht zuletzt auf die unterschiedlichen theoretischen Rahmungen zurückzuführen sein: Während sich die Autosoziobiografieforschung primär auf Bourdieus Habitus-Theorie bezieht und soziale Aufstiegsgeschichten innerhalb klassenspezifischer Strukturen untersucht, ist die Forschung zur postmigrantischen Gegenwartsliteratur stärker von postkolonialen und transkulturellen Theorieelementen geprägt und befasst sich intensiver mit Fragen kultureller Hybridität, Repräsentation und struktureller Diskriminierung.

Im Folgenden soll anhand exemplarischer Analysen unterschiedlicher Textformen gezeigt werden, wie sich beide Perspektiven produktiv aufeinander beziehen lassen. Dafür wird vorgeschlagen, das Verhältnis von Klasse und Migration um eine Perspektive auf die literarischen Formen und Verfahren postmigrantischer Zeitgeschichtsschreibung zu erweitern. Zunächst werden in einem ersten Schritt Vorüberlegungen zum Verhältnis von Postmigration und literarischer Zeitgeschichtsschreibung an Deniz Utlus Roman *Die Ungehaltenen* skizziert. Daran anschließend analysiert der zweite Abschnitt den Essay *Arbeit* von Fatma Aydemir, der prekäre Arbeitsverhältnisse in der Kulturbranche thematisiert, den Bildungs- und Klassenaufstieg der Autorin reflektiert und diesen in ein genealogisches Verhältnis zur Elterngeneration setzt. Der dritte Abschnitt widmet sich Pınar Karabuluts Text *Augenhöhe* aus der Anthologie *Klasse und Kampf* (2021), der ebenfalls Fragen von Herkunft, Arbeit und Generation verhandelt, dabei jedoch stärker auf der darstellungsästhetischen Ebene mit Narration und Perspektive experimentiert. Abschließend wird das Gedicht *der Koffer* von Dinçer Güçyeter in den Blick genommen, das in Form einer lyrischen Chronik die Geschichte einer Gastarbeiterin nachzeichnet. Es zeigt nicht nur, wie sich Arbeit in Körper einschreibt, sondern reflektiert zugleich auf poetologischer Ebene die Möglichkeiten und Grenzen postmigrantischer Geschichtsschreibung.

Alle Texte zeichnen sich durch jeweils spezifische Ausprägungen einer Schreibweise aus, die Annie Ernaux als „etwas zwischen Literatur, Soziologie und Geschichtsschreibung"[1] bezeichnet hat. In diesem Schnittfeld entwickeln sie unterschiedliche Facetten einer kritischen literarischen Geschichte (post)migrantischer Arbeit.

1 Postmigrantische Zeitgeschichtsschreibung

In einem Gastbeitrag für die Wochenzeitung *der Freitag* berichtet der Schriftsteller Deniz Utlu 2011 unter dem Titel *Das Archiv der Migration* von seiner Suche nach der „emotionalen Geschichte" der Elterngeneration; gemeint ist ein Erfahrungsarchiv, „das eine andere Geschichte der Bundesrepublik und auch der Deutschen Demokratischen Republik erzählt als das, was in den Geschichtsbüchern steht".[2] Eine literarische Probe dieser alternativen Chronik der Gefühle liefert der Autor dann selbst in seinem Debütroman *Die Ungehaltenen* (2014). Dort bricht der Protagonist Elyas nach dem Tod seines Vaters das Jurastudium ab, verfasst kritische Blogbeiträge über Kapitalismus und Migration und entwirft als Teil seiner Trauerarbeit ein virtuelles „Museum des Deutschland meines Vaters".[3] Dieser intermediale Erinnerungsraum fungiert zugleich als eine Form postmigrantischer Selbstverortung aus transgenerationeller Perspektive: „Es sollte ein Archiv für die Generation meines Vaters werden, noch mehr jedoch für meine eigene Generation."[4] Aus dieser literarischen Erinnerungsarbeit entwickelt sich dann an zentraler Stelle des Romans ein kritischer Gegenentwurf zur hegemonialen Erinnerungskultur. Den dramaturgischen Rahmen dafür bietet ein Festakt anlässlich des 50. Jahrestages des deutsch-türkischen Anwerbeabkommens, zu dem der Protagonist eingeladen wird. Als stiller Beobachter wohnt er zunächst den folkloristischen Inszenierungen der ‚Gastarbeitergeschichte' bei, bis sich eine grundsätzliche Kritik an den Mechanismen einer offiziellen Gedenkkultur Bahn bricht, die Migrationserfahrungen in das kollektive Gedächtnis einzuschreiben sucht, dabei aber strukturelle Gewalt, soziale Ausgrenzung und ökonomische Marginalisierungsprozesse systematisch ausblendet und verschweigt:

---

[1] Annie Ernaux, Eine Frau, Berlin 2019, 88.
[2] Deniz Utlu, Das Archiv der Migration, der Freitag, 31.10.2011, https://www.freitag.de/autoren/deniz-utlu/das-archiv-der-migration (15.03.2025).
[3] Deniz Utlu, Die Ungehaltenen, München 2014, 85.
[4] Utlu, Die Ungehaltenen, 85.

Die Folkloreshow hatte begonnen.
Fünfzig Jahre war es jetzt her, dass ein Flugzeug die erste Gruppe anatolischer Frauen nach Deutschland geflogen hatte, damit sie hier arbeiten. Fünfzig Jahre war es her, dass die ersten Bauern ein Bund Gänseblümchen gepflückt und in die Zöpfe ihrer Bräute gesteckt hatten, bevor sie in den vollen Abteilen des Orientexpress mit angezogenen Knien auf den Stoffsitzen saßen wie auf den Latifundien ihrer Herren. Fünfzig Jahre war es her, dass deutsche Ärzte mit Laborhandschuhen an den Schwänzen dieser Bauern gezogen, ihre Eier betatscht und ihnen den Finger in den Arsch gesteckt hatten. Fünfzig Jahre war es her, dass sie mit schwarzen Stiften nummeriert worden waren wie Vieh, achtundsiebzig, neunundsiebzig. Fünfzig Jahre Steine schleppen, giftige Gase einatmen, Teile auf dem Fließband sortieren, die Hitze des Maschinenraums ertragen. Fünfzig Jahre, und aus den Bauern wurden Arbeiter, Autoren, Schauspieler, Manager und Ärzte, Säufer und Drogentote. Fünfzig Jahre, und seit siebzig gab es die Republik, deren Geschichte eine andere gewesen wäre. Fünfzig Jahre, und mein Vater bekam Morphium gegen die Schmerzen. Fünfzig Jahre, und zur Feier gab es eine Folkloregruppe. Gleich kommt die Völkerschau: Jeden Augenblick müsste der Moderator auf die Bühne steigen und ankündigen, dass doch alle bitte ins Foyer gehen sollten, weil der Veranstaltungssaal zu einem Zoo umgebaut werden müsse. Der Oberbürgermeister und sein Team dürften dann die Türken in ihrer traditionellen Folklorekluft durch die Stäbe mit Kartoffeln füttern.[5]

Von der Ankunft der ersten Gastarbeiter:innen und den entwürdigenden medizinischen Untersuchungen über die prekären industriellen Arbeitsbedingungen bis hin zu den heterogenen Biografien ihrer Nachkommen dokumentiert die sequenzielle Anordnung einzelner Szenen den Wandel migrantischer Lebensrealitäten und entlarvt so die Integration der ‚Erfolgsgeschichte Arbeitsmigration' in das kollektive Gedächtnis als selektive Geste. Dabei setzt die Passage in ihrer anaphorischen Struktur – die wiederholte Bezugnahme auf die Zeitspanne von fünfzig Jahren verleiht der Passage einen chronikartigen Charakter – den Jubiläumsfestlichkeiten kontrapunktisch eine Genealogie der Objektivierung migrantischer Körper entgegen, die den affektiven und körperlichen Spuren der Gastarbeitergeneration folgt und schließlich in der Analogie zur kolonialen Praxis der Völkerschau kulminiert. Im Zentrum dieser erinnerungspoetischen Notationsverfahren steht die Figur des Vaters, an dem sich individuelle und kollektive Geschichte überkreuzt und verdichtet und in dessen Körper die Spuren sozialer Marginalisierung sowie ökonomischer und physischer Ausbeutung, aber auch des Widerstands dagegen – der Vater nahm an den wilden Streiks im Ford-Werk 1973 teil – gleichsam archiviert sind.

Utlus Roman ist exemplarisch für eine Reihe postmigrantischer Gegenwartsromane, die individuelle Lebensgeschichte, komplexes Familiengedächtnis, politische Zeitgeschichte und erinnerungskulturelle Diskurse in ein narratives Spannungsverhältnis setzen. Der Begriff des Postmigrantischen wurde Ende der 2000er Jahre von Shermin Langhoff am Ballhaus Naunynstraße für das Konzept eines neuen

---

5 Utlu, Die Ungehaltenen, 104–105.

Gegenwartstheaters geprägt, das sich kritisch „mit dem gesellschaftlichen Konfliktfeld, das um die politischen Kampfbegriffe ‚Migration' und ‚Integration' entstanden ist",[6] auseinandersetzt. Als ästhetischer Gegendiskurs zur Marginalisierung von „Geschichten und Perspektiven derer, die selbst nicht mehr migriert sind, diesen Migrationshintergrund aber als persönliches Wissen und kollektive Erinnerung mitbringen",[7] hat der Begriff seither eine Vielzahl künstlerischer Ausdrucksformen inspiriert. Sie setzen sich kritisch mit den Themenkomplexen Migration, Identität, Diskriminierung, Rassismus, Gewalterfahrungen und kollektives Gedächtnis auseinander, hinterfragen kulturelle Repräsentationspraktiken, erproben neue ästhetische Selbst(zu)schreibungen und verhandeln dabei hybride Identitäten und Subjektpositionen. Für viele literarische Texte ist es charakteristisch, dass sie diese Fragen in engem Rückbezug auf die prekären ökonomischen Arbeits- und Lebensverhältnisse der Elterngeneration verhandeln, deren soziale Verortung rekonstruieren, nicht selten auch die intergenerationelle Reproduktion habitueller Verhaltensweisen reflektieren und damit Migrationsgeschichte auf Klassenfragen beziehen. Deniz Utlu hat eine solche intersektionale Perspektive an anderer Stelle sogar explizit eingefordert, indem er eine „starke Vernachlässigung ökonomischer Aspekte in der (kritischen) Migrationsforschung" diagnostiziert und dafür plädiert, „den polit-ökonomischen Rahmen bei der Analyse von Race und Gender mitzudenken".[8]

Während in der soziologischen Migrationsforschung solche intersektionalen Perspektiven im Rahmen einer „kritischen Arbeits-Migrations-Forschung"[9] zunehmend (post)migrantische Arbeitsbedingungen, strukturelle Ausbeutung und Widerstandsformen in den Blick rücken, ist eine Verknüpfung von Klasse und Migration in der literaturwissenschaftlichen Forschung zur Gegenwartsliteratur bislang

---

6 Shermin Langhoff, Die Herkunft spielt keine Rolle – ‚Postmigrantisches' Theater am Ballhaus Naunynstraße. Interview, Bundeszentrale für politische Bildung, 10.03.2011, https://www.bpb.de/lernen/kulturelle-bildung/60135/die-herkunft-spielt-keine-rolle-postmigrantisches-theater-im-ballhaus-naunynstrasse/ (03.06.2025). Die Forschung weist darauf hin, dass der Begriff bereits früher verwendet wurde. Eine breite Popularisierung sowie eine verstärkte wissenschaftliche Auseinandersetzung in den Geistes-, Kultur- und Sozialwissenschaften setzt jedoch erst in den 2010er Jahren ein, vgl. hierzu den Überblick bei Wiebke Sievers, Postmigrantische Literaturgeschichte. Von der Ausgrenzung bis zum Kampf um gesellschaftliche Veränderung, Bielefeld 2024, 20–26. Zur wissenschaftlichen Auseinandersetzung siehe auch den nächsten Abschnitt dieses Beitrags.
7 Langhoff, Die Herkunft spielt keine Rolle.
8 Deniz Utlu, Der Markt und der Mensch. Ökonomieanalyse aus Migrationsperspektive – Migrationsanalyse als kritische Ökonomielehre. Ein Vorschlag, in: Migrationsforschung als Kritik? Konturen einer Forschungsperspektive, hg. von Paul Mecheril et al., Wiesbaden 2013, 171–189, hier: 172 und 176.
9 Lisa Riedner et al., Einleitung, in: Geteilte Arbeitswelten. Konflikte um Migration und Arbeit, hg. von dens., Weinheim 2024, 7–19, hier: 8.

nur vereinzelt zu beobachten.[10] Dabei weisen doch gerade die beiden Konjunkturthemen Autosoziobiografie und postmigrantische Gegenwartsliteratur einige markante Schnittstellen auf, die es nachfolgend in den Blick zu nehmen gilt: Zunächst zeichnen sich beide Schreibweisen weniger durch feste gattungstypologische Merkmale aus als vielmehr durch eine spezifische Erzählperspektive, die individuelle Biografie mit einem kritischen Blick auf gesellschaftliche Machtverhältnisse verknüpft. Hierbei fungieren Fragen von Herkunft, sozialer (Nicht-)Zugehörigkeit, Entfremdung und Identitätsbildung oftmals als zentrale Erzählachsen, entlang derer die konfliktgeprägten Übergänge zwischen unterschiedlichen kulturellen und sozialen Kommunikations- und Verhaltenscodes sowie die Prägung durch (klassenspezifische) habituelle Dispositionen verhandelt werden. Außerdem befinden sich die Protagonist:innen solcher Texte häufig an der Schwelle zwischen unterschiedlichen sozialen, kulturellen und ökonomischen Räumen. Für diese Übergangsfiguren hat die französische Philosophin Chantal Jaquet den Begriff der „transclasse" geprägt, der den „Transit zwischen zwei Klassen" beschreibt.[11] Ähnliche Übergangsräume, Zonen der Ununterscheidbarkeit und Orte transgressiver Erfahrungen spielen auch im postmigrantischen Diskurs eine zentrale Rolle. So beschreibt der Soziologe Erol Yıldız diesen Prozess als eine Dynamik der „Entortung und Neuverortung, von Mehrdeutigkeit und Grenzbiografien".[12]

Über diese bereits markanten Ähnlichkeiten hinaus liegt das verbindende Element zwischen Klassenfragen und postmigrantischer Perspektive, so die Ausgangsthese, in einem ausgeprägten historiografischen Schreibimpuls, der immer wieder auf die Erfahrungen der Elterngeneration zurückkommt und insbesondere die ökonomischen Verhältnisse und Arbeitsbedingungen thematisiert. Eine solche historische Perspektive verläuft dabei nicht parallel zur Zeitdiagnose und dem gesellschaftskritischen Anspruch dieser Texte, vielmehr entwickeln sich ihre kritischen Gegenwartsanalysen oftmals dezidiert aus dem historischen Rückbezug.[13] Nicht in

---

10 Vgl. Rahel Cramer, Jara Schmidt und Jule Thiemann, Postmigrant Turn. Postmigration als kulturwissenschaftliche Analysekategorie, Berlin 2023, 28–34.
11 Chantal Jaquet, Zwischen den Klassen. Über die Nicht-Reproduktion sozialer Macht, Konstanz 2018, 20.
12 Erol Yıldız, Postmigrantische Perspektiven. Aufbruch in eine neue Geschichtlichkeit, in: Nach der Migration. Postmigrantische Perspektiven jenseits der Parallelgesellschaft, hg. von dems. und Marc Hill, Bielefeld 2014, 19–36, hier: 21.
13 Für die Soziologie hat Manuela Bojadžijev bereits 2006 eine Verbindung zwischen Migrationssoziologie, Klassenanalyse und historiografischen Fragestellungen hergestellt und die „Bedingungen einer Geschichtsschreibung" thematisiert, „unter denen im Rückblick Migrantinnen und Migranten nicht auf eine naive Opferposition reduziert und auf diese Weise stigmatisiert werden." (Manuela Bojadžijev, Autonomie der Migration. Eine historische Perspektive, in: Klassen und

jedem Fall wird auch die Frage nach der literarischen Darstellbarkeit von (post)migrantischer Geschichte in einer metahistoriografischen Reflexion explizit verhandelt, wie es eingangs für Deniz Utlus *Die Ungehaltenen* angedeutet wurde. Doch gerade der Blick auf die jeweiligen literarischen Notations- und Narrationsverfahren – im Spannungsfeld zwischen dokumentarischen Strategien und literarischer Fiktion, autofiktionalen Elementen, subjektiver Fokalisierung und kritischer Sozialanalyse sowie zwischen familiärem und kollektivem Gedächtnis – macht deutlich, auf welche Weise hier unterschiedliche Formen einer postmigrantischen Zeitgeschichtsschreibung entstehen.

2 Fatma Aydemir: *Arbeit*

In den Kultur- und Sozialwissenschaften wurde der Begriff des Postmigrantischen in den letzten Jahren zunehmend aufgegriffen und fungiert als kritische Perspektive, um gesellschaftliche Transformationsprozesse neu zu denken. Insbesondere die Bedeutung des Präfixes *post* ist seither Gegenstand anhaltender Debatten, da es eine Epochenschwelle oder Zäsur zu suggerieren scheint, die vor dem Hintergrund der gegenwärtigen und zukünftigen Bedeutung von Migration wenig plausibel wäre. Das Präfix soll jedoch weder einen bloßen chronologischen Verlauf suggerieren noch den Abschluss von Migrationsprozessen markieren, sondern vielmehr die grundlegende gesellschaftliche Durchdringung von Migration hervorheben: „Gesellschaftsgeschichten sind immer auch Migrationsgeschichten."[14] Der Blick auf „eine stetige Hybridisierung und Pluralisierung von Gesellschaften"[15] richtet sich dabei gegen essenzialistische Imaginationen von Kultur, Heimat und Gesellschaft sowie gegen eine Diskursformation, die auf einer Dichotomie von Migrant:innen und Mehrheitsgesellschaft basiert. Allerdings wurde gleichzeitig wiederholt hinterfragt, ob der Begriff tatsächlich in der Lage ist, „die konventionelle Migrationsforschung aus ihrer bisherigen Sonderrolle zu befreien und sie als Gesellschaftsanalyse zu etablieren"[16] oder ob er nicht implizit Dichotomien wie Eigenes/Fremdes

---

Kämpfe, hg. von Jour fixe-Initiative, Münster 2006, 149–165, hier: 156). Zum Wandel der Erinnerungskultur vgl. auch Viola B. Georgi et al. (Hg.), Geschichte im Wandel. Neue Perspektiven in der Migrationsgesellschaft, Bielefeld 2022.
14 Erol Yıldız, Postmigrantisch, in: Umkämpfte Begriffe der Migration. Ein Inventar, hg. von Inken Bartels et al., Bielefeld 2023, 269–282, hier: 269.
15 Naika Foroutan, Die postmigrantische Gesellschaft. Ein Versprechen der pluralen Demokratie, Bielefeld 2019, 49.
16 Yıldız, Postmigrantische Perspektiven, 22.

reproduziert und komplexe Gesellschaftsprozesse letztlich doch wieder auf das Migrantische reduziert.[17]

In der Literaturwissenschaft dient der Begriff nicht zuletzt dazu, ältere Perspektiven auf die sogenannte ‚Gastarbeiterliteratur' zu revidieren. In Abgrenzung zu bloß biografischen Lesarten einer ‚Literatur der Betroffenheit' rücken nun auch verstärkt „Verfahren, Formen und Techniken"[18] in den Fokus, untersucht werden „migrationsgesellschaftliche Hybridisierungsprozesse, Zwischenräume, Ambivalenzen und Mehrfachzugehörigkeiten, Sprache und Mehrsprachigkeit, Formen der Identitätskonstitution und -konstruktion, neue und andere Narrative der Migration [...], Kritik an etablierten Blick-, Wissens- und Repräsentationsregimes".[19] Es darf jedoch nicht übersehen werden, dass vergleichbare Perspektiven bereits vor der Einführung des Begriffs existierten. Ein Beispiel ist die Untersuchung von Thomas Ernst, der die spezifischen literarischen Verfahren bei Feridun Zaimoglu analysiert und die literarische Verhandlung der „zunehmenden Hybridisierung und Medialisierung von Identitätsentwürfen" in den 1990er Jahren im Rahmen des Konzepts einer subversiven Literatur theoretisch verortet.[20]

Als produktiv erweist sich der Begriff des Postmigrantischen weniger als starres Konzept denn als kritisches Instrumentarium einer Suchbewegung, die die konstitutive Durchdringung von Gesellschaft durch Migration neu verhandelt und so eine „andere Genealogie der Gegenwart"[21] entwirft. Dabei ist es auffällig, dass auch in den soziologischen Studien zur postmigrantischen Gesellschaft regelmäßig die zentrale Bedeutung von Narrativen hervorgehoben wird. Erol Yıldız spricht von der „Revision dessen, was bisher erzählt"[22] wurde und stellt eine „Neuerzählung und Neuinterpretation des Phänomens ‚Migration'"[23] in Aussicht, wobei er sich auf Stuart Halls Konzept der Transkodierung beruft und die postmigrantische Perspektive als „Aneignung und Re-Interpretation, kurz [...] Umdeutung bestehender

---

17 Vgl. dazu Regina Römhild, Jenseits ethnischer Grenzen. Für eine postmigrantische Kultur und Gesellschaftsforschung, in: Nach der Migration. Postmigrantische Perspektiven jenseits der Parallelgesellschaft, hg. von Erol Yıldız und Marc Hill, Bielefeld 2014, 37–48, hier: 38–39.
18 Nazli Hodaie und Michael Hofmann, Literatur und Postmigration. Einleitung, in: Postmigrantische Literatur. Grundlagen, Analysen, Positionen, hg. von dens., Stuttgart 2024, 1–13, hier: 9.
19 Hodaie und Hofmann, Literatur und Postmigration, 10.
20 Thomas Ernst, Literatur und Subversion. Politisches Schreiben in der Gegenwart, Bielefeld 2013, 295.
21 Yıldız, Postmigrantisch, 271.
22 Yıldız, Postmigrantisch, 271.
23 Erol Yıldız, Ideen zum Postmigrantischen, in: Postmigrantische Perspektiven. Ordnungssysteme, Repräsentationen, Kritik, hg. von Naika Foroutan, Juliane Karakayali und Riem Spielhaus, Frankfurt a. M. und New York 2018, 19–34, hier: 22.

Begriffe und Wissensinhalte"[24] beschreibt. Naika Foroutan beruft sich auf Paul Ricœur und bezieht die Neuaushandlung nationaler Narrative dezidiert auf die Refiguration des kollektiven Gedächtnisses.[25] Mit solchen Betonungen der prägenden Rolle gesellschaftlich zirkulierender Narrative verweist das Präfix *post* schließlich doch auf eine markante Zeitlichkeit des Begriffs, die nicht eine simple Chronologie meint, sondern eine permanente konflikthafte Auseinandersetzung mit Nach- und Fortwirkungen individueller, familiärer und gesellschaftlicher Migrationserfahrungen, erinnerungskulturellen Leerstellen sowie verdrängten und vergessenen Geschichten. Die Zeitlichkeit des Präfixes stellt damit keineswegs eine Schwäche des Begriffs dar. Ganz im Gegenteil: Gerade im Hinblick auf die Literatur markiert das Präfix ein besonders produktives Moment, indem es die Aufmerksamkeit auf den Zusammenhang von Literatur und Zeitgeschichtsschreibung, auf die spannungsgeladene, traumatische oder widerständige Aktualisierung historischer Erfahrungen und deren Relevanz in der Gegenwart lenkt.

Eine solche markante zeitliche Struktur durchzieht auch Fatma Aydemirs Essay *Arbeit*. Der Text ist in der von ihr gemeinsam mit Hengameh Yaghoobifarah herausgegebenen und viel rezipierten Anthologie *Eure Heimat ist unser Albtraum* (2019) erschienen. Der Band versammelt Beiträge von 14 Autor:innen und ist als Reaktion auf die Umbenennung des Innenministeriums in „Bundesministerium des Innern und für Heimat" im Jahr 2018 unter dem neuen Innenminister Horst Seehofer entstanden. Im Vorwort positionieren die Herausgeber:innen den Band als kritische Intervention gegen solche Tendenzen einer diskursiven Revitalisierung und ideologischen Instrumentalisierung des Heimatbegriffs:

> Dass an die Spitze dieser neuen Institution ein Politiker berufen wurde, der sich zuallererst für mehr Abschiebungen, eine restriktivere Migrationspolitik und gegen „den Islam" als Teil der deutschen Gesellschaft aussprach, ließ die politischen Beweggründe hinter dieser Umbenennung erkennen.
> „Heimat" hat in Deutschland nie einen realen Ort, sondern schon immer die Sehnsucht nach einem bestimmten Ideal beschrieben: einer homogenen, christlichen weißen Gesellschaft, in der Frauen sich ums Kinderkriegen kümmern und andere Lebensrealitäten schlicht nicht vorkommen.[26]

---

24 Yıldız, Postmigrantische Perspektiven, 31.
25 Vgl. Naika Foroutan, Narrationen und Nationen. Wie erzählt man nationale Identität in Deutschland neu? [2014], in: dies., Es wäre einmal deutsch. Über die postmigrantische Gesellschaft, Berlin 2023, 107–129.
26 Fatma Aydemir und Hengameh Yaghoobifarah, Vorwort, in: Eure Heimat ist unser Albtraum, hg. von dens., Berlin 2019, 9–12, hier: 9.

Vor diesem Hintergrund reflektieren die versammelten Texte über individuelle und kollektive Erfahrungen mit struktureller Diskriminierung und gesellschaftlichen Exklusionsmechanismen, analysieren hegemoniale Konstruktionen nationaler Identität und kultureller Zugehörigkeit und verhandeln „existenzielle Aspekte marginalisierter Lebensrealitäten in Deutschland".[27] Diese kritische Auseinandersetzung mit dem politischen und kulturellen Imaginären findet bereits auf paratextueller Ebene statt: Indem sich auf dem Cover die Possessivpronomen *Eure* und *unser* aus dem Titel farblich kaum vom Hintergrund abheben und nur durch Stanzungen erkennbar sind, fällt der Blick zunächst ausschließlich auf *Heimat ist Albtraum*. Eine Leseirritation, die mit Ambivalenzen, Widersprüchen und Konflikten von Selbst- und Fremdzuschreibungen spielt und als paratextuelles Echo die grundlegenden Fragen des Bandes visuell in Szene setzt: Wer wird unter dem Begriff der Heimat adressiert? Wer wird in nationale Narrative eingeschlossen, wer bleibt unsichtbar?

Aydemirs Essay verhandelt diese Fragen anhand konkreter (post)migrantischer Arbeitsverhältnisse und wirft die Leser:innen gleich zu Beginn in die Gegenwart einer Szene auf dem Flur einer nicht benannten Fernsehredaktion:

> Mit einem aufgesetzten Lächeln und wallenden Aladinhosen kommt sie auf mich zugesprungen und sagt, sie wisse nun, warum ich ein Vorstellungsgespräch bekommen hätte. „MIGRATIONSBONUS!" Wie eine Backpfeife klatscht sie mir das Wort mitten ins Gesicht. Sie und ich sind Praktikant_innen bei einem großen deutschen Fernsehsender. Sechs Wochen lang versuchen wir, Eindruck auf die Redaktion zu machen, weil wir Journalist_innen werden wollen. Aber in Wahrheit kann sich hier niemand unsere Namen merken.[28]

Obwohl beide Praktikantinnen strukturell denselben prekären Arbeitsverhältnissen ausgesetzt sind, führt dies offensichtlich nicht zu solidarischem Verhalten, sondern im Gegenteil zu einer durch Konkurrenzdruck geprägten Entsolidarisierung, die aus potenziellen Verbündeten Rivalinnen macht. Das geschieht in der Szene in Form einer rassistischen Markierung, die die Erzählerin auf ihren ‚Migrationshintergrund' reduziert und damit zugleich ihre individuellen Qualifikationen herabsetzt. Dabei bedient sich die Praktikantin eines verbreiteten Musters der Diskursverschiebung: Durch die Zuschreibung eines vermeintlichen „MIGRATIONSBONUS" werden strukturelle ökonomische Probleme auf eine konstruierte ethnisierte Differenz umgelegt. Dieser spezifischen Form des *Otherings* ‚von unten' korrespondiert am Ende des Essays die Erwähnung des *Tokenism* als innerbetriebliche Diskriminierungsform, bei

---

27 Aydemir und Yaghoobifarah, Vorwort, 11.
28 Fatma Aydemir, Arbeit, in: Eure Heimat ist unser Albtraum, hg. von ders. und Hengameh Yaghoobifarah, Berlin 2019, 27–37, hier: 27.

der marginalisierte Gruppen in einem Betrieb, einem Team oder einer Intuition aufgenommen werden, um den Anschein von Diversität und Inklusion zu erwecken: „Jene von uns wiederum, die es dennoch irgendwie in einen ‚weltoffenen', wenn auch weiß dominierten Betrieb geschafft haben, erleben leider zu oft den Effekt des Tokenism: ‚Natürlich sind wird divers. Wie haben doch Fatma!'"[29]

Die Erwähnung dieser beiden Formen von Diskriminierung in aktuellen Arbeitskontexten bildet den Rahmen des Textes, dessen Zentrum allerdings keine detaillierte Analyse der sozialen und ökonomischen Verwerfungen in der postfordistischen Kreativbranche bildet, sondern eine kritische Genealogie (post)migrantischer Arbeit in der Bundesrepublik. Dabei greift der Text in einer Art spiralförmiger Reflexionsbewegung immer weiter in die Vergangenheit zurück und setzt sie in Beziehung zur Gegenwart – von den 1990er Jahren, in denen die Autorin aufwuchs, bis in die frühen 1970er Jahre, als ihre Eltern im Rahmen der Anwerbeabkommen nach Deutschland kamen.

> Ich konnte gerade mal meinen Namen schreiben, da machte meine Mutter schon drei Jobs gleichzeitig: morgens Bäckerei, mittags Kartonfabrik, nachts Wäscherei. Mein Vater arbeitete fast vierzig Jahre im grellen Halogenlicht von Fabriken [...].
> Ich erzähle das nicht, weil ich meine Eltern als „fleißige" Menschen loben will. „Fleiß" wird uns schon in der Grundschule als positive Eigenschaft gelehrt. Doch diese einseitige Konnotation verschleiert die häufigste Ursache, die aus Arbeiter_innen fleißige Arbeiter_innen macht: Existenzangst. [...] Alle Arbeiterfamilien kennen das, oder Leute, die in solchen aufgewachsen sind. Das süße Slackerleben, das aus Flanieren und Kaffeetrinken in hippen Großstadtkiezen besteht, kann sich nur gönnen, wer – im Zweifelsfall – weich fällt.[30]

In der reflexiven Verkettung verschiedener Stationen (post)migrantischen Lebens in Deutschland verschwimmen die Grenzen zwischen Vergangenheit und Gegenwart zunehmend und Kontinuitäten sozialer Marginalisierung und ökonomischer Ausbeutung werden sichtbar. Der Text bleibt aber nicht bei einer biografischen Erzählung der Erfahrungen der Eltern stehen, sondern nutzt die Familiengeschichte als Schauplatz, an dem sich sozioökonomische Strukturen, Fragen von Klassenzugehörigkeit und Migration exemplarisch verdichten. Diese Verknüpfung wird besonders deutlich in einer beinahe mantraartig wiederholten Mahnung der Eltern: „‚Du musst immer doppelt so hart arbeiten wie die Deutschen, wenn du was schaffen willst.' Wir alle kennen diesen Satz. Wir haben ihn verinnerlicht".[31] In diesem Satz ist nicht nur ein spezifisches Erfahrungswissen abgelegt, vielmehr scheint Aydemir hier anzudeuten, wie sich trotz sozialen und Bildungsaufstiegs habituelle

---

29 Aydemir, Arbeit, 35.
30 Aydemir, Arbeit, 32.
31 Aydemir, Arbeit, 35–36.

Muster transgenerationell reproduzieren. Die Verschränkung von Klasse und Migration materialisiert sich nicht zuletzt in einer in den Körper eingeschriebenen Arbeitsmoral, die bis in die Gegenwart wirksam bleibt. Die Autorin macht dies auch am Beispiel der fehlenden statistischen Erfassung von Burnout-Diagnosen in migrantischen Communities deutlich, „obwohl die Symptome unübersehbar sind".[32]

Insgesamt entfaltet Aydemirs Essay in der Verschränkung von Familien- und kritischer Migrationsgeschichte eine historische Perspektive, die zwischen Kontinuitäten und Brüchen oszilliert und so dem eigenen Bildungs- und Sozialaufstieg eine ambivalente Bewegung einschreibt: Einerseits erscheint er als Fortsetzung struktureller Marginalisierungsprozesse, andererseits aber auch als Möglichkeit, der Wiederholungsspirale generationsübergreifender habitueller Dispositionen zu entkommen. Denn aus der Wut über die fortwährende strukturelle Ungleichheit speist sich ein Wille zum Aufstieg, der sich als widerständige Praxis der Aneignung und radikale Zurückweisung vorgezeichneter sozialer Verortungen artikuliert. Das kommt besonders prägnant am Ende des Essays zum Ausdruck: „Ich will nicht die Jobs, die für mich vorgesehen sind, sondern die, die sie für sich reservieren wollen."[33] Wut erscheint hier weder als bloß reaktive Emotion noch konstituiert sie eine Opferposition und sie lässt sich insofern auch nicht auf den Status individueller Betroffenheit reduzieren. Im Gegenteil: Sie fungiert hier als affektive Ressource einer Geste der Selbstermächtigung, die den Schreibprozess motiviert. Während beispielsweise die zuvor im Essay thematisierten Burnout-Symptome zwar ebenfalls nicht pathologisiert oder individualisiert werden, aber unausgesprochen innerhalb der migrantischen Community verbleiben, artikuliert sich die Wut explizit. Sie ist nicht mehr Symptom, sondern wird zum Auslöser eines Schreibens, das sich gegen gesellschaftlich codierte Fremdzuschreibungen richtet und diese unterläuft.

Dieser widerständige Impuls basiert maßgeblich auf der historischen Rückschau, die auch intertextuell entfaltet wird. So verweist die Autorin an zentraler Stelle auf die Lyrikerin Semra Ertan, die sich 1982 aus Protest gegen den erstarkten Rassismus öffentlich selbst verbrannte. Ihr Gedicht *Mein Name ist Ausländer*, das sich mit den unwürdigen migrantischen Arbeitsbedingungen auseinandersetzt, ist in der ‚Mehrheitsgesellschaft' kaum bekannt, während ihre Geschichte im (post)migrantischen Gedächtnis eine wichtige Rolle spielt.[34]

In solchen Textkonstellationen erweisen sich postmigrantische Texte wie Fatma Aydemirs Essay als doppelt lesbar: Erstens hinsichtlich ihrer extensiven inhaltlichen Thematisierung (post)migrantischer Arbeits- und Lebensverhältnisse,

---

32 Aydemir, Arbeit, 29.
33 Aydemir, Arbeit, 36.
34 Vgl. Aydemir, Arbeit, 30.

zweitens als widerständige Schreibpraxis, die an einer alternativen Geschichtsschreibung der Bundesrepublik arbeitet, einer Geschichte, die nicht nur individuelle Erfahrung dokumentiert, sondern in das kollektive gesellschaftliche Gedächtnis eingreift, indem sie dessen Verdrängtes und Vergessenes in den Fokus rückt. Vor diesem Hintergrund bedeutet postmigrantische Erinnerungskultur, bereits auf ereignisgeschichtlicher Ebene alternative Chroniken und damit andere historische Zäsuren zu berücksichtigen: Von den Anwerbeabkommen der 1950er Jahre und der Ölkrise der frühen 1970er Jahre mit anschließendem Anwerbestopp über die Rückkehrprämien und Staatsbürgerschaftsdebatten der 2000er Jahre bis hin zu den sukzessiven Verschärfungen des Zuwanderungs- und Asylrechts, den Sarrazin-Debatten und vor allem der Kontinuität rassistischer Gewalt, die sich von Mölln, Rostock und Solingen in den 1990er Jahren über den NSU bis zu den rechtsterroristischen Anschlägen von Halle und Hanau fortschreibt.[35]

3 Pınar Karabulut: *Augenhöhe*

Ein vergleichbarer historiografischer Impuls prägt auch den Text *Augenhöhe* von Pınar Karabulut, der in der Anthologie *Klasse und Kampf* (2021) erschienen ist. Die Sammlung weist auffällige Parallelen zu dem Band *Eure Heimat ist unser Albtraum* auf; auch hier sind Texte von 14 Autor:innen versammelt, die sich mit sozialen Marginalisierungsprozessen, ökonomischer Ausbeutung und der Frage der Herkunft auseinandersetzen, und zwar sowohl hinsichtlich habitueller Klassenunterschiede als auch hinsichtlich ihrer strukturellen Dimension als Ausdruck des manifesten „Widerspruch[s] zwischen Kapital und Arbeit".[36] Die meisten Texte berichten von Konflikten im Zusammenhang mit dem eigenen Bildungsaufstieg und setzen diese individuellen Erfahrungen immer wieder in Bezug zu sozialen, ökonomischen und kulturellen Klassenstrukturen. In diesem Sinne lassen sich die meisten Texte als autosoziobiografische Texte bezeichnen, da sie nicht nur „Deutungshoheit über das eigene Leben

---

35 Vgl. hierzu auch Juliane Karakayali und Massimo Perinelli, Postmigrantisches Gedenken. Solidarische Praktiken gegen institutionellen Rassismus, Aus Politik und Zeitgeschichte, 08.09.2023, https://www.bpb.de/shop/zeitschriften/apuz/nsu-komplex-2023/539787/postmigrantisches-gedenken/ (03.06.2025).
36 Maria Barankow und Christian Baron, Vorwort, in: Klasse und Kampf, hg. von dens., Berlin 2021, 7–12, hier: 8.

[beanspruchen], sondern auch gegenüber der sozialen Gegenwart, an der sie als Akteur:innen aktiv mitwirken und der sie sich gleichermaßen ausgesetzt fühlen".[37]

Karabuluts Text verhandelt solche klassenspezifischen Dimensionen der eigenen Biografie aus einer dezidiert postmigrantischen Perspektive, indem die Autorin Fragen der sozialen Klasse mit der Geschichte ihres Vaters verknüpft, der 1968 aus der Türkei nach Deutschland migrierte. Ähnlich wie bei Aydemir beginnt der Text jedoch zunächst *in medias res* mit einer Szene aus dem Arbeitsalltag der Theaterregisseurin. Sie berichtet von einem Telefonat mit einer Dramaturgin anlässlich der Inszenierung einer „Komödie über eine gutbürgerliche Familie".[38] Die Protagonistin zeigt sich irritiert über den Text, denn sie erkennt darin keine Komödie, woraufhin die Dramaturgin, die den Text höchst amüsant findet, dies mit der Bemerkung erklärt, dass ihr Humorverständnis eben durch ihre soziale Herkunft geprägt sei.

> Was meinte die weiße, cis-heteronormative Dramaturgin eines großen deutschen Staatstheaters, die mich noch nicht kannte, mit „anderer sozialer Schicht"?
> War es ein politisch korrekter Versuch ihrerseits, Begriffe wie „Ausländerin", „Kanakin" oder Türkin zu vermeiden, um auf meinen sogenannten Migrationshintergrund anzuspielen? Attestierte sie mir also, dass ich – in Deutschland geboren, zur Schule gegangen, studiert, seit Jahren im deutschen Kulturbetrieb arbeitend – nicht in der Lage sei, deutschen Humor zu verstehen?
> Die Ironie der Situation lag darin, dass ich während des Telefonats in einem Taxi saß.
> Nach fünf Jahren Selbstständigkeit befinde ich mich in der privilegierten Situation, von meiner Kunst als Theaterregisseurin leben zu können. Ich selbst würde mich zur klassischen Mittelschicht zählen. […] Wie ich von der Mehrheitsgesellschaft gesehen werde, ist allerdings etwas ganz anderes. Bringst du verschiedene optische Features mit, zählt eben mehr die Sicht auf dich als die Schicht, in der du dich zu befinden meinst.[39]

Die Bemerkung über den Humor zieht hier eine Differenz, die von der Dramaturgin nicht unbedingt als Distinktionsmittel intendiert sein muss, aber als solches wirksam wird, wobei unklar bleibt, ob sie sich dabei auf eine soziale oder kulturelle Herkunft bezieht. Das Verhältnis von Klasse und Migration manifestiert sich hier jedenfalls in einer widersprüchlichen, gegenläufigen Bewegung: Während die Autorin selbst auf den Prozess ihres mühsamen sozialen Übergangs insistiert, wird sie gleichzeitig von der Dramaturgin in ein diffuses Herkunftsmilieu zwischen Klasse und Migration gewissermaßen ‚re-lokalisiert' und festgeschrieben.

---

37 Eva Blome, Philipp Lammers und Sarah Seidel, Zur Poetik und Politik der Autosoziobiographie, in: Autosoziobiographie. Poetik und Politik, hg. von dens., Stuttgart 2022, 1–14, hier: 3.
38 Pınar Karabulut, Augenhöhe, in: Klasse und Kampf, hg. von Maria Barankow und Christian Baron, Berlin 2021, 82–95, hier: 82.
39 Karabulut, Augenhöhe, 82–83.

Eine weitere Parallele zu Aydemirs Text besteht darin, dass auch bei Karabulut diese Eingangsszene zunächst nicht weiterverfolgt wird, etwa als Anlass, über Formen der Diskriminierung an deutschen Theatern nachzudenken. Stattdessen fungiert das Telefonat als initialer Impuls für eine historische Rückschau auf die Geschichte des Vaters: „Meine Geschichte beginnt mit der Geschichte meiner Eltern."[40] Eingeleitet wird die Erzählung der Geschichte des Vaters durch eine repräsentationskritische Überlegung, die die anschließende Darstellungsweise präfiguriert und das Problem der narrativen Konstruktion migrantischer Biografien reflektiert:

> Während es Menschen der Mehrheitsgesellschaft erlaubt ist, individuelle Biografien zu besitzen, bleibt dies Menschen mit sogenanntem Migrationshintergrund verwehrt. Unsere Funktion scheint als Pars pro Toto für eine Gruppe zu dienen, die so groß und unterschiedlich ist, dass eine einzelne Biografie, ein Handeln, eine Aussage, ein Individuum sie allein repräsentieren kann.[41]

Was hier mit dem Rekurs auf die rhetorische Figur des *Pars pro Toto* zunächst als klare Absage an eine Stellvertreterbiografie erscheint, erweist sich im weiteren Verlauf als ambivalente Gleichzeitigkeit von kollektiver Erfahrung und singulärer Lebensgeschichte. Denn einerseits sei die Geschichte des Vaters „eine klassische und gewöhnliche Gastarbeiter-Biografie":[42] Der Vater kommt als junger Mann nach Deutschland und wird bei seiner Ankunft zu einer bloßen Nummer degradiert, die ihm in einem umfunktionierten Bunker am Kölner Hauptbahnhof im Rahmen der unwürdigen medizinischen Ankunftsuntersuchungen, die auch schon in Deniz Utlus Roman thematisiert wurden, zugewiesen wird. Er lebt zunächst unter prekären Bedingungen in Baracken und arbeitet in verschiedenen Fabriken. In diese durchaus repräsentative Gastarbeitergeschichte schreibt Karabulut dann aber eine subversive Abweichung ein, die sie „oft an *Catch Me If You Can* denken" lässt, „leider ohne Leonardo DiCaprio und ohne Flugzeug".[43] Anlass für die Assoziation ist etwa die Geschichte, wie der Vater überhaupt nach Deutschland kommen konnte: In der Türkei gibt er sich als Experte für das Textilgewerbe aus, um als vermeintlicher Prüfer eine Fabrik zu besichtigen und sich dabei heimlich Wissen anzueignen. Dieses neu erworbene Wissen nutzt er anschließend, um die Aufnahmeprüfung für eine Arbeitsstelle in Deutschland zu bestehen. Der ironische Unterton im Verweis auf Frank Abagnale, auf dessen Lebensgeschichte besagter Film beruht, lässt sich als eine Reaktion auf die Eingangsszene des Essays verstehen. Der Text spielt hier

---

40 Karabulut, Augenhöhe, 84.
41 Karabulut, Augenhöhe, 83.
42 Karabulut, Augenhöhe, 84.
43 Karabulut, Augenhöhe, 84.

mit einer Form des Humors, die den Vater keineswegs als Hochstapler entlarven will, sondern fast schon als tricksterartige Figur entwirft. In dessen kleinen, listigen Abweichungen scheint Karabulut eine subversive Strategie des Ausbrechens aus vorgezeichneten Bahnen und damit aus vermeintlichen sozialen, ökonomischen und kulturellen Determinationen herauszulesen. Es folgen weitere solcher Episoden, die eine soziale Aufstiegsgeschichte erzählen und den Vater schließlich in die Position eines in der migrantischen Community angesehenen Bankkaufmanns führen, die er bis zu seiner Rente innehat.

Insgesamt oszilliert Karabuluts Erzählung des Vaters permanent zwischen kollektiven migrantischen Erfahrungen und individueller Biografie. Das zeigt sich auch an einer anderen zentralen Stelle des Essays, der in seiner ironischen Zuspitzung ebenfalls auf das Humorverdikt zu Beginn des Textes reagiert. Der Vater arbeitet als Kranführer in einer Fabrik, bis sich Folgendes ereignet:

> *In der Fabrik fängt es an zu brennen. Der Vorarbeiter ruft: „Alle Mann raus! Alle Mann raus!"*
> *Alle Mitarbeiter stürmen aus der Fabrik, nur einer bleibt zurück. Der Vorarbeiter rennt zurück und schreit: „Ali, was machst du da? Komm raus hier!"*
> *Ali antwortet: „Ich nix Allemann, ich Türke!"*[44]

Dem Text geht es hier weniger um ein Missverständnis aufgrund mangelnder Sprachkenntnisse als vielmehr um eine weitere Aushandlung des Konflikts von Zugehörigkeit und Nichtzugehörigkeit. Denn der Vater ist buchstäblich kein ‚Allemann', kein Jedermann, sondern bleibt stets Ali, der sich permanent eindeutiger Verortungen entzieht, immer wieder an unterschiedlichen Schwellenräumen auftaucht, sich auch einer nachträglichen Festschreibung verweigert. Daraus kann folglich keine kohärente Heldengeschichte entstehen, was sich auch in der Struktur des Textes widerspiegelt: Die Geschichte des Vaters wird nicht linear entfaltet, sondern in episodischen Sequenzen dargestellt, die in kleinen, voneinander abgesetzten Textblöcken szenenartig Schlaglichter auf einzelne Lebensstationen werfen, um dann wieder abzubrechen und an anderer Stelle neu anzusetzen. In dieser fragmentarischen Darstellung widersetzt sich der Text am deutlichsten dem *Pars pro Toto* und damit einer Homogenisierung migrantischer Erfahrungen. So gesehen erscheint der Rückblick der Tochter auch als eine Art kritischer Gegenentwurf zur gängigen Rezeption der klassischen Gastarbeiterliteratur, denn was wir hier lesen, lässt sich kaum unter dem Label einer ‚Literatur der Betroffenheit' rubrizieren, entzieht sich weitgehend einer psychologisierenden Lesart, die einen authentischen Erlebnisbericht aus erster Hand erwartet. Im Gegenteil, an mehreren Stellen tendiert der Text dazu, den Vater fast zu einer literarischen oder Filmfigur zu

---

44 Karabulut, Augenhöhe, 89 (kursiv im Original).

stilisieren und spielt dadurch ein weiteres Mal mit der Spannung von Repräsentativität und Singularität. Zudem sind es nicht zuletzt die wiederholten narrativen Brüche, die Leerstellen zwischen den einzelnen Textblöcken, in denen der Text auch formalästhetisch die Möglichkeit der Darstellung einer kritischen Migrationsgeschichte verhandelt.

Das im Text wiederholt inszenierte Spiel mit gesellschaftlichen Zuschreibungen, das sich einem statischen Verortungsregime verweigert, überträgt Karabulut dann am Ende des Textes noch mal auf die eigene Situation im Theaterbetrieb und formuliert – auch hier nicht unähnlich zu Aydemir – eine Strategie der Aneignung: „Ich habe früh gelernt, was es bedeutet, nicht wirklich dazuzugehören, aber sich irgendwie immer wieder den Raum zu nehmen, um dann doch wieder dabei zu sein."[45] Letztlich entwirft der Text so gerade aus seinem historischen Rückbezug auf die Erfahrung des Vaters eine Strategie fluider Selbst(zu)schreibung, die sich gegen jene statischen sozialen und kulturellen Identitätsvorstellungen richtet, auf die sie in der Eingangsszene festgelegt wurde.

4 Dinçer Güçyeter: *der Koffer*

Die Arbeitsmigration im Kontext der Anwerbeabkommen ist, wie Lisa Hassler in ihrem Aufsatz *Leerstellen der Erinnerung: ‚Gastarbeiter:innen' in der Bundesrepublik* zeigt, zwar nach wie vor vom Bild des männlichen Arbeiters geprägt, war *de facto* aber von Anfang an auch eine wesentlich von Frauen geprägte Migrationsbewegung.[46] Während Gegenwartsromane wie *Vater und Ich* (2021) von Dilek Güngör, *Vatermal* (2023) von Necati Öziri oder *Vaters Meer* (2023) von Deniz Utlu die Vaterfigur bereits im Titel tragen, erzählt Dinçer Güçyeter die Geschichte der Arbeitsmigration der Eltern in seinem Gedicht *der Koffer* aus der Perspektive der Mutter. Das Gedicht ist in dem Lyrikband *Aus Glut geschnitzt* (2017) erschienen, der im von Dinçer Güçyeter gegründeten ELIF-Verlag publiziert wurde, einem auf Lyrik spezialisierten Verlag, der sich laut Selbstbeschreibung als „Platz für lyrische Positionen, die das Feld von den Rändern her aufrollen",[47] versteht.

Eine Bewegung von den Rändern des kollektiven Gedächtnisses her prägt auch das Gedicht *der Koffer*, das in Form einer lyrischen Chronik eine alternative

---

45 Karabulut, Augenhöhe, 94.
46 Lisa Hassler, Leerstellen der Erinnerung: ‚Gastarbeiter:innen' in der Bundesrepublik, in: Erinnerungskämpfe. Neues deutsches Geschichtsbewusstsein, hg. von Jürgen Zimmerer, Stuttgart 2023, 397–413.
47 https://elifverlag.de/der-elif-verlag/ueber-unseren-verlag/

Geschichte der Bundesrepublik entwirft, in deren Zentrum die Erfahrungen der Mutter als Gastarbeiterin stehen.

> ich saß im Zug, zwischen meinen zitternden Beinen zitterte der Holzkoffer. diese Fahrt war mein Schicksal. es durfte kein Zurück mehr geben. es gab auch kein Zurück. nach 3 Tagen / 3 Nächten stand ich am Bahnsteig mit dem zitternden Holzkoffer zwischen meinen zitternden Beinen. da fing es an mit sprachlosen Ankünften. zuerst der / mein Mann, dass der Ruß der Bergwerke, die Nachkriegszeitmöbel, die stehende Kloschüssel, das alte Radio, *Schweigen*, die wundblühenden Lieder, der schwarze Kasten, die Barfüße von Heidi, die Schuhfabrik, die Akkordarbeit, *Schweigen*, der erste Lohnstreifen, der Adler auf den Geldscheinen, *Schweigen*, das Fotostudio (Lebensbeweis für die Zurückgelassenen), die Teppichfabrik, *Schweigen*, der Protest der Eileiter, weiße Nächte, geweihte Tränen, der Rost der Bettfedern, *Schweigen*, die Pleite des / meines Mannes, Doppelschicht, *Schweigen*, die Leere meiner Hände, Kinderkleidergeschäfte, gesparte Pfennige, ausgegebene Sehnsucht, 10 Jahre, *Schweigen*, 2 Arbeitsstellen, Erdbeerfelder / Spargelfelder, VW-Bus, 1. Operation, *Schweigen*, 14 Jahre, Dinçer, die 2. Pleite des / meines Mannes, 16 Jahre, Özgür, Kinderkleidergeschäfte, gesparte Pfennige, ausgegebene Sehnsucht, 20 Jahre, Mercedesfabrik, 2. Operation, *Schweigen*, erster Arbeitsunfall, das *Schweigen* der Gewerkschaft, 3. Operation, *Schweigen*, die Kneipe des / meines Mannes, Putzarbeit, 3. Arbeitsstelle, 2. Arbeitsunfall, 89 Wirtschaftskrise, Angst, *Schweigen*, 1. neue Möbel, *Schweigen*, 4. Operation, 25 Jahre, 5. Operation, *Schweigen*, 30 Jahre, 7. Operation, 35 Jahre, 11. Operation, 40 Jahre, *Schweigen*, total arbeitsunfähig, kleine Rente, 42 Jahre, der Tod des / meines Mannes, *Schweigen*, 13. Operation, die Chronik meiner Geschichte ist ein Gastarbeitermuseum: Röntgenbilder meiner Knie, Arme, der Eileiter, meines Rückens, meiner Hüften, *Schweigen*, es durfte kein Zurück mehr geben, nein, kein Zurück mehr geben, es gab kein Zurück …
>
> Und so zählte sie die 45 Jahre!
> in ihrem Atem
> das Rascheln der Pappel
> in ihrem Atem
> der Hennaabend der Heimat
> die verkrüppelten Schmetterlinge
> schlüpfen in ihre weißen Larven
> ziehen sich zurück
> in die eisernen Kokons
> in leeren Gängen
> weht das Geflüster meiner Mutter
> die werden mit wieder weh tun … *Schweigen*
> Dinçer, weißt du, wie alt Heidi geworden ist?[48]

---

48 Dinçer Güçyeter, der Koffer, in: ders., Aus Glut geschnitzt, Nettetal 2017, 34–35.

Das aus zwei formal sehr unterschiedlichen Teilen bestehende Gedicht ist auf einer Doppelseite abgedruckt. Während der erste Teil, der nachfolgend etwas näher in den Blick genommen werden soll, durch seine dichte, blockartige Struktur prosaähnlich wirkt, erinnert der zweite Teil schon rein optisch stärker an ein klassisches Gedicht, in dem die Erinnerung an die Migration, der Verlust der Heimat, die Sehnsucht und die Isolation in symbolisch aufgeladene Bilder übersetzt werden.

Im Mittelpunkt des ersten Teils des Gedichts steht ein namenloses Ich, das uns in einer Art verdichtetem Lebensprotokoll seinen Lebensweg von der ungewissen Abreise, der Ankunft in Deutschland und verschiedenen Lebensstationen schildert. Im zweiten Teil wird dieses namenlose Ich dann als die Mutter von Dinçer benannt, dessen Geburt wiederum schon im ersten Teil kurz erwähnt wird. Damit legt das Gedicht sehr direkt eine autobiografische bzw. autorzentrierte Deutung nahe. Doch das Gedicht darauf zu reduzieren, würde zu kurz greifen, denn die Chronik, wie der erste Teil sich selbst nennt, geht weit über die Darstellung eines individuellen Schicksals hinaus und schreibt sich in größere historische und gesellschaftliche Konstellationen ein: „die Chronik / meiner Geschichte ist ein Gastarbeitermuseum", heißt es am Ende des ersten Teils. Entfaltet wird hier mit der individuellen Lebensgeschichte der Mutter zugleich eine kollektive Geschichte migrantischer Arbeits- und Lebensbedingungen in der bundesrepublikanischen Nachkriegsgesellschaft, eine Geschichte körperlicher Ausbeutung, prekärer Arbeitsverhältnisse, psychischer Erschöpfung, fehlender (gewerkschaftlicher) Solidarität und des Schweigens der sogenannten ‚Mehrheitsgesellschaft'.

Diese Gleichzeitigkeit von individueller und kollektiver Erinnerung, von Alltagsgeschichte und historischer Zeit gestaltet der Text durch verschiedene formale und sprachliche Elemente, mit denen eine Art lyrischer Erinnerungsprozess zwischen Literatur und Geschichte in Gang gesetzt wird. Auffällig ist dabei zunächst die Rahmung des ersten Teils des Gedichts. Am Anfang und am Ende heißt es: „es durfte kein Zurück mehr geben. es gab auch kein Zurück." Migration wird hier als unumkehrbarer Prozess geschildert, der Verlust der Heimat, der im zweiten Teil aus der Perspektive des Sohnes dann noch stärker in den Fokus rückt, drückt sich im ersten Teil in einer irreversibel voranschreitenden Zeitbewegung aus, die sich zunehmend beschleunigt. Während am Anfang von drei Tagen und drei Nächten die Rede ist, die das Ich mit seinem Koffer in eine ungewisse Zukunft führt, überschlagen sich die Ereignisse und Jahreszahlen immer rasanter – von der ersten Arbeitsstelle und dem ersten Lohn bis zu einer immer rasanteren Abfolge von Operationen, Arbeitsunfällen, wirtschaftlichen Krisen und familiären Verlusten. Dabei modelliert das Gedicht eine spezifische Form beschleunigter Zeitwahrnehmung, die weniger auf einer geschlossenen, kohärenten Geschichtsdarstellung mit komplexen narrativen Verfahren basiert, sondern durch eine bloße Aneinanderreihung fragmentarischer, stakkatoartiger Bruchstücke geprägt ist, in denen einzelne Stationen der Lebens- und Arbeitsgeschichte protokollartig aufgelistet werden. Die Chronik, in die sich das Gedicht dabei selbst einschreibt, hat der Geschichtsphilosoph Arthur C. Danto als eine Nullstufe des Erzählens bzw. als ein unvollständiges Erzählen bezeichnet.[49] Ein solches reduktives, pränarratives Verfahren der Zeitnotation ist auch im Gedicht am Werk. Das zeigt sich deutlich darin, dass es weniger erzählt als buchstäblich zählt, heißt es doch gleich im ersten Vers des zweiten Teils: „Und so zählte sie die 45 Jahre!" Diese Bilanz gelebter Zeit durch das Zählen, Aufzählen reduziert und verdichtet Lebenszeit in ihrem beschleunigten Ablauf und ist eine Form der Zeit-Schreibung im wörtlichen Sinn.

Während das Fehlen einer narrativen Textorganisation in der Chronik meist als defizitäre Geschichtsschreibung aufgefasst wird, erklärt Sabine Mainberger sie hingegen als „Spielart"[50] einer Poetik des Enumerativen und deutet den vermeintlichen Mangel als aktiven Verzicht: „Chronik ist hier eine explizite Wahl und eine Entscheidung gegen andere Optionen, v. a. gegen das Erzählen."[51] Dabei kann der Rekurs auf die vormoderne chronistische Modellierung von Zeit zu einem Gegendiskurs moderner historiografischer Verfahren werden:

> Sie begleitet derart die offizielle, repräsentative, wissenschaftliche Geschichtsdarstellung kurz, den Diskurs, der jeweils einer bestimmten für wichtig erachteten Vergangenheit und deren Wahrheit verpflichtet ist. Diesen Diskurs ergänzt, befragt, kommentiert sie, konkurriert mit ihm, sucht ihn zu unterlaufen u. a.[52]

Eine solche alternative historische Perspektive wird qua Form auch in Güçyeters lyrischer Chronik verhandelt. In der Aufzählung exponiert das Gedicht sein reduktives Verfahren der Vertextung von Zeit, dessen Medium die Liste ist, mit der zugleich die Frage verhandelt wird, wie Geschichte überhaupt entsteht. Diese chronistische Reflexion auf Geschichte hat prominente Vorbilder, zu denken wäre hier etwa an Bertolt Brechts *Fragen eines lesenden Arbeiters*, das in seiner listenartigen Struktur danach fragt, wer Geschichte macht, wer sie notiert, wer darin vorkommt und wer nicht.

Die Liste ist die Form des Aufzählens schlechthin. Als literarisches Verfahren kann sie Erinnerungsfunktion haben, Gedächtnisstütze sein, Ordnung schaffen, der Inventarisierung oder der Bilanzierung dienen, sie kann einen Text rhythmisieren,

---

49 Arthur C. Danto, Analytische Philosophie der Geschichte, Frankfurt a. M. 1974, 185 ff.
50 Sabine Mainberger, Die Kunst des Aufzählens. Elemente zu einer Poetik des Enumerativen, Berlin und New York 2003, 2.
51 Mainberger, Die Kunst des Aufzählens, 285.
52 Mainberger, Die Kunst des Aufzählens, 286.

selbst dabei aber offen, unvollständig, fragmentarisch bleiben. Fragmentarisch ist auch der lyrische Erinnerungsprozess bei Güçyeter, ein Erinnern, das immer wieder im Schweigen abbricht und neu ansetzen muss. Dabei nimmt das Schweigen, das achtzehnmal im Gedicht vorkommt, eine paradoxe Stellung ein: Einerseits ist es das Gegenteil von Sprache, Ausdruck von Sprachlosigkeit oder von etwas Unaussprechlichem, Verdrängtem. Auf der anderen Seite erhält es durch seine typografische Markierung – es ist jeweils kursiv gesetzt – eine visuelle Präsenz, die es zu mehr als einer bloßen Lücke, einer Leerstelle macht. Als Unterbrechung ist das markierte Schweigen zugleich eine permanente Schwelle, an der das Sprechen immer wieder neu einsetzt, ein Impuls, der den unterbrochenen, intermittierenden Erinnerungsprozess wieder in Gang setzt, indem er sich aus dem Schweigen herausbewegt. Die letzte Erwähnung dieses Schweigens unterscheidet sich dann aber noch mal, indem es sich nicht mehr auf die Sprachlosigkeit der Mutterfigur bezieht, sondern das kollektive Schweigen der Anderen meint, die als „die" im vorletzten Vers des zweiten Teils direkt adressiert werden: „die werden mir wieder weh tun ... *Schweigen*". Die erneute Verletzung, die hier zum Ausdruck kommt, scheint nicht mehr auf die körperliche Arbeit und ökonomische Ausbeutung bezogen, sondern auf das Vergessen, Verdrängen, Ignorieren derjenigen Chronik der Gefühle, deren Spuren sich in den Körper der Mutter eingeschrieben haben.

Der zweite Teil des Gedichts entfernt sich allerdings deutlich von einer enumerativen Poetik und beschreibt Erfahrungen des Heimatverlustes und der Fremdheit, der Zerrissenheit zwischen unterschiedlichen Welten, der Sehnsucht und der Isolation in einer metaphorisch stark verdichteten Sprache aus einer distanzierteren Perspektive. Es scheint hier der Sohn zu sein, der diese Sprachbilder aufruft und der im letzten Vers schließlich direkt adressiert wird: „Dinçer, weißt du, wie alt Heidi geworden ist?" In der Frage liegt eine Ambivalenz, die nicht aufgelöst wird, sondern vielmehr das komplexe Spannungsverhältnis anzuzeigen scheint, in dessen Mitte das Schreiben aus der retrospektiven Perspektive des Sohnes einsetzt. Der Name Heidi rekurriert hier vermutlich auf die Figur in Johanna Spyris Romanen, die zur Zeit der Ankunft der Mutter in Deutschland vor allem durch zahlreiche Verfilmungen neue Popularität erlangt hatte. Einerseits evoziert Heidi hier das Bild einer unversehrten Kindheit in unberührter Natur, eine Idylle, die allerdings schon durch die zuvor aufgerufenen „verkrüppelten Schmetterlinge" eigentümlich gebrochen, beschädigt wirkt. Mehr noch versetzt die Referenz auf Heidi am Ende des Gedichtes die Lesenden noch mal an dessen Anfang zurück und damit in die frühen Jahre der Bundesrepublik. Denn Heidi wird schon im ersten Teil kurz erwähnt, steht dort in ihrer Barfüßigkeit im deutlichen Kontrast zum Ruß der Bergwerke und der monotonen Akkordarbeit in der Schuhfabrik. Es ist die unmittelbare Kontrastmontage als solche, in der sich ein erinnerungskritischer Kommentar vermuten lässt: Während sich die BRD-Gesellschaft im restaurativen Heimatfilm eine heile, idyllische Welt imaginiert und die eigene Schuldgeschichte verschweigt, bleibt die prekäre migrantische Lebensrealität ausgeblendet.

Umschriften und Re-Interpretationen deutscher Nachkriegsgeschichte charakterisieren viele postmigrantische Gegenwartstexte, die so an einer literarischen Erinnerung und kritischen Zeitdiagnose arbeiten. An den Schwellen und den Kreuzungen zwischen unterschiedlichen sozialen, kulturellen und ökonomischen Räumen verhandeln sie Fragen von Klasse und Migration aus einer dezidiert historischen Perspektive. Anhand der drei exemplarischen Analysen ließ sich zudem beobachten, wie die Texte mittels unterschiedlicher Schreib- und Darstellungsstrategien immer wieder Konflikte zwischen kollektiven Erfahrungen und individuellen Lebensgeschichten aushandeln. Dabei schreiben diese Texte ihre Protagonisten nicht auf eine Opferrolle fest, sondern gehen von einer anderen Geschichte der BRD aus, einer „emotionalen [...] Geschichte",[53] in der, wie wir z. B. bei Fatma Aydemir gesehen haben, die Wut zum Motor von Schreibprozessen gegen das Vergessen und gegen die Marginalisierung im Erinnerungsdiskurs wird. Die dabei eingesetzten Darstellungsverfahren bewegen sich häufig in einem Spannungsfeld zwischen reiner Ereignisnotation und narrativer Ausdeutung. Sie verbinden in unterschiedlichen Weisen dokumentarische Elemente mit fiktionalen Strategien, kombinieren autofiktionales Erzählen mit Gesellschaftsanalyse, greifen auf serielle und episodische Strukturprinzipien zurück, nutzen multiperspektivisches Erzählen sowie die Montage fragmentarischer Erinnerungsbilder. Daraus ergibt sich weniger eine feste Gattung ‚postmigrantische Literatur' als vielmehr ein bewegliches, unterschiedlich kombiniertes Ensemble gattungsübergreifender Schreibweisen. Eine Verschiebung der Perspektive von den Inhalten hin zu diesen Verfahren ermöglicht es, die teils expliziten, teils eher impliziten Reflexionen über das Schreiben von Zeitgeschichte aus postmigrantischer Perspektive zu beobachten und den Blick stärker darauf zu richten, wie diese Texte an einer kritischen Geschichte der Gegenwart arbeiten.

Literatur

Aydemir, Fatma, und Hengameh Yaghoobifarah: Vorwort, in: Eure Heimat ist unser Albtraum, hg. von dens., Berlin 2019, 9–12.

Aydemir, Fatma: Arbeit, in: Eure Heimat ist unser Albtraum, hg. von ders. und Hengameh Yaghoobifarah, Berlin 2019, 27–37.

Barankow, Maria, und Christian Baron: Vorwort, in: Klasse und Kampf, hg. von dens., Berlin 2021, 7–12.

---

53 Utlu, Das Archiv der Migration.

Blome, Eva, Philipp Lammers und Sarah Seidel: Zur Poetik und Politik der Autosoziobiographie, in: Autosoziobiographie. Poetik und Politik, hg. von dens., Stuttgart 2022, 1–14.

Bojadžijev, Manuela: Autonomie der Migration. Eine historische Perspektive, in: Klassen und Kämpfe, hg. von Jour fixe-Initiative, Münster 2006, 149–165.

Cramer, Rahel, Jara Schmidt und Jule Thiemann: Postmigrant Turn. Postmigration als kulturwissenschaftliche Analysekategorie, Berlin 2023.

Danto, Arthur C.: Analytische Philosophie der Geschichte, Frankfurt a. M. 1974.

Ernst, Thomas: Literatur und Subversion. Politisches Schreiben in der Gegenwart, Bielefeld 2013.

Foroutan, Naika: Die postmigrantische Gesellschaft. Ein Versprechen der pluralen Demokratie, Bielefeld 2019.

Foroutan, Naika: Narrationen und Nationen. Wie erzählt man nationale Identität in Deutschland neu? [2014], in: dies., Es wäre einmal deutsch. Über die postmigrantische Gesellschaft, Berlin 2023, 107–129.

Georgi, Viola B. et al. (Hg.): Geschichte im Wandel. Neue Perspektiven in der Migrationsgesellschaft, Bielefeld 2022.

Güçyeter, Dinçer: der Koffer, in: ders., Aus Glut geschnitzt, Nettetal 2017, 34–35.

Hassler, Lisa: Leerstellen der Erinnerung: ‚Gastarbeiter:innen' in der Bundesrepublik, in: Erinnerungskämpfe. Neues deutsches Geschichtsbewusstsein, hg. von Jürgen Zimmerer, Stuttgart 2023, 397–413.

Hodaie, Nazli, und Michael Hofmann: Literatur und Postmigration. Einleitung, in: Postmigrantische Literatur. Grundlagen, Analysen, Positionen, hg. von dens., Stuttgart 2024, 1–13.

Jaquet, Chantal: Zwischen den Klassen. Über die Nicht-Reproduktion sozialer Macht, Konstanz 2018.

Karabulut, Pınar: Augenhöhe, in: Klasse und Kampf, hg. von Maria Barankow und Christian Baron, Berlin 2021, 82–95.

Karakayali, Juliane, und Massimo Perinelli: Postmigrantisches Gedenken. Solidarische Praktiken gegen institutionellen Rassismus, Aus Politik und Zeitgeschichte, 08.09.2023, https://www.bpb.de/shop/zeitschriften/apuz/nsu-komplex-2023/539787/postmigrantisches-gedenken/ (03.06.2025).

Langhoff, Shermin: Die Herkunft spielt keine Rolle – ‚Postmigrantisches' Theater am Ballhaus Naunynstraße. Interview, Bundeszentrale für politische Bildung, 10.03.2011, https://www.bpb.de/lernen/kulturelle-bildung/60135/die-herkunft-spielt-keine-rolle-postmigrantisches-theater-im-ballhaus-naunynstrasse/ (03.06.2025).

Mainberger, Sabine: Die Kunst des Aufzählens. Elemente zu einer Poetik des Enumerativen, Berlin und New York 2003.

Riedner, Lisa et al.: Einleitung, in: Geteilte Arbeitswelten. Konflikte um Migration und Arbeit, hg. von dens., Weinheim 2024, 7–19.

Römhild, Regina: Jenseits ethnischer Grenzen. Für eine postmigrantische Kultur und Gesellschaftsforschung, in: Nach der Migration. Postmigrantische Perspektiven jenseits der Parallelgesellschaft, hg. von Erol Yıldız und Marc Hill, Bielefeld 2014, 37–48.

Sievers, Wiebke: Postmigrantische Literaturgeschichte. Von der Ausgrenzung bis zum Kampf um gesellschaftliche Veränderung. Bielefeld 2024.

Utlu, Deniz: Das Archiv der Migration, der Freitag, 31.10.2011, https://www.freitag.de/autoren/deniz-utlu/das-archiv-der-migration (15.03.2025).

Utlu, Deniz: Der Markt und der Mensch. Ökonomieanalyse aus Migrationsperspektive – Migrationsanalyse als kritische Ökonomielehre. Ein Vorschlag, in: Migrationsforschung als Kritik? Konturen einer Forschungsperspektive, hg. von Paul Mecheril et al., Wiesbaden 2013, 171–189.

Utlu, Deniz: Die Ungehaltenen, München 2014.

Yıldız, Erol: Postmigrantische Perspektiven. Aufbruch in eine neue Geschichtlichkeit, in: Nach der Migration. Postmigrantische Perspektiven jenseits der Parallelgesellschaft, hg. von dems. und Marc Hill, Bielefeld 2014, 19–36.

Yıldız, Erol: Ideen zum Postmigrantischen, in: Postmigrantische Perspektiven. Ordnungssysteme, Repräsentationen, Kritik, hg. von Naika Foroutan, Juliane Karakayali und Riem Spielhaus, Frankfurt a. M. und New York 2018, 19–34.

Yıldız, Erol: Postmigrantisch, in: Umkämpfte Begriffe der Migration. Ein Inventar, hg. von Inken Bartels et al., Bielefeld 2023, 269–282.

Sophie König

„wohin jetzt mit mir", „wohin mit dieser Geschichte" – Standortsuche und Selbstverortung in Dinçer Güçyeters *Unser Deutschlandmärchen*

„Vater, Mutter, wohin jetzt mit mir",[1] steht rechtsbündig gedruckt auf der ersten, auf die Titelei folgenden Seite des 2022 erschienenen und 2023 mit dem Preis der Leipziger Buchmesse ausgezeichneten Romans *Unser Deutschlandmärchen* von Dinçer Güçyeter, visuell erinnernd an ein vorangestelltes Zitat oder Motto. Blättert man um, folgt eine baugleiche Seite: „wohin mit dieser Geschichte"[2] wird die vorangehende Frage weitergeführt und ausgeweitet. Das Schriftbild, geprägt durch das dominante Weiß, die leere linke und die spärlich bedruckte rechte Seite, lässt die Fragen etwas verloren auf den papiernen Flächen stehen, die sie umgeben. Ohne Satzzeichen, ohne abschließende Fragezeichen oder Punkte bleiben sie zunächst offen, lassen sich auch grammatikalisch nicht abschließend einordnen. Es spiegeln sich Schriftbild und Sprache, denn auch durch die Platzierung der Schrift auf der rechtsäußeren Seite des Blatts wird auf das Um- und Weiterblättern referiert und dazu aufgefordert, der Suche nach einem Ort zu folgen. Die an die Eltern gerichteten Fragen „wohin jetzt mit mir", auf die eigene Person bezogen, und „wohin mit dieser Geschichte", auf den Text referierend, werden als Ausgangspunkte des Texts gesetzt. Sie implizieren die momentane Abwesenheit eines gesicherten Aufenthaltsortes und stellen gleichzeitig in Aussicht, ebendiesen im Roman oder, über den Verweis auf seine Materialität und die Seiten aus Papier, gar im physischen Buch selbst zu finden.

Die Frage der räumlichen Selbstverortung stellt sich gerade im Kontext von Texten akut, die sich mit gesellschaftlichen Strukturen befassen.[3] So formuliert auch die US-amerikanische Literatur- und Kulturwissenschaftlerin bell hooks in

---

1 Dinçer Güçyeter, Unser Deutschlandmärchen, 5. Aufl., Berlin 2023, 5.
2 Güçyeter, Unser Deutschlandmärchen, 7.
3 Barbara Bausch und Julia Weber stellen eine ähnliche, auf die Gegenwart zugespitzte Diagnose, die auch die Kategorie Klasse einbezieht: „Sei es in Bezug auf Kriege in und außerhalb Europas, strukturellen Rassismus, tradierte Vorstellungen von Geschlecht und *gender*, Klassenfragen oder politische und soziale Verwerfungen: Die Gegenwart fordert zur Selbstpositionierung heraus." Barbara Bausch und Julia Weber, Literarische Positionierung in der Gegenwart. Einleitung, in: Standortbestimmungen. Literarische Positionierung in der Gegenwart, hg. von dens., Berlin 2025, 9–29, hier: 9.

Open Access. © 2025 bei den Autorinnen und Autoren, publiziert von De Gruyter. Dieses Werk ist lizensiert unter einer Creative Commons Namensnennung 4.0 International Lizenz.
https://doi.org/10.1515/9783111625188-007

Where we stand: class matters (2000) ihr Thema über eine kollektive Standpunktangabe. In der Vorrede, „where we stand", präzisiert sie den Ausgangspunkt ihrer Überlegungen: „Nowadays it is fashionable to talk about race or gender; the uncool subject is class. It's the subject that makes us all tense, nervous, uncertain about where we stand."[4] Die gerade mit der Frage nach der Kategorie Klasse verbundene kollektive Unsicherheit drückt hooks über den nicht determinierten Standpunkt innerhalb eines Diskurses aus; in Güçyeters Roman liegt sie innerhalb einer Gesellschaft begründet, die durch eine Matrix intersektionaler Diskriminierungsmechanismen geprägt ist. Dabei wird die Frage nach dem eigenen sozialen Standpunkt bei Güçyeter in eine Suchbewegung überführt, die die Kartografie der ihr zugrunde liegenden Strukturen aus *race*, *gender* und *class* erst sichtbar macht.[5]

Die beschriebene Standortsuche betrifft auch die Selbstverortung innerhalb vorcodierter literarischer Gattungen und Genretraditionen.[6] *Unser Deutschlandmärchen* ist zusammengesetzt aus kurzen Prosatexten, Liedern, lyrischen wie dramatischen Textteilen und Fotografien, die dennoch gesammelt als Roman bezeichnet werden. Unter anderem aus den Perspektiven der Großmutter Hanife, der Mutter Fatma und des Sohnes Dinçer werden dabei in Fragmenten eine Familien- und mehrere Lebensgeschichten erzählt: von einer griechischen Migrantin in der ruralen Türkei, der Migration zunächst in die Stadt, dann nach Deutschland, der Ankunft und dem Leben als „Gastarbeiterin"[7] sowie dem Aufwachsen der hier geborenen Kindergeneration und der beruflichen Orientierung Dinçers, womit zumindest am Rande auch auf den Bildungsroman angespielt wird.[8] Dabei wird nicht nur zwischen den unterschiedlichen Orten navigiert, sondern besonders die

---

[4] bell hooks, Where we stand: class matters, New York 2000, vii. Zum Konzept der Intersektionalität weiterführend: Helma Lutz, María Teresa Herrera Vivar und Linda Supik (Hg.), Fokus Intersektionalität. Bewegungen und Verortungen eines vielschichtigen Konzeptes, 2. überarb. Aufl., Wiesbaden 2013; Katrin Meyer, Theorien der Intersektionalität zur Einführung, Hamburg 2017.

[5] Zur Situiertheit grundlegend vgl. Donna Haraway, Situated Knowledges. The Science Question in Feminism and the Privilege of Partial Perspective, in: Feminist Studies 14 (1988), H. 3, 575–599; vgl. Florian Sprenger, Ich-Sagen. Eine Genealogie der Situiertheit, Berlin 2025. Bezogen auf literarische Texte vgl. Bausch und Weber (Hg.), Standortbestimmungen.

[6] Bausch und Weber vermerken, dass Gattungshybridität ein Merkmal von Texten literarischer (Selbst-)Positionierung sei, und formulieren als Ausgangsthese ihres Sammelbandes in Hinblick auf ein breites Textkorpus, jedoch ohne *Unser Deutschlandmärchen* einzubeziehen, „dass eine politische Positionierung auch eine ästhetische Positionierung beinhalten muss." Bausch und Weber, Literarische Positionierung in der Gegenwart, 10.

[7] Güçyeter, Unser Deutschlandmärchen, 211.

[8] Zum breiteren literarischen Kontext, in der Text sich mit den verhandelten Themen einschreibt, siehe die ausführliche Studie von Özkan Ezli, Narrative der Migration. Eine andere deutsche Literaturgeschichte, Berlin und Boston 2022.

affektive Verankerung in einem spezifischen „Milieu",[9] wie der Text die verschiedenen Welten benennt, in denen er sich bewegt, wird zwischen den Generationen, insbesondere in einer dialogischen Struktur zwischen Mutter und Sohn, ausgehandelt.[10] Während Fatma, die sich als „[e]ine Frau, eine Waise, eine Arbeiterin, eine Migrantin"[11] gesellschaftlich gleich mehrfach diskriminiert sieht, sich von ihrem Sohn in erster Linie wünscht, dass auch er Arbeiter wird und damit „einer von uns",[12] wendet dieser sich dem Schreiben und dem Theater zu. Die daraus resultierende Situation beschreibt Dinçer wiederum über eine räumliche Metapher, die einen prekären Standpunkt etabliert: „Dein Sohn stand auf der Schwelle. Die eine Seite gehörte der Bohème: Bühne, Licht, Schminke, Bücher, Gedichte ... Die andere Seite stand an der Drehbank vor fliegenden Spänen."[13]

Dieser Beitrag zeichnet nach, wie der Text die Selbstverortung innerhalb des Gesellschaftssystems über eine Raumsuche vermittelt, und argumentiert, dass die Antwort auf die Fragen „wohin mit mir" und „wohin mit dieser Geschichte" hier im Schreiben bzw. im Roman selbst gefunden wird.[14] Zunächst fußt diese Untersuchung auf einer Analyse der Darstellung von Arbeit im Roman, auf der die Selbstwahrnehmung der erzählenden Personen maßgeblich basiert. Anhand der Figur Fatma wird anschließend exemplarisch gezeigt, dass und wie diese Arbeit von intersektionalen Diskriminierungsmechanismen bestimmt wird. Über die Figur des Sohnes wird wiederum skizziert, wie die Aushandlung des eigenen Standpunkts zwischen unterschiedlichen ‚Milieus' im Text vollzogen wird. Dass sich diese maßgeblich durch das Schreiben manifestiert, wird insbesondere an den im Text wirksamen affektiven Mechanismen der Zugehörigkeit sichtbar. Dabei spiegeln sich hier die erzählten Emotionen in einer Textstruktur, die ebenso von der Form des Dialogs als auch von seinem Abbruch definiert wird. Aus dem Konnex aus

---

9 Güçyeter, Unser Deutschlandmärchen, 124; 176.
10 Mit der dialogischen Struktur ist dabei kein rein dramatischer Darstellungsmodus gemeint, sondern der Dialog als Denkfigur angesprochen. Vgl. Marten Weise, Dialog als Denkfigur. Studien in Literatur, Theater und Theorie, Bielefeld 2024. Zu dialogischen Formen zwischen Müttern und ihren Kindern im Kontext „klassensensibler" Texte siehe den Beitrag von Julia Bodenburg in diesem Band: Liebevolles Erzählen. Zur Affektpoetik von transclasse-Figuren und ihrer ‚Mutter-Sprache' in den Romanen von Daniela Dröscher, Josefine Soppa und Ocean Vuong.
11 Güçyeter, Unser Deutschlandmärchen, 123.
12 Güçyeter, Unser Deutschlandmärchen, 168.
13 Güçyeter, Unser Deutschlandmärchen, 189–190.
14 Vgl. Iuditha Balint, die sich mit den Konzepten von Fürsprache und *shared authority* im Roman beschäftigt und der zufolge die Antwort der Frage „ganz eindeutig der Roman selbst als politisch engagierte Literatur" sei. Balint, Von der Fürsprache zur shared authority. Dinçer Güçyeters „Unser Deutschlandmärchen" (2022) als (post-)migrantisches Chorwerk, in: Zeitschrift für Germanistik, Neue Folge 34 (2024), H. 1, 147–165, hier: 156.

gesellschaftlicher Fremd- und Selbstverortung, dem dazugehörigen Emotionshaushalt und -management und den literarischen Verfahren, die der Text entwickelt, werden schließlich verschiedene Möglichkeitsräume in Aussicht gestellt, die einen Aufenthaltsort für das fiktive intradiegetische Ich sowie die erzählte Geschichte bieten. *Unser Deutschlandmärchen* wird damit zu einem Projekt, das zum einen aus der Bewegung des Schreibens heraus einen Standpunkt formuliert, zum anderen wird der Text selbst zu einer geschriebenen Standortbehauptung, da er verschiedene Möglichkeitsräume eröffnet, die explizit gegen die prekären gesellschaftlichen Raumstrukturen entworfen sind.[15]

1 Die Vermessung von Arbeit

Unser Deutschlandmärchen wird durch die in einem Spannungsverhältnis stehenden Begriffe Roman und Märchen im Bereich der Fiktionalität verankert, greift jedoch auch Elemente der Autosoziobiografie auf, ohne sich diesem Genre selbst zuzuordnen und einen soziologischen Anspruch zu formulieren.[16] Dennoch sind die Namen der Familienmitglieder im Text deckungsgleich mit jenen des realen Autors und seiner Familie, die Handlungsorte decken sich mit den Wohnorten des Erzählers, die Geschichte passt zu den in der Autorenbeschreibung gegebenen biografischen Angaben. Nicht zuletzt sind es die Fotografien im Roman, die den Autor Güçyeter und seine Familie zeigen und die somit auch die visuelle Verbindung zwischen Autor und Protagonist schaffen. Damit rückt die dem Text vorangehende Autorenbeschreibung besonders ins Blickfeld. Noch bevor die erste Seite von *Unser Deutschlandmärchen* die Frage „wohin jetzt mit mir" formuliert, wird in ihr ein zentrales Spannungsfeld des Textes aufgezeichnet: Güçyeter wird hier als

---

15 Im Hinblick auf eine mögliche postmigrantische Perspektive, aus der auch *Unser Deutschlandmärchen* untersucht werden könnte, führt der Soziologe Erol Yıldız an, dass gegen gängige nationale Narrative nun „Prozesse von Entortung und Neuverortung" in den Fokus rücken würden, und betont damit ebenfalls den räumlichen Zielpunkt. Erol Yıldız, Postmigrantische Perspektiven. Aufbruch in eine neue Geschichtlichkeit, in: Nach der Migration. Postmigrantische Perspektiven jenseits der Parallelgesellschaft, hg. von dems. und Marc Hill, Bielefeld 2014, 19–36, hier: 21.
16 Zur Autosoziobiografie vgl. den Band sowie die Einleitung von Eva Blome, Philipp Lammers und Sarah Seidel, Zur Poetik und Politik der Autosoziobiografie, in: Autosoziobiographie. Poetik und Politik. Abhandlungen zur Literaturwissenschaft, hg. von dens., Berlin und Heidelberg 2022, 1–14; vgl. hier insb. den Aufsatz von Carolin Amlinger. Literatur als Soziologie. Autofiktion, soziale Tatsachen und soziologische Erkenntnis, ebd., 43–65. Vgl. auch Eva Blome, Rückkehr zur Herkunft. Autosoziobiografien erzählen von der Klassengesellschaft, in: Deutsche Vierteljahrsschrift für Literaturwissenschaft und Geistesgeschichte 94 (2020), H. 3, 541–571.

„Theatermacher, Lyriker, Herausgeber und Verleger" eingeführt, der „als Sohn eines Kneipiers und einer Angestellten" aufgewachsen ist:[17]

> Er machte einen Realschulabschluss an einer Abendschule. Von 1996 bis 2000 absolvierte er eine Ausbildung als Werkzeugmechaniker. [...] Im Jahr 2012 gründete Güçyeter den ELIF Verlag mit dem Programmschwerpunkt Lyrik. Seinen Verlag finanziert er bis heute als Gabelstaplerfahrer in Teilzeit.[18]

Die Nennung der Berufe der Eltern und die präzise Zusammenfassung des eigenen Bildungsweges, der über eine Abendschule zum Realschulabschluss und in eine Ausbildung zum Mechaniker führt, verortet den Autor zunächst in einem Arbeiter:innenumfeld, dem er selbst qua Ausbildung angehört.[19] Die Beschreibung legt offen, auf welcher Grundlage die Berufsbezeichnung „Theatermacher, Lyriker, Herausgeber und Verleger" möglich ist. Dass der eigene Verlag durch die Arbeit als Gabelstaplerfahrer finanziert wird, rückt die finanziellen Strukturen hinter dem Schreiben in den Fokus. Diese Sichtbarmachung der materiellen Dimension von kreativer Arbeit und ihrer sozialen Bedingtheit leitet die Lektüre des Romans praktisch ein und sensibilisiert so von Beginn an für die Frage einer etwaigen Klassenzugehörigkeit, die nicht nur durch die eigene Tätigkeit, sondern ebenso durch die finanziellen Strukturen im Hintergrund bestimmt ist.

Dass Güçyeter in der fiktiven Gegenwart dieses eigenwilligen paratextuellen Genres der Autorenbeschreibung, nämlich „bis heute" neben der künstlerischen und verlegerischen Arbeit als Gabelstaplerfahrer tätig ist, stellt heraus, dass es sich um keine Aufstiegsgeschichte handelt, die das Herkunftsmilieu zugunsten eines anderen hinter sich lässt und sich von diesem distanziert, zum Beispiel um dem Habitus der Kulturszene gerecht zu werden. Damit wird eine Differenz nachvollzogen, die Chantal Jaquet markiert, wenn sie den Begriff des „transfuge de classe", des „Klassenüberläufer[s]"[20] kritisiert: „Die soziale Mobilität wird mit Hilfe räumlicher Metaphern des Oben und Unten evoziert, die mit einem moralischen Gehalt belastet sind. Sie wird je nach der Richtung, in der sie verläuft, als Aufstieg oder im Gegenteil als Deklassierung beschrieben."[21] Der Überläufer sei als Figur immer jemand, der sich verdächtig macht, weil er seine Zugehörigkeit gegen eine andere

---

17 Güçyeter, Unser Deutschlandmärchen, 2.
18 Güçyeter, Unser Deutschlandmärchen, 2.
19 Iuditha Balint zeichnet nach, dass und wie die Presse in ihrer Reaktion auf den Roman insbesondere diesen Aspekt der Autobiografie hervorhebt. Vgl. Balint, Von der Fürsprache zur shared authority, insb. 152–154.
20 Chantal Jaquet, Zwischen den Klassen. Über die Nicht-Reproduktion sozialer Macht. Mit einem Nachwort von Carlos Spoerhase, aus dem Französischen von Horst Brühmann, Konstanz 2018, 19.
21 Jaquet, Zwischen den Klassen, 18.

tauscht.[22] Sie schlägt dagegen den Begriff *transclasse* vor und fokussiert damit nicht auf eine „Überwindung oder Erhöhung", sondern auf „die Bewegung des Übergangs, einer Passage von einer Seite auf die andere".[23] Im Nachwort zur deutschen Ausgabe von Jaquets *Zwischen den Klassen* greift Carlos Spoerhase diesen Punkt auf und betont, dass ein Klassenwechsel nicht zwangsläufig durch den bloßen Aufstiegswillen, sondern eben durch einen „vehementen Veränderungswillen" motiviert sei, es sei „weniger aufsteigen als ausbrechen", das von „Klassenwechslern" gewollt werde.[24] Im Anschluss an diese Beobachtungen lässt sich auch der Text um den Autor Güçyeter als Aussage lesen, die mit dem Aufstiegsnarrativ in mehrerlei Hinsicht bricht: Zum einen wird markiert, dass das Ausüben einer kreativen Arbeit keineswegs einen Klassenaufstieg in der Hinsicht bedeutet, dass die materiellen Grundlagen verbessert würden; mit Bourdieu wird zwar das kulturelle Kapital, nicht jedoch das ökonomische Kapital erhöht.[25] Doch auch kulturelles Kapital, insofern es auf einem Bildungsaufstieg basiert, der durch das Durchlaufen etablierter Bildungsinstitutionen gekennzeichnet würde, wird im Roman nicht akkumuliert. Zum anderen werden hier zunächst wertfrei und damit – mit Jaquet – nicht auf der Vertikalen, sondern der Horizontalen verschiedene Formen von Arbeit nebeneinander aufgeführt und diese als solche gekennzeichnet.

Der Einbezug der biografischen Autorennotiz am Anfang rechtfertigt sich dadurch, dass der Roman durchweg ähnlich verfährt. Arbeit ist dabei sein zentrales Motiv, Arbeit dominiert das Leben jedes zu Wort kommenden Familienmitglieds.[26] Schon im ersten Prosatext, „Das Lied der Nachtfalter", der von Hanife, der Mutter Fatmas, erzählt wird, berichtet diese über ihre eigene Mutter Folgendes:

> Meine Mutter hatte keinen Namen, sie war die Nomadin. *Nomadin, koche die Wäsche ... Nomadin, trage das Heu in den Stall ... Nomadin, rupfe das Huhn ... Nomadin, zieh die Hose runter ...* Meine hilflose Mutter lief von morgens bis abends im riesigen Haus treppauf und treppab.[27]

---

22 Jaquet, Zwischen den Klassen, 19.
23 Jaquet, Zwischen den Klassen, 20.
24 Carlos Spoerhase, Nachwort. Aufstiegsangst: Zur Autosoziobiographie des Klassenübergängers, in: Jaquet, Zwischen den Klassen, 231–253, hier: 243.
25 Vgl. Pierre Bourdieu, Ökonomisches Kapital, kulturelles Kapital, soziales Kapital, in: Soziale Ungleichheiten, hg. von Reinhard Kreckel, Göttingen 1983, 183–198.
26 Zur Darstellung von Arbeit in der Literatur vgl. Iuditha Balint, Erzählte Entgrenzungen. Narrationen von Arbeit zu Beginn des 21. Jahrhunderts, Paderborn 2017; Corinna Schlicht, Marie Kramp und Janneke Eggert (Hg.), Literatur und Arbeitswelten: Ästhetische und diskursive Strategien zur Darstellung von Arbeit in der deutschsprachigen Literatur seit 2000, Boston 2023.
27 Güçyeter, Unser Deutschlandmärchen, 9–10. Hervorhebung im Original.

Auch Hanife erlebt ein Leben, das durch körperliche Arbeit geprägt ist. Inzwischen selbst verheiratet, erfährt sie von der schweren Krankheit der Mutter und besucht sie. Zurück im Haus des Ehemannes erwartet sie der Schwiegervater im Treppenhaus mit den Worten: *„Wo warst du den ganzen Tag, wer soll die Arbeit am Dreschplatz erledigen, wenn nicht du!"*[28] Die Unausweichlichkeit von Arbeit, hier markiert durch das doppelte „muss", auch in emotionalen Extremsituationen, wird ohne weitere Erläuterung der dazugehörigen Gefühle durch das kursive Zitat vermittelt. Vom Schwiegervater wegen des verpassten Arbeitstages trotz ihrer Schwangerschaft geschlagen und getreten, berichtet sie weiter: „Nach drei Tagen musste ich wieder mit aufs Feld, das Heu musste auf den Anhänger geladen werden."[29] Weder die kranke Mutter noch die Schwangerschaft und eigene Verletzung durch rohe Gewaltanwendung des Schwiegervaters führen zu einer Arbeitspause.

Nach dem Tod des Ehemannes zieht Hanife mit ihren Kindern in die Stadt. Dieser Umzug, der eine Flucht aus dem Haus der *„lieblose*[n]"[30] Schwiegereltern bedeutet, wird wiederum motiviert über eine andere, nun positiv gewendete Vorstellung von Arbeit. So spricht Hanife zu ihren Kindern: *„Keiner darf euch herabwürdigen. In der Stadt werden wir zusammen arbeiten und unser Brot verdienen."*[31] Die gemeinsame Lohnarbeit, die ein selbstbestimmtes Leben ermöglichen würde, wird hier zunächst mit der unbezahlten und ungeregelten Haus- und Landarbeit kontrastiert. Doch die Utopie scheitert an den Bedingungen auch dieser Arbeit, die ein würdevolles Leben nicht finanzieren kann. Die Tochter Fatma wird mit einem Mann verheiratet, der sie mit nach Deutschland nimmt.

Nach der Ankunft in einer westdeutschen Bergbaustadt, in der bereits andere aus der Türkei migrierte Männer arbeiten und mit ihren Frauen leben, zieht es Yılmaz, der im Text von Fatma wiederholt liebevoll als „mein fauler Lümmel"[32] bezeichnet wird, in ein Dorf an der Grenze zu Holland. Die Arbeit im Bergbau wird durch jene in einer Fabrik ersetzt, Yılmaz beginnt in einer Gießerei. Fatma versucht zunächst, als Hausfrau die *Care*-Arbeit mit dem Projekt zu vereinbaren, schwanger zu werden. Auch dieses wird als Arbeit gedacht, wenn Fatma berichtet: „Auch in den kommenden Monaten bleibt meine Gebärmutter ein unbearbeitetes Feld."[33] Die Sicht auf den eigenen Körper, auf die Gebärmutter als Organ, wird über die Formulierung des „unbearbeiteten Feld[s]" als potenzieller Arbeitsort gesehen, die

---

28 Güçyeter, Unser Deutschlandmärchen, 10. Hervorhebung im Original.
29 Güçyeter, Unser Deutschlandmärchen, 10.
30 Güçyeter, Unser Deutschlandmärchen, 16. Hervorhebung im Original.
31 Güçyeter, Unser Deutschlandmärchen, 16. Hervorhebung im Original.
32 Güçyeter, Unser Deutschlandmärchen, 29.
33 Güçyeter, Unser Deutschlandmärchen, 30.

Schwangerschaft als Körperarbeit offengelegt, die zugleich eine reproduktive Arbeit ist. Direkt nach diesem Satz folgt eine Aussage, die auch als Sprachhandeln lesbar ist: *„Yılmaz, ich möchte arbeiten, finde eine Stelle für mich."*[34] Der Zustand der ausbleibenden Schwangerschaft wird mit jenem der ausbleibenden Arbeit gleichgesetzt, sodass umgehend eine andere Tätigkeit gesucht und angetreten wird. Fatma fängt in einer Schuhfabrik an, es ist der Beginn eines Lebens, das von der Fabrikarbeit geprägt sein wird.

Die Fabrikarbeit ist in erster Linie schwere körperliche Arbeit. Nachdem Yılmaz seine Stelle aufgibt, um sich als Unternehmer selbstständig zu machen, was jedoch lediglich in hohen Schulden resultiert, übernimmt Fatma die anfallende Arbeit vollständig und beginnt, jedes Wochenende in die Fabrik zu gehen. Der knappe Satz „Verbringe mehr als zwölf Stunden am Tag in der Fabrik"[35] zeugt davon, dass es praktisch keinen Raum außerhalb der Arbeit gibt, weder für Worte noch für Emotionen. Als Yılmaz eine Kneipe übernimmt, kommt zu der Fabrikarbeit eine „zweite Arbeitsstelle" hinzu: „Vor der Schicht in der Fabrik beginnt der Tag mit Putzen in der Kneipe. Nach der Schicht in der Fabrik geht es weiter. Das Geschirr in der Spüle, die verschissenen Toiletten, volle Aschenbecher, alle und alles wartet auf mich."[36] Mit der Geburt des ersten Sohnes kommt ein weiterer Arbeitsort hinzu, die *Care*-Arbeit nun auch für das Kind. Nachdem vorübergehend die Arbeit in der Fabrik gekündigt wird, um das Kind zu erziehen, stellt sich schnell heraus, dass das Geld zu knapp ist, um die Familie zu finanzieren. Fatma fängt wieder an, in der „Mercedesfabrik" zu arbeiten, ihrem letzten Arbeitsort:

> kann am nächsten Montag wieder [...] meine Arbeit aufnehmen. Mit der Feile entgrate ich die Gussteile, 100, 200, 300 ... bis 500 soll ich es schaffen. Aber in Gedanken bin ich zu Hause, was machen wohl die Kinder, habt ihr ordentlich gegessen, hoffe, euer Papa ist aufgestanden und kümmert sich um euch beide.[37]

Die Doppelbelastung wird hier auch insofern geschildert, als dass zu der Fabrikarbeit gedanklich die Sorge um die Kinder dazukommt. Das Vertrauen in ein sorgendes System ist nicht gewährleistet, viel eher bleibt die Verantwortung für alle Aufgabengebiete bei Fatma.

Nachdem weitere Familienmitglieder aus der Türkei zuziehen, wird das Geld erneut knapp, die Lösung scheint eine weitere Arbeitsstätte zu sein, denn auch die Schulden, die Yılmaz mit seinen gescheiterten Geschäftsversuchen bei der Bank

---

34 Güçyeter, Unser Deutschlandmärchen, 30. Hervorhebung im Original.
35 Güçyeter, Unser Deutschlandmärchen, 31–32.
36 Güçyeter, Unser Deutschlandmärchen, 33.
37 Güçyeter, Unser Deutschlandmärchen, 55.

macht, müssen getilgt werden. So beginnt Fatma, bei einem Bauern aus der Region Spargel zu stechen, und organisiert hierfür eine Gruppe aus sechs Frauen. „Nach meiner Schicht sammle ich alle Frauen vor ihrer Haustür ein, wir fahren zusammen nach Grefrath, verteilen uns wie Ameisen im Feld und stechen den goldenen Spargel aus seinem Versteck."[38] Der Sohn, Dinçer, beschreibt aus Kinderperspektive den Arbeitsablauf nüchtern und betont damit seine Alltäglichkeit: „Du kamst von der Firma, musstest aber wieder los aufs Feld."[39] Aus einer weiteren Perspektive erzählt ein einziges Mal und auf wenigen Seiten Fatmas Freundin Zeynep: „Im Winter sind die Tage zu kurz. Fatma, das Mädchen braucht mich. Neben der Fabrik putzt sie noch die Kneipe, ihre Kinder sind noch klein. Im Sommer sind die Tage lang, aber die Feldarbeit kommt dann noch dazu. Bei Fatma ändert sich also nichts."[40] Durch die Multiperspektivität des Textes wird im Roman mehrfach variiert dargestellt, dass Fatma keinerlei zeitliche und physische Ressourcen verbleiben, die auf die Erfüllung eigener Bedürfnisse, körperliche Regeneration oder das Ausleben von Gefühlen jenseits der Pflicht ausgelegt wären.

2 Körper/Maschine: Arbeit und intersektionale Diskriminierung

Der dargestellte Raubbau am eigenen Körper ist dabei ebenso politisch wie strukturell bedingt. So reflektiert Fatma selbst ihren Status in Deutschland:

> Letztendlich ist es ein fremdes Land, du bist der Gast, der produzieren soll, dein Platz ist befristet, solange du funktionierst. Das Umfeld lässt dich diese Lehre nicht vergessen. *Du bist jung und hast Kraft, beschwere dich nicht wegen der Arbeit, arbeite, Fatma* sage ich zu mir.[41]

Arbeit ist mehr noch als Lohnarbeit, sie wird zur Daseinsberechtigung erklärt in einem Land, das die hier lebenden Menschen als ‚Gäste' markiert und dabei ihren Wert an die Arbeitskraft bindet.[42] Die Beschreibung des eigenen Körpers, der gleich

---

38 Güçyeter, Unser Deutschlandmärchen, 55–56.
39 Güçyeter, Unser Deutschlandmärchen, 80.
40 Güçyeter, Unser Deutschlandmärchen, 64.
41 Güçyeter, Unser Deutschlandmärchen, 61. Hervorhebung im Original.
42 Der Diskurs um die spezifischen Bedingungen von aus der Türkei nach Deutschland migrierten Arbeiter:innen findet sich ähnlich figuriert u. a. in Fatma Aydemirs Roman *Dschinns* (München 2022), insb. im ersten Teil über den Familienvater Hüseyin, 9–21, sowie in Aydemirs Essay Arbeit, in: Eure Heimat ist unser Albtraum, hg. von ders. und Hengameh Yaghoobifarah, Berlin 2019, 27–37.

einer Maschine produzieren und funktionieren muss, spiegelt sich in der an das Selbst gerichteten Aufforderung: *„arbeite, Fatma"*. Gefolgt wird sie durch die nüchterne Selbstvergewisserung: „Ich habe gearbeitet, in Fabrikhallen, auf Spargel- und Erdbeerfeldern."[43]

Dass Fatmas Körper zum reinen Produktionsinstrument reduziert wird, zeigt sich besonders deutlich an der Stelle, an der er ausfällt. Unter der Überschrift „Kaputt ist kaputt" berichtet Fatma:

> Die Arbeit auf dem Feld ging bis in die späten Abendstunden. […] Ihr müsst noch gewaschen werden, wir müssen noch ein wenig aufräumen. Nach nur vier Stunden Schlaf muss ich wieder aufstehen, für meine andere Arbeit in der Metallteile-Fabrik. Ich bin in der Frühschicht eingeteilt und stehe an der Waschanlage. Es fehlen Stahlkörbe. Wohin soll ich die Gussstücke einsortieren? Der Gabelstapler ist auch nicht zu sehen. Die fertigen Teile stauen sich auf dem Band. *Akkord, Akkord* … Ich lauf in die andere Abteilung, um dort Körbe zu holen. Betrete die Halle, das Eisentor bewegt sich hinter mir, ich höre es, aber bevor ich zur Seite springen kann, werde ich auf den Boden geschleudert.[44]

Das erbarmungslose Tempo des durchgeplanten Arbeitstages, der lediglich für vier Stunden Schlaf unterbrochen wird, wird über die Wiedergabe des Ablaufs und besonders den Takt des Laufbands, das im Akkord die Teile vorbeifahren lässt, vermittelt. Der Unfall stellt eine nicht vorgesehene Zwangspause dar. Fatma hört die eigenen Knochen brechen, verliert das Bewusstsein und wacht im Krankenhaus auf, womit ein neuer Kreislauf beginnt: „Behandlung, Operation, Reha, Operation, Reha … Ich sah mich nur noch als halber Mensch. War keine richtige Mutter, keine Frau, keine Arbeiterin mehr."[45] Die körperliche Tätigkeit, die Arbeit, bedingt die Selbstverortung im familiären und sozialen Gefüge, in dem Fatma sich selbst als Mutter, Frau und Arbeiterin platziert. Dass ein Leben ohne Arbeit nicht vorgesehen ist, resümiert sie resignierend: „Es ist, wie es ist, du bist die Maschine, wenn du kaputt bist, bist du eben kaputt. Nichts zu machen."[46]

Während die Fabrik als Rahmen die Zugehörigkeit zu einer Gruppe der Arbeiter:innen konstituiert, zu der sich Fatma auch zugehörig fühlt, ändert sich das identifikatorische Potenzial im Laufe des Textes und nach dem einschneidenden Ereignis des Unfalls. So präzisiert Fatma den prekären Status, den sie als Arbeiterin innehatte: „Ich wurde in Deutschland akzeptiert, weil die Maschinen nie stillstehen durften".[47] Nachdem der Arbeitsunfall von der Fabrikleitung nicht als solcher

---

43 Güçyeter, Unser Deutschlandmärchen, 61.
44 Güçyeter, Unser Deutschlandmärchen, 85. Hervorhebung im Original.
45 Güçyeter, Unser Deutschlandmärchen, 85.
46 Güçyeter, Unser Deutschlandmärchen, 85.
47 Güçyeter, Unser Deutschlandmärchen, 136.

angegeben wird, sieht sich Fatma auch nicht durch eine Gewerkschaft gestützt. Vor Gericht zu ziehen, scheint ebenfalls keine Option: „Ein Dolmetscher, ein Rechtsanwalt kosteten wieder Geld, wer sollte das alles bezahlen?"[48] Prägend für die Einstellung zur Arbeit ist primär ein Gefühl der Angst. In einem weiteren kurzen Text innerhalb des Romans, „Das Lied der Mütter vor dem Parlament", wird diese Angst explizit, wenn hier ein Chor spricht:

> Gesparte Pfennige, ausgegebene Sehnsucht, Überstunden, Arbeitsunfälle, befristete Arbeitserlaubnisse, Angst vor dem Vorarbeiter, Angst vor Arbeitsunfähigkeitsbescheinigungen, Angst vor den Beamten, Angst vor den Regeln, Angst vor Gewerkschaften.[49]

Dadurch, dass die Passage von einem Chor gesprochen wird, möglicherweise den „Mütter[n] vor dem Parlament", wird hier eine kollektive Erfahrung formuliert, die wiederum in einen kollektiven Gefühlshaushalt mündet. Iuditha Balint analysiert den Roman entsprechend aus der Perspektive der Fürsprache, im Text entstehe eine „narrative Inszenierung der gleichberechtigten Mitsprache Subalterner".[50] Deutlich wird in diesem kollektiven Mitsprechen, dass die Arbeit, die Fatma und andere in Deutschland leisten, sich nicht einfach übereinbringen lässt mit einer selbstbewussten und gewerkschaftlich unterstützten Arbeiter:innenschaft. Es wird praktisch unmöglich, sich als Mitglieder einer organisierten Klasse zu begreifen und politisch wirksam zu werden, stattdessen verstellen weitere, intersektionale Diskriminierungsmechanismen die Zugehörigkeit. So berichtet Fatma über die Reaktion der Menschen in Deutschland:

> Für manche waren wir Menschen zweiter Klasse, einige dachten sogar, dass wir ihnen die Arbeit wegnehmen, die Arbeit: Waschanlagen, Putzarbeiten, Gießereien, Bergwerke ... Unsere einzige Opposition war, mehr zu arbeiten, und jeder abwertende Blick hat größeren Ehrgeiz ausgelöst.[51]

Dass die Arbeitenden dabei zu rechtlosen Körpern reduziert werden, die wiederum maschinenhaft zu funktionieren haben, berichtet sie vor der Folie der eigenen Erfahrungen weiterhin:

> Solange du funktioniertest, war alles in Ordnung, aber sobald sich ein wenig Rost ansetzte, der Mahlstein sich nicht drehte, warst du nichts als eine Last für den Staat, Schmarotzer, der Sklave des sich selbst hochpreisenden sozialen Systems![52]

---

48 Güçyeter, Unser Deutschlandmärchen, 85.
49 Güçyeter, Unser Deutschlandmärchen, 130.
50 Balint, Von der Fürsprache zur shared authority, 150.
51 Güçyeter, Unser Deutschlandmärchen, 124.
52 Güçyeter, Unser Deutschlandmärchen, 124.

3 Auf der Schwelle und zwischen den ‚Milieus': Fabrik und Bohème

Fatma selbst zieht als Schluss aus der Gleichung, ohne Arbeit keine Rechte zu haben, eine soziale Selbsteinordnung in eine fremdbestimmte Position: „Ich spreche natürlich nur von meinem Milieu, von *kleinen* Menschen."[53] Während der Milieubegriff im Text verwendet wird, fällt der Klassenbegriff nur im bereits zitierten Kontext der „Menschen zweiter Klasse".[54] Das Einziehen von Grenzlinien zwischen den skizzierten Milieus findet sich mehrfach im Text, so zum Beispiel in der Rede über Politiker. Diese sprechen zwar „im Namen von Menschen, die dreißig, vierzig, fünfzig Jahre in Fabriken, Bergwerken, auf Feldern gearbeitet haben".[55] Dass die Teilhabe an der Politik jedoch für die arbeitenden Menschen nicht vorgesehen scheint, begründet sie wie folgt: „Für diese Rednerpulte muss man aus guten Messern geschnitzt sein. Unsereins ist viel zu müde dafür."[56] Die Arbeit im Akkord verhindert die soziale Teilhabe, aber auch die Bildung eines öffentlichen, politisch wirksamen Kollektivs. Dennoch gibt es ein „Unsereins" und damit eine Gruppe, der man zugehören bzw. die man potenziell verlassen kann.

Die Erzählung um den Sohn Dinçer fokussiert dieses Spannungsfeld, denn innerhalb des Romans, der von seinem Aufwachsen erzählt, wechselt er gewissermaßen das ‚Milieu'. Der aus Dinçers Perspektive erzählende Text „Achmatova mit Frischkäse" fängt an: „1996. Mit sechzehn beginne ich eine Lehre im Werkzeugbau. Mein neues Kostüm werden Schuhe mit Metallkappen und ein Blaumann."[57] Schon die Rede vom neuen „Kostüm" markiert eine Spaltung und suggeriert, dass Dinçer in der Arbeitskleidung lediglich eine Rolle spielt. Sofort reagieren auch die Kollegen, die ihn am ersten Tag auslachen, weil er sie siezt: „*Was für ein Weichei* sagen sie untereinander."[58] Die Distanz zwischen Dinçer und den anderen Arbeitern wird auch deutlich in der Beschreibung eines Arbeitstages aus dessen Perspektive, die

---

53 Güçyeter, Unser Deutschlandmärchen, 124. Hervorhebung im Original.
54 Güçyeter, Unser Deutschlandmärchen, 124. Zur komplexen Geschichte des Milieubegriffs zwischen Lebens- und Sozialwissenschaften, der in diesem Beitrag ausschließlich in seiner Prägung im untersuchten Roman verwendet wird, siehe Nicolas Pethes, Milieu. Die Exploration selbstgenerierter Umwelten in Wissenschaft und Ästhetik des 19. Jahrhunderts, in: Archiv für Begriffsgeschichte 59 (2018), 140–157.
55 Güçyeter, Unser Deutschlandmärchen, 127.
56 Güçyeter, Unser Deutschlandmärchen, 128.
57 Güçyeter, Unser Deutschlandmärchen, 139.
58 Güçyeter, Unser Deutschlandmärchen, 139. Hervorhebung im Original.

das ‚Milieu' deutlich skizziert und zugleich den eigenen Standpunkt als einen des teilnehmenden Beobachters markiert:

> Ja, diese Welt hat ihre eigenen Bräuche, ich lerne sie kennen. An den Türen der Spindschränke hängen Titten, Muschis. Jeden Freitag kommt man in der Pause unter dem Kran zusammen und isst diesen eingelegten Hering, als Nachtisch Lakritz, trinkt Bier vom Fass, spuckt auf den Boden, tauscht Porno-Videos aus. Die Kollegen diskutieren über die geilsten Stellungen beim Sex und was sie davon schon alles ausprobiert haben. Auch meine Gestalt, meine Art nimmt in der Zeit etwas Männliches an, aber trotzdem, vieles von diesem Verhalten lehne ich ab und verkrieche mich in den Pausen hinter die Drehmaschine und lese Dostojewski, Böll, Achmatowa ... gelte dafür in der Gemeinde als *Schwuchtel*.[59]

Die „Bräuche", die das Arbeitsumfeld definieren, sind an eine spezifische Performanz von Männlichkeit gebunden, die Dinçer jedoch ablehnt bzw. die dazu führt, dass er selbst von der Gruppe abgelehnt und homophob beleidigt wird. Mit Jaquet zeigt sich hier im Verhalten Dinçers eine Form der Nicht-Reproduktion gerade auch von gendergebundenen Normvorstellungen.[60]

Dass von der anderen Seite aus die beschriebenen Gefühle der Abgrenzung nach innen nur vordergründig einer Abwertung des Außen gleichkommen, wird wiederum in einer Szene konturiert, in der Dinçer, inzwischen etabliert als Autor, seinen ehemaligen Kollegen Bernd im Supermarkt trifft. „*Na, Dinçer, du bist jetzt bestimmt glücklich, dass du aus diesem Sumpf raus bist, wir lesen, hören ja, was du so alles machst, gut ... gut ...*"[61] In Dinçer löst die Begegnung eine Reflexion der Zeit in der Fabrik aus. Resümierend stellt er fest, diese Welt nicht als Sumpf gesehen zu haben. Viel eher wird in der Rückschau auf diese „fremde Welt" der Lernprozess betont:

> Hätte ich mir damals diese robuste Art nicht zu eigen gemacht, wäre ich heute auch in der Theater- und Literaturszene verloren. Egal, ob das zum Erfolg oder Misserfolg geführt hat, sehe ich mich immer als Arbeiter. Die Auftritte als Künstler, Dichter finde ich immer ein bisschen peinlich.[62]

Durch die Selbstverortung als Arbeiter, die im Präsens formuliert („sehe ich mich immer als Arbeiter"), jedoch erst aus der zeitlichen Distanz fixiert werden kann, erscheint nun die Tätigkeit als Künstler und Dichter „peinlich". Dabei sind die beiden beschriebenen ‚Welten' bei aller Unterschiedlichkeit doch strukturähnlich. So berichtet Dinçer: „Die neuen Kreise, die ich später betrat, die Bohème, die Welt der Poeten und Künstler, sind auch nicht viel anders gestrickt als der Werkzeugbau.

---

59 Güçyeter, Unser Deutschlandmärchen, 140. Hervorhebung im Original.
60 Vgl. Jaquet, Zwischen den Klassen, 27.
61 Güçyeter, Unser Deutschlandmärchen, 140. Hervorhebung im Original.
62 Güçyeter, Unser Deutschlandmärchen, 140–141.

Ausgrenzen, Ignorieren, Kleindrücken sind in diesen *schöngeistigen, kreativen Szenen* genauso beliebt."⁶³ Auch an weiterer Stelle im Text wird anlässlich des Besuchs eines Theaterkurses über die Strukturähnlichkeit der ‚kreativen Szene' und der Fabrikarbeit nachgedacht, die sich vor allem in einer auf beiden Seiten verbreiteten Bereitschaft zur Anwendung emotionaler wie physischer Gewalt und Diskriminierung anderer Menschen ausdrückt:

> Was ich vor ein paar Jahren, am Anfang meiner Lehre von Fabrikarbeitern zu hören bekommen hatte, sagte mir jetzt eine Studentin der Kunsthochschule, im gleichen Ton. *Die Bildung spielt oft keine Rolle, der Mensch ist immer dazu fähig, wenn seine Erwartungen nicht erfüllt werden, das Skalpell durch das Fleisch seines Gegenübers zu ziehen.*⁶⁴

Vor dem Hintergrund dieser Erfahrung wird aus dem vormals als Freiraum wahrgenommenem kreativen Milieu alsbald ebenfalls ein strikt reglementierter, begrenzter Raum: „Was am Anfang immer wie ein unermessliches Universum erschien, verwandelte sich in kürzester Zeit in ein enges Ghetto, die Spielregeln blieben fast immer gleich."⁶⁵

Dass mit dem Besuch des Theaterkurses mehrfach eine Differenz zwischen den ‚Milieus' spürbar wird, drückt sich einmal darin aus, dass die anderen Teilnehmer:innen Dinçer aufgrund eines Sprachfehlers auslachen, was bei ihm Schamgefühle auslöst. Gekoppelt ist diese Erfahrung an den latenten Rassismus, der ihm in Deutschland entgegenschlägt. Nicht zufällig wird die Szene direkt nach der Beobachtung erzählt, in der Türkei als ‚der Deutsche' wahrgenommen zu werden, sich in Deutschland jedoch ebenfalls nicht zugehörig zu fühlen. Dass in der Theatergruppe viele Studierende sind, die von ihren Zukunftsplänen erzählen, lässt Dinçer wiederum „ein neues Milieu" entdecken, wobei er „natürlich nicht viel zu sagen [hatte]".⁶⁶ Hier sind es die durch das Bildungssystem vordefinierten Gestaltungsmöglichkeiten von Zukunft, die deutlich zutage treten. Letztlich scheitert der Theaterkurs für Dinçer daran, dass die Zugtickets in die Stadt zu teuer sind, um jedes Wochenende zu fahren. Diese Offenlegung der materiellen Bedingungen von Teilhabe an Kulturarbeit erinnert an die paratextuelle Autorenbeschreibung, die betont, dass die Arbeit als Autor und Herausgeber durch jene als Gabelstapelfahrer finanziert wird. Dass das ‚Milieu' selbst für diese finanzielle Differenz jedoch blind ist, zeigt sich schließlich in einer weiteren erzählten Theatererfahrung Dinçers: „[Wir] spielen [...] im Theater ein Stück über Bergarbeiter. Es soll die

---

63 Güçyeter, Unser Deutschlandmärchen, 141. Hervorhebung im Original.
64 Güçyeter, Unser Deutschlandmärchen, 177. Hervorhebung im Original.
65 Güçyeter, Unser Deutschlandmärchen, 177.
66 Güçyeter, Unser Deutschlandmärchen, 176.

Ungerechtigkeiten im Arbeitermilieu, das Unvermögen der Gewerkschaften, die Verbitterung in der Gesellschaft widerspiegeln".[67] Das als Kostüm vorgesehene Hemd trägt noch das Preisschild, auf dem 150 Euro steht. Dinçer ordnet dies kommentierend ein: „So viel bekomme ich nicht einmal für die ganze Woche, und das Mini-Honorar deckt noch nicht einmal meine Fahrtkosten".[68] Über Sprache, Bildung und Geld werden unterschiedliche Ausschlussmechanismen wirksam, die die Theaterarbeit für Dinçer in Teilen verunmöglichen und an dieser Stelle einmal mehr durch den Text ins Licht gerückt werden.

4 Unmögliche Dialoge: Schweigen und Schreiben

Die Gemeinsamkeit der Erfahrungen in beiden ‚Milieus', der kreativen Szene und der Fabrikarbeit, liegt auch begründet in einem Gefühl der Fremdheit, das ein Ankommen in einer ‚Welt' erschwert oder gar verunmöglicht. Dass diese Fremde dabei bereits in den Erfahrungen der Großmutter Hanife, die als Griechin in der Türkei lebt, und jenen der Mutter Fatma, die aus der Türkei nach Deutschland kommt, vorkonturiert ist, wird gerade im multiperspektivischen Verfahren des Gegeneinanderstellens verschiedener kurzer Prosatexte sichtbar, das den Roman prägt. Deutlich wird dieses literarische Verfahren besonders an den unterschiedlichen Perspektiven auf die Ausbildung Dinçers. Dessen Fremdheit in der Fabrik ist von Beginn an augenscheinlich. Nach zwei Tagen informiert Dinçer seine Mutter, dass er die Ausbildung abbrechen will. Diese spricht, kursiv markiert im Text aus Perspektive Dinçers: *„Willst du genauso werden wie dein Vater, mach was du willst ... und [du] wendest dich wieder der Nähmaschine zu. Ich kenne dieses Schweigen."*[69] Was im Roman möglich wird, nämlich ein Austausch zweier Perspektiven auf die gleiche Geschichte, wird in der geschilderten Situation durch das Schweigen der Mutter und die implizite Drohung, dem als ‚fauler Lümmel' bekannten Vater zu gleichen, unmöglich. Dinçer selbst reflektiert dies und verknüpft das Schweigen mit dem Schreiben in dem darauffolgenden Absatz:

> Nein, Mutter, nein! Natürlich will ich nicht wie Papa werden, aber es gibt doch viele andere Möglichkeiten. Ich möchte im Theater arbeiten, schreiben, Geschichten erzählen, wie jetzt, wie diese Zeilen. Es gibt eine andere Welt, Mutter. Eine Welt, die dir immer fern war, aber es

---

67 Güçyeter, Unser Deutschlandmärchen, 179.
68 Güçyeter, Unser Deutschlandmärchen, 179.
69 Güçyeter, Unser Deutschlandmärchen, 139. Hervorhebung im Original.

gibt sie, bitte, lass es mich versuchen, bitte, nimm diese Verantwortung von meinen Schultern, lass mich fliegen ... Das alles will ich dir sagen, traue mich aber nicht.[70]

Die direkte Adressierung der Mutter, die intradiegetisch einen fiktiven Dialog markiert, wird auf eine extradiegetische Ebene übertragen, wenn „diese Zeilen" auf den Roman selbst verweist und das „jetzt" zeitlich markiert, dass es ein Nach-dem-Text gibt, in dem ein tatsächlicher Dialog über das Geschriebene entstehen könnte. Dass sich die Erzählinstanz Dinçer nicht traut, der Mutter den Wunsch zu erzählen, am Theater zu arbeiten und zu schreiben, erwidert das Schweigen, das Fatma ihm entgegenbringt, mit Schweigen.[71]

Auf den Text aus Dinçers Perspektive folgt im Roman ein aus der Perspektive Fatmas erzählter mit der sprechenden Überschrift: „Versuch doch mal bitte, die Welt mit meinen Augen zu sehen, Dinçer".[72] Hier wird im Ton eines Gesprächs an das vom Sohn Erzählte angeknüpft und ihm etwas entgegengesetzt. Nüchtern beginnt der Text: „Dinçer ist sechzehn Jahre alt. Beginnt eine Ausbildung als Dreher in einer Firma, in der auch ich arbeite."[73] Den Stolz Fatmas über diese Tätigkeit bringt diese an anderer Stelle zum Ausdruck: „Weißt du, wie glücklich ich war, als ich dich in der Firma im Blaumann sah, du hattest eine Feile in der Hand, wie ein richtiger Mann, warst einer von uns, ein Arbeiter."[74] Dass es besonders das mit dem Anblick des Kindes in Arbeitskleidung verbundene Gefühl der Gemeinschaft ist, das Stolz erzeugt, wird über die Eingliederung des Kindes in das eigene ‚Milieu' ausgedrückt: Dinçer wird „einer von uns, ein Arbeiter" und hebt sich damit nicht zuletzt vom Vater ab, dessen Untätigkeit Fatmas Arbeitsalltag überhaupt erst notwendig macht. Die Gefühle Dinçers gegenüber dieser Eingliederung sind dabei komplexer. Bei einer Besichtigungstour der neuen Arbeitsstätte, einer Waschanlage, sieht er seine Tante und erzählt, dass er den Vertrag unterschrieben habe:

> Ihre Freude erschreckte mich ein wenig. Jetzt war ich doch hier gelandet, jetzt übernahm ich auch die Rolle, jetzt gehörte ich auch zu denen, trotz meiner komischen Art, trotz meiner Liebe zu Büchern und vielen anderen Dingen, die allen anderen Familienmitgliedern fremd waren, ich gehörte also doch zu ihnen, war nicht verloren.[75]

---

70 Güçyeter, Unser Deutschlandmärchen, 139.
71 Zum Schweigen vgl. auch Balint, die u. a. in Bezug auf Fatma darauf hinweist, „[a]llein die Frequenz ihrer Thematisierungen des Schweigens unterstreicht die Dringlichkeit des Sprechen-Könnens bzw. der Aussprache." Balint, Von der Fürsprache zur shared authority, 155.
72 Güçyeter, Unser Deutschlandmärchen, 142.
73 Güçyeter, Unser Deutschlandmärchen, 142.
74 Güçyeter, Unser Deutschlandmärchen, 168.
75 Güçyeter, Unser Deutschlandmärchen, 145–146.

Die bereits aus der Perspektive Dinçers beschriebene Szene, in der dieser die Ausbildung abbrechen möchte, erzählt Fatma nun folgendermaßen:

> *Ich will Theater machen, ich will schreiben* sagt er. Er liest schon seit Jahren, dicke Bücher, [...] das macht mir Kummer, wieso lässt sich ein junger Mann von solchen dicken Büchern ablenken [...], er müsste sich doch jetzt mehr für Sport und Frauen interessieren.[76]

An anderer Stelle wird explizit, warum diese Abweichung problematisch ist: „Alle deine Kameraden waren in einem Sportverein oder in der Kneipe, aber du hast die ganzen Abende am Tisch gesessen, hast aus Zeitungen Star-Bilder ausgeschnitten, hast in dein Heft geschrieben, mir war das alles fremd."[77] Dass mit der Zugehörigkeit zum Arbeitermilieu eine spezifisch codierte Männlichkeitsvorstellung einhergeht, die sich durch das Interesse an Sport und Frauen ausdrückt und die von Dinçer selbst als eine ihm fremde ‚Welt' beschrieben wird, zeigt sich auch in der hilflosen Reaktion Fatmas, die wiederum Dinçers Interessenwelt als „fremd" bezeichnet. Auch Fatma möchte dabei in den Dialog treten, der diese Fremdheit potenziell überbrücken könnte, scheitert aber daran: „*Du wirst weitermachen, du hast keine andere Wahl, hörst du ... verstehst du?* Ich packe ihn an den Armen und schreie ihm ins Gesicht. Das will ich jedenfalls, schaffe es aber nicht."[78] Das Schreien, das hier als verbale Reaktion nicht nur mit Gewalt, wie dem ‚Packen' der Arme, sondern auch mit einem ungehemmten Gefühl der Verzweiflung verbunden ist, wird erst durch den fiktionalen Dialog ermöglicht, den der Text herstellt.

Dass die Erwartungshaltung an den Sohn maßgeblich durch die Enttäuschung über den Vater geprägt ist, berichtet Fatma ausführlich, wenn sie unter anderem in direkter Rede formuliert: „[D]u solltest einfach der Mann sein, der mir gefehlt hat, entschieden, kräftig, geschäftstüchtig".[79] Dass Dinçer gerade dieser Erwartung nicht nachkommt, wird wiederum als Kommunikationskonflikt skizziert im Vorwurf: „Selbst dieser bescheidene Wunsch hat kein Gehör gefunden."[80] Dass der Wunsch Fatmas, der Sohn möge sich als Arbeiter etablieren und die „Entschädigung für das Unvermögen des Vaters"[81] sein, kein „Gehör" findet, lässt darauf schließen, dass dieser entweder mutwillig oder unfreiwillig nicht hört, was Fatmas Wunsch ist. Dass er dabei zugleich in seiner Rolle als Kind nicht auf sie hört, lässt ein scheiterndes Erziehungsprojekt sichtbar werden.

---

76 Güçyeter, Unser Deutschlandmärchen, 142. Hervorhebung im Original.
77 Güçyeter, Unser Deutschlandmärchen, 168–169.
78 Güçyeter, Unser Deutschlandmärchen, 142. Hervorhebung im Original.
79 Güçyeter, Unser Deutschlandmärchen, 168.
80 Güçyeter, Unser Deutschlandmärchen, 168.
81 Güçyeter, Unser Deutschlandmärchen, 168.

5 Emotionsmanagement

Dieses Projekt, das es sich zum Ziel setzt, den Sohn zu einem „richtigen Mann erziehen [zu] können",[82] der in dieser Männlichkeitsvorstellung zudem Arbeiter ist, ist eng verknüpft mit einem gezielten Emotionsmanagement. Während der Emotionshaushalt des Romans durch akzeptierte Gefühle der Kälte, Scham und Fremdheit gekennzeichnet ist, wird der Umgang mit anderen Emotionen reguliert. Besonders deutlich wird dies in einer wiederum aus mehreren Perspektiven geschilderten Szene während eines gemeinsamen Aufenthalts in der Türkei. Unter dem Titel „Verzeih mir, Mutter" berichtet Dinçer von den Vorbereitungen zu einem Fest im Sommer 1994, zu dessen Anlass ein Kalb geschlachtet worden ist. Dinçer hört das Muhen der Mutterkuh und beschreibt seine Reaktion ausführlich:

> Mich überfiel ein Ekel. In meinem Körper breiteten sich Stiche aus, und dieses unruhige Gefühl zwang mich in den Stall. Da stand ich. Vor der Kuh. [...] Als wir uns dann Auge in Auge ganz nah gegenüberstanden, sah ich die Rinnsale unter ihren Augen, die Kuh weinte. Wieder muhte sie, muhte mich an, ihre Blicke, diese Klingen jagten mir Angst und Zorn ein, ich stand wie angewurzelt vor ihr.[83]

Nachdem initial Affekte des Ekels vor dem Geräusch und der Angst vor der Kuh und ihren Hörnern überwiegen, schwenkt dieses Gefühl bei näherem Hinschauen um in Mitleid. Erneut werden die Tränen der Kuh vermerkt und „[d]ieses Bild löste ein Beben in mir aus, mein Körper zitterte, ich spürte meine Beine nicht mehr, hielt mich an der Futterwanne fest. [...] Jetzt weinten wir beide, mein Schluchzen mischte sich in das Gejaule der Kuh".[84] Dinçer sucht Trost bei seiner Mutter und beginnt, vor ihr zu weinen. Auf ihre Nachfrage hin erläutert er: *„Ihr habt das Kalb geschlachtet, geh und schau dir mal seine Mutter an, sie weint, weint um ihr Kind, hört ihr das nicht?"*[85] Während Dinçer erwartet, dass Fatma ihn „in die Arme nehmen, [ihn] trösten würde[ ]", reagiert diese mit Unverständnis: *„Dinçer, komm zu dir, das ist peinlich. Benimm dich wie ein richtiger Mann. Die Menschen hier werden dich auslachen, wenn sie erfahren, dass du um ein geschlachtetes Kalb weinst."*[86] Die Beschämung des Kindes für ein Verhalten, das als milieuspezifisch unpassend

---

82 Güçyeter, Unser Deutschlandmärchen, 169.
83 Güçyeter, Unser Deutschlandmärchen, 162.
84 Güçyeter, Unser Deutschlandmärchen, 163.
85 Güçyeter, Unser Deutschlandmärchen, 164. Hervorhebung im Original.
86 Güçyeter, Unser Deutschlandmärchen, 164. Hervorhebung im Original.

empfunden wird, ist erneut geknüpft an eine genderstereotypische Erwartungshaltung. So fährt Fatma fort: *„hör auf, wie ein Weib zu flennen, blamiere mich nicht".*[87]

Die Szene um das geschlachtete Kalb wird im Roman zur Schüsselszene für das Verhältnis von Mutter und Sohn, aber auch für dessen Emanzipation aus dem vorgegebenen, limitierten Spektrum an Gefühlen. Die Reflexion der Szene aus der Rückschau lässt zunächst wieder ein Kommunikationsproblem zutage treten, das sich bereits ankündigt in Dinçers aufgebrachter Frage *„hört ihr das nicht?".* Deutlich wird, dass die Dorfgemeinschaft im Muhen der Kuh nicht das Gleiche hört wie Dinçer, der Gefühle der Trauer zu verstehen meint, wo die anderen, einschließlich seiner Mutter, bloß die animalischen Laute eines Tiers wahrnehmen. Dinçer kommentiert schreibend die Ansprache der Mutter mit der suggestiven Frage „So hättest du mit mir in Deutschland nie geredet, oder?"[88] und vermutet, dass ihre Reaktion dort im bereits beschriebenen Schweigen bzw. im Gesprächsabbruch in Form des Weggehens läge. Die Worte Fatmas lösen dagegen eine Markierung der Trennlinie zwischen beiden aus, die explizit an den Ort des Gesprächs gebunden wird. So beschreibt Dinçer, dass sie „in mir einen Riss verursacht haben".[89] Fatmas Worte gegenüber dem erwarteten Schweigen werden zu einem Beweis dafür erklärt, dass diese durch ihren Geburtsort nachhaltig geprägt sei: „Da, wo wir gerade waren, hatte diese Art der Sensibilität keinen guten Ruf, der Mann war ein Mann."[90] Dinçer markiert wiederum angesichts des Vorwurfs der „Sensibilität" das Verhalten der Dorfgemeinschaft deutlich als „schonungslos[ ]" und selbstgefällig.[91]

Die beiden Gefühlswelten werden im Roman folglich durch verschiedene Linien voneinander getrennt: durch die Sozialisierung in der ruralen Türkei vs. jener in Deutschland und die damit einhergehenden Erfahrungen, durch ein dort ebenso wie im Arbeiter- und Fabrikmilieu vorherrschendes Bild von Männlichkeit, das Emotionalität kategorisch ausschließt, gegenüber einem selbstbestimmten Konzept von *gender*, dem das gesamte menschliche Gefühlsspektrum zugänglich ist, schließlich dem Tätigkeitsfeld als Arbeiter vs. der Arbeit der als ‚Bohème' codierten Kreativszene. Dass diese Linien zu einem Riss führen, der nun auch durch die Mutter-Sohn-Beziehung geht, lässt Dinçer resümierend anhand der Szene um das Kalb feststellen: „Vielleicht warst du immer schon so gewesen und ich hatte es aus Liebe ignoriert. So hatte ich vielleicht mich, meine Liebe zu dir, dich, das Bild meiner Mutter schützen wollen. Aber dieses Mal konnte ich den Riss nicht verhindern, der

---

87 Güçyeter, Unser Deutschlandmärchen, 165. Hervorhebung im Original.
88 Güçyeter, Unser Deutschlandmärchen, 165.
89 Güçyeter, Unser Deutschlandmärchen, 165.
90 Güçyeter, Unser Deutschlandmärchen, 165.
91 Güçyeter, Unser Deutschlandmärchen, 165.

Riss lag breit und hilflos wie die Kuh zwischen uns."[92] Die emotionale Abhärtungskur, die mit dem Projekt verbunden ist, den Sohn zum „richtigen Mann" und „Arbeiter" zu erziehen, scheitert, wie Dinçer den Prosatext abschließend kommentiert: *„Verzeih mir, Mutter, ich bin nicht der Mann, den du für eine Front großgezogen hast, verzeih mir."*[93] Mit diesem Aussprechen der Worte wird der gefühlte Bruch auch sprachlich vollzogen.

6 Gefühlte Risse und Textstruktur

Mit der Metaphorik des Risses, der sich nicht nur zwischen Mutter und Sohn, sondern auch zwischen den ‚Milieus' und ihren jeweiligen Emotionshaushalten auftut, wird auch auf die Textstruktur referiert, wenn der Roman die unterschiedlich perspektivierten und von verschiedenen Erzählinstanzen wiedergegebenen Prosatexte nicht in eine Erzählung integriert. Stattdessen werden sie getrennt voneinander mit eigenen Überschriften versehen, die diese Trennung ebenso betonen wie der Satz des Textes, der jeden Teil auf einer neuen Seite beginnen lässt und damit deutliche Leerräume – gleich Abstandhaltern – zwischen ihnen schafft. Damit bleiben Risse zwischen den Perspektiven sichtbar, zugleich wird aber ein Dialog ermöglicht, wenn die Texte im Lesen zusammengeführt werden. In diesem Sinne wird sodann auch Fatmas Perspektive auf die Situation erzählt. Dabei erklärt diese ihre Beweggründe und legt insbesondere das Ziel der Erziehung offen, wenn sie darauf verweist, dass Dinçer als „Ausländer, Gastarbeiterkind [...] schon als Verlierer angefangen" habe.[94] Als Immunisierung gegenüber den Diskriminierungsmechanismen, denen Dinçer damit ausgesetzt ist, entwickelt sie die Vorstellung: „Mit Aktien, Eigentum, Sparbuch und als gestandener Familienvater hättest du der Welt zeigen können, dass du nicht kleinzukriegen bist."[95] Damit wird das strategische Emotionsmanagement nicht nur intergenerational weitergegeben als Anpassungsstrategie an ein zumindest in Teilen feindliches Umfeld, sondern als einzige Option in einem als übermächtig empfundenen System herausgestellt.

Vor diesem Hintergrund formuliert Fatma weiter:

> Meine Pflicht als Mutter ist es, dich immer wieder daran zu erinnern, wer du eigentlich bist, du bist ein Arbeiter, verstehst du mich, ein Arbeiter, diese Menschen, die keine Ahnung von

---

92 Güçyeter, Unser Deutschlandmärchen, 165.
93 Güçyeter, Unser Deutschlandmärchen, 165. Hervorhebung im Original.
94 Güçyeter, Unser Deutschlandmärchen, 169.
95 Güçyeter, Unser Deutschlandmärchen, 169.

Mühe, keine Sorgen mit Geld haben, werden dich niemals aufnehmen, so wirst du in eine zweite Fremde in der Fremde einziehen [...].[96]

Der Berufswahl Dinçers und seiner Weigerung, den vorgezeichneten Lebensweg einzuschlagen, begegnet Fatma letztlich selbst mit Angst. Die Angst vor einer „zweite[n] Fremde in der Fremde" liegt wiederum in der eigenen Migrationsgeschichte begründet. Dabei wird mit der Raummetaphorik des ‚Einziehens' in die Fremde zugleich auf das Umziehen aus der eigenen, familiären Fremdheit angespielt, das damit einhergeht. Auch an weiterer Stelle werden die hierzu empfundenen Gefühle durch Raummetaphern ausgedrückt, so erzählt Fatma: „Obwohl alles so einfach sein kann, nimmst du die steile Treppe".[97] Der Aufstieg, der hier als „einfach" zumindest in dem Sinne beschrieben wird, als dass er regelmäßig und vorgesehen in der Erfüllung der Pflichten als Arbeiter liegen könnte, wird durch das Bild der steilen Treppe ersetzt, die hier für den Ausstieg aus dem bekannten ‚Milieu' und den Umzug in jenes der ‚Bohème' steht.

Der Riss zwischen Dinçer und Fatma wird in jenem Prosatext, in dem diese ihre Wünsche an den Sohn erklärt, schließlich auch auf anderer Ebene performativ vollzogen. So werden ihre Ausformulierungen eines Gefühls der Enttäuschung gegenüber dem Sohn dreimal unterbrochen mit den kursiv gesetzten Interventionen: *„Mutter, hör bitte auf, bitte, ich kann es nicht mehr ertragen ..."*, *„Lass mich gehen, Mutter, bitte, löse diese Zügel von meinem Hals ..."* und dem den Text abschließenden *„Nein!"*[98] Damit wird die Emanzipation von den Erwartungen der Mutter ebenso nachvollzogen wie ein zumindest fiktionaler Dialog möglich, der mit einer offenen, dabei kaum aushaltbaren Konfrontation gegen das eigentlich vorherrschende Schweigen vorgeht.

7 Möglichkeitsräume

Der Text *Unser Deutschlandmärchen* wird damit in gleich mehrfacher Sicht als Projekt gegen das Schweigen konzipiert. Der Zusammenhang aus dem Schweigen, dem Unterdrücken von Emotionen und dem Schreiben wird unter anderem deutlich, wenn Fatma letztlich den Bruch zwischen den Generationen offenlegt:

---

96 Güçyeter, Unser Deutschlandmärchen, 169.
97 Güçyeter, Unser Deutschlandmärchen, 169.
98 Güçyeter, Unser Deutschlandmärchen, 169–170. Hervorhebung im Original.

> Wir haben uns das nie getraut, wir sahen Offenheit als Schwäche. Ihr, deine Generation, wird vielleicht all das Aufgestapelte hemmungslos lüften, in die Welt streuen. Glaub mir, auch wenn ich es spät begriffen habe, was dein Schreiben bedeutet, es füllt in mir eine Leere, bitte, schreib weiter, auch das hier, das alles musst du aufschreiben.[99]

Die Leere, die auch das Unausgesprochene und damit das Schweigen meint, wird durch das Schreiben gefüllt. Der Text nimmt damit einen Platz ein, der vormals als Leerstelle existierte. Dabei wird gerade die Gefühlsebene mit dem Schreiben verknüpft, wenn dieses mit einer Offenheit zusammengelesen wird, die jedoch in der eigenen Generation und von Fatma selbst eigentlich als Schwäche gedeutet wird. Der Sohn sieht wiederum das kollektive Projekt und den Ballast des Unaufgearbeiteten und Unausgesprochenen, der von der Elterngeneration weitergereicht wird, deutlich: „Auch in neuen Abschnitten im Leben nehme ich die Last, die ich von dir geerbt habe, auf meine Schultern."[100] Die Last, das Aufschreiben der Geschichte von mehreren Generationen, wird sowohl von Iuditha Balint als auch von Kevin Drews mit dem Begriff der Chronik zusammengebracht, der sich damit in mehrerlei Hinsicht als produktiv erweist, ebenso wie der von Deniz Utlu in einem Gastbeitrag der Zeitung *der Freitag* von 2011 geprägte und seitdem vielfach aufgegriffene Begriff eines „Archivs der Migration".[101] Der Schreibende bleibt dabei dem Verwahren verpflichtet, der Text wird zur Chronik oder zum Archiv erklärt und damit als Aufbewahrungsraum denkbar.

Die Suche nach einem Ort für „diese Geschichte", die dem Roman ebenso wie diesem Beitrag voransteht, wird im Roman wiederum gespiegelt und in das Bild der Truhe gefasst. Bereits relativ zu Beginn des Texts erzählt Fatma von der Ankunft in Deutschland und beschreibt den Holzkoffer, der zwischen ihren Beinen steht, „in ihm sind Welten, Welten ... Wie klein die Welt doch ist."[102] Direkt auf diesen erzählten Text folgt ein mit „Gastarbeiterchor"[103] und dem Namen Fatma als Erzählinstanz gekennzeichneter Text. Hier fragt eine kursiv gesetzte Stimme, die Fatma zugeordnet zu werden scheint, *„Ist das hier meine Heimat, meine Erde, mein Ort? / Soll ich hier die Lücke einer Leere füllen?"*[104] Die chorische Antwort darauf lautet: „Das Leben

---

99 Güçyeter, Unser Deutschlandmärchen, 124–125.
100 Güçyeter, Unser Deutschlandmärchen, 173.
101 Vgl. Balint, Von der Fürsprache zur shared authority, 148; vgl. den Beitrag von Kevin Drews in diesem Band: Arbeit, Klasse, Migration. Kritische Erinnerungsarbeit in der postmigrantischen Gegenwartsliteratur. Vgl. auch Deniz Utlu, Das Archiv der Migration, der Freitag, 31.10.2011, https://www.freitag.de/autoren/deniz-utlu/das-archiv-der-migration (04.06.2025).
102 Güçyeter, Unser Deutschlandmärchen, 21.
103 Güçyeter, Unser Deutschlandmärchen, 25.
104 Güçyeter, Unser Deutschlandmärchen, 25. Hervorhebung im Original.

kann nicht in Truhen aufbewahrt werden, / Fatma, hat man dir das nicht gesagt?"[105] Der Koffer Fatmas verwahrt die Vergangenheit, wird im Chor jedoch bald zur Truhe. Diese beantwortet die an den Romanbeginn anknüpfende Frage nach einem Ort für die eigene Geschichte. Dabei wird Fatma darüber aufgeklärt, dass das Leben sich nicht aufbewahren, nicht einschließen lässt. Zum Ende des Romans taucht der Satz um die Truhe wieder auf. Unter der Überschrift „Ein Traum oder ein Deutschlandmärchen" wird in Form eines dramatischen Fragments wieder auf sie referiert, wenn Fatma im Dialog mit Ophelia eingangs fragt: „Ist das meine Heimat, mein ganzer Verdienst, ist das der Preis nach allen Entbehrungen?" und diesmal Ophelia antwortet: „Fatma, das Leben kannst du nicht in Truhen schützen. Hat man es dir nicht gesagt?"[106] Die rahmenden Sätze um die Truhe, die beide in Textelementen auftauchen, die abweichend von jenen Prosatexten, in denen von Fatma oder Dinçer selbst erzählt wird, andere Textverfahren und -formen aufrufen, variieren die Suche nach einem Aufenthaltsort für die eigene Geschichte.

Im von Fatma erzählten Epilog wird schließlich zusammengeführt, was zuvor bereits in Fragmenten über den Zusammenhang von Raumsuche und Raumnahme, Zugehörigkeit und Emanzipation, Schreiben und Gefühl zusammengetragen wurde. „Hier, am Himmel Deutschlands schweben unsere Geschichten, meine und meinesgleichen."[107] Zum Ende des Romans wird noch einmal deutlich eine Selbstverortung vorgenommen und damit zugleich an den Beginn des ersten Prosatexts, erzählt von Hanife, angeschlossen: „Fatma ist mein Name. Ich bin die Mutter von Dinçer" setzt der Epilog ein, der vorletzte Absatz beginnt: „Fatma ist mein Name, die Gastarbeiterin, die Akkordbrecherin. Alles, was bei mir keine Sprache fand, soll auf euren Zungen die Seiten aufschlagen."[108] Durch die eigene Vorstellung mit Namen, einmal als Mutter, einmal als „Gastarbeiterin", definiert Fatma noch einmal ihren Standort und bestätigt dabei zugleich die Emanzipation einer folgenden Generation, der auch Dinçer angehört, sich einen anderen Platz in der Gesellschaft zu nehmen. Während ein von Fatma angebrachtes „wir" danach gestrebt habe, „den Schmerz der Entwurzelung mit Eigentum, mit Geld zu heilen", wird den Nachfolgenden mitgegeben: „Ihr sollt besser leben, freier, ohne Ängste. […] traut euch, habt keine Angst vor dem Leben."[109] Damit wird den zuvor im Roman formulierten Erwartungen an Dinçer schlussendlich widersprochen. Das mehrschichtige, in weiten Teilen dialogische

---

105 Güçyeter, Unser Deutschlandmärchen, 25.
106 Güçyeter, Unser Deutschlandmärchen, 208.
107 Güçyeter, Unser Deutschlandmärchen, 211.
108 Güçyeter, Unser Deutschlandmärchen, 211.
109 Güçyeter, Unser Deutschlandmärchen, 211.

Verfahren des Texts schafft die Erkenntnis, dass es gerade die Emanzipation des Sohnes ist, die ein angstfreies, ein besseres Leben ermöglichen könnte.

Auf den Epilog folgt eine Seite mit einem Foto. Es zeigt „Fatma und Dinçer, 2022" und ist versehen mit Angaben zum Entstehungsort, einem Fotostudio in der Türkei.[110] Abgebildet ist eine sitzende Fatma. Rechts hinter ihr steht Dinçer, die rechte Hand liegt auf der linken Schulter der Mutter. Beide blicken direkt in die Kamera mit leichtem Lächeln. Links neben Fatma steht in schrägem Winkel eine verzierte, geschlossene Truhe.

Literatur

Primärliteratur

Aydemir, Fatma: Dschinns, München 2022.
Aydemir, Fatma: Arbeit, in: Eure Heimat ist unser Albtraum, hg. von ders. und Hengameh Yaghoobifarah, Berlin 2019, 27–37.
Güçyeter, Dinçer: Unser Deutschlandmärchen, 5. Aufl., Berlin 2023.

Sekundärliteratur

Balint, Iuditha: Erzählte Entgrenzungen. Narrationen von Arbeit zu Beginn des 21. Jahrhunderts, Paderborn 2017.
Balint, Iuditha: Von der Fürsprache zur shared authority. Dinçer Güçyeters „Unser Deutschlandmärchen" (2022) als (post-)migrantisches Chorwerk, in: Zeitschrift für Germanistik, Neue Folge 34 (2024), H. 1, 147–165.
Bausch, Barbara, und Julia Weber: Literarische Positionierung in der Gegenwart. Einleitung, in: Standortbestimmungen. Literarische Positionierung in der Gegenwart, hg. von dens., Berlin 2025, 9–29.
Blome, Eva, Philipp Lammers und Sarah Seidel: Zur Poetik und Politik der Autosoziobiographie, in: Autosoziobiographie. Poetik und Politik. Abhandlungen zur Literaturwissenschaft, hg. von dens., Berlin und Heidelberg 2022, 1–14.
Blome, Eva: Rückkehr zur Herkunft. Autosoziobiografien erzählen von der Klassengesellschaft, in: Deutsche Vierteljahrsschrift für Literaturwissenschaft und Geistesgeschichte 94 (2020), H. 3, 541–571.
Bourdieu, Pierre: Ökonomisches Kapital, kulturelles Kapital, soziales Kapital, in: Soziale Ungleichheiten, hg. von Reinhard Kreckel, Göttingen 1983, 183–198.
Ezli, Özkan: Narrative der Migration. Eine andere deutsche Literaturgeschichte, Berlin und Boston 2022.
Haraway, Donna: Situated Knowledges. The Science Question in Feminism and the Privilege of Partial Perspective, in: Feminist Studies 14 (1988), H. 3, 575–599.
hooks, bell: Where we stand: class matters, New York 2000.

---

110 Güçyeter, Unser Deutschlandmärchen, 212.

Jaquet, Chantal: Zwischen den Klassen. Über die Nicht-Reproduktion sozialer Macht, mit einem Nachwort von Carlos Spoerhase, aus dem Französischen von Horst Brühmann, Konstanz 2018.
Lutz, Helma, María Teresa Herrera Vivar und Linda Supik (Hg.): Fokus Intersektionalität. Bewegungen und Verortungen eines vielschichtigen Konzeptes, 2. überarb. Aufl., Wiesbaden 2013.
Meyer, Katrin: Theorien der Intersektionalität zur Einführung, Hamburg 2017.
Pethes, Nicolas: Milieu. Die Exploration selbstgenerierter Umwelten in Wissenschaft und Ästhetik des 19. Jahrhunderts, in: Archiv für Begriffsgeschichte 59 (2018), 140–157.
Schlicht, Corinna, Marie Kramp und Janneke Eggert (Hg.): Literatur und Arbeitswelten: Ästhetische und diskursive Strategien zur Darstellung von Arbeit in der deutschsprachigen Literatur seit 2000, Boston 2023.
Spoerhase, Carlos: Nachwort. Aufstiegsangst: Zur Autosoziobiographie des Klassenübergängers, in: Chantal Jaquet: Zwischen den Klassen. Über die Nicht-Reproduktion sozialer Macht, Konstanz 2018, 231–253.
Sprenger, Florian: Ich-Sagen. Eine Genealogie der Situiertheit, Berlin 2025.
Utlu, Deniz: Das Archiv der Migration, der Freitag, 31.10.2011, https://www.freitag.de/autoren/deniz-utlu/das-archiv-der-migration (04.06.2025).
Weise, Marten: Dialog als Denkfigur. Studien in Literatur, Theater und Theorie, Bielefeld 2024.
Yıldız, Erol: Postmigrantische Perspektiven. Aufbruch in eine neue Geschichtlichkeit, in: Nach der Migration. Postmigrantische Perspektiven jenseits der Parallelgesellschaft, hg. von dems. und Marc Hill, Bielefeld 2014, 19–36.

Franziska Wilke
Poetik des Konkreten
Ästhetische und inhaltliche Vermittlung von Klassengefühlen bei Lukas Rietzschel und Manja Präkels

1 Konkrete Poesie und Poetik des Konkreten

Dieser Beitrag analysiert, wie Lukas Rietzschel in *Mit der Faust in die Welt schlagen* (2018) und Manja Präkels in *Als ich mit Hitler Schnapskirschen aß* (2017) soziale Zugehörigkeit und Marginalisierung literarisch gestalten. Rietzschel (geb. 1994) und Präkels (geb. 1974) gehören zwei jungen Generationen deutscher Schriftsteller an, die selbst im Osten aufgewachsen sind und kritische Gegenwartsromane über das Leben in Ostdeutschland während und nach der Wende schreiben.

Unter Rückgriff auf Pierre Bourdieus Kapitaltheorie wird untersucht, wie ökonomisches, soziales und kulturelles Kapital die Wahrnehmung und das Handeln der Figuren prägen. Dabei stehen sprachliche Strategien im Fokus: Die *Poetik des Konkreten* spielt dabei eine zentrale Rolle – eine reduzierte, realistische Sprache inszeniert Klassenzugehörigkeit nicht nur thematisch, sondern auch formal. In der Verbindung von Arbeiterliteratur und konkreter Kunst entsteht so eine literarische Strategie, die soziale Hierarchien nicht nur darstellt, sondern ästhetisch herausfordert.

Poetik des Konkreten ist von dem Begriff der *Konkreten Poesie* und *Konkreten Poetik* zu unterscheiden, der aus der *Konkreten Kunst* hervorgeht. In den 1930er Jahren stellte sich *Konkrete Kunst* gegen den Eskapismus der Romantik. Besonders in der Malerei und bildenden Kunst entstanden Werke, die geometrische Formen ohne symbolische Bedeutung fokussierten und damit die Materialisierung des Geistigen der Abstraktion des Realen vorzogen. Theo van Doesburg prägte dafür den Begriff *Konkrete Kunst*,[1] von dem sich in den 1950ern die *Konkrete Poetik* in der Dichtung ableitet.[2] Letztere enthebt die Sprache ihrer beschreibenden Kraft, indem sie Sprache selbst zum Gegenstand der Dichtung werden lässt. Christian

---
[1] Vgl. Sören Fischer, Konkrete Kunst. Streifzüge durch eine Welt der Ungegenständlichkeit. Teil I: László Moholy-Nagy, Theo van Doesburg und Max Bill, in: Konkret Kunst, hg. von dems. und Dieter Scheid, Kaiserslautern 2023, 8–25.
[2] Für einen frühen Text zu den Grundlagen und Zielen *Konkreter Poesie* vgl. Eugen Gomringer, manifeste und darstellungen der konkreten poesie 1954–1966 (66/ IV), St. Gallen 1966.

Morgensterns *Fisches Nachtgesang* sowie Werke von Ernst Jandl und Kurt Schwitters sind bekannte Beispiele.

Der Begriff der *Poetik des Konkreten* wird in der Literaturwissenschaft und der Poetikdiskussion uneinheitlich verwendet.[3] In meiner Auffassung des Konzeptes einer neuen *Poetik des Konkreten*, das ich hier vorschlage, konzentriert es sich auf eine Ästhetik, die konkrete, sinnlich erfahrbare Details und realitätsnahe Beschreibungen fokussiert. Die Hervorhebung des Alltäglichen oder scheinbar Banalen führt zu deren Wertschätzung im Literarischen. Ihre oft minimalistische Sprache ohne Abstraktion oder ausführliche innere Monologe konzentriert sich auf den Moment und das unmittelbar Erfahrbare. Ähnlich wie in der bildenden Kunst des 20. Jahrhunderts, z. B. im Realismus oder der Neuen Sachlichkeit, liegt der Fokus auf dem Präzisen und Fassbaren. Authentizität und Deutungsoffenheit bestimmen daher die Wirkung konkret-poetischer Texte.

In der Literatur der Moderne zeigt sich dies beispielsweise in Franz Kafkas minutiöser Beschreibung der Transformation Gregor Samsas in *Die Verwandlung* (1915).

> Er lag auf seinem panzerartig harten Rücken und sah, wenn er den Kopf ein wenig hob, seinen gewölbten, braunen, von bogenförmigen Versteifungen geteilten Bauch, auf dessen Höhe sich die Bettdecke, zum gänzlichen Niedergleiten bereit, kaum noch erhalten konnte.[4]

Samsa jedoch reflektiert sein Unbehagen und denkt: „Was ist mit mir geschehen?"[5] Auch in Peter Handkes *Die Angst des Tormanns beim Elfmeter* (1970) werden die detailreichen Beschreibungen von verwunderten und kritischen Reflexionen des Protagonisten Josef Bloch begleitet:

> Bloch aß an einem Stand eine heiße Wurst und ging dann zwischen den Ständen durch zu einem Kino. Alles, was er sah, störte ihn; er versuchte, möglichst wenig wahrzunehmen. Im Kino drinnen atmete er auf.
> Im Nachhinein wunderte er sich, daß die Kassiererin die Geste, mit der er das Geld, ohne etwas zu sagen, auf den drehbaren Teller gelegt hatte, mit einer anderen Geste wie selbstverständlich beantwortet hatte.[6]

---

3 Der Begriff *Poetik des Realen* beschreibt ein Konzept, das historische Ereignisse literarisch wahrheitsgetreu zu vermitteln versucht. Vgl. Astrid Dröse, Poetik des Realen, in: Scientia Poetica 22 (2018), H. 1, 229–244.
4 Franz Kafka, Die Verwandlung, Stuttgart 2001, 5.
5 Kafka, Die Verwandlung, 5.
6 Peter Handke, Die Angst des Tormanns beim Elfmeter, Berlin 2012, 7–8.

Kafka und Handke setzen die detailreiche Sprache sowohl zur äußeren Beschreibung des Geschehens als auch zur Schilderung der Innensicht ein. Sie nutzen die konkrete Beschreibung, um Gefühle zu schildern.

Dabei ist die wissenschaftliche Nachweisbarkeit von Gefühlen natürlich nicht eindeutig. Dass für den Ausdruck von Emotionen, Motivation und Haltung zu einer Handlung besondere sprachliche Mittel zum Anhaltspunkt genommen werden können, belegen neben narratologischen Arbeiten auch die Sprachentwicklungsforschung und die Emotionslinguistik.[7] Dort spricht man, wie auch in soziologischen Ansätzen, von der affektiven Dimension des Erzählten.[8]

Der Unterschied zu Lukas Rietzschel und Manja Präkels besteht darin, dass Kafka und Handke die Gefühle einer Klasse (oder deren Angehöriger) beschreiben, die die Reflexion ihrer eigenen Wahrnehmung als wertvoll erachtet. Hier zeigt sich die von Pierre Bourdieu in der Kapitaltheorie zusammengefasste Unterscheidung von Klassen hinsichtlich ihrer eigenen Wertzuschreibung.

2 Primitiv, schmutzig, wild – Abwertung des Konkreten

Claude Lévi-Strauss nutzt den Begriff des Konkreten in seiner *Wissenschaft des Konkreten*,[9] um „das Wissen der sogenannten Primitiven zu charakterisieren".[10] Das Konkrete wird hier von Lévi-Strauss, wenn auch mehr semantisch als globalgesellschaftlich, dem Minderwertigen oder Niederen zugeordnet. Die von ihm gebildete Begriffsgruppe *konkret, wild* und *primitiv* hierarchisiert Wissen und impliziert die Einteilung von Wissensgesellschaften in Klassen.

---

7 Zur Rezeptionsästhetik vgl. Wolfgang Iser, Der implizite Leser. Kommunikationsformen des Romans von Bunyan bis Beckett, München 1972; zum Erzählen von Gefühlen vgl. Monika Schwarz-Friesel, Sprache und Emotion, Stuttgart und Tübingen 2013, 221; Katharina Prinz und Simone Winko, Sympathielenkung und textinterne Wertungen, in: Sympathie und Literatur. Zur Relevanz des Sympathiekonzeptes für die Literaturwissenschaft, hg. von Elisabeth Kampmann und Claudia Hillebrandt, Berlin 2014, 99–127; Simone Winko, Kodierte Gefühle. Zu einer Poetik der Emotionen in lyrischen und poetologischen Texten um 1900, Berlin 2003.
8 Vgl. Christina Kauschke, Linguistische Perspektiven auf Emotion und Sprache, in: Emotionen. Ein interdisziplinäres Handbuch, hg. von Hermann Kappelhoff et al., Stuttgart 2019, 262–271.
9 Vgl. Claude Lévi-Strauss, La pensée sauvage, Paris 1990.
10 Caroline Torra-Mattenklott, Literaturwissenschaft als Wissenschaft des Konkreten, in: Komparatistik heute. Aktuelle Positionen der Vergleichenden Literatur- und Kulturwissenschaft, hg. von Jörn Steigerwald, Hendrik Schlieper und Leonie Süwolto, Paderborn 2021, 249–277, hier: 249.

Der Begriff *realismo sucio* („schmutziger Realismus") bezeichnet im lateinamerikanischen Raum Werke, deren Handlung in sozial und ökonomisch benachteiligten Milieus spielt.[11] Auch hier wird durch die Verbindung der Begriffe *schmutzig, realistisch* und *marginalisiert* eine Abwertung literarischer Thematisierung von Marginalität und ein Klassendenken hinsichtlich literarischer Qualität deutlich sichtbar.

Jacques Rancière sieht gerade in dieser Abwertung oder Nichtbeachtung von Geschichten marginalisierter Gruppen wie ethnischen Minderheiten, Frauen oder Arbeitern eine Hierarchisierung von Perspektiven und im Falle der Arbeiter ein klares Symptom der Zuschreibung einer Klasse, deren Aufgabe das Arbeiten und nicht das Schreiben ist. Seine Verteidigung der „kleinen Geschichten"[12] argumentiert dafür, dass Schreibende sich außerhalb der ihnen zugewiesenen Funktionen ausdrücken dürfen und das Alltägliche sowie das vermeintlich Unbedeutende ins Zentrum gerückt werden sollte. Es liegt daher nahe, dass Texte, die von Klassengefühlen marginalisierter Gruppen berichten, sich der *Konkreten Poetik* bedienen, gerade um das Rohe, Einfache und scheinbar Wertlose ungeschönt darzustellen, das in der kanonisierten Literatur häufig missachtet wird.

3 Rietzschel und Präkels in der Tradition der Arbeiterliteratur

Eine Literatur, die die Thematisierung sozialer und ökonomischer Missstände als zentrales Anliegen verfolgt, ist die Arbeiterliteratur. Unter dem Begriff lassen sich Texte fassen, die von Angehörigen der Arbeiterklasse für oder über die Arbeiterklasse geschrieben sind. Sie thematisieren in direktem, einfachem Stil die Auswirkungen der Industrialisierung sowie kapitalistischer Strukturen und gehen konkret auf alltägliche Ungerechtigkeiten wie prekäre Wohnverhältnisse, Schichtarbeit und Arbeitslosigkeit ein.[13]

Verfremdung als literarisches Mittel und Verfahren, die sich in metaphorischen oder stark abstrakten Beschreibungen verlieren, werden als elitär und

---

11 Vgl. Isabel Exner, Vergegenwärtigung II. Schmutz-Poetik und die Unmittelbarkeit des Realen bei Pedro Juan Gutiérrez, in: dies., Schmutz. Ästhetik und Epistemologie eines Motivs in Literaturen und Kulturtheorien der Karibik, Paderborn 2017, 237–271, hier: 237.
12 Jacques Rancière, Die Nacht der Proletarier, Berlin und Wien 2012, 14.
13 Zum Begriffsverständnis vgl. Gerald Stieg, Bernd Witte, Abriß einer Geschichte der deutschen Arbeiterliteratur, Stuttgart 1973, 7–13; Klaus-Michael Bogdal, Zwischen Alltag und Utopie: Arbeiterliteratur als Diskurs des 19. Jahrhunderts, Wiesbaden 1991, 9–24.

dekadent abgelehnt, da sie die Lebensrealität der Arbeiterperspektive nicht direkt erfahrbar machen.

Die realistischen und naturalistischen Beschreibungen der Arbeiterliteratur reichen von ihrem Ursprung in der Industrialisierung und den damit einhergehenden Umbrüchen wie der Ausbeutung der Arbeiter, wie sie Gerhart Hauptmanns *Die Weber* (1892) schildert, über die proletarische Literatur und sozialistische Realismusbewegung im 20. Jahrhundert, darunter Bertolt Brecht, Maxim Gorki und die schreibenden Arbeiter der DDR, bis hin zu zeitgenössischen Texten, die Prekarisierung, Niedriglohn und andere Konflikte der postindustriellen Gesellschaft des 21. Jahrhunderts thematisieren.[14] Die Hervorhebung des Konkreten in der Arbeiterliteratur lässt sich auch mit Bourdieus Kapitaltheorie erklären, die aufzeigt, wie soziale Klassen durch Kapital geformt werden und sich über den Habitus manifestieren.

Bourdieu zufolge handelt jede Person entsprechend ihres ökonomischen, sozialen und kulturellen Kapitals nach bestimmten Wahrnehmungs-, Denk- und Handlungsschemata, die sich in Sprache, Geschmack, Kleidungsstil, Wohnform etc. niederschlagen.[15] Der Habitus der Arbeiterklasse ist durch ökonomische Zwänge geprägt. Praktisches wird Abstraktem vorgezogen. Geschmack und Lebensstil lassen eine Distanz zur symbolischen Macht der höheren Klassen erkennen, während Sprache, Verhalten und Einstellungen oft durch direkte, informelle und kollektive Werte gekennzeichnet sind. In subjektiven Präferenzen spiegelt sich wider, dass „man hat, was man mag, weil man mag, was man hat".[16] Da die soziale Mobilität strukturell erschwert wird, reproduziert sich der Habitus über Generationen. Im Fall der literarischen Aufarbeitung der DDR geschieht das analog zur Metapher verknöchernder Regeneration, die Steffen Mau mit dem medizinischen Begriff der „Ossifikation"[17] soziologisch nachzeichnete.

Hier setzen Rietzschel und Präkels ein, die in ihren Texten die sozialen und ökonomischen Missstände der Generationen unmittelbar vor, während und nach der Wende in leicht verständlicher Sprache und mit Blick für das Konkrete, scheinbar Unwesentliche schildern. Die Klassenunterschiede zwischen den Figuren manifestieren sich sowohl in ihren Zukunftsaussichten als auch in ihrem Alltag.

---

14 Für einen Überblick ab Mitte 19. Jahrhunderts bis zur DDR vgl. Martin H. Ludwig, Arbeiterliteratur in Deutschland, Stuttgart 1976; vgl. Maria Endreva, Arbeitswelten im 21. Jahrhundert. Dystopien und Dynamiken in der deutschsprachigen Gegenwartsliteratur, Bielefeld 2024.
15 Vgl. Pierre Bourdieu, Die feinen Unterschiede. Kritik der gesellschaftlichen Urteilskraft, Frankfurt a. M. 1982.
16 Vgl. Bourdieu, Die feinen Unterschiede, 286.
17 Steffen Mau, Ungleich vereint. Warum der Osten anders bleibt, Berlin 2024, 15.

Lukas Rietzschels *Mit der Faust in die Welt schlagen* (2018) thematisiert die tiefgreifenden gesellschaftlichen und individuellen Brüche, die in den Nachwendejahren Ostdeutschlands entstanden sind. Im Zentrum stehen die Brüder Philipp und Tobi, die in den 1990er Jahren in einem ostdeutschen Dorf aufwachsen und deren Lebenswege sich zunehmend auseinanderentwickeln. Nach der Wende ist ihr Umfeld von wirtschaftlichem Niedergang, Perspektivlosigkeit und sozialen Spannungen geprägt. Die Familie steht exemplarisch für die Bevölkerung, die zwischen Hoffnung auf Veränderung, Enttäuschung angesichts der Verheißungen des Kapitalismus und dem Sog der Radikalisierung steht. Der Roman erzählt, wie die Heimat der Brüder zunehmend von rechter Gewalt, Frustration und Entfremdung gezeichnet wird. Das Familienleben ist durch zerrüttete Beziehungen und finanzielle Herausforderungen, besonders im Zuge des Hausbaus, geprägt.

Während der introvertierte Philipp danach strebt, sich von der Gewalt und Perspektivlosigkeit seiner Heimat zu distanzieren, fühlt sich sein jüngerer Bruder Tobi von der sozialen Unsicherheit überfordert. Er sucht Halt in Freunden, die ihn immer weiter in rechte Strukturen hineinziehen. Die Eltern der Brüder verkörpern die Generation, die mit den wirtschaftlichen Umbrüchen der Nachwendezeit kämpft: Der Vater, einst stolzer Handwerker, verfällt in Resignation, während die Mutter vergeblich versucht, die Familie zusammenzuhalten. Die Atmosphäre des Romans wird durch die allgegenwärtige Perspektivlosigkeit und die unterschwellige Gewalt geprägt, die sich in der Sprache widerspiegeln.

Auch die Handlung in Manja Präkels' *Als ich mit Hitler Schnapskirschen aß* (2017) spielt in einer ostdeutschen Kleinstadt während der Wende- und Nachwendezeit. Der Roman schildert das Aufwachsen der Protagonistin Mimi und ihres Freundeskreises in der DDR. Geprägt von politischen und gesellschaftlichen Umbrüchen, Orientierungslosigkeit und sozialer Spannung zeigt die Erzählung, wie die veränderten wirtschaftlichen und sozialen Verhältnisse sich auf die Selbstwahrnehmung der Figuren auswirken. Besonders deutlich wird dies an den zunehmenden Klassengefühlen und den daraus resultierenden Konflikten, die nicht nur die individuellen Lebenswege bestimmen, sondern auch den sozialen Zusammenhalt prägen. Während soziale Herkunft in der DDR offiziell weniger Einfluss auf Zukunftsperspektiven haben sollte, treten in der Nachwendezeit soziale Ungleichheiten stärker zutage.

Zentrales Beispiel dafür ist Mimis Kindheitsfreund Oliver, der den ‚Spitznamen' Hitler wählt und später eine führende Rolle in der lokalen Neonazi-Szene einnimmt. Seine Entwicklung verdeutlicht, wie soziale Ausgrenzung und das Gefühl von Ohnmacht in Radikalisierung umschlagen können. Der Roman macht diese Dynamiken nicht nur über Ereignisse sichtbar, sondern auch durch sprachliche Details.

Ein zentrales gemeinsames Thema ist die soziale Desintegration: In beiden Romanen führt die wirtschaftliche Verunsicherung nach der Wiedervereinigung zu einem Gefühl der Perspektivlosigkeit, das besonders bei jungen Männern in Aggression, Gewalt und Radikalisierung mündet. Mangelnde Zukunftsaussichten, familiäre Probleme und gesellschaftliche Ausgrenzung junger Menschen begünstigen rechte Strukturen. Während bei Rietzschel der Hausbau der Familie als Symbol für den gescheiterten Versuch eines Neuanfangs dient, arbeitet Präkels mit dem Symbol der Schnapskirschen, das die Ambivalenz zwischen Nähe und unüberbrückbarer Distanz innerhalb der Figurenkonstellation unterstreicht.

Sprachlich und in ihrer dezidiert proletarischen Erzählperspektive lehnen sich die Romane an den realistischen Stil der Arbeiterliteratur an, setzten diesen jedoch bewusst ein, um einen bestimmten Habitus zu transportieren und eine spezifische Wirkung zu erzeugen. Die narratologischen Regeln dieser neuen *Poetik des Konkreten* bilden eine literarische Sprache, die sich durch Direktheit, sekundäre Mündlichkeit und Soziolekt sowie Fragmentierung und Reduktion auszeichnet. Nicht zuletzt verweist eine *Poetik des Konkreten* auf die literarische Verhandlung von gesellschaftlichen oder persönlichen Missständen.

Der Klassenbegriff ist historisch durch Karl Marx geprägt, der ihn Mitte des 19. Jahrhunderts angesichts des erstarkenden Kapitalismus und fortschreitender Industrialisierung über das Verhältnis der Menschen zu den Produktionsmitteln definiert. Marx unterscheidet zwischen Bourgeoisie und Proletariat und stellt fest, dass sich die Zugehörigkeit nicht über ideelle, sondern materielle Faktoren ergibt.[18] Diese fremdbestimmte Zuordnung findet sich auch in der postsowjetischen Kulisse der Texte Rietzschels und Präkels'. Die Figuren leben in ländlichen Gebieten der neuen Bundesländer unmittelbar nach dem Zusammenbruch der DDR und der Wiedervereinigung Deutschlands. Wie die Angehörigen des Proletariats müssen sie ihre Arbeitskraft verkaufen, um zu überleben. In Marx' Theorie lebt das Proletariat in einem Abhängigkeitsverhältnis zur Bourgeoisie und hat wenig bis gar keine Kontrolle über den Produktionsprozess oder die Verteilung des erzeugten Werts. Das Motiv fehlender Kontrolle wird bei Rietzschel und Präkels subtil in den Vordergrund gerückt. Radikale Charaktere wie Menzel und Oliver alias Hitler reflektieren die gesellschaftspolitischen Zusammenhänge nicht explizit, fühlen jedoch umso stärker die Ohnmacht, die mit ihrer Klassenzugehörigkeit im Marx'schen Sinne einhergeht.

---

18 Vgl. Karl Marx, Der achtzehnte Brumaire des Louis Bonaparte, in: ders. und Friedrich Engels, Werke (MEW), Band 8, Berlin 1972, 115–123, hier: 115–116.

> „Manchmal", sagte Menzel, „hab ich Lust, die Leute anzuschreien und zu rütteln, weil mich das nervt, wenn niemand was sagt oder macht. Ich träume sogar davon. [...]"
> „Kenn ich", sagte Tobias. „Mich nervt die ganze Scheiße hier. Immer das Gleiche, und alles geht vor die Hunde. Immer schon, als wär das nie anders gewesen."
> „Als würde dich die ganze Zeit jemand fest umklammern, aber du willst das gar nicht. Du willst raus, aber kannst nicht."
> „Ja", sagte Tobias. [...]
> „Und dann will ich auf alles einschlagen, richtig rein mit der Faust, bis alles blutet. Der ganze Mist, den einfach keiner rafft."[19]

Die Desillusionen angesichts nicht eingelöster Versprechen des Kapitalismus werden in den Romanen sowohl durch die Elterngeneration vereinzelt explizit als auch in den tastenden Dialogen der enttäuschten Jugend indirekt verhandelt.

Der Fokus auf praktische und geografische Details in vielen Szenen verdeutlicht die Abwesenheit von erzählten Emotionen und macht die oben geschilderte Szene zu einem bedeutungsvollen Dialog, in dem die Ohnmacht und Wut tatsächlich einmal explizit verbalisiert werden.

Im Folgenden sollen exemplarisch Szenen der Romane die sprachlichen Eckpunkte einer neuen *Poetik des Konkreten* verdeutlichen.

4 Gefühlte Klasse oder Klassengefühle in Rietzschels *Mit der Faust in die Welt schlagen*

Rietzschels Roman beginnt mit einer biografischen Schlüsselszene der Familie im Jahr 2000. Sie beschreibt die vier Familienmitglieder in einem räumlichen Dispositiv, das ihre persönliche Lebenssituation widerspiegelt und ihre Charakterisierung vorwegnimmt.

> Da waren eine Grube und ein Schuttberg daneben. Mutter stand am Rand und blickte hinab auf die grauen Steine, die zu einer Mauer gestapelt worden waren. Dann hoch auf diesen Hügel aus Erde und Grasklumpen, Kies und Bruchstücken. Ihre beiden Söhne darauf. Tobi und Philipp. Bunte Jacken dreckverschmiert. Unten ihr Mann, wo der Keller entstehen würde.[20]

Die namenlose Mutter steht am Rand der Baugrube des zukünftigen Eigenheims, das einen gravierenden Umbruch bedeutet. Der Hausbau markiert den Übergang aus der unteren in die obere Mittelschicht. Sie verharrt am Rand, beobachtet die

---

19 Lukas Rietzschel, Mit der Faust in die Welt schlagen, Berlin 2019, 293.
20 Rietzschel, Mit der Faust in die Welt schlagen, 9.

Situation, versucht, die Lage zu überblicken. Erhöht stehen die Söhne, denen die Zukunft gehört, unten steht der Vater, der die vorherige Generation repräsentiert. Fragmentarische Beschreibungen („bunte Jacken dreckverschmiert") und die Nutzung zweier Verben „stand [...] und blickte", deren grammatikalische Funktion sich auf die darauffolgenden vier Sätze erstreckt, demonstrieren den minimalistischen sprachlichen Stil.

> Sie sah hin und her, dann über das Feld, gegenüber der Straße, die zu ihrem Haus führen würde. Dort verblassten die Flachdächer der Wohnblocks. Philipp sagte ihr, dass er sich nicht erinnern könne, dort jemals gelebt zu haben, er hatte davon gehört und die Bilder eines pummeligen Babys gesehen, das er sein sollte. Dann war der Umzug gekommen, weil Tobi sich angekündigt hatte, und jetzt, fünf Jahre später, das eigene Haus. Elf Jahre nach der Wende.[21]

Die Wende wird zum zeitlichen Bezugspunkt der Familiengeschichte – zur erneuten Stunde Null –, an dem die Bemühungen von Mutter und Vater im kapitalistischen System gemessen werden. Mit jedem Umzug erhöht sich das sozialräumliche Kapital der Familie und wird mit dem Hausbau auf eine höhere Stufe gestellt. Das historische Bewusstsein der neuen Generation ist aufgrund der fehlenden Erfahrung des Systemwechsels und der kindlichen Wahrnehmung weniger ausgeprägt. Biografische Brüche werden zu Erzähl- und Erinnerungslücken. Die Vergangenheit im Osten des wiedervereinigten Deutschlands ist für die Kinder nicht mehr als Hörensagen und Fotografien, während sie für die Eltern einen wichtigen Bestandteil ihrer Sozialisation und Lebenserfahrung bedeutet.

Die Fertigstellung des Hauses fällt mit der Einschulung des jüngeren Sohnes Tobias zusammen. Anhand der Schultüte als wiederkehrendem Symbol werden die Gefühle der verschiedenen Generationen exemplarisch hervorgehoben. Die Bemerkung der Großmutter, ihre Schultüte sei noch zur Hälfte mit Zeitungspapier gefüllt gewesen, verweist auf den Mangel und die Bescheidenheit der Kriegsgeneration. Der Vater erinnert sich, dass er die Schultüte nicht abstellen durfte, um die Spitze zu schützen. Die Wiederverwendung für folgende Geschwister und der daraus resultierende Respekt vor materiellen Gütern stehen im Mittelpunkt der Erinnerung seiner Generation.

Für Tobias fallen der ungewohnte, doch unverschuldete materielle Überfluss, die Mahnungen zur Sorgfalt, obwohl die Spitze längst geknickt ist, und die Erwartungen der Eltern und Großeltern an eine Dankbarkeit, die er allein nicht zu erfüllen im Stande ist, zusammen. Die Überforderung führt zu einem dissoziativen Zustand. Statt sich zu freuen und den Moment zu erleben, betrachtet Tobias sich von außen, fühlt sich wie in einer Manege. Als er die Schultüte endlich im Beisein aller

---

21 Rietzschel, Mit der Faust in die Welt schlagen, 9.

auspacken darf, werden die Geschenke fast ehrfürchtig einzeln herumgereicht und kommentiert. Tobias assoziiert das Geschehen mit einer Menschenkette, die Sandsäcke weitergibt. Das freudige Ereignis Einschulung lässt in ihm keine natürliche Freude aufkommen. „Die Leute freuten sich, also musste er sich auch freuen."[22]

Die Implikationen der Wende und des Krieges verstärken den ohnehin bestehenden Generationskontrast und führen dazu, dass Eltern und Großeltern wenig Kapazitäten für empathische Nachfragen haben. Das Gespräch am Tisch wird von Themen wie Arbeit und Krankheit geprägt. Passend dazu erscheint Uwe auf der Familienfeier, ein alkoholkranker, arbeitsloser Bekannter aus DDR-Zeiten, dessen Frau noch vor der Wiedervereinigung in den Westen gegangen ist, dessen Beziehung zur Stasi ungeklärt bleibt und der sich später das Leben nimmt. Er wird zur Symbolfigur der im Zuge der Wende gescheiterten Existenzen. Sein Selbstwert wird wiederholt über seine Arbeit bzw. Arbeitslosigkeit verhandelt. Als er der Familie auf der Baustelle aushelfen darf, geht es ihm kurzzeitig besser. Arbeit bleibt auch nach dem Ende der DDR ein zentraler Faktor der Identitätsstiftung.

Uwes Handlungsstrang verdeutlicht eindrucksvoll, wie sich nach Bourdieu Identität und sozialer Status über Arbeit konstituieren und gleichzeitig durch gesellschaftliche Umbrüche – hier die Wende – destabilisiert werden. Ökonomisches Kapital wird in der Erzählung als zentrale Grundlage für Selbstwert und soziale Anerkennung sichtbar.

Das soziale Kapital zeigt sich auch im Dialog zwischen Philipp und seiner Lehrerin. Als sie Philipp im Unterricht nach der Arbeit seiner Eltern fragt, wird der Stellenwert des Berufes für den gesellschaftlichen Status und die Befindlichkeit der Eltern, darüber definiert zu werden, deutlich.

> „Ich habe gehört, dass ihr ein Haus baut", sagte sie. „Ja." „Was arbeiten deine Eltern noch mal?" Die gleiche Frage von unterschiedlichen Leuten. Philipp antwortete darauf, wie er es für richtig hielt. „Elektriker und Krankenschwester." Vater, der schlauer war, sowieso, sagte, dass das niemanden etwas angehen würde. Vor allem nicht diese ganzen Lehrer, Ärzte, Beamten, Bonzen und Politiker.[23]

Die Frage nach dem Beruf der Eltern markiert eine subtile soziale Abfrage, durch die Positionierungen im gesellschaftlichen Raum vorgenommen werden. Philipp ahnt, dass die Antwort mehr als eine bloße Auskunft über die Berufe seiner Eltern ist. Er beantwortet sie pragmatisch, während sein Vater die Frage als Eingriff in den Klassenkampf deutet. Seine Ablehnung gegenüber ‚Lehrern, Ärzten, Beamten, Bonzen und Politikern' zeigt eine klare Abgrenzung zu jenen Gruppen, die über

---

22 Rietzschel, Mit der Faust in die Welt schlagen, 28.
23 Rietzschel, Mit der Faust in die Welt schlagen, 13.

symbolisches Kapital verfügen. Während Elektriker und Krankenschwestern als Teil des Proletariats nach Marx über den Verkauf ihrer Arbeitskraft definiert sind, werden die genannten Berufsgruppen als privilegierte, von der ‚echten' Arbeit entfremdete Klasse empfunden. Der Begriff „Bonzen" dient als klassenspezifischer Marker und macht deutlich, wie laut Bourdieu soziale Strukturen durch Sprache und Wahrnehmungsmuster reproduziert werden. Hier manifestiert sich ein spezifischer Habitus, der die Erfahrung struktureller Benachteiligung nach der Wende widerspiegelt.

Die Szenen werden nicht verfremdet erzählt oder künstlich ausgeschmückt, stattdessen findet sich eine Vielzahl von Chiffren, die mit dem Wissen um die jeweiligen Milieus decodiert werden können. Diese Chiffren sind Teil der reduzierten und zugleich bedeutungsvollen Erzählweise der *Poetik des Konkreten*.

Auch die folgende Szene der Großmutter im neuen Kinderzimmer verdeutlicht, wie materielles Kapital eng mit sozialer Anerkennung und Identitätsbildung verknüpft ist.

> In seinem Zimmer saß Großmutter auf dem Bett und strich über den Stoff des Überzuges. „Gefällt es dir?", fragte sie. Tobi ging zu ihr und sah sich um, als würde er den Raum das erste Mal betreten. „Ja", sagte er. Der Teppich gelb mit dunklen Dreiecken darauf. An Tobis Hosenbein ein Streifen Erde. „Endlich hast du dein eigenes Zimmer und ein eigenes Bett", sagte Großmutter. Endlich raus aus diesen Wohnblöcken. Wahrscheinlich wollte sie das sagen. Tobi setzte sich an seinen neuen Schreibtisch, auf den neuen Schreibtischstuhl und drehte sich ein wenig hin und her. Großmutter ging zum neuen Kleiderschrank, öffnete ihn. „So viel Platz", sagte sie erstaunt. Wenn Tobi aus dem Fenster sah, konnte er die Kastanie sehen, die vorm Haus stand. „Alles so hell und freundlich", sagte Großmutter, „das musst du natürlich alles sauber halten, damit es so bleibt."[24]

Die Szene zeichnet ein dichtes Bild des Umgangs der verschiedenen Generationen mit materiellen Gütern. Die vorsorglich fleckresistente Farbwahl des Teppichs spricht für die ressourcenschonende Planung der aufsteigenden Mittelschicht, die Erde an der Hose des Sohnes zeugt wiederum von seiner Freiheit. Der finanzielle Aufwand, dieses Haus zu bauen und dieses Zimmer einzurichten, ist ihm nicht bewusst. Erde auf dem Teppich bedeutet für ihn vorübergehenden Schmutz, während sie für die Eltern und Großeltern eine Wertminderung ihres mühsam erkämpften Statussymbols darstellt.

Der Respekt vor dem neuen Haus wird im sorgsamen Umgang der älteren Generation und ihrer Aufforderung zur Achtsamkeit deutlich. Es folgt die Zurschaustellung der Betrachtung, die Tobi nicht von selbst vornimmt, sondern für

---

24 Rietzschel, Mit der Faust in die Welt schlagen, 27–28.

seine Großmutter mimt. Das plötzliche Übermaß an Neuem, neuer Tisch, neuer Stuhl, neues Bett, lässt die Ereignishaftigkeit des Neuen verblassen.

Das Bett nimmt zudem eine zentrale Rolle ein. Dass die Großmutter darauf sitzt, zeugt von der Vertrautheit zwischen den Generationen. Auch wird das eigene Bett zum Symbol für ein würdevolles Leben des Jungen, „endlich". Als Angehörige einer Generation mit Kriegserfahrung honoriert die Großmutter eine eigene Schlafstätte, der übermäßige Platz für Kleidung erscheint ihr jedoch fast dekadent. Tobi hingegen sieht sich in einem höflichen, doch uninteressanten Gespräch, zu dem er lediglich ein Wort beiträgt und dessen historischer Dimension er sich nicht bewusst ist. Die dichte Darstellung und Kontrastierung der Perspektiven ist Merkmal der *Poetik des Konkreten*.

Zum Motiv für Wut und missverstandene Wut wird der Vulkan. Die Brüder finden Interesse an Vulkanen, spielen an den Erdhügeln der Baustelle Vulkanausbrüche nach, betrachten ihre Bilder in Büchern. Tobi assoziiert die brennende Lavagewalt mit der Zerstörung Dresdens. „Wie Dresden, als es brannte. Wann auch immer Dresden derart gebrannt haben mochte. Das hatte er nicht verstanden."[25] Die Fragmentierung von Wissen um Zusammenhänge und die fehlende historische Dimension tauchen im Roman wiederholt auf und isolieren die aufwachsende Generation von der Eltern- und Großelterngeneration. Als seine Mitschüler und er das Garagentor der Schule bemalen dürfen, entscheidet sich Philipp, einen Vulkan darzustellen, und schleudert seinen Pinsel mit reichlich roter Farbe gegen das Tor, sodass es „wie eine Explosion aus[sah]. Als würde das Feuer wirklich aus dem Berg kommen".[26] Die anderen Kinder fühlen sich davon gestört, bitten die Lehrerin um Hilfe, wollen das Bild übermalen. Philipp kann nicht erklären, dass der Vulkan für ihn eine Bindung zum Bruder symbolisiert, obwohl er dies im Stillen reflektiert. Und so wird beschlossen, dass die „rostige Wunde",[27] sobald sie getrocknet ist, abgespachtelt wird. Dass Philipp einwilligt, zeigt seine Anpassungsfähigkeit. Obwohl er von den anderen Kindern isoliert wird, radikalisiert er sich nicht, sondern gibt, entgegen seinem inneren Empfinden, nach.

Tobis Isolation äußert sich ebenfalls in der Konstellation mit den Mitschülern. Am ersten Schultag fordert die Lehrerin die Kinder auf, das Klassenmaskottchen, eine Katzenhandpuppe, zu begrüßen und mit ihrer Hilfe etwas über sich zu erzählen.

---

25 Rietzschel, Mit der Faust in die Welt schlagen, 11.
26 Rietzschel, Mit der Faust in die Welt schlagen, 35.
27 Rietzschel, Mit der Faust in die Welt schlagen, 35.

> Tobi sagte nichts. Er wollte noch näher an die Wand rücken. Sich klein machen. Kleiner, als er ohnehin schon war. [...]
> Der Junge neben ihm richtete sich auf, sah die Katze und wandte sich an Tobi. „Wo kommt die Katze her?", fragte er. Er flüsterte nicht. Er wusste wohl nicht, dass er in der Schule flüstern musste. [...]
> Tobi wollte die Katze nicht. Weder, dass sie auf einmal vor ihm lag, noch seine Hand hineinstecken. Vor allem nicht darüber reden, wer er war.[28]

Die Szene zeigt Tobias' Habitus, der durch Unsicherheit und sozialen Rückzug geprägt ist. Sein Wunsch, sich „klein [zu] machen", deutet auf ein internalisiertes Klassengefühl der Unterlegenheit hin, das durch den Kontrast mit dem extrovertierteren Jungen verstärkt wird. Die Situation zwingt ihn jedoch, sich zu zeigen und damit seine soziale Position preiszugeben. Als sein Vater später kurz angebunden nachhakt, was Tobi in der Klasse erzählt hätte, ist er mit Tobis kurzer Antwort zufrieden und setzt das Gespräch mit ihm nicht fort. Die eher prüfende als interessierte Frage bestätigt den durch Verschlossenheit und soziale Angst geprägten Habitus der Familie.

Die Gefühle der Protagonisten werden in der *Poetik des Konkreten* im Stillen verhandelt: Die Empfindungen der Eltern, die sich sowohl gegenüber ihren Kindern als auch einander verschließen, bleiben unausgesprochen; die Kinder selbst können ihre Gefühle nicht benennen und einordnen und die Gesellschaft lässt wenig Raum für Empathie und befördert statt Gefühlsausdruck Härte und Schweigen. Die größten Gefühle können unter den jungen Männern nicht ausgesprochen werden. Die Ersatzhandlungen, die aus dem Schweigen resultieren, müssen für sie sprechen und fallen daher laut und destruktiv aus – Körperverletzung und Sachschäden sind die Folge.

Ein starkes Mittel, Gefühle oder Klassengefühle zu erzählen, ist bei Rietzschel folglich die Leerstelle, das Schweigen und Nichtaussprechen von Gefühlen. Auch hier zeigt sich die *Poetik des Konkreten*. Ehepartner und Eltern verschweigen ihre Emotionen voreinander ebenso wie vor ihren Kindern. Kinder finden keine Worte für ihre Gefühle und werden von Lehrkräften missverstanden. Und so kommt es, dass die anfangs geschilderte Szene zwischen Menzel und Tobi von den Jugendlichen als einmalige Entgleisung gelesen wird. Unangenehm berührt fürchten sie:

> „Ich weiß nicht, wie ich das sagen soll", sagte Menzel. „Das klingt wahrscheinlich richtig schwul."
> „Nein, gar nicht", sagte Tobias. [...]
> „Verstehst du das?", fragte er.

---

28 Rietzschel, Mit der Faust in die Welt schlagen, 39.

> „Ja, bisschen", sagte Tobias. Natürlich verstand er ihn. Er hätte es ihm überall sagen können, vielleicht nicht unbedingt am Steinbruch. Beide in Badehose mit der blassen Haut und den verbrannten Nacken vom Mopedfahren. Das musste seltsam aussehen für einen Dritten. So, als würden sie sich ihre Liebe gestehen.[29]

Die verbale Verhandlung von Unzufriedenheit, die Thematisierung von Gefühlen, kommt den Jungen so unmöglich vor, dass die geringste Reflexion durch Übertreibung ins Lächerliche gezogen werden muss. Gefühle zu äußern, scheint kategorisch schwach, und so werden diffamierende Ausdrücke für Homosexualität, die im rechten Weltbild mit fehlender Männlichkeit assoziiert wird, genutzt, um sich von den eigenen Gefühlen zu distanzieren. Die wenn auch simple Schlussfolgerung der Jungen entspricht dem Prinzip der revolutionären Umgestaltung der gesellschaftlichen Verhältnisse:

> „Dieses ganze System ist am Arsch", sagte Menzel. „Diese Gesellschaft, wo niemand mehr sagen kann, was er will. Wo dir vorgeschrieben wird, was du essen, wie viel du trinken und wie schnell du fahren darfst. Du bist ein Rassist, du bist ein Sexist! Die sollen alle mal die Fresse halten!"
> „Weißt du, was ich glaube?", sagte Tobias.
> „Hm?", fragte Menzel.
> „Es braucht mal wieder einen richtigen Krieg."[30]

Dass niemand sagen kann, was er will, liegt jedoch eher an dem fehlenden Austausch innerhalb der Familie, dem Schweigen angesichts der eigenen ungelösten Konflikte, als an fehlender Meinungsfreiheit. Dieses Schweigen wird in der *Poetik des Konkreten* durch Auslassungen und sorgfältig konstruierte Dialoge dargestellt. Die gefühlte Ohnmacht und der soziale Ausschluss führen zum Umschwung in einen selbst gewählten Ausstieg, in dem die Jugendlichen Handlungsmacht vermuten und sich gegen die Gesellschaft wenden. Zwischen ihnen entsteht ein neues Klassengefühl. Marx geht von einer Art Emanzipation des Klassenbewusstseins aus, bei dem die Klasse sich ihrer selbst bewusst wird („Klasse für sich") und erst in diesem Bewusstsein gestärkt wird, um schließlich die Revolution anzuleiten.[31]

---

29 Rietzschel, Mit der Faust in die Welt schlagen, 294.
30 Rietzschel, Mit der Faust in die Welt schlagen, 294.
31 Vgl. Karl Marx, Das Elend der Philosophie, in: ders. und Friedrich Engels, Werke (MEW), Band 4, Berlin 1972, 63–182, hier: 180.

5 Beobachtete Klassengefühle in Manja Präkels' *Als ich mit Hitler Schnapskirschen aß*

Vielleicht hat mir Hitler das Leben gerettet, damals.[32]

Der erste Satz des Romans präsentiert den schonungslosen Kontrast von Vertrautheit, sogar Dankbarkeit und einem Spitznamen, der nicht provokativer sein könnte. Die Handlung wird aus der Sicht der Ich-Erzählerin Mimi geschildert, deren Stil weniger fragmentiert, dafür mündlicher geprägt ist. Obwohl Hitler eigentlich Oliver heißt, nennt Mimi ihn auch in ihren Erinnerungen bei seinem selbst gewählten Spitznamen. Die Akzeptanz des Namens durch sein Umfeld verleiht demjenigen, der ihn gewählt hat, Bestätigung; die Beiläufigkeit, in der er verwendet wird, zeugt von einer gewissen Gewöhnung.

Der Ton, der in dieser ersten Zeile des Romans gesetzt wird, deutet auf ein spezielles Verständnis von Gemeinschaft und Klassengefühl hin. Mimi erzählt im ersten Kapitel von den vergangenen Sommern, von heimlich gerauchten Zigaretten, häuslicher Gewalt und Vernachlässigung, wie andere von fröhlichen Kindheitserinnerungen schwärmen. Sie erzählt von Wintern, in denen sie ein schüchternes Mädchen wiederholt mit Schneebällen überfielen und ihr die Mütze stahlen, und fügt an: „Ich glaube, sie hatte keine Freunde außer uns."[33] Die Erzählerin berichtet von Anfang an aus ihrer subjektiven Perspektive mit einem ganz eigenen Wertesystem, an dem sich diejenigen, die weniger rau aufgewachsen sind, stoßen sollen. Besonders frühe Erinnerungen werden aus der Perspektive des kindlichen Weltwissens heraus geschildert:

> In der Poliklinik am Stadtrand verschrieb mir eine etwa hundertjährige Ärztin Beinschienen, kalte Apparate aus Metall und Leder. Pappi und Mutsch zuckten nur traurig mit den Achseln. Nacht für Nacht musste ich die Dinger tragen und dabei ganz gerade in meinem Gitterbett liegen. Konnte mich nicht bewegen.[34]

Der Stil ist prägnant und lakonisch, die Erzählhaltung distanziert. Die elliptische Konstruktion („Konnte mich nicht bewegen.") verstärkt den Eindruck von Hilflosigkeit, passend zur Einschränkung durch die Beinschienen. Die Wortwahl ist einfach, aber wirkungsvoll: Die „hundertjährige Ärztin" überzeichnet ironisch die Erfahrung mit dem medizinischen System als althergebrachte Autorität, während

---

32 Manja Präkels, Als ich mit Hitler Schnapskirschen aß, München 2019, 7.
33 Präkels, Als ich mit Hitler Schnapskirschen aß, 8.
34 Präkels, Als ich mit Hitler Schnapskirschen aß, 15.

„kalte Apparate aus Metall und Leder" archaische Kühle vermitteln. Die Bezeichnungen „Pappi und Mutsch" kontrastieren mit der strengen Klinikszene und suggerieren Kindlichkeit und Intimität. Die *Poetik des Konkreten* zeigt sich in der reduzierten, unmittelbaren Sprache, die ohne Umschweife körperliche und emotionale Zustände erfasst.

Die innerfamiliären Verhältnisse werden anhand des Ablaufs von Familiengeburtstagen geschildert, auf denen sich die Kinder unbeobachtet an Schnapskirschen berauschen, während die Eltern- und Großelterngeneration nebenan feiert. Und so werden die titelgebenden Schnapskirschen zugleich zum Symbol für Nostalgie und Vernachlässigung.

> Hoppla, wie da eine gewaltige Armada von Kuchengabeln zielstrebig den Mündern entgegenschaufelte! Dem Gläsertreiben war ebenfalls kaum zu folgen, und oft rückten wir näher heran, verglichen die Trinkgeschwindigkeiten unserer Väter und lernten, die verschiedenen Likörsorten den anwesenden Omas und Tanten zuzuordnen.[35]

Die Szene offenbart subtile Mechanismen von kulturellem und sozialem Kapital. Das gemeinsame Essen und Trinken fungiert als sozialer Habitus, in dem bestimmte Tischsitten, Trinkgeschwindigkeiten und Vorlieben als klassenspezifische Codes erlernt werden. Mimi, Oliver und die anderen Kinder beobachten und übernehmen diese Muster, wodurch sich soziale Zugehörigkeit und Distinktion generationsübergreifend reproduzieren. Die spielerische Kategorisierung der Liköre zeigt, wie kulturelles Kapital früh vermittelt wird.

> Während sich die Mütter und Tanten schrill in Rage plapperten und die Väter inbrünstig zum Mord an einem Fußballschiedsrichter der Kreisliga aufriefen, saßen wir besoffen am Kindertisch. Und der Opa hatte wieder diesen rührseligen Blick, den er immer bekam, wenn er von früher sprach: „Im Kriech, da hat's dit nich jejeben. Da hat doch keener nich nach jefracht!" Und die Oma hörte gar nicht mehr hin, denn sie war eingeschlafen, im Sitzen, während ein Stück Torte an ihrem behaarten Kinn bammelte. Es war immer dasselbe.[36]

Die Hierarchien sind klar verteilt: Die Erwachsenen nehmen stereotypisierte Rollen ein – die Mütter kommunikativ und schrill, die Väter laut und aggressiv –, während die Kinder als passive Beobachtende deren Verhaltensweisen studieren. Der Großvater repräsentiert die Generation, deren Habitus maßgeblich durch Kriegserfahrungen geprägt ist, was sich in seiner nostalgischen Erzählweise manifestiert.

Durch die von Mündlichkeit geprägte Sprache und den wiedergegebenen Dialekt bzw. Soziolekt wird soziale Zugehörigkeit codiert. Der Berliner Dialekt des

---

35 Präkels, Als ich mit Hitler Schnapskirschen aß, 9.
36 Präkels, Als ich mit Hitler Schnapskirschen aß, 9.

Großvaters verweist auf eine bestimmte Schicht und Erfahrungswelt, während die erzählten Bilder – das ‚bammelnde' Tortenstück, das überdrehte Familienchaos – eine groteske, fast satirische Note einbringen. Der resignierte Abschluss („Es war immer dasselbe.") verstärkt das Gefühl sozialer Stagnation und zyklischer Wiederholung familiärer Muster.

Neben dem in den Dialogen allgegenwärtigen groben Umgangston spielen Schweigen, Verschweigen und Anvertrauen eine wichtige Rolle in Präkels' Roman.

Die Eltern setzen den Familienhund zur Sicherheit des Neugeborenen im Wald aus, verschweigen dies Mimi und behaupten, sie führen ihn in ein Tierheim. Von ihrer Oma erfährt Mimi die Wahrheit, das schwer zu verarbeitende Geständnis wird gefolgt von einem: „So ist das Leben."[37] Die Großmutter ist es auch, die Mimi Geschichten aus ihrer eigenen Kindheit anvertraut – unter anderem von einem kleinen Mädchen, das in ihrer Obhut ertrunken ist und zu der Mimi bemerkt: „Ich kannte die Geschichte auswendig. Ein weiteres Geheimnis, das sie mir anvertraut hatte. Es war nicht das schlimmste, aber eins, das ich verstand."[38] Die verschiedenen Szenen beleuchten, wie Präkels' Roman Sprache nicht nur als Mittel der Kommunikation, sondern auch als Ausdruck von asymmetrischen Machtverhältnissen, emotionaler Distanz und generationsübergreifender Erfahrung nutzt.

Das Verschweigen und Verdrängen – etwa die Lüge der Eltern über das Schicksal des Hundes – zeigt eine Form der Schutzstrategie, die gleichzeitig Entfremdung schafft. Die Wahrheit wird erst über die Großmutter zugänglich, deren lakonische Reaktion eine Haltung von Resignation und pragmatischem Realismus offenbart.

Auch das Anvertrauen von Geschichten ist zentral: Die Großmutter teilt Erfahrungen, die Mimi teilweise noch nicht einordnen kann. Während sie weinend erzählt und das Kind als Vertrauensperson nutzt, nimmt sie keine Rücksicht auf die möglichen Auswirkungen auf ihre Enkelin.[39] Als diese selbst betroffen ist, vom Verlust ihres Hundes, bleibt die Großmutter nüchtern und unaufgeregt, was erneut eine Asymmetrie und Kühle erzeugt.[40] Das Ausbleiben emotionaler Reaktionen verstärkt die Wirkung der geschilderten Ereignisse aufseiten der Lesenden und betont die Rolle von Sprache als Medium der generationsübergreifenden Weitergabe von Traumata.

---

37 Präkels, Als ich mit Hitler Schnapskirschen aß, 25.
38 Präkels, Als ich mit Hitler Schnapskirschen aß, 39.
39 Präkels, Als ich mit Hitler Schnapskirschen aß, 39.
40 Präkels, Als ich mit Hitler Schnapskirschen aß, 25.

Der grobe Umgangston in den Dialogen spiegelt eine soziale Umgebung wider, in der direkte, oft harte Sprache vorherrscht und Emotionen meist indirekt vermittelt oder nicht zugelassen werden.

> „Und wie heißt du?"
> „Geht dich 'n Scheißdreck an."
> Mein neuer Freund Hitler, der damals noch Oliver hieß, wohnte drei Häuser weiter, war eine Klassenstufe über mir und lief meist allein über den Schulhof. [...]
> Von ihm lernte ich, dass Schweigen nichts Schlimmes sein muss. Er brachte mir bei, nicht alles laut auszusprechen und im richtigen Moment zu fragen. [...]
> „Wirklich schade, dass deine Alte Pionierleiterin is", seufzte Oliver in einem Anfall von Gesprächigkeit. „Aba da kann man nüscht machen."[41]

Die Szene verbildlicht, wie die Isolierten zusammenfinden und eine Gemeinschaft bilden. Sie werden Freunde, weil sie sonst niemanden haben, zugleich bedeutet dies nicht, dass sie weniger grob miteinander sind oder sich einander ungezwungen anvertrauen. Knappe Gefühlsäußerungen werden als „Anfall von Gesprächigkeit" bezeichnet und weisen auf die Schweigsamkeit des Freundes im Normalzustand hin.

Das Ende der DDR nehmen Mimi und ihre Freunde wie folgt wahr:

> Was mit unserem Land, der DDR, geschah, war aus der Froschperspektive schwer zu überblicken. Niemand sprach mehr von ihr. Waren wir noch da? [...] Die Südafrikaner hatten gerade die Apartheid abgeschafft, aber, wie Zottel bei jedem unserer Treffen zu bemerken pflegte: „Bei uns jibt's jetz endlich wieder Nazis. Prost!"[42]

Die Metapher der Froschperspektive verweist auf die Ohnmacht der Figuren gegenüber den historischen Veränderungen. Der Stil ist knapp und ironisch, wodurch die Perspektivlosigkeit und die Entfremdung durch den sozialen Bruch nach der Wende betont werden. Die elliptische Frage „Waren wir noch da?" unterstreicht die Identitätskrise. Das Klassengefühl zeigt sich in Resignation und Zynismus: Während in Südafrika gesellschaftlicher Fortschritt gefeiert wird, kommentiert Zottel bitter, dass in Ostdeutschland Rechtsextremismus zurückkehrt. Der „seit den Anfängen der DDR dominanten offiziösen Haltung, der der Faschismus als das Ganz Andere, der DDR Fremde und damit auch Erledigte galt",[43] wird hier ein knapper, fatalistischer Satz einer linkspolitischen Figur entgegengesetzt. Die ironische Verbindung zwischen globalem Wandel und lokaler

---

41 Präkels, Als ich mit Hitler Schnapskirschen aß, 22.
42 Präkels, Als ich mit Hitler Schnapskirschen aß, 102.
43 Wolfgang Emmerich, Der ganz gewöhnliche Faschismus, in: ders., Die andere deutsche Literatur: Aufsätze zur Literatur aus der DDR, Opladen 1994, 38–45, hier: 40.

Radikalisierung verdeutlicht eine verlorene Generation, die sich ihrer sozialen Marginalisierung bewusst ist, aber keinen Handlungsspielraum sieht.

Die konkreten Auswirkungen der Wiedervereinigung auf die junge Generation werden über die neue Konsumwelt verhandelt.

> Westgeld. Die Schaufenster waren zu klein geworden. [...] Ulli war untröstlich. Noch zu Jahresbeginn hatte sie für den Rekorder ihre gesamte Jugendweihekasse geopfert. Das durfte man jetzt keinem mehr erzählen. Sonst war man blöd. Dabei passierte es doch allen. Wir drängelten uns im Neonlicht der neu eröffneten Klamottenläden, um die Jeanshosen später auf dem Schulhof aneinander wiederzuerkennen. Wie peinlich. Zottel, der gerade eine Maurerlehre absolvierte, lachte herzhaft angesichts meiner Probleme mit der neuen Kleiderordnung: „Ick war schon immer heavy. Ick musste meine Uniform nich wechseln!"[44]

Der prägnante Erzählstil stellt verdichtet die soziale Verunsicherung nach der Wende dar. Die zu kleinen Schaufenster symbolisieren den plötzlichen Überfluss und die Überforderung durch die neue Konsumwelt. Sachliche Schilderung und ironische Kommentare wechseln sich ab. Hier wird die soziale Anpassung an den abrupten Wandel von ökonomischem und kulturellem Kapital sichtbar: Während das Westgeld neue Möglichkeiten eröffnet, verliert zuvor wertvolles und mühsam erspartes Kapital (die Jugendweihekasse) seinen symbolischen Wert.

Das Klassengefühl wird durch die Reaktionen auf den Kleidungszwang sichtbar. Während die Jugendlichen um den Einheitsstil der Markenklamotten konkurrieren, nimmt Maurerlehrling Zottel eine distanzierte, selbstbewusste Haltung ein. Sein Dialekt und die ironische Verwendung des englischen Begriffs zeigen den Stolz auf seine Arbeiteridentität und die Ablehnung der Anpassung an die neue Konsumkultur.

6 Fazit

Klassengefühle spielen eine zentrale Rolle in beiden Romanen, da sie nicht nur den Werdegang der Individuen prägen, sondern auch die Verschiebungen des sozialen Zusammenhalts beschreiben. Konflikte im Roman entstehen, sobald die Figuren die gemeinsame Gruppe oder Klasse verlassen möchten oder sich von ihr abgelehnt fühlen.

Besonders deutlich wird der Effekt der *Poetik des Konkreten*, wenn Rietzschel und Präkels die Sprachlosigkeit derjenigen einfangen, die am stärksten von sozia-

---

44 Präkels, Als ich mit Hitler Schnapskirschen aß, 101.

lem Abstieg betroffen sind. Aus Scham, Wut oder mangelnden Ausdrucksmöglichkeiten verstecken die Figuren ihre Emotionen hinter wenigen Worten oder flüchten sich in Gewalt.

Mimi selbst, die Erzählerin, distanziert sich, wie die Figur Philipp bei Rietzschel, von der Radikalisierung. Mimi bleibt eine beobachtende Figur, die reflektiert, selbst jedoch nicht aktiv (durchaus aber passiv als Opfer von Gewalt) in die extremen Entwicklungen involviert wird. Sie verarbeitet die gesellschaftlichen Brüche durch Reflexion ihrer Erinnerungen. Ihre subjektive Perspektive verknüpft persönliche Erlebnisse mit gesellschaftlichen Entwicklungen. Der Einsatz der *Poetik des Konkreten* in Präkels' Roman zeigt sich im Kontrast zwischen Mimis emotionaler Reflexion und den groben Äußerungen ihres Umfelds sowie den sachlichen Situationsbeschreibungen.

Der reduzierte Stil der *Poetik des Konkreten* zieht sich in Rietzschels Fall durch den gesamten Roman und ist auf jeder Ebene der Erzählung präsent. *Poetik des Konkreten* ist dabei nicht nur Mittel realistischer Erzählung, sondern transportiert durch Auslassungen und Perspektivwechsel die beschränkte Wahrnehmung der Protagonisten, die nur das verarbeitet, was sich innerhalb ihres Verstehenshorizontes befindet oder was sie sich erlauben. So schweigen Eheleute sich an, bleiben Kinderfragen unbeantwortet oder werden erst gar nicht gestellt.

Die Analyse zeigt, dass *Poetik des Konkreten* nicht nur ein Stilmittel, sondern eine ästhetische Strategie ist, um Klassenzugehörigkeit und soziale Marginalisierung zu vermitteln. Während Rietzschel durch Fragmentierung und Reduktion Sprachlosigkeit und soziale Ohnmacht ausdrückt, nutzt Präkels eine mündlich geprägte, oft ironische Erzählweise, um soziale Distinktionen innerhalb ihrer Figurenwelt sichtbar zu machen.

Die Verwendung direkter Sprache in beiden Romanen verweist auf die spezifischen Habitus der dargestellten Milieus: Der reduzierte Stil reflektiert die Erfahrungen sozialer Benachteiligung, während bestimmte Soziolekte und Dialekte den sozialen Raum der Figuren markieren. Bourdieus Kapitaltheorie hilft, diese sprachlichen Mechanismen als Mittel der Klassenidentifikation zu verstehen: Sprache ist nicht nur Ausdruck von Klassenzugehörigkeit, sondern auch Mittel der sozialen Reproduktion.

Die *Poetik des Konkreten* verweist damit auf eine literarische Praxis, die sich gegen symbolische Hierarchien stellt. Indem sie die Sprache derjenigen sichtbar macht, die in der klassischen Literatur oft übergangen werden, leistet sie nicht nur eine ästhetische, sondern auch eine soziale Intervention. Die Romane von Rietzschel und Präkels stehen damit in einer literarischen Tradition, die die Erfahrungswelt sozialer Randgruppen nicht nur thematisiert, sondern formal in ihre Ästhetik integriert.

Die literarischen Momentaufnahmen Rietzschels und Präkels' werden so zur Antwort der Gegenwart auf den Ankunftsroman, in dem alles nur noch scheinbar verhandelt werden muss, bis die Protagonisten erkennen, dass der Sozialismus bereits erkämpft ist und die klassenlose Gesellschaft jedem ein gutes Leben garantiert. Das Ende dieser Utopie durch die Wiedervereinigung bricht jede Gewissheit auf und wirft die beantwortet geglaubten Fragen nach Identität, individueller wie auch kollektiver, erneut auf.

Literatur

Primärliteratur

Gomringer, Eugen: manifeste und darstellungen der konkreten poesie 1954–1966 (66/ IV), St. Gallen 1966.
Handke, Peter: Die Angst des Tormanns beim Elfmeter, Berlin 2012.
Kafka, Franz: Die Verwandlung, Stuttgart 2001.
Präkels, Manja: Als ich mit Hitler Schnapskirschen aß, München 2019.
Rietzschel, Lukas: Mit der Faust in die Welt schlagen, Berlin 2018.

Sekundärliteratur

Bogdal, Klaus-Michael: Zwischen Alltag und Utopie: Arbeiterliteratur als Diskurs des 19. Jahrhunderts, Wiesbaden 1991.
Bourdieu, Pierre: Die feinen Unterschiede. Kritik der gesellschaftlichen Urteilskraft, Frankfurt a. M. 1982.
Dröse, Astrid: Poetik des Realen, in: Scientia Poetica 22 (2018), H. 1, 229–244.
Emmerich, Wolfgang: Der ganz gewöhnliche Faschismus, in: ders., Die andere deutsche Literatur: Aufsätze zur Literatur aus der DDR, Opladen 1994, 38–45.
Endreva, Maria: Arbeitswelten im 21. Jahrhundert. Dystopien und Dynamiken in der deutschsprachigen Gegenwartsliteratur, Bielefeld 2024.
Exner, Isabel: Vergegenwärtigung II. Schmutz-Poetik und die Unmittelbarkeit des Realen bei Pedro Juan Gutiérrez, in: dies., Schmutz. Ästhetik und Epistemologie eines Motivs in Literaturen und Kulturtheorien der Karibik, Paderborn 2017, 237–271.
Fischer, Sören: Konkrete Kunst. Streifzüge durch eine Welt der Ungegenständlichkeit. Teil I: László Moholy-Nagy, Theo van Doesburg und Max Bill, in: Konkret Kunst, hg. von Sören Fischer und Dieter Scheid, Kaiserslautern 2023, 8–25.
Iser, Wolfgang: Der implizite Leser. Kommunikationsformen des Romans von Bunyan bis Beckett, München 1972.
Kauschke, Christina: Linguistische Perspektiven auf Emotion und Sprache, in: Emotionen. Ein interdisziplinäres Handbuch, hg. von Hermann Kappelhoff et al., Stuttgart 2019, 262–271.
Lévi-Strauss, Claude: La pensée sauvage, Paris 1990.
Ludwig, Martin H.: Arbeiterliteratur in Deutschland, Stuttgart 1976.

Marx, Karl: Das Elend der Philosophie, in: ders. und Friedrich Engels, Werke (MEW), Band 4, Berlin 1972, 63–182.
Marx, Karl: Der achtzehnte Brumaire des Louis Bonaparte, in: ders. und Friedrich Engels, Werke (MEW), Band 8, Berlin 1972, 115–123.
Mau, Steffen: Ungleich vereint. Warum der Osten anders bleibt, Berlin 2024.
Prinz, Katharina, und Simone Winko: Sympathielenkung und textinterne Wertungen, in: Sympathie und Literatur. Zur Relevanz des Sympathiekonzeptes für die Literaturwissenschaft, hg. von Elisabeth Kampmann und Claudia Hillebrandt, Berlin 2014, 99–127.
Rancière, Jacques: Die Nacht der Proletarier, Berlin und Wien 2012.
Schwarz-Friesel, Monika: Sprache und Emotion, Stuttgart und Tübingen 2013.
Stieg, Gerald, und Bernd Witte: Abriß einer Geschichte der deutschen Arbeiterliteratur, Stuttgart 1973.
Torra-Mattenklott, Caroline: Literaturwissenschaft als Wissenschaft des Konkreten, in: Komparatistik heute. Aktuelle Positionen der Vergleichenden Literatur- und Kulturwissenschaft, hg. von Jörn Steigerwald, Hendrik Schlieper und Leonie Süwolto, Paderborn 2021, 249–277.
Winko, Simone: Kodierte Gefühle. Zu einer Poetik der Emotionen in lyrischen und poetologischen Texten um 1900, Berlin 2003.

Carolin Führer
Schreibweisen des Prekären im Werk von Heinz Strunk

1 Einleitung

Aktuell ist eine intensive Auseinandersetzung mit deklassierten Milieus sowohl in der europäischen als auch der deutschsprachigen Gegenwartsliteratur feststellbar.[1] Für das ästhetische und erzählerische Programm Heinz Strunks sind Prekariat und Deklassierung seit Langem zentral. In seinen Werken treten durchgängig Protagonisten und Nebenfiguren auf, die ‚bürgerliche' Biografien nicht realisieren, die dem Druck der Leistungsgesellschaft nicht standhalten und die den Habitus des Turbokapitalismus weder antizipieren noch daran partizipieren können. Mit welchen Schreibweisen[2] und Affektpoetiken Strunk diese prekäre Semantik gestaltet, ist Gegenstand dieses Beitrags.

Wechselwirkungen von Prekarität und Darstellungsverfahren zeigen sich im literarischen Schaffen von Heinz Strunk in der Art und Weise, wie diese Texte strukturiert sind, wie und was sie erzählen – und wie Prekarität in ihnen emotional codiert ist. Strunks Œuvre eröffnet dabei Einblicke in prekäre Lebensweisen,

---

1 Vgl. Eva Blome, Rückkehr zur Herkunft. Autosoziobiografien erzählen von der Klassengesellschaft, in: Deutsche Vierteljahrsschrift für Literaturwissenschaft und Geistesgeschichte 94 (2020), H. 3, 541–571; Lars Henk, Marie Schröer und Gregor Schuhen, Prekäre Männlichkeiten. Klassenkämpfe, soziale Ungleichheit und Abstiegsnarrative in Literatur und Film, Bielefeld 2022; Till Mischko, Prekarität in deutschsprachigen Romanen der Gegenwart, Berlin et al. 2022; Michiel Rys und Liesbeth François, Re-Imagining Class. Intersectional Perspectives on Class Identity and Precarity in Contemporary Culture, Leuven 2024; Carolin Führer, Prekäre Kindheit und Jugend. Soziale Frage(n) in kulturwissenschaftlicher und literaturdidaktischer Perspektive, in: Ökonomisches Wissen und ökonomische Bildung im Literaturunterricht, hg. von Uta Schaffers und Nicole Mattern, Baltmannsweiler 2020, 114–127.
2 Schreibweisen sind in einem literaturwissenschaftlichen „engen und präzisen Sinn definiert als ‚ahistorische Konstanten wie das Narrative, das Dramatische, das Satirische' [...], in einem weiten und relativ unspezifischen Sinne fungiert der Terminus [...] dagegen als Sammelbegriff zur Bezeichnung ganz unterschiedlicher Aspekte der Textgestaltung (z. B. Stil, Metaphern, rhetorische Figuren, Symbole) und wird oft weitgehend synonym mit ‚literar. Darstellungsverfahren' verwendet" (Ansgar Nünning, Art. „Schreibweisen", in: Metzler Lexikon Literatur- und Kulturtheorie. Ansätze – Personen – Grundbegriffe, hg. von dems., 5. Aufl., Stuttgart und Weimar 2013, 678–679, hier: 678).

die kulturgeschichtlich bereits einen langen Vorlauf haben:[3] Prekäres Erzählen ist in der Literaturgeschichte häufig mit einer gesellschaftskritischen Poetologie verbunden worden: Im *Woyzeck* (1879)[4] ist der Protagonist das Produkt der Ständegesellschaft, in *Die Ratten* (1911)[5] werden die existenziellen Ängste des Kleinbürgertums bzw. Proletariats sozialkritisch reflektiert und auch in *Kleiner Mann – was nun?* (1932)[6] wird ein Abstieg ins gesellschaftliche Nichtssein schonungslos porträtiert. In jüngeren Texten der Industriegesellschaft wie Max von der Grüns *Irrlicht und Feuer* (1963)[7] oder Erika Runges *Bottroper Protokollen* (1968)[8] wird Ausgeschlossensein ebenfalls als Systemproblem beschrieben. Lediglich in der Literatur des sozialistischen Realismus erschien das Prekäre eher als ein Auswuchs des Kapitalismus, dem man „die Anti-Dekadenz [...] de[r] ‚werktätigen Massen'"[9] gegenüberstellen wollte. In der aktuellen Gegenwartsliteraturforschung geraten Klassenerzählungen nun erneut in den Blick, insbesondere auch deren Verschränkung mit Männlichkeit;[10] Zusammenhänge zwischen dem Populären und dem Prekären wurden jedoch bisher wenig ausgeleuchtet. In der literaturwissenschaftlichen Forschung wurde bislang vor allem der „Klassenwechsel qua Bildung und dessen Hindernissen"[11] fokussiert, womit „zugleich [...] Analysen der Mechanismen von Reproduktion und Nicht-Reproduktion bestehender Sozialverhältnisse"[12] in der Literatur vorliegen. Die Texte von Heinz Strunk fügen sich einerseits in die Klassenthematik ein, andererseits verlaufen sie jedoch in vielerlei Hinsicht quer zu dem bisher Beschriebenen, nicht zuletzt, da sie sich eher der populären Kultur „als Kultur der Machtlosen, der ‚niederen' Schichten und/oder der Ungebildeten bzw. der von der ‚hohen' Kultur Abgewandten"[13] zuordnen lassen.

Im folgenden Beitrag werden nun zunächst die literarischen Rahmen von Strunks Narrationen des Prekären abgesteckt, um dann das Verhältnis von Sozialfiguren und Erzählanlagen werkimmanent zu vergleichen. Fixpunkte seiner Af-

---

[3] Vgl. Patrick Eiden-Offe, Die Poesie der Klasse. Romantischer Antikapitalismus und die Erfindung des Proletariats, Berlin 2017.
[4] Georg Büchner, Woyzeck, Ditzingen 2022.
[5] Gerhart Hauptmann, Die Ratten, Ditzingen 2017.
[6] Hans Fallada, Kleiner Mann – was nun?, Ditzingen 2022.
[7] Max von der Grün, Irrlicht und Feuer, Recklinghausen 1963.
[8] Erika Runge, Bottroper Protokolle, Frankfurt a. M. 1974.
[9] Thomas Hecken, Theorie des Populären: Einleitung und Überblick, in: Gezählte Beachtung. Theorien des Populären, hg. von dems., Berlin 2024, 1–30, hier: 2.
[10] Vgl. Henk, Schröer und Schuhen, Prekäre Männlichkeiten.
[11] Blome, Rückkehr zur Herkunft, 542.
[12] Blome, Rückkehr zur Herkunft, 542.
[13] Hecken, Theorie des Populären, 4.

fektpoetik und seines prekären Erzählens werden mit Blick auf sein bisheriges Gesamtkorpus in ihrer ästhetischen und symbolischen Bedeutung befragt. Der Beitrag schließt mit einem Fazit, in dem der Stellenwert von Gefühlen und Schreibweisen des Prekären gebündelt und mit Blick auf andere Konfigurationen im Werk Strunks eingeordnet und bewertet wird.

2 Literarische Kontexte von Exklusion im Werk von Heinz Strunk

Bereits in Strunks literarischem Debüt *Fleisch ist mein Gemüse* (2005) wird die Kluft zwischen bürgerlichem Leben und prekären Lebensumständen in der Tanzmusikszene beschrieben, in der die Protagonisten Heinz, Gurki und die anderen Bandmitglieder sich bewegen. In einem der ersten Kapitel, „Sozialamt Hamburg-Harburg", heißt es: „Auf den Fluren hockte die übliche Mischung aus Pennern, Rentnern, alleinerziehenden Müttern, Ausländern, Arbeitslosen, die stumm und apathisch auf harten Bänken warteten."[14]

Die Welt der Figuren Strunks gleicht den von Bourdieu beschriebenen „Arbeitslose[n] und Arbeitnehmer[n], die sich in einer prekären Lage befinden, [sie] lassen sich kaum mobilisieren, da [... ihre, CF] Fähigkeit, Zukunftsprojekte zu entwerfen, beeinträchtigt ist".[15]

Motive der Exklusion wiederholen sich in Szenen des Alkoholismus, verpassten Lebenschancen, Krisen, Glücksspiel, Angst, Panik und Depression. Diese Szenerien orientieren sich literarisch an „Chronisten der Nachtseite" wie Charles Bukowski, Jörg Fauser, Louis-Ferdinand Céline[16] sowie an weiteren von Strunk selbst benannten Vorbildern wie Michel Houellebecq, David Foster Wallace, Botho Strauß und anderen. Strunks literarische Figuren greifen die Sozialfigur (dazu ausführlicher in Abschnitt 3) des Überflüssigen auf, ohne jedoch literarische Traditionen hier lediglich zu reimaginieren. Soziale Auf- oder Abstiegsnarrative oder die Einfühlung in die Welt des kleinen Mannes sind bei Strunk weder empathischer Erklärungsversuch noch Systemkritik. Sein Ton changiert zwischen dem des Komikers, des Sarkasten, des Humorexegeten. In Strunks Texten wird nicht ohne

---

14 Heinz Strunk, Fleisch ist mein Gemüse, Reinbek 2005, 39.
15 Pierre Bourdieu, Prekarität ist überall, in: Gegenfeuer. Wortmeldungen im Dienste des Widerstands gegen die neoliberale Invasion, hg. von dems., Konstanz 1998, 96–102, hier: 97.
16 Heinz Strunk, Der goldene Handschuh, Reinbek 2016, 255.

Hintergrund gelacht: „Von wegen alle Menschen sind gleich! Sind sie eben nicht. Es gibt nichts Ungleicheres als Menschen."[17]

Strunks Erzählungen von Ungleichheit tragen zwar literaturhistorische wie gegenwartsliterarische Bezüge in sich, variieren aber deren Narrative und Affektpoetiken. „Die Überflüssigen"[18] sind in seinen Texten sind nicht lediglich getriebene, arme, bedauernswerte Geschöpfe, die – wie in Büchners *Woyzeck* – innerhalb der jeweiligen gesellschaftlichen Machtstrukturen sozial degradiert werden. Seine Figuren gieren auch nicht nach Statusaufstieg wie in naturalistischen Dramen Max Halbes oder Hermann Sudermanns. Vielmehr haben sie den Anforderungen der Leistungsgesellschaft und den daraus resultierenden Logiken der Inklusion und Exklusion entsagt. Seine Figuren suchen *Safe Spaces* (Kneipen, Spielhallen usw.) auf, um dem Druck des Alltags zu entfliehen. Die Protagonisten der Neuen Sachlichkeit wie Johannes Pinneberg aus *Kleiner Mann – was nun?*, die vom Verlust ihrer gesellschaftlichen Positionen nahezu gebrochen werden, haben mit den Gefühlswelten und Handlungslogiken eines Heinzer, Thorsten Bruhn oder Jürgen Dose in Strunks Texten nur wenig gemein. Die Einsamkeit vieler seiner Figuren erscheint zuweilen eher als eine Möglichkeit, der kapitalistischen Betriebsamkeit zu entkommen.[19] Humor und Erzählkonstruktionen mit fließenden Übergängen zwischen Erzähler:in und Protagonist:in spielen in der Konturierung dieser prekären Welt eine große Rolle, was Strunks Texte dann zuweilen mit dem Schaffen Irmgard Keuns verbindet.

In seinem 2013 erschienen, am stärksten autobiografisch grundierten Roman *Junge rettet Freund aus Teich* wird das Aufwachsen in prekären Milieus als Wechselwirkung von gesellschaftlichen Rahmenbedingungen und individueller Gefühlslage des Kindes und Jugendlichen gezeichnet. Motive von prekärer Kindheit und Jugend in der Literatur[20] werden hierbei ebenso abgerufen wie Erinnerungen an das Westdeutschland der 70er und 80er Jahre: Der Protagonist Mathias wächst als uneheliches Kind hauptsächlich bei den Großeltern auf; die überforderte Mutter schafft es als geringverdienende Lehrerin an einer privaten Musikschule weder finanziell noch emotional, den Familienalltag allein zu bewältigen. Mathias sieht seine Mutter kaum, da deren Unterricht erst am Nachmittag beginnt, sodass die Familie in der Regel nur zum Abendbrot zusammenfindet. Erst gegen Ende des Romans zieht die Mutter mit dem nun vierzehnjährigen Mathias in eine eige-

---

17 Heinz Strunk, Junge rettet Freund aus Teich, Reinbek 2013, 249.
18 Stephan Moebius und Markus Schroer, Diven, Hacker, Spekulanten. Sozialfiguren der Gegenwart, Berlin 2010, 437.
19 Vgl. z. B. Heinz Strunk, Jürgen, Reinbek 2017.
20 Vgl. Führer, Prekäre Kindheit und Jugend.

ne Wohnung in einer Hochhaussiedlung, was jedoch kaum zu einer grundlegenden Verbesserung der Lebensverhältnisse führt. In zentralen Szenen dieses autobiografischen Erzählens spielen ökonomische Aspekte eine prominente Rolle, so wenn die von Mathias sehnlichst gewünschte Puppe finanziell nicht als Geschenk realisiert werden kann und dem pragmatischen Paar Schuhe weichen muss.[21] Dennoch ist Strunks Text keine Klassenerzählung, erst recht keine Rekonstruktion der Herausforderungen des Aufstiegs aus dem eigenen Herkunftsmilieu. Da der Roman nicht retrospektiv gerahmt wird oder entsprechend narratologisch motiviert ist, entfällt die für autosoziobiografische Werke der Gegenwartsliteratur charakteristische Darstellung und Reflexion eines Klassenwechsels.

Generell geht es bei Strunk in der Hauptsache nicht um den Erwerb oder den Verlust von Privilegien. In seinem Roman *Ein Sommer in Niendorf* (2022) liest sich der soziale Abstieg des promovierten Wirtschaftsanwalts Dr. Georg Roth, der letztlich den Platz des Alkoholikers Breda einnimmt und dessen Lebensweise übernimmt, vielmehr als eine Art Bekenntnis zum Nichts:

> Er hat auch deshalb so viel gearbeitet, weil er sich sonst gelangweilt hätte. DESHALB IST DIE ARBEIT KEINE LEISTUNG, DENN ALLES, WAS EINEM ZUFÄLLT, IST KEINE LEISTUNG. Nichts ist dem Menschen unerträglicher als Untätigkeit, als ohne Leidenschaften, Geschäfte, Aufgaben zu sein.[22]

Die neoliberale Leistungsethik füllt nur eine innere Leere, die später in der Hinwendung zum Alkohol kompensiert wird. Auf den ersten Blick ließe sich der Roman in verschiedene Traditionslinien negativer Bildungsromane von Franz Grillparzers *Der arme Spielmann* (1848)[23] über Thomas Manns *Zauberberg* (1924)[24] bis hin zu Tom Wolfes *Fegefeuer der Eitelkeiten* (1984/85)[25] einreihen. Der gesellschaftliche Abstieg Georg Roths steht bei Strunk nun für den Versuch, „die Verzweiflung auf Distanz zu halten".[26] Es gibt dementsprechend keine umfangreichen Erklärungen für den Ausstieg des Protagonisten: „Was mache ich hier? Wie konnte ich freiwillig die Gesellschaft dieses abgerissenen Viechs suchen, eines eifleckigen, eine Geruchsspur hinter sich herziehenden Freaks?"[27] Das Milieu der Überflüssigen, in

---

21 Vgl. Strunk, Junge rettet Freund aus Teich, 49.
22 Heinz Strunk, Ein Sommer in Niendorf, Hamburg 2022, 33–34.
23 Franz Grillparzer, Der arme Spielmann, Ditzingen 2021.
24 Thomas Mann, Der Zauberberg, Frankfurt a. M. 2002.
25 Tom Wolfe, Fegefeuer der Eitelkeiten, Reinbek 2005.
26 Strunk, Ein Sommer in Niendorf, 32.
27 Strunk, Ein Sommer in Niendorf, 113.

welches Dr. Roth sich begibt, ist lediglich die Möglichkeit, einem normalen bürgerlichen Leben und der vermeintlichen Normalität zu entkommen.

Selbstentfremdung und Verfall der Werte werden in Heinz Strunks *Der goldene Handschuh* (2016) noch zugespitzt. Fritz Honka versucht scheinbar ähnlich den Protagonisten aus den Texten von Bret Easton Ellis, die permanente Leere seines Lebens mit Drogen und Gewalt zu füllen[28] – im Gegensatz zu den dekadenten Oberschichtfiguren bei Ellis, den Strunk im Quellennachweis angibt, sind die Protagonisten der titelgebenden Kneipe nicht nur psychisch und physisch Abgehängte, sondern auch ökonomisch dauerhaft aus der Gesellschaft ausgeschlossen.

In der Zusammenschau zeigt sich, dass Strunks Erzählungen des Prekären skaliert sind. Die Kindheits- und Jugendtrilogie – *Fleisch ist mein Gemüse, Fleckenteufel, Junge rettet Freund aus Teich* – imaginiert ein Leben an der Armutsgrenze.[29] Der Protagonist Thorsten Bruhn aus *Fleckenteufel* formuliert das so: „Wir haben zu Hause ziemlich wenig Geld; wenn ich mir mal richtige Klamotten kaufen wollte, müsste ich mir die selber verdienen."[30] Es geht um die Probleme und Überforderungen der kleinen Leute. In *Der goldene Handschuh* wird von einem Milieu des Prekären erzählt, in dem die Verwahrlosung unaufhaltsam voranschreitet. Die Figuren dieses Milieus rangieren häufig noch unterhalb der Figur Fritz Honkas, für den die Erwerbsarbeit noch eine große Rolle spielt. In der Erzählung wird die gesellschaftliche Bedeutungslosigkeit der weiblichen Nebenfiguren zuweilen auch mit einer Gefühllosigkeit gleichgesetzt: „Sie hält allerhand aus, ihr Gleichmut erlaubt es ihr, bei lebendigem Leib zu verrotten."[31] Die gesellschaftlich exkludierten Figuren werden in *Der goldene Handschuh* als „Verschimmelte"[32] bezeichnet, sie strahlen die Müdigkeit und Leere einer überflüssig gewordenen Existenz nicht nur aus, vielmehr haben sie sich in ihren Alkohol-, Gewalt- (und selten Drogen-) Exzessen eingerichtet. Dem gegenüber stehen in Strunks Œuvre prekäre Figuren, die von der Angst des Statusverlustes getrieben sind, wie Jürgen Dose in *Jürgen* (2017), der versucht, mit der Hilfe von Ratgeberliteratur seiner prekären Existenz Herr zu werden. Im 2014 veröffentlichten fiktionalen Sachbuch *Das Strunk-Prinzip* wird sich in parodistischer Weise über diese Abstiegs- und Versagensängste des kleinen Mannes lustig gemacht, der sich durch die Lektüre solcher Ratgeber berufliche Erfolge, sozialen Prestigegewinn, mehr Geld, Macht usw. verspricht. Entspre-

---

28 Harte synthetische Drogen spielen im *Goldenen Handschuh* eher keine Rolle, vielmehr zeigt sich das soziale und gesundheitliche Zerstörungspotenzial der Droge Alkohol.
29 Wobei im *Fleckenteufel* Ökonomie eher eine randständige Rolle spielt; auch wenn durchgängig deutlich wird, dass z. B. für 349 DM kein Luxus im Ferienlager zu erwarten ist.
30 Heinz Strunk, Fleckenteufel, Reinbek 2009, 19.
31 Heinz Strunk, Der goldene Handschuh, Reinbek 2016, 33.
32 Strunk, Der goldene Handschuh, 196.

chend wird bereits im Cover von *Das Strunk-Prinzip* analog reißerisch auf die üblichen Umschläge der Self-Empowerment-Literatur angespielt. Auf der Rückseite ist ein bearbeitetes Foto des Autors abgebildet, das ihn als gescheiterte Person darstellen soll. Auf der Vorderseite ist der erfolgreiche, durch das Strunk-Prinzip veränderte Autor abgebildet: jung, dynamisch, gutgelaunt, erfolgreich, mit weißen Zähnen, gestylten Haaren und im modischen Anzug. Dr. Roth hingegen, der in *Ein Sommer in Niendorf* aus seinem bürgerlichen Milieu in Alkoholismus und Depression abdriftet, ist die Negativfolie dazu.

Trotz der starken biografischen Bezüge, die in vielen von Strunks Werken eine zentrale Rolle spielen, reihen sich seine Erzählungen von Ungleichheit jedoch nicht nahtlos in die autosoziobiografischen Tendenzen der Gegenwartsliteratur ein. Im Unterschied zu den prominenten Texten von Annie Ernaux, Didier Eribon, Christian Baron, Daniela Dröscher, Deniz Ohde u. a. handelt es sich bei Strunks Texten nicht um ethnografische oder durchgängig sozioreflexive Figurationen des Prekären. Übertreibung, Witz und Komik sowie moralische und bewertende Metareflexionen der Erzählfiguren führen dazu, dass die von diesen häufig als „Willis" charakterisierten Figuren gar nicht als soziologische Beschreibungen oder mimetisch präzise gezeichnete Darstellungen wahrgenommen werden können. Die Texte von Strunk können damit auch nur bedingt als Versuche gelten „durch das Erzählen Einsamkeit und Entfremdung zu überwinden".[33]

In seinen Texten manifestiert sich die große Sinnlosigkeit dieser Existenz(en). Dass der Serienmörder Fritz Honka im *Goldenen Handschuh* die Leichen immer wieder auf das Fabrikgelände oder in „die Abseite"[34] schaffen wird, kann als Ausdruck für den tiefsten Punkt auf einer Skala der Bedeutungslosigkeiten prekärer Daseinsformen gewertet werden, denen Honka in einer irren Logik zu entkommen versucht. Die Unsichtbarkeit dieser Abgrund-Existenzen bleibt hier bestehen, literarisch nobilitiert sie letztlich nur der Wahnsinn Honkas.

---

33 Blome, Rückkehr zur Herkunft, 561.
34 Strunk, Der goldene Handschuh, 220.

3 Zum Verhältnis von prekärem Subjekt und Erzählanlage in Strunks Texten

Die Romanfiguren bei Strunk tauchen häufig in Form von sogenannten Sozialfiguren auf:[35] der Überflüssige, der Verlierer, der Spieler etc. In Soziologie und Kulturgeschichte werden so Idealtypen bezeichnet, anhand derer ein spezifischer Blick auf die jeweilige Gesellschaft geworfen werden kann.[36] Die Protagonisten und Sozialfiguren in Strunks Texten werden nicht schematisch wiederholt, ihre soziale Deklassierung ist vielmehr erzählerisch differenziert und skaliert. Diese Variation des prekären Status korrespondiert mit unterschiedlichen Erzählanlagen, die insbesondere Auswirkungen auf die „Subjektivierung" der Figuren und dementsprechend die Perspektiveinnahmen der Leserschaft haben. Ich wähle hier bewusst den soziologischen Begriff der Subjektivierung, da dieser

> den permanenten Prozess, in dem Gesellschaften und Kulturen die Individuen in Subjekte umformen, sie damit zu gesellschaftlich zurechenbaren, auf ihre Weise kompetenten, mit bestimmten Wünschen und Wissensformen ausgestatteten Wesen ‚machen', [beschreibt, CF].[37]

Der Subjektivierungsansatz unterscheidet sich vom Habitusbegriff, er legt den „Akzent auf einen offenen Prozess von Wiederholung und Veränderung".[38] Das passt gut zu den Erzählern bei Strunk, die häufig in der erzählten Welt erscheinen, selbst Gegenstand der Erzählung sind und parallel zum Geschehen der Erzählung laufen. Dass die Darstellung dabei stark ambig in Sympathielenkung und Affektsteuerung verfährt, ist dem Konzept der Subjektivierung nur zuträglich. Es macht das komplexe Verhältnis bzw. die Spannung zwischen normativen Ordnungen (mehr oder weniger hegemonialen Subjektnormen) und dem Habitus der literarischen Akteurinnen und Akteure sichtbar.

Die prekären Status der Figuren Strunks sind nicht nur durch das gesellschaftliche System evoziert, sie sind ein Akt der individuellen Praxis und damit von deren Verarbeitung. Dass die Figuren nicht einfach einen – einmal inkorporierten – prekären Habitus ‚haben', sondern Subjektivierung eine Frage der emotionalen und vor allem auch körperlichen Performanz ist, exerziert Strunks Text-

---

35 Moebius und Schroer, Diven, Hacker, Spekulanten. Sozialfiguren der Gegenwart.
36 Vgl. Moebius und Schroer, Sozialfiguren der Gegenwart, 7–11.
37 Andreas Reckwitz, Subjektivierung, in: Handbuch Körpersoziologie, Band 1: Grundbegriffe und theoretische Perspektiven, hg. von Robert Gugutzer, Gabriele Klein und Michael Meuser, Wiesbaden 2017, 125–130, hier: 126.
38 Reckwitz, Subjektivierung, 127.

korpus auf narrativ vielfältige Weise. Während der Roman *Junge rettet Freund aus Teich* der Leserschaft einen autobiografischen Pakt nahelegt und eine weitgehende Identität von Autor, Erzähler und Protagonist herstellt, nimmt *Der goldene Handschuh* eine andere epistemologische Position ein: Der Roman ist eine literarische Rekonfiguration des Lebens des Hamburger Serienmörders Honka. *Ein Sommer in Niendorf* verfügt über derlei faktuale Beglaubigungen nicht, die Geschichte ist fiktiv. Für die erzählte Welt, die uns hier präsentiert wird, wird von einzelnen Rezensent:innen[39] sogar eine intertextuelle Nähe zu Thomas Manns Künstlernovelle *Der Tod in Venedig* (1911)[40] hergestellt. Elendsbeschreibungen sind diesen und vielen anderen Texten Strunks gemein, sie sind jedoch ästhetisch und erzählerisch verschieden konturiert, was in der Folge exemplarisch an den drei genannten Werken genauer untersucht wird.

Im autobiografisch grundierten Roman *Junge rettet Freund aus Teich* werden aus der Perspektive von Mathias Halfpape – so auch Strunks bürgerlicher Name – unterschiedliche Altersphasen des Protagonisten, die mit Abschnitten im Roman korrespondieren (6–9, 10–13, ab 14 Jahre), erzählt. Diese bilden schlaglichtartig Familienkonstellationen in den Jahren zwischen 1966 und 1974 ab.

Aus der kindlichen, insofern unzuverlässigen Erzählersicht rückt hier prekäre Mutterschaft in den Blick. Denn die Mutter des Jungen ist eine verzweifelte Frau, die nach der Schwangerschaft vom verheirateten Vater verlassen wurde und die von ihrem Arbeitsalltag an einer Musikschule überfordert ist: „Mutter sieht wieder mal ganz erschöpft aus".[41] Der autodiegetische Erzähler berichtet weiter: „Mutter kommt jeden Tag schlechter gelaunt vom Unterricht. Sie ist mit allem unzufrieden, weil wir noch bei den Großeltern wohnen, aber auch, weil ihr Leben so eintönig verläuft."[42] Die Gleichförmigkeit und die finanzielle Abhängigkeit von Mutter und Sohn gegenüber den Großeltern führen dazu, dass sich die Mutter sozial zunehmend entkoppelt. Dies wird noch verstärkt durch externe soziale Exklusion:

---

39 Laura Hoffmann, Vom Scheitern am Leben und schadenfroher Genugtuung. Heinz Strunks „Ein Sommer in Niendorf", Literaturkritik.de, 08.09.2022, https://literaturkritik.de/strunk-ein-sommer-in-niendorf,29118.html (12.09.2024).
40 Thomas Mann, Der Tod in Venedig, Frankfurt a. M. 1992.
41 Strunk, Junge rettet Freund aus Teich, 25.
42 Strunk, Junge rettet Freund aus Teich, 88.

> Sie hat gesagt, dass die Ehefrauen alle Angst um ihre Männer hätten, weil Mutter unverheiratet ist und die Frauen glauben, sie will sich einen Mann anlachen. Auch weil Mutter eine sportliche Figur hat und viel jünger aussieht als die meisten Frauen mit vierzig.[43]

Während die Mutter zunehmend in Depressionen abgleitet, verdient sich der Junge mit dem Ausliefern von Kartoffeln etwas dazu und bestreitet den Alltag, umsorgt von den Großeltern, genügsam: „Mutter denkt, dass ich meinen Vater unbedingt kennenlernen will und dass mir Geschwister fehlen, aber das stimmt nicht. Ich habe mich an alles gewöhnt, so wie sie ist [...]."[44] Soziale Ungerechtigkeiten entgehen ihm dabei keineswegs und so werden ungleiche Besitzverhältnisse taxiert: So ist die Rede von der „steinreiche[n]" Frau Rusche, der „allein in der Siedlung vier Häuser gehören", dem „zweitreichste[n] Mann [...] Herr[n] Hübner" gehören „zwei Häuser und neben unserem noch zwei andere Garagenplätze".[45] Dass eine eher gefühlte als tatsächliche Ungleichheit auch in Gewalt enden kann, beobachtet Mathias bereits früh: Als der kleine Kai Kirschen von Holzapfels Bäumen stibitzt, setzt es nicht nur für Kai Schläge, sondern es steigert sich in ein Finale zwischen Herrn Holzapfel und Herrn Historf, zu dem der Protagonist nur vom Zuschauen resümiert: „Ich zittere am ganzen Leib. Noch nie habe ich gesehen, wie jemand volles Rohr zusammengehauen wurde."[46] Die durch solche Situationen entstehende Angst des Protagonisten zeigt sich auch in anderen Zusammenhängen. Das Aushalten der sozialen Gegebenheiten scheint dabei lediglich eine Figurenrede zu sein, die jedoch nicht mit der mentalen Verfassung des Figurenarsenals kongruent ist. So legt der Schluss des Romans nahe, dass die Mutter sich vom Balkon der neuen Wohnung gestürzt hat: „Sie hatte all ihre Kraft zusammengenommen und war tatsächlich fortgeflogen, hinaus in die Freiheit."[47] Dieser Satz stellt gleichzeitig das Ende des Romans dar und hebt die Geschlossenheit dieses retrospektiven Erzählraums hervor, in dem Erzähler- und Figurenreden zwar wechseln, sprachlich und narrativ der kindliche und später jugendliche Erzähler jedoch dominiert. Sein Erzählmodus korrespondiert mit der Darstellung einer Kindheit und Jugend, die immer zwischen den Polen Glück und Unglück oszilliert, aufgrund ihrer sozialen Platzierung aber in eine Mischung aus Desillusionierung und Abgrund-Heiterkeit (bis nah an den Galgenhumor) mündet.

Der goldene Handschuh bietet hingegen eine Milieustudie ohne autobiografischen Bezug. In Nullfokalisierung, wechselnd zwischen intradiegetisch-

---

[43] Strunk, Junge rettet Freund aus Teich, 17.
[44] Strunk, Junge rettet Freund aus Teich, 53.
[45] Strunk, Junge rettet Freund aus Teich, 22–23.
[46] Strunk, Junge rettet Freund aus Teich, 155.
[47] Strunk, Junge rettet Freund aus Teich, 283.

homodiegetischem Erzählen in den Episoden um Fritz Honka und metadiegetisch-homodiegetischem Erzählen im Erzählstrang um die Reederfamilie von Dohren, wird eine Welt der Verkommenheit gezeichnet, die nicht an ökonomischen Status gebunden ist. Honka selbst nimmt die Welt der ökonomisch und sozial Ausgeschlossenen als Ort des Abschaums wahr und charakterisiert sie in verschiedenen Typen der Figurenrede als Bodensatz der Gesellschaft. Die Wut, dem nicht zu entkommen, oder zumindest die Sehnsucht nach einem Zugang in eine andere Welt dokumentiert sich häufig in transponierter Gedankenrede: „Keine von Fietes Hoffnungen hat sich erfüllt. Es ist alles nur noch schlimmer geworden und schlimmer und schlimmer. [...] Sein Hass auf Frauen wächst."[48] Fiete, so der Spitzname des Protagonisten, gerät schlussendlich nur immer weiter in einen Abgrund aus Sex mit verwahrlosten Frauen, Gewalt gegen diese und Alkohol. Dementsprechend ist der Mord an den Frauen nur Teil einer Abwärtsspirale. Wilhelm Heinrich von Dohren oder WH3, Enkelsohn der Hamburger Reederfamilie von Dohren, denkt während seines Besuchs im „Goldenen Handschuh": „Wie viel davon steckt auch in mir, in jedem? Wie kann man das aushalten, länger als einen Tag oder zwei? Werde ich auch so, wenn ich nur lange genug hier sitze?"[49]

Die „Scheißhausexistenz",[50] die Fiete und andere Ausgeschlossene führen, wird durch den Erzähler nicht entlarvt. Die Abscheu vor dem Habitus der Unterschicht und den sozial Deklassierten dominiert zwar durchgängig, es gibt aber keine (Er-)Lösungen, keine Erklärungen und auch keine Auswege:

> Anna hat gar nichts mehr, keine Kinder, keine Verwandten, kein Geld und ein Zuhause sowieso nicht, noch nicht mal Erinnerungen, als hätte sie selbst dieses letzte Menschenrecht, das auf Erinnerungen, verwirkt. Sie wünscht sich, mit einem kleinen Knall zu platzen.[51]

Honkas Taten sind insofern nicht nur Ausdruck von Befriedigung, vielmehr heben sie ihn aus der Bedeutungslosigkeit dieses Daseins heraus. Die Selbstentfremdung seiner Figur wird zugespitzt auf einen Rausch, der auf Moral, Gefühle oder Gesetze keine Rücksicht mehr nimmt. Es sind die Auswüchse einer Welt der „ganzen besoffenen, vollgepissten, zerprügelten, zertretenen, verzweifelten Schweine und Hunde und Drecksäue".[52]

Selbstentfremdung als Motiv des Prekären findet sich auch in Strunks *Ein Sommer in Niendorf*. Mit dem Untertitel „Roman" kann er, wie die beiden anderen

---

48 Strunk, Der goldene Handschuh, 189.
49 Strunk, Der goldene Handschuh, 176.
50 Strunk, Der goldene Handschuh, 172.
51 Strunk, Der goldene Handschuh, 216.
52 Strunk, Der goldene Handschuh, 244.

hier fokussierten Texte, der Textkategorie Fiktion zugeordnet werden. Der Text ist jedoch stärker mit Fiktionalitätssignalen versehen als viele andere Texte Strunks, augenscheinlich fehlen hier biografische oder fallgeschichtliche Bezüge. Unter inhaltlich-semantischer Perspektive kann von einem wirklichkeitsnahen Text mit einzelnen wirklichkeitsfernen Elementen gesprochen werden, da wirklichkeitsentsprechende Ereignisse und Äußerungen des erfolgreichen Mannes in der Midlife-Crisis sowie das Milieu des Prekariats zu Wort kommen. Dabei werden diese wirklichkeitsnahen Elemente durch typisierte Personen bzw. Repräsentanten verkörpert: auf der einen Seite Dr. Roth, der geschiedene Wirtschaftsanwalt, auf der anderen Seite Herr Breda, der sich mit Zimmervermietung, Likörgeschäft und Strandjobs über Wasser hält. Die Geschichte des Verfalls von Dr. Roth vereint Realität und Imagination: Einerseits ist der Protagonist real möglich, andererseits kommt das Dystopische klar zum Vorschein, vor allem wenn Roth zunehmend den Platz von Breda, von dem er sich anfangs abgestoßen fühlt und sozial distanzieren will, einnimmt: „Roth sitzt seine Stunden ab, eine im Kabuff, drei im Depot, Strandkörbe gibt es auch nur noch wenige zu drehen. Pünktlich um sieben empfängt ihn Simone zum Abendbrot."[53]

Unter darstellungsbezogen-formaler Perspektive fällt auf, dass der Anteil der Erzählerrede gegenüber der Figurenrede überwiegt. Einerseits gibt der Erzähler das Geschehen chronologisch als gleichzeitiges Geschehen wieder, andererseits ist auch das Muster des Anti-Bildungsromans mit einer als unrealistisch zu qualifizierenden Abstiegsperspektive identifizierbar. Durch exakte Angaben zur Außenwelt einerseits sowie ein hohes Maß an Innensicht des Protagonisten, auch in Form der erlebten Rede, andererseits, hält sich die Darstellungsweise in etwa die Waage zwischen Signalen des Realistischen und des Non-Realistischen.

Im Unterschied zu einer eher realistischen literarischen Anverwandlung, in der sich habituelle Strukturen und milieuspezifische Orientierungen scheinbar lediglich in Literatur spiegeln, kommt es im Fall von Strunk zu einer kreativen Transformation grundlegender Orientierungsrahmen (Habitus), welche im Sinne von „Impulsionen"[54] die Möglichkeit eröffnen, spontane Veränderungen (von Komponenten) des impliziten, konjunktiven Wissens von Prekarität beim Leser bzw. der Leserin vorzunehmen.

---

53 Strunk, Ein Sommer in Niendorf, 228.
54 John Dewey, Kunst als Erfahrung, Frankfurt a. M. 1980, 80.

4 Versehrte Körper, entgrenzte Räume: Die Materialität des Prekären im Werk Strunks

Physischer Raum und Sozialraum gehen in den Texten von Strunk eine Interdependenz ein. Der Raum markiert unmittelbar den mentalen Status von Figuren: „Verwahrlosung, Alkohol, Drogen, glühende Kippen, zusammensackende Kerzen; der Wohnungsbrand als Tiefpunkt eines hoffnungslos aus dem Ruder gelaufenen Lebens."[55] Soziale oder emotionale Tiefpunkte werden mit der Seelenlosigkeit von Lebensräumen parallel geführt. Im autobiografischen Text *Junge rettet Freund aus Teich* ist die zunehmende Verwahrlosung der Großmutter am Zustand ihrer Küche abzulesen: „In der Küche sieht es furchtbar aus, der Schmutz hat sich regelrecht eingefräst, und das Geschirr räumt Oma Emmi auch nicht mehr richtig weg."[56] In der Ausgestaltung des Wohnraums spiegeln sich innere Leeren, die mit Wohnen verbundene Selbstvergewisserung geht im Prozess der Prekarisierung oder der Turbo-Kapitalisierung verloren. Einer Kulturalisierung oder Individualisierung des Wohnens steht die Bedeutungslosigkeit von Mode, Stil oder Gemütlichkeit gegenüber, die die fehlende gesellschaftliche Teilhabe dieser Individuen oder ihre Dekadenz indiziert. Nicht nur Schmutz und Dreck, sondern auch Obdachlosigkeit und Kneipendasein sind äußerliche Verweisungskomplexe auf den sozialen und mentalen Zustand der Unterschichtsfiguren in Strunks Texten: „Der Gastraum des Spinners ist bis in den letzten Winkel mit grellem Neonlicht ausgeleuchtet. [...] Eine Hölle von Dante'scher Bodenlosigkeit. Am Tresen braut sich derweil was zusammen."[57] Das „Lifedesign"[58] der neuen Mittelklasse[59] ist aufgehoben, in der Welt von Strunks prekären Figuren ist das Versprechen vom privaten Rückzugsraum als einem geschützten und isolierten Ort ausgesetzt, vielmehr werden die Abgründe der Figuren einer „aus den Fugen geratene[n] Säufer- und Irrenparallelwelt"[60] preisgegeben.

In dieser prekären Welt herrscht eine systeminterne Beobachtung und Kommunikation, die gesellschaftliche Legitimationsmechanismen negiert und insofern auch ihre scheinbar allgemeingültigen räumlichen Konstruktionen von Außen

---

55 Heinz Strunk, Es ist immer so schön mit dir, Hamburg 2021, 29.
56 Strunk, Junge rettet Freund aus Teich, 221.
57 Strunk, Ein Sommer in Niendorf, 180–181.
58 Heinz Strunk, Das Strunk-Prinzip, Reinbek 2014, 21.
59 Vgl. Andreas Reckwitz, Die Gesellschaft der Singularitäten. Zum Strukturwandel der Moderne, Berlin 2017, 286.
60 Strunk, Ein Sommer in Niendorf, 213.

und Innen, vom Kollektiven zum Privaten[61] aufhebt. Der Raum dieses Unterschichtsmilieus ist gekennzeichnet von Verunreinigung über Unbehaustsein bis hin zu Krankheit und Tod. Dass der Lebensraum Kneipe unweigerlich auch zur körperlichen Zerstörung führt, setzt Strunk in vielen seiner Werke plastisch in Szene. Die körperliche (Un-)Versehrtheit seiner Protagonisten zeigt einerseits, wie der Körper einen Kristallisationspunkt von Autonomiegewinn oder -verlust des Individuums darstellt. Andererseits wird damit die gesamte Ambivalenz der kulturellen Verankerung des Körpers in der Optimierungsgesellschaft sichtbar. Unter dem Stichwort „Bodymodification" wird das „Manische Bedürfnis nach Individualität" kritisiert.[62] Figuren, die den Techniken eines somatischen Selbst entsagt haben, dienen dennoch wiederholt der Belustigung:

> Peter wiegt bei etwa 1,70 Meter bestimmt 100 Kilo und ist, soweit ich das beurteilen kann, am ganzen Körper behaart. Außerdem hat er schlechte Zähne und einen seltsamen Zeitlupengang. Ich stelle mir vor, wie er in einer Diskothek pinguinhaft auf seine Angebetete zuwatschelt, und wenn er endlich angekommen ist, ist die längst schon über alle Berge.[63]

Während in *Jürgen* die mit mangelnder Anziehungskraft gestraften „arme[n] Willi[s]"[64] oft als komische Figuren dargestellt sind, wird im Roman *Es ist immer so schön mit dir* (2021) die Zurückgeworfenheit auf das Körperliche seitens des älteren Musikers gegenüber der deutlich jüngeren, attraktiven Schauspielerin als schmerzhaft erfahren.

Der Körper ist nicht nur Manifestation verpasster Lebenschancen, in *Der goldene Handschuh* ist er sogar Ausdruck dafür, dass manche Kreaturen nie teilhaben werden am gesellschaftlichen Leben:

> Inge sieht aus wie ein roher Klotz aus Holz oder Beton oder Granit, dem die Feinarbeit erst noch bevorsteht. Oben hat man schon fast zu viel rausgehauen, die Schultern sind im Verhältnis zum großen Rest schmal, fast zierlich, die Schulterblätter seltsam nach innen gebogen, ab der Taille, oder vielmehr dem, was bei anderen die Taille ist, beginnt eine breiige Apokalypse aus Wabbel, Sehnen, Adern, Fett, Grieben und wohl auch ein paar Knochen,

---

61 Vgl. Strunk, Das Strunk-Prinzip, 21–25. Hier wird die „Themenspindel Wohnen" sarkastisch kommentiert, indem mithilfe eines „Psychotests" das Wohnprofil bestimmt werden kann und ratgeberartig Extreme zwischen „The Dark Side of Living" und der Welt aus Liebe und Herzlichkeit extrapoliert werden usw.
62 Strunk, Das Strunk-Prinzip, 138.
63 Strunk, Jürgen, 54.
64 Strunk, Jürgen, 103.

schwer zu beschreiben, ganz schwer zu beschreiben. Hildegart ist schrundig und normalgewichtig, Agnes dürr und nachkriegsknochig.[65]

Der erlittene, gefürchtete oder gewendete gesellschaftliche Ausschluss der Frauen und Opfer Fritz Honkas geht immer über ihren Körper. Die Zurichtungen dieser Körper enden mit Honkas Verstümmelung, sie beginnen aber mit Armut, schlechter Ernährung und Alkoholmissbrauch. Auch Dr. Roth beschreibt den körperlichen Verfall durch Alkohol als Kern einer zunehmenden Entsagung vom „normalen" – in seinem Fall vorherigen – Leben: „Nicht wiederzuerkennen. Er weiß nicht mehr, wer er ist. Er ist irgendetwas anderes geworden."[66] Es gibt für den Protagonisten in *Ein Sommer in Niendorf* wie in vielen anderen Werken keine Ressourcen zur Bewältigung, der Alkohol dominiert das Private. Diese Alkoholabhängigkeit wirkt auf die Protagonisten einerseits harmonisierend, andererseits intensiviert sie existenzielle Verunsicherungen in Form von körperlichen wie psychischen Belastungen zusätzlich. Im satirischen Ratgeber *Das Strunk-Prinzip* heißt es: „Alkoholismus ist der Imperialismus des kleinen Mannes."[67] Hier wird auch beschrieben, wie dieser schlussendlich in die Verwahrlosung führt: „Es endlich sein lassen, Abort werden."[68]

Desillusionierung führt zu Alkoholismus und versehrte Körperwelten mit den Endpunkten Depression, Krankheit und schlussendlich Tod:

> Nach meinem Tod liege ich als eine unter unzähligen Leichen aufgebahrt in der Totenwaschanlage. Ich bin wie alle anderen total verrottet, mit Grieben, Flechten, Warzen und Geschwüren zugewachsen, grisseliges Haar überall und nirgends, Adernelend, die porösen Knochen tausendfach gebrochen, die altersfleckige Haut schorfig, vernarbt, verhornt und gerissen, der Schädel von einem durchgehenden gelben Schuppenrand umrandet.[69]

Die gesellschaftliche Stellung eines Menschen wird dabei auch im Tod nicht aufgehoben. Strunks poetisches Programm der übersteigerten Desillusionierung bündelt dabei ein ganzes Set von Ungleichheitskonstellationen, die er körperlich und räumlich erfühl- und erlebbar macht. Mit diesen unmittelbaren Erscheinungsformen des Prekären ist auch die Auswegslosigkeit des gesellschaftlichen Ausschlusses oder Ausstiegs begründet. Diese Phänomene sind jedoch weniger habituell motiviert und damit systemkritisch angelegt wie in der autosoziobiografischen Literatur der Gegenwart, vielmehr stellen sie mögliche Existenzformen

---

65 Strunk, Der goldene Handschuh, 89.
66 Strunk, Ein Sommer in Niendorf, 216.
67 Strunk, Das Strunk-Prinzip, 94.
68 Strunk, Das Strunk-Prinzip, 95.
69 Strunk, Fleckenteufel, 174.

fernab der „Bussi- und Schnorchelgesellschaft"[70] sowie „Schling- und Fressgesellschaft"[71] dar.

5 Fazit

Strunks Welt der Absteiger, Aussteiger, Ausgeschlossenen weist nicht nur auf soziale und existenzielle Problemlagen jenseits der neoliberalen Leistungsgesellschaft hin, sondern sie adressiert auch (affekt)poetologische Probleme der Darstellung dieser. Perspektivität, Stil und Motivik geben Aufschluss über die Verortung seiner Figuren im Milieu des Prekären. Aspekte wie Sucht, Kriminalität, Sexualität etc. werden hierin aufgenommen und gebündelt und bilden Schnittmengen mit weiteren Feldern seines Werkes wie Musik, (Nicht-)Kommunikation, Gender etc. Seine Texte machen selbstreflexiv auf die Grenzen der Darstellung des Prekären aufmerksam, indem sie stereotype Zuschreibungen aufgreifen, die diese gesamtgesellschaftlich in der Gegenwart erfahren. Dass auch satirische und humoreske Sprechsituationen des Abstiegs oder Ausschlusses möglich sind, ohne Prekarität zu verharmlosen oder bloßzustellen, unterscheidet diese Schreibweisen von anderen vielbeachteten Prekaritätsdarstellungen der Gegenwart. Zudem bleibt Exklusion bei Strunk ein ständiger Prozess, insofern werden (Un-)Zugehörigkeiten hier deutlich weniger diskursiv verhandelt als scheinbar intuitiv erzählt. Mehr als in anderen Ungleichheitserzählungen[72] werden Spannungsverhältnisse von Gesellschaftsordnung, habitualisierten Normen und sich zum Teil erst allmählich entfaltenden individuellen Subjektivierungen auch erzählerisch sichtbar gemacht.

Es ist auffällig, dass entlang von Strunks Werk Entwicklungen in der Populärkulturforschung diskutiert werden könnten: Zuwendung zur niederen Kultur in gleichzeitiger Rezeption durch ein Publikum aus der Mittelschicht, frühe quantitative Rezeption bei gleichzeitig später literaturkritischer Achtung. Es sagt etwas über die Schichtzugehörigkeit und das Weltbild der akademischen Literaturwissenschaft aus, dass literarischen Stimmen wie denen von Deniz Ohde oder Christian Baron bisher mehr Aufmerksamkeit geschenkt wurde als Strunks Schreibweisen des Prekären.

---

70 Strunk, Das Strunk-Prinzip, 17.
71 Strunk, Das Strunk-Prinzip, 29.
72 Vgl. Eva Blome, Ungleiche Verhältnisse. Bildungsgeschichten als literarische Soziologie, Göttingen 2025.

Literatur

Primärliteratur

Büchner, Georg: Woyzeck, Ditzingen 2022.
Fallada, Hans: Kleiner Mann – was nun?, Ditzingen 2022.
Grillparzer, Franz: Der arme Spielmann, Ditzingen 2021.
von der Grün: Max, Irrlicht und Feuer, Recklinghausen 1963.
Hauptmann, Gerhart: Die Ratten, Ditzingen 2017.
Mann, Thomas: Der Tod in Venedig, Frankfurt a. M. 1992.
Mann, Thomas: Der Zauberberg, Frankfurt a. M. 2002.
Runge, Erika: Bottroper Protokolle, Frankfurt a. M. 1974.
Strunk, Heinz: Fleisch ist mein Gemüse, Reinbek 2005.
Strunk, Heinz: Fleckenteufel, Reinbek 2009.
Strunk, Heinz: Junge rettet Freund aus Teich, Reinbek 2013.
Strunk, Heinz: Das Strunk-Prinzip, Reinbek 2014.
Strunk, Heinz: Der goldene Handschuh, Reinbek 2016.
Strunk, Heinz: Jürgen, Reinbek 2017.
Strunk, Heinz: Es ist immer so schön mit dir, Hamburg 2021.
Strunk, Heinz: Ein Sommer in Niendorf, Hamburg 2022.
Wolfe, Tom: Fegefeuer der Eitelkeiten, Reinbek 2005.

Sekundärliteratur

Blome, Eva: Rückkehr zur Herkunft. Autosoziobiografien erzählen von der Klassengesellschaft, in: Deutsche Vierteljahrsschrift für Literaturwissenschaft und Geistesgeschichte 94 (2020), H. 3, 541–571.
Blome, Eva: Ungleiche Verhältnisse. Bildungsgeschichten als literarische Soziologie, Göttingen 2025.
Bourdieu, Pierre: Prekarität ist überall, in: Gegenfeuer. Wortmeldungen im Dienste des Widerstands gegen die neoliberale Invasion, hg. von dems., Konstanz 1998, 96–102.
Dewey, John: Kunst als Erfahrung, Frankfurt a. M. 1980.
Eiden-Offe, Patrick: Die Poesie der Klasse. Romantischer Antikapitalismus und die Erfindung des Proletariats, Berlin 2017.
Führer, Carolin: Prekäre Kindheit und Jugend. Soziale Frage(n) in kulturwissenschaftlicher und literaturdidaktischer Perspektive, in: Ökonomisches Wissen und ökonomische Bildung im Literaturunterricht, hg. von Uta Schaffers und Nicole Mattern, Baltmannsweiler 2020, 114–127.
Hecken, Thomas: Theorie des Populären. Einleitung und Überblick, in: Gezählte Beachtung. Theorien des Populären, hg. von dems., Berlin 2024, 1–30.
Henk, Lars, Marie Schröer und Gregor Schuhen: Prekäre Männlichkeiten. Klassenkämpfe, soziale Ungleichheit und Abstiegsnarrative in Literatur und Film, Bielefeld 2022.
Hoffmann, Laura: Vom Scheitern am Leben und schadenfroher Genugtuung. Heinz Strunks „Ein Sommer in Niendorf", literaturkritik.de, 08.09.2022, https://literaturkritik.de/strunk-ein-sommer-in-niendorf,29118.html (12.09.2024).
Mischko, Till: Prekarität in deutschsprachigen Romanen der Gegenwart, Berlin et al. 2022.

Moebius, Stephan, und Markus Schroer: Diven, Hacker, Spekulanten. Sozialfiguren der Gegenwart, Berlin 2010.
Nünning, Ansgar: Art. „Schreibweisen", in: Metzler Lexikon Literatur- und Kulturtheorie. Ansätze – Personen – Grundbegriffe, hg. von dems., 5. Aufl., Stuttgart und Weimar 2013, 678–679.
Reckwitz, Andreas: Die Gesellschaft der Singularitäten. Zum Strukturwandel der Moderne, Berlin 2017.
Reckwitz, Andreas: Subjektivierung, in: Handbuch Körpersoziologie, Band 1: Grundbegriffe und theoretische Perspektiven, hg. von Robert Gugutzer, Gabriele Klein und Michael Meuser, Wiesbaden 2017, 125–130.
Rys, Michiel, und Liesbeth François: Re-Imagining Class. Intersectional Perspectives on Class Identity and Precarity in Contemporary Culture, Leuven 2024.

Bastian Schlüter
Zwischen Scham und Hygge-Glück

Klasse und Gefühl in jüngeren Kinderromanen

Der Konnex ‚Klasse – Gefühl – Erzählen' scheint als heuristische Perspektive auf jüngere Kinder- und Jugendliteratur kaum solch breite Ergebnisse zeitigen zu können, wie dies für die allgemeine oder Erwachsenenliteratur zu konstatieren ist. Denkt man, ganz exemplarisch, an Mareike Fallwickls *Die Wut, die bleibt* (2022), an die von Maria Barankow und Christian Baron herausgegebene Essay-Sammlung *Klasse und Kampf* (2021) oder an Leif Randts *Allegro Pastell* (2020), dann wird sich das weite Spektrum von ironisch-kühler Distanzierung über melancholische Abgeklärtheit bis hin zu offener (aktivistisch-aktivierender) Wut in der KJL schwerlich finden. Das hat etwas mit der Wirkungsabsicht und der Zielgruppenorientierung dieses Textkorpus zu tun. Lange vorbei sind die Zeiten, in denen kinder- und jugendliterarische Texte auf pädagogische Botschaften und reine Wertevermittlung reduziert wurden, zu ihren Definitionsmerkmalen gehört es aber weiterhin, dass sie *in einer* und durchaus auch *auf eine* Lebensphase unabgeschlossener Individuation und Sozialisation literarisch wirken wollen. In freien, demokratischen Gesellschaften wird man ihnen dabei eine ideologisch weite, deliberative Funktion zubilligen wollen, was die Ausbildung eines je eigenen Wertesystems bei ihrer Leserschaft angeht – aber eine doch konstruktive, nicht völlig von derlei Wirkungsbindungen losgelöste.[1] Die Intensitätsgrade von dargestellten Gefühlen in der KJL sind so immer vor dem Hintergrund einer solchen (wenn auch offenen, dezenten) Funktion im Kommunikationsgefüge dieses literarischen Segments zu verstehen.

Um es konkreter zu fassen und um eine von Jana Mikota vorgeschlagene Unterteilung der Wirkungsorientierungen aufzugreifen: Die erzählten Gefühle können zum einen der *Sensibilisierung* aller Lesenden für soziale Ungleichheit dienen, zum anderen der *Stärkung* derjenigen Leserinnen und Leser, die selbst davon betroffen sind.[2] Dass man allerdings bei der Suche nach neuerer KJL mit

---

[1] Vgl. Hans-Heino Ewers, Literatur für Kinder und Jugendliche. Eine Einführung, 2. Aufl., Paderborn 2012, 135–153.
[2] Vgl. Jana Mikota, Die Darstellung von Klassismus in der deutschsprachigen Kinder- und Jugendliteratur, in: libri liberorum. Fachzeitschrift für Kinder- und Jugendliteraturforschung 24 (2023), H. 59, 67–76, bes. 70. Es ist darauf hinzuweisen, dass Mikota diese beiden Wirkungsabsichten zunächst auf die Darstellung von Armut (emotional, Bildungsarmut, materielle Armut) bezieht, auf die sie den im Titel angekündigten Klassismus m. E. etwas zu schnell reduziert. Im

dominanter Klassen-Thematik nicht besonders üppig fündig wird, bildet das Hauptergebnis eines von Mikota zusammen mit der referierten Unterteilung angebotenen kompakten Überblicks – zumindest dann nicht, wenn man eine ‚kritisch-aktivierende' Perspektive auf Klassenerzählungen sucht. „Systemkritische Ansätze", so Mikota im Fazit, „wie man sie bspw. in der Kinderliteratur der Weimarer Zeit findet, fehlen in den aktuellen Beispielen".[3]

Der Befund ist insofern erwartbar, als auch in soziologischer Perspektive ein relatives Desinteresse an zumindest zur fühlbaren Mobilisierung taugenden Klassenfragen konstatiert wird. Obwohl die Einsicht in massive ökonomische und soziale Ungleichheit weit verbreitet ist, die Metaphorik von der sich diesbezüglich immer weiter öffnenden Schere zur alltäglichen Politphrasen-Folklore gehört, reicht all das anscheinend nicht aus als Antriebsstoff für eine Diskursverschiebung hin zu diesen Themen, zu einer sozialen Bewegung gar. Erfolgreich ist nur die Bewirtschaftung von Feindbildern, deren affektive Energie dann von „Polarisierungsunternehmern" zwischen Medien und Politik abgeerntet werden kann.[4]

So bildet die KJL in Klassenfragen keine Ausnahme. Ganz ähnlich wie in den Perspektiven auf die ‚Allgemeinliteratur' wird es im Folgenden deshalb auch hier im Kern um das Erzählen von Klasse, um spezifische Figurenanlagen, Milieubeschreibungen und materielle wie symbolische Markierungen in den Schilderungen der erzählten Welten gehen, nicht aber um offen ‚Systemkritisches'. Dabei, das ist schon benannt worden, wird sich das Gefühlsspektrum als enger erweisen, als es in der Erwachsenenliteratur möglich ist: ‚Doppelbödiges', also Erzählverfahren, die sich an rhetorische Arrangements wie Ironie, Sarkasmus, Zynismus anlehnen, die in den Gestus des ‚Kalten', Distanzierten, Abgeklärten gefasst sind, wird man in der KJL nur in Maßen finden. Wohl aber, darauf hat Mikota bereits dezidiert hingewiesen, wird auch in Texten für Kinder jenes Gefühl erzählt, das womöglich das bohrendste aller Gefühle in diesem Zusammenhang ist: die Scham.[5]

Fortgang ihrer Argumentation kommt sie aber auch auf die mit der Armutsdarstellung verknüpften erzählten Gefühle zu sprechen (s. u.).

3 Mikota, Die Darstellung von Klassismus in der deutschsprachigen Kinder- und Jugendliteratur, 75.
4 Der zitierte Begriff stammt aus Steffen Mau, Thomas Lux und Linus Westheuser, Triggerpunkte. Konsens und Konflikt in der Gegenwartsgesellschaft, Berlin 2023, 29. Die Soziologen konstatieren in ihrer breit rezipierten Studie „eine relative Demobilisierung der Oben-Unten-Arena" (ebd., 72). Statt zu vertikaler Mobilisierung führe ein besonders in den unteren Schichten verbreitetes meritokratisches Denken nicht selten zu horizontal gelagerten Konflikten, z. B. wenden sich erwerbstätige Angehörige unterer Lohngruppen gegen Bürgergeldempfänger etc.; vgl. ebd., 85–88.
5 Vgl. Mikota, Die Darstellung von Klassismus in der deutschsprachigen Kinder- und Jugendliteratur, 72–75.

Zunächst sollen hier zwei der Texte, die Mikota nennt und knapp vorstellt, noch etwas breiter auf ihre Gefühldarstellungen und Klassenmarkierungen hin befragt werden. Der größere zweite Teil der Ausführungen ist daran anschließend drei Erzähltexten aus dem umfangreichen Werk Kirsten Boies gewidmet und damit einer Autorin, in deren Schaffen sich eine gut erkennbare und in mehrerlei Hinsicht recht aussagekräftige ‚Soziopoetik' niederschlägt.

1 Scham, Selbstbewusstsein, Glück – Ein Blick in zwei Kinderromane

Eine der drastischsten Schilderungen von empfundener Scham in der neueren Kinderliteratur lässt sich in Marianne Kaurins Roman *Irgendwo ist immer Süden* lesen, im norwegischen Original 2018 unter dem Titel *Syden* erschienen, zwei Jahre später in deutscher Übersetzung herausgekommen und 2021 mit dem Deutschen Jugendliteraturpreis in der Sparte ‚Kinderbuch' ausgezeichnet.[6] Allerdings ist Kaurins Roman an sich gar nicht von einem herben, aufrüttelnden Realismus geprägt. Im Vordergrund steht die in durchaus warmen Tönen erzählte Freundschaft zweier Kinder aus einem Sozialwohnungsviertel, deren Eltern ihnen in den Sommerferien keine Urlaubsreisen ermöglichen können. Ina, die zwölfjährige Ich-Erzählerin, besucht eine Schulklasse, die von gutsituierten Mittelschichtskindern dominiert ist. In der letzten Stunde vor den großen Ferien wird reihum von Urlaubsplänen berichtet, alle verreisen wochenlang kostspielig ins Ausland. Nur Ina müsste zugeben, dass ihre depressive Mutter, die in einer Arbeitsamtsmaßnahme steckt, kein Geld für so etwas hat. Ina schämt sich und lügt, sie fahre in den ‚Süden'. Der Einzige, der furchtlos zugibt, dass auch er zu Hause bleiben muss, ist der frisch in die Klasse dazugestoßene Vilmer, der von allen, auch von Ina, als Außenseiter verspottet wird. Im Verlauf des Romans entdecken die beiden daheimgebliebenen Kinder jedoch ihre Zuneigung zueinander. Mit Fantasie und Kreativität bauen sie sich einen eigenen ‚Süden' in einer leer stehenden Wohnung ihres Häuserkomplexes aus alten Gartenmöbeln, einem Kinderplanschbecken und einer Tapete mit Sonnenuntergangsmotiv. Inas Lüge bleibt jedoch nicht unentdeckt,

---

[6] Vgl. Mikota, Die Darstellung von Klassismus in der deutschsprachigen Kinder- und Jugendliteratur, 73–74, sowie dies., Wenn die Hausmeisterwohnung zum Süden wird. Prekäre Idyllen in ausgewählten Kinderromanen (1992–2022), in: Idyllen und Sehnsuchtsorte in Literatur und Medien für Kinder und Jugendliche. Fachwissenschaftliche Analysen – fachdidaktische Modellierungen, hg. von Nils Lehnert, Weinheim und Basel 2024, 79–90, bes. 86–89.

zwei Mitschülerinnen durchschauen die nachgestellten Urlaubsszenen, die sie in den Klassenchat sendet. Nach ihrer Rückkehr aus dem Luxusurlaub treten sie wie ein frühpubertäres Strafgericht in dem wenig gut beleumundeten Viertel in Erscheinung, in dem Ina und Vilmer wohnen:

> Ich scrolle im Chatfenster nach oben, lese nicht alle Nachrichten, nehme nur einzelne Wörter wahr, die aus Mathildes grünen Sprechblasen hervorploppen.
> *Wir wissen alles. Lügnerin.* [...]
> Ich wirke plötzlich so lächerlich. So kindisch in dem Badeanzug. Vor dem falschen Sonnenuntergang, der nur eine Tapete ist. Plötzlich bin ich wieder Ina. Die alte Ina. Alles kommt zurück. Plötzlich habe ich wieder Angst. Vor Mathilde und Regine und Markus. Vor den Gruppen auf dem Schulhof. Vor Geburtstagsfeiern und Ferien und dem Lügen und So-tun-als-ob. [...]
> *Wir sind auf dem Weg zu dir nach Hause. Nur damit du's weißt.*
> Der Arm mit dem Telefon in der Hand zittert. Meine Beine zittern auch. Ich kann kaum noch stehen.[7]

Das kleine Paradies des eigenen ‚Südens' in der Sozialwohnung, Produkt der Fantasie und eines neuen Selbstbewusstseins durch die Freundschaft mit Vilmer, wird Ina abrupt zur großen Peinlichkeit, als die Mitschülerinnen Mathilde und Regine im Anmarsch sind und sie sogleich „wie zwei Polizistinnen"[8] verhören. Sie durchlebt ihre Scham mental und körperlich, kann den zuvor so selbstbewusst und spielerisch imaginierten ‚Süden' nicht mehr mit eigenen Augen sehen, sondern nur noch in der Perspektive des fremden, herablassenden Blicks der beiden wohlhabenden Mitschülerinnen, wie es die Ich-Erzählstimme genau seziert:

> „Oh Mann, wie arm ist das denn."
> Ich bin die alte Ina. Die sich mit neuen Augen umsieht. Mit Mathildes und Regines Augen. Es ist so erbärmlich. Alles hier. Der gesamte dämliche Ort, den wir uns da zusammengebaut haben. [...] Fühle die Tränen aufsteigen. Sie dürfen jetzt nicht kommen. Heulen kann ich später.[9]

In dieser Situation der maximalen Erniedrigung durch die beiden Klassenkameradinnen weiß sich Ina nicht anders zu helfen als durch einen Verrat an Vilmer. Er habe sie, so versucht sie Mathilde und Regine zu beschwichtigen, zu dem kindischen ‚Süden-Spiel' verleitet. Sie hat die Kraft nicht, ‚nach oben' gegen die Arroganz und Herablassung der beiden Mädchen anzugehen, in diesem Moment kann sie nur ‚nach unten' treten, um im gemeinsamen Spott über Vilmer zumindest ein wenig vom Wohlwollen der beiden „Polizistinnen" zurückzuerhalten: „Der muss

---

[7] Marianne Kaurin, Irgendwo ist immer Süden. Aus dem Norwegischen von Franziska Hüther, Zürich 2022, 153–155.
[8] Kaurin, Irgendwo ist immer Süden, 159.
[9] Kaurin, Irgendwo ist immer Süden, 164.

ja echt ein ziemlicher Nerd sein', sagt Regine. Ich nicke. ,Total.' Plötzlich heißt es wir gegen Vilmer. Er passt nicht dazu, und das wusste ich eigentlich von Anfang an."[10] Der Kinderroman beschreibt hier in der Bestimmtheit der Erzählstimme die psychologische Dynamik der Schambewältigung sehr genau: Ina übernimmt die übermächtige Perspektive der Mitschülerinnen und sieht sie als ihre eigene an. Als die beiden am Ende ihren inquisitorischen Auftritt in der schlechten Wohngegend beenden, klingt in den Formulierungen der Ich-Erzählerin jedoch schon der Anfang einer Erkenntnis an, die sie wieder zu ihrem mit Vilmer zusammen gewonnenen Selbstbewusstsein zurückführen wird – die Erkenntnis, dass Mathilde und Regine es überzogen haben mit ihrem Hochmut, dass sie kein Recht zu solcher Herablassung hatten: „Die Gefangene hat gestanden. Die Gefangene bereut ihre Taten. Sie können triumphierend nach Hause gehen."[11] Ab hier setzt eine Emanzipation der Hauptfigur von den Sichtweisen der anderen ein, sie kann sich bei Vilmer für alles entschuldigen und den Mitschülerinnen am Ende recht beiläufig zu verstehen geben, dass sie deren Anerkennung und Freundschaft nicht nötig hat. Ina steht zu ihrem eigenen ,Süden', vor allem aber zu Vilmer und dazu, woher sie kommt.

Kaurins Roman bezieht seine Wirkung zuerst aus der Erzählperspektive, die eine ungefilterte, breit auserzählte Sicht auf das Schamerleben der Hauptfigur zulässt. Damit macht sie, um Mikotas Kategorien noch einmal aufzurufen, eine Sensibilisierung für die destruktive Kraft möglich, die die Scham freisetzen kann. Aber sie bietet auch denjenigen, die diese intensiven Gefühle kennen, eine identifikatorische Lesart an und am Ende des Erzählverlaufs eine Stärkung, weil sich Ina selbstbewusst aus der Anerkennungsabhängigkeit von ihren Mitschülerinnen befreit. Wollte man Kritik an Kaurins Erzählzuschnitt üben, dann könnte man monieren, dem Monolog der zwölfjährigen selbst betroffenen Ich-Erzählerin sei eine bisweilen fast zu analytisch klare Sicht auf das eigene Erleben und seine psychologische Dynamik unterlegt, die zwar nicht unrealistisch, aber doch recht weitreichend ist.

Einen ganz anderen Weg des Erzählens schlägt Will Gmehling mit seiner vielgelobten Reihe um die Bremer Familie Bukowski ein, derzeit eine Trilogie, für deren ersten Band, *Freibad. Ein ganzer Sommer unter dem Himmel* von 2019, dem Autor im Folgejahr der Deutsche Jugendliteraturpreis zugesprochen wurde. Die fünf Familienmitglieder der Bukowskis sind eher in der unteren Hälfte der soziologischen Schichtung angesiedelt, der Vater ist Taxifahrer, die Mutter arbeitet als

---
10 Kaurin, Irgendwo ist immer Süden, 165.
11 Kaurin, Irgendwo ist immer Süden, 174.

Verkäuferin in einer Bäckerei am Bahnhof, dazu gibt es drei Kinder im Alter von sieben, acht und zehn Jahren (so die Ausgangslage im ersten Roman, der hier betrachtet werden soll).[12] Viel Geld ist nicht in der Haushaltskasse, große Urlaubsreisen etwa können die Eltern ihren Sprösslingen nicht bieten, wie Alf, ältestes der Bukowski-Kinder und Ich-Erzähler des Romans, feststellt: „Wir fuhren nie irgendwohin weg, ich meine, in den Ferien. Außer mal vielleicht nach Cuxhaven. Für einen Tag."[13] Als die drei Kinder das erste Mal im Jahr ins Freibad aufbrechen, müssen drei Euro für alle zusammen reichen.[14] Doch all das ist kein wirklich großes Problem. Gmehlings Erzählprogrammatik zielt nicht auf die Darstellung der Mängel, die die Kinder wegen der begrenzten finanziellen Möglichkeiten der Familie erleben, erst recht nicht auf Zurücksetzung, Scham, Demütigung. Es ist vielmehr eine selbstbewusste Selbstverständlichkeit, mit der die Kinder ihr Leben führen und sehr eigenständig gestalten. Ihre Sommerferien verbringen sie im nahe gelegenen Freibad, für das sie, weil sie ein Kleinkind vor dem Ertrinken retten konnten, eine Dauerkarte geschenkt bekommen haben. Da, wie Alf nicht ganz glücklich vermerkt, sein Vater sogar ihm als dem Ältesten „[e]rst nach den Ferien"[15] ein Smartphone erlauben will, kann es sich der Autor erlauben, in seinem Roman Kinder zu beschreiben, die frei von elektronischer Sedierung mit offenen Sinnen einfach spielen, schwimmen und den ihnen zur Verfügung stehenden Aktionsradius erkunden. Dabei sind die Bukowski-Kinder keine Engel, der Tag im Freibad wird ihnen zum Ende der Ferien allmählich etwas langweilig, sie beschließen mutig einen nächtlichen Ausflug auf die Liegewiese, ausgetrickste Eltern, große Spannung und Verfolgungsjagd inklusive.

Dargeboten werden die Freibad-Abenteuer vom kindlichen Ich-Erzähler in einer aus einfachen, kurzen Sätzen bestehenden Sprache, dicht am Mündlichen, die, ohne dass das ins Aufgesetzte abrutschen würde, an die sprachliche Ausdrucksfähigkeit eines Zehnjährigen angenähert ist. Eines Zehnjährigen, der, so erwähnt er beiläufig, zwar nicht genau weiß, auf welche Schule er nach den Ferien wechseln wird: „[s]icher war bloß, dass es kein Gymnasium war."[16] In den Begriffen jüngerer Soziologie – hier Andreas Reckwitz' *Die Gesellschaft der Singularitäten* (2017), der gefolgt werden soll – wäre die Bukowski-Familie wohl am ehesten der ‚neuen Unterklasse' zuzuordnen. Die Eltern üben „einfache[ ] Dienst-

---

12 Vgl. Will Gmehling, Freibad. Ein ganzer Sommer unter dem Himmel, Wuppertal 2019, 8.
13 Gmehling, Freibad, 59.
14 Vgl. Gmehling, Freibad, 9.
15 Gmehling, Freibad, 55.
16 Gmehling, Freibad, 36.

leistungsberufe"[17] aus, das Geld ist stets knapp, die Möglichkeiten sind auf das Notwendige beschränkt. Abstiegsängste, das Gefühl des Abgehängtseins, das Bedürfnis nach Abgrenzung und Feindbildern, die bis in die Mediendebatten hinein mit diesem Milieu assoziiert werden, gibt es bei den Bukowskis nicht – natürlich, ein Kinderroman ist kein soziologischer Essay. Und doch konstruiert Gmehling die soziale Welt des ersten Bukowski-Romans auf eine bemerkenswerte Weise. Hätte man, noch einmal, keinen Kinderroman vorliegen, dem alle optimistische, positividentifikatorische und (im Sinne Mikotas) stärkende Wirkungsabsicht zuzugestehen ist, dann könnte man in den Schilderungen einen Hauch von ‚Sozialromantik' ausmachen. Der warmherzige „proletarische[ ] Charme"[18] der Figuren, der Kritik und Jurys für sich einnahm, schließt die Darstellung aller negativen kulturellen Praktiken des gezeichneten Milieus aus; er rückt jedoch einen sympathisch angelegten Aspekt in den Vordergrund, der die Bukowskis fast wie Wiedergänger aus einer noch intakten traditionellen Arbeiterklasse der vielbeschworenen *Trente glorieuses* der westeuropäischen Sozialgeschichte erscheinen lässt: Man ist aufstiegsoptimistisch, weiß, dass Bildung und Disziplin zu den Voraussetzungen sozialer Mobilität nach oben gehören – und wird bzw. wurde dafür per ‚Fahrstuhleffekt' (Ulrich Beck) in die ‚nivellierte Mittelstandsgesellschaft' (Helmut Schelsky) integriert.[19] Unter den Bukowski-Kindern ist es Alfs achtjährige Schwester Katinka, die, resolut und klar, weiß, wie der Aufstieg zu bewerkstelligen ist. Sie strebt eine Karriere auf dem Laufsteg an: „Wenn ich groß bin, werde ich Model. Dann wohne ich in Paris und laufe mit schicken Kleidern durch die Stadt und rieche lecker."[20] Diesen Plan verfolgt sie aber nicht, wie man populärsoziologisch vermuten könnte, per Influencerinnen-Imitation.[21] Alf berichtet von der Liegewiese:

---

17 Andreas Reckwitz, Die Gesellschaft der Singularitäten. Zum Strukturwandel der Moderne, Berlin 2017, 279.
18 Anja Robert: Sechs Wochen nass, in: Die Zeit Nr. 28/2019, 04.07.2019, 47.
19 Zu den soziologischen Aspekten vgl. Reckwitz, Die Gesellschaft der Singularitäten, 355–363, der die Unterscheidung von ‚respektabler' und ‚subproletarischer' Unterklasse anführt; erstere Elemente der klassischen Arbeiterklasse (Stolz, Disziplin, Abgrenzung nach unten) aufnehmend, beide geprägt von der Praxis des fortwährenden *muddling through*. Zu den genannten Begriffen vgl. Ulrich Beck, Risikogesellschaft. Auf dem Weg in eine andere Moderne. Frankfurt a. M. 1986, 122; Helmut Schelsky, Die Bedeutung des Schichtungsbegriffs für die Analyse der gegenwärtigen deutschen Gesellschaft [1953], in: ders., Auf der Suche nach Wirklichkeit. Gesammelte Aufsätze, Düsseldorf und Köln 1965, 331–336, hier: 332.
20 Gmehling, Freibad, 65.
21 Hier ist an die nach Reckwitz für die Unterklasse spezifische Strategie eines erhofften „singulären Aufstiegs qua Talent" gedacht, die sich in den Sphären von Popkultur und Spitzensport durch ‚Entdeckung' vollzieht – man könnte hinzufügen: oder in Medienformaten wie ‚Germany's Next Topmodel'; vgl. Reckwitz, Die Gesellschaft der Singularitäten, 361–362.

> Katinka stritt sich mit Robbie, weil er andauernd mit ihr ins Wasser wollte.
> „Ich muss Französisch lernen", sagte sie streng und guckte in ihr Lehrbuch. Das hatte Mama ihr in einem 1-Euro-Laden gekauft.
> Robbie zog sie am Badeanzug.
> „Lass das gefälligst!", rief sie. „Deine Schwester arbeitet!"[22]

Für das Arbeitsethos, das Katinka an den Tag legt, findet sie selbst die passende Vokabel: „‚Du musst einen eisenharten Willen haben, wenn du Französisch lernen willst', sagte sie. ‚*Oh là là!*'"[23] Wer ein Ziel hat, der muss sich dafür anstrengen, von allein wird das nichts, diese Botschaft vermittelt der Roman sehr wohl. Er tut dies völlig unangestrengt, eingebettet in ein von Elementen liebevoller Komik geprägtes Erzählen, zumal, was die Figur der herrlich altklugen Katinka angeht. So beschreibt Gmehling die gelingende Vision von Zufriedenheit und kindlichem Selbstbewusstsein, die auch dann verwirklicht werden kann, wenn die ökonomischen Verhältnisse nicht die besten sind. In *Freibad* finden sich keine intensiven Klassengefühle wie bei Kaurin. Das vom Autor in einem Interview zu Protokoll gegebene Vorhaben, ein „Glücksbuch" schreiben zu wollen, trifft die ‚Gefühlslage' dieses Erzählens aber sehr genau – das gilt für Figuren und Handlung wie für die Wirkungsabsicht.[24]

2 Kirsten Boies Soziopoetik

Gmehlings Formulierung vom „Glücksbuch" lässt sich ohne Zweifel auch auf einen großen Teil des kinder- und jugendliterarischen Werkes von Kirsten Boie anwenden. Die literarische Produktion der Hamburger Autorin, die seit ihrem Erstling *Paule ist ein Glücksgriff* von 1985 weit über 100 Titel vom Erstlese- bis zum Jugendbuch publiziert hat, wird seit Langem von einem großen Engagement für eine umfassende Leseförderung für Kinder begleitet, dokumentiert etwa in der von ihr initiierten *Hamburger Erklärung – Jedes Kind muss lesen lernen* von 2018 oder in ihrer Streitschrift *Das Lesen und ich* von 2019.[25] Es lässt sich ihre umfang-

---

22 Gmehling, Freibad, 28.
23 Gmehling, Freibad, 99.
24 Vgl. „Ich wollte ein Glücksbuch schreiben". Bettina Braun im Gespräch mit Will Gmehling, in: JuLit 46 (2020), H. 4, 29–33; zu idyllischen Anklängen in *Freibad* vgl. Mikota, Wenn die Hausmeisterwohnung zum Süden wird, 84.
25 Vgl. Kirsten Boie, Das Lesen und ich, Hamburg 2019. Auch in Interviews betont die Autorin die Relevanz früher Leseförderung immer wieder, so etwa in: „Leseförderung muss bei den Eltern anfangen", in: BuB – Forum Bibliothek und Information 67 (2015), H. 2, 124–128.

reiche literarische Produktion so als facettenreich ausdifferenziertes Angebot an ganz unterschiedliche Interessen und Lesebedürfnisse unter Kindern und Jugendlichen verstehen. Und dies bezieht sich auch auf die unterschiedlichen sozialen Lagen, die im Sinne einer Wiedererkennbarkeit und damit als positives Identifikationspotenzial für die Leserinnen und Leser dargestellt werden. „Glücksbuch" – wenn Kinder in der Literatur ihre alltägliche soziale Welt auch in kleinen Details wiederfinden, wenn sie sie zudem lesend als einen positiven, chancenreichen Handlungsraum erleben, dann bleiben sie dran an der Lektüre – und das gilt, so ist Boies engagierte ‚Soziopoetik' zu verstehen, auch für Milieus, die prekär genannt werden.

Die jeweiligen sozialen Adressierungen vieler ihrer Erzähltexte sind dabei – zumindest für erwachsene (Mit-)Lesende mit mindestens küchensoziologischen Kenntnissen über die „feinen Unterschiede"[26] – leicht zu entschlüsseln; zumal in ihren jüngeren Büchern hantiert die Autorin mit den breit gestreuten ‚Klassenmarkierungen' ihrer Erzählwelten inzwischen so heiter-freihändig, dass die zunächst naheliegende Einschätzung, manches davon sei etwas ‚stereotyp', schnell ins Leere läuft. Konkret: Die weibliche Hauptfigur ihres hier gleich näher zu betrachtenden Kinder-Detektivromans *Gangster müssen clever sein* von 2022 heißt Jamie-Lee, und dieses zwölfjährige Mädchen ist die Tochter einer früh Mutter gewordenen Alkoholikerin, wohnhaft im zwölften Stock eines Hamburger Problemviertel-Hochhauses. Die Kinder in Boies Neue-Mittelklasse-Reihe um das abgeschiedene Sommerby an der Schlei tragen hingegen die ebenso eindeutig sozial markierten Vornamen Martha, Mats und Mikkel. Ist das stereotyp? Ja, vielleicht, aber all diese Kinderfiguren werden in ihren jeweiligen Lebenswelten und sozialen Einbindungen als handlungsmächtige und sympathietragende Figuren gezeichnet, sodass die Namen zu Wirklichkeitsmarkierungen werden, die das Stereotyp locker überwinden und in sich die Botschaft tragen: Es ist egal, wie du heißt und wo du herkommst, wenn du nur deine Möglichkeiten bekommst, sie nutzt und etwas daraus machst.[27]

---

26 Auf die „feinen Unterschiede" in den Familienschilderungen von Boies *Möwenweg*-Serie weist bereits Birgit Dankert hin und bescheinigt Boie, in der Kinderromanreihe eine „Milieu-Studie" vorgelegt zu haben, „die zum literarischen Zeugnis für die Kinderkultur zu Beginn des 21. Jahrhunderts werden kann." Birgit Dankert, ‚Da müssten wir zuerst die Wirklichkeit ändern.' 30 Jahre Kinder- und Jugendliteratur von Kirsten Boie – Werküberblick und Bibliografie der Primärliteratur, in: Kirsten Boie. Bielefelder Poet in Residence 2013, hg. von Petra Josting, München 2014, 15–33, hier: 18.
27 Zu den Figurenanlagen, zum ‚Chantalismus' bzw. ‚Emilismus' der Vornamen bei Boie vgl. Nils Lehnert, Jamie-Lee: ‚Wer sagt denn so was? Jeder normale Mensch würde doch *Verpiss dich!* sagen'. Milieu, *telling names* und Soziolekt als figurenkonstellative Einflussgrößen für Handlungsspielraum und Gesellschaftsentwurf am Beispiel zeitgenössischer Kinder- und Jugendliteratur, in:

In diesem Abschnitt sollen drei Romane beispielhaft vorgestellt werden; diese drei, so die These, verweisen in ihren Handlungs- und Figurenkonzepten sowie ihren Adressierungen auf drei unterschiedliche Klassen, die, zum Teil soeben bereits geschehen, wieder nach Reckwitz' *Gesellschaft der Singularitäten* benannt und zugeordnet werden: Unterklasse – *Gangster müssen clever sein* (2022), neue Mittelklasse – *Ein Sommer in Sommerby* (2018), alte Mittelklasse – *Wir Kinder aus dem Möwenweg* von 2000.[28]

In *Gangster müssen clever sein* führt Kirsten Boie die Hauptfiguren aus zwei Vorgänger-Kriminalromanen (*Der Junge, der Gedanken lesen konnte*, 2012, und *Entführung mit Jagdleopard*, 2015) in einem neuen Fall zusammen: Jamie-Lee hilft ihrer Freundin Fee, der Tochter eines neureichen Milliardärs, bei der Aufklärung eines Diebstahls aus deren Villa. Unterstützung erhalten sie von Valentin, der in der gleichen Hochhaussiedlung wie Jamie-Lee wohnt, und von dessen Freund Mesut, der praktischerweise mit seinem älteren Bruder Ahmed über einen Verbindungsmann bei der Polizei verfügt. Die spannungsreiche, turbulente bis knallig-komische Handlung sei hier nicht im Einzelnen nachgezeichnet. Es drängt sich aber doch die dezente Vermutung auf, die Autorin habe sich vor der Konzeption der Roman-Folgen jeweils von allerlei Scripted-Reality-Formaten des Privatfernsehens ausführlich berieseln lassen, die ja nicht selten und bei allen Problemen, die thematisiert werden, von einer grellen, etwas voyeuristischen Dramaturgie geprägt sind. Vielleicht folgt Boie hier dem Gedanken: Wenn Kinder derlei im Fernsehen goutieren, dann braucht es, um sie vom Bildschirm weg- und zum Lesen hinzulocken, Bücher, die diese Settings und Handlungsführungen aufnehmen.[29] Im *Gangster*-Roman erzählen Jamie-Lee und Valentin in abwechselnden Ich-Perspektiven den Handlungsverlauf. Ähnlich wie Gmehling versucht auch Boie, den Erzählstimmen einen dem Alter der Figuren und ihrer sozialen Position entsprechenden Tonfall zu verleihen. So schildert Jamie-Lee auf den ersten Seiten

---

Figurenkonstellation und Gesellschaftsentwurf. Annäherungen an eine narratologische Kategorie und ihre Deutungspotentiale, hg. von Henrike Schwab, Heidelberg 2023, 49–65, bes. 59–62.
28 Vgl. die knapp zusammenfassende Charakterisierung der von ihm angesetzten Klassen in Reckwitz, Die Gesellschaft der Singularitäten, 277–285.
29 Boies Detektiv-Trilogie gehört damit zu den markantesten Ausprägungen einer seit gut drei Jahrzehnten zu beobachtenden Tendenz in der KJL, ernste Themen mit einer bisweilen grotesken Komik zu kombinieren; vgl. dazu Nils Lehnert und Andreas Wicke, Komik am Abgrund. Tragikomik als Epochensignatur in aktuellen Kinderromanen Andreas Steinhöfels, Finn-Ole Heinrichs und Kirsten Boies, in: Was gibt es da noch zu lachen? Komik in Texten und Medien der Gegenwartskultur in literaturdidaktischer Perspektive, hg. von Nicola König und Jan Standke, Trier 2023, 91–106, bes. 101–104; außerdem Jana Mikota, Zwischen Jagdleoparden und Friedhöfen oder: Ein etwas anderer Blick auf Diversität, in: Literatur im Unterricht 23 (2022), H. 3, 251–262.

des Romans ganz unverblümt den Versuch ihrer Mutter, die Alkoholsucht zu überwinden und ins Berufsleben zurückzukehren:

> Den Job hat die Psychologen-Frau für Mama organisiert, zu der sie alle zwei Wochen einmal geht. Die hat ihr auch erklärt, an Mamas Sauferei wäre ihre schreckliche Kindheit schuld. Das glaube ich aber nicht, weil es unfair gegen Oma ist.
> Jedenfalls arbeitet Mama jeden Tag drei Stunden in der Kantine vom Bezirksamt und füllt das Essen auf und wischt die Tische, und sie findet es auch richtig cool, hat sie gesagt. [...] Aber hinterher, wenn sie zu Hause ist, kriegt sie oft gleich wieder so einen Saufdruck, und das Einzige, was dann hilft, ist, dass sie stundenlang spazieren geht. Also eigentlich rennt sie mehr so wild durch die Gegend. Aber mir ja egal, Hauptsache, sie fängt nicht wieder an. Ich hab mich immer so geekelt, wenn ich ihren Kotze-Eimer ausleeren musste.[30]

Als sich die jungen Detektive zusammengefunden haben und sich von Fee, der Milliardärstochter, Einzelheiten über den Diebstahl berichten lassen, den sie aufklären wollen, werden Milieu-Unterschiede schnell deutlich. Fee beklagt nicht nur, dass der „silberne Tafelaufsatz" im Haushalt fehle, auch eine „Chagall-Lithographie" sei gestohlen worden. Das müssen die Ermittler genauso mit Unverständnis quittieren wie Fees weitere Ausführungen: „Und an der Wand über dem Vertiko haben auch der kleinere Picasso und ein Richter und ein Baselitz gefehlt. Das ist im Salon bei uns wirklich Salonhängung". Zwar stellt Jamie-Lee darauf fest: „Was ‚Salonhängung' war, wollte ich nicht fragen, und die drei Namen waren hundertpro auch bloß Bilder. Fee muss ja nicht immer gleich merken, was ich alles nicht weiß"[31] – aber diese Erwägung wird erzählerisch weder aufseiten Jamie-Lees in das Licht peinlichen Berührtseins über die eigene Unwissenheit getaucht, noch wird die über solche Verluste berichtende Fee als arrogant oder überheblich dargestellt. Die Kinder agieren und kommunizieren jeweils ganz selbstverständlich vor dem Hintergrund ihrer sozialen Herkünfte und Lebenswelten. Sie arbeiten zusammen, helfen einander, werden Freunde – darum geht es in diesem Erzählen. Und es geht ums Lesen. In neueren Boie-Romanen gibt es fast immer lesende Kinder. Der Ermittler Valentin macht klar, dass sich seine kriminalistischen Herangehensweisen einer ausgiebigen Krimi-Lektüre verdanken. Sein Freund Mesut stellt fest: „Der liest Bücher' [...] ‚Da steht das drin.' ‚Oh!', hat Jamie-Lee gesagt und ich weiß nicht, ob sie überrascht war, dass es echt Menschen gibt, die Bücher lesen, oder ob sie mich bewundert hat. Ich hab lieber das zweite ge-

---

30 Kirsten Boie, Gangster müssen clever sein. Ein Krimi mit echter Milliardärstochter. Mit Vignetten von Regina Kehn, Hamburg 2022, 7–8.
31 Sämtliche Zitate: Boie, Gangster müssen clever sein, 58–59.

glaubt."[32] Dass die in fiktiven Welten gemachten Erfahrungen helfen können, handfeste reale Probleme zu lösen, diese Botschaft webt Boie auch in anderen Romanen in ihr Erzählen für Kinder ein. Als Jamie-Lee von ihrer Detektivarbeit allerdings das erste Mal in ihrem Leben in eine Buchhandlung geführt wird, ist sie doch skeptisch, wer die ganzen Bücher dort kaufen soll. Nicht nur skeptisch, sondern wirklich irritiert reagiert sie jedoch auf das, was sie in einem innerstädtischen Wohnquartier, in das es sie verschlagen hat, beobachten muss. Man kann kaum anders, als der Autorin in dieser Passage eine beabsichtigte Doppelcodierung zu unterstellen: Zum einen soll hier zweifelsohne der ‚authentische' Blick des Kindes aus der Unterschicht auf eine ganz fremde Welt und ihre kulturellen Praktiken in Sprache gefasst werden. Zum anderen dürfen manche mitlesenden Erwachsenen (zum Beispiel vorlesende Neue-Mittelklasse-Eltern in innerstädtischen Wohnvierteln) in Klassen-Selbstironie mitschmunzeln:

> Also das hier war so ein Viertel, das sah auf den ersten Blick richtig schäbig aus. Alles so uralte Häuser und unten drin in jedem ein kleiner Laden, wie sie das früher hatten [...]. Aber in den kleinen Läden waren jetzt keine Ein-Euro-Shops oder „zu vermieten"-Schilder, wie das sonst immer ist, sondern so Klamottenläden mit Kleidern und Schuhen, die bei uns bestimmt niemand anziehen würde, und mit verrücktem Schmuck, und alle hatten sie komische Namen, „Zaubernadel" und „Feenkleid" und „Shoe 4 U". [...]
> Was es am Allermeisten gab, waren Kneipen. [...] Also nicht McDonalds oder Burger King oder Kentucky Fried Chicken. Die kenn ich natürlich, ich bin ja nicht blöde. Sondern irgendwie so ganz schäbige kleine, von denen noch kein Mensch gehört hat. Und auf den Speisekarten-Tafeln, die bei manchen draußen vor den Tischen aufgebaut waren, standen Esssachen, da hab ich mich gefragt, wer so was wohl freiwillig isst. Kürbis-Kokos-Suppe mit „Kernöl" und „Croutons" und „Chorizo", nur mal so zum Beispiel. Oder „Crespelle" mit Kräutern und „Ricotta" gefüllt. Bitte was? Wieso jemand da essen gehen sollte, wo nichts Vernünftiges auf der Karte steht, hab ich keine Ahnung. Noch dazu, wo alles so teuer war, dass man sogar für den Preis für eine schlabberige Suppe bei McDonalds schon ein fettes Burger-Menü mit Pommes und Cola gekriegt hätte oder bei KiK eine Jeans. Da wüsste ich doch, wofür ich mein Geld lieber ausgeben würde, wenn ich welches hätte! (Haha, Scherz!)[33]

Ist das der gelungene Blick von außen, der Kindern, die solche Sphären ebenfalls nicht kennen, einen Lektürezugang schafft? Oder zielen die in Überfülle vorgetragenen klassenspezifischen Lebensstil-Markierungen doch eher auf Bourdieu- und Reckwitz-geschulte ältere Lesende, für die sie zu komischen Elementen werden? Beide Lesarten sind sicher möglich. Die Kinderdetektive des Romans jedenfalls ha-

---

32 Boie, Gangster müssen clever sein, 62–63; besonders angetan hat es Valentin „das Buch über diesen Rico [...], der ist tiefbegabt, und Oskar, der ist schlau für drei. Also quasi das Superhirn, das man zur Aufklärung von Kriminalfällen braucht" (Boie, Gangster müssen clever sein, 118).
33 Boie, Gangster müssen clever sein, 190–191.

ben nach der wahrlich dramatischen Auflösung ihres Falles ziemlich viel Erzählstoff, den sie in Schulaufsätzen verbraten können. Jamie-Lee bekommt für einen solchen ein großes Lob von ihrer Lehrerin und den Tipp, doch einmal über eine Zukunft als Schriftstellerin nachzudenken. Sie bleibt skeptisch und (klassen-)selbstbewusst:

> Ich schaff jede Wette meinen Schulabschluss, das weiß ich jetzt. Trotzdem werde ich bestimmt nicht Schriftstellerin, da hätte ich Angst, dass ich verhungern muss. Wer liest denn schon freiwillig Bücher?
> Aber schöne Haare wollen die Leute immer. Ich werde Friseurin. Ganz ehrlich? Das Leben ist mega.[34]

Kirsten Boies höchst erfolgreiche Roman-Serien um die *Kinder aus dem Möwenweg* (2000–2015, acht Bände) und um das abgelegene großmütterliche Reetdachhaus in *Sommerby* (2018–2024, vier Bände) teilen allerlei; vornehmlich, dass sie beide Aktualisierungen zweier Astrid-Lindgren-Klassiker sind: Die *Kinder aus dem Möwenweg* folgen den *Kindern aus Bullerbü* (orig. *Alla vi barn i Bullerbyn*, 1947–1952), die *Sommerby*-Serie wartet mit deutlichen Parallelen zu *Ferien auf Saltkrokan* (orig. *Vi på Saltkråkan*, 1964) auf. Diese Vorlagen weisen auch Boies Romanen das Genre zu: Allesamt sind sie der kinderliterarischen Idyllik zuzurechnen und damit einem ganz topischen ‚Gefühls-Erzähl-Zusammenhang'. Während die Reihenhäuser des *Möwenwegs*, Zielgruppe ab 6 bis 8 Jahren, den sie bewohnenden Kindern und ihren Familien eine stabile idyllische Ordnung als Hintergrund für vielerlei Erlebnisse und Abenteuer bieten, variiert die Autorin in den *Sommerby*-Romanen, die etwas ältere Leserinnen und Leser ab 10 bis 12 Jahren ansprechen, das Motiv der bedrohten und immer wieder neu zu stabilisierenden Idylle.[35]

Die Handlung des ersten Bandes der *Möwenweg*-Reihe, *Wir Kinder aus dem Möwenweg* von 2000, auf den hier exemplarisch der Blick gerichtet werden soll,

---

34 Boie, Gangster müssen clever sein, 316.
35 Vgl. zu *Möwenweg* im Vergleich mit *Bullerbü* ausführlich Kirsten Kumschlies, ‚Nirgendwo ist es so schön wie im Möwenweg!' – nur vielleicht in Bullerbü. Kinderfreundschaft am schönsten Ort der Welt und intertextuell inspirierte Idylle im Medienverbund, in: Literatur im Unterricht 23 (2022), H. 3, 263–279; Kumschlies zählt als zentrale idyllische Genreelemente für *Bullerbü* wie *Möwenweg* auf: den unabdingbaren *locus amoenus*, die superlativischen Schilderungen (‚schönster', ‚bester' Ort o. Ä.), Beschreibungen von Festen und gemeinsamem Essen, gelingendes Zusammenleben der Generationen, starke Kinderfreundschaften, kindliches Spielen und Erleben in geschützten Räumen sowie das Motiv des ‚Immer-bleiben-Wollens'; zum weiteren Rahmen vgl. die Beiträge in Nils Lehnert (Hg.), Idyllen und Sehnsuchtsorte in Literatur und Medien für Kinder und Jugendliche. Fachwissenschaftliche Analysen – fachdidaktische Modellierungen, Weinheim und Basel 2024.

setzt ein mit dem Bezug der frisch fertiggestellten Reihenhauszeile durch ihre neuen Besitzer, darunter mehrere Familien mit Kindern. Ich-Erzählerin ist die achtjährige Tara, die mit ihren Eltern und den Geschwistern Petja und Maus in die neue Umgebung kommt. Wo dieser Möwenweg genau zu suchen ist, wird im Roman nicht genannt, es liegt nicht fern, an das kleinstädtische Barsbüttel im Hamburger Speckgürtel zu denken, in dem Kirsten Boie selbst gelebt hat.[36] Keinen Grund gibt es überdies, die Handlung in einer anderen Zeit anzusetzen als in der um das Erscheinen des Romans herum, die Schilderungen, Autos, ab und zu computerspielende Kinder und so fort, passen dazu. Und doch ist es ganz treffend, eine „nostalgische Idyllik"[37] in der Roman-Serie auszumachen. Das gebietet zu einem guten Stück schon die Genre-Tradition, die mit dem idyllischen Chronotopos immer bereits eine aus sich heraus gültige Raum- und Zeitordnung vorgibt, die allzu viel komplexen Realismus dezent auf die Hinterbühne verschiebt. Ganz grundlegende, in gewisser Weise einfache, ausschließlich angenehme und positive Erfahrungen und Erlebnisse sollen schließlich erzählt werden. Um dies nicht zu gefährden, hat sich Boie dafür entschieden, die Familien- und Geschlechterbilder in den Romanen in einer Weise anzulegen, die auch um 2000 schon als konventionell gelten durfte: arbeitende Väter, Mütter, die eher im Haushalt wirken, Jungs, die wild und frech, Mädchen, die vernünftig und vorausschauend sind. Für diese Nostalgie ist sie kritisiert worden.[38] Und doch gehört die irritationsarme Ungebrochenheit der idyllischen Ordnung ohne Zweifel zu den nötigen Zutaten derart erfolgreicher „Glücksbücher", um noch einmal Will Gmehlings Formulierung aufzugreifen. Um einen ganz besonderen Glücksmoment in den Worten der Erzählerin Tara anzuführen:

> Ist jemand schon mal an einem Sommermorgen mit dem Fahrrad durch die Felder gefahren, wenn die Luft noch ein winziges bisschen kühl ist und die Vögel ihre Morgenlieder zwitschern und oben am Himmel die Sonne darauf wartet, alles richtig durchzuwärmen? Ich weiß gar nicht, ob es viele Sachen gibt, die ich noch schöner finde.[39]

Dacapo für die „nostalgische Idyllik": Es mag sich auch bei der Lektüre von *Wir Kinder aus dem Möwenweg* jener Eindruck einstellen, hier sogar noch prägnanter, der schon für Gmehlings *Freibad* beschrieben worden ist. Lesend öffnet sich im frühen 21. Jahrhundert mit den Türen der Möwenweg-Reihenhäuser die Anmutung einer intakten ‚alten' Mittelklasse-Welt, die eine ihrerseits idyllisierende,

---

36 Vgl. Dankert, ‚Da müssten wir zuerst die Wirklichkeit ändern', 24.
37 Kumschlies, ‚Nirgendwo ist es so schön wie im Möwenweg!', 263.
38 Vgl. Kumschlies, ‚Nirgendwo ist es so schön wie im Möwenweg!', 270–274.
39 Kirsten Boie, Wir Kinder aus dem Möwenweg. Bilder von Katrin Engelking, Hamburg 2000, 101.

assoziative Geschichtsbetrachtung (zumindest aus westdeutscher Perspektive) vielleicht irgendwo in der ‚guten alten' Bundesrepublik der 1960er bis 1980er Jahre situieren würde.[40] Um es konkreter zu machen: Viel erfährt man nicht über die Berufe der Eltern im ersten Band der Reihe, aber doch an einer Stelle. Einer der Väter und frischen Eigenheimbesitzer ist Busfahrer.[41] Als Angehöriger der im öffentlichen Dienstleistungssektor arbeitenden unteren Mittelklasse scheint für ihn und seine Familie mit dem Hauserwerb der ‚Fahrstuhleffekt' des sozioökonomischen Aufstiegs funktioniert zu haben. Dass im Möwenweg zwar Immobilienbesitzer wohnen, allerdings keine wohlhabenden, das erschließt sich schon der achtjährigen Erzählerin Tara, denn ihr Vater erklärt ihr kurz nach dem Einzug, dass Reihenendhäuser „immer als Letztes verkauft" werden, „[w]eil sie so schrecklich teuer sind". Dabei weiß Tara: „Sogar unser Haus war ja schon schrecklich teuer."[42] So teuer, dass die ersten großen Ferien zu Hause verbracht werden: „Verreist ist natürlich keiner, unsere Eltern mussten ja so viel Geld für die Häuser bezahlen. Da war für den Urlaub nichts mehr übrig."[43] Das idyllische „Vollglück in der Beschränkung" (Jean Paul)[44] bringt es aber in diesem Erzählen ganz selbstverständlich mit sich, dass die verhinderte Reise in keiner Weise als Zurücksetzung erlebt wird. Die fehlenden materiellen Mittel werden im Soziotop des Möwenwegs sogar zu Vorteilen, weil sie eine gemeinschaftliche Aktion ermöglichen, bei der besser Begüterte aus Distinktionsgründen nicht mitmachen wollen: Taras Nachbarn, „die nicht so netten Voisins", ein Ehepaar ohne Kinder, das zum Meckern neigt, lassen sich den noch fehlenden Zaun um das eigene Grundstück von Fachleuten aufbauen, während die Väter der anderen Häuser sich als praktische Heimwerker zusammentun und die Zäune in Eigenregie aufstellen.[45] Denn

> das ist ja viel billiger, als wenn man eine Firma kommen lässt, und lustiger ist es auch. [...] In den nächsten Tagen war dann ein ständiges Geklingele, weil sich doch alle einigen mussten, wie unser Zaun aussehen sollte. Sie haben dann einen ausgesucht, der nicht so teuer war, aber hübsch ist er trotzdem. Gutes muss ja nicht immer teuer sein, sagt Mama.[46]

So ganz kann Tara allerdings nicht verhehlen, dass sie den Voisin-Zaun – „weiß, und auf den Pfosten hat er goldene Kugeln, die sind so groß wie Tennisbälle" –

---

40 Zur ‚alten' Mittelklasse vgl. Reckwitz, Die Gesellschaft der Singularitäten, 366–370.
41 Vgl. Boie, Wir Kinder aus dem Möwenweg, 99.
42 Boie, Wir Kinder aus dem Möwenweg, 24.
43 Boie, Wir Kinder aus dem Möwenweg, 99.
44 Jean Paul, Vorschule der Ästhetik. Kleine Nachschule zur ästhetischen Vorschule, hg. und komm. von Norbert Miller, München 1963, 258.
45 Boie, Wir Kinder aus dem Möwenweg, 24.
46 Boie, Wir Kinder aus dem Möwenweg, 40–41.

schöner findet als das eigene braune Holzmodell. Daran kann auch ihre Mutter, für die die goldenen Kugeln „affig" sind, nichts ändern.[47] Den gemeinschaftsstiftenden Sinn für das Praktische lassen die absonderungsbedürftigen Voisins noch einmal vermissen, als sie, anstatt selbst zu säen und zu gärtnern, fertigen Rollrasen verlegen lassen: „‚Ja, wenn man das Geld dafür hat!', hat Mama beim Mittagessen gesagt."[48] Das Erzählen im Roman macht die ‚feinen Unterschiede' innerhalb der an sich intakten Mittelklasse-Ordnung im Möwenweg transparent, berichtet in kindlicher Perspektive vom Distinktionsbedürfnis derer, die über ein etwas dickeres Konto verfügen, und vom stolzen Nicht-nötig-Haben derjenigen, die wissen, wie es geht, und mit anpacken können. Die Sympathien sind dabei klar verteilt, denn wer schon das Glück hat, die Idylle zu bewohnen, der will sie doch unbedingt auch selbst gestalten.

Etwas anders angelegt, dabei im Schauplatz der topischen Tradition der Idylle noch näherkommend, ist das Erzählen in den *Sommerby*-Romanen. Nach vier Bänden hat Kirsten Boie die Serie 2024 abgeschlossen, dabei spielt jeder der Romane in einer anderen Jahreszeit, in der Reihenfolge von Sommer, Herbst, Winter und Frühling ist das Jahresrund geschlossen, was ebenfalls nicht schlecht zur naturnahen Zeitlichkeit der klassischen Idylle passt. Den Hauptschauplatz der Texte markiert ein auf einer Landzunge gebautes Reetdachhaus im fiktiven Sommerby an der realen Schlei in Ostseenähe, nur per Boot erreichbar, abgeschieden hinter „wuchernden Herbstanemonen und Margeriten und Stockrosen" liegend, „dahinter nichts als ein paar Hühner […], die friedlich am Boden picken".[49] Bevor dieses zum Glücksort geradezu prädestinierte Fleckchen Erde vollgültig zu einem solchen werden kann, sind im Auftaktband, *Ein Sommer in Sommerby*, allerdings einige Hürden zu überwinden, Boie variiert das Motiv der bedrohten (und am Ende umso wertvolleren) Idylle: Ein aggressiver Immobilienmakler will sich das schöne Gefilde unter den Nagel reißen und muss vertrieben werden. Vorher allerdings haben erst einmal eine Großmutter und ihre drei Enkel zueinanderzufinden. Dies verweist auf das im Vergleich zur *Möwenweg*-Reihe ältere Zielpublikum, dem Boie Konfliktreicheres zumutet. Der Handlungseinstieg in Kürze: Die Hamburger Großstadtkinder Martha, Mats und Mikkel werden zu Beginn der Sommerferien zu ihrer Großmutter nach Sommerby gebracht; zu einer Großmutter, die sie kaum kennen, weil sich Mutter und Großmutter vor Längerem zerstritten haben. Nun aber geht kein Weg an der verspäteten Familienzusammenfüh-

---

47 Boie, Wir Kinder aus dem Möwenweg, 41–42.
48 Boie, Wir Kinder aus dem Möwenweg, 65.
49 Kirsten Boie, Ein Sommer in Sommerby. Mit Vignetten von Verena Körting, Hamburg 2018, 6.

rung vorbei, denn die Mutter der Kinder, im Bankenbereich tätig, ist während einer beruflichen Reise in New York verunfallt und liegt dort im Krankenhaus, wohin der Vater der Kinder sogleich aufbricht. Die unbekannte Großmutter muss also gezwungenermaßen als Kinderbetreuerin einspringen.

Der Charme des sich von hier aus entfaltenden Erzählens beruht nun zunächst auf einem durchaus altbekannten Motiv: Großstadtkinder kommen aufs Land, sind erst einmal verwirrt, lernen die Qualitäten der ganz anderen Umgebung und eines ganz anderen Lebens aber schnell zu schätzen. Boie legt dies in einer Weise an, die sie einmal mehr als findige Lebensstilkundlerin und Populärsoziologin im Gewande der Kinderbuchautorin zu erkennen gibt. Denn die Hamburger Familie – nicht nur die Mutter, auch der Vater arbeitet im Finanzsektor, man fährt einen SUV Marke BMW X5 und hat als Reiseziele ansonsten Entfernteres im Sinn als Schleswig-Holstein – lässt sich gut in die akademisch-urbane ‚neue Mittelklasse' rubrizieren.[50] Die Kinder nun dürfen in Sommerby zunächst widerwillig, dann mit wachsender Beglückung etwas entdecken, was im Repertoire der kulturellen Praktiken dieser Klasse immer wieder als besonders erstrebenswert herausgestrichen wird: Entschleunigung.[51] So funktioniert auf der einsamen Landzunge der Mobilfunkempfang nur, wenn man weit draußen am Grundstückszaun steht. Und über einen Internetzugang verfügt das Haus am Wasser gar nicht, die Großmutter braucht ihn einfach nicht, der alte Fernseher ist überdies seit Langem kaputt. Das ist erst einmal alles recht nervig zumal für die zwölfjährige Martha, die ihrer Freundin Isolde, die diesmal nicht in der familieneigenen Ferienwohnung auf Gomera, sondern auf den Malediven weilt, WhatsApp-Nachrichten und -Bilder schicken will. Dann zeigt der *digital detox* jedoch recht schnell seine Wirkung. Während Martha am Ankunftstag in Sommerby noch entsetzt feststellt: „Man kann doch nicht ohne Netz leben, nicht mal hier!", hat sich am Abend des fünften Tages bereits ein entspannter Umgang mit den technischen Unzulänglichkeiten eingestellt: „Sie geht nicht noch mal zum Zaun, um zu telefonieren oder Nachrichten zu verschicken. Morgen reicht auch noch."[52] Entschleunigung, Achtsamkeit, Muße, das dänische ‚hygge' und das schwedische ‚lagom' – Erzählanlage und Erfolg der *Sommerby*-Reihe sind, diese These liegt nahe, besser zu verstehen vor dem Hintergrund eines Diskurses etwa seit der Jahrtausendwende, zu dessen Schlagwörtern die genannten Begriffe zäh-

---

50 Vgl. Boie, Ein Sommer in Sommerby, 15, 140.
51 Vgl. Markus Tauschek und Inga Wilke, Muße als Arbeit? Selbst- und Gesellschaftskonstruktionen im Kontext von Muße-Angeboten, in: Produktive Unproduktivität. Zum Verhältnis von Arbeit und Muße, hg. von Inga Wilke, Gregor Dobler, Markus Tauschek et al., Tübingen 2020, 181–197.
52 Boie, Ein Sommer in Sommerby, 33, 235.

len und der sich in konkreten und durchaus klassenspezifischen kulturellen Praktiken, Symbolen und Artefakten niederschlägt. Im Kern geht es dabei um das intensive Erleben einer höchst selbstbestimmten ‚eigenen' Zeitlichkeit, die in Stimmungen, in Gefühle der Zufriedenheit, des ‚Ganz-bei-sich-Seins', ja, des temporären Glücks, münden.[53] Um diesen Zeit-Gefühls-Zusammenhang erreichen zu können, bedarf es unterschiedlichster Praktiken, Medien, Gegenstände. Zum Beispiel der Lektüre einschlägiger Ratgeber oder Magazine, der konkreten Ausstaffierung des eigenen Lebenszusammenhangs mit entsprechenden Möbeln und symbolisch aufgeladenen Gegenständen, meditativer und Wellness-Praktiken, spezifischer ‚entschleunigter' Reiseplanungen und so fort. Soziologisch hat Reckwitz derlei in die Lebensführung der von ihm so etikettierten ‚neuen Mittelklasse' eingeordnet. Ganz impressionistisch anhand von Überschriften aus *Die Gesellschaft der Singularitäten*: Die „erfolgreiche Selbstverwirklichung" vollziehe sich in dieser für die „spätmoderne" Gesellschaft ganz zentralen Klasse auf der Grundlage einer „neuen Symbiose" von „Romantik und Bürgerlichkeit", in deren Mittelpunkt das ästhetisch „kuratierte Leben" stehe, das sich auf unterschiedlichste Bereiche (Essen, Wohnen, Reisen, Bildung, Körper usf.) erstrecke, geprägt von einer dauerhaft betriebenen „Valorisierung des Alltags".[54] In Kirsten Boies *Sommerby* finden sich, dies zum Ersten, allerlei Zutaten einer solchen klassenspezifisch ‚hyggelig' valorisierten Lebenswelt – wieder darf man der Autorin unterstellen, dass sie, ähnlich wie in *Gangster müssen clever sein*, einiges davon mit einem Augenzwinkern gesetzt hat.[55] So verdient Großmutter Inge ihren Lebensunterhalt damit, selbst geerntetes Obst zu Marmelade einzukochen und im nahe gelegenen Ausflugslokal an die Sommertouristen zu verkaufen. Ihre Bekannte, die den Verkauf übernimmt, kommentiert:

> „Seit du die kleinen Aufkleber mit dem Leuchtturm draufmachst, kaufen die Leute wie verrückt. Und Enes hat ein neues Schild gemalt, ‚Selbst gekochte Marmelade', so schön mit der Hand. Das sieht *Landlust*-mäßiger aus als das alte ausgedruckte, sagt er. Dann wollen die Leute die Marmelade noch lieber. Scheint zu stimmen."[56]

---

53 Vgl. dazu Yvonne Robel, Viel Lärm um nichts. Eine Wahrnehmungsgeschichte des Nichtstuns in der Bundesrepublik, Göttingen 2024, bes. 22–28, 334–355.
54 Aus Reckwitz, Die Gesellschaft der Singularitäten, 285–349; grundlegend schon ders., Das hybride Subjekt. Eine Theorie der Subjektkulturen von der bürgerlichen Moderne zur Postmoderne [2006], überarbeitete Neuaufl., Berlin 2020, sowie ders., Die Erfindung der Kreativität. Zum Prozess gesellschaftlicher Ästhetisierung, Berlin 2012.
55 Vgl. Mikota, Wenn die Hausmeisterwohnung zum Süden wird, 81.
56 Boie, Ein Sommer in Sommerby, 139.

Für die ‚feinen Unterschiede' der angemessenen ‚Landlust'-Ordnung hat auch Martha schon ein Gespür. Sie ist nachdrücklich irritiert, in der Küche der Großmutter eine unpassende Plastikschüssel vorzufinden: „Eine Plastikschüssel in so einem Haus! Friedrich und Isolde haben in ihrem Landhaus nur Emaille."[57] Einen kleinen Kampf hat die Zwölfjährige bereits kurz nach der Ankunft mit sich auszukämpfen, als Oma Inge ungefragt anfängt, ein Fleischgericht zuzubereiten: „Eigentlich wollte Martha in diesen Ferien ausprobieren, ob sie vegan durchhält. [...] Vegetarisch ist natürlich kein Problem. Und jetzt wirft diese Oma Schinkenwürfel in die Pfanne!"[58] Doch das sind alles nur kleine Hindernisse auf dem Weg zum Glück in Sommerby; ein Glück, das indes schon von Anfang an vorgezeichnet ist. Der Roman wird zumeist in personaler Perspektive erzählt, fokussiert auf Martha, häufig in erlebter Rede. Der Wissenshorizont der Erzählinstanz trägt aber passagenweise auktoriale Züge, und so wird schon gleich nach dem Eintreffen in Sommerby über die Kinder berichtet: „Dann gehen sie zum ersten Mal durch die niedrige Tür ins Haus am schönsten Ort der Welt: Und so beginnt der wunderbarste Sommer."[59] Erfüllte Momente größter Zufriedenheit erlebt Martha immer wieder, denn dort, wo sie ist, „kann es [...] so schön sein, dass sie gar nicht schlafen will; so schön, dass es wehtut. [...] Dass ein Glück so ungeheuerlich sein kann, dass man nicht weiß, wie man es aushalten soll! Und das hier, in diesem Moment, ist Sommerglück."[60] Oder so: „Die Oma steht immer noch am Herd, und der Marmeladenduft füllt den ganzen Raum. Heimelig, denkt Martha. Wo kommt das Wort denn plötzlich her? Es fühlt sich heimelig an."[61] Viel Schönes und Unerwartetes passiert in Sommerby: Die mangels Datenverbindung ins Abseits gestellten *electronic devices* werden schnell kompensiert durch – typisch Kirsten Boie – ein gut gefülltes Bücherregal in Oma Inges Wohnzimmer. Martha bekommt von der Großmutter beigebracht, wie man ein Motorboot über die Schlei steuert, sie lernt Inges Jugendfreud Krischan Boysen kennen, der nach einem Berufsleben in der IT-Branche zurückgekehrt ist nach Sommerby, um Holzspielzeug zu schnitzen. Außerdem verliebt sich Martha das erste Mal; von dem bestandenen Abenteuer um den hinterhältigen Immobilienmakler ganz zu schweigen – welch ein Sommer! In den Worten der Zwölfjährigen: „Die Welt ist so wunderbar, und ich hab das früher gar nicht gemerkt."[62] Dass *Ein Sommer in Sommerby* vom unverhofften

---

57 Boie, Ein Sommer in Sommerby, 46.
58 Boie, Ein Sommer in Sommerby, 43.
59 Boie, Ein Sommer in Sommerby, 26.
60 Boie, Ein Sommer in Sommerby, 50–51.
61 Boie, Ein Sommer in Sommerby, 78.
62 Boie, Ein Sommer in Sommerby, 280.

Ferien- und Familienglück der drei Kinder aus gutsituierten Verhältnissen erzählt, ist unverkennbar. Allerdings – das zum Zweiten – kommt man Boies *Sommerby*-Welt noch ein gutes Stück weiter auf die Spur, wenn man sie selbst als erfolgreiches mediales Angebot innerhalb der umrissenen mittelschichtsorientierten Entschleunigungspraktiken versteht. Das beginnt mit der Gestaltung der Buchcover der Romane und der den einzelnen Kapiteln vorangestellten Vignetten, die Verena Körting in kräftig-naiver Bildsprache eindeutig in die ikonografische Tradition der Idylle gestellt hat. Der Verlag verspricht in seiner Werbung „herbstliche Hygge-Stimmung" für den zweiten Band *Zurück in Sommerby*.[63] Schaut man sich kursorisch in den Rezensions- und Kommentarrubriken der einschlägigen Internethändler um, dann scheint die Glücksgrenze zwischen erzählter und Lesewelt für die *Sommerby*-Romane tatsächlich eine sehr flache zu sein. Allerlei Internetseiten finden sich zudem, die das fiktive Sommerby mit realen Orten in der Schlei-Region abgleichen, eine Ferienwohnung gleichen Namens lässt sich ebenfalls buchen – und Kirsten Boie hat, quasi als fünften Band der Reihe, 2022 ein reich bebildertes Kochbuch unter dem Titel *Sehnsucht nach Sommerby. So schmeckt Familie* herausgebracht, in dem die Landschaft um Ostsee und Schlei vorgestellt wird und Rezepte wie „Matjesfilet in Hausfrauensoße" – sozusagen aus Oma Inges Küche – zum Nachkochen angeboten werden.[64] Die auf gefühlvolle Familienfilme spezialisierte ARD-Produktionstochter Degeto hat den ersten *Sommerby*-Roman für das Fernsehen verfilmen lassen, der dritte soll als Weihnachtsfilm folgen.[65] Noch mehr Hygge-Glück zwischen Fiktion und Wirklichkeit ist kaum denkbar.

Wer so viele Kinder wie möglich als Leserinnen und Leser erreichen will, muss so schreiben, dass sich möglichst viele Kinder in der lebensweltlichen und sozialen Ausgestaltung der erzählten Welten wiederfinden können – so lässt sich, erstens, Kirsten Boies Programmatik zusammenfassen. Dies wird, zweitens, durch kleinteilige soziale Markierungen der Schilderungen erreicht, die mitunter so üppig ausfallen, dass sich eine weitere, oft durchaus humorvoll-ironische ‚soziologische' Sinnebene für erwachsene Mitlesende auftut. Boies Soziopoetik – der Begriff scheint angemessen – ist dabei, drittens und ganz zentral, die Absicht einer optimistischen *Stärkung* der kindlichen Lesenden (im Sinne Mikotas) zu unterstellen.

---

63 https://www.oetinger.de/buch/sommerby-2-zurueck-sommerby/9783960521914 (24.03.2025)
64 Zum Beispiel https://ganznormalemama.com/2020/08/16/zurueck-in-sommerby-der-zweite-sommerby-band-von-kirsten-boie-ist-da/ (24.03.2025); vgl. Kirsten Boie, Sehnsucht nach Sommerby. So schmeckt Familie. Lieblingsrezepte, Hamburg 2022.
65 Vgl. https://www.swr.de/unternehmen/kommunikation/pressemeldungen/ein-sommer-in-sommerby-2025-108.html (24.03.2025)

Sie lässt sich knapp und knackig auf die Formel bringen: ‚Da, wo du bist, dort, woher du kommst, dort, wo du hinwillst, bist du richtig, geh deinen Weg – so, wie du es willst'. In der hier verfolgten Perspektive lässt sich das als ein kinderliterarisch zu vermittelndes ‚Klassen-Selbstbewusstsein' bezeichnen. Niemand muss aufsteigen wollen, so führt Boie das an Jamie-Lee, der weiblichen Hauptfigur in *Gangster müssen clever sein* vor: Warum Schriftstellerin werden, wenn doch Friseurin ganz selbstverständlich viel näher liegt? Eine solche selbstbewusst-optimistische Stärkung als Wirkungsabsicht teilt Boie mit Will Gmehling und seinem sommerlichen „Glücksbuch" *Freibad*. Allerdings: In Gmehlings Kinderroman gibt es mit der „eisenhart" Französisch lernenden Katinka sehr wohl eine Figur, die leistungsbereit in ein anderes Milieu aufbrechen will. Doch auch dieses Kind, klug und keck, ist als eine selbstbewusste und selbstbestimmte Figur angelegt. Glücksbuch zum Nächsten: Für Ina in Marianne Kaurins *Irgendwo ist immer Süden* wird der selbstgebaute Süden in der leeren Wohnung ebenfalls zu einem Ort des temporären Glücks. Auf dieses Glück folgen jedoch Demütigung und Scham, die der Roman ausführlich erzählt. Ina musste lügen und wird entdeckt, weil sie ihren Mitschülerinnen die Fotos von der als selbstverständlich vorausgesetzten teuren Fernreise nicht bieten konnte. Dieses Kinderbuch *sensibilisiert* für soziale Ungleichheiten und für die Gefühlsdynamiken, die damit einhergehen können. Glücksbuch zum Letzten: Vielleicht schlägt der Erfolg des kinderliterarisch erzählten Glücks dort am meisten durch, wo auch ökonomisch die besten Voraussetzungen dafür vorhanden sind. Boies erfolgreiche Mittelschichts-Reihe um das idyllische *Sommerby* mitsamt dem sie umgebenden Rezeptions-, Produkt- und Medienverbund legt diese Vermutung zumindest nahe.

Literatur

Primärliteratur

Boie, Kirsten: Wir Kinder aus dem Möwenweg. Bilder von Katrin Engelking, Hamburg 2000.
Boie, Kirsten: Ein Sommer in Sommerby. Mit Vignetten von Verena Körting, Hamburg 2018.
Boie, Kirsten: Das Lesen und ich, Hamburg 2019.
Boie, Kirsten: Gangster müssen clever sein. Ein Krimi mit echter Milliardärstochter. Mit Vignetten von Regina Kehn, Hamburg 2022.
Gmehling, Will: Freibad. Ein ganzer Sommer unter dem Himmel, Wuppertal 2019.
Kaurin, Marianne: Irgendwo ist immer Süden. Aus dem Norwegischen von Franziska Hüther, Zürich 2022.

Sekundärliteratur

Beck, Ulrich: Risikogesellschaft. Auf dem Weg in eine andere Moderne. Frankfurt a. M. 1986.
Boie, Kirsten: Leseförderung muss bei den Eltern anfangen, in: BuB – Forum Bibliothek und Information 67 (2015), H. 2, 124–128.
Dankert, Birgit: ‚Da müssten wir zuerst die Wirklichkeit ändern.' 30 Jahre Kinder- und Jugendliteratur von Kirsten Boie – Werküberblick und Bibliografie der Primärliteratur, in: Kirsten Boie. Bielefelder Poet in Residence 2013, hg. von Petra Josting, München 2014, 15–33.
Ewers, Hans-Heino: Literatur für Kinder und Jugendliche. Eine Einführung, 2. Aufl., Paderborn 2012.
Gmehling, Will, und Bettina Braun: „Ich wollte ein Glücksbuch schreiben". Bettina Braun im Gespräch mit Will Gmehling, in: JuLit 46 (2020), H. 4, 29–33.
Jean Paul: Vorschule der Ästhetik. Kleine Nachschule zur ästhetischen Vorschule, hg. und komm. von Norbert Miller, München 1963.
Kumschlies, Kirsten: ‚Nirgendwo ist es so schön wie im Möwenweg!' – nur vielleicht in Bullerbü. Kinderfreundschaft am schönsten Ort der Welt und intertextuell inspirierte Idylle im Medienverbund, in: Literatur im Unterricht 23 (2022), H. 3, 263–279.
Lehnert, Nils: Jamie-Lee: ‚Wer sagt denn so was? Jeder normale Mensch würde doch *Verpiss dich!* sagen'. Milieu, *telling names* und Soziolekt als figurenkonstellative Einflussgrößen für Handlungsspielraum und Gesellschaftsentwurf am Beispiel zeitgenössischer Kinder- und Jugendliteratur, in: Figurenkonstellation und Gesellschaftsentwurf. Annäherungen an eine narratologische Kategorie und ihre Deutungspotentiale, hg. von Henrike Schwab, Heidelberg 2023, 49–65.
Lehnert, Nils (Hg.): Idyllen und Sehnsuchtsorte in Literatur und Medien für Kinder und Jugendliche. Fachwissenschaftliche Analysen – fachdidaktische Modellierungen, Weinheim und Basel 2024.
Lehnert, Nils, und Andreas Wicke: Komik am Abgrund. Tragikomik als Epochensignatur in aktuellen Kinderromanen Andreas Steinhöfels, Finn-Ole Heinrichs und Kirsten Boies, in: Was gibt es da noch zu lachen? Komik in Texten und Medien der Gegenwartskultur in literaturdidaktischer Perspektive, hg. von Nicola König und Jan Standke, Trier 2023, 91–106.
Mau, Steffen, Thomas Lux und Linus Westheuser: Triggerpunkte. Konsens und Konflikt in der Gegenwartsgesellschaft, Berlin 2023.
Mikota, Jana: Zwischen Jagdleoparden und Friedhöfen oder: Ein etwas anderer Blick auf Diversität, in: Literatur im Unterricht 23 (2022), H. 3, 251–262.
Mikota, Jana: Die Darstellung von Klassismus in der deutschsprachigen Kinder- und Jugendliteratur, in: libri liberorum. Fachzeitschrift für Kinder- und Jugendliteraturforschung 24 (2023), H. 59, 67–76.
Mikota, Jana: Wenn die Hausmeisterwohnung zum Süden wird. Prekäre Idyllen in ausgewählten Kinderromanen (1992–2022), in: Idyllen und Sehnsuchtsorte in Literatur und Medien für Kinder und Jugendliche. Fachwissenschaftliche Analysen – fachdidaktische Modellierungen, hg. von Nils Lehnert, Weinheim und Basel 2024, 79–90.
Reckwitz, Andreas: Die Erfindung der Kreativität. Zum Prozess gesellschaftlicher Ästhetisierung, Berlin 2012.
Reckwitz, Andreas: Die Gesellschaft der Singularitäten. Zum Strukturwandel der Moderne, Berlin 2017.
Reckwitz, Andreas: Das hybride Subjekt. Eine Theorie der Subjektkulturen von der bürgerlichen Moderne zur Postmoderne [2006], überarbeitete Neuaufl., Berlin 2020.
Robel, Yvonne: Viel Lärm um nichts. Eine Wahrnehmungsgeschichte des Nichtstuns in der Bundesrepublik, Göttingen 2024.
Robert, Anja: Sechs Wochen nass, in: Die Zeit Nr. 28/2019, 04.07.2019, 47.

Schelsky, Helmut: Die Bedeutung des Schichtungsbegriffs für die Analyse der gegenwärtigen deutschen Gesellschaft [1953], in: ders., Auf der Suche nach Wirklichkeit. Gesammelte Aufsätze, Düsseldorf und Köln 1965, 331–336.

Tauschek, Markus, und Inga Wilke: Muße als Arbeit? Selbst- und Gesellschaftskonstruktionen im Kontext von Muße-Angeboten, in: Produktive Unproduktivität. Zum Verhältnis von Arbeit und Muße, hg. von Inga Wilke, Gregor Dobler, Markus Tauschek et al., Tübingen 2020, 181–197.

Gefühlswelten in Bewegung

Barbara Juch im Gespräch mit Lea Schneider
Class Confusion
Zwischen Verortung und Verrat

Lea Schneider: Liebe Barbara, ein Thema, das mir in Bezug auf dein Schreiben eine besondere Rolle zu spielen scheint, ist der ambivalente oder, zumindest in Teilen, sogar liebevolle Umgang mit der eigenen Herkunft und dem Klassenaufstieg. Ein Umgang also, der nicht bei den von einem bürgerlichen Lesepublikum wahrscheinlich erwarteten Affekten wie Wut oder Scham verweilt, sondern versucht, der komplexen Gleichzeitigkeit von sehr unterschiedlichen Gefühlen Raum zu geben – sowohl in Bezug auf die Klasse, die man verlassen hat, als auch in Bezug auf die Klasse, in die man vielleicht gewechselt ist.

Es ist immer wieder die Frage angeklungen, wie sich die aktuelle Konjunktur von autobiografischen Erzählungen über Klassenwechsel erklären lässt. In diesem Kontext scheint es mir bedeutsam, dass wir hier beide als Autorinnen miteinander sprechen, die sich in den Gattungen Lyrik und Essay bewegen – als Vertreterinnen von nichtfiktionalen Schreibweisen also. Könnte es sein, dass es in der Gegenwart, zumindest in manchen Teilbereichen der Literaturproduktion, eine Art „Unbehagen an der Fiktion" gibt? Ist die Popularität von nichtfiktionalen literarischen Schreibweisen – sei es die Lyrik, sei es der Essay, sei es die Memoir, sei es die Autosoziobiografie – vielleicht einer Müdigkeit mit dem Roman als Form geschuldet? Das ist etwas, das ich gerne als Hintergedanken mit in unser Gespräch und in deine Lesung nehmen möchte.

Wichtig scheint mir zu Beginn auch noch zu erwähnen, dass dein Debüt *BARBARA*, aus dem du gleich lesen wirst, ganz eindeutig ein Konzeptalbum ist, was man natürlich schon am Titel sieht: Dein Name, bzw. dein Vorname – was mir hier ebenfalls relevant erscheint – in *Groß*buchstaben, als Statement, auf einem sehr *kleinen* Buch – auch das bereits Ausdruck einer Ambivalenz, über die ich gerne mit dir sprechen möchte.

Barbara Juch: Danke, Lea, danke für die Einladung, danke, dass du da bist, Hallo. Ich beginne mit einem Kärntnerlied zum Aufwärmen, dann zwei Gedichte aus *BARBARA*[1] und dann zwei Ausschnitte aus *SPORT*. Und am Ende noch das Gedicht *An die Schwester Stefiza. [Barbara Juch trägt ein Kärntnerlied vor.]*

---

[1] Barbara Juch, sport und selektion; bussi aus kärnten, in: dies., BARBARA, Berlin 2022, 12–16, 36–42.

sport und selektion

1

mit 11 wurde ich gefragt, ob ich dem klagenfurter schwimmverein beitreten möchte, weil ich die kärntner hauptschulschwimmmeisterschaft im brustschwimmen gewonnen hatte. kein anderes mädchen schwamm so schnell wie ich. aber warum? ich verstand damals nicht, wie langsam geschwommen werden konnte, wenn es doch darum ging, schnell zu schwimmen. es fiel mir so einfach, es gelang mir so leicht.

2

mit 12 wurde ich gefragt, ob ich dem klagenfurter leichtathletikclub beitreten möchte, weil ich das 100-meter-rennen des kärntner hauptschul-leichtathletiktreffens gewonnen hatte. kein anderes mädchen rannte so schnell wie ich. aber warum? wenn es doch darum ging, den zeitlichen abstand zwischen startschuss und ziellinie so kurz wie möglich zu halten? es fiel mir so einfach, es gelang mir so leicht.

3

du solltest wirklich sportlerin werden und keine zeit mehr verlieren

schau dir diese wadeln an

wie eine gazelle wie ein reh wie immer auf der flucht

die brust wird bleiben wie zwei bienenstiche aber was macht das schon bei diesem hintern

dann machst du das zehn jahre und dann wirst du trainerin vom sportnachwuchs

ganz nach den eltern ganz nach dem onkel ganz nach der oma väterlicherseits ganz nach der ortschaft ganz nach der natur nach unserer tochta ~

4

mit 13, im frühling, betrat ich ein fremdes wohnzimmer. darin stand ein bücherregal, tribünengroß.

5
mit 13, im herbst, trat ich dem handballclub ferlach bei. ich bezog die position mitte. nach zwei Jahren in der mannschaft hatte ich kein einziges tor geschossen. das ist auch nicht meine aufgabe, sagte ich mir vor und nach jedem spiel. ich konzentrierte mich stattdessen auf meine funktion als mittespielerin und erfand spielzüge, die ich meinen mannschaftskolleginnen per handzeichen hinter meinem rücken mitteilte, und deren ausführung unser angriff war.

6
mit 14 wechselte ich von der hauptschule ferlach ins europagymnasium klagenfurt.

darf ich euch vorstellen, das ist eure neue mitschülerin. geht ihr doch bitte in den nächsten wochen zur hand.

7
wie heißt du?

mein name ist barbara
aber mit kuli aufschreiben
würde ich das noch nicht

bussi aus kärnten

1
hier war ich schon wandern, schwimmen, radfahren
bei der oma, in der wiese, in der verzweiflung

die karawanken dürfen hier noch grenze sein
die drau trennt weiterhin ferlach von klagenfurt
in den reindlingen ist noch schicht für schicht: der honig
in der fabrik noch stück für stück: die glock

und auch das kärntnerische hat sich wieder
unter mich gemengt

2
weil kärnten nicht am meer liegt
will es selbst das meer sein —
tiefblau, unergründlich, eiskalt

3
um mein elternhaus wächst kein weiches gras
um mein elternhaus wächst wilder thymian

das war schon imma so

und imma schon legte ich mich hinein
und imma schon fühlte er sich an wie schmirgelpapier

das schliff mir meine träume glatt

warum hab ich das schon so lang nicht mehr gemacht
und warum legt sich meine schwester nicht zu mir dazu
und warum sollte etwas, das du schon imma kanntest
nicht das schönste sein, das du noch heute kennst

4
nach drei stunden steiler weg
war ich oben am ferlacher horn

und nach dem gipfelbucheintrag
mit vornamen, mit nachnamen, mit kuli

bin ich wieder ins rosental hinab

5
wie ich so wurde wie ich bin:
ich bin die tochta meiner eltern
von denen ich geerbt habe
den schönen körpa, die wanderlust
schuld

6
hab ich gestern wirklich schuld geschrieben?

7
meine hände zittern
meine stimme nicht
wenn ich kärntnerlieder singe
dann beruhig' ich mich

8
am diwan in der küche liegend
kann ich mit den zehenspitzen
die ausläufer der berge berühren
und mir die nächste etappe antrainieren

9
wenn ich mit den schwestern meiner mutter in der küche
unserer oma, ihrer mutter, als eine tochta von zwei töchta,
zwischen meiner schwester und der einen tochta der tante
(die große und die kleine karin) und den anderen cousinen,
enkelinnen und neffinnen sitze mit den händen am hollunder-
saftglas fest

ist es imma sehr eng dann —
ist es imma sehr heiß dann —

dann sitzen zehn frauen an diesem tisch
nicht mehr, nicht wenige

wir reden über tonscherben, gerichtsverfahren,
haarspitzen, bewegungsabläufe, verwundbarkeit
und seife

keine am tisch kann hier nicht singen
und keine hat kein sportdress an

10
war am waidischbach

feuer machen
staudamm bauen

steine heiß
steine kalt

knisterte leise
rauschte laut

BJ: Jetzt die Auszüge aus *SPORT*.[2]

Seit ein paar Jahren fahre ich Carbonrennrad. Ohne Trainingsplan, ohne Geschwindigkeitsmesser, allein oder im Schwarm der losen Rennradgruppe der *Skinny Devils* und mit schwarzen Lenkerbändern, die mit roten Flammen bedruckt sind.

Das Rad, dessen Rahmen auch schwarz-rot ist, habe ich mir nicht gekauft und wäre auch nicht darauf gekommen; Carbonräder sind viel zu protzig und teuer. Es wurde mir von *Mercutio* geschenkt; einem Schauspieler, der schon immer Carbonrennrad fuhr, der viel Geld hatte und der seine schwindligen Aktionen immer und immer wieder mit bühnenreifer Sprache entschuldigte und ich immer und immer wieder dachte, dass jemand, der so schön und so klug sprechen kann, demnächst auch gut handeln muss.

Als wir eines Tages bei einem teuren Frühstück saßen, kam die Idee auf, mir auch ein Carbonrennrad zu kaufen. Und so stand ich eine Stunde später in einem Fahrradgeschäft unweit der Prateralle und durfte mir eines aussuchen. Am liebsten wollte ich eines, das so aussieht wie mein in die Jahre gekommenes Stahlrennrad, aber das gab es nicht. Und so wählte ich das schwarz-rote, auf dem *Specialized* stand. Noch im Geschäft wurde mir gezeigt, wie man sich ein- und ausklickt. (Man soll nicht panisch-verkrampft herumreißen, sondern sich leicht und locker mit dem richtigen Winkel und Kraftaufwand herausdrehen.) Und so schob ich das angenehm ratternde Rad aus der Tür hinaus; es war tatsächlich meins.

Es ist diese Geschichte, an die ich denken muss und die ich erzähle, wenn ich gefragt werde, wie viele Kränze das Rad hinten und vorne hat, welche Gesamtkilometeranzahl ich letzten Sommer gefahren bin, und ob ich Scheiben- oder Felgenbremsen bevorzuge. Zu diesen Fragen kann ich allerdings wenig sagen; ich finde die Geschichte viel spannender, wie man überhaupt an solche Räder und an solche Männer gerät. Wie man sich, je unsicherer die Schritte oder je größer die Schulden eines Bildungsaufstiegs sind, einbildet, die eigenen Mängel im Windschatten solcher Männer auszutarieren.

Es ist nicht nur schlecht. Das Rad habe ich aus dieser Geschichte mitgenommen. Es ist ein Symbol von Abhängigkeit, genauso wie von Befreiung. Denn mag es auch ein paar Ehrenrunden gedauert haben; irgendwann bin ich dem ewigen Schauspieler davongefetzt.

Wenn ich mich gegen alles andere, und für eine Ausfahrt auf dem Rad entscheide, wird es sehr schnell sehr konkret. Die Satzstruktur meines Körpers geht automatisch und oft federleicht in eine *und dann und dann und dann*-Logik über und verkettet sich durch ein paar Handgriffe, die immer dieselben sind: Ich ziehe mich aus, schmiere meine Schamlippen mit Fett, und meinen Körper mit Sonnencreme ein. Dann ziehe ich mir meine schlichte Rennradhose mit Trägern, ein schlichtes Trikot mit Reissverschluss vorne, und Socken mit bestickten Flammen drauf an. Dann flechte ich mir die Haare zu einem Zopf und schaue zu meinem Rad auf, das an einem eigens gebauten Seilzug direkt unter der Zimmerdecke hängt. Sein Gegengewicht ist ein Sack aus einem schwarzen, samtigen Stoff, auf den rote Blätter gedruckt sind, die gelegentlich so aussehen, als wären sie Flammen. Gefüllt ist er mit Büchern, die bei der Montage griffbereit auf einem Schreibtisch lagen. Sie werden je nach Notwendigkeit ausgetauscht und nach Gewicht ersetzt.

---

2 Barbara Juch, SPORT, Berlin 2023, 31–44.

Sobald ich das Rad zum Boden gezogen habe, nehme ich die Seile vom Sitz und vom Lenker herunter, wickle sie um die Klimmzugstange in meinem Türrahmen, und überprüfe, ob genug Luft in den Reifen ist. Je nachdem, ob es eine faule oder eine aktive Saison ist, pumpe ich die ungebraucht-aufgeweichten oder von-vorgestern-noch-harten Reifen mit meiner roten Fahrradpumpe auf. Dann nehme ich die transparente Nuckelflasche vom Schuhregal, fülle sie mit Wasser und stecke in die Hintertasche meines Trikots eine kleine Packung pulverisiertes Magnesium, meine in ein Plastiksackerl eingewickelte Bankomatkarte und mein stummgeschaltetes Handy [...]. Zuletzt setze ich mir den grauen Helm und meine schlichte Sonnenbrille auf, nehme die weißen Klickschuhe in die eine, und das Rennrad in die andere Hand. Dann schließe ich die Tür und laufe in den Socken das Stiegenhaus hinunter, um niemanden mit dem Klacken der Schuhe zu stören. Unten auf der Straße ziehe ich die Schuhe an, schließe den Helm unter meinem Kinn, klicke mich ein, fahre los.

Es braucht ein paar Pedalschläge und mein Körper erkennt sich in dieser Bewegung wieder. Es braucht ein paar Pedalschläge, und ich gewinne diese Lässigkeit, Schneidigkeit und Kraft. Ach; diese Haltung in die Sprache übertragen lernen! Ich schreibe viel besser, wenn ich nicht verbissen und ängstlich bin und mir heimlich an jeder Ecke einen Handballtrainer imaginiere, der mir sagt, was ich tun soll. Ich schreibe viel besser, wenn es sich so anfühlt, als würde ich Radfahren gehen. Sich gegen alles andere, und für etwas entscheiden zu können, sorgt für das Wegfallen von vorsichtiger Gefälligkeit und allzeitiger Bereitschaft, und die Kette an schnellen Bewegungen, die dem Losfahren vorausgeht, ist der beste Prolog dafür.

Bevor ich auf einer angenehmen Fahrradstrecke bin, muss ich erstmal durch die Stadt, und es ist dieses Herausmanövrieren, das mir für das Schreiben von Lyrik wichtig ist. Denn in der Stadt würde ich kaum ins Fahren kommen, wenn ich mich an alle formellen und informellen Regeln halten würde, die es so gibt. Weil ich mich auf dem Rad aber sicher fühle, bin ich locker, und weil ich locker bin, kann ich besser einschätzen, welche Regeln für mich Sinn machen, und welche nur für diejenigen da sind, die in Autos sitzen. Ich kann einschätzen, ob ich so schnell beschleunigen kann, dass ich noch rechtzeitig über die Kreuzung komme; ich kann einschätzen, ob der Spalt zwischen den stehenden Autos reicht, um gut balanciert niemandem die Seiten aufzukratzen, wenn ich das nicht will.

Überträgt man diese Haltung auf das Schreiben, denke ich an die Fähigkeit von Dichter*innen, die sie spüren und entscheiden lässt, wann sich ein sprachliches Manöver noch ausgeht, und wann es zu viel ist. Die sie einschätzen lässt, ob sie noch auf der eigenen Route sind, bewusst abzweigen, oder sich ungewollt zerstreuen. Wenn Sport und Lyrik Formen des Unterwegsseins sind, dann wird es irgendwann so weit sein, dass der Atem plötzlich stockt. Dann wird man irgendwann an eine Grenze geraten, an der man nicht weiß, wie es weitergeht. Durch all die Runden in der Sprache ist der Kreis um das Unsagbare immer und immer kleiner geworden und plötzlich kommt man vor dem eigenen Schweigen zu stehen.

Und jetzt? Will man einen Sprung hinein in die treffsichere Perfektion machen, dann ist wohl die Route für weiteres Schweigen gelegt. *The thing about poetry is that you have to keep doing it.* Irgendwann wird dieses eine Wort, dieser eine Vers, den man ewig suchte, schon aus den Untiefen des Körpers und der Sprache nach oben drängen. *Ha!* Irgendwann werden all die wackeligen und gescheiterten Versuche, das Rad im Stillstand zwischen den

Beinen zu balancieren, schon gelingen. Und dann muss man den Boden nie wieder berühren, vor allem nicht bei Rot. *Ha!*

[...]

Im eigenen Schreiben gebe ich meine Routen immer wieder aus der Hand. Die selbsternannten Annahmen über den Lyrikbetrieb, die eigenen Unsicherheiten und die liebe Tüchtigkeit sind wie Steinbrocken in den Hintertaschen meines Trikots. Sie lassen mich nicht arbeiten, sondern eher so lange an Gedichten herumtüfteln, bis ich mich auf der Stelle tretend erschöpfe und nichts dabei herauskommt als leere Wortkilometer, so poetisch sie auch klingen mögen.

Hinter Sprache kann man sich verstecken; einem Körper merkt man es sofort an, wenn er sich unwohl fühlt, bringt es die Choreographin Florentina Holzinger auf den Punkt. Soll ich mich hinter Sprachformeln verstecken, weil ich Angst habe, einen Fehler zu machen? Soll ich nur Texte schreiben, denen das Unwohlsein mit der Sprache nicht mehr anzumerken ist? Soll ich ein Gedicht so lange perfektionieren und in Topform bringen, bis einzelne Suchbewegungen nicht mehr auffindbar sind? Kathy Acker hat sich das Unbehagen in und die Ablehnung der (Schrift-)Sprache deutlich anmerken lassen; und so musste sie auch auf die Bühne und ihr Vorhaben dem Körper eine Sprache zu geben, dort weiterführen.

Immer, wenn die Liebe Tüchtigkeit zupackt, muss ich also zu meinem Rad hochschauen. Es erinnert mich an etwas. Ich kenne den Unterschied zwischen verkrampftem und selbstbewusstem Fahren; ich kenne den Zustand, beim Eintreten von bestimmten Gefühlszuständen (die Scham und die Angst teilen sich punktgleich den ersten Platz) nicht sofort stehenzubleiben, um anderen entschuldigend die Strecke zu überlassen, sondern mich zu sammeln und weiterzufahren. Ich kenne den Unterschied, mich nicht mit meiner Kraft zurückzuhalten, sondern sie zur Schau zu stellen, wenn ich will.

[...]

Irgendwann kommt im Wiener Umland immer eine Abfahrt. Der langsame Wiegetritt ist beendet, das Keuchen und Fauchen auch, ich setze mich wieder hin, das Rad fährt dahin, ich lasse es fahren. Um die Geschwindigkeit auf ein Maximum zu bringen, lehne ich mich mit meinem Oberkörper nach vorne, sodass mein Kinn fast die Lenkerstange berührt und der Gegenwind so wenig Angriffsfläche bietet wie möglich. Auch das ist Sport: Mit einer bewusst gewählten Körpersprache durch die Realität des Luftwiderstands hindurch zu tauchen. Auch wenn ich diese Haltung kontrollieren kann, ist es nicht auszuschließen, dass ein Stein, ein Windstoß oder ein Auto mich zu Fall bringen wird, und das ist bei dieser Geschwindigkeit nicht ohne. Dass ich keine Angst habe, stimmt null. Aber ich habe auch Adrenalin im Körper und zehre vom Mut, den ich auf dem Rad mehr habe als sonst: *Form ist noch nie aus dem Gefühl von Sicherheit entstanden, sondern immer im Angesicht des Endes*, sagt Ilse Aichinger.

BJ: Jetzt noch ein Gedicht zum Abschluss.

An die Schwester Stefiza

wir führen gespräche wie messerschleifen,
ziehen mit unseren zungen
durch die feinen unterschiede der oberschicht

wir sprechen in dunklen vokalen,
sprechen in derselben stimme,
erhoben sie aus einer landschaft
in der niemand jemals spricht

wir steigen zueinander in den dialekt hinauf,
damit unser versprechen nicht bricht

LS: Ich höre dich immer wieder sehr gerne lesen – auch und gerade, weil ich den Eindruck habe, dass das Lesen bzw. der Vortrag Teil deiner Poetik ist: Wie du deine Texte liest und performst, hat etwas damit zu tun, wie du schreibst. Aber bevor wir zu diesem Thema kommen, erst einmal eine einleitende Frage vielleicht davor, um so ein bisschen zu dem Thema unseres Gesprächs zu kommen. In der Vorbereitung für diesen Abend, bei der Relektüre deiner Bücher, fand ich es auffällig, dass sich dein Schreiben zwischen vier großen Themenbereichen aufzuspannen scheint, die alle intersektional miteinander verflochten sind – die sich also alle gegenseitig kommentieren.

Der erste Bereich sind die Themen von Klasse, Herkunft, vielleicht auch Bildungsaufstieg. Der zweite Bereich bezieht sich auf die Sprache selbst, hier geht es um Dialekt und die Frage, von welchem Literaturbegriff oder Hochliteraturbegriff man ausgeht, wenn man schreibt. Der dritte Bereich umfasst die Themen Körper, Körperlichkeit und Sport, und der vierte beinhaltet die Themen von Liebe und Liebesbeziehungen.

In den Untertitel unseres Gesprächs allerdings haben wir noch zwei andere große Begriffe gepackt, nämlich ‚Verortung' und ‚Verrat'.

Für diese beiden Begriffe habe ich mich deshalb entschieden, weil es zwei Autor:innen gibt, die für mein Nachdenken über Klasse und Literatur zentral sind: Dodie Bellamy und Alexander Chee. Dodie Bellamy hat u. a. den Begriff von *Localism*, von Lokalismus, als einer schriftstellerischen Ethik gesetzt: also die Verpflichtung gegenüber den konkreten Orten, an denen man lebt und über die man schreibt, die auch eine unbedingte Verortung der Schriftstellerin als Person in der realen Welt meint. Von Alexander Chee wiederum übernehme ich den Begriff des

Verrats: In seiner Essay-Sammlung *How to write an autobiographical novel* findet sich der wunderbare Satz: „All writers are class traitors." – Alle Autor:innen sind in irgendeiner Weise Klassenverräter:innen.

Vielleicht schaffen wir es, diese beiden Begriffe anhand der vier Themen, die ich in deinem Schreiben sehe, einmal durchzudenken. Beginnen würde ich mit der Verortung und mit dem Anfang deiner Lesung. Denn du hast deine Lesung mit einem *Kärntnerlied* begonnen, was du, glaube ich, bei fast allen Lesungen tust.

Magst du etwas dazu sagen, was passiert, wenn du diesen Text, der ja eigentlich ein gesungener Text ist, nimmst und in die Bühnensituation einer literaturwissenschaftlichen Tagung transferierst, und ihn hier eben nicht singst, sondern liest? Was für eine Haltung steht dahinter, was passiert mit dem Raum, den du so eröffnest?

BJ: Ich mache es nicht immer, aber fast immer. Manchmal schreibe ich es ein bisschen um. Es sind Texte, die ich (fast) auswendig kann und ich finde es klanglich-rhythmisch interessant, so in einen Abend zu gehen, weil es irgendwie den Rhythmus oder meine Stimme ein bisschen so setzt.

Dem Dialekt und dem dialektalen Sprechen wird bei Lesungen oft wenig Raum gegeben, und das hat sehr viel mit einer Wertung zu tun, was als ‚literarisch' gilt und was nicht. Oder er nimmt eine spezifische Rolle ein, wie beispielsweise in einem Theaterstück, in dem die Figur, die Dialekt spricht, erwartungsgemäß als dumm und ‚ländlich' markiert wird. So als würde einem der Dialekt automatisch abfallen, sobald man studiert hat oder in die Stadt auswandert. Und natürlich: Sprache wandelt sich, sie soll sich auch wandeln. Aber es hat viel mit Normierung zu tun, mit Abwertung mancher gesprochener Sprachen und der Vorstellung, dass sich mit einem Milieuwechsel eben auch automatisch eine sprachliche Anpassung erwartet wird. Bei Lesungen Dialekt zu sprechen, gibt mir die Möglichkeit, diese Fragen herzuholen und das, was gemeinhin weit weg ist, in meine Nähe zu ziehen.

LS: Das Lied verändert also den Raum, in dem wir hier sind, indem es den Dialekt in diesen Raum holt – nicht als etwas, worüber man sich lustig macht oder das ausgestellt wird, sondern als legitime Literatur. Und gleichzeitig verändert sich das Lied selbst natürlich auch, wenn man es nicht singt, sondern spricht.

BJ: Mir fällt gerade ein: Zwei, drei Jahre her war ich hier in Berlin im Wedding eingeladen. Das war ein cooles Magazin, das Release war in einer ehemaligen Autowerkstatt, die jetzt eine Galerie war. Das Publikum war sehr ‚cool'. Da wollte ich ursprünglich kein Lied lesen, aber die Stimmung war eben so ‚cool' und distanziert, als wären alle innerlich noch an ihrem Handy. Also dachte ich mir: Fuck it, ich weck' die mal ein bisschen auf. Die Reaktion auf diese Entscheidung war sehr groß, es wurde laut gelacht und geklatscht, und dann dachte ich mir: Jetzt kann ich zu lesen anfangen, jetzt habe ich ihre Aufmerksamkeit.

LS: Dann lass uns doch, wenn wir schon beim Kärntnerlied sind, beim Dialekt bleiben. Man hat es bei der Lesung natürlich nicht hören können, aber im Buch ist ja auch im Schriftbild der Dialekt ein Stück weit abgebildet.

Es gibt dort Wörter wie „Tochta", „imma" oder „Körpa", die eben nicht korrekt geschrieben sind, sondern mit einem „a" am Ende statt mit „er". Das Buch macht also den Dialekt, den man ja eigentlich mit der gesprochenen Sprache assoziiert, im Schriftbild sichtbar. War das eine Entscheidung von dir? Wie ist es dazu gekommen?

BJ: Weil ich oft ‚falsch' schreibe, also dialektal, ohne dass es mir immer bewusst wird, haben wir, also der Lektor Tillman Severin und ich, beschlossen, das auch in die Gedichte hineinzubringen. Auch natürlich, weil es in dem Band um die Verbindung von Sprache und Identität geht. Ich finde es jetzt im Nachhinein ein bisschen zu zaghaft, also warum nicht gleich im Ganzen im Dialekt schreiben. Mittlerweile schreibe ich auch Dialektgedichte. In der Wiener Szene, in der österreichischen Lyrikszene, wird mehr mit Dialekt gearbeitet.

Unter Bildungsaufsteigerinnen kenne ich viele, die den Dialekt komplett abgelegt haben und dann das verinnerlichen, was Anpassung ja von uns will: Den Dialekt selbst als hässlich und peinlich empfinden. Zumindest ist mir das passiert. Ich habe sechs Jahre kein Kärntnerisch gesprochen. Wenn man dann ins Elternhaus kommt, redet man plötzlich nicht mehr Dialekt, und das ist für die Eltern dann natürlich irre. Warum redest du nicht die Sprache, die wir hier sprechen? Weil man verwirrt ist. Und dann ist es, glaube ich, wieder so eine Rückaneignung der Identität, aber auch ein anderer Dialekt, hoffentlich. Ich glaube, in diesem Bestehen darauf, dass es ein problematisches Verhältnis zur Herkunft gibt, gibt es aber eben auch den Versuch, den abwertenden Blick abzulegen, um zu sehen, was da war und ist.

LS: Dadurch, dass der Dialekt so sichtbar wird im Schriftbild, erscheint er auch als Überbleibsel, das durch das Hoch- oder Schriftdeutsche spukt oder es heimsucht. Dazu muss man auch wissen, dass auch den Kapitelüberschriften im Buch auf der gegenüberliegenden Seite ihre Punzen gegenübergestellt sind. „Punze" ist ein Begriff aus der Druckersprache. Sie sind das, was ausgestanzt ist in der Letter, mit der man druckt. Auf der gegenüberliegenden Seite des Kapiteltitels sieht man also immer noch diese Ausstanzung – eine subtile Art, zu zeigen, dass es sich hier um ein Buch handelt, in dem es darum geht, dass etwas zurückgelassen wurde, dass das Zurückgelassene aber trotzdem sichtbar bleibt. Und in ebendieser Weise beschäftigen sich alle deine Gedichte mit dem, was zurückgelassen werden musste, damit sie entstehen konnten.

Wenn wir bei dem sind, was zurückgelassen wurde, bzw. bei der Frage der Verortung, dann macht zum Beispiel *bussi aus kärnten* neben der Verwendung von Dialekt auch noch andere Gesten, die sich zu diesem einen spezifischen Ort bekennen. Neben der Verortung im Titel gibt es beispielsweise eine Vielfalt an lokalem und partikularem Vokabular: Es kommt nicht irgendein Fluss vor, sondern der konkrete Waidischbach; es kommen die Karawanken vor und nicht irgendwelche Berge.

Es ist sehr klar, dass diese Gedichte sich zu einem Ort bekennen, auch wenn sie zu diesem Ort vielleicht ambivalente Gefühle haben. Und hier kommt für mich Dodie Bellamys Begriff des Lokalismus ins Spiel, der in ihrem Werk auch für eine feministische Poetik steht.

Bellamy begreift das Lokale, das Verortete, als Teil des Alltäglichen, des vermeintlich Banalen, das im Universalitätsanspruch von – männlich konnotierter – Hochliteratur nicht vorgesehen ist. Dazu gehören auch „weibliche" Themen wie Reproduktionsarbeit, die an die Alltäglichkeit und Konkretion gekoppelt sind. In deinem Zyklus zeigt sich eine solche feministische Verortung vielleicht am eindrücklichsten in der Szene mit den zehn Frauen am Küchentisch, die alle singen können und alle Sportkleidung tragen. Ich würde dich gerne dazu befragen, was das für eine Art von Gemeinschaft ist, und ob sie vielleicht auch etwas zu tun hat mit diesem ambivalenten Verhältnis zum Ort der Herkunft, der einerseits aus vielerlei Gründen schwierig oder problematisch sein kann, dem aber in deinen Gedichten zugleich mit Liebe begegnet wird.

BJ: Ich glaube, dass die Selbstverständlichkeiten von gewissen Handlungsweisen – man geht wandern, man singt gemeinsam – jene Dinge sind, die in dieser Gruppe ein selbstbewusstes Gefühl einer Gemeinschaft bilden und die im Zuge eines Bildungsaufstiegs plötzlich von einer Stärke zu einer Schwäche abgewertet werden, weil man plötzlich von ganz anderen Werten und Lebensentwürfen umgeben ist.

An einer Elite-Uni kann es einem leicht passieren, gefragt zu werden, was die Eltern studiert haben, und dann hört man sich plötzlich beim Lügen zu und sagt, sie haben dieses und jenes studiert, weil man nicht als „Emporkömmling" ausgegrenzt werden will, sondern einer Gruppe zugehörig sein möchte.

Die Gedichte haben es mir ermöglicht, all das besser zu verstehen und diesem wenigen ‚Dazwischen' einen Ausdruck zu verleihen, auf die *Class Confusion* hinzuweisen.

LS: Diese Ambivalenz ist in *bussi aus kärnten* auf jeden Fall greifbar. Es gibt eine starke Hinwendung, und gleichzeitig wird allein schon mit Kärnten natürlich ein Ort aufgerufen, an dem spezifische Assoziationen hängen, als Gründungsbundesland der FPÖ. Darauf wird auch im Gedicht verwiesen, mit der Bemerkung, da Kärnten nicht am Meer liege, wolle es selbst sein wie das Meer: tiefblau, was natürlich die politische Farbe der extremen Rechten ist.

BJ: Ja, Österreich will am Meer sein. Das ganze Land wird es bald sein.

LS: In ähnlicher Weise erwähnst du die *Glock*, also die Pistole, die in Kärnten produziert wird. Auch hier gibt es diese Ambivalenz, die Gleichzeitigkeit von Zuneigung und struktureller Gewalt in der Provinz. *bussi aus kärnten* ist kein Text, in dem der Herkunftsort einfach verlassen oder sogar verachtet wird, sondern einer, in dem das Weggehen kompliziert ist und von einem bewussten Versuch begleitet wird, in Verbindung zu bleiben: „meine hände zittern / meine stimme nicht / wenn ich kärntnerlieder singe / dann beruhig' ich mich". Es sind Gedichte, die ihre grundlegende Verletzbarkeit nicht leugnen müssen, die sie aufsuchen und erkunden können.

BJ: Als ich Eribon zum ersten Mal gelesen habe, war die Identifikation riesig. In der Runde der Bildungsaufsteiger:innen haben wir den Text verschlungen und immer wieder gelesen. Aber was Eribons Autosoziobiografie eben auch macht, ist, eine klare Distanz zu bemessen und die auch einzementieren zu wollen.

LS: Ja, genau, das ist aber für mich bei dir eben nicht so stark da und äußert sich auch darin, und das finde ich bemerkenswert, dass – ich mag den Begriff eigentlich nicht, aber er nützt mir – das ‚lyrische Ich' in diesen Gedichten mit verschiedenen Gesten eigentlich zeigt, dass es nicht souverän ist, dass es nicht autonom ist, dass es berührbar ist, dass es hadert, dass es sucht, dass es von seiner Umgebung verändert wird. „das kärntnerische hat sich wieder / unter mich gemengt", das ist keine Entscheidung, die man trifft, sondern das ist etwas, was einem passiert, von außen, was auch schön sein kann, sozusagen. Die Unsouveränität ist nicht unbedingt eine Erfahrung des Leidens oder so, sondern da geht es ja auch darum, eine Verbundenheit zu spüren und eine Offenheit für die Welt, wenn man den Ort wechselt, und das ist das, was für mich, glaube ich, so bezeichnend ist in deinen Texten, dass es eigentlich kein psychologisches, sondern ein soziologisches Ich ist, insofern, dass es sich seiner Angewiesenheit auf andere sozial bewusst ist und vielleicht auch der Frage, wie sehr es bei anderen verschuldet ist. Das Wort Schuld fällt ja auch öfter, und damit kommen wir zum Verrat.

Ich würde nämlich gerne mit dir über Namen sprechen. Das Buch ist ein Konzeptalbum, also es heißt *BARBARA*, hat deinen Vornamen in Großbuchstaben auf dem Titel. In *bussi aus kärnten* kommt es öfter vor, auch in *sport und selektion*: die Frage nach dem Namen, die Frage, ob man sich traut, den Namen mit Kuli aufzuschreiben oder nicht. Der allererste Zyklus in *BARBARA* trägt den Titel *say my name, say my name,* also ein Zitat von Destiny's Child, aber eben natürlich auch sozusagen die grundlegende autobiografische Geste überhaupt. Das ist die kleinste autobiografische Geste, die man sich vorstellen kann, den eigenen Namen zu nennen, da aber als Anforderung an die anderen, den Namen zu nennen. Das erste Gedicht in diesem Zyklus besteht ja nur aus einer Aufzählung von Namen, die du von anderen verliehen bekommen hast, Kosenamen, Spitznamen, vielleicht auch Ärgernamen oder so was, und das finde ich eine total interessante Geste für ein Buch, also auch für ein Debüt, ein Buch, mit dem du sozusagen als Autorin überhaupt in Erscheinung trittst, zu beginnen mit den Namen, die andere dir gegeben haben. Was ist das für ein spannendes Verhältnis, das da entsteht?

BJ: Eine Bildungsbiografie, als Performativität unterschiedlicher Versuche der Anpassung, kann eine Identität auch aufbrechen, sodass man irgendwann ‚viele' ist, unterschiedliche Rollen einnimmt, und sich unterschiedlich nennt und nennen lassen möchte. Dieses ‚viele' wollte ich mit dem Auftakt zu diesem Band zeigen. Und auch einen Hinweis darauf machen, dass „Identität" etwas Fluides ist und auch sein soll. Ich hoffe, mit meinen Texten nicht einer Vorstellung einer starren (österreichischen Land-)Identität in die Hände zu spielen. Identitäten sind in einer ständigen Bewegung, sie sind ja auch Symptome einer Verortung, des ökonomischen und sozialen Umfelds. Aber dennoch ist es wichtig, darauf hinzuweisen, wie die Gewalt der Anpassung an eine Norm eben auch diese Wertung zwischen ‚oben' und ‚unten', zwischen ‚besser' und ‚schlechter' und so weiter bedeutet.

LS: Ich habe noch ein paar Fragen. Verrat und Schuld – ich finde es erstaunlich, wie oft das Wort Schuld fällt, in diesem ja doch relativ schmalen Gedichtband. In *bussi aus kärnten* heißt es: „wie ich so wurde wie ich bin: / ich bin die tochta meiner eltern / von denen ich geerbt habe / den schönen körpa, die wanderlust / schuld". Und dann direkt danach: „hab ich gestern wirklich schuld geschrieben?", in *say my name, say my name* gibt es einen Teil, in dem du über einen der Namen, du sagst nicht welchen, aber über einen der Namen sagst, „einen gibt es / der liegt noch in der luft / meines kärntner kinderzimmers // einen gibt es / bei dem ich noch imma / verschuldet bin", und in einem anderen Teil des Bandes, *staccato* heißt der, gibt es ein Gedicht mit dem Titel *sprechübung*, das ganz kurz ist, nämlich „brautstrauß / bleibt / brautstrauß / und / bringschuld / bleibt / bringschuld". Also die Schuld ist ziemlich prominent in dem Buch. Was macht die Schuld?

BJ: Ich denke, als Bildungsaufsteiger:innen möchte man nicht nur das eigene Leben „schaffen", sondern man möchte auch das kompensieren, was die Mutter, der Vater, die Großeltern nicht machen konnten. Man möchte fast ein doppeltes Leben führen. Und genau das ist die Ambivalenz der Schuld: Weil ich weggegangen bin, um ein besseres Leben zu führen, möchte ich so viel Erfolg haben, dass es für alle reicht. Und schon ist man selbst die Speerspitze einer falschen Logik: Wenn ich nur tüchtig genug bin, dann … Was ich damit meine, ist, dass man den Fokus viel zu sehr auf das Individuum legt, das etwas schaffen kann oder nicht. Anstatt auf das System zu schauen, das soziale Ausschlüsse produziert.

LS: Du hast einmal auf Instagram über *BARBARA* geschrieben, dass es ein Gedichtband ist, bei dem es dir um Ehrlichkeit ging und der Ehrlichkeit auch selbst versucht. Ich habe mich gefragt, ob Ehrlichkeit ein Gegenbegriff zur Schuld ist, aber auch, inwiefern es hier wieder darum geht, an wen sich diese Erzählungen von Klassenwechsel wenden, wer das Publikum, das Lesepublikum für diesen aktuellen Boom von autosoziobiografischen Büchern ist. Kann es sein, dass die Ambivalenz und die Gleichzeitigkeit in deiner Sprache sich auch daraus speist, dass du dich eben nicht nur an ein bürgerliches Publikum wendest? Dass deine Gedichte auch Versuche sind, weiter mit den Menschen zu sprechen, die man zurückgelassen hat?

BJ: „Ehrlichkeit" würde ich heute nicht mehr sagen. Eher sowas wie „innere Wahrheit". Wen man mit dem erreicht, was man schreibt, hat natürlich mit der gewählten Sprache zu tun. Ich schreibe jedoch so, wie ich schreibe, weil sich diese Form nach ein paar Jahren des Abschreibens, Kopierens, Imitierens ergeben hat. Es ist eine Sprache, die ich, auch in ihrer Schlichtheit, so brauche. Ich möchte sprachlich nichts verstellen, sondern freilegen. Damit ich es nachvollziehen kann.

LS: Das erinnert mich an diesen klugen Satz von Susan Sontag, die sagte: „Ich schreibe, um herauszufinden, was ich denke."

BJ: Absolut. Diese ‚Schlichtheit' in der Sprache und die Entscheidung, so schreiben zu wollen, hat für mich nichts mit ‚Einfachheit' zu tun. Es ist genauso eine Sprache, die engagiert sein will, genau, ambitioniert, aber auf ihre eigene Art. Das kommt bei vielen sicherlich nicht so an.

LS: Die Verletzbarkeit, dieses vermeintlich Einfache auszuhalten und ins Zentrum einer Poetik zu stellen, zeichnet dein Schreiben auf jeden Fall aus. Auch darüber schreibst du ja in deinem Essay: Wie kann es gelingen, ein Gedicht nicht „in die Topform" der klassischen Literarizitätsdefinitionen zu bringen, sondern eine Lässigkeit in der Sprache zu finden, so, wie man sie durch sportliche Trainingsprozesse einübt. Ich glaube, dass sich das durchaus auch provokant anhören kann für ein Lesungspublikum, das größtenteils dem Bildungsbürgertum zuzuordnen ist und möglicherweise die implizite Erwartung hat, eine Person aus der Arbeiterklasse oder der Provinz könne doch froh sein, den Klassenwechsel geschafft zu haben und ihrer Herkunft entkommen zu sein.

BJ: Ich glaube auch, dass diese Meinung sehr gängig ist. Sie basiert auf dem Irrtum, zu glauben, dass sich ein Klassenaufstieg automatisch über einen Bildungsaufstieg ergibt. Eine Zeit lang war ich von diesem Gedanken natürlich auch eingenommen: Dass ich den Klassenaufstieg schaffen werde, nicht mehr unter der Armutsgrenze leben muss, und dass das mit Fleiß und Überengagement alles möglich ist. (Und dabei lebe ich in Österreich, dem Land der Berge, des Erbens.) Ich war komplett von der Vorstellung eingenommen, dass ich es in diese ‚obere' Welt schaffen muss. Das ist dann auch viel über romantische Beziehungen gelaufen. Ich habe nicht nur ein Gespräch mit einem männlichen Kollegen mit einem bildungsbürgerlichen Hintergrund gehabt, der mir sagte: Also so einen biografischen Ich-Roman, den schreibe ich dir in zwei Wochen runter.

LS: Da du gerade die Abwertung durch männliche Autorenkollegen erwähnt hast, möchte ich gerne noch mal auf den Zusammenhang von Klassismus, Liebesbeziehungen – vielleicht speziell heterosexuellen Liebesbeziehungen – und weiblicher Autorschaft kommen und mit dir darüber sprechen, wie die Themen von Liebe bzw. romantischen Beziehungen einerseits und Klassenaufstieg andererseits in einem Schreiben ineinandergreifen.

Du hast diese Passage gelesen aus *SPORT*, in der es um Beziehungen oder Affären mit erfolgreichen Künstlern geht, die sich ihres kulturellen und ökonomischen Kapitals sehr bewusst sind. Für mich ist eine Schlüsselstelle in dieser Szene: „Das Rad habe ich aus dieser Geschichte mitgenommen. Es ist ein Symbol von Abhängigkeit, genauso wie von Befreiung." Abhängigkeit, genauso wie Befreiung – magst du zu diesem Komplex noch etwas sagen?

BJ: Ja. Klassenfrage und Liebe. Den fehlenden Selbstwert meint man irgendwie kompensieren zu müssen und macht das über die Beziehungen zu Männern, die jene Welt verkörpern, in die man hineinwill. Ich dachte lange, die Legitimation der Zugehörigkeit zu gewissen Kreisen bekomme ich nur darüber, die Partnerin von jemandem zu sein.

Das Fahrradfahren, als Moment der Befreiung und des Losreißens, wird, auf die Literatur übertragen, der Versuch, sich genauso von einem (selbst angelernten) bildungsbürgerlichen Literaturbegriff zu befreien. Im Essay versuche ich zu befragen, was es für die eigene Literatur bedeutet, zu sagen: Ich perfektioniere das jetzt alles noch, damit es auch „poetisch" klingt. Aber genau das kann eine Sprache oder einen Text auch schwächen oder leer machen. Und wir wissen alle, dass man sich hinter Sprache auch sehr gut verstecken kann. Ich suche eine Sprache, hinter der ich mich nicht verberge.

LS: Und die entsteht aus dem sportlichen Schreiben?

BJ: Ja, auch. Zu wissen, dass man nicht nur Angst ist und Anpassung, sondern dass es da etwas im Leben gibt, in dem man Leichtigkeit kennengelernt hat, eine Lässigkeit. Und dann kann man sich beobachten, was diese Haltung mit einem macht. Auf das Schreiben übertragen verschiebt das den Fokus von der Gefälligkeit und dem ‚Richtig-machen-Wollen' zu dem, wie man es machen will. Eine eigene Fährte, der eigene Schleichweg. – Genauso wissen wir alle, dass Übung die Meisterin macht. Dass hinter einer vermeintlichen Einfachheit oder Leichtigkeit eine große Komplexität liegen kann.

LS: Genau deswegen bin ich froh, dass wir unser Gespräch mit deiner Lesung begonnen haben. Denn wie ich schon am Anfang sagte: Ich glaube, dass man deine Gedichte hören muss, um zu verstehen, wie sich die Komplexität in ihnen herstellt. Ich kann mir gut vorstellen, wie Leute in diesen Lyrikband reinschauen und sagen: „Das ist ja total einfach. Wo sind denn hier die Metaphern?" Wenn man hört, wie du diese Texte setzt, wie du ihnen Raum gibst, in der Ruhe, mit der du sie liest, dann ist man, glaube ich, gezwungen zu merken, was dieses ‚Sich-Raum-Nehmen' bedeutet.

BJ: Ich kann mir auch vorstellen, dass es Leute gibt, die so denken. Und ich finde auch, dass meine Texte sehr performativ sind und sie oft erst im Vortragen wirken können.

LS: Ich möchte dich zum Ende unseres Gesprächs noch nach dem Gedicht fragen, mit dem du deine Lesung beendet hast. Dieses Gedicht stammt nicht aus *BARBARA*, sondern ist eines von den neueren Gedichten. Steht es stellvertretend für die Art von Texten, die du jetzt gerade schreibst? Wo, würdest du sagen, hat sich dein Schreiben seit *BARBARA* und *SPORT* hinentwickelt?

BJ: Sehr schwer zu sagen. Das Schwestern-Gedicht habe ich gewählt, weil es zu dem Thema der Lesung passt. Aber wo es hingehen wird? Ich denke, wenn man als Autorin die eigenen Themen, die eigene Wortwelt und Gedankenwelt gebaut und gefunden hat, dann lässt man sie nicht mehr los – oder wird nicht mehr losgelassen.

Das Gespräch wurde im Juni 2024 im Rahmen der Tagung „Klassen. Gefühle. Erzählen" in Berlin geführt. Der Abdruck der Gedichte aus BARBARA und des Auszugs aus SPORT erfolgt mit freundlicher Genehmigung vom Verlagshaus Berlin.

Literatur

Bellamy, Dodie: When the Sick Rule the World, South Pasadena 2015.
Chee, Alexander: How to Write an Autobiographical Novel, Boston 2018.
Juch, Barbara: BARBARA. Gedichte, Berlin 2020.
Juch, Barbara: SPORT, Berlin 2023.
Sontag, Susan: Ich schreibe, um herauszufinden, was ich denke. Tagebücher 1964–1980, übersetzt aus dem Englischen von Kathrin Razum, München 2013.

Julia Bodenburg
Liebevolles Erzählen

Zur Affektpoetik von *transclasse*-Figuren und ihrer ‚Mutter-Sprache' in Romanen von Daniela Dröscher, Josefine Soppa und Ocean Vuong

> Dieser Beitrag ist meiner Mutter in Dank
> und liebevoller Erinnerung gewidmet.

1 Einleitung

In ihrem im Jahr 2000 erschienenen Buch *Class Matters* konstatiert die amerikanische Literatur- und Kulturwissenschaftlerin bell hooks, „[n]owadays it is fashionable to talk about race or gender; the uncool subject is class. It's the subject that makes us all tense, nervous, uncertain about where we stand".[1] In ihrer autobiografisch geprägten Studie setzt sich hooks mit der kulturwissenschaftlichen Theorielandschaft der späten 1990er Jahre auseinander, die nicht nur im englischsprachigen Raum, sondern auch in Deutschland und Frankreich stark von den *Gender Studies*, der Postkolonialen Theorie und den *Critical Whiteness Studies* geprägt war. Ein Verdienst der feministischen *Woman of Color*-Bewegungen in den 1980er Jahren war es gewesen, auf die Mehrfachdiskriminierung aufmerksam zu machen, die im feministischen Mainstream ‚weißer' bürgerlicher Frauen gar nicht oder nicht ausreichend wahrgenommen wurde. Während die Kategorien *race* und *gender* und damit heterosexistische und rassistische Diskriminierungsformen nun zunehmend im Forschungsdiskurs berücksichtigt wurden, scheinen die Kategorie *class* und mithin Formen der ökonomischen Marginalisierung nicht den gleichen Stellenwert wie *race* und *gender* zu besitzen. Sich mit Fragen der sozioökonomischen Herkunft und Zugehörigkeit, den damit einhergehenden Ressourcen, Teilhabemöglichkeiten und Machtpositionen zu beschäftigen, sei nicht nur ‚uncool', sondern mit Nervosität und Unsicherheit in Bezug auf die eigene Situiertheit verbunden. Dass eine Selbstbefragung (‚where we stand') auch in Bezug auf *race* und *gender* mit Unsicherheiten einhergeht, ist unbestritten; was hooks, weitergedacht, hier mit Blick auf *class* behauptet, ist der Umstand, dass die soziale und sozioökonomische, kurz: klassenspezifische Verortung von Individuen sich sehr viel subtiler vollzieht, als lediglich die Zugehörigkeit zu einer der möglichen Klassen (*ruling class, owning class, middle class, upper-middle-class, lower-middle-class,*

---

[1] bell hooks, Class Matters. Where we stand, New York 2000, vii.

working class, lower class) zu formulieren.² Direkt im zweiten Kapitel, „Making the Personal Political: Class in the Family", ihrer autobiografischen Studie sind es etwa die Aspekte ‚Körper' und ‚Wohnraum', über die soziale Zugehörigkeit erzählt wird. Deutlich wird im genannten Zitat auch die affektive Dynamik, die der Begriff *class* im wissenschaftlichen Diskurs auszulösen vermag. Ein Leitgefühl im Zusammenhang mit Klasse ist das soziale Gefühl der Scham, das „in Form eines peinl. Gewahrwerdens der Andersartigkeit bzw. Minderwertigkeit der eigenen Person erlebt"³ werden kann. In der *Rhetorik* hat Aristoteles als Scham das mit Angst besetzte Gefühl definiert, die eigene Unterlegenheit, die Herabsetzung des Selbst und seines sozialen Status gegenüber einer privilegierteren Gruppe anerkennen zu müssen.⁴ Die gefühlte Scham des Einzelnen und die Beschämung von Individuen und Gruppen entsteht in dieser Hinsicht nur durch ein soziales Verhältnis. Klassenscham hat mit Hierarchie und Machtpositionen zu tun: Scham empfinden in der Regel diejenigen, die über weniger Macht und Ressourcen verfügen.⁵

Diese skizzierten Aspekte bilden die Anschlussstellen für das diesem Band zugrunde gelegte Forschungsinteresse, das nach den Formen fragt, durch die in gegenwärtiger Literatur ‚Klasse' und ‚Gefühl' erzählt werden. Ich begegne dieser Untersuchungsperspektive mit folgender Leitthese, die zugleich auch meinen Beitrag konturiert: ‚Klasse', verstanden als plurale soziale Positionierung, wird in der jüngsten Gegenwartsliteratur mittels Klassenübergänger-Figuren erzählt. Jene Figuren, die eine soziale Migrationsgeschichte aufweisen, sind zum einen eingebunden in Affektdynamiken, die zwar nicht typisch für eine Klassenzugehörigkeit sind, aber besonders häufig in ‚Klassentexten' zu beobachten sind und solchermaßen die Rede von klassenspezifischen Affektdynamiken gerechtfertigt erschei-

---

2 Die Unterteilung geht hervor aus der antiklassistischen Bildungsarbeit, vgl. Maurianne Adams, Lee Anne Bell und Pat Griffin (Hg.), Teaching for diversity and social justice, New York und London 1997, 238. Eine Begriffsdefinition von ‚Klasse' kann an dieser Stelle nicht geleistet werden, handelt es sich doch um eine stets zu historisierende, kulturell spezifische und fachdisziplinäre Kategorie. Den Versuch einer literaturwissenschaftlich anschlussfähigen Konzeptualisierung nehmen Julia Bodenburg und Irene Husser in der Einleitung des Sammelbands Klassenverhältnisse in der Literatur. Narrative – Ästhetiken – Diskurse, Berlin 2025 [Verlagszusage] vor. Kurz, aber differenziert zu Klassenbegrifflichkeiten äußert sich auch Marlen Hobrack in Klassismus. 100 Seiten, Ditzingen 2024, bes. 15–44.
3 ‚Scham', in: Brockhaus-Enzyklopädie, Mannheim 1992, Bd. 19, 281. hooks erzählt über die Scham und das Beschämtsein ihrer Mutter im Zusammenhang mit Armut bzw. der Reflexion, weniger zu haben und dadurch vermeintlich weniger wert zu sein.
4 Vgl. Aristoteles, Rhetorik, übersetzt, mit einer Bibliographie, Erläuterungen und einem Nachwort von Franz G. Sieveke, München 1980, Buch II, Kap. 6, 1384a.
5 Vgl. zum Schamdiskurs in der deutschen Geschichte Ute Frevert, Mächtige Gefühle. Von A wie Angst und Z wie Zuneigung. Deutsche Geschichte seit 1900, 2. Aufl., Frankfurt a. M. 2020, 289–305.

nen lassen. Zum anderen lassen sie die Textsubjekte als figurierte Knotenpunkte von sich überschneidenden sozialen Determinanten lesen, was wiederum eine intersektional sensible Lektüre einfordert.

Figuren, die mit der Erfahrung der sozialen Mobilität sprechen, also mit Chantal Jaquet als *transclasse*-Figuren bezeichnet werden können, empfinden Scham für die eigene Herkunft und sind getrieben sowohl von Abstiegs- als auch Aufstiegsangst.[6] Sozialneid treibt Figuren an, die den Aufstieg in eine ‚höhere' Klasse anstreben. Stolz auf die Herkunftsklasse, etwa Arbeiterstolz, fungiert als Subjektivierungsstrategie einer fragilen sozialen Identität. Hass, Verachtung, Wut, Neid und Missgunst können als Ausdruck eines erlebten sozialen Scheiterns, aber auch als aggressive Abgrenzungsgeste gegenüber der Klasse gelesen werden, die Teilhabemöglichkeiten, sei es über ökonomisches oder kulturelles Kapital, regelt und reglementiert. Die kursorisch aufgeführten Affekte sind dem Register sozialer Emotionen zugeordnet, die ‚einen Unterschied' machen, die für Distinktion sorgen.[7] Klassen-Gefühle sind nicht grundsätzlich gegendert, allerdings ist der Arbeiterstolz topisch mit dem körperlich hart arbeitenden Mann verbunden und auch die Wut ist eher männlich codiert und solchermaßen gesellschaftlich legitimiert. Zu den besonders diskutierten Affekten gehört auch die Scham bzw. Klassenscham, die komplex und variabel ist, in Verbindung mit dem Körper jedoch auch geschlechtlich konnotiert sein kann: Viel häufiger ist es der weibliche Körper, der als Mittel zum sozialen Aufstieg Disziplinierungspraktiken (Stichwort *Body Shaming*) ausgesetzt ist.

Neben der geschlechtsspezifischen Codierung von Klassen-Gefühlen ist ein weiterer Aspekt in gegenwärtigen klassensensiblen Texten zu beobachten, der bisher noch kaum diskutiert wurde und den ich im Folgenden ausführen möchte. Erzählungen über den Klassenwechsel sind immer auch Narrationen über die familiäre Herkunft, von der sich die Figuren meistens wegschreiben, zu der sie sich in der retrospektiven Reflexion aber auch wieder hinschreiben. Damit sind

---

6 Vgl. Chantal Jaquet, Zwischen den Klassen. Über die Nicht-Reproduktion sozialer Macht, mit einem Nachwort von Carlos Spoerhase, aus dem Französischen von Horst Brühmann, 2., unveränderte Aufl., Konstanz 2021. Die möglicherweise irritierende ‚Aufstiegsangst' meint den doppelten Verlust der Übergängerfiguren: Weder geht das Verlassen der Herkunftsklasse ohne Reibung vonstatten noch gelingt die Ankunft in der Aufstiegsklasse vollständig.
7 Vgl. grundsätzlich zum Forschungsfeld ‚Affekt und Gesellschaft' Aletta Diefenbach und Veronika Zink (Hg.), Emotions- und Affektsoziologie. Eine Einführung, Berlin und Boston 2024, sowie die die Aktivitäten des Berliner Sonderforschungsbereichs SFB 1171 Affective Societies: Dynamiken des Zusammenlebens in bewegten Welten, https://www.sfb-affective-societies.de/ (10.04.2025). Aus phänomenologischer Perspektive vgl. Thomas Fuchs, Verkörperte Gefühle. Zur Phänomenologie von Affektivität und Interaffektivität, Berlin 2024.

Fragen der Adressierung angesprochen.[8] Mich interessiert an dieser Stelle weniger die in der Forschung diskutierte Frage nach Fürsprache[9] oder danach, ob klassensensible Romane oder Autosoziobiografien als literarisierte Soziologie gelesen werden können. Vielmehr interessiert mich die (fingierte) Adressierung auf intradiegetischer Ebene und hier die Beobachtung, dass Texte häufig die Figurenkonstellation ‚(erwachsenes) Kind – Mutter' wählen sowie literarische Schreibweisen und ein Emotionsrepertoire nutzen, die von Zugewandtheit, Nähe, Verzeihen, von (Für-)Sorge gekennzeichnet sind. Ich beziehe mich mit diesem Befund auf die Texte *Zeige deine Klasse* (2018) und *Lügen über meine Mutter* (2022) von Daniela Dröscher, auf *Mirmar* (2023) von Josefine Soppa und, einen englischsprachigen Text aufnehmend, auf Ocean Vuongs *On Earth We're Briefly Gorgeous* (2019), auf Deutsch: *Auf Erden sind wir kurz grandios* (2019). Diesen Texten ist gemein, dass sie sich, erstens, mit Ausnahme von Dröschers Memoir, nicht primär als Klassen-Texte ausgeben, sondern intersektional von sozialen Herkünften erzählen und somit eine integrative Lektürepraxis einfordern. Das impliziert die Erweiterung etwa der genderorientierten Erzähltextanalyse um die Kategorien ‚Klasse' und *race* sowie weitere Distinktionsfaktoren, da literarische Figuren, sofern es sich nicht um typenhafte handelt, meist intrakategorial komplex angelegt sind. Ein integratives Vorgehen kann genaueren Aufschluss darüber geben, wie z. B. das *gender* einer Figur durch ihre soziale Positionierung und/oder ethnische Zugehörigkeit strukturiert ist – und das wiederum spezifiziert Fragen nach der Vermittlung des Geschehens und seiner Fokalisierung (Wer spricht mit welcher Sprache und aus welcher Perspektive wann und mit welcher Autorität zu wem? etc.). Ein zweites gemeinsames Merkmal ist die Konstellierung der Figuren. Eine *transclasse*-Figur und genauer: das (erwachsene) Kind schreibt an und über die Mutter, die in unterschiedlicher Weise der arbeitenden Klasse zugehörig ist

---

8 Vgl. einführend die Einleitung von Eva Blome, Philipp Lammers und Sarah Seidel, Zur Poetik und Politik der Autosoziobiographie, in: Autosoziobiographie. Poetik und Politik. Abhandlungen zur Literaturwissenschaft, hg. von dens., Berlin 2022, 1–14, sowie im Besonderen die Aufsätze von Sarah Carlotta Hechler (17–41) und Carolin Amlinger (43–65) in demselben Band; vgl. dazu auch Eva Blome, Rückkehr zur Herkunft. Autosoziobiografien erzählen von der Klassengesellschaft, in: Deutsche Vierteljahrsschrift für Literaturwissenschaft und Geistesgeschichte 94 (2020), H. 4, 541–571, bes. 557–560.

9 Vgl. zum Konzept der Fürsprache in klassensensiblen Texten Iuditha Balint, Von der Fürsprache zur shared authority. Dinçer Güçyeters „Unser Deutschlandmärchen" (2022) als (post-)migrantisches Chorwerk, in: Zeitschrift für Germanistik, Neue Folge 34 (2024), H. 1, 147–165, sowie Iuditha Balint, Klasse und Fürsprache. Ein literaturgeschichtlicher Aufriss, in: Klassenverhältnisse in der Literatur. Narrative – Ästhetiken – Diskurse, hg. von Julia Bodenburg und Irene Husser, Berlin 2025 [im Druck].

oder in prekären Verhältnissen lebt. Sowohl Abgrenzung als auch Verbindung werden durch ein Einschreiben in die und durch ein Fortschreiben von/der Muttersprache praktiziert. ‚Mutter-Sprache' verstehe ich einerseits im Sinne von *lingua materna*, also der Erstsprache, und andererseits in genealogischer Hinsicht. Drittens eint die angeführten Texte ein starkes Formbewusstsein. Der fingierte Dialog dient zum Beispiel als Stilmittel, um mit der Figur der Mutter in Auseinandersetzung über die eigene – soziale und biologische – Herkunft treten zu können. In welcher Weise diese Aspekte, die *transclasse*-Perspektive und die mütterlich-weibliche Genealogie eine Emotionspoetik der ‚liebevollen' Verbindung mobilisieren, interessiert mich. Literaturwissenschaftlich-methodisch nähere ich mich den drei Texten narratologisch und unter Einbezug von Ansätzen aus der text- und kontextzentrierten literaturwissenschaftlichen Emotionsforschung, die emotionslinguistisch erweitert werden.[10] In theoretischer Hinsicht ist im folgenden Abschnitt zunächst kurz die literaturwissenschaftliche Anschlussfähigkeit soziologischer Leitbegriffe zu reflektieren.

2 Theoretische Kontextualisierung: Klasse, Klassismus und *transclasse*

Jene Zurückhaltung gegenüber der Kategorie Klasse, die bell hooks zur Jahrtausendwende im angloamerikanischen Forschungsdiskurs anmerkt, ist hinsichtlich der gegenwärtigen literaturwissenschaftlichen Forschungspraxis in Deutschland ebenfalls zu konstatieren. Obwohl der Literaturbetrieb und das Feuilleton seit mehr als zehn Jahren unüberhörbar deutlich machen, dass die Klassenfrage zurück in der Literatur sei – zu fragen wäre allerdings eher, ob sie je weg war –, scheint es in der gegenwärtigen literaturwissenschaftlichen Forschungspraxis bislang Berührungsängste mit Klasse-Begriffen zu geben.[11] Eine Vielzahl von Ta-

---

10 Vgl. allgemein Simone Winko, Literaturwissenschaftliche Emotionsforschung, in: Emotionen. Ein interdisziplinäres Handbuch, hg. von Hermann Kappelhoff et al., Berlin 2019, 397–402; Simone Winko, Kodierte Gefühle. Zu einer Poetik der Emotionen in lyrischen und poetologischen Texten um 1900, Berlin 2003; Christina Kauschke, Linguistische Perspektiven auf Emotion und Sprache, in: Emotionen. Ein interdisziplinäres Handbuch, hg. von Hermann Kappelhoff et al., Berlin 2019, 262–271.
11 So zum Bespiel Daniel Graf, Die Klassenfrage ist zurück in der Literatur, in: Republik, 14.10.2020, https://www.republik.ch/2020/10/14/die-soziale-frage-ist-zurueck-in-der-literatur (01.10.2024). Ausnahmen im Hinblick auf literaturwissenschaftliche Forschungsbeiträge, die dezidiert mit dem Klasse-Begriff arbeiten, sind Patrick Eiden-Offe, Poesie der Klasse. Romantischer Antikapitalismus

gungen und Workshops hat sich dem Thema jedoch jüngst gewidmet, sodass Studien zu erwarten sind, die ‚Klasse' vor dem Hintergrund der aktuellen literarischen und medialen Aufmerksamkeit historisieren und reformulieren.[12] Die eher reservierte Haltung gegenüber der Kategorie Klasse in den Philologien mag wissenschaftsgeschichtliche Gründe haben. Wer sich nach dem *Cultural Turn* mit Klasse beschäftigt, muss sich zu historischen Klasse-Konzepten, zu marxistischer Literaturtheorie und Forschungsperspektiven, wie sie in den 1970er Jahren mit der Sozialgeschichte der Literatur vorgenommen wurden, verhalten. Klassentheoretische Ansätze und marxistisches Denken wurden spätestens mit dem Zusammenbruch des ‚Ostblocks' durch soziologische Theorien der Stratifikation und Individualisierung in den Hintergrund gerückt, wenn nicht gar verdrängt.[13] Die

---

und die Erfindung des Proletariats, Berlin 2017; Enno Stahl, Klaus Kock, Hanneliese Palm und Ingar Solty (Hg.), Literatur in der neuen Klassengesellschaft, Paderborn 2020, sowie jüngst Michel Lys und Liesbeth François, Re-Imagining Class. Intersectional Perspectives on Class Identity and Precarity in Contemporary Culture, in: Re-Imagining Class. Intersectional Perspectives on Class Identity and Precarity in Contemporary Culture, hg. von dens., Leuven 2024, 11–38.

12 Neben der einen Schwerpunkt auf Gegenwartsliteratur und die klassenspezifische Affektdynamik setzenden Tagung „Klassen.Gefühle.Erzählen" (Berlin, 13./14.06.2024), aus der dieser Beitrag hervorgeht, nahm der Workshop „Aufstieg/Abstieg/Ausstieg – Modelle und Narrative sozialer Mobilität in der deutschen Literatur" (Essen, 16./17.05.2024) nicht den Klassenbegriff als solchen in den Fokus, sondern, auch in historischer Perspektive, das Phänomen sozialer Mobilität und dessen Figuren sowie Verfahrensweisen. Die Tagung „Literary Class Studies. Soziale Herkünfte in der Literatur/Wissenschaft" (Münster, 20./21.02.2024) hat ‚soziale Fragen' aus einer literaturgeschichtlichen und gattungsübergreifenden Perspektive untersucht. Die aus der Tagung hervorgehende Publikation verfolgt den Anspruch, das Forschungsfeld grundsätzlich zu sondieren und Teilbereiche zu identifizieren. Vgl. dazu die Einleitung von Julia Bodenburg und Irene Husser, in: Klassenverhältnisse in der Literatur. Narrative – Ästhetiken – Diskurse, hg. von dens., Berlin 2025 [im Druck]. Internationale Perspektiven gegenwärtiger Autosoziobiografien wurden auf der Tagung „Autosoziobiographie" (Wien, 02./03.11.2023) etwa bezüglich polnischer und dänischer Autosoziobiografien diskutiert; auch hier wurde außerdem die Emotion der Scham in gegenwärtiger Klassenliteratur behandelt. Der Workshop „Lebens-Stil/Schreib-Stil – Bourdieus soziologische Ästhetik" (Wien, 07.–09.11.2024) behandelte dezidiert den Zusammenhang von soziologischem Erkenntnisinteresse und spezifischem Schreibstil. Auch auf der Tagung „Liebe im Kontext von Bildung und Erziehung – bildungsphilosophische und geschlechtertheoretische Perspektiven" (Berlin, 17.–19.09.2024) wurden im Beitrag von Veronika Magyar-Haas (Fribourg) literarische Zusammenhänge von romantischer Liebe, Klasse und Machtdynamiken dargelegt.

13 Vgl. zu diesem Forschungsparadigma in der Soziologie Ulrich Beck, Jenseits von Stand und Klasse? Soziale Ungleichheit, gesellschaftliche Individualisierungsprozesse und die Entstehung neuer sozialer Formationen und Identitäten, in: Soziale Ungleichheiten, hg. von Reinhard Kreckel, Göttingen 1983, 35–74; Peter L. Berger und Stefan Hradil (Hg.), Lebenslagen, Lebensläufe, Lebensstile, Göttingen 1990; Karl Martin Bolte, Subjektorientierte Soziologie – Plädoyer für eine

sozialgeschichtlich orientierte Literaturwissenschaft wird im Zuge dieser Entwicklung wegen ihrer Neigung zu deterministischer Modellbildung kritisiert.[14] Mit den jüngeren literatursoziologischen Ansätzen auf der Grundlage von Pierre Bourdieu und Niklas Luhmann gehen konzeptuelle Engführungen des Klassenbegriffs einher: Klasse wird als soziale Verortung vor dem Hintergrund eines soziokulturellen Erbes unterschiedlicher Kapitalsorten (ökonomisch, kulturell, symbolisch, sozial-habituell) begriffen, also im Sinne eines soziokulturellen Erbes unterschiedlicher Ressourcen.[15] Neben solchen vererbten Kapitalsorten sind weitere Distinktionsmerkmale wie die Genderidentität, die Faktoren Alter, Religion, der gesundheitliche Status, die geografische Lokalität und Migrationserfahrungen, die ebenfalls eine Verortung in einer sozialen Klasse bzw. die Zugehörigkeit dazu ermöglichen und regeln, zu berücksichtigen. Die genannten und weitere soziale Differenzkategorien sind Operatoren von Intersektionalitätstheorien, die „eindimensionale Perspektiven auf gesellschaftliche Macht" „analysieren, kritisieren und überwinden" wollen, indem das Augenmerk auf der wechselseitigen Durchdringung von sozialen Differenzkategorien, deren Querverbindungen und Kreuzungen liegt.[16] Ein mehrdimensionaler Klassenbegriff erweist sich als anschlussfähig an aktuelle, auch identitätspolitische, Debatten um Anerkennung, soziale Teilhabe und Diversität.

Damit steht ein dergestalt konzeptualisierter Klassenbegriff im Zusammenhang mit dem Begriff des Klassismus, der in Deutschland seit den 2010er Jahren breite Aufmerksamkeit erfährt. Die konjunkturelle Rede von der Rückkehr der Klassenfrage ist womöglich gar nicht so zutreffend, wie behauptet wird, sondern es ist die Praxis des Klassismus als eine Diskriminierungs- und Unterdrückungsform, die mehr und mehr Beachtung erfährt. Wenn mit der Rede von der Wiederkehr der Klasse nicht zuletzt eine Sensibilisierung für klassistische Abwertungs-

---

Forschungsperspektive, in: Subjektorientierte Arbeits- und Berufssoziologie, hg. von dems. und Erhard Treutner, Frankfurt a. M. und New York 1983, 12–36.
14 So bereits in der Nachkriegsgermanistik etwa durch Hans-Norbert Fügen, Die Hauptrichtungen der Literatursoziologie und ihre Methoden, 4. Aufl., Bonn 1970, z. B. 28, wenn die „naturwissenschaftliche[ ] Kausalitätsauffassung" solcher Ansätze kritisiert wird.
15 Vgl. prominent Pierre Bourdieu, Ökonomisches Kapital, kulturelles Kapital, soziales Kapital, in: Soziale Ungleichheiten, hg. von Reinhard Kreckel, Göttingen 1983, 183–198.
16 Katrin Meyer, Theorien der Intersektionalität zur Einführung, Hamburg 2017, 10. Empfehlenswert sind neben Meyer auch Helma Lutz, María Teresa Herrera Vivar und Linda Supik (Hg.), Fokus Intersektionalität. Bewegungen und Verortungen eines vielschichtigen Konzeptes, 2. überarb. Aufl., Wiesbaden 2013, aus sozialwissenschaftlicher Perspektive sowie Eva Blome, Erzählte Interdependenzen. Überlegungen zu einer kulturwissenschaftlichen Intersektionalitätsforschung, in: Diversity Trouble? Vielfalt – Gender – Gegenwartskultur, hg. von Peter C. Pohl und Hania Siebenpfeiffer, Berlin 2016, 45–67, aus kulturwissenschaftlicher Sicht.

logiken einhergeht, ist das uneingeschränkt begrüßenswert. Bereits in den 1970er Jahren ist in den USA Klassismus als Teil der Diskriminierungstrias von *race*, *gender* und *class* geprägt worden. In ihrer Einführung erläutern Andreas Kemper und Heike Weinbach Klassismus als ein System von Unterdrückung auf institutioneller, kultureller, sprachlicher Ebene und als System von Zuschreibungen, dessen sich wohlhabende und herrschende Klassen bedienen, um Menschen, die kulturell und ökonomisch in der Gesellschaft verortet sind, in ihren Lebensweisen zu diskriminieren und deren Versuche, aus diesen Lebensbedingungen auszubrechen, diskreditieren.[17]

> Klassismus thematisiert die Geschichte und Gegenwart von SklavInnen, DienstbotInnen, Handlungsgehilfen, TagelöhnerInnen, VagabundInnen, HandwerksgesellInnen, BettlerInnen, ArbeiterInnen, Arbeitslosen, Armen, Working Poor, HausarbeiterInnen, Illegalisierten und ähnlichen Klassenzugehörigen und deren Kindern als eine Realität von Verfolgung, Unterdrückung, Diskriminierung, Ausgrenzung und Widerstand.[18]

Die literaturwissenschaftliche und -geschichtliche Perspektive fragt nach der je spezifischen ästhetischen Vermittlung solcher Thematisierungen, nach gattungspoetologischen Besonderheiten, nach Sujets und Figuren, literarischen und medialen Verfahren. Oftmals sind die gegenwärtigen Narrationen an homodiegetische Erzählfiguren gebunden, die eine Klassentransgression vollzogen haben, also Privilegien – eine Sprecher:innenposition – erworben haben, die es allererst möglich machen, von der subalternen Herkunftsklasse zu erzählen. Über den Klassenaufstieg zu erzählen, ohne soziale Machtverhältnisse, die diesen Aufstieg bedingen, zu reproduzieren, ist ein grundsätzlich ambivalentes Unterfangen für die sogenannten *transclasses*, denen Chantal Jaquet einen epistemologischen Wert zuschreibt.

Die französische Philosophin fragt in ihrem Buch nach den Möglichkeiten, soziale Macht nicht zu reproduzieren. Ins Zentrum ihrer Überlegungen stellt sie die Figur des Klassenübergängers, den Bourdieu als soziologischen Ausnahmefall nicht ausreichend berücksichtigt habe, und bezieht für ihre Überlegungen literarische Texte, insbesondere autosoziobiografische, mit ein. Aus literaturwissenschaftlicher Sicht ist ihr philosophisch-soziologischer Essay deshalb gewinnbringend, weil Jaquet mit dem Begriff der *complexion*, „die all die gemeinsamen und singulären Determinationen enthält, die sich im Verlauf der Erfahrungen und Begegnungen eines Individuums am Schnittpunkt seiner inneren und äußeren Geschichte verknoten", dem Bourdieu'schen Habitus-Begriff eine Denkfigur gegenüberstellt, die die Multidimensionalität und die aus widerstreitenden Affekten

---

[17] Andreas Kemper und Heike Weinbach, Klassismus. Eine Einführung, 3. Aufl., Münster 2020.
[18] Kemper und Weinbach, Klassismus, 13.

hervorgehende Dynamik des Individuums stark macht.[19] Insbesondere die Affekte als „Gesamtheit der körperlichen und geistigen Modifikationen, die einen Einfluss auf die Begierde eines Menschen haben, indem sie sein Wirkungsvermögen vermehren oder vermindern", sind für die Perspektive des vorliegenden Beitrags relevant.[20] Jaquet geht es darum, „die Kombination der Affekte zu verstehen, die ein Kind dazu bestimmen, eine Begierde zu bejahen und zu verstärken, die durch gegensätzliche Kräfte erschüttert wird".[21] Jenen gegensätzlichen affektiven Kraftfeldern, jenen nicht lösbaren affektiven Verstrickungen der *transclasses*, etwa wenn sie ‚zwischen den Stühlen sitzen', sich weder der Herkunftsklasse zugehörig fühlen und von ihr wegstreben noch in der Ankunftsklasse emotional ankommen, schreibt die Autorin ein analytisches Potenzial hinsichtlich ihrer Leitfrage nach den Möglichkeiten der Nicht-Reproduktion sozialer Macht zu. Jaquets Fokus sowohl auf jene Affektdynamiken, die soziale Mobilität antreiben, als auch das von ihr zugrunde gelegte Konzept des Individuums als „komplexes Arrangement [...] einer unüberschaubaren Vielzahl von heterogenen sozialen Relationen" erscheinen für die hier verfolgte Analyseperspektive vielversprechend.[22]

3 Die ‚Mutter-Sprachen' von *transclasse*-Figuren

3.1 Daniela Dröscher, *Zeige deine Klasse* (2018) und *Lügen über meine Mutter* (2022): Schützendes Erzählen

Daniela Dröscher hat als Schriftstellerin, die sich zur neuen Klassenfrage äußert, bereits viel Aufmerksamkeit erfahren.[23] Im Jahr 2018 erschien ihr sogenanntes

---

19 Jaquet, Zwischen den Klassen, 213.
20 Jaquet, Zwischen den Klassen, 66.
21 Jaquet, Zwischen den Klassen, 67.
22 Carlos Spoerhase, Nachwort. Aufstiegsangst: Zur Autosoziobiographie des Klassenübergängers, in: Jaquet, Zwischen den Klassen, 231–253, hier: 235.
23 Vgl. etwa Dröscher im Interview mit Frank Meyer zu ihrem Memoir, https://www.deutschlandfunkkultur.de/daniela-droescher-zeige-deine-klasse-das-gefuehl-ein-100.html (10.03.2025), und das Gespräch zwischen Dröscher und Andrea Gerk über Dröschers Onlineprojekt „check your habitus": https://www.deutschlandfunkkultur.de/check-your-habitus-ueber-aufstiegsliteratur-das-ewige-100.html (10.03.2025). Auf dem Onlineportal hat Dröscher 18 Schriftsteller:innen versammelt und eingeladen, über die eigenen Erfahrungen als Aufsteiger:in, den damit häufig einhergehenden gespaltenen Habitus, zu rekapitulieren (https://checkyourhabitus.com/, 10.03.2025). Jene Texte, z. B. von Karosh Taha, Selim Özdogan oder Heike Geißler, lassen sich eben-

Memoir *Zeige deine Klasse. Die Geschichte meiner sozialen Herkunft*, womit sie zu den Autor:innen, die das *genre in the making*, die Autosoziobiografie, im deutschsprachigen Raum prägen, gehört.[24] In *Zeige deine Klasse* erzählt sie das mitunter toxische „Drama über die Fiktion der Mittelklassen-Normalität" anhand ihrer westdeutschen, ‚weißen', im Hunsrück ansässigen Familie.[25] Ihre während des Wirtschaftswunders aufgewachsenen Eltern aus Bergmann- und Bauernfamilien haben beide einen sozialen Aufstieg und einen Milieuwechsel praktiziert, sodass die Tochter in den 1980er Jahren in der bundesrepublikanischen Gesellschaft formal zur Mittelklasse gehört. Wie wenig ‚normal' ihre Herkunft ist und wie stark ihr eigener Milieuwechsel bzw. ihre soziale Zugehörigkeit als mit der Emotion der Scham behaftet empfunden werden, analysiert Dröscher in ihrem Memoir. Diese Auseinandersetzung ist erst möglich nach dem Eintritt in die Universität, dem Ort der ‚sozialen Geburt', wie Bourdieu ihn nennt, und nachdem die Autorin durch die Geburt ihrer Kinder selbst wiederum Teil einer neuen kleinsten sozialen Einheit, dem Modell ‚Familie', geworden ist. Mit der Situierung als Tochter, Mutter und Frau ist bereits ein Spezifikum dieser autosoziobiografischen Stimme angesprochen: Dröscher betrachtet den „*Herrschaftsknoten* (Frigga Haug) von Klasse, Kultur und Geschlecht in seinen Überlagerungen" und genauer: den weiblichen Körper als Teil dieses Knotens, sofern der Körper ein Ort ist, „an dem sich die Machtverhältnisse einer Gesellschaft artikulieren".[26]

Aus einer literaturwissenschaftlichen Perspektive, die die Narrationsformen des Verhältnisses von Klasse und Gefühl analysieren will, erscheint der Körper als Knotenpunkt und vielversprechende Analysekategorie, da sich im Körper unterschiedliche Herrschaftsstrukturen treffen und überlagern. In diesem Fall ist es der weibliche und mütterliche Körper, der den Schnittpunkt von Geschlecht, sozioökonomischer und kultureller Zugehörigkeit markiert. Bereits in *Zeige deine Klasse* reflektiert Dröscher den Körper ihrer Mutter als besonders wirkmächtig für ihre, die soziale Mobilität begleitende, Affektdynamik:

> Meine erste vorpubertäre Scham über meine dicke Mutter – das erste D meines Schamdreiecks – war nicht nur alters-, es war milieubedingt. Ein Kind großbürgerlicher Eltern oder

---

so wie die von Christian Baron und Maria Barankow herausgegebene Anthologie Klasse und Kampf, Berlin 2022, zu den autosoziobiografischen Klasse-Texten zählen.

24 Vgl. Daniela Dröscher, Zeige deine Klasse. Die Geschichte meiner sozialen Herkunft, 1. Aufl., Hamburg 2021. Vgl. zur Autosoziobiografie den einschlägigen Sammelband von Eva Blome, Philipp Lammers, Sarah Seidel (Hg.), Autosoziobiographie. Poetik und Politik, Berlin 2022.
25 Dröscher, Zeige deine Klasse, 30.
26 Dröscher, Zeige deine Klasse, 28, 21.

sozial selbstbewusster Arbeitereltern schämt sich anders für seine dicke Mutter als das Kind einer ‚Fremden' und eines verunsicherten Aufsteigers,

so mutmaßt die autofiktionale Erzählstimme über die Wirkkraft eines nicht der Mittelstandsnorm entsprechenden weiblichen Körpers einer Spätaussiedlerin, die wiederum ihrem Ehemann, einem aus dem Bauernstand emporgekommenen Angestellten, im konservativen Geschlechterverhältnis der 1970er und 1980er Jahre unterstellt ist.[27] Während der Körper in seiner Phänomenalität ein unhintergehbar sichtbares Zeichen ist, ist ein zweites Medium, das die affektive Dynamik des Klassenaufstiegs regelt und das Dröscher fokussiert, zunächst einmal unsichtbar: Geld.[28] Nicht die sprichwörtliche Zeit ist Geld, sondern der weibliche Körper. *Lügen über meine Mutter*, Dröschers 2022 erschienener Roman, beleuchtet nun mittels des Körpers ein bislang zu wenig gehörtes Stück weiblicher Sozial- und Klassengeschichte. „Meine Mutter passt in keinen Sarg. Sie ist zu dick, sagt sie."[29] So lauten die ersten Sätze des Romans, in dem der weibliche Körper durch den immerwährenden Blick des Ehemanns und Vaters objektiviert und zum Zeichen seines gesellschaftlichen Aufstiegs bzw. seiner erfolglosen Beförderungswünsche wird. Fehlende berufliche Anerkennung lenkt der Ehemann auf den vermeintlich ungenügenden Körper seiner Frau um, sodass dieser ausschließlich schuld- oder schambesetzt ist.

Die narrative Dimension betreffend sind zwei Ebenen zu unterscheiden, die auch typografisch durch unterschiedliche Schrifttypen differenziert werden: Kurze Passagen am Schluss eines jeden Kapitels reflektieren metadiskursiv aus der Perspektive einer erwachsenen Erzählinstanz das als Binnengeschichte erzählte „Kammerspiel mit Namen ‚Familie'".[30] Jenes Drama ist wiederum über eine kindliche Perspektive fokalisiert, auch die Erzählstimme nähert sich der kindlichen, im Grundschulalter befindlichen Protagonistin an. Diesen narrativen Modus möchte ich mit Dröscher als „poetologischen Notenschlüssel"[31] für die Herausforderung bezeichnen, welche die reflektierende Instanz zu Beginn des Romans skizziert: Wie kann über Geld und den Mutterkörper, beides soziale Zeichen, über die sich eine öffentliche Rede eigentlich nicht ziemt, geschrieben werden? Wie

---

27 Dröscher, Zeige deine Klasse, 113.
28 Vgl. das Zitat von Gertrude Stein aus deren essayistischer Zusammenstellung namens *Geld*, das *Zeige deine Klasse* paratextuell vorangestellt ist, Dröscher, Zeige deine Klasse, 5.
29 Daniela Dröscher, Lügen über meine Mutter, Köln 2022, 7.
30 Dröscher, Lügen über meine Mutter, 113.
31 Daniela Dröscher verwendete in einem Gespräch mit mir [J. B.] diese Metapher im Zusammenhang mit schreibpoetologischen Fragen und ich greife sie hier auf.

kann über die Mutter geschrieben werden, ohne den entwertenden Blick des Vaters auf sie zu wiederholen?

> „Fang einfach an", sagt meine Mutter mit einem Mal leise. „Los. Du schaffst das." „Was?", frage ich. „Na, deine Geschichte so zu erzählen, dass ich geschützt bin." „Wodurch geschützt? Was meinst du?" „Na wodurch schon?" Sie lächelt. „Durch dich natürlich."[32]

Eine Entscheidung für die kindliche[33] Erzählperspektive ermöglicht eine Gratwanderung, nämlich das zentrale Gefühl des Textes – die Scham – und dessen Eingebundensein in soziale Blickverhältnisse darstellen zu können, ohne das Zeichen der Scham, den Mutterkörper, gänzlich preiszugeben. Denn mit der internen und kindlichen Fokalisierung geht ein unzuverlässiger Erzählgestus einher, der mehr beobachtet als versteht, der mehr Fragen aufwirft, als beantwortet und der sich zwar nicht jenseits, aber doch in Distanz zu einem System sozialer Determinierung von weiblichen Körpern befindet. Nicht einmal wird im Text das Körpergewicht der Mutter in Zahlen ausgedrückt. Den ‚dicken' Körper der Mutter betrachten nicht alle Figuren im Text auf die gleiche verächtliche Weise wie der Ehemann; auch mit begehrenden männlichen Blicken, etwa von einem Tankwart, ist die Mutter konfrontiert: „‚Zu dick' schien er sie nicht zu finden. Sein Blick streifte mich nur flüchtig. Ich aber ließ ihn nicht aus den Augen, so wie er meine Mutter nicht aus den Augen ließ."[34] Die kindliche Erzählerin fungiert intradiegetisch als teilnehmende Beobachterin und vermittelt die Konstellationen aus Blicken und Schamgefühlen, denen die Mutter ausgesetzt ist, an die Rezipient:innen. In der soziologischen Forschung wird Scham als ein Prozess der Selbstreflexion

---

32 Vgl. Dröscher, Lügen über meine Mutter, 7.
33 Die kindliche Erzählfigur und Fokalisierungsinstanz haben auch eine närrische Dimension. Im Prolog von *Zeige deine Klasse* werden der Narr, die kindliche Figurenperspektive und Klassenscham miteinander verschränkt. In einer Theateraufführung spielt die Autorin als Kind einen Hofnarren. Dass der Vater nicht über die Figur lachen kann, analysiert die Autorin später als Klassenscham, insofern die theatergeschichtliche Narrenfigur als kritische Reflexion gesellschaftlicher Ordnung zwischen ‚oben' und ‚unten' figuriert. „Der Narr gehört keiner Klasse an, sein Geschlecht ist zweideutig, ebenso seine Ethnie. Gerade weil er eher ein ‚Etwas' als einen ‚Jemand' darstellte, durfte er am Hofe traditionell als Einziger die Wahrheit sagen. Indem er seine Identität auslöschte, erhielt er das Recht, die Königin oder den König durch die Maske des Humors zu kritisieren." (Dröscher, Zeige deine Klasse, 14) Statt Clown sei Dröscher Autorin geworden, „was sich, je nach Tagesform, Jahreszeit und Kontostand, nicht unähnlich anfühlt" (ebd., 15). Vgl. zum Modus der Komik des Narren Hans Rudolf Velten, Spaßmacher, in: Handbuch Komik, hg. von Uwe Wirth, Stuttgart 2017, 42–46; vgl. in dieser Hinsicht auch Narren, Clowns, Spaßmacher. Studien zu einer Sozialfigur zwischen Mittelalter und Gegenwart, hg. von Katharina Meiser und Sikander Singh, Hannover 2020.
34 Dröscher, Lügen über meine Mutter, 17.

verstanden, der dann zustande kommt, wenn das Individuum sich mit den Augen von anderen betrachtet und „deren möglicherweise negative Bewertung der eigenen Verhaltensweisen und Persönlichkeitsmerkmale"[35] übernimmt. Ela, die Ich-Erzählerin, beobachtet nicht sich selbst, sondern ihre Mutter, die die beschämenden Blicke der anderen reflektiert, und narrativiert diese Prozesse, nämlich das mütterliche Wahrnehmen einer Abwertung des eigenen Körpers, im Modus der kindlich eingeschränkten Erzählperspektive.

Deutlich werden die Affektdynamik und der spezifische Erzähldiskurs in einer Freibad-Szene, die diesen Namen verdient, weil sie in doppelter Hinsicht etwas vor Augen stellt. Neben der narratologischen Analysekategorie ‚Modus' ist ebenso das Konzept der ‚(Neben-)Figur' aufschlussreich. Im Freibad, dessen Besuch normalerweise der Vater übernimmt, spürt die Ich-Erzählerin die ihrer Mutter geltenden Blicke der umstehenden Badegäste „wie Nadeln"[36] auf ihrem eigenen Körper. Sie hat den Blick des Vaters inzwischen internalisiert und schämt sich für ihre Mutter, da sie sie mit den Augen des Vaters, mithin der Gesellschaft anblickt. Dieses Gefühl der Scham schlägt bemerkenswerterweise dann in Wut um, als sich Ela durch den Blick einer dritten Figur ihrer Scham für die Mutter bewusst wird. Es handelt sich dabei um eine Nebenfigur, das Pflegekind Jessy, mit dem Ela um die Liebe der Mutter konkurriert. Die kindliche Ich-Erzählerin deutet den Blick Jessys als Verrat und Schadenfreude. In Anbetracht der Blick-Strukturen, die im Roman die Affektdynamik um Scham und Schuld regeln, ist auch eine andere Deutung möglich: Nur durch den vorbehaltlosen, bedingungslos liebevollen Blick der Pflegetochter auf die Mutter wird sich die Ich-Erzählerin bewusst, dass ein anderer Blick auf die Mutter und deren Körper möglich ist. Jessy ist der böse Narr,[37] der Ela den Spiegel vorhält. Mit einer weiteren kindlichen, uneingeschränkt liebenden Nebenfigur wird auch ein Publikums- bzw. Rezipierendenblick eingeführt, der einen anderen als beschämten und beschämenden Blick auf einen dicken Frauenkörper zulässt.

---

35 Birgit Röttger-Rössler, Kulturelle Facetten der Scham, in: Emotionen. Ein interdisziplinäres Handbuch, hg. von Hermann Kappelhoff et al., Berlin 2019, 230–234.
36 Dröscher, Lügen über meine Mutter, 291.
37 Vgl. dazu Fußnote 33.

3.2 Josefine Soppa, *Mirmar* (2023): Revolutionäres und liebevolles Erzählen

Im gegenwärtigen Klasse-Diskurs sticht Josefine Soppas Debütroman *Mirmar* dadurch heraus, dass er nicht über die typischen Klassen-Gefühle erzählt – etwa über Abstiegsangst, Aufstiegssehnsucht, Verachtung, Neid oder Stolz.[38] Diese Emotionen sind bis auf wenige Ausnahmen (Wut) nicht als Lexeme auffindbar. Es geht vielmehr um den physischen, mentalen und psychischen Zustand einer Erschöpfung, die aus der Notwendigkeit resultiert, mehrere, auch körperlich stark beanspruchende Jobs ausüben zu müssen und diese Tätigkeiten logistisch und infrastrukturell aufeinander abzustimmen. Der Roman stellt ein ausschließlich weibliches Figurenpersonal dar. Im Zentrum steht eine Tochter-Mutter-Beziehung; Konzepte von Freundinnenschaft sowie weiblicher Solidarität werden erzählt. Die bereits verrentete Mutter und ihre studierte Tochter sind beide der *Working Poor-Class* zuzuordnen und von existenzieller Erwerbsarmut betroffen. Sowohl bei der homodiegetischen Erzählerin, der Tochter, als auch der Mutter ist nur mit Einschränkung von *transclasses* zu sprechen, da die Figuren keinen sozialen Aufstieg erreichen. Spezifisch für den Roman sind vielmehr Figuren – Arbeiterinnen, Dienstbotinnen, Tagelöhnerinnen –, deren Präsenz im Literaturdiskurs äußerst selten ist. Wenn sie auch im Sinne einer ‚sozialen Mobilität' nicht aufsteigen, so prägt sie doch Mobilität in einem zweifachen Sinn: Um überleben zu können, müssen Mutter und Tochter nicht nur konkret beweglich bleiben, um körperliche Tätigkeiten wie Reinigungs- oder Massagearbeiten durchführen zu können. Zudem entwickeln sie ausgeklügelte, fast ‚gewitzte' Strategien, mit denen sie Schlupflöcher innerhalb der stark reglementierten Dienstaufgaben ausreizen können.[39]

---

38 Bislang liegen keine Forschungsbeiträge zu ihrem Roman vor. Soppas Roman und die Autorin selbst haben von der Literaturkritik relativ wenig Aufmerksamkeit bekommen. Ein Romanauszug aus *Mirmar* hat 2020 den Prosapreis des open mike gewonnen und sie war Stipendiatin der Jürgen-Ponto-Stiftung. Kürzlich ist ihr Essay *Klick Klack, der Bergfrau erwacht* mit dem WORTMELDUNGEN Ulrike Crespo Literaturpreis 2025 ausgezeichnet worden.

39 Als Messearbeiterinnen finden Mutter und Tochter z. B. heraus, wo es „die besten Butterbrote [gibt], die noch nach 5 Stunden in den Rucksäcken schmeckten" (Josefine Soppa, Mirmar, Berlin 2023, 7); „[d]as Wissen um die Nischen wurde von Messe zu Messe erweitert, verfeinert, abgeguckt und abgesichert" (ebd.). Mit dem Begriff ‚gewitzt' beziehe ich mich auf Donna Haraways Denkfigur der ‚gewitzten Agentin' oder des Tricksters, die über eine partiale, nischenhafte Perspektive verfügen und dadurch einer vermeintlich allumfassenden, objektiven Sicht etwas entgegensetzen können. Vgl. Donna Haraway, Situiertes Wissen. Die Wissenschaftsfrage im Feminismus und das Privileg einer partialen Perspektive, in: Die Neuerfindung der Natur. Primaten, Cyborgs und Frauen, hg. von Carmen Hammer und Immanuel Stieß, Frankfurt a. M. und New York 1995, 73–97.

Die Erzählinstanz schaut nicht, wie es für einen Großteil der klassensensiblen Romane und Autosoziobiografien festzustellen ist, in distanzierter Abgrenzung auf ihre Herkunftsklasse zurück, sondern wechselt zwischen einem analeptischen und einem im Präsens und Futur gehaltenen proleptischen Erzählen, das über den Aufenthaltsort der irgendwann verschwundenen Mutter mutmaßt. Diese wird an einem Strand am Ozean gemeinsam mit anderen Frauen imaginiert – in der „Vorstellung einer möglichen Erholung"[40] –, die sich zu einem Kollektiv zusammengeschlossen haben. Damit klingt ein utopisches Moment an und insofern interessiert mich, wie der Roman eine auch revolutionäre Dimension im Sinne eines feministischen Klassenkampfs mit Erzählstrategien verbindet, die sich Emotionen der Fürsorge widmen, wo sich doch die Figuren in existenziellen Notlagen befinden.

> Ich bin 32. [...] Ich habe kein Erspartes und nie ein Wissen, wie der übernächste Monat zu finanzieren ist. Der kommende Monat ist meistens gesichert durch eine Logistik und Vorsicht, die ich von meiner Mutter gelernt habe. [...] Ich kann nicht mehr. Ich habe noch gar nicht richtig angefangen. Ich bin in derselben Stadt und in denselben Jobs und auf denselben Routen jeden Tag durch die Stadt. Ich finde nichts gefährlich. Ich finde alles prekär.[41]

Auf den so beschriebenen körperlichen und logistischen Aufwand, der erbracht werden muss, um zu überleben, folgt jedoch nichts, keine finanzielle Sicherheit, keine gesellschaftliche Anerkennung, keine Erweiterung von Teilhabemöglichkeiten. Der Zustand der Erschöpfung wird weder belohnt noch ist er temporär. Bemerkenswert ist, wie das Ausgebranntsein und das Fehlen von Ressourcen sich zur Erzählökonomie und zur sprachlichen Gestaltung von emotionalen Zuständen verhalten. Vieles bleibt offen, unerzählt, vage, in Andeutungen verhaftet, z. B. warum die Rente der Mutter irgendwann ausbleibt oder warum die Tochter nicht in einem Berufsfeld arbeitet, das sich auf ihr Studium bezieht. Diese Poetik der Leerstellen enttäuscht genretypische Leser:innenerwartungen: Es werden keine Bildungswege nachgezeichnet, keine psychoanalytisch motivierten Kausalmuster oder systemischen Erklärmodelle angeboten, wie sie in autosoziobiografischen Texten oder solchen zu finden sind, die Verfahrensweisen des Bildungsromans aufnehmen. Neben einer fehlenden souveränen Ordnungsinstanz ist außerdem eine sprachliche Sparsamkeit zu beobachten: Abkürzungen, wie sie im Bereich der sozialen Medien verbreitet sind (z. B. 20k), das unspezifische Wort ‚Device' für jede Art von Übertragungsmedium und, auf syntaktischer Ebene, fehlende Präpositionen, Artikel oder Verben – diese Beispiele zeigen, wovon ein Teil des Romans erzählt: der allumfassenden Ökonomisierung von Ressourcen. Wie sehr sich die

---

40 Soppa, Mirmar, 12.
41 Soppa, Mirmar, 16.

Erschöpfung von Arbeit in den weiblichen Körper einschreibt und diesen beansprucht, vermittelt jene Poetik der Verknappung.

Wofür hingegen der Roman Raum auf der *histoire*-Ebene beansprucht, das sind Beschreibungen von Tätigkeitsbereichen aus dem Niedriglohnsektor. Weil der Zustand der erzählten Welt digital ist, ergeben sich neben den körpernahen Tätigkeiten wie Massage/Nagelstudio/Fußpflege und dem Reinigungssektor zusätzliche Arbeitsfelder im digitalen Dienstleistungssektor, die vollkommen unsichtbar sind und insofern diejenigen, die diese Arbeit ausführen, ebenfalls unsichtbar machen. Soppas Roman jedoch gewichtet jene unsichtbaren Tätigkeiten und diejenigen, die sie ausführen: Er weist dem ausschließlich weiblichen Figurenpersonal Erzählraum zu. „Ich habe einen neuen Auftrag. Mein Job besteht darin, auf einen unendlichen Pool von Videos zuzugreifen, ein Video zu nehmen und es den richtigen Rubriken von Schlagworten zuzuordnen."[42] In diesem Job gibt die Ich-Erzählerin Daten zu Tierrettungsvideos ein, damit die Sehgewohnheiten von den Konsument:innen solcher YouTube-Videos wiederum durch Werbung ökonomisiert werden können. Häufig sind es Tierjunge, die ihre Mutter verloren haben; die Untertitel der Videos deuten die Familienzusammenführung als Erfolg und Ziel, während die Ich-Erzählerin dieses biologistische Narrativ kritisch bewertet: „Und mir kommt diese ganze Rettungsmaßnahme gewaltvoll vor. Wie die Milch aus den Zitzen läuft, wenn das Heulen von Puppies abgespielt wird, [...]. Die Hündin wurde ausgetrickst, und die Puppies hängen an ihren Zitzen."[43] Die Textstelle kann allegorisch gelesen werden: Dem tierischen Instinkt, sich um die Tierjungen kümmern zu *müssen*, setzt der Text einen weiblich konnotierten Solidaritätsgedanken entgegen.

Zwei unterschiedliche Textverfahren möchte ich herausstellen, die im Zusammenhang mit Solidarität stehen. Zum einen speist der Roman ‚Notizen' ein, die eine Freundin der Ich-Erzählerin ihr über WhatsApp zukommen lässt. Es handelt sich dabei um typografisch gekennzeichnete, weil kursivierte, poetisierte Beobachtungen alltäglicher Situationen im Leben von armen, weiblichen Menschen:

> *Eine ist im Supermarkt, schleicht an der Kasse herum, sie reiht sich nicht in die Schlange ein, sie steht immer kurz daneben. Manche werden nervös, dass sie eine Lücke in der Schlange nutzen wird, um sich vorzudrängeln. Aber so weit kommt es nie, sobald die Anspannung zu groß wird, bewegt sie sich wieder ein bisschen durch die Gänge. Sie hat keine Artikel in der*

---

42 Soppa, Mirmar, 51.
43 Soppa, Mirmar, 52.

Hand, sie braucht sich nicht anzustellen. Sie schaut, was die Leute für Produkte kaufen, sie will ein bisschen hier drin sein.[44]

Durch die Beschreibung solcher Szenen wird nichts erzählt, was die Handlung voranbrächte, jedoch etwas vermittelt, was normalerweise nicht gesehen und erzählt wird. Genau darin liegt ein politisches Moment. Die Ich-Erzählerin übernimmt sukzessive diese Perspektive und sieht „durch die revolutionären Augen" ihrer Freundin.[45] Als revolutionär sind die eingefügten Notizen meines Erachtens tatsächlich im Sinne der Wortbedeutung von Umdrehung/Umwälzung zu rubrizieren, insofern weibliche Geschichte(n) ‚von unten' sowie den Rändern Raum beansprucht bzw. beanspruchen, die literarhistorisch betrachtet kaum einen Erzählstoff bildet bzw. bilden.

Das zweite literarische Verfahren, das den Prozess vermittelt, wie der „Privatisierung der Privatisierung" im Digitalkapitalismus entgegengewirkt werden kann, hat mit Fürsorge zu tun, die zunächst an die Mutterfigur gebunden ist.[46] Der revolutionären Perspektive der Freundin wird der „liebevolle" Blick der Mutter beigestellt.[47] Was ich als liebevolles Erzählen bezeichne, ist dem Phänomen der, insbesondere haptischen, Wahrnehmung zugeordnet, und hat mit Care-Arbeit, mit Fürsorge, mit Pflege und nicht zuletzt mit Körperlichkeit zu tun. Was eine Reinigungskraft dazu führt, sich selbst zu verlieren, nämlich durch das Gefühl ihrer nackten Füße auf einem Teppich ihre Füße, ihren Körper wahrzunehmen und so „einen Bezug zu sich selbst […], eine Wahrnehmung von sich selbst" herstellen zu können, gelingt im weiblichen Kollektiv am Ozean.[48] Die erschöpften Körper erfahren dort Pflege und Fürsorge durch andere Frauen, so auch der Körper der Ich-Erzählerin, als sie, schließlich ohne Job, Wohnung und Besitz einen Zusammenbruch erleidet und beschließt, sich dem Kollektiv anzuschließen. Vollkommen unpathetisch und in einem sachlich deskriptiven Stil thematisiert die Erzählinstanz Schwäche und Bedürftigkeit sowie Gesten der Fürsorge, die ihr durch eine Pflegerin zuteilwerden – Gefühle der Nähe und der Verbundenheit werden nicht auf

---

44 Soppa, Mirmar, 81. Hervorhebung im Original.
45 Soppa, Mirmar, 98. Die Erzählerin beschreibt etwa eine Frau, die immer wieder über eine Straße geht und dabei ihre Handtasche durchsucht. „Sie hat gar nichts vergessen, sie schafft sich eine Legitimation für den Raum, sie nimmt sich den Raum, indem sie die alltäglichen Gebrauchszeitvertreibe, mit denen man das Stehen an der Ecke, das Warten, das Alleinsein legitimiert, bis zum Maximalen und darüber hinaus ausschöpft, parodiert, in etwas Brennendes und Brenzliges überträgt." (Ebd., 95.)
46 Soppa, Mirmar, 5.
47 Soppa, Mirmar, 98.
48 Soppa, Mirmar, 25.

lexikologischer Ebene präsentiert, sondern durch die Beschreibung pflegerischer und körperlicher Tätigkeiten, die die *Working Poor*-Frauen im Ozean-Kollektiv aneinander vollziehen. Der Roman nimmt sich Zeit, das Anreichen von Nahrung oder das Streicheln eines Körperteils zu erzählen. Sowohl mütterliche Fürsorge und liebevolle, freundschaftliche Zuwendung als auch weibliches, körperliches Begehren verbindet die feministische Imagination eines anderen Orts.

3.3 Ocean Vuong, *On Earth We're Briefly Gorgeous* (2019): Erzählen über den Schrift-Körper

Das deutschsprachige Untersuchungskorpus möchte ich abschließend und lediglich schlaglichtartig um den 2019 erschienenen ersten Roman *On Earth We're Briefly Gorgeous* des Lyrikers Ocean Vuong erweitern. Mit Dröschers und Soppas Texten teilt er die Figurenkonstellation ‚Mutter – Kind' sowie das intersektionale Identitätskonzept.[49] Vuongs homodiegetische Erzählinstanz ist hauptsächlich durch seine familiäre klassenspezifische Herkunft (*Working Poor-Class*), die durch den Vietnamkrieg motivierte Flucht- und Einwanderungsgeschichte und seine sexuelle Identifikation geprägt. Erzählanlass der *transclasse*-Figur ist es, sich in die weibliche Genealogie der Mutter und Großmutter ein- und diese weiterzuschreiben, die von körperlicher und verbaler Gewalt durch die Mutterfiguren an den Kindern geprägt ist. In Bezug auf die ästhetische Formensprache möchte ich die Ambivalenz von körperlicher Fürsorge und Gewalt und den Zusammenhang von ‚Mutter-Sprache' und Schriftkörper herausstellen.

Der zwischen lyrischen und narrativen Passagen pendelnde Text beginnt mit einer Schreibszene: „Let me begin again. Dear Ma, I am writing to reach you – even if each word I put down is one word further from where you are."[50] Das Ich in Vuongs Roman versucht eine Klassen- und Bildungsdifferenz zu überbrücken, die nicht größer sein könnte: Die Mutter namens Rose ist Analphabetin, sie wird den Brief niemals selbst lesen, ist jedoch sowohl intra- als auch paratextuell in der ersten und letzten Zeile adressiert. „Ma, cảm ơn."[51] – so sieht der im Paratext geschriebene Dank an die Mutter aus. Die englische und vietnamesische Sprache werden übersetzt in eine hybride Schriftsprache, mit der sich Vuongs Protagonist

---

[49] Kim de L'Horizons Roman *Blutbuch* (2022) entwirft ebenfalls die Figurenkonstellation ‚Großmutter – Mutter – Kind' und würde sich in vielfacher Weise als Untersuchungsgegenstand für die hier verfolgte Fragestellung anbieten.
[50] Ocean Vuong, On Earth We're Briefly Gorgeous, London 2019, 3.
[51] Vuong, On Earth We're Briefly Gorgeous, 246.

an die in zweiter Generation transkulturelle Mutter wendet, sich ihr schreibend nähert und gleichzeitig von ihr entfernt. Denn eine gemeinsame *lingua materna* gibt es nicht:

> But what if the mother tongue is stunted? What if that tongue is not only the symbol of a void, but is itself a void, what if the tongue is cut out? [...] The Vietnamese I own is the one you gave me, the one whose diction and syntax reach only the second-grade level. [...] Our mother tongue, then, is no mother at all – but an orphan. Our Vietnamese a time capsule, a mark of where your education ended, ashed. Ma, to speak in our mother tongue is to speak only partially in Vietnamese, but entirely in war.[52]

Roses Erstsprachenerwerb und damit einhergehend ihre Identität ist durch die Erfahrungen im Vietnamkrieg und die Flucht aus ihrem Mutterland zerstört.

So verletzt und beschnitten wie die *lingua materna*, die Muttersprache, ist auch die körperliche Beziehung zwischen Mutter und kindlichem Sohn, der wie ein getretenes Tier, Little Dog, genannt wird. Wie regelmäßig der Ich-Erzähler den brutalen Schlägen der Mutter ausgesetzt ist, zeigt der Text durch das iterativ benutzte „the time ..." an, das jede Situationsbeschreibung von Gewalt einleitet.[53] Während die Mutter in finanzieller und sprachlicher Hinsicht arm ist,[54] erfährt der Sohn durch das Erlernen der englischen Sprache, das Literaturstudium und die Fähigkeit, sich poetisch ausdrücken zu können, unschätzbaren ästhetischen Reichtum. Der Bildungsaufstieg trennt ihn allerdings nur vordergründig von der illiteraten Mutter:

> ‚Have you ever made a scene,' you said, filling in a Thomas Kinkade house, ‚and then put yourself inside it? Have you ever watched yourself from behind, going further and deeper into that landscape, away from you?' How could I tell you that what you were describing was writing? How could I say that we, after all, are so close, the shadows of our hands, on two different pages, merging?[55]

Ästhetisches Erleben ist bei der Mutter an die visuelle Imagination geknüpft, während der Sohn über Schriftsprachlichkeit verfügt und Dinge sowie Gefühle bezeichnen und literarisieren kann. Was außerdem in Anschlag gegen die innerfamiliäre Klassendifferenz gebracht wird, ist der geteilte Körper, die biologische Herkunft: „I am writing you from inside a body that used to be yours. Which is to say, I am writing as a son. If we are lucky, the end of the sentence is where we

---

52 Vuong, On Earth We're Briefly Gorgeous, 31–32.
53 Vgl. Vuong, On Earth We're Briefly Gorgeous, z. B. 5–6.
54 „When it comes to words, you possess fewer than the coins you saved from your nail salon tips in the milk gallon under the kitchen cabinet." (Vuong, On Earth We're Briefly Gorgeous, 29)
55 Vuong, On Earth We're Briefly Gorgeous, 6.

might begin. If we are lucky, something is passed on, another alphabet written in the blood, sinew and neuron".[56]

Das Schreiben, dessen die Mutter nicht mächtig ist, und der Körper, den die Mutter gegeben hat, werden zum einen im transkulturellen Schriftkörper, einem Konglomerat aus vietnamesischen Zeichen und englischer Sprache, enggeführt. Zum anderen spricht der physische Mutterkörper durch seine Gesten, brutale wie zärtliche: „Care and love, for us, are pronounced clearest through service: plucking white hairs, pressing yourself on your son to absorb a plane's turbulence and, therefore, his fear."[57] Fürsorgliche Gesten sind wie bei Soppa das Verbindende zwischen Mutter und Kind und, bei Vuong, auch zwischen Familienmitgliedern, die durch den sozialen Aufstieg einander fremd geworden sind. Zwischen der verkümmerten *lingua materna* und dem gewaltvollen wie zärtlichen Mutterkörper bewegt sich die *transclasse*-Erzählinstanz in Vuongs von der Literaturkritik viel gepriesenem Roman, der Klassismus, Maskulinität und *race* im Amerika der ersten Amtszeit von Donald Trump verbindet.

4 Ausblick

Die schlaglichtartigen Analyseperspektiven auf nur drei der aktuellen Klassen-Texte zeigen *transclasse*-Figuren, die den Prozess des Übergangs erzählend reflektieren. Dabei zeichnen die Texte von Dröscher, Soppa und Vuong deren Emotionspoetiken aus: In einer fingierten Dialogstruktur des erwachsenen fokalisierenden Kinds mit der Mutterfigur, die der Herkunftsklasse angehört, wendet sich die Erzählinstanz der ‚fremd' gewordenen Mutter und dem verlassenen Klassenmilieu explizit zu. Innerfamiliäre Klassendifferenz wird erzählt, dabei aber die Distanz zwischen den sozialen Positionen nicht vergrößert, sondern verringert. Mit Thomas Fuchs (und Maurice Merleau-Ponty) ließe sich diese Interaffektivität phänomenologisch mit der *„Zwischenleiblichkeit"* begründen:

> Unser Leib wird vom Ausdruck, von den Gesten und Blicken anderer affiziert; dieser leibliche Eindruck ruft in uns einen Ausdruck hervor, der wiederum auf die anderen zurückwirkt usf. In diesem kreisförmig rückgekoppelten Prozess entsteht eine primäre Empathie, ein unmittelbares Gefühls- und Intensionsverstehen durch zwischenleibliche Resonanz.[58]

---

56 Vuong, On Earth We're Briefly Gorgeous, 10.
57 Vuong, On Earth We're Briefly Gorgeous, 33.
58 Fuchs, Verkörperte Gefühle, 13.

Fuchs untermauert diese Sichtweise mit Blick auf die Säuglingsforschung. Wenn der Leib von Geburt an in die Zwischenleiblichkeit eingebettet sei und so zum Medium der Interaffektivität werde,[59] kann dieses Argument den Befund der narratologischen und emotionstheoretischen Lektüre von phänomenologischer Seite her stärken: Ich habe erstens versucht zu zeigen, dass gegenwartsliterarische Klassentexte eine ‚liebevolle' Affektpoetik bemühen und deshalb nicht weniger politisch sind, und ich habe zweitens einen Zusammenhang zwischen diesem ‚liebevollen' Erzählen und der spezifischen Figurenkonstellation, der Kind-Mutter-Konstellation, behauptet.

Im Vorwort zu der bereits genannten Anthologie *Klasse und Kampf* schreiben die Herausgeber:innen, dass der Titel „eine Programmschrift, ein Manifest, eine Anklage" verspräche, nehmen diese Ankündigung jedoch sogleich zurück; „[a]ll das ist diese Anthologie nicht", die Beiträge „machen sich nicht zum Sprachrohr einer Gruppe, einer politischen Partei oder Strömung", sondern sind ‚leise' und persönliche Perspektiven, „die Missstände greifbar machen und damit eine Einladung zur Empathie aussprechen".[60] Auch die Beiträge dieser ‚Kampfschrift' literarisieren ebenso wie die von mir untersuchten Texte Geschichten sozialer Ungleichheit und damit verbundene klassistische Diskriminierung über Affektpoetiken, die auf Mitempfinden und Perspektivübernahme setzen. „Diese Macht der Freundschaft, welche die sozialen Barrieren niederreißt, gilt erst recht für die Liebe. Gewiß ist die Liebe oft blind, doch manchmal bewirkt sie eine tiefgreifende Veränderung des Blicks", so Chantal Jaquet.[61] Jaquet führt Freundschaft und Begehren als wirkmächtige affektive Faktoren an, die zu einer Nicht-Reproduktion sozialer Macht beitragen können, nicht aber die familiale Verbundenheit und speziell die Mutter-Kind-Bindung, wie sie von den hier untersuchten Romanen in Szene gesetzt wird. Eine andere philosophisch-politische Perspektive erscheint mir darüber hinaus anschlussfähig und untersuchenswert, besonders mit Blick auf das utopistische, feministische Moment, das Soppas Roman kennzeichnet: Diese und weitere literarische Stimmen wären mit Jule Govrins kürzlich erschienener Theorie radikaler Gleichheit ins Verhältnis zu setzen, in der die Autorin die solidarische Sorge der Körper und um die Körper gegen die differentielle Ausbeutung und Ungleichheit der Menschen in Anschlag bringt.[62]

---

59 Vgl. ebd., 13.
60 Maria Barankow und Christian Baron, Vorwort, in: Klasse und Kampf, hg. von dens., Berlin 2022, 7–13, hier: 10.
61 Jaquet, Zwischen den Klassen, 69.
62 Vgl. Jule Govrin, Universalismus von unten. Eine Theorie radikaler Gleichheit, Berlin 2025.

Literatur

Primärliteratur

Barankow, Maria, und Christian Baron (Hg.): Klasse und Kampf, Berlin 2022.
Barankow, Maria, und Christian Baron: Vorwort, in: Klasse und Kampf, hg. von dens., Berlin 2022, 7–13.
Dröscher, Daniela: Lügen über meine Mutter, Köln 2022.
Dröscher, Daniela: Zeige deine Klasse. Die Geschichte meiner sozialen Herkunft, 1. Aufl., Hamburg 2021.
L'Horizon, Kim de, Blutbuch, Köln 2022.
Soppa, Josefine: Mirmar, Berlin 2023.
Vuong, Ocean: On Earth We're Briefly Gorgeous, London 2019.

Sekundärliteratur

[o. Verf.] https://www.sfb-affective-societies.de/ (10.04.2025)
[o. Verf.] ‚Scham', in: Brockhaus-Enzyklopädie, Mannheim 1992, Bd. 19, 281.
Adams, Maurianne, Lee Anne Bell und Pat Griffin (Hg.): Teaching for diversity and social justice, New York und London 1997.
Amlinger, Carolin: Literatur als Soziologie. Autofiktion, soziale Tatsachen und soziologische Erkenntnis, in: Autosoziobiographie. Poetik und Politik. Abhandlungen zur Literaturwissenschaft, hg. von Eva Blome, Philipp Lammers und Sarah Seidel, Berlin 2022, 43–65.
Aristoteles: Rhetorik, übersetzt, mit einer Bibliographie, Erläuterungen und einem Nachwort von Franz G. Sieveke, München 1980.
Balint, Iuditha: Von der Fürsprache zur shared authority. Dinçer Güçyeters „Unser Deutschlandmärchen" (2022) als (post-)migrantisches Chorwerk, in: Zeitschrift für Germanistik, Neue Folge 34 (2024), H. 1, 147–165.
Beck, Ulrich: Jenseits von Stand und Klasse? Soziale Ungleichheit, gesellschaftliche Individualisierungsprozesse und die Entstehung neuer sozialer Formationen und Identitäten, in: Soziale Ungleichheiten, hg. von Reinhard Kreckel, Göttingen 1983, 35–74.
Berger, Peter L., und Stefan Hradil (Hg.): Lebenslagen, Lebensläufe, Lebensstile, Göttingen 1990.
Blome, Eva: Erzählte Interdependenzen. Überlegungen zu einer kulturwissenschaftlichen Intersektionalitätsforschung, in: Diversity Trouble? Vielfalt – Gender – Gegenwartskultur, hg. von Peter C. Pohl und Hania Siebenpfeiffer, Berlin 2016, 45–67.
Blome, Eva, Rückkehr zur Herkunft. Autosoziobiografien erzählen von der Klassengesellschaft, in: Deutsche Vierteljahrsschrift für Literaturwissenschaft und Geistesgeschichte 94 (2020), H. 4, 541–571.
Blome, Eva, Philipp Lammers und Sarah Seidel: Zur Poetik und Politik der Autosoziobiographie, in: Autosoziobiographie. Poetik und Politik. Abhandlungen zur Literaturwissenschaft, hg. von dens., Berlin 2022, 1–14.
Blome, Eva, Philipp Lammers und Sarah Seidel (Hg.): Autosoziobiographie. Poetik und Politik. Abhandlungen zur Literaturwissenschaft, Berlin 2022.
Bodenburg, Julia, und Irene Husser: Einleitung, in: Klassenverhältnisse in der Literatur. Narrative – Ästhetiken – Diskurse, hg. von dens., Berlin 2025 [im Druck].

Bolte, Karl Martin: Subjektorientierte Soziologie – Plädoyer für eine Forschungsperspektive, in: Subjektorientierte Arbeits- und Berufssoziologie, hg. von dems. und Erhard Treutner, Frankfurt a. M. und New York 1983, 12–36.
Bourdieu, Pierre: Ökonomisches Kapital, kulturelles Kapital, soziales Kapital, in: Soziale Ungleichheiten, hg. von Reinhard Kreckel, Göttingen 1983, 183–198.
Diefenbach, Aletta, und Veronika Zink (Hg.): Emotions- und Affektsoziologie. Eine Einführung, Berlin und Boston 2024.
Dröscher, Daniela, im Interview mit Frank Meyer: Das Gefühl, ein Hochstapler zu sein, Deutschlandfunk Kultur, 14.09.2018, https://www.deutschlandfunkkultur.de/daniela-droescher-zeige-deine-klasse-das-gefuehl-ein-100.html (10.03.2025).
Dröscher, Daniela, im Gespräch mit Andrea Gerk: Das ewige Gefühl, ein Hochstapler zu sein, Deutschlandfunk Kultur, 03.05.2021, https://www.deutschlandfunkkultur.de/check-your-habitus-ueber-aufstiegsliteratur-das-ewige-100.html (10.03.2025).
Dröscher, Daniela [Kuratorin]: https://checkyourhabitus.com/ (10.03.2025).
Eiden-Offe, Patrick: Poesie der Klasse. Romantischer Antikapitalismus und die Erfindung des Proletariats, Berlin 2017.
Frevert, Ute: Mächtige Gefühle. Von A wie Angst und Z wie Zuneigung. Deutsche Geschichte seit 1900, 2. Aufl., Frankfurt a. M. 2020.
Fuchs, Thomas: Verkörperte Gefühle. Zur Phänomenologie von Affektivität und Interaffektivität, Berlin 2024.
Fügen, Hans-Norbert: Die Hauptrichtungen der Literatursoziologie und ihre Methoden, 4. Aufl., Bonn 1970.
Govrin, Jule: Universalismus von unten. Eine Theorie radikaler Gleichheit, Berlin 2025.
Graf, Daniel: Die Klassenfrage ist zurück in der Literatur, in: Republik, 14.10.2020, https://www.republik.ch/2020/10/14/die-soziale-frage-ist-zurueck-in-der-literatur (10.03.2025).
Haraway, Donna: Situiertes Wissen. Die Wissenschaftsfrage im Feminismus und das Privileg einer partialen Perspektive, in: Die Neuerfindung der Natur. Primaten, Cyborgs und Frauen, hg. von Carmen Hammer und Immanuel Stieß, Frankfurt a. M. und New York 1995, 73–97.
Hechler, Sarah Carlotta: Zwischen Autobiographie und Autosozioanalyse. Zur Verbindung von Annie Ernaux' autosoziobiographischen Erzählungen mit Pierre Bourdieus Soziologie, in: Autosoziobiographie. Poetik und Politik. Abhandlungen zur Literaturwissenschaft, hg. von Eva Blome, Philipp Lammers und Sarah Seidel, Berlin 2022, 17–41.
Hobrack, Marlen: Klassismus. 100 Seiten, Ditzingen 2024.
hooks, bell: Class Matters. Where we stand, New York 2000.
Jaquet, Chantal: Zwischen den Klassen. Über die Nicht-Reproduktion sozialer Macht, mit einem Nachwort von Carlos Spoerhase, aus dem Französischen von Horst Brühmann, 2., unveränderte Aufl., Konstanz 2021.
Kauschke, Christina: Linguistische Perspektiven auf Emotion und Sprache, in: Emotionen. Ein interdisziplinäres Handbuch, hg. von Hermann Kappelhoff et al., Berlin 2019, 262–271.
Kemper, Andreas, und Heike Weinbach: Klassismus. Eine Einführung, 3. Aufl., Münster 2020.
Lutz, Helma, María Teresa Herrera Vivar und Linda Supik (Hg.): Fokus Intersektionalität. Bewegungen und Verortungen eines vielschichtigen Konzeptes, 2. überarb. Aufl., Wiesbaden 2013.
Lys, Michel, und Liesbeth François: Re-Imagining Class. Intersectional Perspectives on Class Identity and Precarity in Contemporary Culture, in: Re-Imagining Class. Intersectional Perspectives on Class Identity and Precarity in Contemporary Culture, hg. von dens., Leuven 2024, 11–38.
Meiser, Katharina, und Sikander Singh (Hg.): Narren, Clowns, Spaßmacher. Studien zu einer Sozialfigur zwischen Mittelalter und Gegenwart, Hannover 2020.

Meyer, Katrin: Theorien der Intersektionalität zur Einführung, Hamburg 2017.
Röttger-Rössler, Birgit: Kulturelle Facetten der Scham, in: Emotionen. Ein interdisziplinäres Handbuch, hg. von Hermann Kappelhoff et al., Berlin 2019, 230–234.
Spoerhase, Carlos: Nachwort. Aufstiegsangst: Zur Autosoziobiographie des Klassenübergängers, in: Chantal Jaquet, Zwischen den Klassen. Über die Nicht-Reproduktion sozialer Macht, 2., unveränderte Aufl., Konstanz 2021, 231–253.
Stahl, Enno, Klaus Kock, Hanneliese Palm und Ingar Solty (Hg.): Literatur in der neuen Klassengesellschaft, Paderborn 2020.
Velten, Hans Rudolf: Spaßmacher, in: Handbuch Komik, hg. von Uwe Wirth, Stuttgart 2017, 42–46.
Winko, Simone: Kodierte Gefühle. Zu einer Poetik der Emotionen in lyrischen und poetologischen Texten um 1900, Berlin 2003.
Winko, Simone: Literaturwissenschaftliche Emotionsforschung, in: Emotionen. Ein interdisziplinäres Handbuch, hg. von Hermann Kappelhoff et al., Berlin 2019, 397–402.

Sarah Carlotta Hechler
Eine distanzierte Vermittlung der Scham?

Affektrekonstitution und -verweigerung in Annie Ernaux' autosoziobiografischem Schreiben

1 Einleitung

Annie Ernaux entwickelt in der ersten von ihr als „autosoziobiograpisch"[1] charakterisierten Erzählung über das Leben ihres Vaters, *La place* (1983) / *Der Platz* (2019), eine Schreibweise, die dort als „écriture plate"[2] – also wörtlich ‚platte Schreibweise' – eingeführt wird und die Sonja Finck mit „sachlicher Ton" (DP, 19) übersetzt. Später bezeichnet Ernaux diese als ‚distanzierte Schreibweise' („écriture de la distance" bzw. „écriture distanciée"),[3] worin stärker ein sozialwissenschaftlich inspiriertes Streben nach Objektivität zum Ausdruck kommt: Es handele sich um eine ‚Stimme ohne affektive Zeichen' („voix, dépourvue de marques affectives")[4] und eine quasi-ethnografische Methode, die sich auf die Sammlung von Ausdrücken und Erinnerungen an ihre soziale Herkunft stütze.[5] Mit letzterer ist die ländliche Arbeiterklasse in der nordfranzösischen Normandie gemeint, wo Ernaux 1940 geboren wurde. Im Unterschied zu der affektvollen, wütenden Sprache in ihren ersten drei autobiografischen Romanen vermittelt die autosoziobiografische Erzählform die mit der Erfahrung einer doppelten Distanz, zur ‚Herkunfts-' wie zur ‚Ankunftsklasse', in Zusammenhang stehenden Affekte auf distanzierte Weise. Die Sicht- und Erfahrbarmachung von gesellschaftlichen Herrschaftsverhältnissen basiert auf einer affektverweigernden Schreibweise, die allerdings nicht mit Affektlosigkeit gleichzusetzen ist. Ernaux' Weigerung, „‚berührend'" („‚émouvant'", LP, 24 / DP, 19) zu schreiben, mag zudem durchaus eine

---

[1] Annie Ernaux, L'écriture comme un couteau. Entretien avec Frédéric-Yves Jeannet (2003), Paris 2011, 23. Im Folgenden wird aus der Ausgabe mit der Sigle „LEC" zitiert.
[2] Annie Ernaux, La place, Paris 1983, 24. Im Folgenden wird aus der Ausgabe mit der Sigle „LP" zitiert. / Der Platz, aus dem Französischen von Sonja Finck, Berlin 2019, 19. Im Folgenden wird aus der Ausgabe mit der Sigle „DP" zitiert.
[3] Annie Ernaux, Épilogue. Raisons d'écrire, in: Le symbolique et le social. La réception internationale de la pensée de Pierre Bourdieu, hg. von Pascal Durand, Liège 2005, 361–365, hier: 363; Annie Ernaux, La preuve par le corps, in: Bourdieu et la littérature, hg. von Jean-Pierre Martin, Nantes 2010, 23–27, hier: 27.
[4] Ernaux, Épilogue. Raisons d'écrire, 363.
[5] Vgl. Ernaux, Épilogue. Raisons d'écrire, 363.

affizierende Wirkung entfalten, doch besteht diese nicht – so meine These – in einer „Einladung zur Empathie",[6] die Maria Barankow und Christian Baron im Vorwort der 2021 erschienenen Anthologie *Klasse und Kampf* hinsichtlich der persönlichen Perspektiven auf Klassenverhältnisse von deutschsprachigen Gegenwartsautor:innen formulieren. Im Folgenden werde ich die Rekonstitution und Reflexion der affektiven Erfahrungen von Klassen- und Geschlechterverhältnissen bei Ernaux am Beispiel der Scham genauer betrachten.[7]

Daniela Dröscher zitiert in der Einleitung der ebenfalls 2021 unter dem Titel der gleichnamigen Internetseite *check your habitus* mit Paula Fürstenberg herausgegebenen Sammlung von Textfragmenten von 18 Autor:innen zum Thema Milieuwechsel bzw. Klassenübergang einen Satz aus Ernaux' Erzählung *La honte* (1997) / *Die Scham*, die 2020 von Sonja Finck übersetzt erschienen ist: „Das Schlimmste an der Scham ist, dass man glaubt, man wäre die Einzige, die so empfindet."[8] Laut Dröscher solle „aus der gefühlten Vereinzelung ein Chor gegen die Einsamkeit"[9] entstehen. In den folgenden Überlegungen wird jedoch nicht der positive Bezug auf Affekte wie Scham, der in der Rezeption mit einer identifikatorischen Lektüre verknüpft erscheint, im Vordergrund stehen. Vielmehr werde ich der Frage nachgehen, inwiefern Ernaux' autosoziobiografisches Schreiben die kollektive Dimension singulärer affektiver Erfahrungen distanziert vermittelt.

Während Scham in der Erzählung, die diese im Titel trägt, insbesondere auf eine zunächst begriffslose Wahrnehmung sozialer Ungleichheit verweist, wird der Affekt in den späteren Texten *L'événement* (2000 / *Das Ereignis*, 2021) und *Mémoire de fille* (2016 / *Erinnerung eines Mädchens*, 2018) im Zusammenhang nicht nur sozialer, sondern auch geschlechtlicher Herrschaftsverhältnisse aus Perspektive des erzählten und erzählenden Ichs betrachtet. Es lässt sich eine Verschiebung in Ernaux' Schreiben feststellen – von ihren ersten drei autobiografischen Romanen und teilweise auch den frühen autosoziobiografischen Erzählungen, wie *Une femme* (1987) / *Eine Frau* (2019), in denen Geschlechterbeziehungen durch das Prisma

---

[6] Maria Barankow und Christian Baron, Vorwort, in: Klasse und Kampf, hg. von dens., Berlin 2021, 7–12, hier: 10.
[7] Die Ausführungen basieren sinn- und zum Teil auch wortgemäß auf dem Kapitel „Annie Ernaux' materialistische Erinnerungspoetik in *L'événement* und *Mémoire de fille*. Resonanzen auf Michel Leiris und Simone de Beauvoir" und dem Schlusskapitel meiner im Dezember 2024 an der Freien Universität Berlin eingereichten Dissertationsschrift *Gelebte Widersprüche, autosoziobiographische Formen. Annie Ernaux' materialistische Poetik*.
[8] Annie Ernaux, Die Scham, aus dem Französischen von Sonja Finck, Berlin 2020, 91 / La honte, Paris 1997, 116.
[9] Daniela Dröscher, Intro, in: check your habitus, hg. von ders. und Paula Fürstenberg, Berlin 2021, 3.

der Klassenverhältnisse betrachtet werden,[10] hin zu einer zugleich differenzierenden und verschränkten Betrachtung sozialer und männlicher Herrschaft.

In den beiden Erzählungen, die im Folgenden im Fokus stehen werden, geht es um eine – nach der damaligen Rechtslage in Frankreich illegale – Abtreibung im Jahr 1964 und um einen sexuellen Übergriff in einer Ferienkolonie 1958. Der Affekt der Scham wird in diesen Texten zum einen im Versuch der Immersion in die eigene Wahrnehmung als junge Frau rekonstituiert und zum anderen aus Perspektive des erzählenden Ichs verweigert, indem das Erlebte scheinbar ‚schamlos' ausgestellt wird. Zunächst werde ich nachzeichnen, wie Scham in *L'événement* als Indikator sozialer und geschlechtlicher Herrschaftsverhältnisse fungiert. In einem zweiten Schritt soll in *Mémoire de fille* die Rede in der dritten Person von dem Mädchen, das die Erzählerin einst war, als Distanzierung, Historisierung und Objektivierung gelesen werden, die wiederum mit der retrospektiven Scham für das vergangene Ich in Verbindung steht. Abschließend werde ich Ernaux' distanzierte Vermittlung der Scham und deren kollektiv geteilter Dimension mit dem selbstreflexiv wütenden Beitrag Anke Stellings zu der Anthologie *Klasse und Kampf* vergleichen und beide Ansätze von der dort im Vorwort formulierten „Einladung zur Empathie"[11] abgrenzen.

2 Scham als Indikator von Klassen- und Geschlechterverhältnissen in *L'événement*

Vorab noch einige Bemerkungen zur Terminologie und dem theoretischen Hintergrund des Bezugs auf Affekte und Emotionen, insbesondere die Scham: Auch wenn ich die Begriffe Affekt, Gefühl und Emotion nicht systematisch unterscheide, habe ich dem Affektbegriff den Vorzug gegeben. Zum einen, weil dieser – im Unterschied zur subjektiven und partikularen Konnotation des Gefühls – an Spinozas Konzeption anknüpfend das über die Subjektgrenzen Hinausgehende, die soziale und politische Dimension des Affizierens und Affiziertwerdens hervorhebt. Zum anderen, weil das Konzept der Emotion mit der Geschlechterpolarisierung im Zuge der modernen Trennung der öffentlichen und privaten Sphäre

---

10 Siehe beispielsweise zur Unterscheidung von „femmes du dehors" und „femmes d'intérieur" in Ernaux' drittem autobiografischen Roman *La femme gelée* (1981) den Artikel von Johanna Charlotte Horst, Kollektive schreiben. Über die Poetik des Versammelns bei Annie Ernaux, in: Weibliche Kollektive, hg. von ders. und Vera Bachmann, Paderborn 2023, 17–34, hier: 18–19.
11 Barankow und Baron, Vorwort, 10.

assoziiert bleibt – insofern ‚männliche' Rationalität der Öffentlichkeit zugeordnet wurde und ‚weibliche' Emotionalität dem Privaten.[12]

Allerdings verwendet beispielsweise Sighard Neckel in seiner emotionssoziologischen Untersuchung *Scham und Status. Zur symbolischen Reproduktion sozialer Ungleichheit* (1991) den Begriff der Gefühle, indem er betont, dass diese ihre Anlässe in der sozialen Wirklichkeit finden.[13] Er bezeichnet Scham als „soziales Gefühl"[14] – über die intersubjektive Dimension der Übernahme einer Fremdabwertung hinausgehend besteht die soziale Relevanz der Scham laut Neckel vor allem darin, dass sie „Wahrnehmung von Ungleichheit [sei und] Beschämung eine Machtausübung, die Ungleichheit reproduzier[e]."[15] In der individualisierten Klassengesellschaft würden Selbstabwertungen von den gesellschaftlich dominanten Wertschemata zeugen und soziale Kränkungen als persönliches Versagen gedeutet, anstatt in kollektive Deutungsmuster überführt zu werden.[16] Während Neckels Analyse sich eignet, Scham aufgrund von sozialer Stigmatisierung zu erklären, zieht sie jedoch nicht die Verschränkung verschiedener Herrschaftsdynamiken in Betracht.

Ernaux stellt den Zusammenhang von Scham nicht nur mit Klassen-, sondern vor allem auch Geschlechterverhältnissen heraus. Die Selbstwahrnehmung als Objekt in intersubjektiven Erfahrungen der Scham hat insbesondere Jean-Paul Sartre herausgearbeitet. Bei Ernaux zeigt sich jedoch darüber hinausgehend deren Zusammenhang mit der von Simone de Beauvoir analysierten gesellschaftlichen Objektivierung von Frauen. Der Affekt ist zudem von zentraler Bedeutung für die geständnishafte Dimension ihres an die autobiografische Tradition anknüpfenden Schreibens. Die feministische Phänomenologin Hilge Landweer stellt eine Verbindung zwischen Scham, die sich durch die Internalisierung sozialer

---

12 Vgl. Brigitte Bargetz und Birgit Sauer, Der affective turn. Das Gefühlsdispositiv und die Trennung von öffentlich und privat, in: Femina Politica. Zeitschrift für feministische Politikwissenschaft 24 (2015), H. 1, 93–102, hier: 95.
13 Vgl. Sighard Neckel, Status und Scham. Zur symbolischen Reproduktion sozialer Ungleichheit, Frankfurt a. M. und New York 1991, 15.
14 Neckel, Status und Scham, 16. Dominik Herold grenzt sich terminologisch von „sozialer Scham" ab, insofern jegliche Form der Scham sozial sei, und schlägt stattdessen den Begriff der „existentiellen Scham" vor. Hiermit lenkt er den Blick auf die „naturalisierenden und sedimentierenden Effekte", insofern die Scham, insbesondere von *transclasses* (‚Klassenübergänger:innen'), als Wesensmerkmal verstanden werde, vgl. Dominik Herold, Scham als Herrschaftstechnik. Der „transclasse" als prototypische Figur radikaldemokratischer Affektpolitik, in: ifs working paper 23 (2024), 1–33, hier: 6. Auch Neckel charakterisiert Scham bereits als „existentielle[s] Gefühl", Sighard Neckel, Achtungsverlust und Scham. Die soziale Gestalt eines existentiellen Gefühls, in: Zur Philosophie der Gefühle, hg. von Hinrich Fink-Eitel und Georg Lohmann, Frankfurt a. M. 1994, 244–265.
15 Neckel, Status und Scham, 21.
16 Vgl. Neckel, Status und Scham, 160–163.

Normen kennzeichnet, und der von Michel Foucault als charakteristisch für die Moderne beschriebenen Lust am Geständnis her: Einerseits gehe es im Geständnis um die Überwindung des Schamgefühls, um die Wahrheit zu sagen, und andererseits könne ein Reiz darin bestehen, sich gerade „im Gestehen als ‚schamlos' zu zeigen und andere mit der eigenen Schamlosigkeit zu beschämen".[17] Das gezielte Verletzen der Schamgrenzen anderer erscheint als Spiel mit persönlichen Schamgrenzen, wobei die eigene Scham laut Landweer kontrollierbar werden kann, indem sie bewusst herbeigeführt wird.[18] Inwiefern sowohl die Thematisierung von Scham als auch die Verletzung von Schamgrenzen der Leser:innen im autosoziobiografischen Schreiben Ernaux' im Zusammenhang mit Klassen- und Geschlechterverhältnissen steht, zeige ich zunächst am Beispiel der Erzählung *L'événement* (*Das Ereignis*).

In dieser beschreibt die Erzählerin die Assoziation ihrer illegalen Abtreibung im Jahr 1964 mit ihrer sozialen Herkunft aus Perspektive des erzählten Ichs: „Im Sex hatte mich meine Herkunft eingeholt, und was da in mir heranwuchs, war gewissermaßen das Scheitern meines sozialen Aufstiegs"[19] (im Französischen ist hier allerdings nicht von „soziale[m] Aufstieg", sondern von „échec social" [LE, 30], also etwa ‚sozialem Scheitern', die Rede). Die Stigmatisierung der unehelichen Schwangerschaft steht in Zusammenhang mit den herrschenden Normen. Deren Nichteinhaltung ruft Scham hervor, die, wie Neckel betont, mit der Angst vor sozialem Ausschluss verbunden ist.[20] Der Wunsch abzutreiben löst laut der Erzählerin zunächst weder Angst noch Scham aus (vgl. LE, 30 / DE, 27). Erst im Moment des Öffentlichwerdens der Fehlgeburt und deren moralischer Verurteilung durch den Bereitschaftsarzt, der gerufen wird, nachdem sie fast verblutet wäre, erscheint diese beschämend (vgl. LE, 93 / DE, 84).

Scham ist, wie Sartre eindrücklich beschrieben hat, vom Blick des anderen abhängig, in dem sich das Subjekt als Objekt erfahre.[21] Die reale oder imaginierte

---

[17] Hilge Landweer, Mikrophysik der Scham? Elias und Foucault im Vergleich, in: Zivilisierung des weiblichen Ich, hg. von Gabriele Klein und Katharina Liebsch, Frankfurt a. M. 1997, 365–399, hier: 387.
[18] Vgl. Landweer, Mikrophysik der Scham?, 387.
[19] „J'étais rattrapée par le cul et ce qui poussait en moi c'était, d'une certaine manière, l'échec social", Annie Ernaux, L'événement, Paris 2000, 30. Im Folgenden wird aus der Ausgabe mit der Sigle „LE" zitiert / Das Ereignis (2021), aus dem Französischen von Sonja Finck, Berlin 2022, 27. Im Folgenden wird aus der Ausgabe mit der Sigle „DE" zitiert.
[20] Vgl. Neckel, Achtungsverlust und Scham, 244–265, hier: 246.
[21] Vgl. Jean-Paul Sartre, Das Sein und das Nichts. Versuch einer phänomenologischen Ontologie (1943), aus dem Französischen von Hans Schöneberg und Traugott König, Reinbek bei Hamburg 1980, 347–348 / L'être et le néant. Essai d'onotologie phénoménologique, Paris 1943, 360–361.

Fremdabwertung werde, hebt Neckel hervor, nicht nur übernommen, sondern auch als selbst verursacht angesehen.²² Dies manifestiert sich auch in Ernaux' Assoziation ihrer Abtreibung mit der Figur der „unverheiratete[n] Schwangere[n]" (DE, 27 / LE, 29) aus der Arbeiterklasse. So verweist diese zwar einerseits auf den Zusammenhang ihrer Situation mit den sozialen Verhältnissen, in denen Verhütungsmittel nicht frei zugänglich waren, die Verantwortung für Schwangerschaften außerhalb der Ehe allein bei Frauen lag und nichtbürgerlichen Frauen die materiellen Ressourcen und sozialen Beziehungen fehlten, eine Abtreibung aufgrund des in Frankreich bis 1975 bestehenden gesetzlichen Verbots trotzdem, notfalls in einem anderen Land, vornehmen zu lassen. Andererseits ist das Aufgreifen des Klischees jedoch aus zweifacher Perspektive problematisch: Zum einen erscheint die Abtreibung als unausweichliches ‚Klassenschicksal', auf das die junge Studentin zurückgeworfen wird. Zum anderen wird der zuvor beschriebene Wunsch nach Transgression des außerehelichen Sexualverbots in eine Bestätigung des Klassenvorurteils fehlender Moral gewendet. Dies zeugt sowohl von der Übernahme gesellschaftlich dominanter Wertungsschemata als auch der Deutung der unehelichen Schwangerschaft als persönliches Versagen.

Neben der Rekonstitution der Innenperspektive des erzählten Ichs interpretiert die Erzählerin retrospektiv das Erlebte. Den bei ihrer Einlieferung in ein religiöses Hospital nach ihrer Fehlgeburt geäußerten Ausruf des jungen Chirurgen, er „[sei] doch nicht der Klempner" (DE, 87 / LE, 96), liest sie etwa als Ausdruck einer doppelten Herrschaftsposition: gegenüber der Arbeiterklasse und gegenüber Frauen (vgl. LE, 97 / DE, 88). In einer der in Klammern eingeschobenen Reflexionen heißt es, dass „sein Verhalten [...] wohl nur ein Beispiel für eine allgemeine Praxis [gewesen sei]" (DE, 91 / LE, 101). Die persönlich erfahrene Gewalt wird somit in den Zusammenhang struktureller Herrschaftsverhältnisse gestellt und aus der Erzählperspektive historisch situiert.

Auch der Affekt der Scham wird im sozio-historischen Kontext des Abtreibungsverbots, das aus Perspektive des erzählten Ichs unveränderbar erscheint, und der damit zusammenhängenden gesellschaftlichen Missbilligung verortet (vgl. DE, 38–39 / LE, 43). Die Erzählerin betont jedoch gleichzeitig, dass sie nach dem Schwangerschaftsabbruch vielmehr stolz auf ihre Transgressionserfahrung gewesen sei, die sie mit gesellschaftlichen Außenseiterfiguren „wie einsamen Seefahrern, Drogenabhängigen oder Diebe[n]" (DE, 96 / LE, 107) verbinde.

Die Abtreibung wird in der Erzählung als doppelter Übergang dargestellt – vom Mädchen zur selbstbestimmten jungen Frau und von der Arbeiterklasse ins Bürgertum. Der Widerstand gegen die Assimilation verlagert sich im Nachhinein

---

22 Vgl. Neckel, Achtungsverlust und Scham, 251.

ins Schreiben: Die Provokation insbesondere der bürgerlichen Leser:innen, die die Erzählung womöglich als „abstoßend" oder „geschmacklos" (DE, 48 / LE, 53) empfinden, erscheint als Ausgangspunkt des Textes. Während die junge Frau „[ihre] Gewalterfahrung als individuellen Sieg" (DE, 99 / LE, 109–110) begreift, vor allem gegenüber bürgerlichen und religiösen Moralvorstellungen, betrachtet die Erzählerin ihre Abtreibung vielmehr als eine ‚weibliche' Kollektiverfahrung männlicher Herrschaft.

Die körperliche Materialisierung gesellschaftlicher Widersprüche ist von zentraler Bedeutung für Ernaux' autosoziobiografisches Schreiben.[23] Nicht nur materialisieren sich in der Scham soziale und geschlechtliche Herrschaftsverhältnisse. Die in *L'événement* beschriebene Erfahrung ist zudem untrennbar mit dem weiblichen Körper verknüpft. Entgegen der Idee einer ‚ewigen weiblichen Natur' haben insbesondere materialistische Feministinnen die soziale Vermittlung hervorgehoben, die zu körperlicher Unterdrückung von Frauen führe.[24] Simone de Beauvoir betont bereits in *Le deuxième sexe* (1949), dass Frauen sich im Unterschied zu Männern weniger ihrer körperlichen Existenz entziehen können, was jedoch damit zusammenhänge, dass ihre Körper, noch bevor sie gelebt seien, soziale Körper seien.[25] Aufgrund des „Konflikt[s] zwischen Art und Individuum",[26] der sich laut Beauvoir in Menstruation und Schwangerschaft manifestiert, „*ist* die Frau wie der Mann ihr Leib: aber ihr Leib ist etwas anderes als sie".[27] Ähnlich wie

---

[23] Siehe hierzu meine im Dezember 2024 an der Freien Universität Berlin eingereichte Dissertationsschrift *Gelebte Widersprüche, autosoziobiographische Formen. Annie Ernaux' materialistische Poetik*.
[24] So die Herausgeberinnen der Zeitschrift *Questions féministes*, die zwischen 1977 und 1980 publiziert wurde, zu denen u. a. Simone de Beauvoir, Christine Delphy, Nicole-Claude Mathieu und später Monique Wittig zählten. Vgl. das Editorial: Variations sur des thèmes communs, in: Questions Féministes 1 (1977), 3–19, hier: 9. Dieser Ansatz richtet sich auch gegen die Tendenz in feministischen sogenannten ‚poststrukturalistischen' Ansätzen in Frankreich in den 1970er und 1980er Jahren, Frauen mit ihren Körpern zu identifizieren.
[25] Vgl. Simone de Beauvoir, Das andere Geschlecht. Sitte und Sexus der Frau (1951), aus dem Französischen von Eva Rechel-Mertens (Erstes Buch) und Fritz Montfort (Zweites Buch), Reinbek bei Hamburg [1968] 1990, 50 / Le deuxième sexe, Erstes Buch, Paris 1949, 76; siehe ferner hierzu: Manon Garcia, Wir werden nicht unterwürfig geboren. Wie das Patriarchat das Leben von Frauen bestimmt (2018), aus dem Französischen von Andrea Hemminger, Berlin 2021, 146–147.
[26] Beauvoir, Das andere Geschlecht, 44 / Le deuxième sexe, Erstes Buch, 67.
[27] Beauvoir, Das andere Geschlecht, 43, Hervorhebung im Original. / Le deuxième sexe, Erstes Buch, 66. Beauvoir bezieht sich hier auf Maurice Merleau-Pontys *Phénoménologie de la Perception* (1945) und kritisiert dessen Leibbegriff als androzentrisch, siehe hierzu: Hilge Landweer und Isabella Marcinski, Feministische Phänomenologie. Leib und Erfahrung, in: Dem Erleben auf der Spur. Feminismus und die Philosophie des Leibes, hg. von dens., Bielefeld 2016, 7–24, hier: 10.

Beauvoir beschreibt die Erzählerin in *L'événement* die ungewollte Schwangerschaft als eine Reduktion auf Körperlichkeit (vgl. LE, 47 / DE, 42).

In Ernaux' erstem autobiografischen Roman *Les armoires vides* (1974) führt die Erzählerin die Abtreibung vor allem auf ihre Klassenherkunft zurück und situiert diese nicht im Kontext einer „Geschichte der Frauen".[28] Dagegen ist in *L'événement* der Versuch, die damalige Erfahrung zu rekonstituieren, stärker mit einer feministischen Intention verbunden.[29] So betont die Erzählerin: „Wenn ich diese Erfahrung nicht im Detail erzähle, trage ich dazu bei, die Lebenswirklichkeit von Frauen zu verschleiern, und mache mich zur Komplizin der männlichen Herrschaft über die Welt" (DE, 48).[30]

Die retrospektive Erzählung hebt den Zusammenhang von Scham nicht nur mit sozialen, sondern insbesondere auch geschlechtlichen Herrschaftsverhältnissen hervor. Einerseits stellt das autosoziobiografische Schreiben den Versuch dar, die eigene Wahrnehmung im sozio-historischen Kontext zu rekonstituieren und aus distanzierter Perspektive nicht nur die Geschichtlichkeit der individuellen Existenz, sondern auch den Wandel sozialer Normen sichtbar zu machen. Andererseits haben Ernaux' Texte eine geständnishafte Dimension, die impliziert, dass sich die Autorin auf kontrollierte Weise Scham aussetzt: Die ‚schamlose' bzw. vielmehr „unbeschämbare"[31] Ausstellung der Abtreibung und Fehlgeburt zielt auf eine Beschämung der bürgerlichen Leser:innen und insbesondere der männlichen Leser ab, deren Schamgrenzen das Geschriebene möglicherweise verletzt.[32] Ernaux' Texte lassen sich in diesem Sinne auch als Geste der Unverschämtheit lesen, die eine emanzipative und demokratische Stoßrichtung hat.[33] Sie widersetzt sich dem „Lamento" eines Endes der Scham, das von einer anti-egalitären, nostalgischen Position derjenigen zeugt, deren Herrschaftsprivilegien infrage gestellt

---

28 Annie Ernaux, L'atelier noir (2011), Paris 2022, 120 (Eintrag vom 10.11.1998). Im Folgenden wird aus dieser Ausgabe von Ernaux' Schreibtagebuch mit der Sigle „LAN" zitiert.
29 Siehe zur Entwicklung eines „feministischen Bewusstseins" in *L'événement*: Barbara Havercroft, Subjectivité féminine et conscience féministe dans *L'événement*, in: Annie Ernaux une Œuvre de l'entre-deux, hg. von Fabrice Thumerel, Arras 2004, 125–138.
30 „[S]i je ne vais pas au bout de la relation de cette expérience, je contribue à obscurcir la réalité des femmes et je me range du côté de la domination masculine du monde" (LE, 53).
31 Der Philosoph Joseph Früchtl stellt in Anknüpfung an die US-amerikanische Politische Theoretikerin Jill Locke dem Adjektiv „schamlos" (*shameless*), das vor allem anti-egalitäre Schamlosigkeit bzw. Unverschämtheit bezeichne, „unbeschämbar, sich nicht mehr schämend" (*unashamed*) gegenüber, Josef Früchtl, Demokratie der Gefühle. Ein ästhetisches Plädoyer, Hamburg 2021, 41. Auf die Unterscheidung bei Früchtl bezieht sich auch Herold, Scham als Herrschaftstechnik, 23–24.
32 Siehe hierzu: Landweer, Mikrophysik der Scham?, 387.
33 Vgl. Früchtl, Demokratie der Gefühle, insbesondere: 37–41.

werden.³⁴ Inwiefern das Schreiben bei Ernaux eine Transformation schamvoller Erfahrungen darstellt, verfolge ich in einer genaueren Betrachtung der Erzählform in *Mémoire de fille* weiter.

3 Die affektverweigernde Form in *Mémoire de fille*

In der 2016 erschienenen Erzählung *Mémoire de fille* (*Erinnerung eines Mädchens*) steht die Rede vom 18-jährigen Ich der Erzählerin in der dritten Person in einem engen Zusammenhang mit der retrospektiven Scham für dessen Verhalten in einer Ferienkolonie 1958. Die persönlichen Erinnerungen an eine Erfahrung sexualisierter Gewalt und den Stolz, danach ein „Objekt der Begierde" („objet de désir")³⁵ auch anderer Männer gewesen zu sein, werden sowohl im gesellschaftlichen Kontext Ende der 1950er Jahre situiert als auch aus Perspektive des Schreibens in Bezug zu einer ‚Geschichte der Mädchen bzw. Frauen' gesetzt. Hinsichtlich letzterer verweist Ernaux 2012 in ihrem Schreibtagebuch auf aktuelle Debatten über sexuelle Belästigung und Vergewaltigung.³⁶ Allerdings bezeichnet sie erst 2020 in einem Radiointerview ihre Erfahrung im Jahr 1958 als „Vergewaltigung" („viol"³⁷), während sie in *Mémoire de fille* hervorhebt, dass sie den Begriff noch zum Zeitpunkt des Schreibens nicht verwenden könne (vgl. MDF, 110 / EEM, 118).

Die Verwendung des Pronomens „sie" für das Mädchen, das sie 1958 war, impliziert eine Distanzierung, Historisierung und Objektivierung. Allerdings ist die Unterscheidung des erzählenden Ichs vom erzählten „sie" nicht dichotomisch, insofern die Erzählerin hervorhebt, dass sie über die Erinnerungen des damaligen Mädchens verfüge, das für sie eine Fremde sei (vgl. MDF, 21 / EEM, 20). Vor diesem Hintergrund reflektiert sie die Aufspaltung ihrer damaligen und gegenwärtigen Existenz in „sie" („elle") und „ich" („je") als Kunstgriff, der es ihr ermögliche, in der Offenlegung der Geschehnisse so weit wie möglich zu gehen:

---

34 Vgl. Jill Locke, Democracy and the Death of Shame. Political Equality and Social Disturbance, Cambridge 2016, 18–20.
35 Annie Ernaux, Mémoire de fille, Paris, 2016, 99. Im Folgenden wird aus dieser Ausgabe mit der Sigle „MDF" zitiert / Erinnerung eines Mädchens (2018), aus dem Französischen von Sonja Finck, Berlin 2020, 106. Im Folgenden wird aus dieser Ausgabe mit der Sigle „EEM" zitiert.
36 Sie bezieht sich beispielsweise auf die Prozesse gegen Roman Polanski und Dominique Strauss-Kahn, vgl. LAN, 159 (Eintrag vom 07.01.2012).
37 Annie Ernaux in Clémence Allezard und Séverine Cassar, Violé·e·s: une histoire de dominations, in: France Culture. La série documentaire, 3. Episode. Fabriquer d'autres récits, 7–10. Dezember 2020, https://www.radiofrance.fr/franceculture/podcasts/lsd-la-serie-documentaire/fabriquer-d-autres-recits-9261689 (10.02.2025).

Soll ich unter diesen Umständen das Mädchen von 58 und die Frau von 2014 zu einem „Ich" verschmelzen? Oder, was mir – rein subjektiv – zwar nicht am stimmigsten, dafür aber am aufregendsten erscheint, beide voneinander trennen, sie in ein „sie" und ein „ich" aufspalten, um bei der Darstellung von Ereignissen und Handlungen bis zum Äußersten gehen zu können? Und aufs Grausamste, so wie die Menschen, die man hinter einer Tür über einen selbst reden hört, die „sie" oder „er" sagen, und in diesem Moment meint man zu sterben. (EEM, 21)[38]

Einerseits impliziert die Bezeichnung „das Mädchen von 58" („la fille de 58") bzw. „sie" („elle") eine Abspaltung des damaligen Ichs, um der Scham für das eigene Verhalten zu entgehen, indem dieses retrospektiv wie das einer anderen betrachtet wird. Andererseits entspricht die Rede in der dritten Person Singular einer Klatschsituation, in der das Verhalten des Mädchens, das sie damals war, scheinbar aus Perspektive der anderen wiedergegeben wird.

Roland Barthes hebt in seinem autobiografischen Text *Roland Barthes par Roland Barthes* (1975) nicht nur die Verbindung zum Klatsch hervor, sondern auch, dass die Rede in der dritten Person denjenigen oder diejenige über den bzw. die gesprochen wird, sprachlich ‚totzuschlagen' scheint.[39] Darüber hinaus stellt er einen Bezug zu Brechts ‚Verfremdung' im Schauspiel her, in der es, wie Barthes zusammenfasst, darum gehe, zu zeigen, ohne zu verkörpern, sodass sich das Pronomen vom Nomen, das Bild von der Vorlage ablöse.[40] In der um 1940 entstandenen *Kurzen Beschreibung einer neuen Technik der Schauspielkunst, die einen Verfremdungseffekt hervorbringt* schreibt Brecht: „Der Schauspieler hat nun diesen Abstand zu den Ereignissen und Verhaltensweisen, den der Historiker nimmt, zu den Ereignissen und Verhaltungsweisen der Jetztzeit zu nehmen. Er hat uns diese Vorgänge und Personen zu verfremden."[41] Brechts episches Theater setzt dem Begriff der ‚Einfühlung' bekanntermaßen den der ‚Distanz' entgegen: Im Unterschied zur Identifikation mit dem Gezeigten soll dieses kritisch betrachtet und reflektiert werden. Laut Brecht geht es nicht darum, Emotionen zu bekämpfen,

---

38 „Dans ces conditions, dois-je fondre la fille de 58 et la femme de 2014 en un ‚je'? Ou, ce qui me paraît, non pas le plus juste – évaluation subjective – mais le plus aventureux, dissocier la première de la seconde par l'emploi de ‚elle' et de ‚je', pour aller le plus loin possible dans l'exposition des faits et des actes. Et le plus cruellement possible, à la manière de ceux qu'on entend derrière une porte parler de soi en disant ‚elle' ou ‚il' et à ce moment-là on a l'impression de mourir" (MDF, 22).
39 Vgl. Roland Barthes, Über mich selbst, aus dem Französischen von Jürgen Hoch, München 1978, 183 / Roland Barthes par Roland Barthes, Paris 1975, 171.
40 Vgl. Barthes, Über mich selbst, 183.
41 Bertolt Brecht, Kurze Beschreibung einer neuen Technik der Schauspielkunst, die einen Verfremdungseffekt hervorbringt (um 1940), in: ders., Werke. Schriften 2: 1933–1942, Teil 2, Bd. 22.2, Große kommentierte Berliner und Frankfurter Ausgabe (GBFA), hg. von Werner Hecht et al., Berlin, Weimar und Frankfurt a. M. 1993, 641–659, hier: 646.

sondern diese zu untersuchen und nicht bei ihrer Erzeugung haltzumachen.[42] Seine realistische ‚Haltung' richtet sich gegen eine „bloße Widerspiegelung der Realität",[43] sie zielt vielmehr auf eine Erkenntnis ab, die Veränderung ermöglicht.[44]

Bei Ernaux steht die ‚Selbstverfremdung' nicht nur in Verbindung mit der Einnahme der Perspektive einer Historikerin auf ihr vergangenes Leben, wie sie in *Mémoire de fille* schreibt (vgl. MDF, 98 / EEM, 105), sondern auch in einem engen Zusammenhang mit der Vorstellung, das singulär Erlebte auf Abstand zu bringen, um Kollektives bzw. Allgemeines sichtbar zu machen. Dies formuliert sie besonders eindrücklich in der unter dem Titel *L'écriture comme un couteau* veröffentlichten Korrespondenz in dem Abschnitt „Un désir de dissolution" (etwa: ‚Ein Wunsch nach Auflösung'). Sie bezieht sich dort auch auf einen Satz von Brecht, den er in einem kurzen Prosatext aus den Jahren 1930/31 mit Bezug auf Lenin formuliert, nämlich dass „er [...] in andern Köpfen [dachte], und auch in seinem Kopf [...] andere [dachten]".[45] Während Ernaux' Vorstellung eines ‚transpersonalen' bzw. ‚aufgelösten Ichs' die Verschränkung sozialer, familialer, historischer, religiöser und sexueller Dimensionen in der individuellen Existenz sowie die Verbundenheit des Ichs mit den anderen im Leben und vermittelt von Lektüren umfasst,[46] verweist das Pronomen ‚sie' auf die zeitliche und affektive Distanz zum vergangenen Ich.

Die objektivierende Rede in der dritten Person stellt einerseits eine Möglichkeit dar, in der Entblößung des retrospektiv schamvoll empfundenen eigenen Verhaltens als 18-Jährige in der Ferienkolonie so weit wie möglich zu gehen. Andererseits wiederholt sie die Selbstbetrachtung als Objekt in der Scham. Wie bereits erwähnt, betont die Erzählerin, dass sie als junges Mädchen im Sommer 1958 keine Scham empfunden habe (vgl. MDF, 46, 64 / EEM, 48, 67), sondern vielmehr stolz auf ihre ersten Erfahrungen mit Männern gewesen sei (vgl. MDF, 78 / EEM, 83). Erst im Nachhinein sei Scham für ihr Verhalten aufgekommen:

---

42 Vgl. Bertolt Brecht, Versuche, H. 2, Berlin 1930, zitiert nach: Jan Knopf, Brecht-Handbuch. Theater. Eine Ästhetik der Widersprüche, Stuttgart und Weimar 1996, 384.
43 Bertolt Brecht, Über das Programm der Sowjetschriftsteller (1935), in: ders., Werke. Schriften 2: 1933–1942, Teil 1, Bd. 22.1, GBFA, Berlin, Weimar und Frankfurt a. M. 1993, 134–136, hier: 136.
44 Vgl. Jan Lietz, ‚Haltung' und Realismus. Zur Theorie poetischer Verallgemeinerung, Baden-Baden 2023, 100–101.
45 Bertolt Brecht, [Richtiges Denken] (um 1930), in: ders., Werke. Schriften 1: 1914–1933, Bd. 21, GBFA, Berlin, Weimar und Frankfurt a. M. 1992, 420.
46 Vgl. Annie Ernaux, Vers un *je* transpersonnel, in: Autofictions & Cie, hg. von Serge Doubrovsky, Jacques Lecarme und Philippe Lejeune, Paris 1993, 219–221 / Hin zu einem transpersonalen *Ich*, aus dem Französischen von Sonja Finck und Sarah Carlotta Hechler, in: Sinn und Form (2023), H. 1, 127–129; LEC, 42.

> Diese Scham ist anders als die Scham, die Tochter von kleinen Ladenbesitzern zu sein. Jetzt schämt sie sich dafür, ein Objekt der Begierde und stolz darauf gewesen zu sein. [...] Für die Gelächter und die Verachtung der anderen. Es ist eine weibliche Scham (EEM, 106).[47]

Während Sonja Fincks Übersetzung allgemeiner die geschlechtsspezifische Konnotation der Scham hervorhebt,[48] steht im Französischen „honte de fille" (MDF, 99), also wörtlich ‚Mädchenscham'. Letztere verweist auf das Aufkommen der Scham mit der Entwicklung des weiblichen Körpers in der Jugend. In Ernaux' Schreibtagebuch ist jedoch weder von einer ‚Mädchenscham' noch einer „weiblichen Scham" (EEM, 106), sondern von einer ‚sozialen und feministischen Scham'[49] die Rede. Die Autorin betont darüber hinaus, dass Scham entstehe, indem man sich mit dem Blick des anderen betrachte bzw. aus Perspektive der Herrschenden (vgl. LAN, 164). Es besteht allerdings ein Unterschied zwischen dem Objektwerden im Blick des anderen, das Sartre zufolge Scham auslöst, und der Selbstobjektifizierung von Frauen, die Beauvoir herausgearbeitet hat.[50] Während Ersteres darauf beruht, dass jede:r gleichzeitig Subjekt und Objekt ist in intersubjektiven Beziehungen, verweist Letztere auf die gesellschaftliche Objektivierung von, insbesondere jungen, Frauen.

Nach der Zurückweisung durch den Betreuungsleiter, der sie in einer Nacht benutzte, um seine sexuellen Bedürfnisse zu befriedigen, und sie danach nicht wiedersehen wollte, sowie der Beschämung seitens der anderen Betreuer:innen für ihr Verhalten gegenüber Männern transformiert sich die junge Frau in *Mémoire de fille* in den folgenden Jahren selbst in ein Objekt: Sie modelliert ihr Äußeres nach massenkulturellen Vorbildern wie Brigitte Bardot und dem ihr im Ferienlager vorgezogenen blonden Mädchen. Dies tritt insbesondere in der Beschreibung einer Fotografie hervor, die während eines *Au-pair*-Aufenthalts im

---

[47] „C'est une autre honte que celle d'être fille d'épiciers-cafetiers. C'est la honte de la fierté d'avoir été un objet de désir. [...] Honte des rires et du mépris des autres. C'est une honte de fille" (MDF, 99).
[48] Die Formel der „weiblichen Scham" erinnert an Freuds Beschreibung der Scham als eine „exquisit weibliche Eigenschaft". Er betont allerdings nicht den soziohistorisch hervorgebrachten Charakter, sondern dass sie mit der „ursprünglichen Absicht" verbunden sei, „den Defekt des Genitales zu verdecken", wie er in seiner Vorlesung „Die Weiblichkeit" schreibt, Sigmund Freud, Neue Folge der Vorlesungen zur Einführung in die Psychoanalyse (1933), in: ders., Gesammelte Werke, Bd. 15, unter Mitarbeit von Marie Bonaparte hg. von Anna Freud et al. [1940], 3. Aufl., Frankfurt a. M. 1961, 119–145, hier: 142.
[49] Das Stelle lautet in Gänze: „j'ai eu honte, après, de ma fierté. Honte de ce que j'avais fait mais surtout pensé. Honte à la fois sociale et féministe (j'ai été objet)" (LAN, 154).
[50] Vgl. beispielsweise Beauvoir, Das andere Geschlecht, 320–322, 340 / Le deuxième sexe, Zweites Buch, 88–89, 114. Siehe ferner hierzu: Garcia, Wir werden nicht unterwürfig geboren, 155–185.

Norden Londons 1960 von ihrer ehemaligen Klassenkameradin „R." in einem Freibad aufgenommen wurde (vgl. MDF, 141–142 / EEM, 153–154):

> Das hochgesteckte blonde Haar, aufgetürmt à la Brigitte Bardot, der Bikini – der blaue von Selfridges –, die Sonnenbrille, die einstudierte Pose – ein Arm auf die Steinplatten gestützt, der andere entspannt auf den angewinkelten Beinen ruhend –, eine Pose, die ihre schlanke Taille und die offensichtlich falschen Brüste betont, ein Resultat des wattierten BHs, „für den optimalen Halt". Ich sehe ein Mädchen, das an ein Pin-up-Girl erinnert. Annie D. hat es geschafft, die Blonde aus der Kolonie zu werden, nur größer, Hs Blonde. Allerdings ist sie ein kaltes, bulimisches Pin-up ohne Monatsblutung, das hochmütig jeden männlichen Annäherungsversuch abwehrt. (EEM, 154)[51]

Diese Selbsttransformation in ein Objekt des Begehrens, das jedoch alle Annäherungsversuche von Männern zurückweise, geht einher mit der Scham, im Sommer 1958 ein „‚Sexobjekt'" („‚objet sexuel'", MDF, 135 / EEM, 146) gewesen zu sein. Hinsichtlich Letzterer bezieht sich die Erzählerin auf die Lektüre von Simone de Beauvoirs *Le deuxième sexe* im folgenden Jahr (vgl. ebd. und MDF, 109 / EEM, 117). Sie habe damals, wie die meisten Mädchen der Zeit, in ihrer Lektüre Beauvoirs die Antwort auf die Frage, wie sie sich verhalten solle, gefunden: als freies Subjekt (vgl. MDF, 110 / EEM, 119).

Laut Sartre ist Scham „die Anerkennung des Tatbestands, daß ich wirklich jenes Objekt *bin*, das der Andere ansieht und aburteilt."[52] Das Subjekt erfahre sich als Objekt „für andere": Scham sei „das Gefühl, [s]ein Sein *draußen* zu haben, verstrickt in einem anderen Sein".[53] So beschreibt er die Scham als „ein Geständnis" („un aveu"),[54] das vom Entfliehen des eigenen Seins zeuge. Problematisch ist allerdings das implizierte Autonomieideal, demzufolge die Abhängigkeit von anderen ausschließlich negativ bewertet wird.[55] Es geht in der Scham zudem nicht

---

51 „Un chignon blond, haut et mousseux à la Brigitte Bardot, un bikini – le bleu de Selfridges – des lunettes de soleil, une pose étudiée – un bras tendu, en appui sur le dallage, l'autre mollement allongé sur les jambes repliées – qui fait ressortir la taille fine et la poitrine, manifestement fausse, résultant du tapissage de mousse 'ampliforme' à l'intérieur du soutien-gorge. C'est une fille aux apparences de pin-up que je vois. Annie D est parvenue à être, en un format plus grand, la blonde de la colonie, la blonde de H. Sauf que c'est une pin-up froide, boulimique et sans règles, qui repousse avec hauteur les tentatives masculines" (MDF, 142).
52 Sartre, Das Sein und das Nichts, 348, Hervorhebung im Original / L'être et le néant, 361.
53 Sartre, Das Sein und das Nichts, 381, Hervorhebung im Original / L'être et le néant, 395.
54 Sartre, Das Sein und das Nichts, 348 / L'être et le néant, 362.
55 Vgl. Sartre, Das Sein und das Nichts, 381; siehe hierzu: Garcia, Wir werden nicht unterwürfig geboren, 156. Für eine Kritik an Sartres negativistischer Konzeption von Intersubjektivität, der Reduktion des Blicks auf eine Verdinglichung des erblickten Subjekts und des Kampfes um Anerkennung auf Selbsterhaltung siehe ferner: Axel Honneth, Kampf um Anerkennung. Zu Sartres

nur um die Übernahme einer Fremdperspektive, sondern auch um die eigene Betrachtung von außen, als Objekt. Dem entspricht bei Ernaux die Rede in der dritten Person, die jedoch zugleich eine Schutzfunktion hat: Sie ermöglicht es, das schambehaftete Verhalten im Sommer 1958 zu erzählen, ohne sich damit identifizieren zu müssen. Auf eine „Identitätskrise"[56] in der Scham verweist auch das der Erzählung vorangestellte Zitat aus dem *Logical Song* der britischen Pop-/Rockband Supertramp aus dem Jahr 1979: „I know it sounds absurd but please tell me who I am" (MDF, 9 / EEM, 7).

Allerdings steht der Selbstverlust in *Mémoire de fille* insbesondere in Zusammenhang mit der gesellschaftlichen Objektivierung der Körper der Frauen, die sie dazu verleite, „dem von ihnen erwarteten Status des Anderen zu entsprechen"[57], wie die Philosophin Manon Garcia formuliert. Entgegen Sartres Konzeption der ‚Unaufrichtigkeit' (*mauvaise foi*) zeige Beauvoir, indem sie die soziale Dimension von Frauenkörpern herausarbeite, dass die Situation der Frauen so strukturiert sei, dass sie sich unterwerfen.[58]

Die Lektüre der Erzählerin von Beauvoirs *Le deuxième sexe* hat in *Mémoire de fille* hinsichtlich der Scham für das eigene Verhalten allerdings einen ambivalenten Charakter: Einerseits verstärkt sie die nachträgliche Scham, andererseits trage die Lektüre zu deren Verständnis bei, das jedoch nicht mit einer Überwindung gleichzusetzen sei. So fragt sich die Erzählerin: „Wurde ich durch *Das andere Geschlecht* von ihr befreit oder im Gegenteil überwältigt? Ich wähle die Unentschlossenheit: Nur weil man die eigene Scham versteht, kann man sie noch lange nicht überwinden"[59] (EEM, 119).

Beauvoir betont, dass sich Scham in der Pubertät entwickele.[60] Noch bevor junge Frauen ihren Körper erleben können, würden sie oftmals dessen gesellschaftliche Bedeutung als Sexualobjekt erfahren.[61] Neuere Ansätze feministischer Phänomenologie heben in diesem Sinne den Zusammenhang der Objektivierung von Frauenkörpern in westlichen neoliberalen Gesellschaften mit der Entwick-

---

Theorie der Intersubjektivität, in: ders., Die zerrissene Welt des Sozialen. Sozialphilosophische Aufsätze, Frankfurt a. M. 1990, 144–155.
56 Günther Anders versteht Scham als „Identitätskrise'", der Mensch erfahre sich als „etwas [...], was er ‚nicht ist', aber auf unentrinnbare Weise ‚doch ist'", Günther Anders, Die Antiquiertheit des Menschen. Über die Seele im Zeitalter der zweiten industriellen Revolution, München 1956, 68.
57 Garcia, Wir werden nicht unterwürfig geboren, 166.
58 Vgl. Garcia, Wir werden nicht unterwürfig geboren, 147–148.
59 „En ai-je été nettoyée par *Le deuxième sexe* ou au contraire submergée? J'opte pour l'indécision: d'avoir reçu les clés pour comprendre la honte ne donne pas le pouvoir de l'effacer" (MDF, 110).
60 Vgl. Beauvoir, Das andere Geschlecht, 334 / Le deuxième sexe, Zweites Buch, 106.
61 Vgl. Garcia, Wir werden nicht unterwürfig geboren, 164.

lung von Körperscham hervor.⁶² Die Konsumkultur und ihre Schönheitsnormen würden insbesondere bei jungen Frauen zu einer Betrachtung des Körpers als Transformationsobjekt führen, die mit einem geringen Selbstwertgefühl und mit Essstörungen einhergehen können.⁶³

Ernaux beschreibt in *Mémoire de fille* die Entwicklung einer Bulimie in Zusammenhang mit dem Bestreben, ihr Aussehen zu perfektionieren, „um H. zu verführen" (EEM, 109 / MDF, 101). Der Wunsch nach sowohl körperlicher als auch geistiger Transformation impliziert, das Mädchen, das sie einst war und für das sich die junge Frau in der Folgezeit schämt, hinter sich zu lassen. Im Epilog wird die Rückkehr an den Ort der Ferienkolonie vier Jahre später, 1962, mit einer Vergewisserung ihrer „neuen Identität" (EEM, 162) erklärt:

> Ich war nicht in die Kolonie zurückgekehrt, um etwas zu empfinden, für dieses Bedürfnis war ich noch zu jung – ich hatte noch nicht die *Suche nach der verlorenen Zeit* gelesen. Ich war zurückgekehrt, um zu zeigen, wie sehr ich mich von dem Mädchen von 58 unterschied, um mich meiner neuen Identität zu vergewissern – der einer brillanten und braven Literaturstudentin, die sich dem Unterrichten und der Literatur verschrieben hat –, um den Abstand zwischen den beiden zu ermessen. (EEM, 161–162)⁶⁴

Die Selbsttransformation steht zwar einerseits in Verbindung mit dem Willen, zunächst im Philosophieunterricht und anschließend im Literaturstudium zu einem freien Subjekt zu werden, doch zeugt sie andererseits von der eigenen Betrachtung als Objekt. Wie zuvor hinsichtlich der erneuten Betreuungstätigkeit in einer Ferienkolonie im Jahr 1959 geschildert, möchte die junge Frau „dem Vorbild der guten Betreuerin entsprechen [...], so sein wie die anderen" (EEM, 122 / MDF, 113). In ähnlicher Weise manifestiert sich in der „brillanten und braven Literaturstudentin" (EEM, 162), in die sie sich transformiert, der Wunsch, sich den gesellschaftlichen Erwartungen an Frauen anzupassen, was in Zusammenhang mit der Scham für das Verhalten des „Mädchens von 58" steht, von dem sie sich zu

---

62 Siehe beispielsweise: Luna Dolezal, Body Shame and Female Experience, in: Dem Erleben auf der Spur. Feminismus und Philosophie des Leibes, hg. von Hilge Landweer und Isabella Marcinski, Bielefeld 2016, 45–67 (es handelt sich um eine Adaption des fünften Kapitels von Luna Dolezal, The Body and Shame: Phenomenology, Feminism and the Socially Shaped Body, Lanham 2015, 103–122).
63 Vgl. Dolezal, Body Shame and Female Experience, 47, 51.
64 „En voulant revenir à la colonie, je ne cherchais pas à éprouver quelque chose, j'étais encore trop jeune pour avoir ce désir – et je n'avais pas lu toute la *Recherche du temps perdu*. Je revenais pour manifester combien j'étais différente de la fille de 58 et affirmer ma nouvelle identité – brillante et convenable étudiante de lettres, se destinant à l'agrégation et à la littérature – pour mesurer l'écart entre les deux" (MDF, 149).

distanzieren sucht.[65] Die Hervorhebung des Abstands zwischen den verschiedenen Formen des Ichs verweist sowohl auf dessen sukzessive Veränderung als auch auf die schamvolle Verweigerung der Identifikation mit dem „Mädchen von 58". Darüber hinaus stellt die Rede in der dritten Person jedoch ein Mittel dar, das eigene Verhalten zugleich ‚unbeschämbar' auszustellen und die damalige Selbstobjektifizierung in der Pronominalwahl zu wiederholen. Die distanzierende, historisierende und objektivierende Beschreibung in der dritten Person Singular hat schließlich weniger die Funktion einer Maske, hinter der sich die eigene Scham verbirgt,[66] als dass sie deren Zusammenhang mit sozialen und geschlechtlichen Herrschaftsverhältnissen, über die Interpretationen der Autorin hinausgehend, sichtbar macht.

4 Annie Ernaux' distanzierte Vermittlung der Scham und Anke Stellings selbstreflexive Wut

Ernaux' distanzierte Vermittlung singulärer affektiver Erfahrungen als Ausdruck von Klassen- und Geschlechterverhältnissen möchte ich abschließend mit dem selbstreflexiv wütenden Text von Anke Stelling in der Anthologie *Klasse und Kampf* vergleichen. Die Ansätze beider Autorinnen werde ich von der dort im Vorwort der Herausgeber:innen formulierten „Einladung zur Empathie"[67] der Lesenden abgrenzen. In der Verbindung des Versuchs, die eigene Wahrnehmung zu rekonstruieren und diese zugleich in der retrospektiven Erzählung im soziohistorischen Kontext zu situieren, manifestieren sich sowohl die Geschichtlichkeit der individuellen Existenz als auch die Veränderbarkeit der gesellschaftlichen Verhältnisse. Das autosoziobiografische Schreiben Ernaux' lädt in diesem Sinne weniger zu einer Identifikation mit den persönlichen Erfahrungen der Autorin ein als zum Wiedererkennen in diesen aufgrund des kollektiv geteilten Charakters sozialer und geschlechtlicher Herrschaftsverhältnisse. Allerdings gerät in dieser Lektüre deren gesellschaftliche und historische Spezifizität zum Teil aus dem Blick. Auch in den Interpretationen der in *L'événement* und *Mémoire de fille*

---

65 Sighard Neckel hebt hinsichtlich der Erfahrung sozialer Unterlegenheit desjenigen, der sich geschämt hat, hervor, dass diese dazu führe, besonders konform sein zu wollen, um weiterer Scham zu entgehen, vgl. Neckel, Status und Scham, 17.
66 Siehe hierzu aus psychoanalytischer Perspektive: Léon Wurmser, Die Maske der Scham. Die Psychoanalyse von Schamaffekten und Schamkonflikten, aus dem Englischen von Ursula Dallmayer, Berlin et al. 1990.
67 Barankow und Baron, Vorwort, 10.

beschriebenen Erfahrungen als ‚Klassen'- oder ‚Frauenschicksal' manifestiert sich eine teilweise problematische Dimension der Kollektivdeutungen: Ersteres zeugt von der Übernahme gesellschaftlich herrschender Wertschemata und Zweiteres von einer teilweise transhistorischen und verallgemeinernden Betrachtung.

Ernaux' Texte demonstrieren zugleich, wovor Sara Ahmed in *The Cultural Politics of Emotion* (2014) warnt und wozu sie aufruft: Es geht laut Ahmed nicht darum, Einzelgeschichten zu einem kollektiven weiblichen Schmerz zu fetischisieren und Identifikationen herzustellen, sondern die Erfahrungen jeweils in soziohistorischen Strukturen und Kontexten zu verorten.[68] In der Einleitung der 2004 erschienenen Anthologie zum Thema *Affekt und Geschlecht* weisen die Herausgeberinnen auf eine ähnliche Problematik in Bezug auf Mitgefühl und Mitleid hin, die die US-amerikanische Kulturtheoretikerin Lauren Berlant hervorgehoben hat: Mit dieser gelte es

> zu bedenken, dass Mitgefühl und Mitleid mit Anderen, die als leidend erlebt werden, durch die historischen Klassenhierarchien der Privilegierten „hier" und der Anderen „dort" organisiert werden. Die leidenden Anderen werden damit jenseits eines „eigenen" Ortes fixiert: im globalen Süden, in einer anderen sozial-ökonomischen Schicht, einem niedrigen Bildungsstand.[69]

Diese Gefahr besteht auch in sogenannten autosoziobiografischen Texten, deren Erzähler:innen jeweils eine Position außerhalb der von ihnen beschriebenen sozialen Herkunft einnehmen. Anke Stellings Beitrag zu der Anthologie *Klasse und Kampf*, der den Titel „Plastikteile" trägt, reflektiert diese Problematik, entkommt ihr jedoch gleichzeitig nicht. Hinsichtlich der Tatsache, dass Stellings Text nicht von ihr selbst, sondern von ihrer im Sterben liegenden Schwiegermutter handelt, schreibt die Autorin:

> Ich wollte unbedingt mal von mir absehen, weil mir nämlich eingeleuchtet hat, was da neulich im Feuilleton stand: dass diese ganzen Klassenfragentexte doch immer nur von der Herkunft der Schreibenden handeln und wie heldenhaft sie da rausgekommen sind. Das sei

---

68 Vgl. Sara Ahmed, The Cultural Politics of Emotion, Edinburgh 2014, 173. Siehe hierzu: Angelika Baier et al., Affekt und Geschlecht. Eine Einleitung in die Affekt-Theorien aus einer feministischen, queeren und post/kolonialen Perspektive, in: Affekt und Geschlecht. Eine einführende Anthologie, hg. von dens., Wien 2014, 11–54, hier: 25.
69 Baier et al., Affekt und Geschlecht, 25. Siehe ferner: Lauren Berlant, Introduction. Compassion (and Withholding), in: dies., Compassion. The Culture and Politics of an Emotion, New York 2004, 1–13, hier: 1.

kitschig, hieß es, und das hat mir eingeleuchtet. Weg mit dem Ich, hab ich gedacht, her mit der Schwiegermutter. Deren Elend baller ich euch ins Gehirn.[70]

Wie Ernaux hervorhebt, sei es ihr vor allem darum gegangen, eine Schreibweise zu finden, die weder ‚miserabilistisch' noch ‚populistisch' sei (vgl. LEC, 72): Gemäß der Unterscheidung der Soziologen Claude Grignon und Jean-Claude Passeron wolle sie weder einseitig die Entfremdung darstellen noch die Lage der Arbeiter:innen verherrlichen, indem sie deren ökonomische und kulturelle Beherrschung außen vor lasse.[71] In ihrer distanzierten, affektverweigernden Schreibweise sucht Ernaux in diesem Sinne den ‚doppelten Abgrund' einer ausschließlichen Betonung des Elends und einer Romantisierung der Arbeiterklasse zu vermeiden.[72]

Stelling setzt dagegen auf die Affizierung der Lesenden in der Erzählung vom Elend der Schwiegermutter, die sich als alte Frau in der Arbeiterklasse in einer dreifach unterlegenen Position befindet. So betont sie im bereits zitierten Text: „Schreiben kann ich gut. Und ich mach euch auch lieber die Wut als die Wäsche, dafür bin ich ausgebildet".[73] Auch indem sie sich gegen das Motiv des Verrats wendet,[74] stellt Stelling ‚Aufstiegsgeschichten' zugunsten von Klassensolidarität infrage.[75] Ernaux hingegen reflektiert die Frage des Verrats an der Arbeiterklasse, bzw. in ihrem an Bourdieu angelehnten Vokabular der Beherrschten, in ihrer autosoziobiografischen Schreibweise, die den Versuch darstellt, sich nicht auf der Seite der Herrschenden zu positionieren. Die inhaltliche Affirmation von mit dem Klassenwechsel verbundenen Affekten wird von Ernaux formal infrage gestellt. Diese Brechung in der Form ist es, so lässt sich am Ende der hier angestellten Lektüre festhalten, die eine Distanzierung vom Beschriebenen impliziert und ihre Texte von anderen autosoziobiografischen Texten unterscheidet.

Trotz ihrer Verschiedenheit machen sowohl der selbstreflexiv wütende Text von Stelling als auch die distanzierte Schreibweise Ernaux' soziale und geschlechtliche Herrschaftsverhältnisse sowie deren Verschränkung sicht- und erfahrbar. In

---

70 Anke Stelling, Plastikteile, in: Klasse und Kampf, hg. von Maria Barankow und Christian Baron, Berlin 2021, 96–108, hier: 100.
71 Vgl. Annie Ernaux: Le vrai lieu. Entretiens avec Michelle Porte, Paris 2014, 70. Siehe ferner: Claude Grignon und Jean-Claude Passeron, Le Savant et le Populaire. Misérabilisme et populisme en sociologie et en littérature, Paris 1989.
72 Vgl. Ernaux, Le vrai lieu, 70.
73 Stelling, Plastikteile, 105.
74 Vgl. Stelling, Plastikteile, 107.
75 Zu den Paradoxien französischsprachiger autosoziobiografischer Texte bezüglich des Gefühls des Verrats an der ‚Herkunftsklasse' und des Anspruchs, diese zu ‚rächen', siehe den von der Linguistin Laélia Véron mit der Literaturwissenschaftlerin Karine Abiven verfassten Essay: Trahir et venger. Paradoxes des récits de transfuges de classe, Paris 2024.

beiden Fällen beruht diese nicht auf einer „Einladung zur Empathie":[76] Stellings Wut und Ernaux' Beschämung in der Selbstentblößung richten sich vielmehr gegen die (wie angenommen wird) bürgerlichen Leser:innen. Die Anklage der Verhältnisse bei Stelling scheint allerdings im Präsens der individuell ohnmächtigen Wut zu verharren, deren Entstehungsbedingungen und Folgen im Unklaren bleiben. Die Montage verschiedener Zeitebenen im Schreiben Ernaux' lädt dagegen zur Erkenntnis des Zusammenhangs persönlich erlebter Scham mit gesellschaftlichen Herrschaftsstrukturen ein. Während die Klassenverhältnisse in der retrospektiven Erzählung jedoch nur auf individueller Ebene verhandelt werden, verweist die soziohistorische Betrachtung der Geschlechterverhältnisse auf deren Wandel im Zuge kollektiver Kämpfe, die das Abtreibungsverbot und sexualisierte Gewalt öffentlich gemacht und zu deren Analyse als Folge struktureller Herrschaftsverhältnisse beigetragen haben.

In diesem Sinne möchte ich mit der folgenden Frage enden: Wenn man Affekte wie Scham einerseits als gesellschaftlich hervorgebracht betrachten kann, wie die Lektüre der autosoziobiografischen Texte Ernaux' gezeigt hat, können diese andererseits auch ein emanzipatorisches bzw. gesellschaftstransformatorisches Potenzial entfalten? Der Beitrag des Erzählens von affektiven Erfahrungen gesellschaftlicher Widersprüche bestünde darin, Herrschaftsverhältnisse aufgrund von Klasse, Geschlecht oder Rassifizierung sowie deren Verschränkungen sichtbar zu machen und jenseits individueller Betroffenheit infrage zu stellen.

Literatur

Primärliteratur

Ernaux, Annie: La place, Paris 1983 (Sigle: LP) / Der Platz, aus dem Französischen von Sonja Finck, Berlin 2019 (DP).
Ernaux, Annie: Une femme, Paris 1987 / Eine Frau, aus dem Französischen von Sonja Finck, Berlin 2019.
Ernaux, Annie: Vers un je transpersonnel, in: Autofictions & Cie, hg. von Serge Doubrovsky, Jacques Lecarme und Philippe Lejeune, Paris 1993, 219–221 / Hin zu einem transpersonalen Ich, aus dem Französischen von Sonja Finck und Sarah Carlotta Hechler, in: Sinn und Form (2023), H. 1, 127–129.
Ernaux, Annie: La honte, Paris 1997 / Die Scham, aus dem Französischen von Sonja Finck, Berlin 2020.
Ernaux, Annie: L'événement, Paris 2000 (LE) / Das Ereignis (2021), aus dem Französischen von Sonja Finck, Berlin 2022 (DE).
Ernaux, Annie: L'écriture comme un couteau. Entretien avec Frédéric-Yves Jeannet (2003), Paris 2011 (LEC).
Ernaux, Annie: Raisons d'écrire, in: Le symbolique et le social. La réception internationale de la pensée de Pierre Bourdieu, hg. von Pascal Durand, Liège 2005, 361–365.

---

76 Maria Barankow und Christian Baron, Vorwort, 10.

Ernaux, Annie: La preuve par le corps, in: Bourdieu et la littérature, hg. von Jean-Pierre Martin. Nantes 2010, 23–27.
Ernaux, Annie: L'atelier noir (2011), Paris 2022 (LAN).
Ernaux, Annie: Le vrai lieu. Entretiens avec Michelle Porte, Paris 2014.
Ernaux, Annie: Mémoire de fille, Paris, 2016 (MDF) / Erinnerung eines Mädchens (2018), aus dem Französischen von Sonja Finck, Berlin 2020 (EEM).
Stelling, Anke: Plastikteile, in: Klasse und Kampf, hg. von Maria Barankow und Christian Baron, Berlin 2021, 96–108.

Sekundärliteratur

Ahmed, Sara: The Cultural Politics of Emotion, Edinburgh 2014.
Allezard, Clémence, und Séverine Cassar : Violé·e·s: une histoire de dominations, in: France Culture. La série documentaire, 3. Episode. Fabriquer d'autres récits, 7.–10.12.2020, https://www.radiofrance.fr/franceculture/podcasts/lsd-la-serie-documentaire/fabriquer-d-autres-recits-9261689 (10.02.2025).
Anders, Günther: Die Antiquiertheit des Menschen. Über die Seele im Zeitalter der zweiten industriellen Revolution, München 1956.
Baier, Angelika, et al.: Affekt und Geschlecht. Eine Einleitung in die Affekt-Theorien aus einer feministischen, queeren und post/kolonialen Perspektive, in: Affekt und Geschlecht. Eine einführende Anthologie, hg. von dens., Wien 2014, 11–54.
Barankow, Maria, und Christian Baron: Vorwort, in: Klasse und Kampf, hg. von dens., Berlin 2021, 7–12.
Bargetz, Brigitte, und Birgit Sauer: Der affective turn. Das Gefühlsdispositiv und die Trennung von öffentlich und privat, in: Femina Politica. Zeitschrift für feministische Politikwissenschaft 24 (2015), H. 1, 93–102.
Barthes, Roland: Roland Barthes par Roland Barthes, Paris 1975 / Über mich selbst, aus dem Französischen von Jürgen Hoch, München 1978.
Beauvoir, Simone de : Le deuxième sexe, Paris 1949 / Das andere Geschlecht. Sitte und Sexus der Frau (1951), aus dem Französischen von Eva Rechel-Mertens (Erstes Buch) und Fritz Montfort (Zweites Buch), Reinbek bei Hamburg [1968] 1990.
Beauvoir, Simone de, et al., Variations sur des thèmes communs, in: Questions Féministes 1 (1977), 3–19.
Berlant, Lauren: Introduction. Compassion (and Withholding), in: dies., Compassion. The Culture and Politics of an Emotion, New York 2004.
Brecht, Bertolt: [Richtiges Denken] (um 1930), in: ders., Werke. Schriften 1: 1914–1933, Bd. 21. Große kommentierte Berliner und Frankfurter Ausgabe (GBFA), hg. von Werner Hecht et al., Berlin, Weimar und Frankfurt a. M. 1992, 420.
Brecht, Bertolt: Versuche, H. 2, Berlin 1930.
Brecht, Bertolt: Über das Programm der Sowjetschriftsteller (1935), in: Werke. Schriften 2: 1933–1942, Teil 1, Bd. 22.1, GBFA, Berlin, Weimar und Frankfurt a. M. 1993, 134–136.
Brecht, Bertolt: Kurze Beschreibung einer neuen Technik der Schauspielkunst, die einen Verfremdungseffekt hervorbringt (um 1940), in: ders., Werke. Schriften 2: 1933–1942, Teil 2, Bd. 22.2, GBFA, Berlin, Weimar und Frankfurt a. M. 1993, 641–659.
Dröscher, Daniela: Intro, in: check your habitus, hg. von ders. und Paula Fürstenberg, Berlin 2021.
Dolezal, Luna: The Body and Shame: Phenomenology, Feminism and the Socially Shaped Body, Lanham 2015.

Dolezal, Luna: Body Shame and Female Experience, in: Dem Erleben auf der Spur. Feminismus und Philosophie des Leibs, hg. von Hilge Landweer und Isabella Marcinski, Bielefeld 2016, 45–67.

Freud, Sigmund: Neue Folge der Vorlesungen zur Einführung in die Psychoanalyse (1933), in: ders., Gesammelte Werke, Bd. 15, unter Mitarbeit von Marie Bonaparte hg. von Anna Freud et al. [1940], 3. Aufl., Frankfurt a. M. 1961, 119–145.

Früchtl, Josef: Demokratie der Gefühle. Ein ästhetisches Plädoyer, Hamburg 2021.

Garcia, Manon: Wir werden nicht unterwürfig geboren. Wie das Patriarchat das Leben von Frauen bestimmt (2018), aus dem Französischen von Andrea Hemminger, Berlin 2021.

Grignon, Claude, und Jean-Claude Passeron: Le Savant et le Populaire. Misérabilisme et populisme en sociologie et en littérature, Paris 1989.

Havercroft, Barbara: Subjectivité féminine et conscience féministe dans *L'événement*, in: Annie Ernaux une Œuvre de l'entre-deux, hg. von Fabrice Thumerel, Arras 2004, 125–138.

Hechler, Sarah Carlotta: Gelebte Widersprüche, autosoziobiographische Formen. Annie Ernaux' materialistische Poetik, unveröffentlichte Dissertationsschrift an der Freien Universität Berlin, 2024.

Herold, Dominik: Scham als Herrschaftstechnik. Der „transclasse" als prototypische Figur radikaldemokratischer Affektpolitik, in: ifs working paper 23 (2024), 1–33.

Honneth, Axel: Kampf um Anerkennung. Zu Sartres Theorie der Intersubjektivität, in: ders., Die zerrissene Welt des Sozialen. Sozialphilosophische Aufsätze, Frankfurt a. M. 1990, 144–155.

Horst, Johanna Charlotte: Kollektive schreiben. Über die Poetik des Versammelns bei Annie Ernaux, in: Weibliche Kollektive, hg. von ders. und Vera Bachmann, Paderborn 2023, 17–34.

Knopf, Jan: Brecht-Handbuch. Theater. Eine Ästhetik der Widersprüche, Stuttgart und Weimar 1996.

Landweer, Hilge: Mikrophysik der Scham? Elias und Foucault im Vergleich, in: Zivilisierung des weiblichen Ich, hg. von Gabriele Klein und Katharina Liebsch, Frankfurt a. M. 1997, 365–399.

Landweer, Hilge, und Isabella Marcinski: Feministische Phänomenologie. Leib und Erfahrung, in: Dem Erleben auf der Spur. Feminismus und die Philosophie des Leibes, hg. von dens., Bielefeld 2016, 7–24.

Lietz, Jan: ‚Haltung' und Realismus. Zur Theorie poetischer Verallgemeinerung, Baden-Baden 2023.

Locke, Jill: Democracy and the Death of Shame. Political Equality and Social Disturbance, Cambridge 2016.

Neckel, Sighard: Status und Scham. Zur symbolischen Reproduktion sozialer Ungleichheit, Frankfurt a. M. und New York 1991.

Neckel, Sighard: Achtungsverlust und Scham. Die soziale Gestalt eines existentiellen Gefühls, in: Zur Philosophie der Gefühle, hg. von Hinrich Fink-Eitel und Georg Lohmann, Frankfurt a. M. 1994, 244–265.

Sartre, Jean-Paul: L'être et le néant. Essai d'onotologie phénoménologique, Paris 1943 / Das Sein und das Nichts. Versuch einer phänomenologischen Ontologie (1943), aus dem Französischen von Hans Schöneberg und Traugott König, Reinbek bei Hamburg 1980.

Véron, Laélia, und Karine Abiven: Trahir et venger. Paradoxes des récits de transfuges de classe, Paris 2024.

Wurmser, Léon: Die Maske der Scham. Die Psychoanalyse von Schamaffekten und Schamkonflikten, aus dem Englischen von Ursula Dallmayer, Berlin et al. 1990.

Jana Maria Weiß
Class Listening mit Deniz Ohde
Über Sound, Klasse und Affekt in der Gegenwartsliteratur

„Die Macht der Liebe kann Klassenunterschiede für eine Zeit lang außer Kraft setzen. Und zwar genau für die Dauer eines Popsongs. Es ist eine herrliche Zeit."[1] Mit diesen Zeilen von Barbara Juch eröffnet *Herz & Habitus* (2023), eine Textsammlung, in der 15 Gegenwartsautor:innen „ihre Verhältnisse ins Verhältnis zu den Verhältnissen"[2] setzen. Es geht um Liebe in der Klassengesellschaft und darum, wie soziale Ungleichheit die kulturellen und sozialen Praktiken intimster Beziehungen bestimmt. Juchs Eingangsstatement richtet die Aufmerksamkeit auf ein bekanntes Phänomen: die Verbundenheit von Liebespaaren durch einen Song – in der zum Pathos neigenden Sprache von Frischverliebten oft ‚unser Lied' genannt. Soziologisch sind diese ‚couple defining songs' als wichtiger Bindungskleber von Paarbeziehungen beschrieben und empirisch erforscht worden.[3] In der Bezugnahme auf ein geteiltes Gut – ‚unser Lied' – entsteht Gemeinschaft zwischen zwei Individuen. Aus zwei einzelnen Hörenden entsteht ein Wir. Was in Bezugnahmen auf ‚couple defining songs' in der Regel lebenslang halten soll und in der viel bemühten Zeile ‚Sie spielen unser Lied' situativ stets neu entflamme, erlischt bei Juch jedoch bereits nach einer Hördauer. Eine idealisiert romantische Liebe, die sich über alle realweltlichen Grenzen und so auch über Klassengrenzen hinwegsetzt, erscheint nur flüchtig, bleibt eine kurze Illusion.

Damit macht die österreichische Gegenwartsautorin nicht nur ihre Vorbehalte gegenüber apolitischen Liebesvorstellungen deutlich. Wenn Juch die Nachhaltigkeit klassenübergreifender Verbundenheit durch Popmusik in Zweifel zieht, scheint gleichzeitig die Frage auf, welche affektiven Bindemittel Menschen zusammenhalten und inwiefern sie durch Klang vermittelt sind. Dass die Wahl eines ‚couple defining songs' Klassenfragen aufwirft, überrascht kaum. Als Verbindungselement der romantischen Beziehung dient hier schließlich ein geteiltes Geschmacksurteil. In seinen kultursoziologischen Studien hat Pierre Bourdieu dargelegt, dass Musik – anders als es die Vorstellung von Musik als ‚Weltsprache'

---

1 Barbara Juch in Christian Dittloff und Paula Fürstenberg (Hg.), Herz & Habitus, Berlin 2023, 6.
2 Christian Dittloff und Paula Fürstenberg, Intro, in: Herz & Habitus, hg. von dens., Berlin 2023.
3 Vgl. Celia B. Harris, Amee Baird, Sophia A. Harris et al., „They're Playing Our Song". Couple-Defining Songs in Intimate Relationships, in: Journal of Social and Personal Relationships 37 (2020), H. 1, 163–179.

spätestens seit der Romantik suggeriert[4] – keineswegs ein universal verbindendes Medium ist, sondern dass sich Musikgeschmack nach Klassenlage strukturiert.[5] Popmusik scheint für Juch dabei zunächst eine Art ‚kleinsten gemeinsamen Nenner' zu eröffnen,[6] doch hält dieser nicht lange vor. Als scheinbar konfliktfreier Raum wirft der von ihr beschriebene Popsong vielmehr die Frage auf, wie und wo die Dissonanzen sozialer Ungleichheit zum Ausdruck kommen, in welchen Klängen, Wörtern und Rhythmen sie spürbar und artikulierbar sind. Für negative Affekte wie Klassenscham oder -hass scheint im besagten Lovesong kein Platz zu sein. Für die Länge des harmonischen ‚couple defining songs' werden diese Gefühle ausgeblendet – und treten so nach Ende des Tracks vielleicht besonders laut hervor. Klassengrenzen und die mit ihnen verknüpften Affekte, das deutet sich hier bereits an, manifestieren sich auf akustischer Ebene somit nicht allein in der Präferenz bestimmter Musikrichtungen und Interpreten. Sie zeigen sich, wie ich nachfolgend ausführen möchte, auch im Wechsel von Ruhe und Lärm, in Stimmkulturen, Klanglandschaften und Geräuschen.

Ziel meines Beitrags ist es, diese Soundscapes von Klasse in der Gegenwartsliteratur hör- und beschreibbar zu machen. Zunächst einmal geht es mir also darum, Aufmerksamkeit für die bislang kaum diskutierte akustische Dimension sozialer Stratifizierung in literarischen Texten zu wecken; zum anderen möchte ich aufzeigen, wie klangsensible Lektüren zur literaturwissenschaftlichen Erforschung von Klasse und Affekt beitragen können. Dazu wird in einem ersten Schritt ein Panorama entfaltet, das veranschaulicht, auf welch vielfältige Weise Klasse und Klang in der Gegenwartsliteratur miteinander verschränkt sind. In einem kurzen interdisziplinären Exkurs werden im Anschluss verschiedene Ansätze zur Erforschung des Konnexes von Klasse, Sound und Affekt vorgestellt und gefragt, wie sich diese für die Literaturwissenschaft fruchtbar machen lassen. Im Hauptteil des Beitrags werden diese Perspektivierungen in einer soundfokussier-

---

4 Vgl. dazu Hans-Georg Nicklaus, Weltsprache Musik. Rousseau und der Triumph der Melodie über die Harmonie, Paderborn 2015.
5 Vgl. Pierre Bourdieu, Die feinen Unterschiede. Kritik der gesellschaftlichen Urteilskraft, aus dem Französischen von Bernd Schwibs und Achim Russer (im französischen Original: 1979), Berlin 1982, 34–43.
6 Die Vorstellung von Popmusik als klassenübergreifendem Genre findet sich in der Musikwissenschaft immer wieder. So schreibt 1985 bereits Jacques Attali: „[P]opular music is no longer hierarchically organized according to class. It is the same at the top and the bottom of the social scale, because the media have considerably reduced the time it takes for a success to penetrate socially and geographically, as well as reducing its life span." Jacques Attali, Noise. The Political Economy of Music, ins Englische übersetzt von Brian Massumi (im französischen Original: 1977), Minneapolis 2009, hier: 119–120.

ten Textlektüre praktisch erprobt. Mit Deniz Ohdes *Streulicht* (2020) wurde dafür ein Roman ausgewählt, der von der Forschung intensiv als autosoziobiografischer Klassentext diskutiert wurde, ohne dass Klang dabei Berücksichtigung fand.[7] Im Fall von Ohdes Text mag das nicht überraschen, schließlich spricht schon sein Titel gezielt das Auge an: *Streulicht* bezeichnet ein visuelles physikalisches Phänomen, das auftritt, „wenn Licht auf eine raue Oberfläche oder Staubpartikel in der Luft trifft".[8] Auch das Cover des Textes setzt dieses Lichtphänomen in Szene und stellt es in Verbindung mit dem Herd seiner Entstehung: einer luftverschmutzenden Industrieanlage. Ausgehend davon scheint Visuelles auch in den Vordergrund der bisherigen Beschäftigung mit Ohdes autosoziobiografischer Klassenerzählung gerückt zu sein: sei es mit Fokus auf die Rolle öffentlicher Blicke im Roman[9] oder in Bezug auf Klasse und „intersectional visibility".[10] Die „unsichtbare Wand",[11] die die Erzählerin zwischen sich und ihrem Herkunftsmilieu wahrnimmt, wird, wie ich zeigen möchte, im Text jedoch auf verschiedene Weisen hörbar gemacht. Akustische Elemente – Musik, Sound, Geräusche und Sprechlautstärken – spielen für die Konturierung von Klasse bei Ohde eine tragende Rolle und geben, so meine These, wichtige Einblicke in die Gefühls- und Klassenlage ihrer Protagonistin.

1 Soundscapes von Klasse in der Gegenwartsliteratur: Ein Klangpanorama

Die Bedeutung von Klang für die Darstellung von Klassenverhältnissen manifestiert sich in der Gegenwartsliteratur auf zahlreichen Ebenen – angefangen bei

---

[7] Zu Klassismuserfahrungen in Ohdes Roman vgl. Yvonne Zimmermann, Diskriminierung und Klassismus erzählen. Am Beispiel von Deniz Ohde, *Streulicht* (2020), in: Text Trifft Theorie. Literaturwissenschaftliche Methodenkompetenz in der Praxis, hg. von Andrea Albrecht, Yongqiang Liu und Franziska Bomski, Berlin und Boston 2025, 157–182; sowie die Beiträge von Lisa Wille und Sarah Mahlberg im vorliegenden Band.
[8] Ingo Eisenbeiß, Langer Weg ins Licht, in: Deutschlandfunk, 18.08.2020, https://www.deutschlandfunk.de/deniz-ohde-streulicht-langer-weg-ins-licht-100.html (25.05.2025).
[9] Philipp Böttcher, Ewig Peripherie? Raumdarstellung, Postmigrationserfahrungen und Gesellschaftsdiagnose in Deniz Ohdes *Streulicht*, in: Internationales Archiv für Sozialgeschichte der deutschen Literatur 48 (2023), H. 2, 481–506, hier: 495.
[10] Christoph Schaub, Arbeitende Klasse und Diversität. Über persönliche Erzählungen in der Gegenwartsliteratur (*Klasse und Kampf, Streulicht*), in: Zeitschrift für interkulturelle Germanistik 15 (2024), H. 1, 33–46, hier: 40.
[11] Deniz Ohde, Streulicht, Berlin 2020, 22.

Titeln und Paratexten. Im Fall von Romanen, die thematisch von musikalischem Protest ‚von unten' handeln, wie etwa Sibylle Bergs *GRM* (2019) über die Grime-Bewegung in britischen Sozialbausiedlungen, mag es nicht überraschen, dass ein Musikbegriff den Titel stellt.[12] Doch auch Texte, in denen Musik kein zentrales Sujet darstellt, greifen oft auf musikalische Metaphern zurück, um Erzählungen über soziale Herkunft zu verbinden und vom Mehrheitsdiskurs der Mittelklasse abzugrenzen: Feridun Zaimoglus *Kanak Sprak* (1995), das wütende Stimmen junger Männer aus der Einwanderungsgesellschaft versammelt, präsentiert diese im Untertitel so etwa als *24 Mißtöne vom Rande der Gesellschaft*.[13] Die Anthologie *check your habitus* (2021), in der sich 18 Autor:innen mit Gefühlen wie Klassenscham auseinandersetzen, setzt sich im Vorwort das Ziel, „aus der gefühlten Vereinzelung ein[en] Chor gegen die Einsamkeit"[14] entstehen zu lassen.

Auch innerhalb von Texten, die um das Thema ‚Klasse' kreisen, ist Musik ein wichtiger Bezugspunkt. Dinçer Güçyeter ruft in seinem genreübergreifenden Text *Unser Deutschlandmärchen* (2022) gleich ein ganzes Repertoire verschiedener Musikgenres auf, um postmigrantische Stimmen erklingen zu lassen – vom Wiegenlied über das Duett bis zum DJ-Auftritt.[15] Durch die dramatische Instanz eines ‚Gastarbeiterchors' werden zudem Arbeiter:innenlieder laut – etwa *Das Lied der Mütter vor dem Parlament*, vorgetragen von „Frauen in Arbeitskitteln", instrumental begleitet von „Davul, Saz, Zurna und Keyboard".[16] Auch in autosoziografischen Erzähltexten dient Musik immer wieder als Marker von Herkunftsmilieus. Wenn der Protagonist aus Christian Barons *Ein Mann seiner Klasse* (2020) seine Mutter über ihr Lieblingslied charakterisiert – *Heidschi Bumbeidschi*, gesungen von Peter Alexander –, situiert er die Mutter-Sohn-Konstellation zugleich im Kontext einer bestimmten Zeit und sozialen Schicht.[17] Auch bei Annie Ernaux werden in Auflistungen tagesaktueller Popsongs oder französischer Chansons Zustände intimer emotionaler Affiziertheit im Hören von Musik mit historischen und sozialen Indices versehen – ganz im Sinne des übergeordneten Anliegens der

---

12 Vgl. Sibylle Berg, GRM. Brainfuck, Köln 2019.
13 Vgl. Feridun Zaimoglu, Kanak Sprak. 24 Mißtöne vom Rande der Gesellschaft, Hamburg 1995.
14 Daniela Dröscher, Intro, in: check your habitus, hg. von ders. und Paula Fürstenberg, 3.
15 Vgl. Dinçer Güçyeter, Unser Deutschlandmärchen, Frankfurt a. M. 2024, 50–51, 188 und 116–119.
16 Güçyeter, Unser Deutschlandmärchen, 129. Vgl. dazu auch Iuditha Balint, Von der Fürsprache zur shared authority. Dinçer Güçyeters *Unser Deutschlandmärchen* (2022) als (post-)migrantisches Chorwerk, in: Zeitschrift für Germanistik, Neue Folge 34 (2024), H. 1, 147–165.
17 Vgl. Christian Baron, Ein Mann seiner Klasse, Berlin 2021, 185–187.

Autorin, das Allgemeine im Persönlichen aufscheinen zu lassen.[18] Die Verschränkung von individueller und kollektiver Erfahrung, die für Klassenerzählungen von zentraler Bedeutung ist, lässt sich über Musikbezüge eindrücklich vermitteln.

Neben Referenzen auf Musikgenres wird Klasse literarisch zudem auf der Ebene von Stimme und Sound transportiert. Stimmlich spielen dabei insbesondere habitualisierte Sprechweisen und Sprechlautstärken eine Rolle. Zum einen werden Mundart und sprachliche Färbungen zur Markierung von Klassenzugehörigkeiten genutzt. Pedro Lenz' Roman *Primitivo* (2020), der aus der Perspektive eines Schweizer Maurers ein Arbeiterleben ausleuchtet, ist im Original so etwa vollständig ‚anti-schriftsprachlich' auf Schweizerdeutsch verfasst.[19] Texte über Klassenübergänger:innen wie Elena Ferrantes Romanreihe über eine Bildungsaufsteigerin aus Neapel fokussieren hingegen oft Scham für sozial markierte Sprechweisen und zeigen die Versuche von Figuren, sich den Klang ihrer Herkunft in der Stimme abzutrainieren. Die Verwendung von Dialekt im literarischen Schreiben wird von zur Schriftstellerin gewordenen Erzählerin Elena Greco äußerst kritisch betrachtet.[20] Im Gegensatz zu Lenz' Arbeiterroman in Mundart ist Ferrantes Aufstiegserzählung entsprechend auch durchwegs in Hochsprache verfasst, Dialekt erscheint hier nie in Form direkter Rede. Zum anderen werden Klassengrenzen literarisch über Stimmlautstärken kartiert: In *Eine Frau* grenzt Ernaux ihre Mutter als laute Frau aus der Arbeiter:innenklasse von stillen bürgerlichen Frauen ab: „Alles, was sie tat, war laut".[21] In *Die Jahre* (2017) reflektiert sie demgegenüber die Anpassung an bürgerliche Stillegebote als Erfahrung des Klassenübergangs:

> Auf der Zugfahrt am Sonntag versuchte ich, meinen Sohn zu beschäftigen, damit er ruhig blieb, die Reisenden der ersten Klasse mögen keinen Lärm und keine herumlaufenden Kinder. Mit einem Mal fassungslos, jetzt gehöre ich wirklich zum „Bürgertum".[22]

Still werden bürgerliche Räume aber nicht nur durch menschliche Stimmpraktiken. Insbesondere in literarischen Texten, die sich Themen wie Gentrifizierung und der sozialen Strukturiertheit städtischer Räume widmen, ist die Abwesenheit

---

18 So etwa in Annie Ernaux, Erinnerung eines Mädchens, aus dem Französischen von Sonja Finck (im Original: 2016), Berlin 2018, 78. Zu Ernaux' Affektpolitik vgl. den Beitrag von Sarah Carlotta Hechler in diesem Band.
19 Vgl. Pedro Lenz, Primitivo, Muri bei Bern 2020.
20 Vgl. Elena Ferrante, Die Geschichte des verlorenen Kindes. Band 4 der neapolitanischen Saga (Reife und Alter), aus dem Italienischen von Karin Krieger (im Original: 2014), Berlin 2018, 85.
21 Annie Ernaux, Eine Frau, aus dem Französischen von Sonja Finck (im Original: 1988), Berlin 2019, 42–43.
22 Annie Ernaux, Die Jahre, aus dem Französischen von Sonja Finck (im Original: 2008), Berlin 2017, 19.

von Lärm ein zentrales Merkmal einer privilegierten Position. Eine ‚ruhige Lage' gehört für die urbane Mittelklasse ebenso zum guten Leben wie die Nähe zu Kulturangeboten oder die berühmten *Bodentiefe[n] Fenster* (2015), nach denen die Figuren aus Anke Stellings gleichnamigem Roman streben.[23] Laute Straßen, Fabriklärm und schlecht isolierte Wände hingegen prägen die Klangkulisse von Texten, die Einblicke in die Lebens- und Arbeitswelten unterer Klassen geben. Szenen wie bei Franco Biondis *In deutschen Küchen* (1997), in denen sich der Protagonist in einer Fabrikhalle wiederfindet, deren dröhnende Maschinengeräusche ein Gespräch zwischen den Arbeitenden verunmöglichen, sind in Texten aus dem Feld der ‚Gastarbeiterliteratur' zahlreich vertreten.[24] In Heike Geißlers jüngst erschienenem Essay *Arbeiten* (2025) wiederum wird ein akustisches Signal – die Wohnungsklingel – zum Ausgangspunkt für eine Reflexion über das Verhältnis zwischen der Mittelklasse, die im ruhigen Home Office sitzt, und dem Lieferdienstprekariat, dessen Arbeitsalltag im lauten Stadtverkehr stattfindet.[25]

Die Heterogenität der Klangeindrücke in diesem zwangsläufig lückenhaft bleibenden Panorama legt es nahe, dem Zusammenhang von Klasse und Sound in der Gegenwartsliteratur genauer nachzugehen und ihn für die literaturwissenschaftliche Analyse systematischer zu erschließen. In Anlehnung an Charles Bernsteins Konzept des „Close Listening"[26] – einer klangfokussierten Lektüre literarischer Texte – schlage ich dazu den Ansatz eines ‚Class Listenings' vor: eine Lektüre, die Klang- und Klassensensibilität verbindet und Bernsteins auf das Individuum zentriertes ‚Close Listening' gezielt mit gesellschaftlichen Perspektiven verschränkt. Zur theoretischen Verankerung dieses Vorhabens lohnt ein Seitenblick auf andere Disziplinen. Denn während die Literaturwissenschaft der akustischen Dimension sozialer Ungleichheit bislang kaum Beachtung geschenkt hat, ist sie in den Sound Studies, ebenso wie in Teilen der Anthropologie, Kultur- und Sozialwissenschaften schon fest als Forschungsgegenstand verankert.

---

23 Vgl. Anke Stelling, Bodentiefe Fenster, Berlin 2015.
24 Vgl. Franco Biondi, In deutschen Küchen, Frankfurt a. M. 1997.
25 Vgl. Heike Geißler, Arbeiten, Berlin 2025, 25–26.
26 Charles Bernstein, Close Listening. Poetry and the Performed Word, Oxford 1998, 1.

2 Sound, Klasse, Affekt: Interdisziplinäre Perspektiven

Die Auffassung, dass Klasse auch klanglich vermittelt wird, ist heute in erster Linie mit Bourdieus kulturalistischer Klassentheorie verknüpft. In *Die feinen Unterschiede* (1982) untersucht der französische Soziologe an einem Repertoire verschiedener Musikstücke – von Bachs *Wohltemperiertem Klavier* über den Walzer *An der schönen blauen Donau* bis hin zu Schlagern und Chansons –, wie viel Gefallen diese in verschiedenen Klassen finden.[27] Die Divergenzen, die dabei zwischen den Hörenden – von der Arbeiter:in bis zur Hochschullehrer:in – hervortreten, bringen Bourdieu zu dem Schluss, dass „nichts eindrucksvoller die eigene ‚Klasse' in Geltung zu setzen hilft, nichts unfehlbarer auch die eigene ‚Klassenzugehörigkeit' dokumentiert als der musikalische Geschmack".[28]

Neben Bourdieus prominenten Studien zur sozialen Distinktion durch Musikgeschmack finden sich jedoch noch weitere Auseinandersetzungen mit der akustischen Dimension von Klasse, in denen Musik zum einen weiter gefasst und zum anderen als ein akustisches Phänomen unter vielen betrachtet wird. Im anglophonen Raum rückte der Klang von Klasse durch die sozialhistorischen Studien der britischen *New Left* etwa schon in den 1960er Jahren in den Fokus. In seiner Sozialgeschichte über die englische Arbeiterklasse, *The Making of the English Working Class* (1963), hält E. P. Thompson fest: „[C]lass is not this or that part of the machine, but the way the machine works once it is set in motion [...] – the movement itself, the heat, the thundering noise."[29] Wenn Thompson Klasse hier unter anderem als Geräusch beschreibt – sie sei nicht als Teil einer Maschine zu denken, sondern als deren Bewegung, ihre Hitze, ihr ohrenbetäubender Lärm und donnernder Klang –, richtet er sich gegen Definitionen, die Klasse zu abstrahieren suchen statt sie als lebendige, gefühlte und eben auch gehörte Realität zu beschreiben: „Class is a social and cultural formation (often finding institutional expression) which cannot be defined abstractly".[30] Sein Fokus auf sinnliche Erfahrungen, visuelle Eindrücke und Klang unterstreicht: ‚Making' – *The Making of the English Working Class* – meint hier keineswegs bloße Fiktion, sondern fasst Klasse als eine unter bestimmten historischen Bedingungen menschlich erzeugte Wirk-

---

27 Vgl. Bourdieu, Die feinen Unterschiede, 34–43.
28 Bourdieu, Die feinen Unterschiede, 41.
29 E. P. Thompson, The Making of the English Working Class, London 1963, 668.
30 Thompson, English Working Class, 668.

lichkeit, die in einem spezifischen „imagery"[31] artikuliert wird ebenso wie in bestimmten Bewegungen, Stimmungen und Klängen. Neben dem Klappern, Rasseln und Lärm von Maschinen, die die Realität von Arbeiter:innen im Industriekapitalismus prägen, beschreibt Thompson so etwa Stampfgeräusche von Protestierenden, Trommelklänge von Versammlungen und das Singen von Arbeiterliedern.[32] Dass er die ‚Herstellung' (‚Making') dieser Klang-, Bild- und Vorstellungswelten von Klasse in den Vordergrund rückt, zeugt dabei von der Weigerung des postmarxistischen Sozialhistorikers, diesen Prozess mimetisch zu denken. Thompson interessieren soziokulturelle Formationen, die, wie Patrick Eiden-Offe es treffend zusammengefasst hat, „eine vorgegebene Identität nicht bloß bestätigen, sondern die es den Akteuren erlauben, aus sich herauszutreten und sich in neuer Identität wieder zu begegnen".[33]

Die Frage nach Veränderungspotenzial und projektiven Möglichkeitsräumen, die sich auf akustischer Ebene eröffnen, wird in Untersuchungen zu Klasse und Klang immer wieder zur Sprache gebracht und dabei auf stets andere Weise gestellt. Fokussiert Thompson die Spannung zwischen der Prägung von Arbeiter:innen durch klassenspezifische Sounds („conditioning") und ihrer eigenen Handlungsmacht zur Gestaltung dieser Klangwelten („agency"),[34] beleuchtet ein Jahrzehnt nach ihm auch Jacques Attali Musik als Medium, das Klassenverhältnisse nicht nur „dokumentiert"[35] (Bourdieu), sondern in dem sie zugleich fragil werden. In seiner Studie *Noise. The Political Economy of Music* (1977) untersucht der französische Philosoph, wie gesellschaftliche Umbrüche musikalisch anklingen, und resümiert:

> [I]t is senseless to classify musicians by school, identify periods, discern stylistic breaks, or read music as a direct translation of the sufferings of a class. Music, like cartography, records the simultaneity of conflicting orders, from which a fluid structure arises, never resolved, never pure.[36]

Solchen beweglichen ‚Kartografien' widmen sich seit den 1970er Jahren auch die Sound Studies, die ihren Fokus von Musik auf sämtliche hörbare Phänomene ausweiten. Mit dem Begriff der ‚Soundscape' hat R. Murray Schafer eine Leitkate-

---

31 Thompson, English Working Class, 42. Patrick Eiden-Offe spricht im Anschluss an Thompson in seiner Studie *Poesie der Klasse* von „Bildern, Erzählungen und Mythen, in Sprechweisen, Vorstellungsmustern und Bildersprachen" (Patrick Eiden-Offe, Poesie der Klasse, Berlin 2017, 23).
32 Vgl. Thompson, English Working Class, 122, 135, 333, 363, 438.
33 Eiden-Offe, Poesie der Klasse, 73.
34 Thompson, English Working Class, 9.
35 Bourdieu, Die feinen Unterschiede, 41.
36 Attali, Noise, 45.

gorie für diese Erforschung der akustischen Strukturierung von Räumen und Milieus geprägt.[37] Klasse kommt bei der Untersuchung solcher ‚Soundscapes' auf zweifache Weise ins Spiel: Einerseits lassen sich Klassengrenzen in Hinblick auf ‚noise pollution' (‚Lärmkontamination') an konkret messbaren akustischen Daten geografisch verorten, andererseits werden sie durch die Wahrnehmung und Bewertung von Klängen sozial erzeugt. Unter Schlagworten wie ‚Soundscapes of Social Justice' und ‚Sonic Habitus' ist in den letzten Jahren interdisziplinär untersucht worden, wie Sound und Lautstärke Klassenbewusstsein prägen und als Marker von Klassenzugehörigkeit gelesen werden. Ori Schwarz' Studie *The Sound of Stigmatization: Sonic Habitus, Sonic Styles, and Boundary Work in an Urban Slum* (2015) etwa zeigt, wie die Bewohner:innen eines sozioökonomisch heterogenen Stadtviertels bei der Beschreibung ihrer Nachbarschaft Lautstärke als Klassenindiz heranziehen.[38] Auch Arbeiten zum Thema Gentrifizierung, wie Linda O'Keeffes *The Sound Wars: Silencing the Working Class Soundscape of Smithfield* (2017), die urbane Kämpfe um Wohnraum als ‚Klangkriege' beschreibt, setzen quantifizierbare Lautstärken in Bezug zu klassistischen Abwertungen von Sound als Lärm oder Ruhestörung.[39] Stets zeigt sich: Ausschlaggebend für die Verknüpfung von Klasse und Klang sind nicht nur die akustischen Phänomene ‚an sich', sondern die affektiven Reaktionen auf sie und ihre Einordnung aus verschiedenen Klassenpositionen. Es geht, mit Hillel Schwartz gesprochen, stets um die Frage: „How loud is too loud, and says who?"[40]

An diesem Punkt zeigt sich, wie sich Sound Studies und Literaturwissenschaft in der Erforschung von Klasse, Klang und Affekt wechselseitig bereichern können. Einerseits werden im Fokus auf Klangkulissen affektive Dynamiken von Klasse in literarischen Texten lesbar, die sich nicht in ein bestimmtes Repertoire von Emotionswörtern und ‚Klassengefühlen' übersetzen lassen und ohne Soundsensibilität in der Lektüre sonst vielleicht überhört blieben. Andererseits eröffnet die Analyse literarischer Erzähltexte, in denen Sound sprachlich und standortgebunden vermittelt wird, erhellende Perspektiven für die Sound Studies, für deren Erforschung von Klasse narrative Perspektivierungen von Klängen zentral sind. Welche Einsichten sich so über Klasse und Klang gewinnen lassen, will ich nachfolgend am Beispiel von Deniz Ohdes *Streulicht* verdeutlichen.

---

37 Vgl. R. Murray Schafer, The Soundscape. Our Sonic Environment and the Tuning of the World, Rochester 1977.
38 Ori Schwarz, The Sound of Stigmatization. Sonic Habitus, Sonic Styles, and Boundary Work in an Urban Slum, in: American Journal of Sociology 121 (2015), H. 1, 205–242.
39 Linda O'Keeffe, The Sound Wars. Silencing the Working Class Soundscape of Smithfield, in: Politiques de communication (2017), H. 1, 147–178.
40 Hillel Schwartz, Making Noise. From Babel to the Big Bang & Beyond, New York 2011, U4.

3 Dröhnende Soundscapes, leise Subjekte: Class Listening in Deniz Ohdes *Streulicht* (2020)

Am Anfang von Ohdes Roman *Streulicht* kehrt die namenlose Erzählerin nach Hause zurück. Das Betreten der elterlichen Wohnung wird im Text eingeleitet von einem wohlvertrauten Klang: „Der Schlüssel dreht sich leichtgängig im Schloss der maroden Holztür, sie gibt das gleiche Geräusch von sich wie immer, als würde ich gerade von der Schule nach Hause kommen."[41] Die Heimkehr ist für die Protagonistin jedoch nicht nur eine Rückkehr an den Ort ihrer Kindheit. Sie ist auch die Rückkehr in ein spezifisches Milieu. Noch bevor das heimische Knarzen der Wohnungstür im Roman erklingt, wird im Text so noch eine breitere Klangkulisse entfaltet. Das Überqueren der Schwelle zur Wohnung ist eingebettet in einen größeren Schwellenübertritt:

> Die Luft verändert sich, wenn man über die Schwelle des Ortes tritt. Eine feine Säure liegt darin, etwas dicker ist sie, als könnte man den Mund öffnen und sie kauen, wie Watte. Niemandem hier fällt das mehr auf, und auch mir wird es nach ein paar Stunden wieder vorkommen wie die einzig mögliche Konsistenz, die Luft haben kann. [...] Kein Geräusch dringt durch die Straßen bis auf das leise Brummen, das den Ort zu jeder Zeit erfüllt, nachts fällt es besonders auf. Ein weißes Rauschen, das von der anderen Seite des Flusses herrührt und sich schon in meine Ohrmuschel gräbt, weich und rau zugleich, wie ein vertrauter Deckenbezug sich auf der Haut anfühlt. Auch das ist eine Eigenart des Ortes, die mir wie allen anderen hier schon nach wenigen Stunden nicht mehr ungewöhnlich vorkommen wird. (7–8)

Der Ort, der hier beschrieben wird, bleibt wie die Protagonistin im Roman namenlos und erfährt doch unmittelbar eine detailreiche Charakterisierung. Gemeinsam mit der Erzählerin, deren Sätze im autosoziobiografischen Stil zwischen unpersönlichen, allgemeinen Formulierungen („man") und subjektiven Eindrücken („ich") changieren, fühlen und schmecken wir die Luft dieser Umgebung, und wir beginnen, den Ort zu hören: Sinnlich-atmosphärisch wird hier ein Raum umrissen, der die Wohnung, die die Protagonistin einen Absatz später betreten wird, klassengeografisch verortet. Saure Luft und eine Form konstanter Lärmbelastung weisen auf eine arme Wohngegend hin. Dass mit Betreten des Orts eine Klassengrenze überschritten wird, zeigt sich jedoch nicht in der bloßen Präsenz von Luft- und Lärmkontamination, sondern auch in der Relation der Bewohner:innen zu diesem Umfeld. Ihre Heimkehr beschreibt die Erzählerin auch als Rückkehr in deren

---

41 Deniz Ohde, Streulicht, Berlin 2020, 8. Alle nachfolgenden Zitate aus dem Roman entstammen dieser Ausgabe und werden im Fließtext nur mit Seitenzahl zitiert.

Wahrnehmungsmodus: „Niemandem hier" falle die Verschmutzung der Luft auf, „und auch mir wird es nach ein paar Stunden wieder vorkommen wie die einzig mögliche Konsistenz, die Luft haben kann". In der Lärmkontamination findet die Erzählerin gar ein Gefühl von Geborgenheit: Das konstante „Brummen" der Industrieanlage klingt für sie „weich und rau zugleich". Wenn sich die industrielle Klangkulisse „wie ein vertrauter Deckenbezug" auf ihre Haut legt, weicht die Wahrnehmung der Industriegeräusche als störend der Wahrnehmung eines Milieus, in dem sie zur Normalität gehören. Über die Beschreibung der Höreindrücke wird so auch die Position der Erzählerin bestimmt: Ihre schrittweise Wiederangleichung an die Hörweisen des Herkunftsmilieus zeugt von einer Distanz, die zwischen ihr und dem verlassenen Ort entstanden ist, weist diese jedoch zugleich als instabil aus. Schon „nach wenigen Stunden", prophezeit die Erzählerin, werde das Fabrikgeräusch ihr „wie allen anderen hier" schlicht nicht mehr auffallen.

Gleich auf den ersten Seiten werden die Eckpfeiler von Ohdes Klassenerzählung somit akustisch abgesteckt. Die Einbettung des Türgeräuschs der elterlichen Wohnung in einer größeren Soundscape verdeutlicht: Die Familiengeschichte, die hier erzählt wird, ist fest verankert in einer von Industriebelastungen geprägten Klasse. In der Wechselhaftigkeit der akustischen Wahrnehmung der Erzählerin wiederum zeigt sich: Die zentrale ‚Ohrenzeugin'[42] des Textes ist eine ‚transclasse'-Figur , also eine Klassenübergängerin, deren „schwebende oder schwankende Identität" Chantal Jaquet zufolge verdeutlicht, „dass das menschliche Dasein die Farben" – und, wie hinzuzufügen wäre, Klänge – „der Orte, an denen es sich abspielt, annehmen kann und daß es unter dem Zeichen von Variation und Varietät steht".[43] Mit dem Begriff ‚transclasse' will die französische Philosophin verdeutlichen, dass der Wechsel in eine andere Klasse kein abgeschlossener Vorgang ist. Auch die Klassenerzählung, die Ohde entfaltet, zeichnet sich dadurch aus, dass ihre Erzählerin zwischen den Soundscapes, Hörgewohnheiten und akustischen Praktiken verschiedener Klassenlagen changiert, sie in Beziehung zueinander setzt und ihr eigenes Verhältnis zu den Klängen ihres Umfelds stets neu auslotet.

---

42 Im Original „ear witness" (Schafer, The Soundscape, 8).
43 Chantal Jaquet, Zwischen den Klassen. Über die Nicht-Reproduktion sozialer Macht, mit einem Nachwort von Carlos Spoerhase, aus dem Französischen von Horst Brühmann, 2., unveränderte Aufl., Konstanz 2018, 107, 118.

3.1 Zwischen Klavierklängen und Kehrmaschinen: Zur Macht der Töne

Bourdieus Grundannahme, dass Musikgeschmack und Klassenposition verknüpft sind, spiegelt sich auch in der akustischen Anlage von Ohdes Roman: Musik wird hier sowohl genutzt, um die Klassenlage des Herkunftsmilieus zu vermitteln als auch die ‚transclasse'-Position der Erzählerin. Charts aus dem Regionalsender beschallen die familiäre Wohnung der Erzählerin, in der das Radio

> morgens mit den ersten Handgriffen angestellt wurde und zuerst noch aus den Boxen eines tragbaren Rekorders kam, später, integriert in die Mikrowelle aus kleinen Löchern die größten Hits der Achtziger und Neunziger in die Küche plärrte. (64)

Immer wieder erscheint der Regionalsender als ein zentrales verbindendes Medium der Arbeiter:innenschaft des Orts: „[J]emand stellte Musik an, die gleiche, die auch morgens im Regionalsender lief, wenn alle auf dem Weg zur Arbeit waren" (278). Während Musik hier als zugehörigkeitsstiftendes Element der Gemeinschaft fungiert, eröffnet sie für die junge Erzählerin hingegen einen Raum, sich aus der Gemeinschaft des Orts fortzudenken in ein anderes soziales Umfeld: eine höhere Klasse. Wenn sie gemeinsam mit anderen Jugendlichen im Keller den Heavy-Metal-Track ‚Iron Man' von Black Sabbath hört, steckt darin für die Protagonistin nicht nur eine pubertäre Abgrenzung von den Erwachsenen. In ihrer Praktik, den Heavy-Metal-Track so aufzulegen „wie bei einem vornehmen Abendessen" (19–20), manifestiert sich auch eine Sehnsucht nach bürgerlichen Lebensformen. Später versucht sich die Teenagerin durch die Umstellung ihres Radios von ihrem Umfeld abzugrenzen: „Am späten Morgen wurde ich von meinem Radio geweckt, das ich seit kurzem auf den Kultursender eingestellt hatte. Das Programm, freitags nur gestört von den Kehrmaschinen, war ein Vorgeschmack auf das Leben, das ich mir wünschte." (143) Musik wird für die jugendliche Erzählerin zum Imaginationsraum eines ‚Klassenaufstiegs', der über den Kontrast zwischen Kehrmaschinen und Klaviermusik, Radiowecker und Plattenspieler geradezu klischeehaft vermittelt wird: „In meinen Räumen würde Klaviermusik vom Plattenspieler erklingen, die wegen der schlechten Lautsprecher meines Radioweckers jetzt nur in den Höhen in mein Zimmer drang." (144)

Dass die hier imaginierte Szene im Roman nie eintritt, rückt nicht nur die Unzulänglichkeiten des sozial undurchlässigen deutschen Bildungssystems in den Fokus. In seiner komplexen akustischen Gestaltung richtet sich *Streulicht* auch gegen Deutungen von Klasse, in denen soziale Ungleichheit auf die „Frage des ungleichen Zugangs zu symbolischen Ressourcen"[44] reduziert wird. Was Carlos Spoerhase für die berühmte ‚Besteckszene' gezeigt hat, gilt auch für die Musikszenen bei Ohde: Ihre Attraktivität liegt darin, dass sie „soziale Phänomene, die eher latent und unsichtbar sind, beobachtbar" – in diesem Falle: hörbar – „macht".[45] „[D]ie schwer zu durchschauende Struktur einer stratifizierten Gesellschaft"[46] lässt sich im bloßen Fokus auf kulturelles Kapital – Kniggekundige versus Kniggeunkundige, Popmusikhörer:innen versus Klassikhörer:innen – allerdings nicht fassen. Dass „Symbolisierungen" von Klasse wie die Gegenüberstellung von Plattenspieler und Radiowecker in der Rezeption des Textes von der Literaturkritik teils dankbar aufgenommen wurden, mag sein.[47] Dabei wird jedoch übersehen, dass Unterscheidungen von Klasse entlang repräsentativer kultureller Symbole wie dem Musikgeschmack im Roman selbst vielmehr zitiert als reproduziert werden: Die erwachsene Erzählerin verortet sie erstens im Denken ihres jugendlichen Ichs und zweitens in der Erwartungshaltung eines bürgerlichen Publikums.

In der Beschreibung des Drehs einer Sozialreportage über die angrenzende Hochhaussiedlung kommentiert sie die Sehnsucht des Fernsehpublikums nach Darstellungen von Musik als kulturellem Gut, an dem sich Klasse einerseits ablesen, mittels dessen sie sich aber auch überwinden lässt:

> Dankbar fing die Kamera Abziehbilder ein. [...] Die Doku zeigte die Männer in ihren Kinderzimmern, aus denen sie nicht herausgekommen waren, zeigte die Mütter, die Tee brachten und über das ganze Gesicht strahlten, als sie ihre Mikroständer und großen Kopfhörer herausholten, um sich beim Rappen filmen zu lassen. [...] Seit eine von der Abendschule es mal zu den *No Angels* geschafft hatte, wollten alle mit der Musik nach draußen ... (136)

Diese mediale Perspektivierung von Klasse und Klang wird von der erwachsenen Erzählerin ebenso kritisch auf Abstand gehalten wie die Hörszene des Radiosenderwechsels aus ihrer Jugend. Ihre eigene ‚transclasse'-Erzählung entwickelt sie stattdessen ausgehend von Geräuschen, Sprechlautstärken und akustischen Signalen, die das Leben verschiedener Klassen prägen.

---

44 Carlos Spoerhase, Literarische Besteckszenen. Über den sozialen Aufstieg mit Messer und Gabel, in: Merkur 78 (2024), H. 897, 66–74, hier: 72.
45 Spoerhase, Literarische Besteckszenen, 71.
46 Spoerhase, Literarische Besteckszenen, 74.
47 Heribert Tommek, Rückkehr zur Klasse. Soziologisierte Gegenwartsliteratur in Frankreich und Deutschland (Eribon, Ernaux, Ohde, Baron), in: „Die drei Kulturen" reloaded. Neue Perspektiven auf einen Klassiker der Literatursoziologie, hg. von Christine Magerski und Christian Steuerwald, Wiesbaden 2024, 105–122, hier: 116.

3.2 Jenseits der Schallschutzmauer: Die Klassenübergängerin als Sound-Kartografin

Im Verlauf des Romans wird ihr Herkunftsmilieu von der Protagonistin auf verschiedene Weisen klanglich umrissen. Die eingangs geschilderten Höreindrücke – das „weiße Rauschen" und „leise Brummen, das den Ort zu jeder Zeit erfüllt" (8) – nehmen dabei die Rolle von ‚keynote sounds' ein, die im Text immer wieder aufgegriffen werden und die charakteristische Klangkulisse des Herkunftsmilieus bilden. „In soundscape studies", so Schafer,

> keynote sounds are those which are heard by a particular society continuously or frequently enough to form a background against which other sounds are perceived. Examples might be the sound of the sea for a maritime community or the sound of the internal combustion engine in the modern city. Often keynote sounds are not consciously perceived [...].[48]

Zu ‚keynote sounds' werden Geräusche also erst durch ihre Bedeutung für eine soziale Gruppe, in deren Alltag sie omnipräsent sind und von der sie infolgedessen nicht mehr bewusst wahrgenommen werden. Die Vertrautheit, mit der Ohdes Protagonistin das „Brummen" und „Rauschen" beschreibt, und ihre Ankündigung, sie werde diese bald „wie alle[ ] anderen hier" nicht mehr als störend empfinden, markieren ihre Zugehörigkeit zum beschriebenen Milieu. Dass sie die Geräusche einführt, ohne ihre Quellen zu nennen, unterstreicht diese Selbstverständlichkeit. Wenn sie die Klänge einige Seiten später hingegen als „das Brummen des Industrieparks" (31), „Straßenverkehr auf der A66" (11) und das Rauschen einer nahe gelegenen „Kläranlage" (31) spezifiziert, hat sich ihre Hörperspektive dezent verschoben: Die Erzählerin tritt hier als einordnend-reflexive Hörerin in den Vordergrund, die die Lärmkontamination ihrer Umgebung nicht als gegeben hinnimmt, sondern auf menschengemachte Ursachen zurückführt. Als Geräusche von Industriepark, Autobahn und Klärwerk werden das Brummen und Rauschen als Klänge eines sozioökonomisch benachteiligten Umfelds hörbar. In Anlehnung an Ralf Dahrendorfs Unterscheidung zwischen Schicht und Klasse, von denen die erste im Modus des Beschreibens, die zweite im Modus des Erklärens gefasst wird,[49] ließe sich auch sagen: Sie werden als Klänge einer Klasse präsentiert. Die Erzählinstanz wechselt in ihrer akustischen Wahrnehmung von einer beschrei-

---

[48] Schafer, The Soundscape, 272.
[49] Ralf Dahrendorf, Gibt es noch Klassen? Die Begriffe der ‚sozialen Schicht' und ‚sozialen Klasse' in der Sozialanalyse der Gegenwart, in: Soziale Ungleichheit. Klassische Texte zur Sozialstrukturanalyse, hg. von Heike Solga, Justin Powell und Peter A. Berger, Frankfurt a. M. und New York 2009, 207–237, hier: 211.

benden Darstellung in eine erklärende, indem sie die Ursprünge der Geräusche benennt und in einen Klassenzusammenhang einordnet.

Dies geschieht durch die Herstellung von Bezügen zu den Soundscapes benachbarter Klassen: Im Kontrast zur Geräuschkulisse des bürgerlichen Viertels ihrer Schuldfreundin Sophia, wo nur das zarte Wassersprühen der Rasensprenkler im Garten zu hören ist, wird die Lärmbelastung der Wassergeräusche der Kläranlage und die des „plumpe[n] Wasserstrahl[s]" (40) des Industrieparks von der Erzählerin negativ beurteilt. Im Vergleich zu einer Hochhaussiedlung direkt an der Autobahn, die die Erzählerin nur aus der Ferne kennt und deren Häuser unzureichend geschützt „weit über deren Schallschutzmauer hinaus" (136) ragen, besitzt die Nachbarschaft ihrer Kindheit hingegen eine privilegiertere, ruhigere Lage. Die von der Erzählerin erzeugte Relationalität klassenspezifischer Soundscapes ist jedoch nicht als Relativierung misszuverstehen: Denn die An- oder Abwesenheit von Fabrikgeräuschen, Verkehrslärm und den Klängen des Klärwerks – ebenso wie die Grade ihrer Intensität – zeugen nicht von Differenzen zwischen gleichgestellten Klanglandschaften, sondern verweisen auf einen Kausalzusammenhang, in dem die Auslagerung von Lärm seitens der oberen Klassen die Lärmbelastung der unteren Klassen erhöht. Anders gesagt: Diejenigen, die auf der Autobahn fahren – Pkw-Besitzer:innen aus überwiegend einkommensstarken Haushalten –, sind nicht diejenigen, die zu Hause die Autobahn hören.[50] Auch Fabrik und Klärwerk dienen als gesellschaftliche Infrastruktur, der Preis ihrer Lärm- und Luftverschmutzung wird jedoch maßgeblich von schlechter gestellten Mitgliedern der Gesellschaft bezahlt, die in deren direkter Umgebung leben. Die ‚keynote sounds', die Ohde zur Charakterisierung des Herkunftsmilieus ihrer Protagonistin wählt, spiegeln so die Kernannahme der Klassenanalyse, „dass es einer Klasse besser geht, weil es einer anderen schlechter geht".[51]

Die Prekarität der Wohnverhältnisse wird im Roman zudem auf einer weiteren Ebene akustisch vermittelt: In regelmäßigen Abständen wird der Herkunfts-

---

[50] Eine Studie des Robert Koch-Instituts zur „Sozialen Ungleichheit von Lärmbelästigung und Straßenverkehrsbelastung" brachte das Ergebnis, „dass Kinder aus Familien mit hohem Sozialstatus signifikant häufiger in Wohnungen mit geringerer Belastung durch Verkehrsimmissionen wohnten als Kinder aus sozial benachteiligten Familien" (Detlef Laußmann, Marjolein Haftenberger, Thomas Lampert et al., Soziale Ungleichheit von Lärmbelästigung und Straßenverkehrsbelastung, in: Bundesgesundheitsblatt 56 (2013), 822–831, hier: 829). Zur Verteilung von Pkw-Besitz nach Einkommen in Deutschland vgl. Nelly Unger, Sarah Hoesch, Konstantin Kreye et al., Analysen zur Umsetzung eines Sozial-Leasing-Programms in Deutschland, 13.05.2025, https://www.oeko.de/publikation/analysen-zur-umsetzung-eines-sozial-leasing-programms-in-deutschland/ (31.05.2025).
[51] Oliver Nachtwey, Die Abstiegsgesellschaft. Über das Aufbegehren in der regressiven Moderne, Frankfurt a. M. 2016, 170.

ort der Erzählerin von einem durchdringenden Ton erfüllt – dem Alarm zur Warnung im Fall von Industrieunfällen: „Wir übten den Chemieunfall, wie wir auch den Feueralarm übten. Alle paar Monate schickte der Park sein Dröhnen durch den Ort wie ein Riese mit rundem, weit offen stehendem Mund." (47) Was hier erklingt, fassen die Sound Studies als ‚sound signal'. Neben den Hintergrundgeräuschen der ‚keynote sounds' spielt auch diese Klanggattung eine zentrale Rolle in der sozialen Strukturierung von Räumen. Für Schafer stehen beide Kategorien in einem kontrastiven Verhältnis: ‚sound signals' verhielten sich zu ‚keynote sounds' wie in der Malerei Figuren zum Grund, denn es handele sich um Klänge, die ganz gezielt menschliche Aufmerksamkeit auf sich ziehen.[52] Neben geteilten Hintergrundgeräuschen werden soziale Gemeinschaften so auch über ein gemeinsames Repertoire an Soundsignalen verbunden, denen sie geteilte Bedeutung zuschreiben. Auch bei Ohde verleiht der Alarmton Klasse Kontur und lässt zugleich soziale Grenzen innerhalb des Herkunftsmilieus hervortreten. Als die ‚transclasse'-Erzählfigur nach dem Abitur in ein Student:innenviertel umzieht, bemerkt sie sofort seine Abwesenheit: „[N]ie gab es einen Alarm" (239). Doch auch innerhalb der Welt ihrer Kindheit werden ausgehend vom Alarmton soziale Unterschiede erkennbar. Als Arbeiterin und Migrantin wird der aus der Türkei eingewanderten Mutter der Protagonistin im Text eine doppelt benachteiligte gesellschaftliche Position zugeschrieben.[53] Diese wird auch akustisch markiert – in einer Überforderung der Mutter mit den Geräuschen ihrer Umgebung. Die Unzugehörigkeit der Mutter zum Arbeiter:innenmilieu des Industrieparks manifestiert sich so unter anderem in ihrer Unkenntnis der Soundsignale:

> Selbst den Sirenenalarm des Industrieparks hielt sie manchmal für etwas in ihrem Ohr, und ich musste ihr sagen, was zu tun war, wie ich es in der Schule gelernt hatte. „Das ist nur eine Übung", sagte ich. Ich erkannte es an dem blechernen und etwas leiernden Entwarnungston, der zuerst aktiviert wurde. „Was ist eine Übung", fragte sie. „Die Sirenen". „Ach, das sind wirklich Sirenen", sagte sie und ihr Blick, der nervös auf ihren Händen hin und her geirrt war, entspannte sich. „Wir müssten jetzt die Fenster schließen, wenn es echt wäre", sagte ich. Der Ton schwoll an und wieder ab. (47)

Während die Tochter Klänge erkennt, unterscheidet und so ihre emotionale Affiziertheit durch die Alarmsignale regulieren kann, gelingt es der Mutter nicht, die bedrohliche Klangkulisse zu strukturieren und damit Kontrolle über die Situation

---

52 Vgl. Schafer, The Soundscape, 275.
53 Zur postmigrantischen Dimension des Textes vgl. Arianna Di Bella, Zur Vater-Tochter-Beziehung in Familien mit postmigrantischem Hintergrund. Deniz Ohdes *Streulicht* und Dilek Güngörs *Vater und ich*, in: Jahrbuch für Internationale Germanistik 55 (2023), H. 2, 45–56.

zu gewinnen. Die dröhnende Geräuschkulisse der Industrieumgebung bleibt für sie ein unsortierbares Arsenal an Höreindrücken, die derart zudringlich auf sie hereinprasseln, dass sie gar nicht mehr unterscheiden kann, ob sie von außen oder innen kommen: „Meine Mutter hörte nachts einen LKW durch die Wand kommen. ‚Das war ein richtiger Krach', sagte sie, ‚so als wäre direkt neben meinem Kopf etwas Großes zusammengestürzt'." (49) Die Unmöglichkeit, sich vom Lärm abzugrenzen, führt im Laufe der Jahre zu einer massiven gesundheitlichen Belastung der Mutter – in Form von Ohrgeräuschen und einer konstanten psychischen Angespanntheit. Schließlich erleidet sie einen Hörsturz (vgl. 74). Wenn die Einordnung und Klassifikation von Klängen für die Tochter eine ermächtigende Fähigkeit im Umgang mit den Lärmbelastungen des Industrieparks darstellt, zeigt sich an der Figur der Mutter so im tragischen Umkehrschluss: Wer die industrielle Klangkulisse nicht reflektierend auf Distanz halten kann, bleibt ihrer Lärmbelastung offen ausgeliefert.

3.3 Laute Männer, leise Frauen: Eine akustische Familienaufstellung

Unterschiede im Umgang mit Klang, Lärm und Lautstärken innerhalb des Herkunftsmilieus treten im Roman zudem entlang von Geschlechtergrenzen hervor. Während sich die Eltern der Protagonistin in der Öffentlichkeit beide äußerst still verhalten, werden innerhalb der Familie akustisch starke Genderunterschiede laut. Wie Christoph Schaub ausgeführt hat, erscheint die Arbeiter:innenklasse in *Streulicht* mit Julia Friedrichs gesprochen als „ungehörte Hälfte"[54] der Gesellschaft: „[D]ie Möglichkeit, eine legitimierte Sprechposition in öffentlichen Räumen"[55] einzunehmen, bleibt ihr verwehrt. Das zeigt sich im Roman eindrücklich an den Sprechweisen und Lautstärken der Figuren: Wenn sich der Vater nach einem Elternabend mit klassischen Diskussionen fragt „Warum hast du nichts gesagt?" (215), zeugt dies ebenso von einer Zurückhaltung, die Stimme zu erheben, wie die Lautstärke, mit der er spricht, wenn er doch einmal öffentlich das Wort ergreift: „[E]r sprach [...] mit seiner dünnen, verhuschten Stimme" (67). Eine ganz andere Seite des Vaters zeigt sich innerhalb der heimischen vier Wände: Hier tritt er laut aufbrausend auf und beschallt das Wohnzimmer ohne Rücksicht auf andere Familienmitglieder „mit seiner lauten Musik" (88). Für die Frauen der Familie

---

54 Julia Friedrichs, Working Class. Warum wir Arbeit brauchen, von der wir leben können, Berlin 2021, 17.
55 Schaub, Arbeitende Klasse und Diversität, 43.

bietet die Wohnung hingegen keinen akustischen Freiraum. Im Gegenteil: Die laute Selbstentfaltung des Vaters erfolgt auf ihre Kosten. Zum einen, weil sie grenzüberschreitende bis gewaltsame Züge annimmt. Wiederholt beschreibt die Protagonistin die „immer lauter werdende Stimme" (171) des Vaters als bedrohlich; in Wutausbrüchen „hämmert[ ] er an die Tür" (47). Zum anderen, weil der lärmende Vater von Frau und Tochter lautloses Verhalten erwartet. Sie müssen sich so durch die Räume bewegen, dass er „ungestört das Wohnzimmer mit seiner lauten Musik füllen" (88) kann. In steter Wachsamkeit, den gewaltbereiten Vater nicht zu irritieren, zieht sich die Mutter in eine stumme Existenzform zurück, aus der sie selbst dann nicht ausbricht, als sie die Familie schließlich verlässt: „Es war ein Nachmittag, an dem alles still verlief" (114), heißt es im Text, und als die Mutter geht, erklingt nur jenes leise Türgeräusch, das vom Romananfang bekannt ist: „Das gedämpfte Öffnen der Eingangstür; meine Mutter mit einer kleinen Reisetasche in der Hand" (115). Die Stille der Mutter bleibt jedoch auch nach deren Weggang bei der Erzählerin – als innere Haltung, zu der sie sie erzogen hat:

> „Sei still, sei still", sagte meine Mutter, und still war ich, anstelle der Regionen, die für das Speichern von Vokabeln zuständig waren, befand sich in meinem Gehirn ein Areal von Stille, eine Qualität von Stille, wie sie auftrat kurz nach dem Geräusch von zerberstendem Glas. (67)

Dass diese schockstarrenhafte Stille einer ängstlichen Anpassung entspringt, die depressive Haltungen begünstigt, wird von der Erzählerin mehrfach verdeutlicht: „Für mich gab es damals nur zwei Möglichkeiten: sich entweder sehr leise oder sehr laut auszulöschen" (281). Statt sich laut gegen die Verhältnisse zu wehren, habe sie sich immer „leiser bewegt, bis man mich nicht mehr hören konnte" (213).

3.4 Gute Stille, schlechte Stille: Stimmfindungsprozesse im deutschen Bildungssystem

Die Stille der Protagonistin steht auch im Zentrum ihrer Bildungsbiografie. Ruhige Räume und ruhiges Verhalten werden in *Streulicht* zum einen mit bürgerlichen Lebenswelten verknüpft: Neben dem leisen Rasensprenklersound der Vorgärten verdeutlichen dies auch die sozialen Erwartungen verschiedener Figuren. Den Umzug in eine sozioökonomisch besser gestellte Wohngegend erzeugt beim Vater der Protagonistin so direkt Angst vor akustischer Stigmatisierung: „'Wir dürfen dann nicht mehr so laut sein', hatte er gesagt, [...] ‚Wir müssen uns dann zusammenreißen. Wie würde das wirken, wenn die Nachbarn uns hören'" (113). Klassistische Wertungsmechanismen von Geräuschen und Lautstärken, wie sie der Vater verinnerlicht hat, prägen auch die Schullaufbahn der Protagonistin. Was die

Sound Studies unter der Leitfrage „How loud is too loud and says who?"[56] verhandeln – die Manifestation sozialer Ungleichheit im Umgang mit Sound –, zeigt sich dabei eindrücklich in den stark divergierenden Bewertungen eines stets gleichbleibenden Nicht-Klangs: der Stille.

Von der Schulfreundin Sophia bis hin zu Lehrer:innen und Direktor:innen mangelt es den Figuren höherer Klassen an Verständnis für den stillen Habitus der Protagonistin, was Irritation, Erstaunen, aber auch Tadel und strenge Ablehnung hervorruft: „‚Du tauchst immer so aus dem Nichts auf', hat Sophia oft zu mir gesagt, und ich habe gelächelt, als wäre meine Lautlosigkeit eine charmante Eigenschaft und nicht Ausdruck einer erlernten Überlebensstrategie." (213) Beim Vorstellungsgespräch für ein Oberstufengymnasium entlarvt die überraschte Reaktion des Schulleiters sein Vorurteil, Kinder aus unteren Klassen verhielten sich auffällig laut: „‚Sie sprechen ja wirklich sehr leise, Sie sprechen ja wirklich sehr bedacht –'" (169). Um Anpassung bemüht, sucht die Erzählerin diesen Eindruck gleich zu bestärken: „‚Ja', sagte ich mit dieser dünnen bittstellenden Stimme […]: ‚Sie sehen, ich werde niemanden stören.'" (169) Dass diese Anpassung misslingt, flaggt der Roman sehr deutlich aus: Denn die Lautlosigkeit, die die Schule von der Erzählerin zu erwarten scheint, wird ihr dort ebenfalls zum Vorwurf gemacht. Welchen Kriterien diese schwankenden Bewertungen von Stille genau folgen, bleibt für die Protagonistin wie auch die Lesenden undurchsichtig. Von der Frage ‚Wie leise ist zu leise und wer bestimmt das?', die sich in Anlehnung an Hillel formulieren ließe, beantwortet der Text so nur den zweiten Teil: die höheren Klassen, vertreten durch die Lehrpersonen – von der Grundschullehrerin der Erzählerin, die ihr „dünne[s] Stimmchen" kritisiert und anmahnt, sie müsse „mal lauter werden" (49), bis zu den Gymnasiallehrenden, die sie mit unterschiedlicher Vehemenz dazu auffordern, lauter zu sein: „[M]ein letzter Deutschlehrer, der sagte: ‚Du bist nun alt genug, du musst dich trauen zu sprechen'" (252) – „‚Warum schweigen Sie?', hatte die Stimme des Lehrers auf mich eingedonnert, und nochmals lauter: ‚WARUM SCHWEIGEN SIE?'" (254)

Aufmerksam zeichnet der Text nach, wie die junge Protagonistin versucht, auch diesem Lautstärkegebot zu folgen. Wenn sie als Schülerin englische Verbformen auf Kassette einspricht, um „beim späteren Abhören in die Pausen hinein die richtigen Vergangenheitsformen aufzusagen", übt sie nicht nur englische Grammatik, sondern auch das laute Sprechen. Bildung und Stimmbildung gehen hier Hand in Hand: „‚Beat – beat, beaten, sprach ich auf Band, mit Nachdruck in der Stimme. ‚Become – became, become'" (84) Was wie der Beginn einer meritokratischen Aufstiegserzählung klingt, in der Ehrgeiz als „souveräne Kraft der

---

56 Hillel, Noise, U4.

Nicht-Reproduktion"⁵⁷ sozialer Ungleichheit fungiert, wird von der erwachsenen Erzählerin jedoch relativiert: In ihrer Erinnerung an die Vokabelszene – „als ich auf dem Boden saß, um meine aufgesagten Vokabeln anzuhören, und die Abspieltaste nur halb herunterdrückte, sodass meine Stimme aus dem Rekorder klang, als hätte ich mich bei der Aufnahme unter Wasser befunden" – erscheint die Stimmbildung weniger ermächtigend als entfremdend. In der akustischen Verfremdung der Aufnahme setzt sich die Protagonistin in Distanz zu ihrer „mit Nachdruck" sprechenden ‚Bildungsstimme'. Bezeichnenderweise wird diese Wahrnehmung am Ende ihrer Schullaufbahn noch einmal aufgegriffen: Den Beifall bei ihrer Abiturzeugnisverleihung beschreibt die Erzählerin als einen „Applaus, der zu mir drang wie durch Wasser" (202). Trotz öffentlicher Anerkennung steht die Erzählerin selbst weiterhin in Distanz zum eigenen Bildungserfolg. Dass sie über Momente, in denen sie die Stimme ergreift, rückblickend sagt „[I]ch sprach es den anderen nur nach" (241), erschwert es zusätzlich, den Roman als Prozess einer emanzipativen Stimmfindung durch Bildung zu lesen. Wenn gegen Ende des Textes im Kopf der Erzählerin ein Chor von Stimmen erklingt, der ihren Werdegang kommentiert, wird eine Stimme von ihr nicht benannt, sondern scheint hinter den anderen zu verschwinden: ihre eigene (vgl. 252–255).

4 Klasse hörend erzählen: Class Listening und Autosoziobiografie

Auch in den letzten Sätzen des Romans schweigt die Protagonistin. Wir hören noch einmal das Geräusch der Wohnungstür und die Stimme des Vaters:

> Ich habe die Tür geöffnet, das schmatzende Geräusch des Holzes, das rundgeriebene Schnappen des Schlosses, und während ich noch den Knauf in der Hand hatte, hörte ich ihn hinter mir sagen: „Wenn's nichts wird, kommst wieder heim." (285)

Von den zwei Auswegen – „Ob man sich in die Luft sprengt oder ob man geht, sehr leise geht" (235) – scheint sie, wie ihre Mutter, den zweiten Weg gewählt zu haben. Doch dieser Schluss ist vorschnell, wenn man bedenkt, dass die Erzählerin die zwei Optionen dem Denken ihres jugendlichen Ichs zuschreibt. Im Präteritum fügt sie hinzu: „[D]as schienen mir früher die beiden Möglichkeiten zu sein" (235). Der Weg, den die erwachsene Erzählerin beschreitet, liegt zwischen ‚laut' und

---

57 Jaquet, Zwischen den Klassen, 30.

‚leise': im aufmerksamen Hören und der klassenbewussten Einordnung von Klängen, die sie im Laufe des Romans entfaltet hat.

Interpretationen von *Streulicht* als ‚Bildungsroman' oder als „Weg ins Licht" sind von der Forschung jüngst zu Recht verworfen worden.[58] Dass der Text kein meritokratisches Aufstiegsnarrativ liefert, heißt jedoch nicht, dass die ‚transclasse'-Figur keinen Ermächtigungsprozess durchlaufen hat. In den akustischen Reflexionen des Romans begegnet uns eine Erzählerin, die erfahren hat, dass man die Klasse nicht wechselt wie den Radiosender, sondern auf grundlegendere, unbewusste Weise geprägt ist vom Sound des Herkunftsmilieus. Darin steckt zweifellos eine ernüchternde Erkenntnis. Für die Protagonistin hat sie jedoch auch eine ermächtigende Dimension: Im Wechsel der akustischen Perspektive weg vom individuellen Musikkonsum hin zu gesellschaftlich erzeugten Klangkulissen lenkt die Erzählerin die Aufmerksamkeit von einer individuellen Aufstiegserwartung, die auf den Schultern einzelner ‚transclasse'-Figuren lastet, hin zur gesellschaftlichen Verantwortung für die Bekämpfung sozialer Ungleichheit. Der Kerngedanke von Chantal Jaquet – „[D]as Ziel besteht nicht darin, als einzelner die Klassenschranken zu überwinden, sondern sie für alle abzuschaffen."[59] –, den Ohdes Erzählerin nie explizit formuliert, wird durch die Hörperspektiven im Roman lautlos vermittelt.

In seinem Essay *Politik der Form* (2017) hat Carlos Spoerhase auf ein Perspektivproblem des autosoziobiografischen Genres hingewiesen: Dass Autosoziobiografien meist aus der Ich-Perspektive einer einzelnen Klassenübergänger:in erzählt werden, stütze einen „politische[n] Individualismus",[60] der Klassenunterschiede nicht als kollektives Problem adressiert. Wie Eva Blome betont hat, finden autosoziobiografische Texte damit jedoch verschiedene „Umgangsweisen".[61] Auch literarische ‚Ich-Perspektiven' können so gestaltet sein, dass sie den Blick auf „kollektive Problemlagen und Lösungsansätze"[62] freigeben, anstatt ihn zu verstellen. Es lohnt also, genauer hinzuhören – wie hier gezeigt wurde auch im wörtlichen Sinne: denn der akustischen Ebene kommt in Ohdes Roman *Streulicht* in dieser Hinsicht eine tragende Rolle zu. Durch die subjektive Hörentwicklung einer einzelnen Erzählfigur vermittelt der Roman eine Entwicklung weg vom politischen Individualismus:

---

58   Vgl. Böttcher, Ewig Peripherie?, 502–503.
59   Jaquet, Zwischen den Klassen, 224.
60   Carlos Spoerhase, Politik der Form. Autosoziobiografie als Gesellschaftsanalyse, in: Merkur 71 (2017), H. 818, 27–37, hier: 37.
61   Eva Blome, Rückkehr zur Herkunft. Autosoziobiografien erzählen von der Klassengesellschaft, in: Deutsche Vierteljahrsschrift für Literaturwissenschaft und Geistesgeschichte 94 (2020), H. 3, 541–571, hier: 548.
62   Spoerhase, Politik der Form, 37.

von der jungen Hörerin, die sich von ihrem Herkunftsmilieu zu distanzieren sucht, indem sie sich einen anderen Musikgeschmack aneignet, bis zur erwachsenen Hörerin, die in der bewussten Auseinandersetzung mit den sonst unbewusst bleibenden Klängen ihres Umfelds zu einem anderen Klassenbewusstsein findet. Wenn sie als ‚Kartografin' von Klassenklängen Geräusche auf ihre Ursachen zurückführt und so die gesellschaftliche Gemachtheit von Lärm und Ungleichheit erkundet, nimmt sie in der Erzählgegenwart jene reflektierende und erklärende Position ein, die Klassenübergänger:innen in Autosoziobiografien typischerweise zukommt. Damit ist der „politische Individualismus"[63] allerdings noch nicht vollständig überwunden – denn als soziologisch vermittelnde „Übersetzer des Sozialen"[64] werden ‚transclasse'-Figuren, wie Spoerhase zu Recht betont, immer noch in die individuelle Verantwortung gezogen. Die Emanzipation der Gesellschaft hänge von ihrer Emanzipation zu intellektuellen Erklärer:innen ab. Auf welch radikale Weise Ohdes Roman mit dem politischen Individualismus bricht, zeigt sich so schließlich daran, dass sie am Ende des Textes nicht nur die Rolle der Bildungsaufsteigerin zurückweist, sondern auch die der soziologisch einordnenden ‚transclasse'-Figur. Noch bevor die Erzählerin die elterliche Wohnung verlässt, zieht sie sich hörend aus dieser Rolle zurück: Wenn sie am Ende von „dem vertrauten Brummen der Klärwasser" spricht, „das mich von hinten hält" (282), erlaubt sie sich ein affektives Erleben von Klängen, das sie zuvor erklärend auf Abstand zu bringen suchte. Dass sie an diesem Punkt nicht mehr als „Übersetzer[in] des Sozialen"[65] agiert, zeigt sich deutlich daran, dass sie auf eine Überführung ihres Erlebens in Emotionswörter oder konkrete ‚Klassengefühle' wie Wut, Scham, Schuld oder Geborgenheit verzichtet. Wenn in den letzten Sätzen das Türgeräusch und die Stimme des Vaters von der Erzählerin unkommentiert stehen bleiben, steckt darin somit auch ein stummer Widerstand gegenüber einer Gesellschaft, die die Verpflichtung, sich mit Klasse und ihrer Überwindung zu befassen, einzelnen ‚transclasse'-Figuren aufbürden möchte. Leise zieht sich die Erzählerin aus der Affäre und so die Lesenden in die Verantwortung. Ihnen wird hier die kollektive Aufgabe übertragen, auf Dissonanzen sozialer Ungleichheit zu hören – nicht nur bei der Lektüre dieses Romans.

---

63 Spoerhase, Politik der Form, 37.
64 Spoerhase, Politik der Form, 35.
65 Spoerhase, Politik der Form, 35.

Literatur

Primärliteratur

Baron, Christian: Ein Mann seiner Klasse, Berlin 2021.
Berg, Sibylle: GRM. Brainfuck, Köln 2019.
Biondi, Franco: In deutschen Küchen, Frankfurt a. M. 1997.
Dittloff, Christian, und Paula Fürstenberg (Hg.): Herz & Habitus, Berlin 2023.
Dröscher, Daniela, und Paula Fürstenberg (Hg.): check your habitus, Berlin 2021.
Ernaux, Annie: Eine Frau, aus dem Französischen von Sonja Finck (im Original: 1988), Berlin 2019.
Ernaux, Annie: Die Jahre, aus dem Französischen von Sonja Finck (im Original: 2008), Berlin 2017.
Ernaux, Annie: Erinnerung eines Mädchens, aus dem Französischen von Sonja Finck (im Original: 2016), Berlin 2018.
Ferrante, Elena: Die Geschichte des verlorenen Kindes. Band 4 der neapolitanischen Saga (Reife und Alter), aus dem Italienischen von Karin Krieger (im Original: 2014), Berlin 2018.
Geißler, Heike: Arbeiten, Berlin 2025.
Güçyeter, Dinçer: Unser Deutschlandmärchen, Frankfurt a. M. 2024.
Lenz, Pedro: Primitivo, Muri bei Bern 2020.
Ohde, Deniz: Streulicht, Berlin 2020.
Stelling, Anke: Bodentiefe Fenster, Berlin 2015.
Zaimoglu, Feridun: Kanak Sprak. 24 Mißtöne vom Rande der Gesellschaft, Hamburg 1995.

Sekundärliteratur

Attali, Jacques: Noise. The Political Economy of Music, ins Englische übersetzt von Brian Massumi (im französischen Original: 1977), Minneapolis 2009.
Balint, Iuditha: Von der Fürsprache zur shared authority. Dinçer Güçyeters *Unser Deutschlandmärchen* (2022) als (post-)migrantisches Chorwerk, in: Zeitschrift für Germanistik Neue Folge 34 (2024), H. 1, 147–165.
Bernstein, Charles: Close Listening. Poetry and the Performed Word, Oxford 1998.
Blome, Eva: Rückkehr zur Herkunft. Autosoziobiografien erzählen von der Klassengesellschaft, in: Deutsche Vierteljahrsschrift für Literaturwissenschaft und Geistesgeschichte 94 (2020), H. 3, 541–571.
Bourdieu, Pierre: Die feinen Unterschiede. Kritik der gesellschaftlichen Urteilskraft, aus dem Französischen von Bernd Schwibs und Achim Russer (im Original: 1979), Berlin 1982.
Böttcher, Philipp: Ewig Peripherie? Raumdarstellung, Postmigrationserfahrungen und Gesellschaftsdiagnose in Deniz Ohdes *Streulicht*, in: Internationales Archiv für Sozialgeschichte der deutschen Literatur 48 (2023), H. 2, 481–506.
Dahrendorf, Ralf: Gibt es noch Klassen? Die Begriffe der ‚sozialen Schicht' und ‚sozialen Klasse' in der Sozialanalyse der Gegenwart, in: Soziale Ungleichheit. Klassische Texte zur Sozialstrukturanalyse, hg. von Heike Solga, Justin Powell und Peter A. Berger, Frankfurt a. M. und New York 2009, 207–237.
Di Bella, Arianna: Zur Vater-Tochter-Beziehung in Familien mit postmigrantischem Hintergrund: Deniz Ohdes *Streulicht* und Dilek Güngörs *Vater und ich*, in: Jahrbuch für Internationale Germanistik 55 (2023), H. 2, 45–56.

Eiden-Offe, Patrick: Poesie der Klasse, Berlin 2017.

Eisenbeiß, Ingo: Langer Weg ins Licht, in: Deutschlandfunk, 18.08.2020, https://www.deutschlandfunk.de/deniz-ohde-streulicht-langer-weg-ins-licht-100.html (25.05.2025).

Friedrichs, Julia: Working Class. Warum wir Arbeit brauchen, von der wir leben können, Berlin 2021.

Harris, Celia B., Amee Baird, Sophia A. Harris et al.: „They're Playing Our Song". Couple-Defining Songs in Intimate Relationships, in: Journal of Social and Personal Relationships 37 (2020), H. 1, 163–179.

Jaquet, Chantal: Zwischen den Klassen. Über die Nicht-Reproduktion sozialer Macht, mit einem Nachwort von Carlos Spoerhase, aus dem Französischen von Horst Brühmann, 2., unveränderte Aufl., Konstanz 2018.

O'Keeffe, Linda: The Sound Wars. Silencing the Working Class Soundscape of Smithfield, in: Politiques de communication (2017), H. 1, 147–178.

Laußmann, Detlef, Marjolein Haftenberger, Thomas Lampert et al.: Soziale Ungleichheit von Lärmbelästigung und Straßenverkehrsbelastung, in: Bundesgesundheitsblatt 56 (2013), 822–831.

Nachtwey, Oliver: Die Abstiegsgesellschaft. Über das Aufbegehren in der regressiven Moderne, Frankfurt a. M. 2016.

Nicklaus, Hans-Georg: Weltsprache Musik. Rousseau und der Triumph der Melodie über die Harmonie, Paderborn 2015.

Schafer, R. Murray: The Soundscape. Our Sonic Environment and the Tuning of the World, Rochester 1977.

Schaub, Christoph: Arbeitende Klasse und Diversität. Über persönliche Erzählungen in der Gegenwartsliteratur (*Klasse und Kampf*; *Streulicht*), in: Zeitschrift für interkulturelle Germanistik 15 (2024), H. 1, 33–46.

Schwartz, Hillel: Making Noise. From Babel to the Big Bang & Beyond, New York 2011.

Schwarz, Ori: The Sound of Stigmatization. Sonic Habitus, Sonic Styles, and Boundary Work in an Urban Slum, in: American Journal of Sociology 121 (2015), H. 1, 205–242.

Spoerhase, Carlos: Literarische Besteckszenen. Über den sozialen Aufstieg mit Messer und Gabel, in: Merkur 78 (2024), H. 897, 66–74.

Spoerhase, Carlos: Politik der Form. Autosoziobiografie als Gesellschaftsanalyse, in: Merkur 71 (2017), H. 818, 27–37.

Thompson, E. P.: The Making of the English Working Class, London 1963.

Tommek, Heribert: Rückkehr zur Klasse. Soziologisierte Gegenwartsliteratur in Frankreich und Deutschland (Eribon, Ernaux, Ohde, Baron), in: „Die drei Kulturen" reloaded. Neue Perspektiven auf einen Klassiker der Literatursoziologie, hg. von Christine Magerski und Christian Steuerwald, Wiesbaden 2024, 105–122.

Unger, Nelly, Sarah Hoesch, Konstantin Kreye et al.: Analysen zur Umsetzung eines Sozial-Leasing-Programms in Deutschland, 13.05.2025, https://www.oeko.de/publikation/analysen-zur-umsetzung-eines-sozial-leasing-programms-in-deutschland/ (31.05.2025).

Zimmermann, Yvonne: Diskriminierung und Klassismus erzählen. Am Beispiel von Deniz Ohde, *Streulicht* (2020), in: Text Trifft Theorie. Literaturwissenschaftliche Methodenkompetenz in der Praxis, hg. von Andrea Albrecht, Yongqiang Liu und Franziska Bomski, Berlin und Boston 2025, 157–182.

Gesa Jessen
Ertappt in der Creative Class

Gefühlswelten von Kunstschaffenden und Kreativen in der Gegenwartsliteratur

> Anna und Tom waren Kreative. Auch für sie war das ein schwammiges Reizwort. Ihre Berufsbezeichnungen variierten, aber selbst in ihrer Heimat würden sie die englischen Begriffe benutzen – Web Developer, Graphic Designer, Online Brand Strategist. Was sie kreierten, waren Unterschiede.[1]

Mit Tom und Anna, den Protagonist:innen von *Die Perfektionen* (2023), hat Vincenzo Latronico zwei geradezu prototypische Vertreter:innen einer internationalen und mobilen, halb privilegierten und halb prekären Creative Class geschaffen, die mit ihren Zimmerpflanzen und ihrem Unbehagen die gentrifizierten Viertel mitteleuropäischer Großstädte bewohnt und die zum Gegenstand zahlreicher gegenwärtiger Romane geworden ist. *Die Perfektionen* ist, ebenso wie weitere in den frühen 2020er Jahren entstandene Texte, etwa Teresa Präauers *Kochen im falschen Jahrhundert* (2023), Barbi Markovićs *Minihorror* (2023) und Leif Randts *Allegro Pastell* (2020), ein Buch über das Leben, Arbeiten und Fühlen im Kreativmilieu. Einerseits erzählen diese Romane von klassenspezifischen Gefühlen, von Abstiegsängsten, Aufstiegshoffnungen, Selbstverwirklichungsfantasien und Authentizitätssehnsüchten; sie beschreiben einen mit bestimmten sozioökonomischen Positionalitäten einhergehenden Gefühlshabitus und die Techniken, die angewendet werden, um diesen Habitus zu verkörpern. Darüber hinaus aber reflektieren sie als Aktualisierungen des Künstlerromans die Bedingungen von Kunst in der Klassengesellschaft – im Rahmen welcher Möglichkeiten künstlerische Tätigkeiten ausgeübt und wie künstlerische Erzeugnisse, etwa literarische Texte, rezipiert werden. Wie verhalten sich Kreativindustrie und Kunstproduktion zueinander? Welche Rolle spielt Literatur in der Stabilisierung von Klassenverhältnissen? Und welche Gefühlskonflikte und Gefühlsnormen begleiten diese Dynamiken? Der folgende Blick in die Gegenwartsliteratur wird um diese Fragen kreisen.

---

[1] Vincenzo Latronico, Die Perfektionen, aus dem Italienischen von Verena von Koskull (im Original: Le Perfezioni, Mailand 2022), Berlin 2023, 19.

1 Von Künstler:innen zu Kreativen

Dass Anna und Tom Kreative sind, verbindet sie mit den Protagonist:innen von *Minihorror* Miki und Mimi, einem Komparatisten und einer Schriftstellerin, *Allegro Pastells* Tanja und Jerome, einer Schriftstellerin und einem Webdesigner, und wohl auch mit der namenlosen Erzählerin von *Kochen im falschen Jahrhundert*, von der wir erfahren, dass sie sich für alles interessiert, womit sich, „kein Geld verdienen"[2] lässt, was ihre Bücher über „Lyrik, Literaturtheorie [...] Bildende Kunst, Mode, Puppen und Masken"[3] im Regal bezeugen, die aber dennoch genug Geld zu haben scheint, um eine Eigentumswohnung in dem angesagten Viertel einer großen Stadt (es wird nahegelegt, dass es sich um Wien handelt) zu erwerben. Durch ihre Tätigkeiten und Interessen, aber auch ihren Bildungshintergrund und die Ressourcen, über die sie verfügen, sind die Protagonist:innen als Angehörige eines Milieus erkennbar, das sich unter dem Begriff „creative class"[4] fassen lässt. Um eine Klasse im traditionellen Sinne handelt es sich bei der Creative Class nicht – vielmehr bildet sie eine spezielle Untergruppe der „professional-managerial class",[5] die wiederum ein Segment der Mittelklasse ist. Der Begriff der „professional-managerial class", kurz PMC, wurde Mitte der 1970er Jahre im US-amerikanischen Kontext von John und Barbara Ehrenreich geprägt, um die Gruppe von Angestellten zu beschreiben, die als Arbeitende in höheren Positionen im sich verschiebenden Gefüge des Nachkriegs-Neoliberalismus eine Rolle zwischen Proletariat und Bürgertum einnahmen und entscheidend an der Herausbildung kultureller Normen mitwirkten.[6] Zur gleichen Zeit beschrieb Hans Magnus Enzensberger, im bundesrepublikanischen Diskurs verankert, im *Kursbuch* den gesellschaftlichen Einfluss des Kleinbürgertums, das analog zu der „professional-managerial class" eine normenbildende Funktion übernahm:

> Das Kleinbürgertum verfügt in allen hochindustrialisierten Gesellschaften heute über die kulturelle Hegemonie. Es ist zur vorbildlichen Klasse geworden, der einzigen, die im massenhaften Maßstab die Lebensformen des Alltags produziert und für alle andern verbindlich macht. Sie besorgt die Innovation. Sie legt fest, was für schön und erstrebenswert gilt. Sie bestimmt, was gedacht wird. (Die herrschenden Gedanken sind nicht mehr die der Herrschenden, sondern die des Kleinbürgertums.) Sie erfindet Ideologien, Wissenschaften, Tech-

---

2 Teresa Präauer, Kochen im falschen Jahrhundert, Göttingen 2023, 31.
3 Präauer, Kochen im falschen Jahrhundert, 31.
4 Richard Florida, The Rise of the Creative Class. Revisited, New York 2012 [2002], 38–44.
5 Barbara Ehrenreich und John Ehrenreich, The Professional Managerial Class, in: Radical America 11 (1977), H. 2, 7–31.
6 Ehrenreich und Ehrenreich, The Professional Managerial Class, 13–14.

nologien. Sie diktiert, was Moral und Psychologie bedeuten. Sie entscheidet darüber, was im sogenannten Privatleben „läuft". Sie ist die einzige Klasse, die Kunst und Mode, Philosophie und Architektur, Kritik und Design erzeugt.[7]

Mit der Entwicklung von hochindustriellen zu postindustriellen Gesellschaften gegen Ende des 20. Jahrhunderts führte dann Richard Florida den Begriff Creative Class ein. Florida beschrieb damit jene, die in den kommenden Jahrzehnten in den postindustriellen Städten des globalen Nordens arbeiten würden – urbane, liberale, flexible Arbeiter:innen, gut ausgebildet, technisch versiert und eben kreativ, das heißt, nicht allein mit der exakten Ausführung einer Tätigkeit betraut, sondern in Positionen, die mit Erwartungen an Innovation, Originalität und einem Stück weit ästhetischer Selbstverwirklichung einhergehen. Wie sich diese Art des Arbeitens anfühlen soll, zeigt der Roman *Die Perfektionen*, wenn sich Anna und Tom eine idealisierte Work-Life-Balance ausmalen:

> In diesem Leben trinkt man den Kaffee frühlings wie sommers auf dem Balkon und genießt die Morgensonne, überfliegt die Schlagzeilen der New York Times und die Neuigkeiten in den sozialen Netzwerken auf dem Bildschirm eines Tablets. Man gießt die Pflanzen, als Teil einer Routine, die auch Yoga und ein durch verschiedenerlei Samen bereichertes Frühstück mit einschließt. Man arbeitet zwar am Laptop, doch gleicht der Arbeitsrhythmus eher dem eines Malers denn dem eines Angestellten: Phasen höchster Konzentration wechseln mit einem Spaziergang, einem Videocall mit einem Freund, der ein Projekt vorschlägt, einem Chat, einem Sprung in den Biomarkt um die Ecke. Die Tage sind lang – am Ende bringt man es vermutlich auf mehr Arbeitsstunden als ein Angestellter. Doch im Gegensatz zu ihm zählt man sie nicht, denn in diesem Leben spielt die Arbeit eine wichtige Rolle, ohne Last und Zwang zu sein. Im Gegenteil: Die Arbeit ist ein Quell der Entfaltung und der Inspiration, der Grundschlag dieser freudvollen Melodie. Aber es ist auch ein Leben, in dem Spaß seinen klaren Platz hat, erkennbar an zahllosen Details. Den langen Tagen folgt eine Stunde der erzwungenen Unerreichbarkeit, um einen Aperitif in der Bar zu trinken oder, aufs Sofa gekuschelt, in einer Zeitschrift zu blättern und sich bei draußen herrschender Kälte an der wohligen Wärme zu erfreuen. Wie ein Suspensionsgranulat hat sich die Empfänglichkeit für Schönheit und Genuss im Alltäglichen gelöst.[8]

Im Gegensatz zu dieser fein austarierten Fantasie eines erfüllten Arbeitslebens heißt es in *Allegro Pastell* über die berufliche Tätigkeit der beiden Protagonist:innen eher pragmatisch:

---

7 Hans Magnus Enzensberger, Von der Unaufhaltsamkeit des Kleinbürgertums. Eine soziologische Grille, in: Kursbuch 45 (1976), Themenheft „Wir Kleinbürger", 1–8, hier: 6.
8 Latronico, Die Perfektionen, 11–12.

Jerome saß am Laptop und programmierte Webseiten für Museen, Vereine und Künstler*innen. Tanja schrieb Texte, die vor allem Menschen berührten, die so ähnlich waren wie sie selbst.[9]

Und in einen regelrechten Horror hat sich das Versprechen vom selbstbestimmten und lässigen Arbeiten für die Protagonistin von *Minihorror* verkehrt. Mini ist Schriftstellerin und arbeitet mal im Shared-Office-Space an einem Platz, „auf dem schon drei verschiedene Grafikdesigner:innen Burn-out bekommen haben"[10], mal auch von zu Hause aus. Dort wird sie von einer Journalistin besucht und so erhalten wir einen Einblick in ihre Arbeitsroutine, die Marković im typisch zugespitzten *Minihorror*-Stil so beschreibt:

> Das Zimmer ist unbeleuchtet, und alle Ecken sind leer. Der Arbeitsplatz besteht lediglich aus einem großen Rad, in dessen Mitte Mini in sportlichen Leggings auf einem Laufband steht und verschiedene Arbeitsstationen abwechseln kann, indem sie ein paar Schritte macht. Als das Presseteam eintritt, macht Mini langsame drei Schritte, die aktuelle Arbeitsstation dreht sich weiter und eröffnet einen freien Blick auf die Autorin.[11]

Gefragt, warum sie so arbeite, antwortet Mini der Journalistin, sie arbeite immer an einem Projekt nur so lange, wie es ihr Spaß mache, aber wir Leser:innen wissen von Miki bereits, dass Mini von Ehrgeiz und Erfolg sehr viel mehr angetrieben wird als von Lust oder Inspiration. Von dem „Suspensionsgranulat" des ästhetischen Feinsinns, das alle Bereiche des Lebens ganz reibungslos durchdringen und so die Grenzen zwischen Freizeit und Arbeit auf angenehme Weise verwischen soll, ist in Minis beruflichem Leben wenig geblieben. Stattdessen ist sie immer hungrig auf der Suche nach neuen Geschichten, die sie auch sofort aus der sie besuchenden Journalistin zu extrahieren versucht. Als diese sich weigert, mehr von sich und ihren Erfahrungen, dem Rohmaterial für Minis schriftstellerische Tätigkeit, preiszugeben, wird Mini ungehalten:

> Die Stimmung ist auf einmal schlecht. Mini wirkt angepisst. Die Journalistin versucht das zu ignorieren und stellt die nächste Frage: „Schreiben Sie eher am Vormittag oder am Nachmittag?" „Immer", sagt Mini, „ich schreibe immer." „Auch in der Nacht? Schlafen Sie manchmal?" Mini sagt: „Manchmal schlafe ich. Aber sonst immer." Die Journalistin hat jetzt wieder Hoffnung. Das Interview läuft halbwegs. Sie fragt: „Und was treibt Sie an? Weshalb sind Sie Autorin geworden?" Mini sagt: „Menschen interessieren mich. Ihre Geschichten. Zum Beispiel Sie. Sie scheinen sich jetzt vor etwas zu fürchten. Ist es die Dunkelheit hier, die Zeitver-

---

9 Leif Randt, Allegro Pastell, Köln 2020, 207.
10 Barbi Marković, Minihorror, Wien 2023, 95.
11 Marković, Minihorror, 132.

schwendung? Fürchten Sie sich vor mir? Was ist Ihre schlimmste Erinnerung? Wenn Sie mir etwas Persönliches erzählen, werde ich Ihnen das Material für Ihre Sendung liefern."[12]

Beide Schreibenden stehen unter dem Druck, zu produzieren. Dabei führt die Suche nach Erzählstoff die Vorstellung eines inspirierten künstlerischen Arbeitens, das sich nicht primär nach ökonomischen Kriterien richtet, sondern rein ästhetischen Interessen folgt, ad absurdum. Über Minis Schreiben sagt Miki:

> Egal, an welcher Küste, und egal, wie schön das Wetter war und mit welchem Longdrink wir da saßen, sie holte sofort einen Notizblock heraus und begann zu schreiben. Das allein wäre kein Problem gewesen, sie schrieb aber nicht entspannt, aus Inspiration – sie war permanent von Fristen gejagt.[13]

Das umfassende Primat des Neoliberalismus, das fordert, dass jede und jeder mit individueller Leistung am freien Wettbewerb partizipiert, durchdringt gerade auch die schöngeistigen Arbeitsweisen der Creative Class, wie uns die Romane eindrücklich vorführen. Fern von der auratischen Aufladung der Tätigkeit des Künstlers sind die Kreativarbeiter:innen eingetaktet in Projektlogiken, Deadlines und Vermarktungsweisen ihrer Arbeit, die schlussendlich doch nur selten genug Gewinn abwirft, um davon die Miete zu bezahlen – weswegen beispielsweise Anna und Tom in *Die Perfektionen* ihre Wohnung bei Airbnb vermieten. Finanzielle Sicherheit kehrt in ihr Leben, wie auch in das anderer Protagonist:innen wie Jerome oder der Erzählerin von *Kochen im falschen Jahrhundert*, erst mit dem Erbe oder dem Erwerb von Immobilien ein – ein Vorgang, der im Kontrast zu den Werten von Beweglichkeit, Fluidität und Flexibilität, die sonst den Lebensstil der Creative Class prägen, steht. Die Überlagerung des werkorientierten Kunstbegriffs durch die prozessorientierte Aufwertung der Kreativität als schöpferischem Potenzial, das in der Kunstpraxis ebenso wie in der Kulturindustrie (und allen Spielarten des Dazwischen) nutzbar gemacht werden kann, führt sowohl Verheißungen von Freiheit und Selbstverwirklichung als auch existenzielle Verunsicherung mit sich. Gerade durch diese Spannung zwischen manifesten emotionalen Normen, die bestimmt sein sollen von Leichtigkeit, Inspiration, Spaß und Sorglosigkeit, einerseits und dem latenten Gefühlszustand, der sich durch Existenzängste, ökonomische Zwänge, dem Bedürfnis nach Sicherheit und Stabilität auszeichnet, andererseits, bzw. durch die Vermittlung zwischen ihnen entsteht eine spezielle emotionale Dynamik, die charakteristisch für die Creative Class ist und deren literarische Darstellung ich nun genauer untersuchen möchte.

---

12 Marković, Minihorror, 134–135.
13 Marković, Minihorror, 130.

2 Gefühle mit doppeltem Boden

So schön sich Tom und Anna ihr Leben in Berlin ausgemalt haben – wie ein diffuses „Hintergrundrauschen" durchzieht ihren Alltag das Gefühl, sie seien „Mängelexemplare", „Hochstapler in einer erwachsenen Welt".[14] In ihrer Wohnung bedrängen sie unästhetische Gebrauchsgegenstände und aus dem Club, wo sie eine hedonistische Sexualität ausleben wollen, gehen sie schließlich doch lieber zu zweit nach Hause. Die Arbeit, an der sie sich freuen und in der sie sich entfalten sollten, wird ihnen fad, sodass sie fantasieren, von einer KI ersetzt zu werden.

Auf ähnliche Weise muss die Gastgeberin in *Kochen im falschen Jahrhundert* mit der Diskrepanz zwischen einem erwünschten Gefühl leichtfüßiger Großzügigkeit und ihrer tatsächlicher Unentspanntheit umgehen, als sie ihren Partner, ein befreundetes Paar und einen befreundeten Schweizer Hochschullehrer zu Quiche und Crémant einlädt. Ausgerechnet der dänische Esstisch, der in ihr überhaupt erst den Wunsch geweckt hatte, in die soziale Rolle der Gastgeberin, angekommen im Kreativmilieu, zu schlüpfen, bildet bei ihr einen Kristallisationspunkt für ambivalente Gefühle. Zunächst ist da der Wunsch nach einer Zusammenkunft, die es ihr erlauben würde, sich selbst als Gastgeberin zu verwirklichen:

> Die Gastgeberin hatte von einem offenen Haus fabuliert, von internationalen Gästen, die die internationalen Zeitungen, nämlich in der Reihenfolge Feuilleton, Politik, Wirtschaft, lesen. Die Sprachen würden sich im Laufe des Abends abwechseln und mischen, man wäre gebildet und liberal, alles aber keineswegs aufgesetzt oder demonstrativ. Keineswegs elitistisch oder klassistisch, hatte der Partner der Gastgeberin zustimmend ergänzt, denn er hatte sich überblicksmäßig in die Thematik eingelesen. Die Speisen kämen ohne viel Aufwand auf den Tisch, einmal nur auf einem Holzbrett als Unterlage, dann wieder bloß auf dem Backblech, darauf das verbrannte Backpapier.[15]

Der Tisch solle, so sagt es sich die Gastgeberin selbst immer wieder mantraartig im Laufe des Abends vor, vom Leben erzählen – deswegen übt sie sich in einer Entspanntheit gegenüber spritzendem Kerzenwachs und nassen Geschirrtüchern, die Flecken auf der frisch geölten Platte hinterlassen. Dass sich in ihr aber Gespanntheit und Nervosität halten, bestätigt eine Befürchtung, die sie bereits bei der Vorbereitung des Abends hegte, nämlich, ausgerechnet von den Dingen, die ihr Angekommensein bezeugen sollen, verraten zu werden:

---

14 Latronico, Die Perfektionen, 15.
15 Präauer, Kochen im falschen Jahrhundert, 82–83.

An den Gegenständen haftete der Selbstentwurf, die Einbindung in die Gesellschaft. Die Familienverhältnisse, das Sich-Lossagen und das Erinnern und Nicht-Loskommen. Die Ablehnung von Rollen und die Suche nach anderen Rollen. Wo der einzelne Mensch sich vielleicht frei fühlte von diesen Zuschreibungen, wo er die Herkunft, einem Versprechen von Autonomie und Gestaltungsmöglichkeit anhängend, gleichsam überwunden hatte, da trugen die Dinge, und mit ihnen der gute und der schlechte Geschmack, wie eine viel zu späte Erinnerung die Geschichte von Aufstieg und Fall mit sich. Eigentlich konnte nur Crémant einen über den Schmerz dieser Einsicht hinwegtrösten.[16]

In *Allegro Pastell* sind diese Momente der Aushandlung bereits zu einer speziellen Form der Subjektivität geronnen, einer Art doppelbödigen, sich selbst reflektierenden Persönlichkeit:

> In der gut besuchten U-Bahn saßen sie [Tanja und Jerome, G. J.] nebeneinander und küssten sich mit geschlossenen Augen. Jerome kokettierte mit der Rolle des überglücklichen heterosexuellen Partners. In einem Moment machte er die U4 in Richtung Enkheim zu seiner eitlen Bühne, im nächsten vergaß er seine Umwelt komplett. Als er in einer Kusspause mit einer auffälligen Bewegung seinen rechten Arm um Tanjas vergleichsweise breite Schultern legte, setzte er ein sanftes Lächeln auf. Er merkte, dass er nicht die volle Kontrolle über seine Mimik hatte, und das empfand er als gutes Zeichen. Jerome mochte den Gedanken, dass er sich selbst gegebenenfalls unerträglich finden würde, könnte er sich hier in der U4 von außen sehen. Einen Gedanken zu mögen, der andere verunsichern wurde – das war typisch für den neuen Jerome, der mittlerweile spielerisch unterschied zwischen einer inneren Persönlichkeit, die nur er selbst kennen konnte, und einer äußeren Persönlichkeit, die sich aus den Zuschreibungen der Umwelt zusammensetzte. Seine äußere Persönlichkeit konnte er auf Fotos und im Spiegel erahnen, da er dort die Blicke, Unterstellungen und Assoziationen anderer automatisch mitdachte. Seine innere Persönlichkeit spürte er besonders dann, wenn er einmal täglich die Augen schloss, um vorzugeben, dass er meditierte.[17]

Bemerkenswert an diesen Aushandlungsprozessen ist nicht so sehr, dass es sie gibt und dass sie Stoff von literarischen Texten werden – schließlich müssen gesellschaftliche Normierungsprozesse von Emotionen immer auch über eine individuelle Angleichung von Ist- und Sollzustand ablaufen, die Angemessenheit von Gefühlen in bestimmten Situationen hinterfragt und nachjustiert werden und literarische Darstellungen eben dieser Prozesse tragen zu ihrer Wirksamkeit bei und bespiegeln sie zugleich. Bemerkenswert an den gegenwärtigen literarischen Schilderungen der doppelbödigen Gefühle der Creative Class ist, wie sie sich zu literarischen Konventionen, beispielsweise etablierten Gefühlsnormen aus dem Künstlerroman, verhalten.

---

16 Präauer, Kochen im falschen Jahrhundert, 194–195.
17 Randt, Allegro Pastell, 11.

3 Erzählweisen der Creative Class

Mit dem Wandel von Künstler:innen zu Kreativen hat sich auch die Art und Weise, wie ihre schöpferische Tätigkeit dargestellt wird, mit welchen Gesten und Emotionen sie verknüpft wird, verändert. Die Protagonist:innen der hier besprochenen Bücher sind Kreativarbeiter:innen – kein Künstler:innen-Archetypen wie verschrobenen Eremit:innen, Genies, Charismatikerin:innen oder zornige Zyniker:innen. Getrieben sind sie von Deadlines, nicht von künstlerischen Idealen. Sie arbeiten an sich und ihren kreativen Berufen, sind nicht inspiriert, sondern routiniert, ihre Herangehensweise an das Arbeiten ist bescheiden, flexibel, sportlich, projektbezogen, ehrgeizig, pragmatisch, gelangweilt. Dementsprechend ist auch der egomanische Gestus der Popliteratur der 1990er Jahre diesen Texten fremd. Statt an sich selbst berauschten Ich-Erzähler:innen, die sich zwar eingebettet in die Gesellschaft, aber irgendwie auch diametral zur dieser verstehen, tauchen hier voneinander getrennte Erzählinstanzen und Figuren auf, gerne in Paarkonstellationen wie Anna und Tom, Miki und Mini, Tanja und Jerome. Sie sind selten allein, meistens eingeflochten in ein soziales Gefüge und wir beobachten, wie die Erzählinstanz sie beobachtet, wie sie sich selbst beobachten, wie sie von anderen beobachtet werden. Das wiederholt sich in der beschriebenen künstlerischen Arbeit – so schreibt Tanja beispielsweise im Laufe von *Allegro Pastell* an einem Text über Matilda, die ihr ähnelt und die sie mag, die aber nicht mit ihr identisch ist. Das Schreiben oder Gestalten, die kreative Tätigkeit, wird nicht zum zentralen Movens oder Identifikationspunkt im Leben der Mitglieder der Creative Class, es wird auch nicht mit Erwartungen an Selbsterkenntnis oder authentischen Ausdruck verknüpft. Entsprechend treten die Protagonist:innen auch weniger als markante Individuen hervor und vielmehr als Charaktermasken. In *Kochen im falschen Jahrhundert* wird passagenweise ein „Du" eingebunden, das alle Erfahrungen der Gastgeberin in ihrem Geschmacksbildungsprozess von der unbedarften Studentin zur distinguierten Hausherrin auch oder fast genauso wie sie gemacht hat. Nicht das Außergewöhnliche bestimmt also die Handlung der Texte, sondern gerade das Typische wird erzählenswert. Die Emotionen, die sich aufspannen, umfassen zwar alles von Horror bis zu Euphorie. Sie sprengen aber letztlich nie den Rahmen, werden ausgehalten oder begrüßt und immer wieder neu konfiguriert und kombiniert. Nicht die Suche nach Intensitäten bestimmt den Umgang mit Emotionen, sondern die Möglichkeit der bewussten Wahrnehmung, des temporären Erlebens, der Verfügbarkeit.

So mutmaßt Jerome in *Allegro Pastell*, es gäbe „keinen Grund, verschiedene Formen von Freude qualitativ zu unterscheiden. Das Lob eines Auftraggebers, eine zugewandte Kurznachricht, ein Wodka Red Bull – all das waren Auslöser von

Hochgefühlen, aber brauchte es diesen Auslöser überhaupt? Jerome wollte Freude nunmehr als eine stetige Option begreifen".[18] Und selbst wenn Tanja die Erkenntnis, dass sie Jerome nicht nahtlos durch einen neuen Liebespartner ersetzen kann, wie eine emotionale Zäsur vorkommt, so ist ihr nächster Gedanke doch gleich, wie sich dieser Zustand schriftstellerisch verarbeiten ließe. Dabei gilt für die hier anvisierte Produktions- und Rezeptionshaltung wohl auch Jeromes Arbeitsmaxime: Er findet es schlimm, wenn seine Arbeit nicht ernst genommen wird, aber noch schlimmer, wenn sie zu ernst genommen wird. Außerdem hält er Kontinuität für wichtiger als Intensität. Diese Art von Literatur kommt unaufdringlich, kontrollierbar und letztlich machbar daher – sie gibt nicht vor, von innerer Notwendigkeit oder Inspirationsmomenten bewegt zu sein, sondern sich zu entfalten als eine Tätigkeit wie viele andere auch. Teilweise wird sie unter Druck verrichtet und mutiert zur kleinen Katastrophe, wie wenn Mini im Shared-Office-Space auf ihre Tastatur weint, weil sie sich selbst – als Selbstständige – so viele unterschiedliche Aufgaben gestellt hat und nicht weiß „ob sie Gas geben oder Pause machen oder ins Fitnessstudio gehen oder E-Mails schreiben soll".[19] Marković zeigt in den kurzen Episoden von *Minihorror,* welche Abgründe in dem Alltag ihrer Protagonist:innen schlummern – mal slapstickartig, mal nahe am Bodyhorror werden der Ehrgeiz, die Überforderung und der Überdruss der Freelancer-Arbeitswelt aufgerufen, dramatisch zugespitzt und dann wieder ausgehalten, integriert, verdrängt oder vergessen. Im Gegensatz dazu wird der Arbeitsvorgang von Randt in *Allegro Pastell* als entspannt und fast beiläufig entworfen:

> In ein neues Dokument, für das sie noch keine Überschrift hatte, tippte Tanja, dass sie ‚wieder mehr Langeweile wagen' wolle. Auch mal einen Abend leicht genervt in der Wohnung sitzen bleiben, in direkter Nähe zum beleuchteten Globus, zwei bis drei Stunden überstehen, in denen man nur im Internet herumklickt, um dann, als man fast schon zu Bett gehen will, doch noch zwei Seiten zu schreiben.[20]

Was die zeitgenössischen literarischen Darstellungen der Arbeitsweise von Kreativen trotz ihrer unterschiedlichen Tonalität und Stilistik eint, ist ihr Bruch mit einem Gefühlsideal, das den Künstlerroman seit dem 18. Jahrhundert geprägt hatte. An die Stelle der besonderen Sensibilität und Gefühlsintensität eines romantisch-aufklärerischen Künstler:innentypus, der „Originalität, Schaffensdrang

---

18 Randt, Allegro Pastell, 108–109.
19 Marković, Minihorror, 95.
20 Randt, Allegro Pastell, 183.

und eigenwillige Normverletzung verkörperte",[21] tritt hier eine Reflexivität und Souveränität gegenüber der eigenen Emotionalität, die das Lebensgefühl wie auch die Arbeitshaltung der Kreativen prägt.

Der souveräne Umgang mit Gefühlen, sowohl mit denen, die erwünscht sind, als auch mit denen, die eher missfallen, ist für die unterschiedliche Kreativen-Charaktere zwar nicht gleich leicht oder schwer – Präauers Gastgeberin, deren Elternhaus ländlich geprägt und noch im Bildungsaufstieg begriffen war, sowie Tom, Anna und Mini, die eine südeuropäische bzw. südosteuropäische Migrationsgeschichte haben, müssen sich mehr anstrengen, haben weniger Sicherheiten und entsprechend mehr Sorgen als Tanja und Jerome, die beide schon in mindestens zweiter Generation zum wohlhabenden westdeutschen Bürgertum gehören. Dennoch verfügen alle über einen Zugriff auf das eigene Fühlen, der reflektiert doppelbödig, schließlich aber auch resignativ in seinem Abgesang der Authentizität ist.

Der erzählerische Duktus der Texte greift das auf. Die Romane zeichnen sich durch einen flach gehaltenen Spannungsbogen bzw. einen episodischen Charakter aus – Ausschläge sowohl in Enthusiasmus als auch in Depressionen finden sich kaum. Dramatische Zuspitzungen begegnen einem vor allem in *Minihorror*, wo allerdings die Comicform (die von Marković durch Einschübe wie „Am nächsten Tag in Mikis Großraumbüro ..." nachempfunden wird) es erlaubt, selbst größte Grausamkeiten lakonisch abzufedern, wie etwa am stakkatoartigen Anfang mit seinem Wechselbad der Gefühle:

> Mini und Miki wollen nett sein, aber nichts ist einfach. Die Welt ist schrecklich, alles muss sterben. Die beiden müssen ziemlich viel erleiden, und genau dafür lieben wir sie.[22]

Die Texte sind nicht immersiv-realistisch, sondern verweisen auf ihren Textcharakter – allerdings ohne avantgardistisch anstrengend zu sein. Sie sind auch nicht ironisch – wenn, dann fallen sie eher in das Spektrum von New Sincerity,[23] allerdings sind sie auch nicht ernst im klassischen Sinne. Sie haben satirische Elemente, ohne Satire zu sein, Theoriebezüge, ohne intellektualistisch zu sein – obwohl immer wieder aufscheint, dass gelesen, gestaltet und studiert wurde bzw. wird, sind es dann doch Möbel, Kleidung, Essen und Restaurants statt Kunstwerke oder Literatur, die als ästhetische Referenzen in die Texte eingelassen sind. In *Kochen im fal-*

---

21 Peter V. Zima, Der europäische Künstlerroman: von der romantischen Utopie zur postmodernen Parodie, Tübingen 2008, 455.
22 Marković, Minihorror, 5.
23 Philipp Ohnesorge und Philipp Pabst, Postironie/New Sincerity: Eine Einführung, in: Where are we now? Orientierungen nach der Postmoderne, hg. von Sebastian Berlich, Holger Grevenbrock und Katharina Scheerer, Bielefeld 2022, 33–48.

schen Jahrhundert etwa tauchen in konsumrealistischer[24] Manier Listen von Artikeln des täglichen Gebrauchs auf – „Noch 1 Kiste Crémant auf Vorrat"[25], „1 Packung Parisienne 1 Schachtel Streichhölzer"[26], „1 Leberkässemmel" und „1 Qualitätszeitung von Gestern"[27], die auch mit nicht-gegenständlichen Sachverhalten – zum Beispiel „1 Problem oder kein Problem"[28] – durchsetzt werden, die in diesem Kontext dann ebenfalls einen warenförmigen Charakter annehmen. Hier öffnet sich die literarische Form zu einem ästhetischen Lebensstil der Creative Class hin, in dem Kunst bzw. Literatur keine Sonderstellung einnehmen, sondern eine von vielen Möglichkeiten zur Gestaltung und ästhetischen Erfahrung bieten, die alle interessant und reizvoll sein können und mit denen akkumulativ umgegangen wird. Damit umzugehen, Diskretion anzuwenden, das heißt, feine Unterschiede festzustellen, sei es zwischen Einrichtungsgegenständen oder Gefühlszuständen, sich in einem Leben einzurichten, das schon nicht mehr mit großspurigen neoliberalen Versprechen nach Selbstverwirklichung daherkommt – das erscheint hier als die eigentliche Gefühlsdistinktion der Creative Class.

4 Ertapptwerden

Am Ende von *Die Perfektionen* zitiert Latronico aus Hans Magnus Enzensbergers *Kleinbürger*-Glosse von 1976: „Dass Sie, der Sie dies lesen, dies lesen, ist fast schon ein Beweis: ein Beweis dafür, dass Sie dazugehören."[29] Man könnte auch sagen: Wir, die Lesenden, werden ertappt, als Teil jenes Milieus, das hier literarisch gezeigt wird. Mitte der 1970er Jahre richtet sich Enzensberger an das *Kursbuch*-

---

24 „Konsumrealismus" haben Moritz Baßler und Heinz Drügh in Bezugnahme auf Leif Randts Buch *Schimmernder Dunst über Coby County* ein literarisches Verfahren genannt, das in seiner Ansammlung und Nennung von Waren und Marken an Texte der Popliteratur erinnert, aber nicht den gleichen Gestus wie diese Vorläufer bedient: Während diese, so Baßler und Drügh, sich noch mit ihrem Warenfetisch bewusst randständig zum Literaturbetrieb verhielten, seien mit dem „Ästhetisch-Salonfähig-Werden des Pop" die Ästhetiken und Verfahren der Popliteratur einerseits im literarischen Mainstream angekommen und hätten damit andererseits ihr Provokationspotenzial verloren. Moritz Baßler und Heinz Drügh, Schimmernder Dunst. Konsumrealismus und paralogische Pop-Potenziale, in: POP. Kultur und Kritik 1 (2012), H. 1, 60–65, das Zitat: 63.
25 Präauer, Kochen im falschen Jahrhundert, 119.
26 Präauer, Kochen im falschen Jahrhundert, 39.
27 Präauer, Kochen im falschen Jahrhundert, 160.
28 Präauer, Kochen im falschen Jahrhundert, 130.
29 Latronico, Die Perfektionen, 126.

Publikum, die bildungsexpandierten Kleinbürgerkinder mit künstlerisch-intellektuellen Ambitionen in der Bundesrepublik. Wen spricht Latronico an?

Auch wenn die Möbel eher Mid-Century sind – einiges an den hier besprochenen Texten weist in die späten 1960er und 1970er Jahre zurück: *Die Perfektionen* ist eine explizite Aktualisierung von George Perecs *Die Dinge* von 1965, in dem ein Pariser Paar freiberuflich arbeitender Werbetexter seine Wohnung einrichtet und nach dem schönen Leben sucht. Mit einem von Perecs Protagonist:innen, Jerome, teilt sich die Figur aus *Allegro Pastell* den Vornamen. In *Kochen im falschen Jahrhundert* bemerkt die Gastgeberin beim Blick über die Balkonbrüstung, dass ihre Nachbarin Pierre Bourdieus *Die feinen Unterschiede*, erstmals erschienen 1979, liest. *Kochen im falschen Jahrhundert* greift außerdem mit einem immer wieder unterbrochenen und veränderten Abendessen deutlich erkennbar die Struktur von Luis Buñuels Film *Der diskrete Charme der Bourgeoise* von 1972 auf.

Diese Verweisstruktur stellt eine Kontinuität her zwischen dem Jetzt und den Jahrzehnten, in denen die Vorläufer der Creative Class, die PMC-Angestellten in gestalterischen Berufen, erstmals mit dem Anspruch auftraten, an der Herausbildung und Beurteilung eines legitimen, anerkannten, aber populären Geschmacks maßgeblich mitzuwirken. Die Formen, sowohl die Lebensformen als auch die literarischen, die von den hier besprochenen Texten aufgegriffen werden, sind somit auch Reminiszenzen, was den Romanen trotz ihrer klaren Gegenwartsverankerung einen reaktionären Touch verleiht. Dennoch verbindet eine aktuelle Leserschaft auf sehr direkte Weise ihre eigene Gefühls- und Lebensrealität mit dem Gelesenen. Ein Gefühlsmodus, der in der Beschreibung des Rezeptionsgeschehens daher immer wieder auftaucht, ist der des Ertapptwerdens.

„Ich habe mich ertappt gefühlt",[30] heißt es gleich in der ersten Rezension zu *Allegro Pastell*, die sich auf *Goodreads*, einer Social-Reading-Plattform, die es Nutzer:innen ermöglicht, Bücher zu bewerten und zu rezensieren, findet. Auch über *Kochen im falschen Jahrhundert* schreibt jemand auf *Goodreads*: „Diese wunderbare Gänsehaut, wenn man sich von einem zeitgenössischen Roman in seiner bourgeoisen Heiterkeit ertappt fühlt und sich gleichzeitig ein kleines bisschen dafür schämt, so zu sein wie die Figuren."[31] Im Klappentext von *Minihorror* schreibt der Residenzverlag: „In ‚Minihorror' setzt Barbi Marković den Angstarbeiter*innen unserer Gesellschaft ein Denkmal aus Perfidie und Mitgefühl, bei dessen Lektüre wir uns gleichermaßen ertappt und verstanden fühlen."[32]

---

30 Nutzer:in Mia auf Goodreads: https://www.goodreads.com/book/show/59496117 (11.07.2025).
31 Nutzer:in Julia Modde auf Goodreads: https://www.goodreads.com/book/show/123170688-kochen-im-falschen-jahrhundert (11.07.2025).
32 Klappentext Marković, Minihorror.

Was impliziert das Gefühl des Ertapptwerdens? Und warum wird es als etwas Positives wahrgenommen, dessen Evokation ein Qualitätsmerkmal von Texten darzustellen scheint? Ertappt fühlt sich, wer dabei beobachtet wird, wie er etwas tut, das nicht ganz richtig, aber auch nicht sehr verwerflich ist. Ertapptwerden hat damit zugleich eine Belastungs- und Entlastungsfunktion. Wenn sich Leser:innen bei der Lektüre von Texten, die nicht dezidiert über sie selbst als Individuen geschrieben wurden, ertappt fühlen, dann heißt das, sie erkennen sich in einer Kollektividentität wieder – im Falle der hier besprochenen literarischen Texte also als Mitglieder der Creative Class. Das Sich-ertappt-Fühlen spiegelt dabei die Ambivalenz eines Gefühls von Zugehörigkeit wider: einerseits die Freude darüber, zu einer In-Group zu gehören, die Anspielungen zu verstehen, die Restaurants zu kennen, die soziologischen und künstlerischen Referenzen, die Designer der Lampen und Gläser. Und andererseits das Unbehagen darüber, bei dem Spiel der Distinktionen mitzumachen, in der mühsam kultivierten Individualität doch wieder in stereotype Formen zu verfallen und sich in einer Klassengesellschaft wiederzufinden, deren sozioökonomische Anforderungen das eigene Fühlen und die Vorstellungen vom schönen Leben bis in die feinsten Verästelungen der vermeintlich individuellen Empfindungen formen. Aushaltbar bleibt das sowohl im Leben der Protagonist:innen der Creative-Class-Romane als auch in dem der Lesenden. Die literarische Bearbeitung und Lektüre der Gefühlswelten von Kreativen und Kunstschaffenden führt dabei weniger zu einer Distanznahme, sondern vielmehr zu einer Klassenkohäsion, die sich im Gefühl des Ertapptwerdens zeigt. Mit einem wohligen Grusel liest sich die Creative Class selbst und kann dabei aus der Lektüre noch einen Mehrwert, einen Gewinn an kritischem Affekt und Reflexionsbewusstsein ziehen. Am Ende von *Minihorror* sagt Miki, er habe ganz grundsätzlich keine Ahnung und zwar, wie Marković schreibt, sagt er das zu sich und zu uns:

> Ja, zu euch, die er in diesem besonders empfindlichen Seelenzustand spüren kann, wie ihr auf die Moral der Geschichte wartet. Ihr saugt ihm seine ungeschützte Seele aus mit euren Erwartungen. Er möchte jetzt allein sein.[33]

---

33 Marković, Minihorror, 150.

Literatur

Primärliteratur

Enzensberger, Hans Magnus: Von der Unaufhaltsamkeit des Kleinbürgertums. Eine soziologische Grille, in: Kursbuch (1976), Themenheft: „Wir Kleinbürger", 1–8.
Latronico, Vincenzo: Die Perfektionen, aus dem Italienischen von Verena von Koskull (im Original: Le Perfezioni, Mailand 2022), Berlin 2023.
Marković, Barbi: Minihorror, Salzburg 2023.
Präauer, Teresa: Kochen im falschen Jahrhundert, Göttingen 2023.
Randt, Leif: Allegro Pastell, Köln 2020.

Sekundärliteratur

Baßler, Moritz, und Heinz Drügh: Schimmernder Dunst. Konsumrealismus und paralogische Pop-Potenziale, in: POP. Kultur und Kritik 1 (2012), H. 1, 60–65.
Ehrenreich, Barbara, und John Ehrenreich: The Professional Managerial Class, in: Radical America 11 (1977), H. 2, 7–31.
Florida, Richard: The Rise of the Creative Class. Revisited, New York 2012 (2002).
Ohnesorge, Philipp, und Philipp Pabst: Postironie/New Sincerity: Eine Einführung, in: Where are we now? Orientierungen nach der Postmoderne, hg. von Sebastian Berlich, Holger Grevenbrock und Katharina Scheerer, Bielefeld 2022, 33–48.
Zima, Peter V.: Der europäische Künstlerroman: von der romantischen Utopie zur postmodernen Parodie, Tübingen 2008.

Tanja Prokić
Kurzer Aufsatz über Tobias

Zu Hyperindividualisierung und *digital class* bei Jakob Nolte

Auch wenn der Titel von Jakob Noltes drittem Roman *Kurzes Buch über Tobias* (2021)[1] nahelegt, es handle sich um ein – kurzes – Porträt der fiktiven Figur ‚Tobias', wird durch das komplexe formale Arrangement des Textes schnell deutlich, dass ‚Tobias' nur der relativ zufällige Name für eine umfassendere, gleichermaßen planvolle narrative Figuration ist. ‚Tobias' – das ist der Name für ein *Doppelgänger-Werden*, welches der Text als eine kalkulierte Operation umsetzt, sodass es von der Textebene auf die Rezeptionsebene überspringen kann. Denn indem der Text die Figur ‚Tobias' als eine immer von Neuem wiederkehrende Figur inszeniert, formt er sie regelrecht zu einem Medium der Weltwahrnehmung – wir sehen die Welt *mit* Tobias *als* Tobias – mit dem unheimlichen Effekt einer projektiven Verdopplung. Tobias wird zu einer Heimsuchung im Textaußen: Er sitzt als Autor im Publikum, er lauert an den S-Bahnhöfen Berlins, er lächelt uns verschmitzt aus dem Gesicht des tatsächlichen Autors Jakob Nolte an. Die ästhetischen Strategien des Textes, so die These dieser Ausführungen, zielen auf eine geplante Verunsicherung von Identität als tragendem Konzept unserer Gegenwart, die das *Doppelgänger-Werden* als ein umfassendes Prinzip „unserer gestörten Gegenwart"[2] offenlegt.

Im Zeitalter eines fortgeschrittenen digitalen Kapitalismus, so wird zu zeigen sein, bilden sich durch Algorithmen und Interfaces unentwegt virtuelle Doppelgänger unserer analogen Identitäten heraus. Denn nicht nur unsere aktualisierten Wünsche, Affekte und Lebensentwürfe sind in einem avancierten Plattformkapitalismus optimale Datenressource, auch das Virtuelle, nicht Aktualisierte produziert Daten, die von den Plattformen extrahierbar und quantifizierbar sind.[3] Die virtuellen Selbstverdopplungen haben darüber hinaus auch extreme Effekte für die hegemoniale Form der Subjektivität. Mehr und mehr setzt sich ein alternativloser Hyperindividualismus durch, der dazu führt, dass Individuen in Schattenkämpfe gegen ihre virtuellen Doppelgänger verstrickt werden, indem frühere

---

[1] Jakob Nolte, Kurzes Buch über Tobias, Berlin 2021. Im Folgenden mit der Kurzsigle KB zitiert.
[2] Naomi Klein, Doppelgänger. Eine Analyse unserer gestörten Gegenwart, Frankfurt a. M. 2024.
[3] Vgl. dazu Tanja Prokić, „The minimally satisfying solution at the lowest cost" – Hypervigilanz in der digitalen Gegenwart, in: Sprachen der Wachsamkeit, hg. von Magdalena Butz, Felix Grollmann und Florian Mehltretter, Berlin und Boston 2022, 237–257.

Selbstentwürfe, vermeintlich falsche Entscheidungen, potenziell ungenutzte Chancen oder Projektionen sich verselbstständigen und zum Antagonisten werden. Soziale Kollektivierungsprozesse werden so zunehmend schon auf der Ebene der individuellen Identität unterbunden. Dabei hat sich seit den letzten Jahren eine Klassenstruktur etabliert, in der eine digitale Elite einer digitalen Unterklasse gegenübersteht,[4] die (noch) kein Klassenbewusstsein erlangt hat. Noltes *Kurzes Buch über Tobias* findet für diese eigentümlichen Prozesse der virtuellen Selbstverdopplung eine ästhetische Form, die dem Doppelgänger als Reflexionsfigur unter digitalen Bedingungen sein bisher stärkstes Revival seit den großen filmischen Erzählungen zu Beginn des 20. Jahrhunderts beschert.[5] Im Dreischritt „Doppelgänger erzählen – Affekte erzählen – Klasse (nicht) erzählen" soll die Verknüpfung von ästhetischer Verdopplung mit digitalen Verdopplungsprozessen aufgezeigt werden.

1 Doppelgänger erzählen – „Ich glaube, ich will keine Romane mehr schreiben."

„Entschuldigung", rief er. Der Co-Pilot öffnete die Vordertür. „Ich bin Tobias." Der Co-Pilot zog sein Handy aus der Tasche und zeigte Tobias ein Foto von ihm, auf dem er noch volles Haar hatte. „Ja", rief Tobias. Der Mann zeigte auf sein Headset, um ihm zu signalisieren, dass er ihn bei dieser Lautstärke nicht verstand. „Ach so", rief Tobias. Dann zeigte der Co-Pilot wieder auf das Bild auf seinem Handy und dann wieder auf Tobias. Tobias zeigte auf das Bild und auf sich und machte eine Faust mit dem Daumen nach oben.
„Es ist Tobias", sagte der Co-Pilot in das Mikrophon seines Headsets. [...]
„Tobias", sagte der Pilot, „setz dich zu uns."
„Hey."
„Das ist mein Bruder", sagte der Pilot und zeigte auf den Co-Piloten.
„Hey", sagte der Co-Pilot. Als sie ihre Mikrophone zum Kinn runterklappten, erkannte Tobias, wie ähnlich sie sich sahen. Ihre Bewegungen waren nahezu synchron. (KB, 7–8)

Die Dopplung, so wird gleich auf der ersten Seite des Romans erkennbar, wird als ein zwar unscheinbares, aber wiederkehrendes und damit Signifikanz erzeugen-

---

[4] Ich beziehe mich hier u. a. auf McKenzie Wark, Das Kapital ist tot. Kommt jetzt etwas Schlimmeres? Kritik einer politischen Ökonomie der Information, Leipzig 2021, sowie Jodi Dean, The Neofeudalising Tendency of Communicative Capitalism, in: tripleC: Communication, Capitalism & Critique. Open Access Journal for a Global Sustainable Information Society 22 (2024), H. 1, 197–207; Jodi Dean, Capital's Grave: Neofeudalism and the New Class Struggle, London und New York 2025.
[5] Vgl. zu den filmischen Adaptionen der Doppelgängergeschichten der Romantik Thomas Elsaesser, Das Weimarer Kino – aufgeklärt und doppelbödig, Berlin 1999.

des Mittel aufgerufen. Pilot und Co-Pilot bleiben als Brüder (in ihrer Ähnlichkeit) unterbestimmt, auf ihre Funktionen reduziert, gewissermaßen austauschbar. Zwar erhält die Fotografie von Tobias, die der Co-Pilot zum Abgleich heranzieht, als mediales Doppel eine Beglaubigungsfunktion über dessen Identität, doch für uns ist das schlicht nicht überprüfbar. Wir verlassen uns auf die erzählte Wirklichkeit, die gerade durch reduzierte, aber sich wiederholende Sprachhandlungen, Gesten und Wahrnehmungen einen Hyperrealitätseffekt erzeugt. Denn die der Sprache und dem Erkennen notwendig eingeschriebene Wiederholung ragt so formal aus der erzählten Welt heraus und wird kurzzeitig narrativ stillgestellt. Immer wieder kollidieren so im Roman erzählte Zeit und Erzählzeit und lassen den Text von einem narrativen in einen theatralen Modus springen. So wäre zum Beispiel an die Episode mit den beiden Anas und den beiden Dichtern zu denken (KB, 59–61).

> Die Nacht endete damit, dass er mit zwei riesigen Typen, die sich als Dichter vorstellten, einen rastlosen Hund dabeihatten und mit einer Sicht auf die Welt schauten, die man euphemistisch als beckettsch bezeichnen könnte, Rakija trank, von einer noch offenen Bar zur nächsten wankte und reichlich Pep zog. (KB, 59)

Nicht nur treten hier die Figuren im ununterscheidbaren Doppel auf, sie liefern durch ihre gedoppelte Erfahrungsstruktur – „Beide hatten gerade ihre Beziehungen zu Frauen namens Ana beendet und schienen keine Müdigkeit zu kennen." (ebd.) – auch die Grundlage für die strukturanaloge (und grammatisch analoge) Einführung jener Anas als Doppelgängerinnen-Gegenstück:

> Die Nacht endete damit, dass Tobias mit zwei Frauen, die Ana hießen, sich als Dramatikerinnen vorstellten, eine rastlose Hündin dabeihatten und mit einer Sicht auf die Welt schauten, die man wohlwollend als akermansch durchgehen lassen konnte, in Novi Beograd von einer noch offenen Kneipe zur nächsten taumelte und von seinen Begleiterinnen ständig wiederholt bekam, wie froh sie waren, ihre Exfreunde endlich aus ihrem Leben gekappt zu haben. (KB, 60)

Der absurde Effekt, der durch diese unwahrscheinliche Doppelung entsteht, ist nicht in erster Hinsicht ‚Ziel' der textuellen Operation. Vielmehr wird durch die Akkumulation der Dopplungen über die achronologisch verfahrende Erzählung hinweg eine Normalisierung dieses ontologisch unwahrscheinlichen Doppelgänger-Werdens bewirkt. Auch der Schriftwechsel von Tobias mit der Autorin Melanie Melanie (KB, 154–168), generell die Obsession für Synchronbewegungen (KB, 8; 189) sowie schließlich die immer wieder für Konfusion sorgende Liebesbeziehung von Tobias mit seinem gleichnamigen Partner Tobias, die in der irritierenden Wendung „Tobias und Tobias" (KB, 48) kulminiert, normalisieren das Doppelgängertum.

Einer Gegenwart, die so sehr auf Besonderheit, Einzigartigkeit und exzeptioneller Identität beharrt, setzt Noltes Roman durch die personalen Dopplungen einen kontinuierlichen Prozess des „Un-Selfing" entgegen.[6] Aber nicht nur auf der Ebene der Zeichen und Motive haben wir es mit einer Irritation von Identität zu tun, auch auf der Ebene des Erzählens wird diese Verunsicherung von Identität vorangetrieben. Die achronologisch, assoziativ und kaleidoskopartig verfahrende Lebenserzählung gewinnt einen überzeitlichen, mythopoetischen Charakter, indem sie alltägliche Szenen, Dialoge, bibelähnliche Genealogien, Selbstporträts des Autors Tobias Becker, Träume oder Briefwechsel aus unterschiedlichen Phasen von Tobias' Leben zusammenmontiert. So begegnen wir der Hauptfigur Tobias als Reisendem, als Mitarbeiter in einer Galerie, als Schriftsteller, als Schüler, als Kind, als Bruder, als Sohn, als einzigem Überlebenden eines Flugzeugabsturzes, als homosexuellem Partner, als heterosexuellem Ex-Partner, als Mit-Bewohner, als Kollegen, als Freund, als Geheiltem, schließlich als Zauberer (er verwandelt seine beste Freundin ungefragt in einen Hasen), als Prediger, als Messias und Influencer und als obdachlosem Büßer. Und obgleich wir tiefe Einblicke in sein Seelenleben, seine Kindheit, seine Lebenskrisen, seine Gedankenketten und seine persönlichen Beziehungen erhalten, bleibt Tobias für uns kaum greifbar. Je näher wir an seine Neurosen, seine Essensvorlieben, seine Kommunikationsroutinen, seine Arbeitsweisen und seine Routinen heranrücken, desto weniger wird klar, wer Tobias eigentlich ist, und vor allem, warum wir uns für ihn interessieren sollten. Nicht einmal sein eigener Tod (KB, 190) – inklusive Wiederauferstehung – verschafft darüber Klarheit. Obgleich das Buch zumindest qua Titel behauptet, ein Buch über Tobias zu sein, wenn auch ein kurzes.

Wer Tobias ist, ist also eine für Noltes Buch konstitutive Frage; jedoch nicht qua Inhalt, sondern qua Form. Bei Tobias handelt es sich nicht um eine literarische Figur im klassischen Sinne, denn das, was uns eine Figur im Erzähltext eigentlich garantiert, nämlich die Beobachtung von Differenz (= Umwelt) qua Identität (= System), wird gerade dadurch verunsichert, dass Tobias' figurale Identität im höchsten Maße instabil ist: Umwelt und System sind partiell kaum voneinander zu unterscheiden bzw. sogar vorübergehend austauschbar – so etwa im Dialog zwischen den Liebespartnern, den beiden Tobiassen (KB, 184–187), oder zum Ende des Buches hin, wenn sich der versehrte Obdachlose am Marseiller Flughafen vom Beginn der Erzählung als ein ältere Version vom jüngeren Tobias entpuppt (KB, 200) – *Twelve Monkeys* (1995) mit Bruce Willis in der Hauptrolle lässt grüßen.

---

6 Iris Murdoch, Die Souveränität des Guten, Berlin 2023, 100. Siehe vor allem das Kapitel „Entselbstung" bei Klein, Doppelgänger, 403–433.

Tobias ist mehr als Einer: eine fluide Persönlichkeit, die das unsichere Dasein als Schriftsteller nach einer unvermittelten Konversionserfahrung in einer serbischen Kathedrale zugunsten einer Laufbahn als Prediger aufgibt. Allerdings bleibt gerade die Motivation für seine Konversionen undurchsichtig. Bei diesem einen mysteriösen Ereignis soll es auch in der Folge nicht bleiben. Die Konversionen, Wunderheilungen und Verwandlungen, schließlich Tobias' Wiederauferstehung vollziehen sich allesamt notwendig und dringlich, sie widerfahren der Figur, stoßen ihr eher zu, als dass sie Ergebnis einer bewussten Entscheidung wären. Gerade die unhinterfragten Wendungen und Wandlungen tragen zum Eindruck einer Heilsgeschichte bei, die Ordnung und Geltung aus einer transzendenten Kraft zu beziehen scheint.

Das *Kurze Buch über Tobias* spielt mit der Gattung des heiligen Texts: Und zwar in der Doppelstruktur von ‚Buch' und ‚Tobias': Denn sowohl Protagonist als auch Buch betreiben die Exegese von Tobias, der einem leeren Signifikanten zu gleichen scheint. Gerade diese formale Anlage provoziert in hohem Maße selbst wiederum Exegese: Somit führt das *Kurze Buch über Tobias* in die religiöse Praktik ein, in der das Verstehen-Wollen des Nicht-Verstehens unmittelbar in den Glauben mündet, zumindest für den erzählten Tobias. Auf der Ebene der erzählten Welt erweist sich der Glaube sogar als absolut alternativlos. Für uns Leser:innen ist diese Hinwendung zum Glauben aber maximal unglaubwürdig. Es handelt sich sogar, trotz aller Authentifikationsmerkmale und Referenzmarker, die der Text setzt, um eine absolut unerhörte Begebenheit. Und zwar nicht nur bei dem skizzierten Weg zum Glauben, sondern auch dem Glauben als leistungsfähiges Konzept für den Umgang mit der Komplexität der Gegenwart. Damit erreicht der Text ein Maximum an Selbstdistanz, das meines Erachtens für diesen Band von besonderem Interesse sein könnte. Denn das *Kurze Buch über Tobias* scheint – auf das Risiko hin, eine nicht risikofreie Beschreibung von Gegenwartsliteratur zu bemühen – ein Porträt unserer Gegenwart zu figurieren. Es handelt sich eben nicht um das *Buch Tobias*, sondern um das *Kurze Buch über Tobias*, um eine „aufgeklärte und doppelbödige"[7] Imitatio eines religiösen, heiligen Textes. Diese Imitatio verwendet zusätzlich wesentliche Merkmale des ironischen und parodistischen Erzählens der Postmoderne.

Wenn der titelgebende Tobias daher etwas figuriert, dann eben nicht ein Selbst namens Tobias, sondern das Verhältnis von Selbst und Identität, das hier relativ kontingent mit ‚Tobias' signifiziert wird. Eine umgekehrte Heilsgeschichte, vielleicht eine Unheilsgeschichte. Tobias Gang durch die Institutionen – Familie,

---

7 So das von Thomas Elsaesser charakterisierte Weimarer Kino, das im Übrigen auch um Motiv und Struktur des Doppelgängers kreist, vgl. Elsaesser, Das Weimarer Kino.

Freundschaft, Liebe, Bildung, Wissenschaft, Religion, Wirtschaft, Recht, Kunst bzw. Literaturbetrieb etc. – ist nicht nur kein individualistischer Gang, der in allen erdenklichen Kombinationen scheitert, sondern ein Gang des Un-Selfing schlechthin. Dabei mag es sich sogar um den ersten umgekehrten Bildungsroman unter den veränderten Bedingungen eines digitalen Kapitalismus handeln. Weil das Buch ‚Tobias' eben keine kohärente Geschichte der Bildung erzählt, sondern eher eine der achronologischen Selbstverrätselung, in der zahlreiche Tobiasse weitgehend unvermittelt nebeneinanderstehen, wird deutlich, welche Form von Klassensubjekt eine mit dem digitalen Kapitalismus verwobene Gesellschaft produziert: eben ein in hohem Maße dissoziiertes Subjekt, das sich durch die digitalen Doppelgänger als eine multidimensional ausbeutbare Größe fortlaufend reproduziert.[8]

In diesem Sinne ist nicht unerheblich, dass am Anfangspunkt dieser Auflösungsgeschichte ein junger deutscher Schriftsteller steht, der einen erfolgreichen Debütoman mit dem Titel *100 Jahre 43* veröffentlicht hat und regelrecht im Begriff ist, an seinem zweiten Roman zu scheitern. Die Arbeit an diesem zweiten Roman wird abgebrochen, an dessen Stelle tritt der Wunsch, Prediger zu werden. Ein B. A.-Studium der Religionspädagogik bzw. Gemeindepädagogik an der Evangelischen Hochschule in Berlin-Zehlendorf verhilft Tobias schließlich auch zu seiner Tätigkeit als Hilfsprediger in einer Gemeinde am Prenzlauer Berg. Nachdem sein Partner Tobias sich wegen seines unerfüllten Kinderwunsches von Tobias trennt, stürzt dieser in eine Depression. Während seine Kolleg:innen von Woche zu Woche bemerken, dass Tobias mental und physisch abbaut, mündet sein Verfall schließlich in seine Exkommunikation aus der Kirche. Anlass für diesen extremen Schritt ist eine „wilde Predigt" (KB, 183), in der er ausführlich die Ergebnisse seiner obsessiven Internetrecherche zum (digital in Echtzeit übertragenen) Terroranschlag von Christchurch in Neuseeland (am 15. März 2019), bei dem 51 Gläubige ums Leben kamen, darlegt und schließlich seine Predigt mit der Feststellung schließt,

> dass ihm, Tobias, und der gesamten Christenwelt, wenn sie ehrlich wären, wenn sie ehrlich wären vor Gott, der Attentäter näher stand als die Opfer. Selbst dass die Opfer bei einem religiösen Akt niedergemetzelt worden waren, änderte nichts an dem Fakt, dass sie weiter von ihnen entfernt standen als der Mann, der auf sie geschossen hatte. (KB, 183)

---

8 Stellt man den literarischen Text zurück in seine medienhistorische Konstellation, so lassen sich einige solcher Erzählungen der Multiversen ausfindig machen, in denen virtuelle Verdopplungen sich ästhetisch artikulieren. Das prominenteste Beispiel stellt der Film *Everything Everywhere All at Once* (R: Daniel Kwan/Daniel Scheinert, USA 2022) dar.

In den Thesen zu Christchurch verdichtet sich auf eigentümliche Weise das Doppelgänger-Werden von Tobias. Doch mit dem Ausschluss aus der Kirche endet Tobias' Karriere als Prediger nicht, sie beginnt eigentlich erst, und zwar auf den magischen Kanälen der digitalen Plattformen, auf denen Teile von Tobias' Skandal-Predigt bereits dank eines Mitschnitts zirkulieren und ihm „einen kleinen Kreis von Fans" einbrachten, „die ihm eine lange Zeit über treu folgten und seine Ideen verbreiteten" (KB, 184). Eine für unsere Gegenwart typische Radikalisierungsbewegung beginnt, die sich aus der zunehmenden De-Sozialisierung, der neoliberalen Hyperindividualisierung und der vermeintlichen Ersetzbarkeit des Sozialen durch die sozialen Medien speist.[9] Denn auf dem viralen Erfolg aufbauend gelingt es Tobias hierdurch mit seinem YouTube-Kanal sogar,

> die 100000-Subscriber-Marke zu knacken. Er begann eine beachtliche Menge Geld zu verdienen. Weitaus mehr, als er mit Literatur oder dem Job in der Gemeinde je verdient hatte. Schnell wechselte er zu Twitch, einer Videoplattform für Live-Streaming, die Amazon gehörte. Dort konnte er leichter mit seinen Followern in Kontakt treten. (KB, 196)

Die Plattform Twitch stellt mit Sicherheit die kommerzielle digitale Plattform mit dem maximalen Grad eines kalkulierten „context collapse"[10] dar. Sie basiert auf der absoluten Ununterscheidbarkeit von Alltag und Arbeit, von Privatem und Öffentlichem, Meinung und Pose, Performance und Selbst-Marketing. Sie befördert vor allem aber auch einen strategischen Kollaps von ‚Form' und ‚Inhalt', von ‚Medium' und ‚Botschaft', die Tobias bei der Content-Produktion auf seinem Channel mit dem Namen „Die unsichtbare Kirche" (KB, 197) ausnutzt.

> [D]as Einzige, worüber er redete, war die Bibel. Seine Idee war, gemeinsam mit dem Chat die längste jemals aufgenommene Bibelexegese zu betreiben. Das Konzept stellte sich als kurzweiliger heraus, als er zunächst angenommen hatte, und rasch wuchs die Anzahl der Abonnements. Zum Teil verharrte er über Tage bei einzelnen Wörtern oder Passagen und vertiefte sich immer weiter in Spekulationen, Details und Anekdoten aus seinem Leben. Er spann die Geschichten weiter oder deutete sie um. Über das Gleichnis, in dem Jesus einen Feigenbaum dafür verflucht, dass er keine Früchte trägt, redete er innerhalb eines Monats 232 Stunden. (KB, 196–197)

Kommerzielle digitale Plattformen wie Twitch basieren auf der nahezu naturalisierten Verkehrung der Unterscheidung zwischen Inhalt und von Inhalten freige-

---

9 Vgl. dazu Klein, Doppelgänger, 77; 115. Der Begriff der Hyperindividualität ist angelehnt an Anton Jäger, Hyperpolitik: Extreme Politisierung ohne politische Folgen, Berlin 2023, sowie Eva Illouz, Warum Liebe endet. Eine Soziologie negativer Beziehungen, Berlin 2018.
10 Alice E. Marwick und Danah Boyd, I Tweet Honestly, I Tweet Passionately. Twitter Users, Context Collapse, and the Imagined Audience, in: New Media & Society 13 (2011), H. 1, 114–133.

lassener Werbefläche in Zeitungen, Magazinen oder sonstigen Programmen. Sie geben vor, eine neutrale Infrastruktur zu sein, sind aber aufgrund ihres Geschäftsmodells konstitutiv abhängig von User-generiertem Content, der wiederum nicht einfach als Programminhalt missverstanden werden darf.

Die Medienwissenschaftlerin Kate Eichhorn definiert ‚Content' entsprechend abstrakt als „something that circulates for the sake of circulation".[11] ‚Content' steht damit dem mathematischen Informationsbegriff nach Claude Shannon und Warren Weaver näher als dem mit Bedeutung assoziierten ‚Inhalt' im Unterschied zur ‚Form'.[12] ‚Information' im rein mathematischen Sinn ist das Signal, das auf einem stabilen Kanal von ‚Sender' zu ‚Empfänger' transportiert wird, wobei die zentrale Herausforderung darin besteht, das Signal ohne Rauschen zu übertragen. In diesem mathematischen Informationsmodell ist die Indifferenz gegenüber der Bedeutung der Information maximal, wie Tiziana Terranova in *Network Culture* (2004) hervorhebt. Es ist vollkommen uninteressant, was in diesem Modell an wen übermittelt wird. Zu gewährleisten ist allein die technische Aufgabe der störungsfreien Übertragung und das heißt: die Zirkulation der Information. Marshall McLuhans berühmtes Diktum „The medium is the message"[13] ist ohne den Einfluss dieses Informationsbegriffs nicht denkbar. McLuhans Idee, die immense kulturelle Transformationskraft eben nicht auf übertragene Botschaften bzw. Inhalte zurückzuführen, sondern auf die Übertragungsmedien selbst, basiert auf der informationstheoretischen Herausforderung einer akzelerierten und reichweitenstarken Übertragung von Informationen, unabhängig von ihrem Bedeutungsgehalt. Versteht man ‚Content' im Anschluss an Eichhorn als dasjenige, was um der Zirkulation willen zirkuliert, dann ist die informationstheoretische Revolution nicht nur die materielle Bedingung für eine solche Entwicklung, sondern auch Modell für die medientheoretische Konzeptualisierung, die sich von einem hermeneutischen Verständnis völlig distanziert. Nicht mehr nur wird die Unterscheidung zwischen Produktions- und Rezeptionsebene nivelliert, sondern auch jene von Form und Inhalt. ‚Content' ist dann weder Medium noch Botschaft bzw. sowohl Medium als auch Botschaft, weder Information noch Rauschen.

Damit möchte ich noch einmal auf die Beantwortung der Frage zurückkommen, wer bzw. was Tobias ist. ‚Tobias' signifiziert das Zusammenfallen von Medium und Botschaft: Der von ihm produzierte ‚Content' steht sinnbildlich für die allgemeine Wende hin zum Content in der digitalen Gegenwartskultur. Dabei handelt es

---

11 Kate Eichhorn, Content, Cambridge/Massachusetts 2022, 5.
12 Siehe die Ausführungen von Claude E. Shannon und Warren Weaver, The Mathematical Theory of Communication (1949), Indiana 1963.
13 Marshall McLuhan, Understanding Media. The Extensions of Man, New York 1964, 57.

sich eben nicht um die Mitteilung, den Inhalt oder die Botschaft, sondern um den Effekt schlechthin, den Content auf Individuen hat: Content verändert nicht nur nachhaltig unser Produktions- und Rezeptionsverhalten, sondern beschleunigt die neoliberale Hyperindividualisierung sowie gleichzeitig die De-Sozialisierung. Wenn Tobias die Zeit als Teleevangelist für die beste seines Lebens hält, dann vor allem deswegen, weil er auf den Spuren Jesu Christi im McLuhan'schen Sinne wandelt:

> In Jesus Christ, there is no distance or separation between the medium and the message: it is the one case where we can say that the medium and the message are fully one and the same.[14]

Im Prozess der christlichen Mythopoiesis werden Medium und Botschaft eins; dem Individuum wird in gewisser Weise ein Überleben des eigenen Todes in Aussicht gestellt, das den hohen Preis der De-Sozialisierung vermeintlich relativiert. Tobias' zweite (digitale) Existenz, d. h. sein digitaler Doppelgänger, verdrängt ihn regelrecht: Er verlässt das Haus nicht mehr, bestellt alles online und hat alle seine realen sozialen Bindungen aufgelöst.

> Von dieser Zeit glaubte Tobias, dass es die glücklichste seines Lebens war. Sex spielte für ihn keine Rolle mehr. Er war allein in seiner Wohnung, und die Zuschauerzahlen stiegen. Ganz Deutschland kannte ihn. Zwar hassten ihn viele, aber was machte das schon. Er lebte für Arbeit und Ruhm, und Arbeit und Ruhm erfüllten ihn. Zu den Freunden von früher hatte er kaum mehr Kontakt. Nino, Sven, Jeanne, Pedro, Jelka, Tim, Tobias oder Lolo waren bloß noch Wörter. [...] Nur in seiner Wohnung in Ahrensfelde vor dem Rechner, ganz außen am Stadtrand, fühlte Tobias sich fest verankert und gebraucht. Im Chat mit Tausenden, auf dem Bildschirm von Hunderttausenden und monatlich Unmengen an Geld spendend. (KB, 199)

Kennzeichnend für digitale Plattformen ist die graduelle, aber umfassende Ersetzung sozialer Funktionen und Institutionen durch digitale Schnittstellen, die wiederum soziale Handlungen sowie alltägliche Mikropraktiken in Daten konvertieren. In der *digital economy* kommt der Postfordismus, der ein Mehr an Mobilität, Flexibilität, Unabhängigkeit und Selbstbestimmtheit versprach,[15] derart zu sich, als sämtliche soziale Zusammenhänge fluide, volatil und zunehmend ununterscheidbar geworden sind. Das hat aber letztlich auch gerade jenen Effekt zur Folge, den ich zu Beginn der Ausführungen der Form des Textes zugerechnet habe: ‚Tobias' ist somit zwar einerseits das formalästhetische Programm von Nol-

---

14 Marshall McLuhan, The Medium and the Light. Reflections on Religion, Eugene 2010, 103.
15 Vgl. z. B. Tiziana Terranova, Network Culture: Politics For the Information Age, London und Ann Arbor 2004; Simon Schaupp, Technopolitik von unten: Algorithmische Arbeitssteuerung und kybernetische Proletarisierung, Berlin 2021.

tes Roman, er ist aber gleichzeitig auch die Problemfigur des 21. Jahrhunderts schlechthin, insofern er den Kollaps der Unterscheidung von ‚Individuum' (als User der Plattform Twitch) und ‚Content' (seine unendliche Bibel-Exegese) markiert. Tobias ist sein eigener Content geworden. So erzählt das *Kurze Buch über Tobias* eine Geschichte einer Selbstverdopplung unter den Vorzeichen des Plattformkapitalismus.

2 Affekte erzählen – „Alles hat seinen Preis, [...] auch Mitleid."

Tobias' Erfolgswelle, in deren Verlauf er ununterscheidbar von seinem eigenen Content geworden ist, findet ein jähes Ende, als das Finanzamt eine Steuernachzahlung im sechsstelligen Bereich von ihm anfordert. Der Schuldenausgleich kostet ihn seine Existenzgrundlage. Er beschließt, alles zu verkaufen, und beginnt „ein Leben auf der Straße – insgeheim glaubend, dass es seine Bestimmung war, ohne Sprache und Gesicht zu existieren, unsichtbar, demütig dem Rätselhaften verschrieben" (KB, 200). Es scheint, als wolle Tobias zur Schattenexistenz „ohne Sprache und Gesicht" werden, die sein früherer Identitätsentwurf als privilegierter mobiler Konsument und Bürger einer Industrienation abgespalten hat. Als jener obdachlose Büßer, der sich mit seinem Hasen (Alina) auf der Hasenheide niedergelassen hat, scheint er aber regelrecht besessen von seinem früheren Ich, zumindest eigentümlich auf dieses bezogen. So entwickelt er die

> Idee, den jungen Mann aus der Wohnung gegenüber zu konfrontieren und Geld von ihm dafür zu verlangen, dass er ihn von seinem Balkon aus beobachtete. Alles hat seinen Preis, dachte Tobias, auch Mitleid. (KB, 200)

Es ist bezeichnend, dass er hier das Gesetz der digitalen Plattform auf die analoge Straße zu holen sucht. Statt nun aber seinen Plan der Konfrontation zu verwirklichen, folgt er, motiviert durch eine Art mimetisches Begehren, dem „jungen Mann", der ihn oder besser den er beobachtet, mit der U7 Richtung Rudow und schließlich mit dem X7er zum Flughafen Schönefeld.[16] Hier deutet sich die Nähe

---

[16] Der Begriff des mimetischen Begehrens ist entlehnt von René Girard, Figuren des Begehrens. Das Selbst und der Andere in der fiktionalen Realität. Beiträge zur mimetischen Theorie, München und Wien 1999. Girard zufolge ist das Begehren immer durch ein Drittes mediatisiert. Im Fall von Tobias scheint die Anziehungskraft von der Jugend und der mit ihr einhergehenden Potenzialität auszugehen.

zu der bereits erwähnten, früheren Episode aus der Perspektive des jüngeren Tobias am Marseiller Flughafen an (KB, 106), in der sich ein rätselhafter, übelriechender Obdachloser an Tobias' Abflug-Gate nach Berlin aufhält. So etabliert der Text kontinuierlich eine formale Struktur der Verdopplung und der Anähnlichung. Alle Figuren des Textes werden Tobias, nur eben Tobias nicht.[17] Denn Tobias ist nichts als Text und nur als Text gewinnt er Identität. Ganz sinngemäß heißt es dann „Das zu / Fleisch gewordene Wort sein wie / Jesus oder das zu / Wort gewordene Fleisch sein wie / Ich." (KB, 149) Diese Identität der Differenz von Buch ‚Tobias' und Figur ‚Tobias' erlaubt nun einen Ebenensprung: Während das Buch eine Geschichte über Tobias zu erzählen vermag, und entsprechend eine Meta-Beobachtung bemüht, ist der Tele-Existenzentwurf von Tobias nicht zu einer solchen Beobachtung in der Lage. In ihm sind zwar vorübergehend Affekte und Selbst zur Deckung gebracht, dies aber eben nicht besonders stabil. Genauso, wie er gerade noch Ruhm und Erfolg oder Glück zu verdienen meint, sieht er nun ein Leben auf der Straße ohne Hab und Gut und in Einsamkeit, vor dem er noch ein paar Episoden zuvor die größte Angst hatte, als seine verdiente Strafe an. Der Wechsel vom einen Affekt in den anderen scheint dabei eine zentrale Rolle bei der Identitätspflege zu spielen: Wer Tobias gerade ist, das bestimmt sich wesentlich auch aus dem Affektgefüge heraus, dem er durch äußere Umstände unterworfen ist – Scham, Wut, Trauer, Schuld, Freude, Verachtung, Überraschung, Interesse, Angst, Mitleid motivieren seine sozialen Bindungen, stabilisieren sie oder dünnen sie schließlich aus.

Tobias' Idee, von dem jungen Mann aus der Wohnung gegenüber Geld dafür zu verlangen, dass er ihn von seinem Balkon aus beobachtet, verweist unmittelbar auf die Selbstausbeutung des eigenen Lebens, die auf digitalen Plattformen Usus geworden ist und die klassenübergreifend, wenn auch im Hinblick auf monetäre Ausschüttungen geschichtet, wirksam ist. Dass diese Selbstkommodifizierung hier ausgerechnet an den Affekt des Mitleids geknüpft wird, ist nicht zuletzt deshalb interessant, weil Mitleid kein mobilisierender, sondern eher ein hemmender bzw. passivierender Affekt ist. Als ein zu Objektifizierung und Selbstvergleich tendierender Affekt entfaltet Mitleid eher eine zentrifugale Kraft. Das manifestiert sich anschaulich in der Szene nach Tobias' Wiederauferstehung, wenn seine Erscheinung als Obdachloser auf dem Weg zum TTC Neukölln gleichermaßen mit Ekel „und voller Mitgefühl" (KB, 220) zur Kenntnis genommen wird:

---

[17] So Jakob Nolte über seine Figur in der Reihe „Glossar der Gegenwart. Literarische Gespräche: Spiritualität". [Anna-Lisa Dieter im Gespräch mit Paul-Philipp Hanske und Jakob Nolte im Deutschen Hygiene Museum in Dresden, 2. März 2023], https://www.youtube.com/watch?v=k7jDy8tB5y8&t=3648s#t=1h34m1s (30.12.2024)

Einige dachten, dass er ihnen nur etwas vorspielte, und fanden es geschmacklos. Niemand schaffte es, ihm näher als auf fünf Meter zu kommen. Kinder hatten Angst vor ihm, Hunde bellten oder zogen ihre Schwänze ein, Erwachsene erzählten sich ihre schlimmsten Begegnungen mit Obdachlosen. „Einmal in New York in der Subway habe ich ...", „Einmal in Singapur neben einem ATM ...", „In Lissabon bei einem Autoverleih ..." und so weiter. (KB, 220)

Auf die Ausbeutung von Mitleid bzw. Mitgefühl hatte sich bereits das Boulevardfernsehen der 1990er Jahre zentriert, auf den digitalen Plattformen rangieren Mitleid und Mitgefühl ebenfalls im oberen Bereich der vorherrschend angespielten und zirkulierenden Affekte. Allerdings haben die digitalen Plattformen auch die Produktion von Mischaffekten perfektioniert, die die Bindung der User:innen an die Plattform nicht nur durch reine Affekte wie Ekel, Abstoßung oder Mitleid erhöhen, sondern gerade durch Dissonanz verlängern und intensivieren. Dabei interessieren sich die digitalen Applikationen und Interfaces selten für die systemische Einheit eines mit sich selbst identischen Individuums, sondern vielmehr für dessen skalierbares Nutzungsverhalten, dessen Verweildauer und Aufmerksamkeitsroutinen. Plattform-Interfaces sind entsprechend nicht nur auf die Produktion und Modulation von Affekten spezialisiert, sondern auch auf Prozesse der Aggregation, der Abspaltung und Verdopplung.[18] Das, was gemeinhin als Data-Mining bezeichnet wird, ist ganz wesentlich von Affektproduktionen und Affektabspaltungen abhängig. Um Daten im digitalen Kapitalismus überhaupt als Ressource abbauen zu können, müssen analoge Prozesse in digitale Variablen überführt werden.[19] Aktualisierte genauso wie virtuelle Affekte spielen dabei eine zentrale Rolle der Vermittlung, insofern sie transindividuell geschürt werden und zur Partizipation ausgesetzt werden – zum Beispiel in Form von Shit- oder Candy Storms. Je nach Plattform werden dann Verweildauer, weitere Swipe- und Click-Bewegungen als Daten ausgelesen und zur Verwertung entweder für die Optimierung des eigenen Algorithmus oder für Zweitunternehmen ausgewertet. Damit wird personale Identität im Zeitalter eines fortgeschrittenen digitalen Kapitalismus zu einem anachronistischen Konzept: An dessen Stelle scheint eine fluide, über Rückkopplungen zwischen User-Position und Interface veränderbare Größe zu treten: ein Selbst, das permanent virtuelle Doppelgänger erzeugt, die sich unter der Logik der Algorithmen unter Maßgabe einer radikalen Eigenzeitlichkeit verselbstständigen und sich unvermittelt und agonistisch gegenüberstehen.[20]

---

18 Zum Begriff der Affektmodulation ganz allgemein vgl. Brian Massumi, Ontomacht: Kunst, Affekt und das Ereignis des Politischen, Berlin 2010. Zur affektiven Dynamik von digitalen Plattformen, vgl. Prokić, „The minimally satisfying solution at the lowest cost", 237–257.
19 Zu Daten als Ressource vgl. Nick Srnicek, Plattform-Kapitalismus, Hamburg 2018.
20 Vgl. dazu auch Klein, Doppelgänger, 74–86.

Was hat das nun alles mit *Kurzes Buch über Tobias* zu tun? Der Text ‚Tobias' gewährt uns durch die Figur ‚Tobias' einen Einblick in die Dynamik der virtuellen Verdopplung unter den Vorzeichen des Plattformkapitalismus. Er spiegelt gewissermaßen die digitalen Prozesse der automatisierten Verdopplung ins Analoge. So macht sich der Text gerade keiner „temporären Aneignung" (KB, 81) der medialen Ökologie von Plattformen schuldig, wenn er seinen Erzählmodus gleich einem unkontrollierbaren, fluiden Algorithmus wie etwa der Plattform TikTok wiederholt verändert. Vielmehr stellt der Text seine eigene Verdopplung als biblischer, mythopoetischer, autofiktionaler, konfessionaler und postmoderner Text performativ aus. Damit offenbart er ein wesentliches Merkmal der Literatur der Gegenwart, die sich selbst einem Un-Selfing-Prozess unterworfen hat und zunehmend an ihre digitalen Doppelgänger, d. h. an die digitalen Gesetzlichkeiten einer plattformorientierten bzw. contentförmigen Kommensurablilität, preisgibt.

3 Klasse (nicht) erzählen – „über alle Privilegien außer Klasse reflektieren"

Nun möchte ich noch ein letztes Mal auf die Frage zurückkommen, warum die Frage, wer Tobias ist, qua Form konstitutiv für das Buch ist. „Tobias" ist – um ein Bonmot Carl Schmitts zu bemühen, seine eigene Frage als Gestalt.[21] Er verkörpert, zumindest textuell, die Frage nach der Möglichkeit eines richtigen Lebens im Falschen, d. h. in einer Kultur, die unter den Bedingungen der *digital economy* konstitutiv auf Flexibilisierung, Fluidität, Mobilität, Neuerfindung, Self-Enhancement etc. setzt. Dabei passen sich die individuellen Intentionen, Pläne und Wünsche quasi-natürlich an die instabilen Bedingungen des Arbeitsmarktes an, der sich einerseits durch radikale Entwertungen, andererseits durch undurchschaubare, spontane Prozesse der Aufwertung kennzeichnet.[22] Kontrollverlust und Planungsunsicherheit führen zur Prädominanz einer affektiven Zeitlichkeit, die sich eben nicht mehr durch Identität, Kontinuität, Irreversibilität und Kohärenz auszeichnet. Das hat selbstverständlich auch Konsequenzen für den Begriff und das Verständnis von Klasse. Denn wenn Kontrolle und Kontrollverlust naht-

---

21 Siehe Carl Schmitt, Ex Captivitate Salus. Erfahrungen der Zeit 1945/47, Berlin 2010, 90, im Rückgriff auf Theodor Däubler, Gesang an Palermo, in: ders.: Hymne an Italien, Leipzig 1924, 65–66.
22 Vgl. dazu Tanja Prokić, Vom Window-Shopping zum digitalen Bewertungsregime. Der *invective gaze* im Gefüge des skopischen Kapitalismus, in: Invective Gaze – Das digitale Bild und die Kultur der Beschämung, hg. von Elisabeth Heyne und ders., Bielefeld 2022, 95–115.

los ineinander übergehen und Versagen, Scheitern oder Aufspaltung nicht mehr in einem Zusammenhang mit ökonomischen Bedingungen, sozialen Strukturen bzw. Klassenverhältnissen gebracht werden, dann geht notwendig auch das Konzept des Klassenstandpunkts bzw. des Klassenbewusstseins verloren. Die Widerfahrnisse, die der Figur ‚Tobias' zustoßen, stehen so prototypisch für ein von transzendenten Mächten gebeuteltes postreligiöses Subjekt, dem weder der Glaube Orientierung und Halt verspricht noch das Bestehen der göttlichen Prüfungen an ein Versprechen eines kommenden Reichs bindet. Was immer der Figur zustößt, liegt dann nicht in der Hand des aktuell aktualisierten Selbst, es wird auf ein virtuelles Selbst verschoben. Damit ist mit dem Plattformkapitalismus eine neue Evolutionsstufe der „Freisetzung der Individuen"[23] erreicht, in der systematisch Kollektivierungsprozesse sowie die Bildung von Klassenidentitäten verunmöglicht werden. Zeitstabile Kollektivierungen werden durch fluide Pseudo-Kollektivierungen substituiert, die in (auto)kannibalistische Praktiken führen, welche in ihren Ausprägungen vom Parasitären über Vampiristisches bis hin zu temporär Kooperativem reichen können.

In einer solchen durch die digitale Ökonomie zunehmenden Zersetzung sozialer Praktiken ist die Vorstellung von Klassengrenzen und ihrer potenziellen Überwindung längst obsolet geworden. Die digitale Kultur und ihre Agent:innen, die kommerziellen Plattformen, haben sich vielmehr auch die „Utopie" einer klassenlosen Gesellschaft angeeignet: Hier sind nicht nur alle Subjekte gleich ausbeutbar, sondern auch alle virtuellen Doppelgänger in die plattformkapitalistischen Verwertungszyklen integrierbar geworden. Eine Reflexion von Arbeitsbedingungen sowie der daran gebundenen raumzeitlichen Dissoziation von Identitäts- und Lebensentwürfen ist gerade deswegen zunehmend unmöglich, weil Arbeit in Identitäts- und Alltagspraktiken aufgeht, entkoppelt von der Dimension des Politischen oder des Rechts. Politisch untragbare Bedingungen sind dann nicht mehr nur wie im Neoliberalismus selbstverschuldet, sie werden zunehmend durch Prozesse der Selbstverdopplung raumzeitlich dissoziiert. Tobias figuriert so einen prototypischen Vertreter der digitalen Unterklasse – einer Klasse ohne Standpunkt und Bewusstsein.

Unter der Hand und ohne die Möglichkeit einer Rückverwandlung hat sich das Versprechen nach politischer Stabilität, ökonomischer Sicherheit, sozialer Gerechtigkeit in einen privatistischen und hochgradig idiosynkratischen Doppelgänger-Kampf verwandelt. *Kurzes Buch über Tobias* ist damit auch ein kurzes

---

[23] Ulrich Beck, Jenseits von Stand und Klasse?, in: Soziale Ungleichheit. Klassische Texte zur Sozialstrukturanalyse, hg. von Heike Solga, Justin Powell und Peter A. Berger, Frankfurt a. M. und New York 2009, 221–238, hier 234.

Buch über ein von Identitätskrisen, Konversionsbewegungen, technologischen Wundern, Hiobsbotschaften und Selbst-Verwandlungen gebeuteltes, von Fragilität und Prekarität gekennzeichnetes Zeitalter. Das Buch ‚Tobias' genauso wie die in zahlreiche existenzielle Kämpfe verstrickte Figur ‚Tobias' dreht sich deshalb auch notwendig immer wieder um sich selbst: Beide, Buch und Figur, sind nicht mehr in der Lage, die Umwelt getrennt von sich zu erkennen, jedes Problem wird ‚tobiasförmig'. Tobias entgleitet damit nicht nur das Vermögen, zwischen Selbstbild und Fremdbild sowie zwischen innen und außen zu differenzieren, sondern auch zwischen Struktur und Handlung, zwischen Individuum und Kollektiv, zwischen Privatem und Öffentlichem, Eigenverantwortung und sozialer Verantwortung.

Am deutlichsten wird das in der Szene nach Tobias' Auferstehung, die ganz anders als in der christlichen Lehre als eine recht schmutzige und eklige Angelegenheit beschrieben wird.

> Drei Tage nach seinem Tod erwachte Tobias wieder zum Leben. Er hatte Durst und starke Schmerzen. Der Schnee war halb geschmolzen. Er brauchte ein paar Minuten, um zu realisieren, was geschehen war und wo er sich befand. Seine Kleidung war nass und modrig. Die Kälte, die er empfand, übertraf alle Qualen, die er je erlitten hatte. Seine Haut war aufgeplatzt, und die Inhalte seines Darms und seiner Blase waren aus seinem Körper geflossen. Schmerz und Gestank paralysierten ihn. [...] Er sollte sich waschen, etwas trinken und seine Wunden behandeln lassen. Die Minusgrade hatten seinen Fingern und Zehen stark zugesetzt. Einige Nägel hatten sich aus ihren Betten gelöst und zu faulen begonnen. Doch wo sollte er hin? In Anbetracht seiner Notlage und einer fehlenden Alternative machte er sich zur Halle des TTC Neukölln auf. Die war frei zugänglich, warm, und es gab Duschen. (KB, 218–219)

Den sozialen Begegnungsort TTC Neukölln sucht der vereinsamte und isolierte Tobias nur mit dem Wissen auf, dass er hier kostenlos und weitgehend ungesehen duschen kann. Tobias scheint selbst verantwortlich für das ausgedünnte gemeinschaftliche Leben, das er nach der Verwandlung seiner besten Freundin in einen Hasen, dem Entfremden von seiner Familie, dem Ende seiner Beziehung mit Tobias, der Exkommunikation aus der Kirche und schließlich seinem versehentlichen Steuerbetrug führt. Die neoliberale Gewohnheit zur Atomisierung ist im Lebensweg vom prekären Schriftsteller ohne zuverlässiges Publikum und gesichertes Einkommen hin zum Teleevangelisten und Obdachlosen als Leidensweg ohne Erlösung quasi vorgezeichnet. Tobias ist der Auserwählte einer ‚unsichtbaren Kirche' namens digitaler Kapitalismus. Seine Wiederauferstehung, die weder ihm noch einer potenziellen Glaubensgemeinschaft Eintritt ins Reich Gottes verschafft, scheint einen alternativlosen Hyperindividualismus zu zementieren. Die Aussichtslosigkeit der Schriftstellerexistenz führt Tobias unvermittelt zum Glauben. Es handelt sich aber um eine Art ‚cruel believe',[24] als ein gegenstandsloser Mechanismus oder leerer Automatismus, durch den die gefühlte Alternativlosigkeit tatsächlich sozial alternativlos wird. Mit diesem Glauben ist der Kapitalismus existenziell geworden, denn nicht mehr an ihn zu glauben, bedeutet nicht einmal mehr das Ende der Welt,[25] sondern die endlose Wiedergeburt als Obdachloser, besessen von einer retrotopisch verklärten Vergangenheit und einer alles ermöglichenden Jugend.[26] In der Verschränkung von Klasse und Gefühl eröffnet das Erzählen Jakob Noltes damit neue Perspektiven auf die Dynamik einer digitalen Klassengesellschaft, die sich nicht nur entlang der Schichtung von ökonomischem Kapital entfaltet, sondern auch entlang der digitalen Hyperindividualisierung. Eine Form der Subjektivierung, die aus einem artifiziell konstruierten Markt der Potenzialitäten resultiert, in dem alles bei selbstverantwortlicher Kontrolle gleichermaßen zu Erfolg (und Klassenübertritt), genauso aber auch zu selbst zu verantwortenden Erfahrungen wie Armut, Verlust und Ruin führen kann.[27] Der Austritt aus dieser unsichtbaren Kirche des Kapitalismus ist nicht mehr Teil von *Kurzes Buch über Tobias*; die formale Struktur der Zirkularität von Noltes Roman verdeutlicht so einmal mehr, dass wir zu Beginn des 21. Jahrhunderts weit hinter unseren sozialen und kollektiven Potenzialen einer klassenlosen Gesellschaft zurückbleiben: Wir alle sind (noch) Tobias, gefangen in einer destruktiven Hyperindividualität, einer digitalen Unterklasse ohne Bewusstsein und Standpunkt.[28]

---

24 In Anlehnung an Lauren Berlant, Cruel Optimism, Durham 2011.
25 So lautet Frederic Jamesons viel zitiertes Diktum, dass wir uns kein anderes Ende des Kapitalismus vorstellen könnten als ein Ende der Welt, vgl. Future City, in: New Left Review 21 (2003), H. 2, 65–79, hier 76. Vgl. dazu meine Ausführungen Tanja Prokić, „There is no Alternative" – Die Poetik der Affekte in *Allegro Pastell* und *GRM. Brainfuck*, in: Popliteratur 3.0. Soziale Medien und Gegenwartsliteratur, hg. von Stephani Catani und Christoph Kleinschmidt, Berlin und Boston 2023, 105–119.
26 Zum Begriff der Retrotopie vgl. Zygmunt Bauman, Retrotopia, Berlin 2017.
27 Vgl. Klein, Doppelgänger, 419.
28 Die Inanspruchnahme eines solchen kollektivierenden „Wir" ist – insbesondere auch im Hinblick auf die Nord-Süd-Achse – streitbar. In Anbetracht der Entwicklung, in der 1 % der Weltbevölkerung, das etwa zwei Drittel (26 Billionen US-Dollar) des seit 2020 generierten Weltvermögens besitzt, sich zunehmend aus der Tech-Elite speist, die wiederum an einem neofeudalistischen Umbau der Globalgesellschaft arbeitet, scheint diese Selbstanrufung nicht nur angemessen, sondern im Hinblick auf die Etablierung eines neuen Klassenbewusstseins mehr als notwendig. Vgl. zu den aktuellen Zahlen die Oxfam-Studie *Survival of the Richest* (2023) basierend auf den Daten der Credit Suisse. Im Vergleich zu dem Vermögen der unteren 99 % der Weltbevölkerung (16 Billionen US-Dollar) ist das genannte Vermögen des 1 % doppelt so hoch. Siehe Martin-Brehm Christensen, Christian Hallum, Alex Maitland et al., Survival of the Richest. How We Must Tax the Super-Rich Now to Fight Inequality, Oxfam 2023, https://oxfamilibrary.openrepository.com/bitstream/handle/10546/621477/bp-survival-of-the-richest-160123-en.pdf (23.03.2025).

Literatur

Primärliteratur

Nolte, Jakob: Kurzes Buch über Tobias, Berlin 2021.
Nolte, Jakob: Spiritualität. Gespräch mit Anna-Lisa Dieter und Paul-Philipp Hanske, Reihe „Glossar der Gegenwart. Literarische Gespräche". [Deutsches Hygiene Museum in Dresden, 02.03.2023], https://www.youtube.com/watch?v=k7jDy8tB5y8&t=3648s#t=1h34m1s (zuletzt 30.12.2024).
Everything Everywhere All at Once, Reg. Daniel Kwan/Daniel Scheinert, A24 2022.
Twelve Monkeys, Reg. Terry Gilliam, Universal 1995.

Sekundärliteratur

Bauman, Zygmunt: Retrotopia, Berlin 2017.
Beck, Ulrich: Jenseits von Stand und Klasse?, in: Soziale Ungleichheit. Klassische Texte zur Sozialstrukturanalyse, hg. von Heike Solga, Justin Powell und Peter A. Berger, Frankfurt a. M. und New York 2009, 221–238.
Berlant, Lauren: Cruel Optimism, Durham 2011.
Christensen, Martin-Brehm, Christian Hallum, Alex Maitland et al.: Survival of the Richest. How We Must Tax the Super-Rich Now to Fight Inequality, Oxfam 2023, https://oxfamilibrary.openrepository.com/bitstream/handle/10546/621477/bp-survival-of-the-richest-160123-en.pdf (23.03.2025).
Däubler, Theodor: Gesang an Palermo, in: ders.: Hymne an Italien, Leipzig 1924.
Dean, Jodi: Capital's Grave: Neofeudalism and the New Class Struggle, London und New York 2025.
Dean, Jodi: The Neofeudalising Tendency of Communicative Capitalism, in: tripleC: Communication, Capitalism & Critique. Open Access Journal for a Global Sustainable Information Society 22 (2024), H. 1, 197–207.
Elsaesser, Thomas: Das Weimarer Kino – aufgeklärt und doppelbödig, Berlin 1999.
Eichhorn, Kate: Content, Cambridge/Massachusetts 2022.
Jäger, Anton: Hyperpolitik: Extreme Politisierung ohne politische Folgen, Berlin 2023.
Jameson, Fredric: Future City, in: New Left Review 21 (2003), H. 2, 65–79.
Illouz, Eva: Warum Liebe endet. Eine Soziologie negativer Beziehungen, Berlin 2018.
Klein, Naomi: Doppelgänger. Eine Analyse unserer gestörten Gegenwart, Frankfurt a. M. 2024.
Marwick, Alice E., und Danah Boyd: I Tweet Honestly, I Tweet Passionately. Twitter Users, Context Collapse, and the Imagined Audience, in: New Media & Society 13 (2011), H. 1, 114–133.
Massumi, Brian: Ontomacht: Kunst, Affekt und das Ereignis des Politischen, Berlin 2010.
McLuhan, Marshall: Understanding Media. The Extensions of Man, New York 1964.
McLuhan, Marshall: The Medium and the Light: Reflections on Religion, Eugene 2010.
Murdoch, Iris: Die Souveränität des Guten, Berlin 2023.
Prokić, Tanja: „The minimally satisfying solution at the lowest cost" – Hypervigilanz in der digitalen Gegenwart, in: Sprachen der Wachsamkeit, hg. von Magdalena Butz, Felix Grollmann und Florian Mehltretter, Berlin und Boston 2022, 237–257.
Prokić, Tanja: Vom Window-Shopping zum digitalen Bewertungsregime. Der *invective gaze* im Gefüge des skopischen Kapitalismus, in: Invective Gaze – Das digitale Bild und die Kultur der Beschämung, hg. von Elisabeth Heyne und ders., Bielefeld 2022, 95–115.

Prokić, Tanja: „There is no Alternative" – Die Poetik der Affekte in *Allegro Pastell* und *GRM. Brainfuck*, in: Popliteratur 3.0. Soziale Medien und Gegenwartsliteratur, hg. von Stephani Catani und Christoph Kleinschmidt, Berlin und Boston 2023, 105–119.
Schaupp, Simon: Technopolitik von unten: Algorithmische Arbeitssteuerung und kybernetische Proletarisierung, Berlin 2021.
Schmitt, Carl: Ex Captivitate Salus. Erfahrungen der Zeit 1945/47, Berlin 2010.
Shannon, Claude E., und Warren Weaver: The Mathematical Theory of Communication (1949), Indiana 1963.
Srnicek, Nick: Plattform-Kapitalismus, Hamburg 2018.
Terranova, Tiziana: Network Culture: Politics for the Information Age, London und Ann Arbor 2004.
Wark, McKenzie: Das Kapital ist tot. Kommt jetzt etwas Schlimmeres? Kritik einer politischen Ökonomie der Information, Leipzig 2021.

Lisa Wille
Brüchige Aufstiegsversprechen und soziale Exklusionsangst in Kristine Bilkaus *Die Glücklichen* und Deniz Ohdes *Streulicht*

1 Einführung

Zu den großen Versprechen der deutschen Nachkriegszeit zählt das meritokratische Narrativ ‚Aufstieg durch Leistung'. Mit dem Wirtschaftswunder der 1950er und 1960er Jahre sowie der sozialen Marktwirtschaft galt das Proletariat als obsolet und die soziale Frage als überwunden.[1] Spätestens seit den 1970er Jahren etablierte sich dann ‚Aufstieg durch Bildung' als Leitmotiv der bundesdeutschen Bildungs- und Sozialpolitik. Bis heute prägt die Vorstellung einer ‚nivellierten Mittelstandsgesellschaft',[2] in der soziale Mobilität durch Leistung und nicht durch Herkunft bestimmt wird, das gesellschaftliche Selbstverständnis. Mit der Liberalisierung des Arbeitsmarktes in den 1990er Jahren und den Folgen einer sich über Leistung definierenden Gesellschaft zeichnet sich gegenwärtig jedoch ein gesellschaftliches Panorama ab, das von Prekarisierungserfahrungen beeinflusst ist. Der ‚Gesellschaftsvertrag', der die Stabilität einer Existenz in der Mittelschicht und die Möglichkeit des sozialen Aufstiegs durch eigene Leistung garantierte, befindet sich in der Auflösung.

Seit der Jahrtausendwende wird die Bezeichnung ‚Prekariat' immer wieder verwendet, um nicht nur auf grundlegende Umbrüche auf dem Arbeitsmarkt, sondern vor allem auch im sozialen Gefüge der Gesellschaft hinzuweisen.[3] Der Begriff Prekariat,[4] ein Neologismus aus Prekarität und Proletariat, hat längst Ein-

---

[1] Der vorliegende Beitrag enthält Textteile meines Aufsatzes: Precarious Lives and Social Decline in Marlene Streeruwitz's *Jessica, 30.* and Kristine Bilkau's *Die Glücklichen*, in: Representing Social Precarity in German Literature and Film, hg. von Sophie Duvernoy, Karsten Olson und Ulrich Plass, New York und London 2023, 277–295.
[2] Helmut Schelsky, Die Bedeutung des Schichtungsbegriffes für die Analyse der gegenwärtigen deutschen Gesellschaft, in: Soziale Ungleichheit. Klassische Texte zur Sozialstrukturanalyse, hg. von Heike Solga, Justin Powell und Peter A. Berger, Frankfurt a. M. und New York 2009, 201–206, hier: 202.
[3] Vgl. Klaus Kraemer, Ist Prekarität überall?, in: Von „Neuer Unterschicht" und Prekariat. Gesellschaftliche Verhältnisse und Kategorien im Umbruch. Kritische Perspektiven auf aktuelle Debatten, hg. von Claudio Altenhain, Anja Danilina, Erik Hildebrandt et al., Bielefeld 2008, 139–150, hier: 139.
[4] Der Begriff Prekariat wurde zuerst im Italienischen geprägt (*precarito*), dann ins Französische übernommen und von dort ins Deutsche und Englische übertragen.

zug in die mediale Öffentlichkeit und Alltagssprache gehalten. Dies wird unter anderem durch die Aufnahme des Lemmas Prekariat seit 2009 im Duden bestätigt. Damit ist jener „Bevölkerungsteil [gemeint], der, besonders aufgrund von anhaltender Arbeitslosigkeit und fehlender sozialer Absicherung, in Armut lebt oder von Armut bedroht ist und nur geringe Aufstiegschancen hat".[5] Mit anderen Worten, das Leben der Menschen dieser *„neue[n] gesellschaftliche[n] Zwischenschicht"* ist sozial entsichert, sie müssen sich „durch das unwegsame Gelände von Minijobs, Praktika, Leiharbeit, befristeten Tätigkeiten und staatlichen Unterstützungsleistungen" kämpfen.[6] Auch Prekarität ist im Duden als Lemma vertreten und bezeichnet die „Gesamtheit der Arbeitsverhältnisse ohne soziale Absicherung" sowie eine „schwierige Lage; [eine] problematische soziale Situation".[7] Ersteres wurde erst vor Kurzem als semantische Erweiterung des Begriffs Prekarität hinzugenommen.

Nicht selten wird im Zusammenhang mit dem Begriff Prekariat von der neuen Form einer ausgebeuteten Klasse gesprochen. Dem Klassenbegriff inhärent ist jedoch eine Einheitlichkeit und kollektive Amalgamierung, die beim Prekariat tendenziell so nicht vorzufinden ist. Vielmehr handelt es sich um eine zersplitterte Masse, die aus den unter dem Begriff Prekariat subsumierten Gruppierungen besteht. So gibt es deutliche Unterschiede zwischen arbeitslosen Jungakademiker:innen und unausgebildeten Paketzulieferer:innen. In diesem Zusammenhang wird häufig auch von einem neoliberal geprägten Prekariat gesprochen, das sich vorwiegend aus Einzelkämpfer:innen und Konkurrent:innen zusammensetzt.[8] Die neoliberale Prägung zeigt sich überdies in der Wahrnehmung des Prekariats als individuellem Phänomen, das auf die eigene Unzulänglichkeit zurückgeführt

---

5 Duden online, Prekariat, https://www.duden.de/rechtschreibung/Prekariat (02.04.2025).
6 Berthold Vogel, Das Prekariat – eine neue soziale Lage?, in: Prekarität, Abstieg, Ausgrenzung. Die soziale Frage am Beginn des 21. Jahrhunderts, hg. von Robert Castel und Klaus Dörre unter Mitarbeit von Peter Bescherer. Frankfurt a. M. und New York 2009, 197–208, hier: 201.
7 Duden online, Prekarität, https://www.duden.de/rechtschreibung/Prekaritaet (02.04.2025).
8 Der Soziologe Klaus Dörre unterscheidet in diesem Kontext zwischen „Prekarität der Beschäftigung (Arbeitskraftperspektive) und der Prekarität von Arbeit (Subjekt- bzw. Tätigkeitsperspektive). Diese begriffliche Differenzierung impliziert, dass höchst unterschiedliche Variationen von Prekarität denkbar sind. Eine unsichere Beschäftigung kann beispielsweise im universitären oder künstlerischen Bereich mit kreativer, sinnerfüllter Arbeit verbunden sein. Umgekehrt ist ein unbefristeter Arbeitsvertrag im Niedriglohnsektor mit einem prekären Einkommen, hochgradig fremdbestimmter Tätigkeit, hohen physischen und psychischen Belastungen sowie geringer Wertschätzung kombinierbar. Eine wechselseitige Verstärkung beider Grundformen von Prekarität ist ebenfalls möglich." (Klaus Dörre, Prekarität – eine Frage der Klasse? Zum Formwandel unwürdiger Lohnarbeit, in: Bürger & Staat. Prekäres Leben. Arbeitswelten in Verunsicherung 74 (2024), H. 2, 82–90, hier: 83).

wird, ganz im Sinne des Mottos: ‚Jeder ist seines Glückes Schmied' – an welches wiederum das Versprechen ‚Aufstieg durch Bildung' anknüpft. Dieses Versprechen rekurriert nicht zuletzt auf die vermeintliche Gleichung, dass die Investition in eine hochqualifizierte Ausbildung per se eine Investition in eine ökonomisch gesicherte Zukunft sei. Es scheint, als ob sich das Prekariat in der Gesellschaft von einer Ausnahme zur Norm gewandelt hat.[9] In diesem Kontext können gesellschaftliche Prekarisierungsprozesse auch mit einer emotionalen Prekarität einhergehen: Wenngleich die individuelle, rein objektive ökonomische Situation im Vergleich zu anderen Bevölkerungsgruppen besser zu sein scheint, kann dennoch die subjektive Perspektive, sich prekär zu fühlen, dominieren. Vor allem die Mittelschicht ist davon betroffen. Das Gefühl der Prekarität korreliert oftmals mit einer Situation des ‚Dazwischenseins': sich weder im Bereich des Aufstiegs und einer abgesicherten Existenz verorten zu können noch im Bereich völliger gesellschaftlicher Exklusion und Armut. Prekarität ist daher immer auch relational zu sehen und variiert je nach den existenten Arbeits- und Lebensstandards sowie der konkreten individuellen Situation. Vor diesem Hintergrund wird ein großer Teil der Gesellschaft seit einigen Jahren massiv von dem Gefühl der Angst geprägt, wie es auch der Soziologe Heinz Bude in *Die Gesellschaft der Angst* (2014) festgestellt hat. Mit Blick auf die sogenannte Mehrheitsgesellschaft konstatiert Bude speziell eine in der jungen Generation allgegenwärtige Angst vor dem Scheitern, vor dem Rausfallen aus der Mittelschicht. Angst hätten „diejenigen, die was zu verlieren haben, die eine Ahnung davon besitzen, was passieren kann, wenn man die falsche Wahl trifft, die sich in ihrer Position auf der sozialen Leiter unsicher fühlen".[10] Mehr noch:

> Heute schützt einen selbst ein medizinisches Staatsexamen oder der einstmals so honorige Dr. phil. nicht davor, in eine bedrängte Lage zu geraten und in seiner durch Bildung, Einkommen und Beruf definierten Welt der Wertschätzung den Anschluss zu verlieren. Es gibt vermehrt Bildungsverlierer aus bildungsreichen Milieus und Berufsversager aus Aufsteigerfamilien.[11]

---

9 DWDS-Wortverlaufskurve für „Prekariat", erstellt durch das Digitale Wörterbuch der deutschen Sprache: https://www.dwds.de/r/plot/?view=1&corpus=zeitungenxl&norm=date%2Bclass& smooth=spline&genres=0&grand=1&slice=1&prune=0&window=3&wbase=0&logavg=0&logscale=0 &xrange=1946%3A2021&q1=Prekariat (02.04.2025), vgl. zudem Oliver Marchart (Hg.), Facetten der Prekarisierungsgesellschaft. Prekäre Verhältnisse. Sozialwissenschaftliche Perspektiven auf die Prekarisierung von Arbeit und Leben, Bielefeld 2014.
10 Heinz Bude, Die Gesellschaft der Angst, Hamburg 2014, 60.
11 Bude, Die Gesellschaft der Angst, 72.

Auch der Soziologe Oliver Nachtwey spricht in *Die Abstiegsgesellschaft* (2016) mit Blick auf die Gegenwart von „einer Gesellschaft, in der die kollektive Angst vor dem sozialen Abstieg allgegenwärtig zu sein scheint",[12] indem er konstatiert, dass „aus der Gesellschaft des Aufstiegs und der sozialen Integration [...] eine Gesellschaft des sozialen Abstiegs, der Prekarität und Polarisierung geworden"[13] ist, die in einer erneuerten Klassengesellschaft mündet. Bezeichnenderweise schreibt er der Literatur zu, ein „sensibler Seismograf für diesen Wandel"[14] zu sein. Denn wenn „die Literatur von der sozialen Gegenwart [erzählt], schildert sie Geschichten des Scheiterns, der Unsicherheit, Abstiege und Abstürze".[15]

Die Gegenwartsliteratur als jener Ort, an dem strukturelle Ungleichheit und die Entkoppelung von gesellschaftlicher Teilhabe aufgezeigt, reflektiert und erfahrbar gemacht werden, hinterfragt das tradierte Aufstiegsversprechen zunehmend kritisch. Romane wie Kristine Bilkaus *Die Glücklichen* (2015)[16] und Deniz Ohdes *Streulicht* (2020)[17] beleuchten den ‚Aufstieg durch Bildung' als neoliberales Paradigma und machen damit zusammenhängende Erfahrungen sozialer Ungleichheit und Prekarität sichtbar, die sich in Gefühlen von Unsicherheit und Verunsicherung ausdrücken. Während *Die Glücklichen* von der Angst vor dem sozialen Abstieg und Herausfallen aus dem akademischen Selbstverwirklichungsmilieu erzählt, handelt *Streulicht* von der Klassenscham sowie der Schwierigkeit des sozialen Aufstiegs aus der sogenannten Unterschicht.

Im Folgenden soll der Frage nachgegangen werden, inwiefern ‚Aufstieg durch Bildung' als radikale Absage an neoliberale Aufstiegsversprechen und den Topos der Chancengleichheit in der deutschsprachigen Gegenwartsliteratur verhandelt wird. Dazu werden die Romane *Die Glücklichen* und *Streulicht* einer näheren Betrachtung unterzogen. Beide verhandeln ähnliche Topoi (wie existenzielle Unsicherheit und soziale Prekarität), beleuchten zugleich jedoch aus divergierenden Blickwinkeln sowohl den vermeintlichen Klassenaufstieg als auch den gefürchteten Klassenabstieg. Durch eine Gegenüberstellung der beiden Texte lassen sich potenzielle Entwicklungen und Intensivierungen dieser Topoi herausarbeiten. Von Interesse ist dabei, welches Wissen die Literatur über das Phänomen des Klassenwechsels bereithält und welche Erkenntnisse sich durch ein *Close Reading*

---

[12] Oliver Nachtwey, Die Abstiegsgesellschaft. Über das Aufbegehren in der regressiven Moderne, 8. Aufl., Frankfurt a. M. 2018 [1. Aufl. 2016], 7.
[13] Nachtwey, Die Abstiegsgesellschaft, 8.
[14] Nachtwey, Die Abstiegsgesellschaft, 8.
[15] Nachtwey, Die Abstiegsgesellschaft, 9.
[16] Kristine Bilkau, Die Glücklichen. Roman, 3. Aufl., München 2017 [= G].
[17] Deniz Ohde, Streulicht, Frankfurt a. M. 2020 [= SL].

gewinnen lassen. Von Bedeutung sind insbesondere auch damit einhergehende Affekte wie Sozialneid, Herkunftsscham und Klassenstolz.

2 Kristine Bilkau: *Die Glücklichen* (2015)

Der Roman *Die Glücklichen* erzählt die Geschichte von Georg und Isabell, einem Paar der urbanen Mittelschicht Ende dreißig/Anfang vierzig, die erst vor Kurzem Eltern geworden sind, beide ihren Traumberuf ergriffen haben, in einer weitläufigen Altbauwohnung mit Flügeltür leben und sich zu den Glücklichen zählen – bis beide kurz nacheinander ihren Job verlieren und vom sozialen Abstieg bedroht sind. Formal arbeitet der Roman mit einer mehrdimensionalen Perspektivierung, indem die Kapitel zwischen der Perspektive von Georg und Isabell hin- und herwechseln. Diese Erzählform ermöglicht die Innenschau beider Figuren und somit ihre latent ansteigende Abstiegsangst in den kleinsten Nuancen mitzuverfolgen. Der Text untergliedert sich in zwei Teile, *I. Teil (Bald ist Winter)* umfasst die Kapitel 1 bis 19, *II. Teil (Wir haben Frühling)* die Kapitel 20 bis 41. Während der erste Teil der Handlung die unsichere Arbeitssituation thematisiert und ein soziales Bedrohungsszenario entwirft, erzählt der zweite Teil von der Arbeitslosigkeit und dem sukzessiv voranschreitenden sozialen Abstieg.

Die Gegend, in der das Paar lebt, entspricht dem Bild eines großstädtischen Szeneviertels, wie man sie in deutschen Großstädten wie Hamburg oder Berlin findet. In zentraler Nachbarschaft zu ihrer Altbauwohnung befinden sich unter anderem ein Yogastudio, ein Feinkostladen mit Bistro sowie ein *Concept Store* mit überteuerten Dingen („Rosenseife aus Portugal, Alpaka-Decken aus Norwegen, Strickpullis einer südfranzösischen Manufaktur", G, 10) – das „alles [ist] ihr Zuhause" (ebd.). Georg und Isabell wohnen behaglich, privilegiert und unbeschwert. Der gutsituierte, bürgerliche Lebensstil, den sie bei abendlichen Spaziergängen in den Altbauwohnungen und Häusern der anderen beobachten können (sie erblicken volle Bücherregale, stilvolle Deckenlampen und bunte Vorhänge in Kinderzimmern; vgl. G, Klappentext), zeugt von einem ,guten Leben' und der Zugehörigkeit zur urbanen Mittelschicht. Nicht nur der Konsum spielt dafür eine wichtige Rolle – auch der Vergleich mit anderen und eine relative Deprivation wird spätestens mit ihrer Arbeitslosigkeit und zunehmenden Prekarität allgegenwärtig. Denn auf einmal müssen sie auf ihr vormals distinktives Konsum- und Freizeitverhalten wie Kino, Restaurantbesuche, Lieferservice und Bioprodukte verzichten (vgl. G, 199).

Isabell ist Cellistin und arbeitet in einem Musicalorchester. Das entspricht zwar nicht ihren Idealvorstellungen (dazu gehörten ein Plattenvertrag oder ein renommiertes Quartett), aber Isabell ist grundsätzlich zufrieden, da sich ihre berufliche Selbstverwirklichung mit ihrer Mutterschaft vereinbaren lässt – während der abendlichen Konzerttermine kümmert sich Georg um den gemeinsamen Sohn Matti, der etwas älter als ein Jahr ist. Als Isabell nach der Elternzeit wieder zu arbeiten anfängt, fühlt sie sich im Orchester fremd, obwohl sie sich selbst einredet: „[E]s gibt keinen Grund sich zu fürchten, sie ist hier, den dritten Abend nach einer langen Pause, sie ist hier, als wäre sie nie weg gewesen" (G, 15). Alles ist ihr vertraut und doch misslingt ihr Wiedereinstieg: Für Isabell werden der Druck und die Anspannung zu groß, sodass ihre Hände beim Solo zu zittern beginnen, „jeder konnte ihr dabei zusehen: Sie hatte den Klang verloren, und die Leichtigkeit" (G, 18). Von da an kommt das Zittern regelmäßig, wenn es nicht kommen darf (vgl. G, 25), und Isabell ahnt schnell, dass sie das um den Job bringen kann, sollte sie ihr ‚Defizit' nicht in den Griff bekommen. Die eigene Unzulänglichkeit, das Zweifeln am eigenen Können wird im Laufe des Romans zunehmend flagrant; etwa dann, als Isabell ein Stück von Pablo Casals hört, „der lebenslang unter Auftrittsangst litt, aber geschadet hat es ihm nicht, einem Genie kann die Angst nichts anhaben" (G, 81). Neoliberale Implikationen offenbaren sich, wenn der Misserfolg allein auf die vermeintlich persönliche Schwäche zurückgeführt wird: „Das Zittern ist *ihre* Schwäche, *ihre* Schuld" (G, 211).

Im Orchester herrscht ein gnadenloser Konkurrenzdruck, der über das musikalische Talent hinausgeht und auch die Vertragssituation tangiert. So fragt etwa ‚die erste Geige' Alexander die ‚zweite Geige' Sebastian hämisch, ob dessen Vertrag schon verlängert sei: „Mach *das* mal klar, dann bist du weniger frustriert. Ihr seid ja alle so verspannt!" (G, 101), und Isabell spekuliert wenig später mit Unbehagen: „Alexanders Vertrag wurde verlängert, wieso eigentlich jetzt schon? Wieso nur seiner?" (G, 103) Zugleich wird Isabells Zeitvertrag durch die Digitalisierung bedroht – einige Streicher des Orchesters (welches zunehmend schrumpft) wurden bereits nicht weiter beschäftigt, da man ihre Stimmen problemlos digital nachstellen konnte (vgl. G, 233). Auch Isabells Vertrag wird nach ihrer Krankschreibung nicht erneuert, welche sie nur kurze Zeit nach der Elternzeit als Vorwand genommen hat, um sich eine Auszeit von der psychischen Belastung zu nehmen, denn „sie ist unsagbar müde" (G, 108). Bei ihrer Problematik handelt es sich um „kein unkontrolliertes Zittern", ganz im Gegenteil: „[E]s kommt auf den Punkt genau, wenn sie verwundbar ist" (G, 79). Das Zittern ist im Text hochgradig metaphorisch aufgeladen, denn es ist nicht nur in Isabells Händen existent, es steht symptomatisch für die Angst und das Zittern um die existenzielle Zukunft.

Auch Georg betrifft dieses Zittern: Über die Tageszeitung, bei der er festangestellt ist und über die er bereits Insolvenzgerüchte vernommen hat, liest er im Netz: „*Das Ende droht. Zittern in der Krise. Kurz vor dem Aus. Verkauf auf der Kippe.*" (G, 113) Diese Gerüchte wecken in ihm eine tiefe Nervosität, er fühlt „eine[ ] Anspannung im Nacken, die ihn niederdrückt." (Ebd.) Georg hat als Zeitungsredakteur ebenfalls seinen Wunschberuf gewählt und ist damit grundsätzlich zufrieden, obwohl er kein Auslandskorrespondent geworden ist. Und auch Georgs Berufsfeld wird durch Krisen umstrukturiert: So kann er seiner Kernaufgabe, Reportagen zu verfassen, kaum noch nachgehen, denn „für das Unterwegssein bleibt immer weniger Zeit" (G, 69). Stattdessen organisiert und redigiert er die Texte anderer und muss „Tabellen mit Themenplänen pflegen" (ebd.); er sitzt „jeden Tag am Schreibtisch und in Konferenzen", denn „die knappe Belegschaft muss anwesend sein" (ebd.). Nur selten kann Georg noch selbst rausfahren und recherchieren – im Roman interviewt er bezeichnenderweise für eine Story ein Aussteigerpärchen auf einem alten Aussiedlerhof. Georgs

> Arbeit ist geprägt worden von dem Wort *Defizit*, das Produkt sei *defizitär*, mindestens zweimal im Jahr erklärt ihnen das jemand aus dem Management, und es klingt dann, als wären sie eine Horde Kinder, die dankbar sein sollte, dass sie noch jemand mit Müh und Not durchfüttert. (Ebd., Hervorhebung im Original)

An dieser Stelle wird auf die sogenannte Pressekrise rekurriert, die Georgs Branche betrifft und auch in anderen Gegenwartstexten verarbeitet wird – wie in dem unter dem Pseudonym Robert Kisch veröffentlichten und von einem ehemaligen Journalisten geschriebenen Tatsachenroman *Möbelhaus* (2015),[18] der von „seine[m] eignen sozialen Abstieg von der Edelfeder zum Möbelverkäufer"[19] berichtet. Beispielhaft geht es dabei um den „Wandel einer ganzen Branche, die noch vor wenigen Jahren berufliches Prestige, selbstbestimmte Tätigkeiten und gute Einkommen versprach. Diese Welt des Journalismus gibt es so nicht mehr – oder allenfalls noch für wenige."[20] Auch wenn Georg zwar über eine Festanstellung verfügt, wird ihm diese langfristig nichts nützen. Nachdem das Verlagshaus verkauft wurde und die Belegschaft über die neue Situation aufgeklärt wird, erklärt der Berater der Chefredaktion, dass man alle Möglichkeiten durchgerechnet hätte, Kündigungen aber unvermeidbar seien. In diesem Moment rutscht ihm die beiläufige Bemerkung raus: „Das muss Ihnen auch klar gewesen sein." (G, 127) Für Georg birgt dieser Ausrutscher „eine Gnadenlosigkeit, die als selbstverständlich gelten soll. Als wäre die Tatsache, dass sie hier arbeiten, dass sie auf eine Perspektive hoffen und nun im Ungewissen hier sitzen, nichts als ihr eigener dummer Fehler" (ebd.). Als schließlich auch Georg seine Arbeit verliert, wird für ihn und Isabell deutlich: „Es geht wirklich abwärts" (G, 221–222).

---

18 Robert Kisch, Möbelhaus. Ein Tatsachenroman, München 2015.
19 Nachtwey, Die Abstiegsgesellschaft, 9.
20 Nachtwey, Die Abstiegsgesellschaft, 9.

Für das spätmoderne Subjekt – wie es von Georg und Isabell vertreten wird – konstatiert der Soziologe Andreas Reckwitz in *Das Ende der Illusionen* (2019),[21] dass es sich nicht nur aus dem Wunsch nach Selbstverwirklichung konstituiere (wie es sich um 1800 als romantisches Ideal entwickelt hat), sondern auch aus dem Anspruch auf einen hohen sozialen Status qua Leistung und qua Investition (wie es durch das ‚bürgerliche' Ideal geprägt wurde). Für Reckwitz vereinen sich diese Pfeiler der spätmodernen Subjektkultur seit dem 21. Jahrhundert „idealtypisch in der neuen, gutausgebildeten Mittelklasse der westlichen Metropolregionen".[22] Die Vorstellung, sozialen Status qua Leistung und Investition zu erlangen, hat sich besonders in dem Versprechen ‚Aufstieg durch Bildung' manifestiert.

Georg ist so ein Aufsteigerkind, er kommt aus einfachen Verhältnissen und hat als einziger aus seiner Familie einen höheren Bildungsabschluss – anders etwa als sein Vater „mit seiner bildungsfernen Ehrfurcht"' (G, 45), der das Elektrogeschäft *Radio und Fernsehen* betrieb und im Roman zusammen mit Georgs Mutter Erika für die vergangene Ära der industriellen Moderne steht. Georg verkörpert das Paradigma des sozialen Aufstiegs durch Bildung, jedoch wird dieses Paradigma im Text als brüchig und illusionistisch entlarvt. Nachdem er darauf gesetzt hat, dass sich seine hochqualifizierte Ausbildung und die beruflichen Anstrengungen durch ökonomische Sicherheit rentieren würden, befindet er sich mit 42 Jahren in beruflicher und ökonomischer Stagnation und Desilusion. Er nimmt sich selbst als „Versager" (G, 238) wahr und findet „keine Antwort darauf, womit er in Zukunft sein Geld verdienen soll" (G, 199). Anders als seine ehemaligen Kollegen, denen „alles so mühelos zu gelingen [scheint], weitermachen, neu anfangen, der nächste Job ist immer der beste" (ebd.), fühlt sich Georg, wenn er an sie denkt, „kränklich, beschädigt, disqualifiziert, und das selbst verschuldet" (ebd.). Die Jobs, die ihm angeboten werden, entsprechen nicht seinem Qualifikationsniveau. So findet er sich bei einem Bewerbungsgespräch für die Stelle als „Lokalreporter – vorerst ohne Festanstellung, aber mit Aussichten auf mehr" (G, 177) in einer 70 Kilometer entfernten Kleinstadt wieder. Als Georg sein potenzielles Gehalt erfährt, zwingt er sich

> ein sportliches Lächeln ab. Eigentlich hätte er lachen müssen, wie über einen schlechten, nein, einen gelungenen Scherz, er war zu qualifiziert und auch zu alt, um mit dem Angebot einverstanden sein zu dürfen. Aber was half es, fünf Monate lang hatte er versucht, sich nicht unter Wert zu verkaufen, mit dem Ergebnis, dass er sich gar nicht verkauft hatte. (G, 178)

---

21 Andreas Reckwitz, Das Ende der Illusionen. Politik, Ökonomie und Kultur in der Spätmoderne, 6. Aufl., Berlin 2020.
22 Reckwitz, Das Ende der Illusionen, 210.

Da die Bezahlung nicht ausreicht, um die Kosten des Pendelns in Kauf zu nehmen, bleibt nur eine Option: „Sie müssten dort leben." (G, 179) Die Vorstellung, „in einer beliebigen Kleinstadt, in einem kleinen Haus zu wohnen, das höchstwahrscheinlich einen Spottpreis an Miete kosten würde" (ebd.), verführt Georg dazu, in Gedanken ein neues Leben durchzuspielen und eine Exit-Strategie für seine Familie zu entwickeln. „Die Möglichkeit fasziniert ihn" (ebd.), er malt sich das Leben als Kleinfamilie in der Kleinstadt aus, wo nichts so aussieht, „als würde sich an dem Zustand bald etwas ändern" (ebd.). Der Preis jedoch wäre der Verzicht „auf alles, was sie gewohnt sind", aber dafür würden sie „Sorglosigkeit. Sicherheit. Freiheit" erhalten, „eine Freiheit, die nur er verstehen würde. Die Freiheit, ein kleinbürgerliches, überschaubares Leben zu führen. Ja, überschaubar! In einem Rahmen, der ihn nicht überforderte" (ebd.). Der Zustand der Erschöpfung und Überforderung sind Merkmale des spätmodernen Subjekts, wie sie im Text maßgeblich an Isabells Arbeitsunfähigkeit exemplifiziert werden, aber auch Georg erlebt diese, den die Situation dazu zwingt,

> nachts wach zu liegen und sich um die immer selben Fragen zu drehen. Wie lange würden sie so durchhalten? Was würden sie machen, wenn es nicht mehr ging? Wo würden sie eine Wohnung finden? Wer würde sie überhaupt nehmen? Zwei Arbeitslose. Alles, was er wollte, war [...,] [e]in überschaubares Leben [zu] führen. (G, 179–180)

Die Erschöpfung über die anhaltende Situation, der drohende Abstieg ins Prekariat und die schleichende Angst vor dem sozialen Absturz zermürben und entfremden Isabell und Georg voneinander und führen zu einer ernsten Beziehungskrise. Beide erweisen sich als unfähig, miteinander über ihre Emotionen und Ängste zu sprechen. Stattdessen schreiben sie sich gegenseitig die Schuld an ihrer misslichen Lage zu und versinken in eskapistische Alternativwelten: Während sich Georg in Immobilienportale flüchtet und diese nach entlegenen ansehnlichen Häusern in Italien – *dem* deutschen Sehnsuchtsort der 1950er/1960er Jahre – oder auf dem Land durchforstet, vertieft sich Isabell in soziale Netzwerke und verfolgt die geposteten Bilder einer ihr unbekannten Familie, die regelmäßig ihr fröhliches, unbeschwertes Leben teilt. Bezeichnenderweise bessert sich ihre Beziehung erst, als Georg eine vorläufige Zusage erhält, die sie als Kleinfamilie mit einem Mittagessen in einem vornehmen Restaurant feiern. „Georg will ein mindestens sechs Wochen gereiftes Steak essen, sie wird Rotwein trinken" und „den Tag mit einem angenehmen Schwindel verbringen, ein weiches, warmes Gefühl der Sicherheit wird sie sich heute genehmigen" (G, 164). Sie sitzen endlich wieder unter ‚Gleichgesinnten', dort essen „Anzugträger oder betont Lässige mit Pulli, Jeans und teuren Turnschuhen" (ebd.), die sich das Mittagessen in diesem Restaurant wie selbstverständlich leisten können. Auffällig ist, dass erst, als beide dort ohne Sorge sitzen können, Isabell die anderen Menschen um sie herum „endlich wieder wunderbar egal [sind], die anderen, denen es gut geht, die hierher gehören" (G, 165). Wie wichtig ökonomischer Erfolg und der soziale Status für das Gelingen ihrer Beziehung sind, zeigt sich auch in Isabells Reaktion auf Georgs Nachricht: „Die Bezahlung sei gut, mehr als gut, sagt er und nickt dabei. Sie sieht, dass er sich freut, und sie muss gleich die Hände um sein Gesicht schließen, weil es sie rührt, dass er seine Freude versucht im Zaum zu halten, aber nicht dagegen ankommt" (ebd.).

Bemerkenswerterweise berührt Isabell Georg jetzt wieder. Zuvor, in der Perspektiv- und Ratlosigkeit und als „die Kluft zwischen ihnen unüberwindbar schien" (G, 164), gab es in ihrer Beziehung weder Raum für Zuwendung noch für Nähe. Nur kurze Zeit später zerschlägt sich Georgs mit der Zusage verbundene Hoffnung wieder, „ein Anruf ließ sie in Enttäuschung, Wut und Angst zerspringen" (G, 165). Nicht nur Isabell und Georg misslingt die Kommunikation über ihre Sorgen, Ängste und Gefühle, auch ihr soziales Umfeld erweist sich nicht als emotionale Stütze in der Not. Als sich Isabell mit ihrer langjährigen Freundin und ehemaligen WG-Mitbewohnerin Miriam trifft, die als Musikerin nun in London lebt und mit ihrem Agenten für einen Termin mit einer Plattenfirma angereist ist, erzählt Isabell ihr nach einem anfänglichen oberflächlichen Austausch über die letzte Zeit unvermittelt von ihrer Auftrittsangst, den zitternden Händen und der Arbeitslosigkeit. Miriam aber ist unfähig, adäquat auf die Probleme ihrer Freundin einzugehen: „‚Ich kenne Leute, denen das passiert ist. Wer weiß, wie viele von denen Betablocker schlucken. Wusstest du, dass Betablocker Haarausfall verursachen?', sie lacht und Isabell bereut, mit dem Thema angefangen zu haben" (G, 234). Als Miriam das Problem kleinredet („‚Man muss nur wissen, zu wem man geht. Auftrittsangst, daran kann man arbeiten'"; G, 234–235) und Isabell ihr resigniert entgegnet, dass weder sie noch Georg aktuell eine Therapie bezahlen könnten, wirkt Miriam „auf einmal abgelenkt, sie nestelt an dem Riemchen ihrer Sandale und antwortet nicht" (G, 235), woraufhin Isabell „ein Anfall von Müdigkeit [überkommt], es ist, als wäre alle Energie aus ihr herausgeflossen" (ebd.).

Die Resignation, die sich in Isabells Empfinden spiegelt, findet sich auch bei Georg wieder. Als verkündet wird, dass Georgs Verlagshaus in finanziellen Schwierigkeiten steckt und Stellen abbauen wird, denkt Georg illusionslos:

> Er beneidet jeden, der seine Laufbahn bald hinter sich hat. Laufbahn, Laufen, auf der für ihn bestimmten Bahn, ein Sprint, nein, ein Langstreckenlauf, bei dem ihm jetzt schon die Luft ausgeht. Sein Leben besteht aus Etappen, die vor allem davon geprägt sind: ständig zu spät zu kommen. Zu spät geboren zu sein, um den digitalen Wandel und die fragilen Kapitalmärkte als exotische Kosmen, irgendwo, weit weg, zwar wahrnehmen zu dürfen, aber sie nicht sofort aufs eigene Leben, auf die höchstpersönliche Existenz in den eigenen vier Wänden beziehen zu müssen. Zu spät, um an seinen Beruf glauben zu dürfen, ohne Angst vor Zahlen und Umstrukturierungen. Wie gut hatten die alten Kollegen es noch. Sie strahlten

diese Sicherheit aus, den richtigen Job gewählt zu haben. Im Sommer ging's ins eigene Landhaus, Provence oder Toskana, und die Rente war auch komfortabel. Er fühlt sich jeden Tag ein wenig kleiner. Zu spät, um ein Familienvater zu sein, der etwas Bleibendes aufbaut. Eine Immobilie anschafft. Wohnen, Mieten, Kaufen, das Thema macht ihn zum Verlierer. Die Zeiten der vernünftigen Preise sind vorbei und werden nicht wiederkommen. (G, 123)

Diese Textstelle bündelt die zentrale Erkenntnis, dass das Lebensmodell der Elterngeneration für Angehörige der urbanen, hochqualifizierten Mittelschicht, wie sie von Isabell und Georg vertreten wird, ungültig geworden ist. Georg reflektiert an dieser Stelle sich selbst und zugleich das ‚Schicksal' seiner Generation. Der eklatante Unterschied zwischen der (elterlichen) industriellen und der spätmodernen bzw. postindustriellen Gesellschaft offenbart, inwiefern zunehmend altbekannte Sicherheiten wie die Perspektive auf ein Normalarbeitsverhältnis oder den sukzessiven Aufbau von Vermögen aufgelöst werden. Auch Nachtwey betont: „Unter der Oberfläche einer scheinbar stabilen Gesellschaft erodieren seit Langem die Pfeiler der sozialen Integration, mehren sich Abstürze und Abstiege."[23] Die Generation der Spätmoderne findet sich in einer Welt der Vorläufigkeit, Ungewissheit und Unsicherheit wieder, mit der sie stetig konfrontiert wird. Die Investition in Bildung hat nicht dazu geführt, dass sich Georg und Isabell eine sichere Existenz aufbauen konnten – obwohl sie Zeit ihres Lebens davon ausgegangen sind, „sich den Anspruch auf Sicherheit verdient zu haben" – nun folgt die Erkenntnis: „Doch es gibt keinen Anspruch auf Sicherheit" (G, 292). Am Ende des Romans werden beide keine neue Anstellung gefunden haben. Die Desillusionierung, die sich in *Die Glücklichen* sukzessiv steigert, kennzeichnet den Roman *Streulicht*, um den es im Folgenden gehen soll, von Anfang an.

3 Deniz Ohde: *Streulicht* (2020)

Deniz Ohdes *Streulicht* handelt von der Geschichte einer namenlosen Ich-Erzählerin aus einem deutschen Industriegebiet. Im Klappentext heißt es:

> Industrieschnee markiert die Grenzen des Orts, eine feine Säure liegt in der Luft, und hinter der Werksbrücke rauschen die Fertigungshallen. Hier ist die Erzählerin aufgewachsen, hierher kommt sie zurück. Und während sie die alten Wege geht, spürt sie den Sollbruchstellen in ihrem Leben nach, der Kluft zwischen Bildungsversprechen und erfahrener Ungleichheit. (SL, Klappentext)

---

23 Nachtwey, Die Abstiegsgesellschaft, 8.

Im Zentrum des Romans stehen die Herkunft der Protagonistin sowie die Auswirkungen auf ihren Bildungs- und Lebensweg. Sie ist die Tochter einer türkischstämmigen Mutter, die sich als Reinigungskraft verdingt, und eines deutschen Vaters, der als Fabrikarbeiter in demselben Betrieb wie schon der Großvater seit 40 Jahren Aluminiumbleche in Lauge taucht (vgl. SL, 11), dem Alkohol verfallen ist und den Lebensraum der Familie bis an den Rand „mit den Billigprodukten aus Ein-Euro-Läden, Aldi-Sondertischen und Flohmärkten" (ebd.) zumüllt. In diesen schwierigen sozialen Verhältnissen wächst die Ich-Erzählerin auf und erkämpft sich mühevoll eine Biografie, die ihr nicht zugestanden wird: von der ‚Unterschicht' über den zweiten Bildungsweg an die Universität. Was zunächst wie eine vielversprechende Anlage für einen glücklichen Bildungsroman anmutet, entpuppt sich als Erfahrung der Desillusionierung und Mehrfachdiskriminierung. Formal unterteilt sich der Roman in 38 Kapitel, die nicht nummeriert und ohne Titel sind.

Streulicht wird zum populär gewordenen Genre der Autosoziobiografie gezählt,[24] das sich mit der Übersetzung von Didier Eribons *Retour à Reims* (frz. 2009, dt. Übersetzung 2016[25]) im deutschsprachigen Raum etabliert hat. ‚Autosoziobiografien' bezeichnen jene „(literarische[n]) Texte [...], die Arbeiter*innenklassenherkunft als autobiographische Erzählung mit Blick auf die sozialen Gegebenheiten verhandeln".[26] Der jeweiligen Klassenherkunft nähern sich die Texte „in einer retrospektiven, schreibenden ‚Rückkehr' – wobei die Rückkehr zumeist auch Plot der Erzählung ist – (wieder) an".[27]

So setzt sich auch die Ich-Erzählerin in *Streulicht* mit ihrer eigenen sozialen Herkunft auseinander, die biografische Schnittstellen mit der von Ohde aufweist. Für die Hochzeit ihrer Schulfreunde Sophia und Pikka kehrt die Erzählerin an ihren Heimatort und zu ihrem inzwischen verwitweten Vater zurück. In Rückblenden erzählt sie von ihren Kinder- und Jugendtagen, von der sozialen Ausgrenzung und der Scham aufgrund ihrer Herkunft aus der Unterschicht, das Auf-

---

24 Vgl. u. a. Heribert Tommek, Rückkehr zur Klasse. Soziologisierte Gegenwartsliteratur in Frankreich und Deutschland (Eribon, Ernaux, Ohde, Baron), in: ‚Die drei Kulturen' reloaded. Neue Perspektiven auf einen Klassiker der Literatursoziologie, hg. von Christine Magerski und Christian Steuerwald, Wiesbaden 2024, 105–122; Carolin Führer, Prekarität erzählen. Klasse und Subjektorientierung aus literaturdidaktischer Sicht, in: Informationen zur Deutschdidaktik 3 (2023), 65–73; Christoph Schaub, Arbeitende Klasse und Diversität. Über persönliche Erzählungen in der Gegenwartsliteratur, in: Identitätspolitik in der deutschsprachigen Gegenwartsliteratur. Themenheft der Zeitschrift für interkulturelle Germanistik 15 (2024), H. 1, 33–46.
25 Didier Eribon, Rückkehr nach Reims, Berlin 2016.
26 Schaub, Arbeitende Klasse und Diversität, 35.
27 Christina Ernst, ‚Arbeiterkinderliteratur' nach Eribon. Autosoziobiographie in der deutschsprachigen Gegenwartsliteratur, in: Lendemains 45 (2020), H. 180, 77–91, hier: 79.

wachsen in einem bildungsfernen Elternhaus, der Armut und erlebten Fremdenfeindlichkeit als Tochter einer türkischen Mutter. Wie Christoph Schaub bemerkt, verzichtet Ohde „im Gegensatz zu Eribon […] allerdings ganz bewusst auf politisches und soziologisches Vokabular, denn es geht ihr darum, die Klassengesellschaft durch das Literarische und die persönliche Dimension nachfühlbar und darstellbar zu machen".[28] Dabei stehe weniger die Selbstrepräsentation im Zentrum als vielmehr der erfahrene ‚Klassenübergang'.[29] Der auf Chantal Jaquet zurückgehende Begriff *Transclass* zielt auf Menschen, „die qua Bildungsreise eine Klassentransformation vollzogen [haben] (häufig auch als sogenannte ‚Bildungsaufsteiger*innen' bezeichnet)."[30] Dabei verweist *Transclass* insbesondere auf eine „Positionierung ‚zwischen' den Klassen und macht aufmerksam auf die mit sozialer Mobilität häufig einhergehenden Erfahrungen der fehlenden bzw. ausbleibenden Zugehörigkeit und des gespaltenen Habitus".[31] Im Roman werden durch das retrospektive Erzählen und die Position der Erzählerin als *Transclass*-Figur infolge einer Bildungsreise gleich mehrere Perspektiven ermöglicht.[32] Für Arianna Di Bella bietet Ohdes Roman „vielfältige Lesarten an: Erinnerungsbericht, Familien- und Aufsteigergeschichte, Autobiografie, postmigrantischer Roman oder Coming-of-Age-Roman mit zahlreichen Gedankenwendungen des Ich und wenigen Erzählelementen".[33]

Inwiefern sich das Narrativ ‚Aufstieg durch Bildung' als brüchig erweist und die Bildungsreise der Ich-Erzählerin in erster Linie ein langwieriger, schmerz- und leidvoller Weg ist, arbeitet der Roman fein nuanciert heraus. So begegnet ihr das Bildungssystem schon früh als ein von Distinktionen geprägter Ort. Als sie gemeinsam mit ihrer Freundin Sophia aufs örtliche Gymnasium eingeschult wird, ahnt sie schnell, dass sie in diese soziale Sphäre nicht passt:

> Den Lehrern war es ungemein wichtig, uns klarzumachen, dass wir die zukünftige Elite seien […]. Es handelte sich dabei um eine implizite Aufforderung, so viel ahnte ich damals

---

28 Schaub, Arbeitende Klasse und Diversität, 41.
29 Vgl. Schaub, Arbeitende Klasse und Diversität, 35.
30 Anja Kerle und Alban Knecht, Fiktionale Belletristik und Autosoziographien als Gegendiskurse zu Narrativen über Armutsbetroffene. Klassenreisende erzählen vom Aufwachsen in Armut, in: Armutsdiskurse. Perspektiven aus Medien, Politik und Sozialer Arbeit, hg. von Anja Kerle, Fabian Kessel und Alban Knecht, Bielefeld 2025, 187–195, hier: 189–190, Fußnote 2.
31 Kerle und Knecht, Fiktionale Belletristik und Autosoziographien als Gegendiskurse zu Narrativen über Armutsbetroffene, 190, Fußnote 2.
32 Vgl. Schaub, Arbeitende Klasse und Diversität, 41.
33 Arianna Di Bella, Zur Vater-Tochter-Beziehung in Familien mit postmigrantischem Hintergrund. Deniz Ohdes *Streulicht* und Dilek Güngörs *Vater und ich*, in: Jahrbuch für Internationale Germanistik 55 (2023), H. 2, 47–57, hier: 49–50.

schon, aber welches Verhalten genau von mir verlangt wurde, was genau damit zusammenhing, dass ich zur Elite gehören sollte, verstand ich nicht (SL, 60),

woraus sich „eine allgemeine Ratlosigkeit" (ebd.) ergibt. Ihre Freundin Sophia hingegen, im Text als Antagonistin konzipiert, weiß genau, worauf es ankommt: Sie kommt aus wohlsituierten, gutbehüteten Verhältnissen, erfährt (wie es ihre Mutter nennt) eine ‚umfassende Bildung' und vertreibt sich die Freizeit im Reitstall oder beim Ballett. Im Kontrast zu Sophia und den anderen Mitschüler:innen vermittelt der Ort der Oberstufe der Ich-Erzählerin wiederkehrend das Gefühl, nicht dazuzugehören. Aus ihrer anfänglichen Ratlosigkeit entwickelt sich zunehmend eine Ahnung der Deplatzierung, die mit dem Gefühl von Klassenscham einhergeht:

> Ich ahnte, dass es etwas mit einer Haltung zu tun hatte. Damit, nicht ungeduscht zu sein oder Löcher im Pullover zu haben. Ich ahnte, dass meine vom Waschen fusseligen grauen Oberteile mit Drachenaufdruck nicht geeignet waren. Ich ahnte, dass mein Wohnort nicht geeignet war und die alten Möbel in der Küche. (SL, 61)

Aus dieser Ahnung entsteht ein Gefühl über die Unzulänglichkeit der eigenen Herkunft, denn „ich hatte das Gefühl, dass es etwas damit zu tun hatte, wie ich lachte. [...] Es hatte etwas mit meinem geheimen Namen zu tun und damit [...,] dass ich zum Mittagessen Tiefkühlpizza bekam und niemand in unserer Wohnung an irgendeinem Tisch aß" (ebd.). Merklich nimmt die Ich-Erzählerin das Fehlen eines gewissen klassenspezifischen – im Speziellen bildungsbürgerlichen – Habitus an sich selbst wahr. Diese Wahrnehmung skizziert sie als schrittweise emotionale Entwicklung, die in der Erkenntnis mündet, dass die wahrgenommene Ausgrenzung mit ihrer bildungsfernen Herkunft korreliert – und sie damit als unpassend und *anti-bürgerlich* ausweist:

> Es hatte damit zu tun, dass meine Eltern die Fernsehzeitung abonniert hatten und niemand eine Tageszeitung las. [...] Es hatte damit zu tun, dass mein Vater bei seinem letzten Gang zum Buchclub den Band *Bildung. Alles was man wissen muß* gekauft hatte [...]. Wie mein Vater glaubte ich, dass das Buch ein Heilmittel gegen meine Unzulänglichkeit sei [...]. (SL, 71)

Ihre Hausaufgaben macht sie, während der alkoholkranke Vater nebenbei Talkshows schaut. Von Zeit zu Zeit verbarrikadiert sich dieser tagelang im Wohnzimmer und prügelt betrunken auf die Möbel ein. ‚Wenigstens das' – und nicht auf Frau und Kind, wie die Mutter der Ich-Erzählerin mehrmals still bemerkt. Die Mutter ist selbst vor ihrer Mutter und deren Gewalt aus der Türkei geflohen. Ihre eigene Tochter erzieht sie aufgrund der erfahrenen Unzulänglichkeit zur Unauffälligkeit, zum Still- und Angepasstsein. Als die Ich-Erzählerin in der 11. Klasse die Aufgabe erhält, darüber nachzudenken, „was zu meiner Identität gehörte und was nicht" (SL, 176), und nach 15 Minuten immer noch nichts auf ihr Blatt zu schreiben weiß, will ihr die Lehrerin helfen, indem sie sie fragt, woher ihre Familie stamme – und sich gleich im Anschluss daran selbst unsicher ist:

> „Du bist deutsch, oder?", sie fragte es in sich vergewissserndem Tonfall, *du kommst mir normal vor.* [...] „Meine Mutter kommt aus der Türkei", sagte ich. „Ach so, na guck mal, siehst du! Da hast du doch was! – Du fühlst dich aber gut integriert, oder?" (SL, 179; Hervorhebung im Original)

An dieser Stelle wird die Ich-Erzählerin aufgrund ihrer türkischstämmigen Mutter als ausländisches Kind stigmatisiert, aus dem Bereich des gesellschaftlichen ‚Dazugehörens' exkludiert und als ‚Andere' marginalisiert. Die Diskriminierungen und Ausgrenzungen, die die Erzählerin mehrfach erfährt, sind nicht nur durch ihre Klassenherkunft motiviert, sondern intersektional auch mit Xenophobie verwoben.[34]

Die gymnasiale Oberstufe ist im Roman ein zutiefst bürgerlich konnotierter Ort, an dem sich Kinder wie Sophia zugehörig fühlen – und zugleich als solche auch markiert werden. Etwa dann, wenn der Gymnasiallehrer auf einem Elternabend das ‚Vorzeigemädchen' Sophia als „ein ganz engagiertes Mädchen" lobt und betont: „dieses Kind wird es zu etwas bringen", da sie jene ehrgeizige „Einstellung [hat], die man als Lehrer sucht" (SL, 215). Inwiefern die Schule auch als Ort der institutionellen Diskriminierung und Reproduktion sozialer Ungleichheit fungiert, wird nur einen Moment später deutlich, als der Lehrer in demselben Atemzug feststellt: „die ausländischen Kinder, auf der anderen Seite, haben viele Probleme, das muss man ganz deutlich sagen" (ebd.). Diese rassistische Zuschreibung auf eine vermeintlich homogene Gruppe („*die* ausländischen Kinder") spricht den betroffenen Schüler:innen nicht nur ihre Individualität ab, sondern konstruiert damit auch eine Alterität, die kontrastiv den ‚deutschen' Vorzeigeschüler:innen gegenübersteht, die vom Lehrer als das ‚Eigene' erkannt und klar bevorteilt werden. Dabei bleiben die Stigmatisierung und Fremdenfeindlichkeit, die die Ich-Erzählerin in der Schule erlebt, nicht auf diesen Bereich beschränkt, sondern spiegeln sich auch in ihrem sozialen Umfeld wider. So empfindet ihre beste Freundin Sophia keinerlei Empathie für die Verhältnisse der Ich-Erzählerin, für die Hürden und Hindernisse, die ihr im Weg stehen und die sie ganz allein überwinden muss. Ganz im Gegenteil: Sophia hat sich den vorgelebten Alltagsrassismus längst zu eigen gemacht. Dieser zeigt sich in ihrem snobistischen Klassenstolz

---

34 Vgl. Kerle und Knecht, Fiktionale Belletristik und Autosoziographien als Gegendiskurse zu Narrativen über Armutsbetroffene, 191.

der Freundin gegenüber, als diese zaghaft mit dem Gedanken spielt, nach der Abendschule studieren gehen zu wollen:

> Sophia sagte, ich solle mir gut überlegen, ob die Uni wirklich das Richtige für mich sei. Es sei doch eine ganz andere Arbeitsweise als am Gymnasium und außerdem habe es nicht viel zu bedeuten, ob ich an meiner Schule [d. i. einer Abendschule] gute Noten hätte oder nicht, „es ist ja mehr eine Oberstufe für Realschüler. Ich will dir jetzt nicht den Erfolg schlechtreden, aber das muss man bedenken. Das Niveau ist niedriger, damit auch andere es schaffen können. Es sind ja viele dort, deren Muttersprache nicht Deutsch ist, weißt du was ich mein? Ich sag's nur so als Vorwarnung. Später wird das nochmal anders." (SL, 188)

Sophia übt an dieser Stelle soziale Distinktion aus und fungiert als gesellschaftliche ‚Platzanweiserin'. Für sie stellt allein das Merkmal ‚Bürgerlichkeit' einen garantierten Zugang zu gesellschaftlicher Vollpartizipation dar. Zudem impliziert sie im Subtext, selbst ein Anrecht darauf zu haben, wohingegen sie ihrer Freundin dieses abspricht. Als sich die Ich-Erzählerin nach ihrem Abschluss an einer Abendschule schlussendlich auf eine weiterführende Schule bewirbt, um dort ihr Abitur nachzuholen, wird sie nur von einer einzigen Schule zu einem Bewerbungsgespräch eingeladen. Im Gespräch mit dem Direktor macht dieser aus seinen Ressentiments gegenüber Schüler:innen der Abendschule keinen Hehl:

> „Was für Gestalten da kommen. Gewalt gibt es, Drogen, soziale Verwahrlosung. Sie wirken nicht wie eine typische Schülerin dieser Schule. [...] Sie wirken wirklich vernünftig, um nicht zu sagen intelligent. Deshalb ist ihr Notendurchschnitt an dieser Schule ja schon beinahe folgerichtig. Wenn Sie nur so gesittet dort gesessen haben, wie Sie es gerade hier tun, wird man Ihnen schon eine Eins gegeben haben." (SL, 168)

Mit der Bezeichnung „Gestalten" werden diese Schüler:innen nicht nur von einer sozial höheren Position aus dehumanisiert, sondern auch mit Kriminalität und Asozialität in Verbindung gebracht und als ‚verkommene Gruppe' diskriminiert. Dass die Ich-Erzählerin diesem Bild augenscheinlich nicht entspricht und auf den Direktor sogar intelligent wirkt, erstaunt ihn zunächst – unverzüglich aber spricht er ihr den Anschein der Intelligenz wieder ab mit dem Argument, die guten Noten seien einzig auf ‚sittsames' Verhalten zurückzuführen. Unausgesprochen wird an dieser Stelle das Geschlecht der Ich-Erzählerin adressiert, die als Frau aufgrund vermeintlicher Tugendhaftigkeit mit guten Noten ‚belohnt' würde. Im Subtext keimen alte patriarchale Herrschaftsstrukturen auf, die sich mit der Anforderung an die bürgerliche, tugendhafte Frau verbinden, den Anstand zu wahren und gegenüber dem Mann wohlerzogen und bescheiden aufzutreten. Hier findet also ein Wechsel statt: Die Ich-Erzählerin wird zwar von der Zugehörigkeit zu einer deprivilegierten sozialen Gruppe der ‚Verwahrlosten' befreit und der sozial höher positionierten Gruppe der ‚bürgerlichen Frauen' zugeordnet. Nichtsdestotrotz erfährt sie erneut, nun aufgrund ihres Geschlechts, eine ihre Fähigkeiten infrage stellende Degradierung und strukturelle Diskriminierung.

So wächst in der Ich-Erzählerin eine tiefgreifende Unsicherheit heran, die ihre personale Identität und ihre Zugehörigkeit zu Bereichen außerhalb einer deklassierten Arbeiterschicht betrifft. Durch die permanente Infragestellung dieser Zugehörigkeit, ihrer Fähigkeiten und ihrer Intelligenz internalisiert sie das Gefühl, an Orten wie dem Gymnasium oder der Universität nicht dazuzugehören und sich daher unsichtbar machen zu müssen. So bleibt sie schlussendlich an ihrem angestammten Platz und arbeitet – als sie später doch studiert – in den Semesterferien wie ihre Mutter im Reinigungssektor als Aushilfskraft, anstatt wie ihre Kommiliton:innen ein zukunftsförderndes Praktikum zu absolvieren. Denn ihr fehlt das, was Kinder wie Sophia bereits von zu Hause aus mitbekommen haben: der Zugang zu informellem und institutionalisiertem Wissen darüber, wie man Netzwerke knüpft, an die richtigen Praktika kommt und wie der Weg nach oben funktioniert:

> „Es gibt nur wenige Plätze an der Sonne", hatte Lukas [d. i. ein Kommilitone] immer gesagt, und die Sonne, das waren die großen Institutionen und Unternehmen. [...] Ich ging von Anfang an davon aus, dass die Plätze an der Sonne für andere reserviert waren, diese diffusen „anderen", von denen auch mein Vater immer sprach. (SL, 260–261)

Dass die junge Frau sich nicht zu jenen zählt, für die diese Plätze reserviert scheinen, leitet sich für sie wie eine vermeintliche Kausallogik ab. So bleibt die Erzählerin, die im Prekariat aufgewachsen ist, auch nach ihrem Studienabschluss in prekären Verhältnissen gefangen. Sie findet keine Anstellung, da sie für den Arbeitsmarkt uninteressant scheint:

> [Z]uletzt [saß ich] einmal die Woche mit meinem schmalen Lebenslauf unterm Arm beim Arbeitsamt [...]. Niemand dort wusste etwas mit mir anzufangen [...] und man schickte mich von *Arbeit Direkt*, was nicht erfolgreich war, weil noch nicht einmal die Verkehrszählung mich anstellen wollte, wieder zurück ins reguläre Programm und von dort zum Bewerbungstraining. (SL, 269)

Obwohl sich die Ich-Erzählerin den Diskriminierungen zum Trotz bis an die Universität gekämpft hat, steht ein Happy End ihrer Lebensgeschichte noch aus. Dass die Literaturkritik in *Streulicht* einen gelungenen Bildungsroman sieht, verschleiert die manifeste Desillusionierung und intersektionale Diskriminierung. Wie Philipp Böttcher treffend bemerkt, verkennt die Einordnung als Bildungsroman all jene vulnerablen Aspekte, die der Text bereithält:

> – ganz so, als habe der Roman ein emphatisches Verständnis von Bildung, Chancengleichheit und Aufstiegsversprechen nicht radikal infrage gestellt, als könne Bildung nach der Lektüre noch als Antwort auf soziale Ungleichheit angesehen werden [...].[35]

Anders als etwa ihre wohlsituierten Freund:innen Pikka und Sophia, die von den Eltern reichlich gefördert werden, fehlt es der Protagonistin von Anfang an familiärer Unterstützung oder Zuspruch. Ganz im Gegenteil: Die ‚Investition in Bildung' als nicht selbstverständliche Möglichkeit reflektiert der Roman anhand der Schul- und Bildungserfahrungen der Erzählerin. Dabei macht er nicht nur die erlebten Klassismuserfahrungen der Protagonistin sichtbar, sondern betont auch eine nachhaltig existierende strukturelle wie intersektionale Diskriminierung auf unterschiedlichen Ebenen.

4 Fazit

So unterschiedlich die Romane *Die Glücklichen* und *Streulicht* auf den ersten Blick sind, so bemerkenswert sind die Perspektiven, die die Texte auf Figuren in prekären Lebenslagen werfen. Im kontrapunktischen Verhältnis zueinander zeigen die Romane unterschiedliche Ausprägungen sozialer Prekarität und zugleich Gemeinsamkeiten wie die allgegenwärtige Unsicherheit und Ungewissheit, denen die Hauptfiguren ausgesetzt sind. In beiden Romanen erweist sich das Versprechen ‚Aufstieg durch Bildung' als brüchig und illusorisch. Deutlich wird überdies, dass alle drei Hauptfiguren mit dem Gefühl der sozialen Exklusion aufgrund von Klassismus und Prekarität konfrontiert sind, das sich zu einer die eigene Person infrage stellenden Erfahrung steigert. Im Vergleich der Romane wird zudem die enorme Wirkmächtigkeit sozial normativer Klassenvorstellungen transparent: Während sich Isabell und Georg als Vertreter:innen einer bürgerlich-urbanen Mittelschicht ökonomische und berufliche ‚Niederlagen' in ihrem Lebenslauf nicht ‚leisten' dürfen, wird dies von der Ich-Erzählerin in *Streulicht* erst gar nicht erwartet. Vielmehr gilt sie dort als Angehörige der Arbeiterklasse von Geburt an als ‚Versagerin', die für ihr Potenzial zum Bildungsaufstieg von der bürgerlichen ‚Bildungselite' ihrer Umgebung äußerst kritisch beäugt wird. Damit wird nicht zuletzt auch der Mythos der Chancengleichheit negiert und stattdessen das Fortbestehen von Stigmatisierungs- und Selektionsprozessen bestätigt, die sich in einer intersektionalen Ver-

---

35 Philipp Böttcher, Ewig Peripherie? Raumdarstellung, Postmigrationserfahrungen und Gesellschaftsdiagnose in Deniz Ohdes *Streulicht*, in: Internationales Archiv für Sozialgeschichte der deutschen Literatur 48 (2023), H. 2, 481–506, hier: 502–503.

schränkung potenzieren. Die Diffusität des Prekariats könnte sich in Zukunft noch ausweiten. In der aktuellen Literatur wird mit der Thematisierung sozialer Problemlagen wie prekären Lebensverhältnissen, sozialen Ausschlussmechanismen und ökonomischer Ausweglosigkeit bereits eine ‚neue soziale Frage' aufgeworfen, die es wahr- und vor allem ernst zu nehmen gilt.[36]

Literatur

Primärliteratur

Bilkau, Kristine: Die Glücklichen. Roman, 3. Aufl., München 2017 [= G].
Eribon, Didier: Rückkehr nach Reims, Berlin 2016.
Kisch, Robert: Möbelhaus. Ein Tatsachenroman, München 2015.
Ohde, Deniz: Streulicht, Frankfurt a. M. 2020 [= SL].

Sekundärliteratur

Böttcher, Philipp: Ewig Peripherie? Raumdarstellung, Postmigrationserfahrungen und Gesellschaftsdiagnose in Deniz Ohdes *Streulicht*, in: Internationales Archiv für Sozialgeschichte der deutschen Literatur 48 (2023), H. 2, 481–506.
Bude, Heinz: Die Gesellschaft der Angst, Hamburg 2014.
Di Bella, Arianna: Zur Vater-Tochter-Beziehung in Familien mit postmigrantischem Hintergrund. Deniz Ohdes *Streulicht* und Dilek Güngörs *Vater und ich*, in: Jahrbuch für Internationale Germanistik 55 (2023), H. 2, 47–57.
Digitales Wörterbuch der deutschen Sprache: DWDS-Wortverlaufskurve für „Prekariat", https://www.dwds.de/r/plot/?view=1&corpus=zeitungenxl&norm=date%2Bclass&smooth=spline&genres=0&grand=1&slice=1&prune=0&window=3&wbase=0&logavg=0&logscale=0&xrange=1946%3A2021&q1=Prekariat (02.04.2025).
Dörre, Klaus: Prekarität – eine Frage der Klasse? Zum Formwandel unwürdiger Lohnarbeit, in: Bürger & Staat. Prekäres Leben. Arbeitswelten in Verunsicherung 74 (2024) H. 2, 82–90.
Duden online: Prekariat, https://www.duden.de/node/114447/revision/114483 (02.04.2025).
Duden online: Prekarität, https://www.duden.de/rechtschreibung/Prekaritaet (02.04.2025)
Ernst, Christina: ‚Arbeiterkinderliteratur' nach Eribon. Autosoziobiographie in der deutschsprachigen Gegenwartsliteratur, in: Lendemains 45 (2020), H. 180, 77–91.
Führer, Carolin: Prekarität erzählen. Klasse und Subjektorientierung aus literaturdidaktischer Sicht, in: Informationen zur Deutschdidaktik 3 (2023), 65–73.
Kerle, Anja, und Alban Knecht: Fiktionale Belletristik und Autosoziographien als Gegendiskurse zu Narrativen über Armutsbetroffene. Klassenreisende erzählen vom Aufwachsen in Armut, in: Ar-

---

[36] Till Mischko hat sich der Aktualität des Prekariatsthemas in seiner Dissertation gewidmet: Till Mischko, Prekarität in deutschsprachigen Romanen der Gegenwart, Berlin 2022.

mutsdiskurse. Perspektiven aus Medien, Politik und Sozialer Arbeit, hg. von Anja Kerle, Fabian Kessel und Alban Knecht, Bielefeld 2025, 187–195.

Kraemer, Klaus: Ist Prekarität überall?, in: Von „Neuer Unterschicht" und Prekariat. Gesellschaftliche Verhältnisse und Kategorien im Umbruch. Kritische Perspektiven auf aktuelle Debatten, hg. von Claudio Altenhain, Anja Danilina, Erik Hildebrandt et al., Bielefeld 2008, 139–150.

Marchart, Oliver (Hg.): Facetten der Prekarisierungsgesellschaft. Prekäre Verhältnisse. Sozialwissenschaftliche Perspektiven auf die Prekarisierung von Arbeit und Leben, Bielefeld 2014.

Mischko, Till: Prekarität in deutschsprachigen Romanen der Gegenwart, Berlin 2022.

Nachtwey, Oliver: Die Abstiegsgesellschaft. Über das Aufbegehren in der regressiven Moderne, 8. Aufl., Frankfurt a. M. 2018 [1. Aufl. 2016].

Reckwitz, Andreas: Das Ende der Illusionen. Politik, Ökonomie und Kultur in der Spätmoderne, 6. Aufl., Berlin 2020.

Schaub, Christoph: Arbeitende Klasse und Diversität. Über persönliche Erzählungen in der Gegenwartsliteratur, in: Identitätspolitik in der deutschsprachigen Gegenwartsliteratur. Themenheft der Zeitschrift für interkulturelle Germanistik 15 (2024), H. 1, 33–46.

Schelsky, Helmut: Die Bedeutung des Schichtungsbegriffes für die Analyse der gegenwärtigen deutschen Gesellschaft, in: Soziale Ungleichheit. Klassische Texte zur Sozialstrukturanalyse, hg. von Heike Solga, Justin Powell und Peter A. Berger, Frankfurt a. M. und New York 2009, 201–206.

Tommek, Heribert: Rückkehr zur Klasse. Soziologisierte Gegenwartsliteratur in Frankreich und Deutschland (Eribon, Ernaux, Ohde, Baron), in: ‚Die drei Kulturen' reloaded. Neue Perspektiven auf einen Klassiker der Literatursoziologie, hg. von Christine Magerski und Christian Steuerwald, Wiesbaden 2024, 105–122.

Vogel, Berthold: Das Prekariat – eine neue soziale Lage?, in: Prekarität, Abstieg, Ausgrenzung. Die soziale Frage am Beginn des 21. Jahrhunderts, hg. von Robert Castel und Klaus Dörre unter Mitarbeit von Peter Bescherer. Frankfurt a. M. und New York 2009, 197–208.

Wille, Lisa: Precarious Lives and Social Decline in Marlene Streeruwitz's *Jessica, 30.* and Kristine Bilkau's *Die Glücklichen*, in: Representing Social Precarity in German Literature and Film, hg. von Sophie Duvernoy, Karsten Olson und Ulrich Plass, New York und London 2023, 277–295.

Klassen, Räume, Unordnungen

Ilija Matusko im Gespräch mit Arnold Maxwill
Zwischen den Klassen

Sich stets dahin schreiben müssen, wo andere längst sind

Arnold Maxwill: Nähern wir uns dem Buch von außen. Der Titel *Verdunstung in der Randzone* bleibt zunächst ein wenig unklar, aber das Coverbild markiert: Hier geht es um Pommes. Was auffällt, ist die fehlende Genrebezeichnung. Kein Makel, doch eine neugierig machende Irritation. Ein Kompositum wie „Klassenerzählung" oder „(K)eine Aufstiegsgeschichte" erschien zu artifiziell, intellektuell zu angespannt? Und gab es da mit dem Lektor direkt Einigkeit oder ist der Verzicht Ergebnis einer längeren Debatte?

Ilija Matusko: Bei einer Lesung sagte mal jemand, für ihn stehe der Titel für die „Seelenverkrustung des Ich-Erzählers". Da musste ich schmunzeln. So weit würde ich nicht gehen, aber tatsächlich lässt sich der Titel auf verschiedene Arten interpretieren, das mag ich an ihm.

Ursprünglich stammt er aus einer im Internet gefundenen Pommes-Broschüre, die auch im Buch vorkommt. Beim Lesen hat mich die Formulierung sofort angefunkelt: ein auf den ersten Blick schöngeistiger Titel, der in Wahrheit aus einer Bedienungsanleitung für Fritteusen kommt, in der beschrieben wird, was mit den Pommesstreifen beim Eintauchen ins heiße Fett passiert.

Für mich steckt darin auch eine Grundidee des Buches: mit Geschmackshierarchien und Wertzuschreibungen zu spielen. Und wir haben uns, weil sich der Text eben nicht so einfach zuordnen lässt, ziemlich schnell entschieden, auf eine Gattungsbezeichnung zu verzichten.

AM: Die Tatsache, dass auf dem Umschlag nicht Pommes, sondern eine Fritteuse zu sehen ist, macht mit schöner Dezenz deutlich, dass hier nicht Klischees über Klassenzugehörigkeit im Fokus stehen, sondern tatsächlich die Arbeit, also der Hintergrund, die unerzählte Rückseite der sozialen Herkunft sowie ihre Folgewirkungen.

IM: Der Verlag hatte sich tatsächlich Pommes auf dem Cover gewünscht. Ich konnte mir das ehrlich gesagt weniger gut vorstellen, weil Essen auf einem Buchcover meist zwei Reaktionen auslöst: Anziehung oder Abscheu. Natürlich sind die Pommes wichtig. Sie ziehen sich als Leitmotiv durchs Buch und sind der Ausgangspunkt meines Textes. Noch zentraler ist jedoch der Arbeitsprozess und das

Arbeitsmilieu, genau, daher bin ich froh, dass am Ende das Gerät zur Herstellung auf dem Cover gelandet ist.

AM: Was mir von der Lektüre noch einschneidend in Erinnerung ist: das kleine Schild „Kein Ruhetag. Durchgehend geöffnet"; im Grunde steckt hierin schon das ganze Dilemma eines Arbeiter:innenlebens. Es erklärt einerseits die völlige Fokussierung auf die Gastwirtschaft, die Unterordnung aller sonstigen Bedürfnisse gegenüber den Erfordernissen des Betriebs, nicht zuletzt auch die schleichend einsetzende dysfunktionale Dynamik innerhalb der Familie. Oder geht meine Interpretation da bereits zu weit?

IM: Mir ist es wichtig, über Klassenverhältnisse zu schreiben, ohne in Fachtermini oder theoretische Abhandlungen zu verfallen. Auch wenn mein Blick theoretisch geschult sein mag, lassen sich soziale Welten, bin ich überzeugt, sehr gut nicht-theoretisch beschreiben. Solche Artefakte wie das Schild am Eingang sind dabei besonders spannend. Ich möchte über und für Menschen schreiben, die mit dem Terminus „Klassismus" vielleicht nichts anfangen können, jene unsichtbaren Grenzen, die mit sozialen Deklassierungen einhergehen, jedoch sehr gut kennen. Sie haben nur eine andere Sprache dafür. „Einmal Gastro, immer Gastro", ein Beispielsatz meiner Eltern, in dem sich solche gesellschaftliche Erfahrung verdichtet.

Meine Eltern haben ihr Leben lang in der Gastronomie gearbeitet, ohne diese Arbeit zu mögen oder dazu berufen zu sein. Sie haben ihr Leben also mit einer Tätigkeit verbracht, unter der sie gelitten haben. Diese Aufopferung, dieses Ausgeliefertsein, aber auch das Arbeitsethos – unter dem man als Kind tatsächlich oft zu leiden hat, weil immer die Gäste an erster Stelle kommen –, darüber staune ich bis heute.

Aber in diesem Staunen steckt bereits eine Distanz. Und diesen Abständen, zwischen Herkunft und Ankunft, zwischen meinen Eltern und mir, zwischen ihrer Arbeitswelt und meiner, wollte ich auf den Grund gehen. Sie ergeben sich, würde ich sagen, aus Ungleichheits-, Arbeits- und Machtverhältnissen, die sich belastend und zerreißend in die familiären Beziehungen einschreiben. Nicht die Familien sind dysfunktional, sondern die gesellschaftlichen Verhältnisse.

AM: Direkt zu Beginn heißt es im Band: „Im Gewirr der Zeichen und Erinnerungen leuchten wiederkehrend einzelne Dinge auf, Gegenstände und Szenen, die zusammengehören, die sich verknüpfen lassen, ohne in einer direkten Verbindung zu stehen." Damit ist das Kompositionsprinzip des Buchs sehr schön beschrieben: Es sind Notizen, viele verschiedene Textsplitter, die unverbunden beieinanderstehen und doch konkrete Beziehungen zu ihrer textuellen Nachbarschaft eingehen. Wie aber begann dieses Schreiben? Stach etwas aus dem Wust der Erinnerungen heraus? Oder gab es ein beiläufiges Notieren, das sich erst sehr viel später als ein größeres Projekt entpuppte? Und wie organisiert man die Montage: intuitive Versuchsanordnungen?

IM: Zentral war der Geruch von Pommes, der für mich so etwas wie den Beginn der Erforschung meiner eigenen Klassenzugehörigkeit markierte. Ein weiteres wichtiges Prinzip war von Anfang an: das Thema Klasse nicht (nur) in Büchern zu finden, sondern überall, auf der Straße, in der U-Bahn, bei der Arbeit, mit Freunden, in Produktwerbungen etc. Sobald man einen Fuß vor die Tür setzt, öffnet sich das Thema in verschiedenen Kapiteln: Arbeit, Wohnen, Freizeit, Lebensstil etc. Also habe ich begonnen, meine Umgebung und mich selbst in möglichst vielen Situationen zu beobachten und Dinge zu notieren. Daraus sind einzelne Episoden und Abschnitte entstanden, die ich zunächst einfach gesammelt habe.

Irgendwann habe ich bemerkt, dass in dieser losen, fragmentarischen Form eine große Stärke liegt. Ich wollte keinen Erzähler, der aus einer Rückblick-Perspektive alles glättet und eine lineare Aufstiegsgeschichte erzählt: „Da kam ich her, ich habe mich angestrengt, und jetzt bin ich hier." So einfach ist es nicht. Solchen biografischen Konstruktionen und Selbstverortungen begegne ich mit Skepsis. Es ist komplexer, vielstimmiger, diffuser.

Als Klassenübergänger trägt man verschiedene Stimmen, Ich-Anteile und Erfahrungswelten in sich, die sich oft unversöhnlich gegenüberstehen, keine abschließende Bewertung oder Linearität im Nacherzählen zulassen. Diese Vielschichtigkeit wollte ich durch die Form sichtbar machen: Abschnitte und Fragmente, die gleichwertig nebeneinanderstehen, ohne Hierarchie, und die sich nicht zu einer einzigen Perspektive oder Geschichte auflösen lassen.

Das Schreiben der einzelnen Episoden ging mir relativ leicht von der Hand; mehr Zeit hat die Collage und Montage gekostet (nicht nur innerhalb der Kapitel, sondern über das ganze Buch hinweg). Manchmal entstanden die schönsten Dinge aus reinem Zufall: Wenn Absätze, die zufällig nebeneinander standen, plötzlich in Resonanz traten und unvorhergesehene Verbindungen neue Perspektiven auf den einen oder anderen Aspekt eröffneten.

AM: Was ist dieser Band für dich, ein Essay, einfach nur ein Text, eine Sammlung von Beobachtungen, Notizen?

IM: Texten zu Klassenfragen ist häufig der Versuch gemeinsam, den persönlichen biografischen Hintergrund zu verarbeiten, das Leben als Material zu betrachten. Essayistische Verfahren reflektieren die eigene Sichtweise permanent, sie arbeiten mit Zweifel und Uneindeutigkeit, deshalb sind diese Verfahren dem Schreiben über Klasse, das versucht, die mit den Bewegungen des Klassenwechsels einhergehenden Unvereinbarkeiten zu ergründen, so nahe. Die Selbstverortung, die im eigenen Leben notwendig prekär bleiben muss, spiegelt sich so in der Form solcher Texte wider.

Verdunstung in der Randzone ist für mich ein autosoziobiografischer, essayistischer Text – und definitiv mehr als nur eine lose Sammlung von Zitaten und Splittern. Jeder Abschnitt hat seine Berechtigung und trägt zum Gesamtbild bei.

AM: „Ich durchforste Vergangenes, suche Erlebnisse noch einmal auf, taste sie ab, schnüffle daran herum." Das klingt beinahe schon nach einer Arbeit im Dreck, einem aufwendigen Wühlen; war es tatsächlich so unangenehm?

IM: Natürlich war es nicht immer leicht, sich an beschämende Erlebnisse zu erinnern und sie aufzuschreiben. Scham ist sehr intim, sehr persönlich, und ungeheuer langlebig, sie schreibt sich tief ins Gedächtnis und in den Körper ein. Sobald man eine solche Szene beschreibt, reaktiviert sie sich, und ja, das kann sich entblößend anfühlen. Mir ging es dabei jedoch nicht in erster Linie um das Sichtbarmachen von sozialen Grenzen. Die Scham, die mich in diesem Text interessiert, entsteht immer dann, wenn ein soziales Milieu auf ein anderes trifft.

So betrachtet hatte es auch etwas ungemein Befreiendes: persönliche Gefühle von Minderwertigkeit oder Unsicherheit als soziale Phänomene zu begreifen und zu verstehen, dass es vielen Menschen ganz ähnlich ergeht.

AM: Zu Beginn findet sich eine Szene, die mir schmerzhaft in Erinnerung blieb: Die Maßregelung im Jobcenter, weil man zehn Minuten zu spät erschienen ist. Schmerzhaft, da sie mit einer brutalen Logik daherkommt: „Wenn Sie nicht einmal pünktlich sein können, wie wollen Sie dann ein normales Leben führen?" Diese Normierung ist arg zweifelhaft, nichtsdestotrotz ist sie das gültige Muster in unserer Gesellschaft, und nirgends wird man darauf so hart gestoßen wie in der Arbeitswelt. Zugleich scheint, wenn mein Argwohn mich nicht täuscht, ein latenter Einschuss rassistischer Abwertung durch. Der Kunde wird schon aufgrund seines Namens abfällig behandelt.

IM: Wenn ein Manager eine halbe Stunde zu spät kommt, ist das ein Zeichen von Wichtigkeit – er hat eben viel zu tun. Kommt jedoch ein Arbeitssuchender zu spät, wird es sofort als moralisches Versagen gelesen. Diese Szene steht für mich exemplarisch für die Machtausübung, die in solchen Institutionen stattfindet, unterlegt mit dem immergleichen neoliberalen Narrativ: Wer arm ist, wer keine

Arbeit hat, ist selbst schuld. Der Diskurs um Arbeit wird in der Regel, zumindest im dominierenden Spektrum, so geführt, dass ökonomische und politische Missstände dem Einzelnen angelastet werden, anstatt die systemischen Bedingungen zu benennen.

Ich erinnere mich, dass ich in dieser Szene im Jobcenter gegen das Übergriffige protestierte, was die Sachbearbeiterin dazu ermunterte, den Hörer in die Hand zu nehmen und mir damit zu drohen, den Sicherheitsdienst zu rufen. Als ich daraufhin gehen wollte, rief sie mir hinterher, dass ich dann auch kein Geld bekommen würde. Also setzte ich mich und entschuldigte mich devot.

Diese Logik ist brutal, weil sie Menschen bewertet, maßregelt und selbst das Notwendigste, das man zum Leben braucht, infrage stellt. Und ja, ich glaube auch, dass in solchen Situationen oft mehrere Diskriminierungsformen ineinandergreifen. Ein Name kann unbewusst oder bewusst in die Beurteilung einfließen. Klassistische Abwertung und rassistische Zuschreibung sind häufig ineinander verschränkt.

AM: Was mir enorm gut gefällt: In dieser Ansammlung von Mitschriften, Episoden und Alltagserfahrungen wird auch kontinuierlich das eigene Schreiben, also das Projekt *Verdunstung in der Randzone*, befragt und reflektiert; in der Lektüre wird uns ein Blick in die Textwerkstatt ermöglicht. So ändert sich etwa der Name der stetig wachsenden Textdatei ständig: die Arbeit, die Eltern und Pommes sind natürlich dabei, aber auch Herkunft, Aufstieg, Entfremdung. Lässt sich daraus auf eine konstitutive Offenheit des Schreibprojekts schließen? Oder ist es, anders gefragt, ein Indiz, dass du dich im Feld des autosoziobiografischen Schreibens beweglich halten wolltest?

IM: Das Schreiben ist für mich ein von Klassenaspekten durchzogenes Feld: Wer wird Autor:in? Wer bekommt überhaupt die Möglichkeit, sich als Autor:in zu imaginieren, sich im Schreiben zu erproben? Für wen ist Literatur gedacht? Für mich, aufgewachsen in einem bildungsbürgerfernen Haushalt, war es lange völlig unvorstellbar zu schreiben, es kam in meinem Horizont schlicht nicht vor. Literatur gehörte für mich zur Hochkultur, und zu der hatte ich keinen Zugang.

Im Unterschied zur mythologischen Selbstverklärung vieler Schriftsteller:innen, die von sich behaupten, sie hätten „schon immer geschrieben", würde ich behaupten: „Ich habe schon immer nicht geschrieben". Vielleicht fühlt es sich deshalb bis heute manchmal seltsam an, mich selbst einen Schriftsteller zu nennen.

Ein Klassenwechsel ist mit inneren Widersprüchen verbunden. Zu dieser inneren Komplexlage gehört auch, die Selbstverständlichkeit des Schreibens nicht in sich zu spüren, immer gegen Widerstände und habituelle Selbstbegrenzungen anzuschreiben, sich stets dahin schreiben zu müssen, wo andere längst sind. Genau diesen Teil meiner Auseinandersetzung wollte ich, ohne mich eindeutig in einen bestimmten Diskurs einordnen zu wollen, ins Buch einfließen lassen. Und es hat mir auch einfach Spaß gemacht, neue Ebenen einzuziehen, etwa Reaktionen auf meinen Text bei Lesungen als neues Fragment in genau diesen Text aufzunehmen.

AM: Du hast Soziologie studiert, und zumindest bei einigen belletristischen Veröffentlichungen aus dem Bereich der Herkunfts- und Klassenerzählung lässt sich eine gewisse Affinität zu soziologischen Begriffen, Fragestellungen nachweisen. Dem scheinst du dich aber bewusst entziehen wollen. Salopp formuliert: Statt noch ein Zitat von bell hooks oder Pierre Bourdieu zu bringen, verlässt du dich lieber auf konkrete Details: „Die genoppten Fliesen auf dem Boden, auf die sich im Laufe des Tages ein Film aus Fett legte, sodass man beim Umrunden der Kochinsel ins Rutschen geriet." Fiel es dir schwer, diese Fokussierung durchzuhalten? Anders gefragt: Gibt es im Hinterzimmer des publizierten Textes einen großen Fundus mit eben diesen Zitaten? Ich würde es fast vermuten.

IM: Schön, dass du das so beobachtest. Bei einer Lesung meinte einmal jemand zu mir, ich würde zu viele Klassiker zitieren und warum ich nicht ganz auf den bildungsbürgerlichen Duktus des Zitierens verzichten würde. Dabei tue ich das, glaube ich, gar nicht in dem klassischen Sinne. Ich verwende wissenschaftliche Zitate nicht als Untermauerung einer Argumentation, eher hinterfrage ich in solchen Momenten ihre Funktion, wenn es zum Beispiel darum geht, wie soziologische Beschreibungen auch den Gegenstand erst konstituieren, den sie zu beobachten vorgeben, zum Beispiel ein bestimmtes Milieu.

Ein auf die Phänomene und ihre nüchterne Beschreibung fokussierter Zugang war mir sehr wichtig. Allerdings lässt sich meine soziologische Prägung – die das Soziale in bestimmten Modellen und Begriffen denkt (die aber bisher noch keinen Zettelkasten à la Luhmann angelegt hat) – natürlich nicht völlig ausblenden.

Eine allzu einfache Sprache, die bewusst mit Umgangssprache oder Slang arbeitet, wäre mir wiederum heuchlerisch vorgekommen. Ich habe nun mal einen akademischen Weg eingeschlagen, das lässt sich nicht abziehen von der Art, wie ich die Dinge sehe und beschreibe.

AM: Als Chef der Küche steht – gängige Logik – der Vater als Gastwirt im Zentrum, der seinem Beruf mit ebenso viel Fleiß wie Stolz nachgeht. Umso mehr gefielen mir die kurzen, aber sehr präzisen Porträts der Mutter, die im Laufe des Buchs in den Hintergrund gerät: „Drei oder vier Teller an einer Hand, ein Fächer aus Porzellan. Immer ein Lächeln auf den Lippen, das ihr hinter der Schwingtür zur Küche sofort aus dem Gesicht fiel." Die körperlichen Strapazen, aber auch die große Könnerschaft kommen da zur Geltung, während die meist unterschlagene Zurichtung, die die emotionale Arbeit im Service bedeutet, im Nachsatz enthüllt wird: mit einem klaren Blick auf die Gesichtszüge. Ebenso eindrücklich die Schilderung der Mutter bei den Abrechnungen, „mit verkniffenem Gesicht und Lesebrille" in einem fensterlosen Raum. Eine zweite Form unsichtbarer Arbeit, die hier, für mich wenig überraschend, eine weibliche Arbeit ist.

IM: Der Zugang zur Arbeitswelt meiner Eltern, die nicht nur sie, sondern auch mein Leben stark geprägt hat, ergab sich für mich nicht über die Bewertung dieser Welt, sondern über Erinnerungsmomente, die wie visuelle Blitze in mir auftauchten und die auf tägliche Handlungen, Körper, Gesten, Hände und Blicke gerichtet waren.

Das Besondere an der Gastronomie, wie an anderen Familienbetrieben auch, ist die Verschmelzung von Lebens- und Arbeitswelt: Als Kind wächst man *mit* und *in* der Arbeit der Eltern auf. Eine Trennung von Arbeitszeit und Freizeit existiert kaum. Im Unterschied zu Arbeiter:innenfamilien, bei denen die Belastungen durch Abwesenheit der Eltern gekennzeichnet sind, waren meine Eltern zwar physisch anwesend, jedoch unzugänglich, nicht ansprechbar, im Arbeitsmodus. So befand ich mich oft in einer reinen Beobachterposition, aus der sich eben diese Bilder und Eindrücke ergeben. In meinem Schreiben habe ich versucht, diesen Fundus aufzurufen und sowohl die sichtbaren als auch die unsichtbaren Formen der Arbeit, die sich darin eingeschrieben haben, nachzuzeichnen.

Die klassische geschlechtsspezifische Rollenverteilung war bei uns, kann ich im Rückblick feststellen, kaum ausgeprägt: Meine Mutter verantwortete das Geschäftliche, mein Vater reinigte die Küche, ich als Sohn kümmerte mich um den Haushalt in unserer Wohnung (wusch zum Beispiel zu Hause die Wäsche), und am Nachmittag übernahm eher mein Vater die Carearbeit mit uns Kindern, weil er zwei Stunden frei hatte.

AM: Die Annäherung an die eigene Herkunft geht nicht nur mit ambivalenten Gefühlen einher, vermutlich hier und da auch mit einem Zweifel gegenüber dem Erinnerungsvermögen, nein, die schriftliche Beschäftigung mit der eigenen Familie führt interessanterweise auch zu einer neuen Entfernung: „Mit jedem Text, der sich meinen Eltern nähert, den ich über sie schreibe, wird der Abstand zwischen ihnen und mir größer." Kannst du diese Dynamik ein wenig erläutern? Und gibt es, nach Abschluss des Projekts, wieder eine Annäherung?

IM: Mit diesem Satz wollte ich auf eine einfache Paradoxie aufmerksam machen: Der Text ist ein Versuch, mich meiner Familie und ihrer Geschichte anzunähern, und zugleich verfestigt er die Unterschiede, weil das Buch eben auch davon erzählt, wie verschieden wir sind und dass sich manche Gegensätze, wenn sie so tief ins eigene Denken und Erleben vorgedrungen sind, nicht einfach aufheben lassen.

Die Publikation bei Suhrkamp, einem sehr bildungsbürgerlichen Verlag, ist in gewisser Weise die extreme Zuspitzung dieser Entfernung zu meiner Herkunft. Ich hadere selbst damit, bei diesem Verlag zu erscheinen, und fühle mich manchmal – ganz dem Hochstapler-Syndrom verpflichtet – wie ein Eindringling in diese Welt.

Eine Rückkehr an den Stammtisch meiner Herkunftswelt ist jedoch ebenso unmöglich, und so befindet man sich eben „zwischen den Klassen", wie es oft genannt wird. Gleichzeitig hat sich mein Blick auf meine Herkunft verändert: Ich habe manche Geschmacksurteile, die ich im Laufe meines Klassenübergangs verinnerlicht hatte, die mit (Selbst-)Abwertungen verknüpft waren, hinterfragt und schaue heute wohlwollender und wertschätzender auf meine Familie und die Welt der Gastronomie. Man neigt ja dazu, bei zwischenmenschlichen Entfremdungen die Personen und ihre Charaktere anzuklagen (auch den eigenen), dabei lässt sich vieles mit sozialen Parametern und gesellschaftlichen Kräften erklären. Der Text hat uns, glaube ich, zu beidem verholfen: zu mehr Nähe und zu der Einsicht, dass wir ganz anders sind – und zu dem Bewusstsein, dass diese Andersartigkeit eben auch akzeptabel ist.

AM: Der Schreck beim Anblick des Schilds „Kein Ruhetag" scheint sich nicht nur mir eingeschrieben zu haben. Denn du, so erfahren wir im Band, gönnst dir durchaus Ruhetage, wenn auch nicht im üblichen Takt der meisten Lohnabhängigen. Und dies wiederum, die Abkehr vom Hackeln, wie die Österreicher sagen, kann der Vater mit aufrichtiger Freude als Wissenstransfer verbuchen: „Schön, dass du etwas von mir gelernt hast." Ist diese Abkehr von Arbeit und Geld als zentralen Säulen zugleich ein Indiz für den Klassenwechsel?

IM: Vielleicht ist es tatsächlich ein Indiz, ja. Ein Klassenwechsel zeigt sich ja nicht nur in Bildungsabschlüssen oder im Einkommen, sondern auch darin, wie sich die eigene Arbeit gestaltet, welchen Stellenwert sie hat, wie Identität und Arbeit in der eigenen Biografie zusammenhängen und wie sich dieses Verhältnis im Laufe des Lebens verändert. Für mich war relativ schnell klar, dass ich diese Form körperlicher Arbeit, die meine Eltern kaputt gemacht hat, nicht haben will, weshalb ich einen anderen Weg eingeschlagen habe (wobei dieses kausale „weshalb" keineswegs als intendiert zu verstehen ist). Welche Kräfte – in beide Richtungen: von dort weg & woanders hin – am Werk sind, lässt sich nicht so leicht sagen.

Jetzt sieht meine Arbeit anders aus, vor allem zeitlich habe ich sie (meistens) mehr unter meiner Kontrolle. Das ist natürlich ein ungeheures Privileg, kennzeichnet meinen Klassenwechsel und unterscheidet mich von meinen Eltern: die eigene Arbeit nicht als fremdbestimmt zu erleben.

AM: *Verdunstung in der Randzone* ist nicht nur eine Annäherung hinsichtlich der eigenen Herkunft, der Frage nach sozialer Scham, Stigmatisierung und Selbstbehauptung, sondern auch eine Befragung der eigenen sozialen Gegenwart, die sich nicht zuletzt aus diesen Linien ergibt. Hier scheint eine gewisse Ortslosigkeit konstitutiv zu sein: In der Kunstgalerie fühlt der Erzähler sich ebenso unwohl wie beim Stammtisch. Volkan Ağar charakterisiert dieses Phänomen in seiner *taz*-Kolumne „Postprolet" folgendermaßen: „Ich bin immer noch nicht Mittelschicht, aber Mittelschicht sind nicht mehr nur die anderen." In deinem Buch taucht Mittelschicht als Begriff, bezogen auf die eigene Person, nicht auf, und dies scheint mir symptomatisch zu sein (zumal im Literaturbetrieb das Etikett ‚Suhrkamp-Autor' keineswegs mehr eine ökonomische Solidität verspricht).

IM: Mit dem Begriff der Mittelschicht geht ein Mythos einher: Er gilt als Synonym für wirtschaftliche Stabilität, Aufstiegschancen und ein abgesichertes Leben ohne Existenzängste. Viele Menschen rechnen sich selbst zur Mittelschicht, entgegen ihrer eigenen finanziellen und sozialen Lage, was unter anderem dazu führt, dass sie mitunter gegen ihre eigenen Interessen wählen. Tatsächlich sind ja große Teile unserer Gesellschaft von Abstiegsängsten, Prekarisierungstendenzen und Unsicherheiten bedroht. Die extremen Unterschiede in Einkommen und Vermögen, die sich in der Klassentheorie (immer noch) aus dem Grundwiderspruch von Haben und Nicht-Haben (also Arbeiten müssen) erklären und modellieren lassen, werden durch den Begriff der Mittelschicht verdeckt. Deswegen verwende ich den Begriff der Mittelschicht nicht.

AM: Ein Satz war für die Essays zentral, er stammt aus der Kindheit: „Es riecht nach Pommes, Ilija kommt!" Und tatsächlich ist dein Buch auch immer wieder eine Beschäftigung mit Gerüchen, inwieweit sie soziale Unterschiede markieren. Du schreibst: „Seit dem Beginn meiner Geruchsuntersuchung haben die Dinge in meinem Umfeld die Angewohnheit, zu Quellen der Scham zu werden." Daran finde ich gleich mehrere Dinge interessant: Wie ernst soll ich als Leser den Begriff der Untersuchung nehmen? Es gibt ein Quellenverzeichnis, es gibt eine ordentliche Recherche und Zitation, die Broschüre „Optimal Frittieren" der Deutschen

Gesellschaft für Fettwissenschaft etwa wird immer wieder begeistert-neugierig herangezogen. Und doch scheint, meine ich, auch ein ganz leichter Spott gegenüber den Regularien einer seriösen Untersuchung durchzuschimmern. Aber vielleicht täusche ich mich. Die zweite Frage zum zitieren Satz bezieht sich auf den Konnex von Geruch und Scham, der evident ist, doch scheinen mir weitere Marker, wie etwa die Frisur, der Zustand der Zähne, die rhetorische Fähigkeit, das Selbstvertrauen des Körpers im Raum usw., ebenso entscheidend zu sein.

IM: Einerseits geht es ganz konkret um den Geruch als sozialen Marker, als Hinweis darauf, woher man kommt. Es gibt Gerüche, die auf gehobene Milieus verweisen, in denen man sich teure Parfüms, frische Blumen, Holzböden und Naturmaterialien in großen, hellen Wohnungen leisten kann. Und es gibt Arbeitsgerüche – aus Industrie, Landwirtschaft oder Gastronomie –, die hängen bleiben und bei anderen Abneigung hervorrufen (können). Mich interessiert diese Funktion des Geruchs nicht an sich, sondern in ihrer wertbehafteten Aufladung: als soziales Unterscheidungsmerkmal.

Andererseits geht es um den Geruch im übertragenen Sinne: als etwas, das man nicht loswird, das an einem haften bleibt, zumindest im Selbstbild. Der Geruch mit seiner ungreifbaren, unsichtbaren und dennoch ungeheuer starken Wirkung ist für mich ein passendes Bild für einen Klassenübergänger, der mit seinem eigenen Werdegang hadert und immer fürchten muss, enttarnt zu werden und zurückzufallen ins alte Milieu.

Andere Marker sind natürlich auch denk- und verhandelbar und kommen in dem Text auch vor, aber für mich war die olfaktorische Betrachtung des Klassenthemas sofort einleuchtend, spannend und vor allem selten erzählt. Ob ich an manchen Stellen eine wissenschaftliche Methode nur imitiere, also etwa den ersten Treffer einer Google-Suche als „Recherche" bezeichne oder von einer „Untersuchung" spreche, ohne im strengen Sinn alles geprüft und erkundet zu haben – das kann ich hier natürlich nicht zugeben.

AM: Es gibt eine Passage, über die ich länger nachdenken musste, sie sei hier zum besseren Verständnis komplett zitiert: „Im McDonald's setze ich mich ans Fenster und sehe einem Jungen dabei zu, wie er Pommes isst. Neben ihm sitzt sein Vater, mit Baseball-Cap, den Blick in sein Smartphone vertieft, und spielt Candy Crush. Kurz habe ich den Impuls, meine Fett-Untersuchung abzubrechen, weil diese Szene schon alles enthält, worüber ich schreiben will." Dass ich nicht gleich verstand, worauf du an dieser Stelle hinauswillst, erzählt vor allem sehr viel über meine Sozialisation. Dass Pommes, wenn ich es richtig sehe, gleichwohl in den ‚etablierten Milieus' weiterhin einen eher zweifelhaften Ruf genießen, ist etwas, das dir vermutlich bei der einen oder anderen Lesung als Vorbehalt bzw. Vorurteil begegnet sein dürfte. Reagiert der Autor Matusko dann nach situativer Gestimmtheit und Tagesform? Oder bemühst du dich tatsächlich, der bürgerlichen Klasse zu erklären, weshalb (und was genau) in dieser Szene bereits alles enthalten ist?

IM: Schön, dass du diese Szene erwähnst, denn sie ist für mich tatsächlich eine der Schlüsselszenen. Wenn ich sie vorlese, bekomme ich sehr unterschiedliche Reaktionen: Manche finden sie traurig, sehen in dem Vater mit gesenktem Blick aufs Handy einen isolierten, abwesenden Elternteil und im Besuch bei McDonald's etwas Tristes, Trashiges, ja Schmutziges. Andere – mich eingeschlossen – sehen einen Moment der Ruhe und Verbundenheit, der ohne Worte auskommt, nach einem harten Arbeitstag vielleicht, und eine kindliche Faszination für diesen Ort, die viele von uns kennen. Ich bewerte die Szene im Text nicht, beschreibe nur, aber sie wird völlig unterschiedlich gelesen. Es hängt an den Zuschreibungen, die jeder Einzelne mitbringt.

Und genau darum geht es mir: Leser:innen auf die Spur ihrer eigenen Bewertungen zu führen, sie im Laufe des Textes damit zu konfrontieren und anzuregen, manche ihrer Urteile darüber, was vermeintlich hoch- oder minderwertig, kitschig oder trashig ist, zu hinterfragen. In diesem Sinn nimmt diese Szene das ganze Unternehmen des Buches vorweg.

Pommes sind übrigens in jeder Klasse essbar. In einem gehobenen Restaurant habe ich einmal Pommes gegessen, und die Klassenreise hat ihnen nicht gutgetan: vier längliche Streifen, zu einer Raute geschichtet, innen mehlig, außen weich, in Öl getaucht. Das Gegenteil einer Pommes.

Und zum Aspekt der Erklärungen: Ich habe die Erfahrung gemacht, dass vor allem jene etwas mit meinem Text anfangen können, die einen ähnlichen Background haben. Bürgerlich sozialisierte Menschen reagieren oft mit Unverständnis („Ich verstehe diese Scham und Unsicherheit nicht") oder mit Abwehr („Du hattest doch im deutschen System alle Möglichkeiten!", „Das ist Jammern auf hohem Niveau") – nur selten hinterfragen sie sich selbst und ihre eigenen Privilegien.

AM: Dein Buch denkt eine weitere Komplikation im Schreiben sofort mit, ein Problem, das wohl nahezu alle Titel, die sich mit sozialer Herkunft auseinandersetzen, betrifft: Die völlige Ineinssetzung der geschilderten Szenen und Figuren mit der Person des Schreibenden, der jeweiligen Biografie. Du aber insistierst mit freundlichem Nachdruck darauf, dass hier nicht primär ein Porträt der Familie Matusko, sondern ein Panorama der gesellschaftlichen Zustände gezeichnet wird. Zugleich ist dir natürlich klar, dass nur das lebensweltlich Verbürgte gewünscht ist und entsprechende Episoden besonders gut erinnerlich und reproduzierbar sind. Die sozialen Verhältnisse sind gleichwohl inkludiert, allerdings nachrangig. Ist dies ein Preis, den du zu entrichten bereit bist?

IM: Ich muss dazu wieder eine kleine Anekdote erzählen: Bei einer Lesung in München achtete die moderierende Person peinlich genau darauf, Erzähler und Autor zu trennen, sprach immer von der Figur „Ilija Matusko", bis ich selbst irgendwann in der dritten Person von mir faselte. In dem Moment sagte ich dann: „Okay, genug, Spoiler: Autor und Erzähler sind dieselbe Person." Genau in diesem Augenblick, kein Witz, fiel hinten im Laden ein Buch aus dem Regal. Ich bat, mir den Titel zu nennen: *Das Geständnis*. Seitdem habe ich eine kleine Schnur und ein präpariertes Buch dabei, um diesen Moment bei Gelegenheit zu reinszenieren.

Aber Scherz beiseite: Das eine geht nicht ohne das andere, glaube ich. Es geht mir nicht darum, meine eigene Geschichte als etwas Besonderes zu inszenieren, sondern um das Gegenteil: Um die Alltäglichkeit und Banalität solcher tausendfach gemachten Erfahrungen. Nur über diese Ebene, eine soziale Welt in ihren Kräftefeldern und Bedingungen beschreiben zu wollen, kann ich mir erlauben, so nah an mir selbst zu schreiben.

Interessanterweise erzählen mir Menschen sehr oft, sie hätten beim Lesen über sich selbst und ihre eigenen Klassenerfahrungen nachgedacht. Obwohl das Persönliche im Buch also so präsent ist, vielleicht überpräsent, scheint es bei vielen etwas in ihnen selbst anzustoßen, auszulösen.

AM: Die Überwindung im Schreiben hängt nicht zuletzt mit den Biografien aus dem eigenen Umfeld, den Familienmitgliedern etwa, zusammen, die sich gegen die im Text vorgenommene Perspektive und Schilderung zunächst mal nicht wehren können. Ist dein Buch in diesem Sinne eine gemeinschaftliche Produktion, da du möglichst vielen Personen die sie betreffende Passagen vorab zur Abnahme, zur Ergänzung und Erwiderung vorgelegt hast? Machten ihre Einwände oder Ermutigungen den Text erst vollständig?

IM: Ihre Einwände, Ermutigungen und Hinweise waren wichtig, da sie als wiedererkennbare Figuren im Text vorkommen. Deshalb war es mir ein großes Anliegen, dass sie den Text vor der Publikation gelesen und durchgesehen haben. Ich wollte natürlich nichts zur Veröffentlichung freigeben, mit dem sie sich unwohl fühlten. Die Kommentare meines Vaters und meiner Schwester habe ich teilweise direkt ins Buch aufgenommen und in Wechselwirkung mit meiner Perspektive treten lassen. So entstand eine zusätzliche Ebene, die den Figuren eine aktivere Rolle gibt. Ihre in den Text aufgenommenen und meine Sichtweise ergänzenden und ihr zum Teil auch widersprechenden Erwiderungen sind damit ein wesentlicher Bestandteil des Buches geworden.

AM: Zugleich erwähnst du „eine gewisse Form von Abscheu", die persönliche Geschichte, und damit auch die Geschichte der Familie, „in literarisches Material zu verwandeln" – bezieht sich dieses Unbehagen auf den Fakt der Verwertung zwecks späterer Veröffentlichung? Die durchaus drastische Formulierung „faulige Unterseite dieses Textes" lässt darauf schließen. Hat sich dieser Eindruck des Unstatthaften durch die wiederholte Überarbeitung der Notizen verdünnt?

IM: Ja, die anfänglichen Bedenken, die mich beim Schreiben begleiteten, es bisweilen sabotierten und mich immer wieder an der Zusammenstellung des Textes wie auch an meiner Berechtigung zweifeln ließen, all dies überhaupt publik zu machen, haben sich mit der Zeit deutlich abgeschwächt. Vielleicht auch durch die Erfahrung, dass die Veröffentlichung für meine Familie keinerlei spürbar negative Konsequenzen hatte, sondern im Gegenteil zu vielen schönen Momenten führte.

AM: Man soll die Arbeit so gut wie möglich machen, lautet das Credo der Eltern; so lautet es, ließe sich ergänzen, vor allem für den Vater, den Migranten, der in der deutschen Leistungsgesellschaft immer noch eine Extrarunde laufen muss. Welche Aspekte dieser Arbeitsmoral sind für dich, den Schriftsteller, relevant?

IM: Es verdichtet sich, kurz gesagt, eigentlich zu einer Maxime: Ich möchte einen Text immer rechtzeitig, gut gearbeitet, also frei von vermeidbaren Fehlern, Redundanzen oder logischen Widersprüchen, abgeben.

AM: Du vergleichst die regelmäßige Auseinandersetzung mit deiner Sammlung an Notizen an einer Stelle mit dem Betreten eines Zimmers, das man unaufgeräumt hinterließ. Das klingt bedrückend. Was sind dann die erhellenden Momente? Das Wissen um eine besonders geglückte Formulierung? Das Gefühl, endlich eine gelungene Anordnung gefunden zu haben? Oder aber die definitive Entscheidung, dieses und dieses Fragment werden nicht verwendet?

IM: Das habe ich im Buch vielleicht etwas unterschlagen – die freudigen, euphorischen und ermächtigenden Momente. Die gab es, sie tauchen im Text zwar auf, aber in Bezug auf den Schreibprozess selbst vielleicht zu wenig. Denn anders als das Klischee vom leidenden, einsamen Schriftsteller in seiner Schreibstube hat mir das Schreiben tatsächlich große Freude bereitet. Es war schön, so viele Dinge miteinander in Beziehung setzen und aufeinander wirken lassen zu können –

zwischen Erinnerung, Beobachtung und Reflexion mir selbst und meiner Familie noch einmal neu zu begegnen.

AM: Dein Band bietet auch Einblicke in den Kulturbetrieb, etwa wenn der Professor dich mit dem durchaus zweifelhaften Lob versieht, noch kein Stipendiat vor dir hätte die Wohnung so sauber hinterlassen. Unschlüssig bin ich freilich in der Frage – und dein Text liefert darauf bewusst keine Antwort –, ob darin auch Abwertung steckt. Es erzählt, meine ich, vor allem viel über die sonstige soziale Zusammensetzung des Literaturbetriebs und dekuvriert einige unangenehme, eingeschliffene habituelle Gewohnheiten.

IM: Der Kulturbetrieb operiert mit Regeln der Anerkennung und der Nichtanerkennung. Sie ermöglichen Auszeichnung, Auswahl und Wertschätzung, aber ebenso den Ausschluss. Diese funktionieren nicht ausschließlich nach rein qualitativen Kriterien, also nicht nur über die künstlerische oder ästhetische Auseinandersetzung mit Werken und ihrer Bedeutung, sondern über institutionell und sozial eingebettete Praktiken. Diese Strukturbedingungen sind auch in solchen Szenen am Werk, wo die Frage, was „gute" Kunst ausmacht, wie sie sich erkennen lässt, wem wann und auf welche Weise darüber zu sprechen erlaubt ist und wann man eben über Banalitäten sprechen kann, durch habituelle und bildungscodierte Faktoren bestimmt wird. In der beschriebenen Situation lag die Diskursmacht allein beim Professor, der die Bedingungen des Gesprächs diktieren konnte (ohne sich dessen bewusst zu sein), auch weil jemand wie ich ihm diese Instanz beinahe unbemerkt zugesteht (und sie damit erst zu einem Machtverhältnis werden lässt), aus der Befürchtung heraus, selbst nichts Spannendes zum kultivierten Gespräch beitragen zu können.

AM: Bei der eigenen Lesung in der Kunstakademie sich eher wie ein Gast reinschleichen, zunächst nur Beobachter sein, so beschreibst du es an einer Stelle. Es ist das fast schon klassisch zu nennende Unwohlsein des ‚Bildungsaufsteigers'. Irgendwie scheint auch Scham hineinzuspielen, wenngleich der Begriff inzwischen ubiquitär verwendet wird. Vielleicht kannst du die Klaviatur der Gefühle einmal aufzeigen, an diesem oder weiteren Beispielen. In deinem Buch findet sich dazu auch Folgendes: „Etwas in mir will mit ihnen, diesen Klugscheißern und Schlaumeiern und Besserwissern (von denen ich ja selbst einer geworden bin), nichts zu tun haben. Immer auch von dort weg, wo ich jetzt bin." Da sind also diverse Zieh- und Fliehkräfte am Werk.

IM: Mir geht es ganz allgemein um die Frage, wie Menschen einen Klassenübergang erleben, welche Gewinne und Verluste mit einem Klassenwechsel einhergehen, mit welchen Widersprüchen und ambivalenten Gefühlswelten sie konfrontiert sind. Wer einen Milieuwechsel oder Klassenübergang hinter sich hat, ist dem Herkunftsmilieu entwachsen, sodass eine Rückkehr unmöglich bzw. nur mit einem Gefühl der Entfremdung möglich ist, und fühlt sich aber auch in der neuen Welt, den Codes, Grammatiken und Verhaltensweisen des Ankunftsmilieus, nicht wirklich zu Hause. Man lebt in einem Dazwischen, mit einem gespaltenen Habitus, einer inneren Spaltung und Zerrissenheit, in zwei Welten, in keiner richtig. Das Sich-Behaupten in einem fremden Milieu, dem man sich anzupassen versucht, dem man aber doch immer fremd bleibt. Diese Furcht vor der Enttarnung ist kein permanenter Zustand, sondern fächert sich situativ recht unterschiedlich auf. Ich kann also auch mal Freude und Entspannung im Theater erleben statt Fluchtreflexe. Aber oft sind eben auch andere Gefühle präsent: Scham, Angst vor Scham, Wut, Gereiztheit, Entfremdung, ein Gefühl der Unterlegenheit oder des Nicht-Genügens, manchmal aber auch Überheblichkeit und Distanzierung als Abwehrreaktion. Eine ganze Palette an negativen emotionalen Beständen im eigenen Selbst, die zu unterschiedlichen Zeiten aktiviert werden können. Hinzu kommt auf der anderen Seite Stolz auf die eigene Herkunft, der manchmal in Koketterie abzudriften droht.

AM: Einen zentralen Konflikt – oder, milder formuliert, eine immer wieder neu zu klärende Frage – stellst du im Band ganz explizit aus: Für wen das alles eigentlich. „Für ein bildungsbürgerliches Publikum, das Geschichten von ‚da unten' lesen will? Um in Gesprächen zu beweisen, auch diese Form der Ungleichheit (wie andere auch) zu kennen und rhetorisch zu beherrschen? Oder schreibe ich den Text für mich, als Beweis, selbst nicht mehr ‚unten' zu sein?" Du setzt die Positionsbestimmungen bewusst in Anführungen, gleichwohl gelingt kein richtiger Bruch mit dieser dominanten Hierarchie. Sind die Fragen denn inzwischen geklärt? Ändern sich die Antworten vielleicht auch von Zeit und Zeit, treten in anderen Mischverhältnissen auf?

IM: ‚Oben' und ‚unten' geraten in Bewegung, Hierarchien werden im besten Fall obsolet, Zuschreibungen neu kontextualisiert, das ist zumindest ein Anliegen des Textes. Gleichzeitig fällt man immer wieder in diese Kategorien zurück, selbst und gerade dann, wenn man sie zu analysieren versucht. Dieser semantisch-performative Widerspruch lässt sich nicht auflösen. Bezogen auf die eigene soziale Position bleibt es ein permanenter Aushandlungsprozess, der sich mitunter anstrengend anfühlen kann, zugleich aber die Flexibilität eröffnet, sich in verschiedenen Räumen zu bewegen und vorzutasten.

Das ist ja, um auch mal etwas Positives über den gespaltenen Habitus sagen zu können, ein großer Vorteil: Man kann von Klassenübergängern behaupten, dass sie gut darin sind, sich in verschiedenen Welten einzurichten, sich anzupassen, neu einzuleben und sich in verschiedenen Sprachen des Alltags zurechtzufinden.

Auch sind ‚oben' und ‚unten' sind keine festen, klar umrissenen Kategorien oder sozialstrukturell starren Größen. Häufig höre ich den Einwand: Klassen, so etwas gibt es doch gar nicht mehr. Doch Klassentheorien gehen nie von stabilen, homogenen, empirisch einheitlichen Gruppen aus (das haben sie übrigens auch früher nicht). Sie beschreiben vielmehr soziale, historisch fluide Topografien der Ungleichheit (ungleiche Verteilungen von Reichtum, Bildung, Macht und Ressourcen etc.), die sich eben strukturell deuten lassen. Die Frage nach der eigenen Klassenposition stellt sich immer wieder neu.

AM: Die jüngsten Zahlen der Künstlersozialkasse zum durchschnittlichen Jahreseinkommen sind ernüchternd: Wie sich vor dem Hintergrund weiterer Sparmaßnahmen ökonomisch eine schriftstellerische Existenz bewerkstelligen lassen soll, wird immer fragwürdiger. Für dich ist dieser Spagat ebenfalls Thema: „Habe ich mich daran gewöhnt, immer wenig Geld zu haben, oder ist die Bescheidenheit nur eine Form von Selbsttäuschung? Oder ist sie ein angelernter Gestus, Teil einer ‚künstlerischen Identität', der es nicht so sehr ums Geld geht?" Vorauseilende Anpassung oder strategische Selbsttäuschung, beides wiegt nicht gering. Fakt scheint jedenfalls zu sein, dass die Partizipation am kulturellen Kapital Nachteile vermeintlich bereitwillig mitschleifen lässt.

IM: Viele der Fragen, die ich im Text zu meinen eigenen Überzeugungen, Anpassungsleistungen, Gedanken und Positionsbestimmungen stelle, kann ich nicht beantworten – ich kann sie nur aufwerfen. Als Klassenübergänger hat man oft widersprüchliche Perspektiven auf sich selbst und unterschiedliche Antwortvorräte für dieselbe Situation und dieselbe Frage. Diese Antwortoptionen unterscheiden sich nicht nur, sie stehen mitunter sogar in einem antagonistischen Verhältnis zueinander, sie schließen sich aus und bekämpfen sich. Aus diesem Vexierspiel aus gegenseitiger (innerer) Abwertung gibt es kein Entrinnen, zu festem Boden gelangt man dadurch nicht wirklich.

Sicher habe ich mich in gewisser Weise an ein Leben mit wenig Geld gewöhnt – teils aus Notwendigkeit, teils aus dem Bedürfnis, mir diese Realität dann als bewusste Entscheidung erzählen zu können. Dass daraus so etwas wie ein ‚Gestus' entstehen kann, ist mir bewusst: eine künstlerische Identität, die finanzielle Knappheit fast als Auszeichnung begreift. Gleichzeitig weiß ich, dass das eine Form der Selbsttäuschung sein kann, die hilft, die eigenen ökonomischen Grenzen zu akzeptieren.

AM: In diesem Kontext ist deine Mehrfelderwirtschaft zu erwähnen: Zweieinhalb Tage in der Woche sitzt du bei der *taz* und betreust deren solidarisches Bezahlmodell. Diese Tage am Bildschirm sind deine ‚Arbeit' – beantwortest du so die Frage nach deinem Beruf? –, und sie ermöglichen dir deine eigentliche Arbeit, das Schreiben, was zunächst meist ohne Finanzierung auskommen muss. Doch du witterst, völlig zu Recht, eine Herleitung dieses Konstrukts aus sozialen Verhältnissen, die stets auf Sicherheit aus sind, sich im unbekannten Terrain nicht unnötig in Schwierigkeit bringen wollen, im vorliegenden Fall: auf keinen Fall vom Schreiben allein zu leben. Denn es fehlt das elterliche Backup, eine Rückversicherung im bürgerlichen Milieu, das Fehlversuche ökonomisch überhaupt erst ermöglicht.

IM: Wenn mich jemand fragt, was ich mache, also was ich arbeite, sage ich selten: „Ich schreibe." Meine Antworten wechseln sich ab, je nachdem, mit wem ich spreche. Ich teste, probiere aus, antizipiere die Reaktionen. Je weiter die Welt der Literatur und des Gebildetseins entfernt scheint, umso eher gebe ich ein Schreibe-Bekenntnis ab. „Ich versuche zu schreiben." Zum Spaß, wenn ich gerade wieder die Grammatik verhauen habe oder mir kein besseres Wort als „tun" oder „schön" einfallen will: Ich, der Schriftsteller. So jemand wie ich ist kein Autor, denke ich manchmal noch immer. Mein erstes Buch habe ich mit achtzehn gelesen, meinen ersten Prosatext mit dreißig geschrieben. Für viele Jahre war es wie erwähnt nicht nur abwegig, sondern vollkommen unvorstellbar, Autor zu werden. Das Schreiben kam in meiner Welt einfach nicht vor. Bis heute gibt es in mir ein großes Potenzial zum Nicht-Schreiben.

Durch meine Arbeit im Verlag einer Zeitung kann ich dem Druck des Marktes und dem Geldverdienen auf dem Gebiet der Literatur aus dem Weg gehen. Entzieht mir dieses zweite Standbein den Status eines Schreibenden? Legitimiert nur ökonomisches Kapital meine kulturelle Stellung? Oder ermöglicht mir die Arbeit für die Zeitung überhaupt erst den Freiraum zum Schreiben? Das kann ich nicht wirklich abschließend beantworten. Ich versuche in jedem Fall, dieses überhöhte Bild von Schriftsteller:innen aufzubrechen: Man kann auch Autor:in sein, wenn man nicht täglich fünf Seiten schreibt, kein Notizbuch bei sich trägt, jahrelang nicht einen einzigen Text produziert. Wenn es für mich nicht die Möglichkeit des Nicht-Schreibens gäbe, in das ich mich jederzeit zurückzuziehen kann, wie in einen temporären Unterschlupf, dann wäre ich dem Schreiben nicht gewachsen. Weil ich darin keinen sicheren, natürlichen Platz für mich finden würde. Weil ich nur aus dem Zwischenraum heraus schreiben kann.

AM: Wie findet man bei dieser Art von Textproduktion eigentlich den Abschluss? Der Strom von Lesefrüchten, Einfällen, von Alltagsbeobachtungen und Selbstbefragungen hört ja nicht plötzlich auf. Finden essayistische Notizen bei dir weiterhin statt?

IM: Da sich der Text auf Alltagsbeobachtungen, Szenen aus dem täglichen Leben und auf Selbstbeobachtungen stützt, ist seine Produktion im Grunde potenziell unendlich. Beim Schreiben hatte ich tatsächlich die Sorge, den Text niemals zu einem Ende führen zu können – und damit meine ich nicht den veröffentlichten Text, der ja irgendwann von außen beendet, abgeschnitten, in Form gebracht wird –, sondern den eigentlichen, inneren Text zum Thema, der sich weder an Abgaben noch an Fristen hält.

Irgendwann aber versiegt dieser Fluss, nicht abrupt, sondern allmählich, weil sich Wahrnehmung und Aufmerksamkeit auf ein anderes Thema verlagern. Vielleicht ist das der eigentliche Abschluss: nicht der Punkt, an dem der Text formal endet und veröffentlicht wird, sondern der Moment, in dem der innere Blick sich einem neuen Gegenstand zuwendet.

AM: *Verdunstung in der Randzone* ist in Teilen auch ein Blick aufs eigene Gewordensein. Die habituellen Praktiken und Alltagsroutinen des Suhrkamp-Autors bieten dabei nicht nur einen Kontrast zum Lebensweg der Schwester, sondern stehen auch in leichter Diskrepanz zu den ersten Erfahrungen im akademischen Feld: „Ich studierte Soziologie. Und im Nebenfach: sich richtig zu bewegen und richtig zu sprechen." Oder gibt es hier größere Kontinuitäten bis in die Gegenwart?

IM: Natürlich gibt es psychologische, soziale und charakterliche Kontinuitäten, und auch andere Möglichkeiten der Selbstbetrachtung, die zu ganz anderen Schlüssen und Erzählsträngen führen würden. Für diesen Text habe ich bewusst das Raster einer Klassenperspektive über meine Biografie gelegt und vieles andere dafür ausgeblendet. Gerade darin liegt, so scheint mir, der vielleicht entscheidendste Faktor, der einer ‚Authentizität' zuwiderläuft: ein Hinweis darauf, dass auch sie nichts anderes ist als eine Konstruktion. Seltsamerweise wird dieser Konstruktionscharakter selten dechiffriert; Leser:innen neigen vielmehr dazu, nach der Lektüre zu glauben, mich nun zu kennen.

AM: Erfahrungen der Fremde, der bleibenden Nicht-Zugehörigkeit. Durch dein Schreibprojekt hat sich daran, so mein Lektüreeindruck, nichts geändert; vielleicht haben sich die Momente der Ortlosigkeit sogar zugespitzt?

IM: Ich habe nicht nur intellektuell die Welt meiner Eltern hinter mir gelassen, sondern auch die physischen Orte meiner Kindheit existieren nicht mehr. Die Wirtschaften sind geschlossen, umgebaut, abgerissen. Nimmt man das Land meines Vaters hinzu – Jugoslawien, das während seiner Zeit hier zerfallen ist –, ließe sich vielleicht sogar von einem dreifachen Heimatverlust sprechen. Dieses Gefühl der Ortlosigkeit ist für mich spürbar, wenngleich in völlig anderer Form als bei Menschen, die ihre Heimat tatsächlich verlieren und nicht zurückkehren können – ein Vergleich, den ich mir nicht anmaßen möchte. Gewissermaßen bin ich daran sogar früh gewöhnt: Wir sind oft umgezogen, als ich klein war, und so gab es nie den einen Ort, dem ich hätte nachtrauern können.

Diese Ungebundenheit hat in meinem Fall durchaus auch eine produktive Seite. In diesem Nicht-zu-Hause-Sein habe ich mir, paradoxerweise, eine Art Zuhause geschaffen – ebenso wie einen Platz „zwischen den Klassen", der mir vor der Arbeit an diesem Buch noch unwirtlich erschien, den ich mir nun aber bewusst aneignen konnte.

AM: Du zitierst, genau mein Humor, von der Homepage *arbeits-abc.de*; dort wird einem zur Imagebildung dringend zur Aneignung spezifischer Begriffe geraten: Achtsamkeit, Adaption, Authentizität, Differenz, Funktionalität, Hierarchie usw. Hat sich der Autor Matusko für seine öffentlichen Auftritte ein entsprechendes Set an Sätzen zurechtgelegt?

IM: Kurz nach der Veröffentlichung des Buches wurde ich zu einem Live-Interview im Deutschlandfunk eingeladen – meinem ersten überhaupt. Die Fragen hatte ich vorab zugeschickt bekommen, ich bereitete mich gewissenhaft vor und lernte meine Antworten sogar auswendig, tja. Unmittelbar vor der Aufzeichnung fragte ich den Moderator, ob ich meinen Spickzettel mit ins Studio nehmen dürfe. Ich hatte wahnsinnige Angst vor einem Blackout. Er lächelte und sagte: „Nicht nötig – ich werde Ihnen ohnehin andere Fragen stellen." Zum Glück blieb gar keine Zeit, den Schreck zu verarbeiten, denn das Gespräch ging sofort los. Ich musste also spontan antworten. Erstaunlicherweise gelang mir das ganz gut. Da habe ich begriffen: Ich kann über diese Themen im Grunde frei sprechen, weil sie sich über Jahre in mir abgelagert haben und ich mich in diesem Terrain heimisch fühle. Natürlich gibt es trotzdem gewisse Erzählmuster, in die ich bei Lesungen oder Gesprächen immer wieder hineingleite. Gleichzeitig versuche ich, weil man sich dadurch sonst selbst bald zu langweilig vorkommt, der jeweiligen Situation gerecht zu werden und (auch mir selbst) immer etwas Neues zu erzählen.

AM: Der Verzicht aufs gemeinsame Mittagessen, und damit der Verzicht auf rituelle Zusammenkünfte, ist in der Gastro unvermeidbare Realität: „Wenn Gäste da waren, war dafür keine Zeit. Jeder aß dann, wenn es gerade passte. Wir machten den Tisch schnell wieder frei, kauten den letzten Bissen auf dem Weg zur Spüle." Gibt es hier vielleicht ein Einfallstor für eine konservative Kritik, die manche familiäre Komplikation als individuelles Versäumnis – hier: der Verzicht aufs gemeinsame Abendbrot, der Mangel an regelmäßiger Kommunikation – markieren möchte und dabei die arbeitsweltlichen Realitäten gezielt ignoriert?

IM: Die Esspraxis in der Gastronomie ergibt sich ja unmittelbar aus arbeitsweltlichen Zwängen. Würde man andere Gastro-Familien befragen, erhielte man vermutlich sehr ähnliche Schilderungen. Paradoxerweise findet das Essen, obwohl es in diesem Kontext eine zentrale Rolle spielt, für diejenigen, die es zubereiten, stets nur als Nebensache statt. Entscheidend ist nicht der gemeinsame Genuss, sondern die reibungslose Zubereitung für andere. Der Mangel an Kommunikation wird in diesem Milieu gar nicht unbedingt als Defizit wahrgenommen, weil Kommunikation hier eine andere Funktion erfüllt als in bürgerlichen Kontexten, in denen das Abendessen oft nur die Rahmung für aufmerksame Gespräche und wertschätzende Konversation dient. Diese Formen der inszenierten Selbstvergewisserung und kommunikativen Verflüssigung des gemeinsamen Alltags sind kein universeller – und manchmal nicht einmal ein erstrebenswerter – Standard, sondern Ausdruck spezifischer kultureller Praxen und Routinen, die in der Familie einstudiert werden müssen.

AM: Kommen sich der Schriftsteller und studierte Soziologe eigentlich gelegentlich ins Gehege? Die Frage kam bei mir auf, da du das Treffen mit der Leiterin eines Künstlerdorfes als „restringiertes Gespräch" bezeichnest. Das ist an der Stelle als Diagnose absolut zutreffend, doch eben zugleich voraussetzungsreich. Üblicherweise verwendest du detaillierte Beschreibungen – Gesten, Gerüche, Gesichtszüge –, um dem Zugriff des Fachvokabulars zu entgehen.

IM: Der Wissenschaftler in mir möchte kategorisieren, abwägen, umfassend aufzählen, alles beleuchten. Er drängt auf begriffliche Präzision, systematische Einordnung und vor allem darauf, jeden Aspekt zu berücksichtigen – weil die Darstellung sonst nicht vollständig wäre. Diese eher analytische Haltung kann einer assoziativen, poetischen oder auch fragmentarisch und mit Leerstellen arbeitenden Betrachtungsweise schon mal im Weg stehen ...

AM: Die Frage nach dem biografischen Gehalt bleibt bei Büchern wie diesem nicht aus; teils wird sie von Autor:innen als implizite Abwertung der literarischen Qualität ihrer Texte wahrgenommen. Durchaus nachvollziehbar, doch ich hege, zumindest teils, auch ein nachsichtiges Verständnis für all diejenigen, die sich nicht zuletzt aufgrund einer spezifischen Lebenserfahrung, Stimme und Perspektive zum Besuch einer Lesung, zum Kauf des Buches entschieden haben. Wie positionierst du dich in dieser Frage?

IM: Ich empfinde die Tendenz, meinen Text vor allem aufgrund seines autobiografischen Gehalts als interessant zu rezipieren, keineswegs so, als würde ich damit auf irgendetwas reduziert. Mein Anliegen ist es ja, real existierende gesellschaftliche Zusammenhänge erfahrbar zu machen, und das gelingt mir eben nur über diese literarische Form. Das ließe sich auch in einem fiktionalen Text realisieren, aber nicht von mir. Ich habe mein Schreiben auch deshalb ins Nonfiktionale verlagert, weil die Notwendigkeit zum Erfinden und Ausdenken dadurch entfällt – eine ungeheure Entlastung für mich.

Es ging mir in diesem Text auch nie darum, dem Beschriebenen bewusst die Aura des ‚authentisch Erlebten' zu verleihen. Wahrscheinlich könnte ich gar nicht anders schreiben, und ich sehe darin auch keinen Mangel. Die Abwertung dieser Form von Literatur speist sich, denke ich, aus einem überkommenen, auf das schöpferisch-kreative ‚Künstlergenie' bezogenen Literaturbegriff, den ich ablehne.

Und Autofiktion ist in meinen Augen auch kein Produktions-, sondern ein Rezeptionsbegriff. Die Texte selbst haben sich nicht grundlegend verändert; sie operierten immer schon, mit unterschiedlichen Graden der Verfremdung, im Feld des Persönlichen und Biografischen. Neu ist lediglich, dass sie das heute offener zur Schau stellen (müssen) und dass sie von Literaturbetrieb und Leserschaft mit diesem Etikett versehen werden, wodurch immer öfter die Erwartung einer biografischen Verbürgung der beschriebenen Welten und Identitäten provoziert wird. Das ist zwar jetzt eine andere Diskussion, aber was ich damit sagen will: Für mich als Schreibenden ändert das nichts an der praktischen Arbeit am Text.

AM: Ein Grundkonflikt autosoziobiografischer Texte scheint ja zu sein, dass allzu leicht das Missverständnis entsteht, hier würde nur von einem persönlichen Schicksal berichtet oder, noch schlimmer, von privaten Nöten und Sorgen. Durch die Öffnung auf eine Wirklichkeit, die durch eigene Erfahrungen grundiert ist – wenngleich literarisch geformt –, wird naheliegenderweise zum Fokus auf das vermeintliche Ich eingeladen. Der im Text zitierte Freund führt nicht ohne Grund das Wort „Selbstentblößung" im Mund. Wie gelingt es, die soziale Welt in ihren (De-)Formierungen zu zentrieren, die Biografien als Abdruck dieser zu verstehen?

IM: Für mich ist es keine Selbstentblößung, sondern eine Aufdeckung sozialer Realitäten. Ich habe die Kränkung des Subjekts, dass wir nicht als autonome, freie Individuen zu verstehen sind, sondern (zu einem großen Teil) als Produkte der Gesellschaft, durch meine soziologische Ausbildung so sehr verinnerlicht, dass ich alles Private und vermeintlich Persönliche als sozial decodierbar betrachte. Das Private, Individuelle, Persönliche interessiert mich nur auf dieser Ebene.

Und wie oder ob mir das gelingt, kann ich selbst nicht beurteilen, das wäre anmaßend. Aber ich kann erzählen, welche Dinge dabei für mich eine Rolle spielen: Auf der einen Seite mein soziologisch verfasster, distanzierter Blick auf soziale Phänomene, die sich als Selbstverständlichkeiten tarnen; auf der anderen Seite mein Hang zur Beobachtung, also der Wunsch, die Dinge nicht auf einer abstrakten Ebene zu erklären, sondern sie phänomenologisch, in ihrer sinnlichen Qualität zu erfassen. Diese beiden Perspektiven verschränken sich, zumindest ist das meine Hoffnung.

AM: Eine Stelle, bei der ich schmunzeln musste: Die für Autor:innen zur Alltagspraxis gehörenden Absage-Mails werden von dir im Text integriert; zumindest ist das die Idee. Bezeichnend ist die Begründung: „So mache ich mir die Rückseiten des Betriebs zunutze, verwandle sie in produktive Kräfte meines Schreibens." Ähnliche Markierungen der Mechanismen im Literaturbetrieb finden sich, wenn ich es recht überblicke, fast nur bei Klassenübergänger:innen; sie scheinen für die In- und Exklusionen im literarischen Feld besonders sensibilisiert zu sein.

IM: Klassenübergänger:innen leben stets im Bewusstsein, dass alles auch ganz anders sein könnte, dass das eigene Leben von Zufällen bestimmt ist, von Umständen, die wir nicht in der Hand haben. Daraus ergibt sich ein Gespür für die Kontingenz der Dinge und für die strukturellen Bedingungen, die auch das Feld des Literarischen grundlegend bestimmen, ohne dass dies den Menschen, die sich schon immer ganz selbstverständlich auf diesem Feld bewegen, bewusst wäre. Ihnen erscheint das Literarische oft als losgelöste Sphäre, das Schreiben als rein schöpferisch-geistige Tätigkeit, losgelöst von ökonomischen und sozialen Kontexten. Dabei wird leicht übersehen, dass dem oft bemühten ‚unbeschriebenen Blatt', dem ‚weißen Blatt Papier' – das suggeriert, dass jede:r einfach schreiben könnte, wenn er:sie das Talent dazu hat – eine Vielzahl sozialer, psychologischer, habitueller und ökonomischer Voraussetzungen vorausgeht, die das Schreiben erst ermöglichen, und dass eben diese Voraussetzungen das literarische Feld ordnen und über Ein- und Ausschlüsse entscheiden.

AM: Was im Text, in deinen Notizen und Aufzeichnungen mehrfach mitschwingt: das Impostor-Syndrom; die Sorge, doch noch irgendwann „als inkompetent entlarvt zu werden". Nun sind Unsicherheiten beim Schreiben, bei künstlerischer Arbeit generell, keine Seltenheit, vielleicht sogar konstitutiv. Doch es kommt hier die Dimension der sozialen Herkunft hinzu: Das literarische Feld mit seinen verdeckten Regeln wird als *terra incognita* wahrgenommen. Kein Feindesland, doch ein Gelände, das möglicherweise unmarkierte Gefahrenzonen enthält.

IM: Du sprichst das Gefühl an, am falschen Ort zu sein, deplatziert, fehl am Platz, ein Hochstapler. Viele denken, das müsste doch irgendwann verschwinden. Ich ja auch. Tatsächlich aber ist es umgekehrt: Je mehr ich ‚ankomme', je mehr Texte ich veröffentliche, Stipendien erhalte etc., desto wahrscheinlicher ist es, sagt diese Stimme in mir, dass ich irgendwann auffliegen werde.

Wenn der Hochstapler als jemand verstanden wird, der einen höheren gesellschaftlichen Rang vortäuscht, dann trifft das ja irgendwie auf mich zu: Jemand, der in andere Kreise eingedrungen ist, der gelernt hat, die richtigen Wörter zu benutzen, den Körper neu auszurichten, der so lange allen etwas vorgespielt hat, bis ihm geglaubt wurde. Klassenübergänger:innen sind so gesehen besonders anfällig für das Impostor-Syndrom, weil sie zwei Welten in sich tragen – die der Herkunft und die der Ankunft – und ständig auf der Hut sind, ihrer Herkunft überführt zu werden. Hinzu kommt die tief in uns wurzelnde Überzeugung, dass die Selfmade-Geschichten vom Aufstieg nicht stimmen. Dass es eben nicht allein reicht, sich anzustrengen, um nach ‚oben' zu kommen – sonst wären ganz viele dort, nicht nur ein paar Einzelne –; dass Glück und Zufall viel entscheidender sind als Wille und Leistung.

Spannend ist in diesem Zusammenhang für mich die Frage, ob diese Neigung (also das Ablehnen der „Ich-und-mein-Erfolg"-Erzählungen) bereits das Impostor-Syndrom ist – oder im Gegenteil eine realistische Einschätzung der sozialen Mechanismen. Und ob nicht die Rede vom eigenen, selbstgemachten Lebensweg das gefährlichere Syndrom darstellt.

AM: Toast, Ravioli und Fritten sind weiterhin Marker für das, was der Historiker Paul Nolte vor genau zwanzig Jahren als „neue Unterschicht" bezeichnete; und das gilt für den Journalismus ebenso wie für die Literatur sowie die ganze Popkultur. Dein Buch versucht dieser Engführung zu entkommen. Du hast dessen Rezeption vermutlich genau verfolgt: Auf welche Widerstände, auf welche Ergänzungen und Bestätigungen ist deine Agenda getroffen?

IM: Ich wollte von diesem gesellschaftlichen Ort (meines Aufwachsens) erzählen, ohne abzuwerten, ohne die Menschen vorzuführen oder eine Art Abrechnung mit meiner Herkunft vorzulegen. Und so diesen Diskurs um eine Perspektive ergänzen, die etwas wohlwollender mit der eigenen Herkunft umgeht, ohne die Mängel und Belastungen auszusparen. Es gibt da einige Texte – auch der sogenannten neueren Klassenliteratur –, die in meinen Augen die sozialen Abwertungen wiederholen, gegen die sie vorgeblich anschreiben.

Andererseits arbeite auch ich mit womöglich problematischen Zuschreibungen, die das Prekäre eines Milieus in den Vordergrund rücken und es dadurch reproduzieren. Aus dieser Widersprüchlichkeit kommt man beim Erzählen nicht heraus. Mein Versuch ist, diese Zuschreibungen als gesellschaftlich bedingt zu markieren und die soziale Abwertung, die mit ihnen einhergeht, offenzulegen. So möchte ich Werthierarchien und soziale Zuschreibungen aufdecken und hinterfragen.

Zugleich geht es mir darum, eigene Werthaftigkeiten zu behaupten (Fritten, Zigarettenschachtelsammlungen, Fußball-Bettwäsche usw.). Dinge, die zumeist als nicht wertvoll gelten, die belächelt und abgewertet werden, die aber (also für mich) einen ganz eigenen ästhetischen und emotionalen Wert besitzen.

AM: Vier kurze (oder zumindest kürzere) Fragen zum Abschluss. Auf die Frage, worum es im Buch gehe, antwortet der Vater: Wie das Leben so spielt – manche sind oben, und manche unten. Das scheint mir in seiner Schlichtheit und Abgeklärtheit sympathisch, aber wie viel Fatalismus steckt darin?

IM: Wenn man sich die Gesetzmäßigkeiten des Sozialen ansieht, die Abhängigkeit von Bildungschancen von der sozialen Herkunft, die Ungleichheit bei den Vermögen, die fortschreitende Prekarisierung von Arbeitsverhältnissen usw., dann ist der in diesem Satz enthaltene Fatalismus letztlich nichts anderes als eine sachliche, nüchterne Beschreibung der Klassenrealität.

AM: Die Klassenliteratur ist mit – teils witzigen, teils unspezifischen – verbalen Angriffen gegen die bürgerliche Mitte garniert; dem entziehst du dich. Kompakt formuliert: sinnliche Aufmerksamkeit statt Anklage. War das ein Konzept?

IM: Ich wollte keinen (weiteren) Text schreiben, der über Stereotype und Reflexe funktioniert – nach dem Muster: Die Mittelschicht trinkt Chai Latte im Prenzlauer Berg, die Bürgerlichen fahren Porsche und lesen *FAZ* in der ersten Klasse im ICE, die Unterschicht aber säuft und raucht. Eine Klassenrealität über solche Markierungen abzustecken, hat mich schlicht nicht interessiert.

AM: Wenn wir schon mal dabei sind: Wie geht es der neueren Klassenliteratur aktuell? Als routinierter Zyniker erwarte ich seit Monaten das Abwinken der Agenturen und Verlage, doch es lassen sich weiterhin Neuerscheinungen entdecken, auch die etablierten Autor:innen in Sachen sozialer Herkunft entwickeln eine facettenreiche Kontinuität.

IM: Die Kategorie Klasse ist tatsächlich Segen und Fluch, sie stellt einen Hebel zum Sichtbarmachen dar, sortiert aber auch in reduzierende Schubladen. Texte, die sich mit der Frage der sozialen Herkunft auseinandersetzen, machen auf eine unübersehbare, doch oft verdrängte Tatsache aufmerksam: Klassenunterschiede existieren. Ich bekomme auf Lesungen häufig die Frage gestellt, warum es einen weiteren Text zu diesem Thema benötige. Scheinbar zeigt das Publikum erste Müdigkeits- und Sättigungserscheinungen. Dabei gibt es noch viele Erfahrungswelten zu erzählen, die mit dem engführenden Begriff der Klasse nur unzureichend beschrieben sind.

AM: Und die unvermeidliche Frage zum Schluss: Wie weiter? Im Band wird perspektivisch eine nähere Beschäftigung mit der Mutter angedeutet. (Zu ihr bleiben tatsächlich Fragen offen.) Wechselst du dafür die literarische Form?

IM: Es wird keine Klassengeschichte, auch wenn ‚unten' und ‚oben' in meinen Beschreibungen weiterhin eine Rolle spielen – diesmal auch im geografischen Sinne: Kroatien und Deutschland. Die Form wird vermutlich weniger fragmentarisch, eher erzählerisch, aber das wird sich zeigen – ich stecke noch mitten im Schreibprozess.

Das Gespräch wurde im Sommer 2025 per E-Mail geführt.

Literatur

Matusko, Ilija: Verdunstung in der Randzone, Berlin 2023.

Lara Tarbuk
Postmigrantische Perspektivierungen sozialer Aufstiegsnarrative

Saša Stanišićs *Herkunft* und *Ein schönes Ausländerkind* von Toxische Pommes

Die folgenden Überlegungen fragen nach dem Verhältnis postmigrantischer Perspektiven und autosoziobiografischer Schreibweisen. Den Gegenstand der Betrachtung bilden zwei autofiktionale Texte, die Erfahrungen von Flucht und Klassenwechseln prominent miteinander verschränken und der affektiven Grundierung dieser Verschränkung nachgehen: der bereits vielfach besprochene und 2019 mit dem Deutschen Buchpreis ausgezeichnete Roman *Herkunft* von Saša Stanišić und das 2024 unter dem Titel *Ein schönes Ausländerkind* erschienene literarische Debüt der österreichischen Schriftstellerin und Kabarettistin Toxische Pommes. Schon ein flüchtiger Blick auf diese beiden Romane lässt eine Reihe motivischer und struktureller Gemeinsamkeiten erkennen: Die zum Zeitpunkt des Erzählens längst erwachsenen Ich-Erzähler:innen dieser autofiktionalen Texte sind zu Beginn der 1990er Jahre, nach Ausbruch des Bürgerkrieges im damaligen Jugoslawien und seinen Nachfolgestaaten, mit ihren Eltern aus ihren Geburtsorten Višegrad und Rijeka geflohen; ihre Kindheit und Jugend haben sie daraufhin in Heidelberg und Wiener Neustadt verbracht und dort Schule und Studium abgeschlossen. Beide Romane nehmen eine dezidiert postmigrantische Perspektive[1] ein und rücken die von Flucht und Migration geprägten Familiengeschichten in den Mittelpunkt ihres Erzählens – ein Schwerpunkt, der sich auch in den jeweiligen Buchtiteln bereits andeutet und die Zugehörigkeit dieser Texte zu einer sich programmatisch ,postmigrantisch' verstehenden Gegenwartsliteratur deutlich markiert.[2]

Die Standpunkte der Erzähler:innen setzen in den beiden Texten zumindest die partielle Überwindung der geschilderten sprachlichen, kulturellen und sozia-

---

[1] Zum Begriff der ,postmigrantischen Perspektive' vgl. Moritz Schramm, Jenseits der binären Logik. Postmigrantische Perspektiven für die Literatur- und Kulturwissenschaft, in: Postmigrantische Perspektiven. Ordnungssysteme, Repräsentationen, Kritik, hg. von Naika Foroutan, Julia Karakayalı und Riem Spielhaus, Frankfurt a. M. 2018, 83–96, sowie, darauf aufbauend: Michael Neumann und Marcus Twellmann, Einleitung: Postmigrantische Perspektiven in der Peripherie, in: Internationales Archiv für Sozialgeschichte der Deutschen Literatur 48 (2023), H. 2, 379–397.
[2] Vgl. dazu jüngst: Postmigrantische Literatur. Grundlagen, Analysen, Positionen, hg. von Nazli Hodaie und Michael Hofmann, Berlin 2024.

len Hindernisse und Herausforderungen, darunter auch unterschiedliche Diskriminierungs- und Ausgrenzungserfahrungen, voraus; diese Überwindung stellt, wie auch die Texte selbst wiederholt ins Bewusstsein rufen, eine Bedingung der retrospektiven literarischen Betrachtung, Artikulation und Reflexion dieser Erfahrungen dar. Neben dem Rückblick auf die durch Flucht und Migration geprägte Familiengeschichte ihrer Erzähler:innen sowie deren geteilte Herkunft aus dem ehemaligen Jugoslawien eint diese beiden Texte aber noch eine weitere, für die nachfolgenden Überlegungen zentrale Gemeinsamkeit: Die literarische Darstellung und Reflexion der familiären Flucht- und Migrationserfahrung erfolgt darin dezidiert unter klassenanalytischen Gesichtspunkten – nicht zuletzt unter Bezugnahme auf die sozialistisch geprägte Gesellschaftsordnung des ehemaligen Jugoslawiens und dessen Klassenpolitik, welche die erzählten Familiengeschichten entscheidend geprägt hat und den untersuchten Texten so auch als Kontrastfolie für die dargestellten deutschen und österreichischen Klassengesellschaften dienen kann.

Flucht und Übersiedlung nach Deutschland und Österreich werden bei Saša Stanišić und Toxische Pommes prominent als familiäre, in erster Linie elterliche, Erfahrungen des sozialen Abstieges gedeutet, in deren Angesicht und Spiegel die Erzähler:innen ihre eigenen Lebenswege darlegen, bedenken und hinterfragen. Entlang minutiöser Schilderungen des erzwungenen familiären Klassenwechsels üben die Texte, *erstens*, deutliche Kritik an einer restriktiven Migrations- und Einwanderungspolitik, als deren Folge sie die Lebenswege der Eltern nach deren Fluchterfahrung ausweisen. Die Erzähler:innen kontrastieren die sozialen Abstiege der eigenen Eltern und Familienangehörigen aber auch, *zweitens*, mit dem eigenen akademischen und beruflichen Werdegang, der sich in dieser Gegenüberstellung als ein sozialer Aufstieg erweisen muss, und ergründen, *drittens*, die spezifischen, aus dieser generationellen (Klassen-)Konstellation erwachsenden Affekte und Gefühlszustände. Diese lassen sich, wie im Folgenden aufgezeigt und dargelegt werden soll, als postmigrantische Perspektivierungen aufstiegsspezifischer Affekte beschreiben, deren Genese, Ausprägung und Berechtigung in den beiden Romanen von Saša Stanišić und Toxische Pommes exponiert und verhandelt wird.

1 „Mutter und Vater schufteten sich traurig": Abstieg und Aufstieg in Saša Stanišićs *Herkunft*

Saša Stanišićs so monolithisch wie eindeutig anmutender Romantitel *Herkunft*[3] setzt die unterschiedlichen Facetten und Bedeutungen dieses mehrdeutigen Begriffes programmatisch in eins. Im weiteren Verlauf des Romans wird die im Titel noch im Singular gefasste ‚Herkunft' in mehrfacher Hinsicht pluralisiert: Als Leitmotiv entzieht sich die Frage nach Herkunft wiederholt einer vereindeutigenden Antwort und wird deshalb – im Wechselspiel der kulturellen, sprachlichen, ethnischen und sozialen Herkünfte der Figuren – stets aufs Neue im Erzählen verhandelt. Dafür folgt der autofiktionale Text den Erlebnissen, Erinnerungen und Betrachtungen des Erzählers und Protagonisten Saša. Neben seinem Namen teilt sich dieser eine Reihe biografischer Schlüsselereignisse mit seinem Autor – darunter die im Alter von 14 Jahren erlebte Flucht aus dem bosnischen Višegrad nach Deutschland, die anschließend in Heidelberg verbrachte Schulzeit und Jugend, den späteren Wohnort Hamburg sowie die Anfänge und Erfolge seiner literarischen Autorschaft. Die Erzählung von Sašas Flucht- und Ankunftserfahrung (im Folgenden meint der Vorname immer die Figur und nicht ihren Autor) geht in *Herkunft* mit einer differenzierten Betrachtung seiner kulturellen, sprachlichen und ethnischen Herkunft einher, deren poetische Ausgestaltung auch in der einschlägigen und schon durchaus umfangreichen Forschungsliteratur zu Stanišićs Roman bereits ausführlich betrachtet und beschrieben worden ist.[4] Demgegenüber fanden die in diesem Roman mindestens ebenso prominent formulierten Einsichten zur Bedeutung, Wirkmächtigkeit und affektiven Verfasstheit der sozialen Herkunft und Klassenzugehörigkeit – zumal unter den spezifischen Bedin-

---

[3] Saša Stanišić, Herkunft, München 2019. Das Zitat in der Überschrift ebd., 184. Im Folgenden zitiere ich unter der Sigle H aus dieser Ausgabe im Fließtext.
[4] Vgl. dazu in Auswahl: Yvonne Zimmermann, ‚Woher kommst Du?' Antwortversuche in Saša Stanišićs Roman *Herkunft* (2019), in: Feminist Circulations between East and West. Feministische Zirkulationen zwischen Ost und West, hg. von Annette Bühler-Dietrich, Berlin 2020, 239–258; Anna Rutka, ‚Herkunft ist Zufall'. Zu offenen Herkunfts- und Heimatkonzepten in der Literatur der deutschen postmigrantischen Generation, in: German Life and Letters 75 (2022), H. 4, 554–573; Christian Struck, ‚Es sind nur Worte'. Das beiläufige Erzählen von Saša Stanišić zwischen kriegerischem Ernst und entwaffnender Ehrlichkeit in *Herkunft*, in: Saša Stanišić. Poetologie und Werkpolitik, hg. von Katja Holweck und Amelie Meister, Berlin und Boston 2023, 93–114; Matthias Hauk, Postjugoslawische Reisen in der deutschsprachigen Literatur. Studien zu Erzähltexten von Peter Handke, Saša Stanišić, Jagoda Marinić und Marko Dinić, Berlin und Boston 2025, 97–250.

gungen von Flucht und Migration – bislang ungleich weniger Beachtung und sollen, auch deshalb, im Folgenden im Mittelpunkt stehen.[5]

Seine motivische Rahmung durch eine für die folgenden Überlegungen bereits einschlägige Metaphorik von Aufstieg und Abstieg zeigt Stanišićs Roman gleich zu Beginn geradezu unmissverständlich an, wenn er – auch typografisch abgesetzt – die abschließende *Choose-Your-Own-Adventure*-Episode wie folgt ankündigt:

> *Du befindest dich in der merkwürdigen, düsteren Höhle der Zeit. Ein Gang biegt nach unten ab, der andere führt aufwärts. Dir will scheinen, als könnte dich der absteigende Gang in die Vergangenheit bringen und der aufsteigende in die Zukunft. Für welchen Weg entscheidest du dich? (H, 38)*

Der aufsteigende und der absteigende Gang werden hier zunächst als räumlich konfigurierte zeitliche Gegensätze begriffen; in der Folge wird diese raumzeitliche Anordnung aber auch in ihrer sozialen Semantik realisiert. Der Blick in die Vergangenheit legt auch den sozialen Abstieg der Familie offen, der in die Zukunft kündet vom Aufstieg des Erzählers. Die im partizipativen Erzählverfahren[6] an dieser Stelle zunächst suggerierte Entscheidungsfreiheit zwischen Auf- und Abstieg rechnet der Text – in Zurückweisung eines neoliberalen Aufstiegsversprechens – schon durch die Überschreibung der hier angekündigten Schlussepisode als *Der Drachenhort* eindeutig dem Bereich des Fantastischen zu,[7] dem hier unverkennbar auch eine politische Bedeutung innewohnt. In Stanišićs jüngst erschienenem Roman *Möchte die Witwe angesprochen werden, platziert sie auf dem Grab die Gießkanne mit dem Ausguss nach vorne* kehrt ein solcher Einsatz fantastischer Motive und Erzählverfahren prominent wieder: Der Roman beginnt mit dem Plan des jungen Fatih, einen Anproberaum für zukünftige Lebensverläufe zu erfinden, in dem jeweils zehnminütige Ausschnitte der eigenen Zukunft

---

[5] Eine Ausnahme stellt der wichtige Artikel von Eva Blome zu autosoziobiografischen Gegenwartstexten dar, welcher Stanišićs Roman in diesem Zusammenhang prominent aufführt und, exemplarisch, im Hinblick auf die Bedeutung von Fotografien hin untersucht. Eine genauere Betrachtung der porträtierten sozialen Aufstiege und Abstiege im Roman legt der als Überblick angelegte Artikel dabei noch nicht vor. Vgl. Eva Blome, Rückkehr zur Herkunft. Autosoziobiografien erzählen von der Klassengesellschaft, in: Deutsche Vierteljahrsschrift für Literaturwissenschaft und Geistesgeschichte 94 (2020), H. 3, 541–571.
[6] Zum *Choose-Your-Own-Adventure*-Verfahren vgl. auch Hauk, Postjugoslawische Reisen in der deutschsprachigen Literatur, 235–250.
[7] Zum Fantastischen im Werk von Saša Stanišić vgl. auch Niels Penke, Im Drachenhort. Schreibverfahren der Fantasy bei Saša Stanišić, in: Saša Stanišić. Poetologie und Werkpolitik, hg. von Katja Holweck und Amelie Meister, Berlin und Boston 2023, 33–46.

eingesehen und anprobiert werden können. „Auf solche wie uns warten doch statistisch eher beschissene Leben als unbeschissene, oder?" lauten Antwort und Prognose seiner Zuhörer („Wir vier zum Beispiel. Ausländer in Deutschland", beschreiben diese sich selbst).[8] Ihren Einwand kann Fatih aber insofern entkräften, als sein Anproberaum auch das Einloggen und damit die sichere Verwirklichung jener unwahrscheinlicheren, ‚guten' Zukünfte ermöglichen soll. Stanišićs Roman holt dieses Versprechen in einem weiteren fantastisch anmutenden Schlusskapitel ein und lässt seine Figuren nacheinander besagten Anproberaum betreten – dem Erfinder Fatih führt der Blick in die eigene Zukunft seinen sozialen Aufstieg vor Augen. In *Herkunft* deutet sich eine solche Lesart des fantastischen Einschubes an der oben zitierten Stelle nur an: Der Erzähler sitzt zu diesem Zeitpunkt für seine literarischen Recherchen in einer Forschungsbibliothek und vergegenwärtigt sich, der Aufforderung dieses Rollenspieles folgend, Episoden und Stationen aus der Vergangenheit seiner Eltern.

Im Lebensweg der aus einem nichtakademischem Umfeld stammenden Mutter Nana macht der Roman seine zentrale Vorstellung sozialer Mobilität unmittelbar augenfällig: Als Tochter eines Eisenbahners reist Nana mit jenen Zügen, die ihr Vater an den Gleisen als Bremser begrüßt und verabschiedet, regelmäßig von Višegrad nach Sarajevo, um an der dortigen Universität „Politikwissenschaften mit Schwerpunkt *Marxismus*" zu studieren (H, 118). Sie kehrt „mit knapp den besten Abschlussnoten ihres Jahrgangs" in ihre Heimatstadt zurück und wird Dozentin für Marxismus am örtlichen Gymnasium (H, 119). „Sie hatte die Hindernisse sozialer Herkunft überwunden," fasst das Kapitel diese Aufstiegsgeschichte der „selbstbewussten jugoslawischen Sechziger" entsprechend zusammen (H, 120; 118) – eine Geschichte, die das ihr gewidmete Kapitel fortwährend durch eingestreute Marx-Zitate kommentiert und beglaubigt. Auch der Erzähler Saša gibt sich in dieser Zitation (mitsamt Quellennachweisen) unmissverständlich als „Sohn [...] einer Politologin mit Schwerpunkt Marxismus" zu erkennen (H, 301). Mit der Flucht nach Deutschland findet Nanas sozialer Aufstieg allerdings ein jähes Ende: „Mutter, die Politologin, landete in einer Großwäscherei. Fünfeinhalb Jahre fasste sie in heiße Handtücher." (H, 67) Die Strapazen und Demütigungen dieser Arbeit spart der Roman nicht aus: „Mutter starb tausend heiße Tode in der Wäscherei. Als nicht-deutsche Frau, vom Balkan gar, stand sie auf der untersten Stufe der Beschäftigungstrittleiter, und das ließ man sie auch spüren" (H, 154). Ihrer sozialen Lage in Deutschland weiß auch Saša, zu diesem Zeitpunkt noch Teenager, nurmehr mit bitterer Ironie beizukommen: „Ich radebrechte von Mutter, die sich

---

[8] Saša Stanišić, Möchte die Witwe angesprochen werden, platziert sie auf dem Grab die Gießkanne mit dem Ausguss nach vorne, München 2024, 9.

in der Wäscherei abschuftete. Ich sagte, sie sei als Marxistin eigentlich so was wie eine Expertin für Ausbeutung, und jetzt werde sie ausgebeutet" (H, 176). Auch die Geschichte ihres Bruders, Sašas Onkel, folgt dem gleichen Muster: Nachdem sich dieser durch eine Schauspieleinlage vor serbischen Freischärlern rettet und nach Österreich flieht, steht er vor der Frage, „was er als vierunddreißigjähriger Schauspieler im fremden Land und ohne Landessprache spielen könnte", und verdient seinen Lebensunterhalt fortan als Clown auf Kindergeburtstagen und Firmenfesten – „eine Rolle, die Sprache nicht braucht" (H, 71).

Sašas Vater, „achtunddreißigjähriger Betriebswirt mit Schwerpunkt Logistik" (H, 139), nimmt, um ebendiese sprachliche Barriere zu überwinden, indessen seinen Sohn als Übersetzer zu Bewerbungsgesprächen mit – etwa als er sich bei einer Spedition vorstellen will. Nachdem diese und andere Bewerbungen erfolglos bleiben, erhält er eine Anstellung in Schwarzheide, wo die BASF zu dieser Zeit neue Produktionsanlagen baut, und pendelt daraufhin aus Heidelberg wöchentlich in die Lausitz. „Vater, den Betriebswirt, verschlug es auf den Bau" (H, 67), kommentiert der Erzähler auch hier unter Bezugnahme auf Ausbildung und Qualifikation seines Vaters. In der Folge drängen sich erneut vor allem die Zumutungen und Herausforderungen dieser Arbeit in den Vordergrund: „1994 verbrachte Vater einen ganzen Monat in einer Rehaklinik, Rücken kaputt. Ging am ersten Tag nach der Entlassung wieder auf den Bau, um genau dort weiterzumachen, wo der Rücken nicht mehr hatte mitmachen wollen. Er spürt bis heute die Folgen" (H, 184). „Mutter und Vater schufteten sich traurig", bilanziert der Erzähler schließlich schonungslos die Jahre seiner Eltern in Deutschland und fährt fort: „War das diskriminierend? Meine Eltern könnten es nicht sagen. War es erbärmlich? Auf jeden Fall" (H, 184). Dort, wo den Eltern die Einordnung ihrer Situation verwehrt geblieben ist, bietet der Roman eine eindeutige Antwort: „Kommst du vom Balkan, bist geflüchtet und sprichst die Landessprache nicht, sind das deine eigentlichen Qualifikationen und Referenzen" (H, 67), klärt der Erzähler über die diskriminierenden Strukturen des Arbeitsmarktes auf.

Dass sich die detaillierten Schilderungen der elterlichen Verdienstmöglichkeiten und Arbeitsbedingungen, die stets von Hinweisen auf ihre einstigen Berufe und Qualifikationen flankiert werden, hier tatsächlich zu einem Bild des familiären Klassenabstieges verdichten sollen, kristallisiert sich mit am deutlichsten dort, wo der Erzähler sich auf sein Verhältnis zu Gästen und Einladungen besinnt. Ausgangspunkt seiner Erinnerung ist ein dezidert klassenbezogenes Gefühl der Scham – für „die alten Möbel", fehlende Videospiele, die „unterschiedlich gemusterten Teller", dafür, dass in seiner Familie selten gemeinsam gegessen werde, und wenn, dann mit „Messern, deren Klingen sich bogen" (H, 183). Diese soziale Scham hindert Saša lange daran, zu Hause Besuch zu empfangen. „Ich hasste das

Gefühl, konnte aber nicht anders" (H, 184), hält er über dessen einstige Wirkmächtigkeit fest. Zur gleichen Zeit ist er selbst oft bei seinem Schulfreund Rahim und dessen Eltern zu Gast, Rahims Vater ist Professor für Semitistik. Gelegentlich bleibt Saša zum Abendessen: „Allein, wie die Speisen angerichtet waren! Die Soße auf dem Teller ein filigranes Ornament!", „Wolke[n] aus Safran", das Fleisch „extrem weich und vom Rind aus der Pfalz", „Überkreuzte Beine, Gläser mit Wein und Eistee" und „die wohlige Ordnung des Bücherregals nach Themen" (H, 180; 189; 188; 180). Die Abendessen bei Rahims Eltern hinterlassen beim Erzähler einen starken Eindruck. Carlos Spoerhase hat die gegenwärtige Konjunktur solcher literarischen Besteckszenen und Dinnersituationen jüngst einer genauen Lektüre unterzogen und dabei auch die Grenzen ihrer soziologischen und politischen Aussagekraft kritisch beleuchtet: Erreicht würden diese insbesondere dort, wo die Fokussierung der Gegenwartsliteratur auf das Formalisierte und Regelhafte des Tischumgangs die Sicht auf „die schwer zu durchschauende Struktur einer stratifizierten Gesellschaft" versperre und deren Mitglieder, stattdessen, nurmehr „mit Imaginationen vom korrekten Umgang mit gekochten Kartoffeln" abspeise.[9] Auch Stanišićs Roman beschreibt, wie das Besteck bei Rahim zu Hause geordnet auf den Tellern abgelegt und zwischen den Gängen die Lippen getupft werden, zeichnet darin aber, anders als die von Spoerhase besprochenen Szenen, gerade keine soziale Prüfungssituation nach. In den Fokus rückt ausdrücklich etwas anderes: „Die Eheleute erzählten am Ende des Tages ausführlich von Anfang und Mitte des Tages und hörten einander zu" (H, 187). Das Kapitel über diese Einladungen ist mit „Einander ausreden lassen" überschrieben (H, 180). Die Klassendifferenz macht der Erzähler hier, wie sich zeigt, weniger an den Tischkonventionen als an der Möglichkeit und Pflege des Tischgespräches fest – auch in Abgrenzung zu seiner eigenen Familie, die zu dieser Zeit nur noch selten gemeinsam essen kann. In *Möchte die Witwe angesprochen werden, platziert sie auf dem Grab die Gießkanne mit dem Ausguss nach vorne* findet sich ein für diese Klassendifferenz so einschlägiger wie denkwürdiger Satz. Er stammt von Dilan, der Mutter des bereits eingangs erwähnten jungen Erfinders Fatih: „Sie selbst hätte auch einiges zu sagen", hält sie über die Gespräche in einem bürgerlichen Haushalt, in dem sie arbeitet, fest, „aber bist du Reinigungskraft bei vierzehn Familien und zwei Firmen, hast du am Ende des Tages keine Äußerungskraft mehr."[10] Der Erzähler in *Herkunft*

---

9 Carlos Spoerhase, Literarische Besteckszenen. Über den sozialen Aufstieg mit Messer und Gabel, in: Merkur 78 (2024), H. 897, 66–74.
10 Stanišić, Möchte die Witwe angesprochen werden, platziert sie auf dem Grab die Gießkanne mit dem Ausguss nach vorne, 33.

nimmt seine Erfahrungen als Gast von Rahims Eltern schließlich zum Anlass, selbst eine Einladung auszusprechen:

> Die Eltern von Rahim waren gute Gastgeber, und ich machte mir eine Million Gedanken, ob es gutgehen könnte, sie als Gäste bei uns zu haben. Wie sich meine Eltern und Großeltern fühlen würden und wie ich. Ich wollte, dass uns als Familie etwas gelingt, wenn auch nur etwas so Einfaches wie ein Abendessen mit neuen Bekannten. (H, 188)

Der Wunsch des Erzählers, selbst Gastgeber zu sein, knüpft unmittelbar an seine Erfahrung des familiären Klassenabstieges an, da er sich bei dieser Gelegenheit sogleich daran erinnert fühlt, wie seine Mutter früher selbst gerne Gäste eingeladen und bewirtet hat und Besuch in ihrem Haus in Višegrad stets ein- und ausgegangen ist. Im ‚Gelingen' des geplanten Abendessens, das Saša sich in der Folge noch detailreich ausmalt, imaginiert das kindliche erlebende Ich den erfolgreichen Widerruf des bereits vollzogenen Klassenabstieges seiner Familie, der sich an dieser Stelle auch unmissverständlich als solcher zu erkennen gibt. Die Einladung an Rahims Eltern ergeht schlussendlich, sie wird freundlich angenommen, aber ihre Verwirklichung bleibt aus.

Den Klassenabstieg seiner Eltern kontrastiert der Erzähler wiederholt mit seinem eigenen akademischen und beruflichen Werdegang, der in dieser Kontrastierung als ein sozialer Aufstieg erscheinen muss: „Anders als mich die Schule führte die Arbeit meine Eltern an die Ränder des sozialen und des körperlich ertragbaren Lebens" (H, 154), hält er schon über seine Schulzeit vergleichend fest. Als den Eltern dann 1998 eine Abschiebung nach Bosnien droht und sie in die USA auswandern, darf er – aufgrund eines geplanten und aufgenommenen Studiums – in Deutschland bleiben; der Vertrag für seinen ersten Roman sichert ihm dann auch nach seinem Studium eine Aufenthaltserlaubnis: „Mit meinem Geflüchtetenstatus verschwanden die praktischen Hürden. [...] Der existenzielle Druck, dem meine Eltern ausgesetzt waren, blieb mir erspart" (H, 185). Zwischen seiner eigenen Arbeit und der seiner Familie stellt er wiederholt eine direkte Verbindung her: „Dass ich heute noch mit Sprache arbeite, dass ich literarisch schreiben kann, ist ein Privileg", lautet der erste Satz jenes Kapitels, das von der einstigen Scham über die „höchstens mittelmäßigen Sprachkenntnisse" (H, 139) seiner Eltern und den Vorstellungsgesprächen des Vaters handelt, zu denen Saša ihn als Übersetzer begleitet. Die Arbeit des Vaters (oder in diesem Fall die Suche danach) bahnt in charakteristischer Weise den Weg für die zukünftige Arbeit des Sohnes: Den bei dieser Gelegenheit von einer Personalerin erlernten Ausdruck der ‚gebundenen Hände' und ihrer Metaphorik trägt das davon in einem literarischen Text erzählende Kapitel, als Produkt dieser Arbeit, in seinem Titel. Auch die berufliche Laufbahn des Onkels, der als Schauspieler, wie schon erwähnt, nach seiner

Flucht nur noch Rollen ohne Sprache spielen kann, findet in der Arbeit seines Neffen deutlichen Widerhall – der Erzähler selbst zieht diesen Vergleich, wenn er daran erinnert, dass es „für freiberufliche Künstler, allen voran Schriftsteller und Clowns" (H, 218), mitunter schwer werden könne, beim Amt die Sicherung ihres Lebensunterhaltes bürokratisch einwandfrei darzulegen.

In dieser Gegenüberstellung von Arbeiten ‚mit' und ‚ohne' Sprache[11] kontrastiert der Roman den sozialen Aufstieg des Erzählers mit dem sozialen Abstieg seiner Familie, der wiederholt als Folge restriktiver Migrations- und unzureichender Integrationspolitik ausgewiesen wird. Das für den Aufbau des Textes konstitutive Nebeneinander von familiärem Abstieg und individuellem Aufstieg lässt schließlich auch ein Verhältnis zwischen dem Erzähler und seiner Familie erkennen, das insbesondere für das Verständnis der affektiven Grundierung von Klassenwechseln aufschlussreich scheint. Grundlegend für dieses Verhältnis ist die Einsicht des Erzählers, dass er die (soziale) Lage seiner Eltern in Deutschland früher nicht genau gekannt hat: „Ich wusste tatsächlich wenig über Vaters Zeit in der Lausitz. Von sich aus hatte er kaum darüber gesprochen, und ich war damals pubertierender Weltmeister im Meiden-von-Unterhaltungen-mit-Eltern gewesen" (H, 143–144). Und an späterer Stelle:

> Ich kann nicht sagen, ob es gut gewesen ist, nicht zu wissen, was die beiden damals umtrieb und quälte. Oder, anders gesagt, ob es gut gewesen ist, davon auszugehen, dass es um sie besser stand, als es wirklich der Fall war. Um ihre Ängste und unsere Finanzen und grundsätzlich das Glück in diesem deutschen Leben. Einiges wusste ich, wollte es aber nicht wahrhaben. Ich war außer Haus, wann immer ich konnte. Und selten für sie da.
> Ich wollte Freiräume, und meine Eltern ließen sie mir. Durch Zuspruch, Zuneigung und ein kleines Taschengeld erhöhten sie meine Chancen, ein einigermaßen normaler Teenager zu sein, allen Hürden des Migrantischen zum Trotz. (H, 185)

Die für dieses Alter charakteristische Abkehr von den Eltern wird auch hier ausdrücklich als Normalität bekräftigt; mehr noch erkennt der Erzähler in ihrer Ermöglichung eine eigens zu würdigende Leistung seiner Eltern an. Wenn er dabei jedoch gleichzeitig einräumt, damals viel außer Haus und nur selten für sie da gewesen zu sein, zeichnet sich in seinen Worten auch ein – an die bereits dargelegte Gegenüberstellung ihrer Lebenswege rückzubindendes – Gefühl der Schuld ab, dessen Berechtigung er an dieser Stelle zur Disposition stellt.[12] „Ich bin ein egoistisches Fragment. Ich habe mich mehr um mich selbst gekümmert als um

---

11 Vgl. hierzu auch den Beitrag von Kevin Drews in diesem Band.
12 Zu Stanišićs Reflexion von Schuld und Scham vgl. auch: Joscha Klueppel, Emotionale Landschaften der Migration. Von unsichtbaren Grenzen, Nicht-Ankommen und dem Tod in Stanišićs *Herkunft* und Varatharajahs *Vor der Zunahme der Zeichen*, in: Transit 12 (2020), H. 2, 1–22.

Familie und ihren Zusammenhalt" (H, 217), merkt er an späterer Stelle an. Der erhobene Selbstvorwurf wird hier lediglich durch den Begriff des Fragmentes relativiert, der im fehlenden Zusammenhalt der Familie auch eine Folge von Flucht, Migration und Abschiebung erkennt: „Die Welt ist voller Jugoslawen-Fragmente wie sie oder ich es sind" (H, 217), heißt es unmittelbar zuvor über den Erzähler und seine Eltern.

Die einst fehlende Kenntnisnahme des sozialen Abstieges seiner Eltern und ihrer Situation in Deutschland – jenes Meiden und Nichtwahrhabenwollen – holt der Erzähler nachträglich ein, und zwar mit den Mitteln seines Aufstieges. Er macht die einstige Lage seiner Eltern und die daraus erwachsene familiäre Entzweiung zum Gegenstand seiner literarischen Arbeit und erzählt, wie es seinem Vater auf dem Bau und seiner Mutter in der Großwäscherei ging. Er weiß dabei aber auch um die Grenzen seines Vorgehens: „Literatur ist ein schwacher Kitt. Das merke ich auch bei diesem Text" (H, 217), lautet sein Urteil[13] – über seine Arbeit, aber vor allem: über jene Entzweiung, gegen die er damit anzuschreiben sucht.

2 „Akademiker putzen besser": Zumutungen harter Arbeit in *Ein schönes Ausländerkind* von Toxische Pommes

Toxische Pommes,[14] die mit bürgerlichem Namen Irina heißt, wurde unter diesem Pseudonym während der Coronapandemie auf der Plattform TikTok bekannt; viele ihrer satirischen Kurzvideos drehen sich um die Themen Migration, Integration und Fremdenfeindlichkeit in Deutschland und Österreich. Es folgten Auftritte als Kabarettistin mit dem Programm *Ketchup, Mayo & Ajvar – Die sieben Sünden des Ausländers*. 2024 ist mit *Ein schönes Ausländerkind* ihr erster Roman erschienen. Dessen Erzählerin und Protagonistin bleibt im Text durchweg namenlos und wird auch im beigefügten Familienstammbaum nur als ‚Ich' aufgeführt, ihre Eltern als ‚Mutter' und ‚Vater'. Wie die Autorin ist auch die Erzählerin zu Beginn der 1990er Jahre, kurz nach ihrem zweiten Geburtstag, mit ihren Eltern vor dem Bürgerkrieg im ehemaligen Jugoslawien nach Österreich geflohen. In Wiener Neu-

---

13 „Der Kitt der multiethnischen Idee hielt dem zersetzenden Potenzial der Nationalismen nicht länger stand" (H, 98), heißt es im Roman zuvor über den Kitt, bezeichnenderweise in Bezug auf den jugoslawischen Staatszerfall und Bürgerkrieg.
14 Toxische Pommes, Ein schönes Ausländerkind, Wien 2024. Das Zitat in der Überschrift ebd., 103. Im Folgenden zitiere ich unter der Sigle A aus dieser Ausgabe im Fließtext.

stadt aufgewachsen, studierte sie später Rechtswissenschaften in Wien und schloss ihr Studium schließlich mit einer Promotion ab.[15] Die Romanhandlung beginnt am Arbeitsplatz der Erzählerin, einer Behörde im ersten Wiener Gemeindebezirk, und entfaltet rückblickend die Geschichte ihrer Familie – von der Flucht aus Rijeka bis zur Erlangung der österreichischen Staatsbürgerschaft. Der Klappentext des Buches enthält eine Empfehlung von Saša Stanišić: „Toxische Pommes ist lustig im Internet – und als Autorin. Doch diese Geschichten, funkelnde Steine eines Balkan-Mosaiks, sind auch Pointen der Rührung, des absurden, der politischen Erzählung. Und als Gesamtbild ein großes Glück",[16] hält er über den Roman und dessen Autorin fest. „Dass der Literaturbetrieb Influencer verpflichtet, passiert immer öfter, kommt aber selten gut. Bei Toxische Pommes schon",[17] kommentiert auch Nadine A. Brügger im Feuilleton der *NZZ* die Doppelrolle der Schreibenden als Internetpersönlichkeit und Autorin. Die Erzählerin des Romans ist zum Zeitpunkt der Handlung weder das eine noch das andere, sondern Angestellte in einer Behörde. Die schon auf den ersten Seiten formulierte Einsicht „Ich musste etwas an meinem Leben ändern" (A, 9) sowie die darauffolgende Kündigung deuten diesbezüglich jedoch auf eine Veränderung hin – der Roman wendet sich nach dem Prolog allerdings ganz der Vergangenheit der Protagonistin und ihrer Familie zu, ihre (berufliche) Zukunft bleibt demonstrativ offen.

Einige Tage nach den ersten Bombenalarmen in Rijeka hatten die Eltern der Erzählerin bereits den Entschluss gefasst, das Land zu verlassen. „Meine Eltern waren zwar vor dem Krieg geflohen, jedoch nicht als Asylbewerber, sondern als Gastarbeiter", hält die Erzählerin über die Umstände ihrer Flucht fest, welche sie selbst als „Luxus" beschreibt, „der nur den allerwenigsten Menschen auf der Flucht zugutekam" (A, 27). Die Reflexion der Flucht- und Einwanderungserfahrung unter dezidiert klassenanalytischen Gesichtspunkten setzt hier bereits ein und wird im Verlauf des Romans weiter entfaltet. Die Erzählerin und ihre Eltern finden Unterkunft bei der Familie Hell in Wiener Neustadt – im Gegenzug für Haushaltshilfe und Kinderbetreuung. Die Mutter der Erzählerin arbeitet fortan an sechs und manchmal auch an sieben Tagen pro Woche bei den Hells. Verabredet ist eine Arbeitszeit von halb sieben Uhr morgens bis drei Uhr nachmittags, die jedoch selten eingehalten wird. Die ausführliche und in Teilen drastische Be-

---

[15] Im Gespräch mit Susanne Romanowski für die *FAZ* bezeichnet die Autorin ihren Roman selbst als ‚autofiktional'. Vgl. dazu Susanne Romanowski, Wie man (nicht) dazugehört, in: Frankfurter Allgemeine Zeitung, 17.03.2024, 36.
[16] Blurb von Saša Stanišić auf dem Buchumschlag der Erstausgabe.
[17] Nadine A. Brügger, Sie nennt sich ‚Toxische Pommes', schiesst schnell und denkt lange nach, in: Neue Zürcher Zeitung, 25.07.2024, 30.

schreibung der täglich anstehenden Putz-, Koch,- Bügel- und Betreuungstätigkeiten umfasst im Roman mehrere Seiten. Neben „der wöchentlichen Generalreinigung" (A, 33) des mehrstöckigen Hauses zählt der „akribische[ ] Putzplan" (A, 34) auch die alphabetische Sortierung alter Diskettensammlungen, das Herausnehmen und Reinigen einzelner Computertasten oder das Stopfen von Strümpfen zum Aufgabenspektrum. Ob die Böden gut gereinigt wurden, überprüft Renate Hell am Ende des Tages anhand der weißen Socken ihres Sohnes. Kurzum: Die Mutter der Erzählerin wird über mehrere Jahre zur Haussklavin einer gebieterischen Herrin, der Vater übernimmt die anstehenden Garten- und Reparaturarbeiten. „Sie hatten ihren Frieden damit geschlossen, während der kommenden Jahre kein festes Zuhause zu haben, und sich damit abgefunden, einstweilen wieder zur Arbeiterschicht zurückzukehren" (A, 63), kommentiert die Erzählerin die Lage ihrer Eltern unter direkter Bezugnahme auf den damit einhergehenden Klassenwechsel – in Rijeka haben beide noch in akademischen Berufen gearbeitet. Die Beschreibung ihrer sozialen Lage wird auch hier, wie schon bei Stanišić, mit einer Tischszene besiegelt: Nachdem die Mutter samstags einen Berg aus zwanzig bis dreißig Schnitzeln paniert hat, laden die Hells die Familie manchmal zum Essen ein. „Als Kind war ich immer fasziniert von diesen gemeinsamen Mittagessen. In meiner Familie saßen wir nie alle gleichzeitig an einem Tisch zusammen" (A, 35), schließt sie ihre Schilderung vergleichend ab. Was die Erzählerin hier allerdings noch zu bedauern scheint, macht sie sich im weiteren Verlauf des Romans zu eigen und spricht von einer familiären „Tradition, alle getrennt und zu unterschiedlichen Tages- und Nachtzeiten zu essen" (A, 107).

In der Folge kontrastiert der Roman eine Reihe weiterer sozialer Aufstiege und Abstiege miteinander. Dem Abstieg der Mutter nach ihrer Flucht geht ihr Aufstieg zu Jugendzeiten voraus. Sie ist als eines von fünf Kindern im montenegrinischen Nikšić aufgewachsen, ihr Vater war Arbeiter im Stahlwerk, ihre Mutter dort Putzkraft. Mit achteinhalb Jahren hat sie als älteste Tochter bereits Verantwortung für den Haushalt übernommen. Nachdem ihr jüngerer Bruder an Leukämie gestorben war, hat sie den Entschluss gefasst, Pharmazie zu studieren, und ist dafür nach ihrem Schulabschluss nach Kroatien gezogen. Auch während ihrer Zeit bei Renate Hell lernt sie beflissen weiter – vor ihren langen Arbeitstagen paukt sie in den frühen Morgenstunden noch Vokabeln. Kurz bevor die Tochter aufs Gymnasium kommt, erhält sie einen Job als Teilzeitkraft in einer Apotheke. Einige Jahre, viele Gängelungen und zahlreiche bürokratische Hürden später legt sie erfolgreich ihre Nostrifikationsprüfungen ab: „Sie war nun offiziell doppelt studierte Pharmazeutin" (A, 181), hält die Erzählerin fest; nur wenige Monate später bekommt die Mutter schließlich einen gut bezahlten Job in einem Pharmaunternehmen.

Der Vater, der in Jugoslawien Schiffbauingenieurwesen studiert hat,[18] bemüht sich zunächst um eine Anstellung: „Die Quote für dieses Jahr sei bereits ausgeschöpft und deshalb könne er keine Arbeitserlaubnis erhalten; er solle es aber gerne nächsten Jahr wieder versuchen" (A, 38), bekommt er jedoch, Jahr für Jahr, von der zuständigen Behörde zu hören. „Für meinen Vater hieß das übersetzt: Da angeblich zu viele Ausländer da waren, die den Österreichern ihre Jobs wegnahmen, blieb ihm nichts anderes übrig, als der faule Ausländer zu werden, der nicht arbeiten wollte" (A, 38), kommentiert die Erzählerin. Der Vater bleibt schließlich zu Hause und kümmert sich um den Haushalt und die Betreuung des Kindes, während seine Frau zur „Ankerfremden" wird, „also zu dem einzigen Familienmitglied mit einer gültigen Aufenthaltsgenehmigung" (A, 39). Als Kindermädchen der Familie Hell erhält sie sofort jene Arbeitserlaubnis, die dem Vater als Ingenieur zuvor verwehrt worden ist – an der restriktiven Einwanderungspolitik übt der Text an dieser Stelle deutliche Kritik. Je weniger Betreuung die Tochter mit der Zeit benötigt, desto mehr vereinsamt der Vater. Bringt sie aus der Schule Besuch in die kleine Wohnung mit, versteckt er sich in der Küche und verweigert jedes Gespräch. Zu groß ist die Scham für seine fehlenden Sprachkenntnisse: „Es war, als hätte ihm jemand die Kleider vom Leib gerissen und als müsste er auf einmal nackt durch die Welt gehen" (A, 54), beschreibt die Erzählerin den Gang ihres Vaters in der Öffentlichkeit. Auch auf die Konferenzreisen seiner Frau möchte er, viele Jahre später, nicht mitkommen, mit der Begründung, „alle würden mit dem Finger auf ihn zeigen und ihn auslachen, weil er so schlecht Deutsch spricht" (A, 189).

Über ein Jahrzehnt ist die Bleibeperspektive der Familie ungewiss, was sich auch auf die Erzählerin auswirkt. In der Schule ist sie äußerst fleißig, strebt nach Perfektion und gibt sich nur mit Bestnoten zufrieden: „Wenn mir das gelang und ich alles richtig machte, bekam ich nicht nur einen Glitzersticker, sondern, wer weiß, vielleicht auch eines Tages die österreichische Staatsbürgerschaft" (A, 84), erklärt sie ihren schulischen Ehrgeiz. „Und noch dazu bist du Ausländer, das heißt, du wirst doppelt so viel machen müssen, damit sie dich eines Tages vielleicht akzeptieren" (A, 80), hat auch der Vater sie entsprechend vorgewarnt. In den überzogenen Leistungsansprüchen der Tochter zeigt Toxische Pommes die Härten des sozialen Aufstieges und des familiären Weges zur Einbürgerung und

---

18 Auch der aus dem serbischen Požega stammende Vater „war der Erste und Einzige in seiner Familie gewesen, der ein Studium begonnen und abgeschlossen hatte" (A, 187).

Anerkennung auf.[19] Die Schattenseiten und die Gnadenlosigkeit des zugrunde liegenden Aufstiegsversprechens, dem sich die Tochter vorbehaltlos hingibt, stellt der Roman in einer Schwimmwettbewerbsepisode eindrücklich vor Augen. Einmal im Jahr richtet ihr Sportverein einen Wettbewerb aus, in welchem Eltern und Kinder als Staffel antreten. Der sonst so sportliche Vater, der seine Tochter einst auch ans Schwimmen herangeführt hat, verweigert Jahr um Jahr seine Teilnahme,[20] willigt dann aber, wider Erwarten, ein. Auch diesen „emotionalen und (meist ungewollt) komödiantischen" Wettbewerb will die Tochter unbedingt gewinnen (A, 172). Dem ohnehin sichtlich nervösen Vater gelangt jedoch Wasser in die Schwimmbrille, sein Tempo lässt nach und die beiden belegen nur den vierten Platz. Auf seine Entschuldigungen hin kann sich die Erzählerin vor Wut nicht mehr halten. „Du bist zu nichts zu gebrauchen" und „Ich schäme mich für dich" wirft sie ihm vor und kommentiert abschließend: „Ich konnte die Verachtung in meiner eigenen Stimme hören" (A, 177).

Spätestens mit dieser in Teilen drastischen Schilderung der Wettkampfsituation treten die Bürden und Zumutungen der an die Tochter gerichteten Leistungsansprüche deutlich zutage; in der Gegenüberstellung der erfolgreichen Integration von Mutter und Tochter und der zunehmenden Isolation des Vaters stellt der Text die an die Familie herangetragenen Anforderungen kritisch zur Diskussion. Im Prolog ist die gewonnene Distanz der Erzählerin zu diesen Ansprüchen bereits spürbar: „Ich hatte den Ausländer in mir erfolgreich wegintegriert. [...] Ich hatte immer nur gelernt oder gearbeitet, war nie krank gewesen, hatte ein Semester unter Mindestzeit studiert, einen Doktortitel und Schlafprobleme, seit ich fünfzehn war" (A, 13), beschreibt sie ihren Werdegang. „Ich hatte alles erreicht, wofür meine Eltern und ich ein Leben lang hart gearbeitet hatten. Ich war perfekt" (A, 14), hält sie kurz vor ihrer Kündigung fest. Auch die folgende Retrospektion zeugt stellenweise bereits von ihrer späteren Haltung – etwa, wenn die Erzählerin Renate Hells Versicherungen wiedergibt, dass sie und ihre Familie unter den Ausländern „zu den Guten" gehörten" (A, 82), oder wenn sie ihren Wechsel aufs Gymnasium mit dem Titel „Vom Ausländer- zum Akademikerkind" (A, 103) überschreibt. „Nicht nur Renate, auch unsere Nachbarn und die Familien meiner

---

19 In *Wir Strebermigranten* legt Emilia Smechowski entlang der Migrations- und Aufstiegsgeschichte ihrer 1989 aus Polen geflohenen Familie einen ganz ähnlich motivierten Leistungsanspruch offen. Vgl. Emilia Smechowski, Wir Strebermigranten, München 2017.
20 Grund seiner Weigerung sind auch hier seine „gebrochenen Sprachkenntnisse": „Was mache er dort, er würde mich doch nur vor meinen Freunden und meiner Trainerin blamieren, er habe in meiner Welt nichts verloren, alle würden mit dem Finger auf ihn zeigen und ihn auslachen, dass er so schlecht Deutsch spricht", gibt die Erzählerin die Antwort des Vaters auf ihre Überredungsversuche wieder (A, 173).

Freunde betonten regelmäßig, wir seien nicht wie die anderen. Und nicht zu vergessen: Meine Eltern hatten studiert – zwar nur im ehemaligen Jugoslawien, aber immerhin" (A, 68), heißt es noch mal. Das auch in Stanišićs Roman festgestellte Beharren auf der akademischen Ausbildung der Eltern wird von Toxische Pommes unter Bezugnahme auf fremdenfeindliche Abgrenzungen und Unterscheidungen problematisiert und zurückgewiesen.

Die sozialen Aufstiege und Abstiege der Figuren werden im Roman vor allem entlang ihrer Möglichkeiten zur gesellschaftlichen Teilhabe verhandelt. Dass sich darin stets auch jeweilige Klassengrenzen abzeichnen, wird ersichtlich, wenn der Vater die unterschiedlichen Wirkungsbereiche von Mutter und Tochter (den Arbeitsplatz, das Gymnasium oder den Schwimmverein) wiederholt als deren ‚Welten' bezeichnet,[21] in denen er selbst, wie er betont, nichts verloren habe. Das Verhältnis dieser unterschiedlichen ‚Welten' zueinander wird zwischen den Figuren stets auch affektiv ausgehandelt, wie sich entlang der wiederholt geäußerten Schuldgefühle der Tochter exemplarisch zeigt. Gleich mehrfach bittet der Vater sie im Roman um Hilfe: „Du hast keine Zeit, mir ein wenig Deutsch beizubringen?", fragt er sie „mit der größten Vorsicht, die seine Stimme noch aufbringen konnte" (A, 128). Die Tochter versucht es zunächst, stellt dann aber fest, dass sie sich dabei schlechter auf ihre Hausaufgaben konzentrieren kann, und winkt ab – auch darin wird sie von ihrem Vater ausdrücklich bestärkt. Und trotzdem hat sie später „Schuldgefühle" (A, 130):

> Wir waren alleine hier. Jeder von uns war für den jeweils anderen verantwortlich, und ich war in der Verantwortung meinem Vater gegenüber gescheitert. Hätte ich auch nur einen Tag lang an jemanden anderen gedacht als an mich selbst, würde er vielleicht nicht die ganze Nacht aufbleiben und in den Computer starren. Wäre ich selbstloser gewesen, hätte er vielleicht die Sprache gelernt, Freunde gefunden, ein Hobby, einen Beruf, einen Sinn. Ich schämte mich. (A, 129)

Die kollektive Verantwortlichkeit für Integration und Teilhabe wird von der Erzählerin als individuelle Verantwortung für ihren Vater gedeutet und erfahren. Dass sie meint, dieser Verantwortung nicht gerecht geworden zu sein, bringt jene Schuldgefühle hervor, die auch der Erzähler in *Herkunft* – auffällig ähnlich – artikuliert, wenn er sich als „egoistisches Fragment" beschreibt, weil er sich nicht „um Familie und ihren Zusammenhalt" gekümmert habe (H, 217). In beiden Fällen resultieren die Schuldgefühle aus dem Nebeneinander von sozialem Aufstieg und Abstieg – von verwehrter und ermöglichter gesellschaftlicher Teilhabe – und bleiben auch dort bestehen, wo Abstieg und Verwehrung auf Versäumnisse der Ein-

---

21 Vgl. A, 55, 173, 189 und 190.

wanderungspolitik zurückgeführt werden: „Ich fühlte mich schuldig für das, was ich hatte und er nicht. Lange dachte ich, ich könnte einen Teil dieser Schuld begleichen, indem ich ihn zumindest an meinem Leben teilhaben ließ" (A, 187), erklärt die Erzählerin ihr Verhältnis zum Vater. Doch auch dieser Versuch muss scheitern – ihre Geschichten aus Schule und Alltag können die wahrgenommene Distanz nicht mehr verringern.[22] „Was hat uns Österreich gekostet?", fragt sie schließlich am Ende des Romans und zieht eine ernüchternde Bilanz: „Meinen Vater seine Stimme, meine Mutter ihre Lebendigkeit. Und mich? Meinen Vater" (A, 202).

3 Postmigrantische Perspektivierungen autosoziobiografischer Schreibweisen

Die untersuchten autofiktionalen Texte berichten von sozialen Aufstiegen – Stanišićs Erzähler wird erfolgreicher Schriftsteller, die Erzählerin von Toxische Pommes promovierte Juristin. In beiden Romanen werden diese Aufstiege allerdings in Anbetracht vorangegangener familiärer Abstiege formuliert und reflektiert. Die Gegenüberstellung der nach der gemeinsamen Fluchterfahrung jeweils unterschiedlich verlaufenden Wege der Erzähler:innen und ihrer Eltern – und die dadurch auch generationell determinierten Gegensätze – prägen diese beiden hier gemeinsam in den Blick genommenen Aufstiegserzählungen.

Wie die Herausgeber:innen des Bandes *Autosoziobiographie. Poetik und Politik* in ihrer Einleitung hervorheben, ist das Sujet des Klassenwechsels nicht zwangsläufig an autosoziobiografische Schreibweisen gebunden, geht in der Gegenwartsliteratur aber häufig mit solchen einher.[23] Auch die untersuchten Texte zeichnen sich durch eine Reihe von Merkmalen aus, die diesem *genre in the making*[24] bisher zugeschrieben worden sind. Die Darstellung individueller Lebenswege zielt in beiden Romanen auf ihre Anerkennung als Kollektiverfahrungen ab;[25] das zeigt sich etwa dort, wo Stanišićs Roman wiederholt auf die Lage anderer jugoslawischer Geflüchteter in den 1990er Jahren oder auch syrischer Geflüchteter auf der Balkanroute 2015 Bezug nimmt. Die Erzähler:innen treten – in der

---

22 Vgl. hierzu A, 187–188.
23 Vgl. Eva Blome, Philipp Lammers und Sarah Seidel, Zur Poetik und Politik der Autosoziobiographie. Eine Einführung, in: Autosoziobiographie. Poetik und Politik, hg. von dens., Berlin 2022, 1–14, hier: 5.
24 Vgl. Blome, Lammers und Seidel, Zur Poetik und Politik der Autosoziobiographie, 1.
25 Zur Problematik dieses Anspruchs vgl. Carlos Spoerhase, Politik der Form. Autosoziobiografie als Gesellschaftsanalyse, in: Merkur 71 (2017), H. 818, 27–37.

charakteristischen Dopplung einer erworbenen Distanz und noch vorhandenen Nähe[26] – als Übersetzer:innen (in diesen mehrsprachigen Texten dies oft auch im wörtlichen Sinne) und Vermittler:innen eines ihrer Leserschaft – vermeintlich – weniger vertrauten (migrantischen) Milieus auf, welches sie dezidiert auch unter klassenanalytischen Gesichtspunkten in den Blick nehmen. Ferner werden besagte Klassen- und Herkunftsverhältnisse – wie Eva Blome es für autosoziobiografische Texte herausgearbeitet hat[27] – auch in diesen beiden Romanen ausdrücklich als Generationenverhältnisse verhandelt: *Herkunft* beschreibt sich als ein „Selbstportrait mit Ahnen" (H, 50) und auch *Ein schönes Ausländerkind* ist, zu jeweils gleichen Anteilen, ein Roman über das Kind und seine Eltern. Nicht zuletzt geht mit den Erzählungen dieser sozialen Aufstiege auch ein charakteristisches Affektrepertoire einher – darunter auch die aufstiegsspezifische Scham –, welches das Verhältnis der Erzähler:innen zu ihren Herkunftsmilieus sowie zur Klassengesellschaft konstituiert und auszeichnet.[28]

Entlang dieser Übereinstimmungen lässt sich in beiden Romanen eine deutliche Nähe zu autosoziobiografischen Schreibweisen erkennen – wenn nicht gar ihre unmittelbare Anwendung feststellen. Gerade dort aber, wo die Lebenswege der Erzähler:innen und ihrer Familien von Erfahrungen der Flucht und Migration geprägt sind, treten Unterschiede zutage, welche die postmigrantische Perspektivierung dieser Schreibweisen in den untersuchten Texten anzeigen. So fällt die qua Bildung erworbene Distanz zum Herkunftsmilieu in beiden Texten geringer aus: In Anbetracht der Akademikerkinder auf ihrer neuen Schule hält die Erzählerin in *Ein schönes Ausländerkind* (nicht ohne kritischen Unterton) fest, dass sie „in Wirklichkeit auch eines von ihnen war" (A, 105), wenngleich besagte Akademikerkinder das nicht wahrhaben wollen;[29] und auch der Erzähler in *Herkunft* ruft die akademische Ausbildung seiner Eltern wiederholt in Erinnerung. Umso deutlicher fällt vor diesem Hintergrund allerdings die im Abstieg der Eltern deutlich werdende soziale Distanz aus, die sich in ihren unterschiedlichen Möglichkeiten gesellschaftlicher Teilhabe (bis hin zu ihrer vollständigen Verwehrung im Akt der Abschiebung) äußert. Dieses Nebeneinander von Aufstieg und Abstieg lässt in den untersuchten Texten eine postmigrantische Perspektivierung sozialer Aufstiegsnarrative erkennen und geht mit der Artikulation und Reflexion spezifischer

---

26 Zu Distanz und Nähe als Indizes der Autosoziobiografie vgl. den Beitrag von Friederike Schruhl-Hildebrand in diesem Band.
27 Vgl. Blome, Rückkehr zur Herkunft, 549–552.
28 Zur Verbindung von Affekt und Klassenerzählung vgl. die Einleitung in diesem Band sowie Blome, Lammers und Seidel, Zur Poetik und Politik der Autosoziobiographie, 5–6.
29 „Hier waren Ausländer nicht Akademiker" (A, 105), lautet die entsprechende Erklärung.

aus diesen Gegensätzen erwachsener Schuldgefühle einher. In der Darstellung dieser Schuldgefühle weisen die beiden Romane schließlich vor allem die Schwere einer kollektiven Integrationsverantwortung aus, die sich als vermeintlich individuelle Verantwortung auf die Schultern ihrer Erzähler:innen legt.

Literatur

Primärliteratur

Smechowski, Emilia: Wir Strebermigranten, München 2017.
Stanišić, Saša: Herkunft, München 2019.
Stanišić, Saša: Möchte die Witwe angesprochen werden, platziert sie auf dem Grab die Gießkanne mit dem Ausguss nach vorne, München 2024.
Toxische Pommes: Ein schönes Ausländerkind, Wien 2024.

Sekundärliteratur

Blome, Eva: Rückkehr zur Herkunft. Autosoziobiografien erzählen von der Klassengesellschaft, in: Deutsche Vierteljahrsschrift für Literaturwissenschaft und Geistesgeschichte 94 (2020), H. 3, 541–571.
Blome, Eva, Philipp Lammers und Sarah Seidel: Zur Poetik und Politik der Autosoziobiographie. Eine Einführung, in: Autosoziobiographie. Poetik und Politik, hg. von dens., Berlin 2022, 1–14.
Brügger, Nadine A.: Sie nennt sich ‚Toxische Pommes', schiesst schnell und denkt lange nach, in: Neue Zürcher Zeitung, 25.07.2024, 30.
Hauk, Matthias: Postjugoslawische Reisen in der deutschsprachigen Literatur. Studien zu Erzähltexten von Peter Handke, Saša Stanišić, Jagoda Marinić und Marko Dinić, Berlin und Boston 2025.
Hodaie, Nazli, und Michael Hofmann (Hg.): Postmigrantische Literatur. Grundlagen, Analysen, Positionen, Berlin 2024.
Klueppel, Joscha: Emotionale Landschaften der Migration. Von unsichtbaren Grenzen, Nicht-Ankommen und dem Tod in Stanišićs *Herkunft* und Varatharajahs *Vor der Zunahme der Zeichen*, in: Transit 12 (2020), H. 2, 1–22.
Neumann, Michael, und Marcus Twellmann: Einleitung: Postmigrantische Perspektiven in der Peripherie, in: Internationales Archiv für Sozialgeschichte der Deutschen Literatur 48 (2023), H. 2, 379–397.
Penke, Niels: Im Drachenhort. Schreibverfahren der Fantasy bei Saša Stanišić, in: Saša Stanišić. Poetologie und Werkpolitik, hg. von Katja Holweck und Amelie Meister, Berlin und Boston 2023, 33–46.
Romanowski, Susanne: Wie man (nicht) dazugehört, in: Frankfurter Allgemeine Zeitung, 17.03.2024, 36.
Rutka, Anna: ‚Herkunft ist Zufall'. Zu offenen Herkunfts- und Heimatkonzepten in der Literatur der deutschen postmigrantischen Generation, in: German Life and Letters 75 (2022), H. 4, 554–573.
Schramm, Moritz: Jenseits der binären Logik. Postmigrantische Perspektiven für die Literatur- und Kulturwissenschaft, in: Postmigrantische Perspektiven. Ordnungssysteme, Repräsentationen, Kritik, hg. von Naika Foroutan, Julia Karakayalı und Riem Spielhaus, Frankfurt a. M. 2018, 83–96.
Spoerhase, Carlos: Politik der Form. Autosoziobiografie als Gesellschaftsanalyse, in: Merkur 71 (2017), H. 818, 27–37.

Spoerhase, Carlos: Literarische Besteckszenen. Über den sozialen Aufstieg mit Messer und Gabel, in: Merkur 78 (2024), H. 897, 66–74.
Struck, Christian: ‚Es sind nur Worte'. Das beiläufige Erzählen von Saša Stanišić zwischen kriegerischem Ernst und entwaffnender Ehrlichkeit in *Herkunft*, in: Saša Stanišić. Poetologie und Werkpolitik, hg. von Katja Holweck und Amelie Meister, Berlin und Boston 2023, 93–114.
Zimmermann, Yvonne: ‚Woher kommst Du?' Antwortversuche in Saša Stanišićs Roman *Herkunft* (2019), in: Feminist Circulations between East and West. Feministische Zirkulationen zwischen Ost und West, hg. von Annette Bühler-Dietrich, Berlin 2020, 239–258.

Katja Holweck
Aufwachsen in „blühenden Landschaften"
Zur Verhandlung von soziogeografischer Herkunftsscham in Hendrik Bolz' *Nullerjahre* (2022)

> Abfuck, wenn man schon allein die dummen Trabis sieht, schämt man sich irgendwie für den Osten.[1]

1 Junge deutsche Gegenwartsliteratur: Im Osten viel Neues

Vermehrt werden in der Gegenwartsliteratur Stimmen aus dem Osten laut, die die Nachwendezeit neu erzählen – und dies von den sozialen Rändern aus. Nach einschlägigen Romanen wie denen Clemens Meyers, Manja Präkels' oder Lukas Rietzschels[2] verschafft der 1979 in Potsdam geborene Daniel Schulz mit seinem Essay *Wir waren wie Brüder*[3] der Aufarbeitung der 1990er und 2000er Jahre eine breitere öffentliche Aufmerksamkeit. Schulz' Text, als Reaktion auf die rassistischen Ausschreitungen in Chemnitz 2018 verfasst,[4] befeuert eine Debatte über die der Wiedervereinigung folgende Alltäglichkeit rassistischer, homophober und sexistischer Gewalt, in der sich jene Generation zu Wort meldet, deren Jugend von den sogenannten „Baseballschlägerjahren"[5] geprägt wurde. Ein Jahr später knüpft

---

1 Hendrik Bolz, Nullerjahre. Aufwachsen in blühenden Landschaften, Köln 2022, 290. Im Folgenden mit der Sigle N und Seitenzahl im Fließtext zitiert.
2 Clemens Meyer, Als wir träumten, Frankfurt a. M. 2006; Manja Präkels, Als ich mit Hitler Schnapskirschen aß, Berlin 2017; Lukas Rietzschel, Mit der Faust in die Welt schlagen, Berlin 2018.
3 Daniel Schulz, Jugendliche in Ostdeutschland. Wir waren wie Brüder, taz, 01.10.2018, https://taz.de/Jugendliche-in-Ostdeutschland/!5536453/ (01.02.2025).
4 Am 26. August 2018 ereignet sich am Rande des Chemnitzer Stadtfestes ein tödlicher Messerangriff. Angeheizt von Gerüchten über die Herkunft des Täters marodieren Neonazis tagelang in der Stadt und skandieren Parolen wie „Wir sind das Volk". Die Ausschreitungen finden ihren Höhepunkt am 1. September, nachdem rechte und rechtsextreme Gruppen mit Unterstützung der AfD bundesweit ihre Anhänger:innen mobilisieren. Es kommt zu rassistischen Angriffen, bei denen Gegendemonstrant:innen, Polizeibeamt:innen und Pressevertreter:innen attackiert werden. Vgl. Patrick Gensing, Chronologie zu Chemnitz. Ein Tötungsdelikt und die politischen Folgen, tagesschau, 28.05.2022, https://www.tagesschau.de/faktenfinder/chronologie-chemnitz-103.html (01.02.2025).
5 Mit dem Post „Ihr Zeugen der Baseballschlägerjahre. Redet und schreibt von den Neunzigern und Nullern. It's about time" ruft der in Frankfurt (Oder) geborene Journalist Christian Bangel

Hendrik Bolz (*1988 in Leipzig) daran an, als er sich unter dem Titel *Siegheilrufe wiegten mich in den Schlaf*[6] an seine Adoleszenz in den 2000ern erinnert, ebenso die Alltagspraxis rechtsextremer Hegemonie nach dem Mauerfall thematisiert und auch dieser Text ein breites mediales Echo hervorruft. Ab 2022 erscheint daraufhin eine ganze Reihe von Texten, die mit autofiktionalen Anleihen von der Postwende-Ära aus einer jugendlichen Perspektive erzählen.[7] Gefeiert wird vonseiten des Feuilletons ein „Frühjahr der Ostjugendbücher",[8] zu dem auch die Debütromane oben genannter Autoren zählen.[9]

Einer dieser an eine „Selbstbefragung ostdeutscher Sozialisationsprozesse"[10] sich wagenden Texte soll im Folgenden genauer in den Blick genommen werden: In *Nullerjahre. Aufwachsen in blühenden Landschaften* führt Bolz, eigentlich unter dem Namen Testo als Rapper des Hip-Hop-Duos *Zugezogen Maskulin* bekannt, seine Leser:innen in eine Stralsunder Plattenbausiedlung, um von einer Jugend in prekären Verhältnissen zu erzählen. Eindrücklich porträtiert der in der DDR geborene und im vereinten Deutschland groß gewordene Bolz eine Generation, die aufgrund

---

2019 dazu auf, Erfahrungen rechtsextremer Gewalt auf Twitter zu teilen. Im Rückblick beschreibt er das überwältigende Echo auf seinen Aufruf wie folgt: „Im Minutenabstand antworteten mir Menschen mit ihren eigenen Erinnerungen. Sie beschrieben die rechte Gewalt, die sie in ihrer Jugend oder Adoleszenz erlebt hatten. [...] Mit jedem dieser 280-Zeichen-Berichte wurde deutlicher, dass es hier nicht nur um vereinzelte traumatische Erlebnisse ging, sondern um eine Generationenerfahrung." Christian Bangel, #baseballschlägerjahre. Ein Hashtag und seine Geschichten, Bundeszentrale für politische Bildung, 02.12.2022, https://www.bpb.de/shop/zeitschriften/apuz/rechte-gewalt-in-den-1990er-jahren-2022/515769/baseballschlaegerjahre/ (01.02.2025).
6 Hendrik Bolz, Siegheilrufe wiegten mich in den Schlaf, der Freitag, 28.10.2019, https://www.freitag.de/autoren/hendrik-bolz/sieg-heil-rufe-wiegten-mich-in-den-schlaf (01.02.2025).
7 Verwiesen sei neben Bolz' *Nullerjahre* und Schulz' *Wir waren wie Brüder* (München 2022) auf Bettina Wilperts *Herumtreiberinnen* (Berlin 2022), Domenico Müllensiefens *Aus unseren Feuern* (Berlin 2023), Charlotte Gneuß' *Gittersee* (Frankfurt a. M. 2023) und Anne Rabes *Die Möglichkeit von Glück* (Stuttgart 2023).
8 Julia Lorenz, Romane über Jugend in Ostdeutschland: Wie geil böse wir waren, taz, 19.02.2022, https://taz.de/Romane-ueber-Jugend-in-Ostdeutschland/!5833587/ (01.02.2025).
9 Eckhard Schumacher verweist auf die gegenwärtige Konjunktur von Texten, deren Verfasser:innen im Ostdeutschland der „späten 1980er Jahren geboren wurden" und damit als „,Nachwendekinder' kaum auf eigene Erinnerungen an DDR und Wendezeit zurückgreifen können". Ihr Aufwachsen in der Transformationsgesellschaft mache ihre Schilderungen aber gerade wertvoll, ermöglicht jenes doch einen „Blick auf die DDR und deren Ende [...], der nicht durch die vermeintlich unmittelbare eigene Anschauung, sondern durch die Perspektive der Nachwendejahre geprägt ist, die in diesen Büchern erstmals ausführlich entfaltet wird und tatsächlich neue Sichtweisen ermöglicht." Eckhard Schumacher, Eskalation erzählen. Nachwendenarration als Gewaltgeschichte, in: Merkur 77 (2023), H. 12, 16–29, hier: 17–18.
10 Schumacher, Eskalation erzählen, 21.

ihres sozialen Status und ihres Aufwachsens im Osten droht, in der Transformationsgesellschaft abgehängt und sich selbst überlassen zu werden: dies sowohl von ihren mit Abwertungserfahrungen und einer ausbleibenden Erfüllung der ‚Wendeversprechen' überforderten Eltern wie auch vom Rest der Gesellschaft, der der jugendlichen Prekarisierung mit Gleichgültigkeit begegnet. Insbesondere die in ihrer Alltäglichkeit sich entgrenzende Gewalt nimmt als prägende generationelle Erfahrung in der Coming-of-Age-Erzählung breiten Raum ein: eine Gewalt, vor der eine strukturell überforderte Staatsgewalt zurückweicht und die auf eine mit dem ökonomischen Überleben beschäftigte Gesellschaftsmitte trifft, die rechtsextremer Ideologie kaum zivilgesellschaftlichen Widerstand entgegensetzt.

2 Agenda

Mit der schonungslosen Darstellung der 2000er Jahre liefert *Nullerjahre* ein eindrückliches Zeugnis der ‚Postwende-Tristesse' von einem Standpunkt der sozialen wie topografischen Peripherie. Anschließend daran lässt sich Bolz' Roman nicht nur als Aufarbeitung der gesellschaftspolitischen Umbrüche nach '89/'90 und als Stellungnahme zu aktuell virulenten Fragen ostdeutscher Identitätspolitik rezipieren.[11] Ebenso lädt der „zwischen Autobiografie, Fiktion und Gesellschaftsanalyse"[12] oszillierende Roman zu einer klassensensiblen Lektüre ein:[13] So ruft bereits der Romanbeginn mit der „Rückkehr aus der sozialen Ferne und der Wiederan-

---

[11] Ein rezentes Beispiel für die kontroverse Auseinandersetzung mit der ostdeutschen Identität liefert die Streitschrift *Der Osten: Eine westdeutsche Erfindung* (Berlin 2023) des aus Gotha stammenden Literaturwissenschaftlers Dirk Oschmann. In seinem Text kritisiert Oschmann die seines Erachtens seit der Wiedervereinigung dominierende westdeutsche Deutungshoheit über die Geschichte und Identität Ostdeutschlands. Insbesondere die stereotype mediale Darstellung der Ostdeutschen als rückständig und undemokratisch wird von ihm zum Teil polemisch diskutiert.

[12] Eva Blome, Rückkehr zur Herkunft. Autosoziobiografien erzählen von der Klassengesellschaft, in: Deutsche Vierteljahrsschrift für Literaturwissenschaft und Geistesgeschichte 94 (2022), H. 4, 541–571, hier: 545.

[13] Vgl. hierzu die Ausführungen von Nadežda Zemaníková, die den Roman als „eine ostdeutsche Variante des [...] autosoziobiografischen Schreibens" bezeichnet und bezüglich einer Erfüllung von Genrekonventionen konstatiert: „[Bolz] betont die Relevanz von Herkunft und die Wechselwirkungen zwischen sozioökonomischen Gegebenheiten, soziokulturellen Bedingungen und individuellen Lebensläufen. Seine Darstellung des eigenen Lebens, besonders der Loslösung aus eigener Herkunftskultur und seines sozialen Aufstiegs, ist mit der Analyse gesellschaftlicher Problembereiche und sozialer Ungleichheit verbunden." Nadežda Zemaníková, Autobiografie – Metaautobiografie – Autosoziobiografie: Ostdeutsches autobiografisches Erinnern im neuen Jahrtausend, in: World Literature Studies 4 (2023), H. 15, 50–66, hier: 62.

näherung an das Herkunftsmilieu"[14] sowie dem Wunsch des Erzählers nach einer Aufarbeitung seiner Adoleszenz zentrale Narrative des autosoziobiografischen Schreibens auf.

Im Folgenden soll nach einer Skizze des Plots zunächst in den Blick rücken, inwiefern die Jugend des Protagonisten von Erfahrungen der Marginalisierung und Peripherisierung gekennzeichnet ist, die in einem Zusammenhang mit seiner soziogeografischen Herkunft stehen. Fokussiert wird, inwiefern die Gewaltbereitschaft, Desorientierung und Suchbewegungen, die Hendrik umtreiben, nicht nur als Folge des politischen Systemwechsels zu betrachten sind, sondern sich auch in Bezug zu Deklassierungserfahrungen setzen lassen, die vonseiten des Texts als spezifisch ostdeutsch perspektiviert werden. In einem zweiten Schritt wird untersucht, inwiefern sich die Aufarbeitung seiner Jugend trotz der eingangs eingestandenen Scham- und Schuldgefühle als ambivalent erweist. So lässt sich beobachten, dass die damaligen Verhältnisse zwar eine Problematisierung erfahren, von jenen aber dennoch nicht frei von Affizierung erzählt wird. Wie sich zeigt, mögen die in *Nullerjahre* gelieferten *confessiones* letztendlich auch von dem „Bedürfnis, die eigene Biografie zu verteidigen"[15] gekennzeichnet sein: ein Bedürfnis, das im letzten Teil kritisch diskutiert und mit Blick auf Genrefragen problematisiert werden soll.

3 Rückkehr nach Stralsund

> In Ostdeutschland spielt meine Geschichte und die meiner Vorfahren [...][.] Hier bin ich in einer Umbruchsgesellschaft groß geworden, in einer Zeit, die den neuen Bundesländern und den neuen Bürgern einiges abverlangte, zerrieben im Chaos der kollidierenden Systeme, mit all seinen Verwüstungen und Verwerfungen: Kalte mahlende Transformationsprozesse, luftleerer Raum, anomische Zustände, rechte Gewalt, Desindustrialisierung, leer stehende Fabrikhallen, Graswuchs auf rostigen Schienen, ausgepackte Ellenbogen, Vereinzelung, soziale Entmischung, Drogenschwemmen. Diktaturprägungen, Politikverdrossenheit, Resignation, Geburtenknick, Gangsterrap, ausblutende Landstriche, Massenarbeitslosigkeit, Abwertung, Abstieg, Scham, Schuld, Schweigen, Schweigen, Schweigen. (N, 16–17)

„[A]us der Perspektive einer erworbenen sozialen Distanz"[16] schildert *Nullerjahre* rückblickend die Kinder- und Teenagerjahre seines 1988 geborenen Protagonisten, der in einem heruntergekommenen Viertel am Stadtrand Stralsunds aufwächst.

---

14 Blome, Rückkehr zur Herkunft, 547.
15 Zemaníková, Ostdeutsches autobiografisches Erinnern, 59.
16 Blome, Rückkehr zur Herkunft, 541.

Als Erzählanlass dient ihm im Erwachsenenalter eine Reise an die Ostsee, um den Junggesellenabschied eines Jugendfreundes zu feiern. Für Hendrik, den es nach dem Schulabschluss in die Hauptstadt zog, kommt es damit zu einem Wiedersehen mit der Heimat nach 13 Jahren. Begleitet von seinem Berliner Freundeskreis bewegt er sich nicht nur vom westlichen in den östlichen Teil der Republik und vom Zentrum in die Peripherie, ebenso reist er aus der Erzählgegenwart in die Vergangenheit, indem er sich mit Fahrtbeginn an seine Adoleszenz zurückerinnert.[17]

Mit dem Osten verbindet die Reisegruppe gänzlich unterschiedliche Erwartungen. So imaginiert Hendriks im Westen sozialisierter Freundeskreis das Reiseziel zunächst als unbekannten Sehnsuchtsort: „Malerische Natur, abschalten, baden, sonnen, spazieren, grillen, trinken mit netten Leuten im idyllischen Mecklenburg-Vorpommern, Großstadt mal Großstadt sein lassen, das klang so verführerisch." (N, 17) So unbedarft wie der Blick seiner Freund:innen ist der Hendriks keineswegs: Bereits hinter der Stadtgrenze Berlins setzt in ihm ein Reflexionsprozess ein, der das Verhältnis zu seinem Herkunftsort als belastet kennzeichnet. Wie sich zeigt, mag die Reise sich nicht nur einem Wiedersehen mit seinen früheren Freund:innen verschreiben. Ebenso verbindet sich die Rückkehr mit dem Anliegen, sich selbst ein Bild von den soziopolitischen Verhältnissen im Osten zu machen und sich zu dessen negativer öffentlicher Perzeption zu positionieren. So kann Hendrik sich Letzterer auch in Berlin nicht entziehen, im Gegenteil: Die Konfrontation mit dem westdeutschen Blick nötigt ihn zu einer Auseinandersetzung mit seiner ostdeutschen Herkunft.

> Dann kam 2015 und die so genannte Flüchtlingskrise. Rechtspopulisten feierten im Osten erste Erfolge, Wohnheime wurden angegriffen, Facebook mit Hass geflutet. Es brach sich etwas Bahn, das hatte ich überhaupt nicht kommen sehen, das tat richtig weh. Als dann in

---

[17] Mit seiner handlungseröffnenden Reise bedient sich der Roman eines „spezifische[n] Strukturmerkmal[s] autosoziobiografische[r] Darstellungen" (Blome, Rückkehr zur Herkunft, 550). Häufig ist es der Tod eines Eltern- oder Großelternteils, der zum Anlass wird, die Orte der Kindheit aufzusuchen und sich mit dem eigenen Lebensweg auseinanderzusetzen. In *Nullerjahre* steht hingegen ein zukunftsorientiertes Ereignis am Romananfang, kommt doch mit dem Junggesellenabschied eine Familiengründung in Sicht. Die Zukunftsorientierung der Feier scheint mit der Erzählagenda zu korrespondieren, kreist Letztere doch darum, aus den Fehlern der Vergangenheit für die Gegenwart zu lernen. Verkörpert wird durch den Sohn des Bräutigams jedoch kein unbelastetes Zukunftsversprechen, vielmehr tritt mit ihm die nächste Generation auf, die in ähnlich ideologisch korrumpierten Verhältnissen wie ihre Väter aufzuwachsen droht. Als männlich codierter *rite de passage* liefert der Junggesellenabschied darüber hinaus einen Rahmen für eben jenes deviante Verhalten, das früher jugendliche Alltagspraxis war: Wie vor 13 Jahren stiften Alkohol, Drogen und rechtsextreme Ideologie Gemeinschaft zwischen den Freunden. Vgl. N, 323–331.

meiner westdeutsch und links geprägten Bubble stündlich eine neue Grafik, ein neues Meme, ein vernichtender Spruch ausgepackt und in öffentlich-rechtlichen Satiremagazinen die ganze Region abgeurteilt wurde, da zwickte und juckte es mich plötzlich am ganzen Körper, erst ganz unmerklich, dann immer stärker. Als es plötzlich hieß, der Osten solle sich doch endlich mal zusammenreißen, ansonsten könne man auch gern die Mauer wieder hochziehen oder gleich 'ne Bombe draufhauen, diese ganzen hässlichen arbeitslosen Hinterwäldler hätte man eh niemals aufnehmen sollen, da fühlte ich mich plötzlich mitgemeint, fühlte mich fremd und ausgesondert und hatte das Bedürfnis, mich schützend vor meine ehemalige Heimat zu stellen. Da bekam meine schöne, urbane Wunderwelt mächtige Risse, da war ich verwirrt, gekränkt und gleichzeitig beschämt, denn das, was dort passierte, das fand ich ja selber auch furchtbar, das machte mir Angst und erinnerte mich an etwas, das ich doch so fein säuberlich vergraben hatte, etwas, das in den Untiefen meiner Hirnwindungen und Eingeweide ungeduldig auf seine Bearbeitung wartete. (N, 13)

Bereits auf den ersten Seiten beschreibt Hendrik somit ein ambivalentes Verhältnis zu seinen ostdeutschen Wurzeln. So zeichnen die Erinnerungen an seine Adoleszenz keineswegs das Bild einer „Jugend in blühenden Landschaften",[18] wie es der Untertitel mit ironischem Gestus ankündigt. Mit der schriftlichen Fixierung seiner Erfahrungen werden diese jedoch nicht nur dokumentiert, ebenso wird gegen deren Infragestellung oder Relativierung angeschrieben, die ihm vonseiten seiner westdeutschen Freund:innen in der Vergangenheit bereits begegnete. So bemerkt er bezüglich früherer Versuche, von seiner Adoleszenz zu berichten: „Am schlimmsten schmerzte es immer, wenn ich wirklich einmal anhob, um ihnen genau das zu erzählen, von den ostdeutschen Nullerjahren, von Drogen und Gewalterfahrungen, von Perspektivlosigkeit: ‚An der Ostsee? Da habe ich doch letztens erst Urlaub gemacht', oder auch: ‚Ja, ja, jetzt wollt ihr Ossis auch mal Gangster sein.' Hier gab es keine gemeinsame Sprache." (N, 11)

Das Bedürfnis, gegen alle Widerstände ein ungeschöntes Panorama der eigenen Jugend zu liefern, verbindet sich für Hendrik nicht mit der Absicht, seine Heimat pauschal abzuurteilen und damit in den Kanon vom „abgehängten"[19] oder „verlorenen"[20] Osten einzustimmen. Vielmehr ist es dem Protagonisten ein Anliegen, mittels seiner Retrospektive die problematischen Zustände der Gegenwart in

---

18 Referiert wird hiermit auf das 1990 vom damaligen Bundeskanzler Helmut Kohl geprägte Schlagwort, das auf Wahlplakaten eine ökonomische Zukunftsperspektive für die neuen Bundesländer beschwor.
19 Ann-Kathrin Büüsker, Abgehängter Osten?, Deutschlandfunk, 02.08.2019, https://www.deutschlandfunk.de/der-tag-abgehaengter-osten-100.html (01.02.2025).
20 Christian Tretbar, Ist der Osten verloren? Die Schwankenden sind noch zu retten, Tagesspiegel, 29.06.2023, https://www.tagesspiegel.de/meinung/ist-der-osten-verloren-die-schwankenden-sind-noch-zu-retten-10068379.html (01.02.2025).

ihrer historischen Entwicklung nachvollziehbar zu machen und zu einer Verständigung zwischen Ost- und Westdeutschland beizutragen:

> Mittlerweile war auch in der Breite klar geworden, dass im Osten Verstimmtheiten bestehen, die sich nicht lösen lassen, indem man nur immer wieder feststellt, dass es mit dem Thema doch jetzt mal gut sei. Mittlerweile war mir klar geworden, dass es einen riesigen Diskursstau gibt und man, um gemeinsam vorwärtszukommen, endlich miteinander ins Gespräch kommen muss. Und dass man dafür die eigene Geschichte erzählen muss. (N, 16)

Im Rahmen seiner Auseinandersetzung mit der ostdeutschen Geschichte wird Hendrik gewahr, wie fundamental sich seine soziale, politische, mentale und kulturelle Prägung von der seiner Clique unterscheidet – auch wenn er wie seine gleichaltrigen Freund:innen in einem ‚wiedervereinten' Deutschland aufwächst.

> Ich wühlte mich durch die Wende, die ostdeutschen 90er Jahre, durch meine eigenen Kindheitserfahrungen [...][.] Bald war mir klar geworden, dass es wohl gar nicht normal war, dass zum Beispiel rundum alle mal arbeitslos waren, dass Rechtsradikale den Ton angaben, dass niemand die Polizei rief, wenn was war. Dass ich und viele andere Kinder meiner Generation in eine Ausnahmesituation hineingeboren wurden, mir Erfahrungen aufwuchsen, die sich doch von denen der allermeisten westdeutschen Altersgenossen unterschieden. Viel, viel zu lange bestand die Erzählung, dass es in unseren Jahrgängen zwischen Wessis und Ossis ja keine Unterschiede mehr gebe, dass jemand, der 1988 geboren ist, sich unmöglich noch ‚ostdeutsch' fühlen könne, einfach nur, weil, genau wie ich, kaum einer offen darüber sprach. (N, 14–15)

Während der Berliner Freundeskreis dem Osten zunächst mit Begeisterung entgegentritt, endet die Reise schließlich in einem Desaster. Der Junggesellenabschied wird für die Hauptstädter:innen zur Fremdheitserfahrung: Angesichts des exzessiven Alkohol- und Drogenkonsums, dröhnenden Rechtsrocks, verblasster, aber noch sichtbarer Nazitattoos und eines rüden Umgangstons entscheiden sie sich für eine schnellstmögliche Rückkehr, ja ‚Flucht' in den Westen. Auch für Hendrik erweist sich das Wiedersehen als Belastungsprobe. Sein früheres Ich in seinen nun erwachsenen, scheinbar unveränderten Freund:innen gespiegelt zu sehen, beschert ihm einen erschütternden Moment der (Selbst-)Erkenntnis: „So hab ich mal gelebt, so habe ich mich mal gefühlt, oft kommt es mir vor wie ein schlimmer Traum, wie ein finsteres Märchen, das gar nichts mit meinem heutigen Leben zu tun hat, doch immer öfter fühle ich sie jetzt: die Schuld, die Scham, die Angst, die Trauer." (N, 328)

Statt Nostalgie hervorzurufen, versetzt die Reunion den Protagonisten in einen physischen wie psychischen Ausnahmezustand. Einer Panikattacke nahe muss er sich dem Beisammensein entziehen: „Ab ins Haus, einschließen auf Toilette, durchatmen. [...] Zusammenreißen, zusammenreißen, nicht hier, nicht jetzt." (N, 328) Der Trip endet mit einer Entscheidungssituation, die ihn vor die Wahl stellt: „WAS IST JETZT, HENDRIK? FÄHRST DU MIT UNS ODER BLEIBST DU HIER BEI DEINEN ASOZIALEN PENNERFREUNDEN?" (N, 331; Hervorhebung i. O.) Trotz der so nachdrücklich empfundenen Entfremdung bleibt Hendrik gegenüber der sich nach 13 Jahren erneut stellenden Frage nach Gehen oder Bleiben stumm: „Da strömt neben dem ersten großen Schmerz noch ein altbekannter zweiter. Da wird die Zeit ganz zäh. Da weiß ich gar nix mehr." (N, 331) Hendriks Entscheidung für Ost oder West wird den Leser:innen vorenthalten; Als „soziale[r] Rückkehrer bleibt [der Erzähler; KH] ein Wanderer zwischen den Welten".[21]

4 Aufwachsen in „blühenden Landschaften"

Konfrontiert mit seinem früheren Ich, seinen der Heimat verbundenen Freund:innen und dem Gefühl „doppelte[r] Nichtzugehörigkeit",[22] richten sich Hendriks Gedanken auf die folgende Generation. Den Kindern seiner Freunde wünscht er eine Jugend in besseren Verhältnissen als jene, die das Aufwachsen ihrer Väter prägten: „Ich denke an die Kinder von Schubert und Pavel und hoffe, dass sie heute mit anderen Werten aufwachsen [...]. Dass sie nicht zu Tätern werden, sich nicht schuldig machen, sich nicht eines Tages so unendlich schämen müssen" (N, 330) – und, so ließe sich ergänzen, ein weniger problematisches Verhältnis zu ihrer soziogeografischen Herkunft haben müssen. Benannt ist mit Scham ein Gefühl, an dem sich Hendrik im Rahmen der Beschäftigung mit seiner Adoleszenz wiederholt abarbeitet: eine Scham, die sowohl mit den prekären Verhältnissen seines Aufwachsens als auch mit seiner Rolle in einer von Gewalt und Sprachlosigkeit geprägten Gesellschaft in Verbindung steht. Eine Scham, die er explizit als solche benennt, aber gegen die er auch anzukämpfen sucht, indem er sich gegen das Schweigen entscheidet. An die Stelle der Sprachlosigkeit tritt die aktive Auseinandersetzung mit den Missständen in seiner Heimat sowie die Entscheidung, seine ostdeutschen Wurzeln vor sich selbst und seinem Umfeld nicht mehr zu verstecken:

> [D]a liegt noch ein anderer Teil meiner Jugend vergraben. Ein Teil, von dem ich irgendwann nicht mehr sprechen wollte und nach dem niemand je ernsthaft gefragt hat, ein anderer Hendrik, ein dunkler Fleck verscharrt, kaschiert, überschminkt. [...] Es ist 2021 und nach wie

---

21 Blome, Rückkehr zur Herkunft, 547.
22 Carlos Spoerhase: Politik der Form. Autosoziobiografie als Gesellschaftsanalyse, in: Merkur 71 (2017), H. 818, 27–37, hier: 29.

vor strampelt etwas in mir, das ich doch so fein säuberlich vergraben hatte, etwas, das ich in all meinen Häutungen nicht einfach abstreifen konnte, was ungeduldig auf Bearbeitung wartet. (N, 19)[23]

Statt die Vergangenheit zu verdrängen, will Hendrik nun Verantwortung für seine ‚Jugendsünden' übernehmen: „Aus den Umständen lässt sich vieles ableiten, aber ausgeführt habe trotzdem ich diese Handlungen, ich habe das entschieden, ich habe gedemütigt, ich habe zugeschlagen, ich habe die Verantwortung zu tragen. Das war kein schlimmer Traum, kein finsteres Märchen, das war ich." (N, 330)

Um das belastete Verhältnis zu seiner Herkunft aufzuarbeiten, kehrt der Protagonist im Rahmen seiner Reise in die Erinnerung an den Anfang zurück und schildert seine Kindheit und Jugend von Beginn an: Zwei Jahre vor dem Mauerfall geboren, wächst der Protagonist in Knieper West auf, einem zu DDR-Zeiten am Rand Stralsunds errichteten Arbeiterviertel. Beschrieben wird Letzteres als trostloser *locus terribilis*, wo Kinder und Jugendliche sich selbst überlassen werden und buchstäblich keinen Platz haben:

> Rund 15.000 Einwohner waren der Stadt [...] seit 89 schon verloren gegangen und in Knieper West war es langsam leer und grau geworden. Die Fassaden der Plattenbauten bildeten einen Flickenteppich aus saniertem pastellfarbenem Putz und grauem Waschbeton, dazwischen vergreisten die Straßen. [...] [D]ie soziale Entmischung war in vollem Gange. Meine Kinderkrippe, meinen Kindergarten, meine Grundschule, meinen Hort – alles hatte man inzwischen schließen müssen. Vernagelte Gebäude, verwaiste, beschmierte Spielplätze, Grashalme in Sandkästen, Betreten verboten, es gab schlicht keine Kinder mehr. (N, 42)

Während die Elterngeneration abwesend bleibt, bestimmt eine von Rechtsextremen dominierte Straßenkultur den öffentlichen Raum. Der überwiegende Teil der Viertelbewohner scheint mit den Neonazis zu sympathisieren oder dies zumindest vorzugeben, um nicht selbst in deren Schusslinie zu geraten: „Dicke Arme, Stiernacken, rasierte Haare, Bomberjacken, schlechte Noten, obwohl sie Angst und Schrecken auf den Straßen verbreiteten, schienen diesen Typen [...] alle Herzen nur so zuzufliegen. Oder vielleicht gerade deswegen?" (N, 60) Für all diejenigen, die sich nicht offen mit der rechtsextremen Ideologie identifizieren, bedeuten die Neonazis hingegen eine omnipräsente Drohkulisse. Bereits im Kindesalter wird Hendrik zur Zielscheibe rassistisch motivierter Gewalt:

---

[23] Lesen mag man diese Passage als intertextuellen Verweis auf Günter Grass' *Beim Häuten der Zwiebel* (2006), mit dem der Autor ein dunkles Kapitel seiner Vita öffentlich macht. So bekennt sich Grass in seinem Text über 60 Jahre nach Kriegsende zu seiner Mitgliedschaft in der Waffen-SS und stößt damit eine kontroverse Diskussion und Neubewertung seiner Rolle im Nationalsozialismus an.

> [W]enige Zentimeter neben meinem Kopf sah ich zwei Paar dieser schweren schwarzen Stahlkappenstiefel, mit denen man so kinderleicht Knochen und Schädel zerlatschen konnte. [...] Der Typ in Weinrot beugte sich langsam und bedrohlich zu mir herunter: „Kackbraune Haut, kackbraune Haare, kackbraune Augen, bist du ein Türke!?" [...]
> „Nee, ich bin normal!" [...] Jetzt bloß keine Schwäche zeigen! [...] [F]achmännisch scannte er meine Gesichtszüge: „Könnte auch ein Jude sein. Oder ein Russe vielleicht." [...] „ICH BIN DOCH DEUTSCH!?" [...] Da merkte ich, wie mir die ekligen Tränen aus den Augen krochen und meine Stimme brach. [...]
> „EIN DEUTSCHER HEULT ABER NICHT!" Weinrote Jacke brüllte, dass mir Hören und Sehen verging, seine Spucke regnete mir ins Gesicht, das war klar, das hatte ich verdient. [...] Hart werden! Hart werden! Hart werden! (N, 264–266; Hervorhebung i. O.)

Obwohl der Protagonist von der Schlägertruppe gedemütigt wird, übt sie dennoch Faszinationskraft auf ihn aus. Mit Blick auf die am Spielplatzrand lauernden Peiniger konstatiert Hendrik: „Eine Handvoll stabiler sportlicher Jugendlicher und dazu die allerschönsten Mädchen des Viertels. Dort einmal sitzen, das wär's" (N, 266). Tatsächlich erscheint auf den Straßen von Knieper West das rechtsextreme Gewaltmonopol als unantastbar: Um selbst zu den ‚Starken' zu gehören, muss man selbst zum Täter oder zur Täterin werden. Eindrücklich wird geschildert, wie die Jugendlichen sich einen regelrechten „Körperpanzer"[24] zulegen, um sich im sozialen Miteinander zu behaupten:

> [J]eden Tag mach ich jetzt Sport, um die Gedanken und die Gefühle abzutöten und um fitter und breiter und breiter und immer breiter zu werden. Umso beschissener ich mich fühle, umso schwächer ich im Innersten bin, umso härter muss ich von außen aussehen, umso brutaler muss ich auftreten. [...] [N]iemand soll auf die Idee kommen, mich anzugreifen, mich zu enttarnen, meinen schwachen Kern offenzulegen, und wenn es doch mal dazu kommt, dann heißt es Plattmachen, Kaputtkloppen, ohne Gnade. [...] Aufbäumen, nicht nachlassen, das hier ist der Endkampf[.] (N, 276)

Trotz seines Respekts für die Jugendgangs sucht Hendrik ihnen nach Möglichkeit aus dem Weg zu gehen. Als ‚Problem' erscheinen die Neonazis jedoch nicht aufgrund ihrer menschenverachtenden Ideologie. Zum Feindbild werden sie lediglich in den Momenten, in denen Hendrik und sein Freundeskreis zum Ziel ihrer Willkür werden. Sonst sind die Schläger ein akzeptierter Teil Knieper Wests: „Die rechte Subkultur [...] hatte unter uns ostdeutschen Kindern und Jugendlichen eine totale Normalisierung erfahren" (N, 37), bilanziert der Erzähler rückblickend. „Ausländer- und Hitlerwitze" (N, 29), Mobbing und tätliche Angriffe sind gelebter Alltag auch von denjenigen Jugendlichen, die sich nicht offen mit den Neonazis identifizieren.

---

24 Vgl. Klaus Theweleit, Männerphantasien (1977/78), 3. Aufl., Berlin 2019.

> Gewalt [war] in meinem Umfeld eben doch noch normal, ein unschönes, aber legitimes Mittel zur Erziehung seiner Umwelt, nichts, was Empörung hervorgerufen hätte, nichts, für dessen Erleiden man großartig Mitleid erwarten konnte, im Gegenteil, das war eher peinlich und beschämend. [...] Der eigentliche Täter ein Gewinner, der ja irgendwie auch gar nicht anders konnte, das Opfer ein Loser, den man zum wahren Täter verdrehte: Nicht stark genug, nicht schnell genug, nicht groß genug, nicht aufgepasst und dann wahrscheinlich die große Klappe gehabt [...]. (N, 132)

Dieser Haltung entspricht, dass der Protagonist mit Renzow einen Gefährten an seiner Seite hat, der sich den Rechtsextremen annähert, ohne dass dies von seiner Clique eine Problematisierung erfährt. Im Gegenteil: Immer wieder zeugen Hendriks Schilderungen davon, wie auch er selbst sich am Vorbild der rechtsextremen Jugendgangs orientiert, wenn seine Freunde sich in seinem Beisein Opfer suchen und diese quälen, während die Erwachsenen wegsehen:

> Der Typ ist jetzt nur noch stumm am Flennen, wehrt sich überhaupt nicht mehr, steht wie eine blasse Puppe und lässt seinen Gegner gewähren. Die Vögel singen und die Frösche quaken, während Tino ihm auf die Backen klatscht, bis die Tränen spritzen. [...] Wieder schlurfen ein paar Rentner mit gesenktem Kopf vorbei. Tino hämmert dem Jungen ansatzlos mit der Faust ins Gesicht, sodass die Lippe aufplatzt, hält ihn dann am Oberkörper fest, tritt mit dem Hacken in die Kniekehle, der Junge fällt nach hinten, liegt auf dem Rücken wie ein Käfer. (N, 71)

Die Abwesenheit eines moralischen Kompasses zeigt sich in einer sich unmittelbar anschließenden Gewalttat noch deutlicher:

> Sein Blick ist auf ein blaues Zweimannzelt gefallen, [...] aus dem Inneren hört man leise Stimmen, daneben liegen zwei Kinderfahrräder. Schon hat Renzow sich in Bewegung gesetzt und streift gebeugt durch die Gräser wie ein Raubtier, die große 88 tanzt auf und ab durchs Gestrüpp. [...] Von uns lacht keiner mehr. Renzow nimmt eines der kleinen Fahrräder, reckt es in unsere Richtung wie eine Trophäe über den Kopf und führt ein Triumphtänzchen auf [...][.] Renzow schmettert das Kinderfahrrad aufs Zelt. [...] Das pure sinnlose Böse. Ich atme ein, atme aus, bin gespannt, ob ich mich gleicht schlecht fühle. Atme ein, Atme aus, Atme ein, Atme aus. Aber da ist nichts. (N, 74)

Statt Mitgefühl für die Opfer empfindet Hendrik Stolz, an der Seite der Täter zu stehen: „Ebenso wie Kramer ist auch Renzow berühmt und berüchtigt, gilt als unberechenbar, geisteskrank, einer dieser namhaften Stresser und Schläger, die man besser meidet. [...] Mit ihm auf einer Seite zu stehen, hat sich aber richtig gut angefühlt." (N, 72)

Immer wieder stellt der Text aus, inwiefern die kollektiv ausgeübte Gewalt gemeinschaftsstiftend wirkt. Einordnen lässt sich Hendriks Freundeskreis damit als „Gewaltgemeinschaft" respektive als soziale Gruppe, „für die physische Gewalt einen wesentlichen Teil ihrer Existenz ausmacht" und deren „Zusammenhalt und

[…] Identität auf gemeinsamer Gewaltausübung beruh[t]."[25] Neben Letzterer vermögen sonst nur gemeinsames Rumhängen, Randalieren und exzessiver Drogenkonsum ein Ventil zu liefern, um „[d]ie bleierne Schwere, die sich in den letzten Jahren aus den Plattenbauschluchten in [die] Brust geschlichen hatte" (N, 111), zu vertreiben. Immer wieder führt der Roman in Miniaturszenen die Prekarität der Lebensumstände und die Perspektivlosigkeit vor, deren Ursprünge der Erzähler geografisch und sozioökonomisch bedingt sieht:

> Im Osten stieg die Arbeitslosigkeit seit der Wiedervereinigung nahezu stetig an und erreichte in diesem Jahr [2002; KH] mit 1,4 Millionen ihren Höchststand seit 1990. […] Noch nie gab es in Ostdeutschland weniger Erwerbstätige und noch nie mehr Pendler in den Westen, viele blieben nach wie vor gleich ganz drüben, wo statt des allgemeinen Abstiegs Berufe mit Perspektive lockten. […] [D]er Osten [war] mehr denn je vom Westen abhängig und das Einzige, was in den Ruinen der nachhaltig zerschlagenen Industrie erblühte, waren Minijobs, Transferleistungen und demütigende ABM-Maßnahmen. (N, 117)

Vom Rest der Bundesrepublik sehen sich die Jugendlichen abgehängt und verhöhnt: „In den großen Comedyshows belustigte man sich seit Jahren über diese prekären Zustände […] – hier wurden die Karikaturen […] vom asozialen, arbeitslosen, rechtsradikalen Ostdeutschen geformt und gepflegt, und wenn man Gruppen erst mal so stigmatisiert hat, dann geschieht ihnen ihr Unglück doch ganz recht, dann braucht man sich da gar nicht weiter drum kümmern." (N, 205) Ein Aufbegehren gegen die soziale Ungerechtigkeit bleibt jedoch bis auf einzelne Gesten des Protests aus. Mit Blick auf sein tristes Umfeld bilanziert Hendrik: „Kein Spaß, keine Freude, nichts Nettes, nichts Schönes, darf es hier geben. Es ist in den Bäumen, dem Wasser, den Tieren, den Blöcken, den Menschen, es ist in mir – das Bösartige, Fiese, Gemeine. Die ganze Stadt riecht nach Scheiße." (N, 83) Nachdrücklich zeigt sich, dass im Jugendalter die systemische Benachteiligung nicht als solche erkannt wird: Das „Bösartige, Fiese, Gemeine" und damit all die „Scheiße", die sich einem glücklicheren Leben in den Weg stellt, werden im Raum selbst verortet und als entsprechend unveränderbar wahrgenommen. Erst der Wegzug nach Berlin wird dem Protagonisten schließlich ein neues soziales Umfeld sowie eine Zukunftsperspektive verschaffen – und damit auch eine Distanzierung von einem von Gewalt bestimmten Alltag herbeiführen, dem er zuvor gleichgültig-akzeptierend bis bewundernd gegenüberstand.

---

[25] Winfried Speitkamp, Gewaltgemeinschaften, in: Gewalt. Ein interdisziplinäres Handbuch, hg. von Christian Gudehus und Michaela Christ, Stuttgart und Weimar 2013, 184–190, hier: 184.

5 Zur Verhandlung von Schuld und Scham

Eröffnet wird Bolz' „Sittengemälde der Nullerjahre"[26] mit warnenden Worten: „Dieses Buch berichtet aus einer Welt, von der man schwer erzählen kann, ohne den Rassismus, den Antisemitismus, die Misogynie, die Homophobie und die Gewalt sprachlich zu reproduzieren, die in ihr zentrale Ordnungsprinzipien waren." (N, 5) Konstatiert wird so zum einen, dass das Erzählen von den politischen, sozialen, topografischen Rahmenbedingungen der eigenen Adoleszenz auch ein Erzählen von erfahrener und ausgeübter Gewalt bedeutet – eine Gewalt, die der Erzähler als Teil seiner früheren Identität benennt und die er als eine der Ursachen für sein belastetes Verhältnis zu seinem ‚Ostdeutschsein' identifiziert. Artikuliert findet sich mit obigen Zeilen darüber hinaus das Bewusstsein, dass die Schilderungen Gewalt nicht nur thematisieren, sondern sie auch in der Gegenwart perpetuieren.

Geliefert wird damit eine paratextuelle Distanzierungsgeste, die von einem Problembewusstsein hinsichtlich Inhalt und Faktur des Texts zeugt. Eine Ausblendung der Verwerfungen, die die Reinszenierung der ‚Jugendsünden' kennzeichnen, mag die Vorbemerkung jedoch nicht zu leisten. So zeichnet sich der Roman immer wieder durch eine drastische Ausstellung von Gewalt aus, deren bildhafte und affektiv affizierte Beschreibung wohl auf Leser:innenseite auch Unbehagen hervorrufen mag.

> Die Wellen schäumen, die Möwen stehen im Wind, graue Suppe wälzt sich dramatisch über unsere Köpfe hinweg [...], es sieht aus wie in diesen Mondscheinbildern von Caspar David Friedrich. Caro hockt auf zwei zappelnden dreckigen Hosenbeinen, [...] links und rechts fahren die harten Fäuste auf und nieder, heilige Blitze, direkt aus dem wolkenverhangenen Himmel gesandt. Mechanisch, präzise, [...] ich kann nicht wegschauen, bin hypnotisiert, erregt, bin ganz fest im Hier und Jetzt, mein Körper ist leicht, die Glieder kribbeln, ich glaube ich schwebe.
> „FICK IHN!" „HAU IHN KAPUTT!" „MACH IHN ALLE!" [...]
> Mit weit aufgerissenen Augen, gefletschten Zähnen und geballten Fäusten stehen wir Jungs leicht vorgebeugt im Kreis, hier, mittendrin im Postkartenmotiv, und feuern unsere Heldin an. Die Luft knistert[.] [...] Ein Teil von mir will, dass sie einfach weitermacht[.] [...] [W]ie fühlt sich das wohl an, wenn jemand stirbt? (N, 297–299)

Präsentiert wird Hendrik keineswegs nur als Opfer schwieriger Verhältnisse und Vertreter einer desorientierten „Generation der Unberatenen".[27] Statt ihn von

---

26 Johannes Nichelmann, Hendrik Bolz: „Nullerjahre". Auf die Fresse kriegen in Stralsund, Deutschlandfunk Kultur, 10.02.2022, https://www.deutschlandfunkkultur.de/hendrik-bolz-nullerjahre-rezension-buchkritik-100.html (01.02.2025).
27 Bernd Lindner, Die Generation der Unberatenen. Zur Generationenfolge in der DDR und ihren strukturellen Konsequenzen für die Nachwendezeit, Leipzig 2006. In seiner Studie be-

Verantwortung und Schuld freizusprechen, wird er in der Rolle des (Mit-)Täters gezeigt, der Gewalt nicht nur erleidet, sondern sie – als Ausdruck der eigenen Ohnmacht, als Instrument der Ermächtigung oder auch als Selbstzweck – ausübt und genießt:

> NOCH NIE IN MEINEM LEBEN HAB ICH MICH SO WOHL UND GUT GEFÜHLT.
> Alles kribbelt, alles knistert, alles hat einen Zauber, ich bin durch und durch erregt, das ist das Geilste, das Beste, das ist meine Bestimmung [...]. Die Gewalt, die Kraft, es macht mich komplett geil[.][...]
> Ich bin komplett im Rausch, ich kann gar nicht mehr klar denken, das ist das Geilste, das will ich immer haben[.] [...]
> Ich bin stark und du bist schwach.
> Das ist die Wahrheit, das kalte, echte Antlitz der Welt, die Maskerade heruntergerissen, keine Liebe, keine Hilfe, nur Gewalt. (N, 309; Hervorhebung i. O.)

Richtet sich der Blick darauf, in welcher Dichte und mit welchen erzählerischen Mitteln rückblickend vom eigenen Gewalterleben und Gewalthandeln berichtet wird, drängt sich der Eindruck auf, dass nicht nur das erinnerte, sondern auch das erinnernde Ich sich nicht gänzlich von der Faszinationskraft der Gewalt lossagen kann.[28] Trotz der eingangs eingestandenen Scham angesichts früherer Taten wird immer wieder aufs Neue detailliert und mitleidslos von Brutalität und Herabwürdigungen erzählt und hierbei in Kauf genommen, dass sich Täter-Opfer-Konfigurationen retrospektiv reaktualisieren.

Wenn auch der Protagonist seine Täterschaft anerkennt und damit Verantwortung übernimmt, liegt der Fokus seiner Retrospektive auf seinen persönlichen Erinnerungen und der Frage danach, inwiefern die widrigen Verhältnisse seinen Lebensweg prägten. Zur autokathartischen Nabelschau avanciert der Text dennoch nicht, so versucht er sich an einer Einordnung seiner Erfahrungen in gesamtgesellschaftliche Zusammenhänge und damit an einer „individuellen wie

---

schreibt Lindner die Herausforderungen für Jugendliche, die sich mit dem Ende der DDR mit einer überstürzten gesellschaftlichen Transformation konfrontiert sahen. Skizziert wird eine Zeit fundamentaler Umbrüche, in der Eltern, Erzieher:innen und Lehrer:innen aufgrund eigener Anpassungsschwierigkeiten wenig Orientierungshilfe leisten konnten und die junge Generation weitestgehend auf sich allein gestellt war.

28 Vgl. für diese Lesart auch Schumacher: „Bei aller Distanz, die die retrospektive Rahmung von *Nullerjahre* nahelegt, evozieren Sprache und Sprechweisen des Romans zugleich eine immer noch vorhandene Faszination für diese Zeit und diese Exzesse. Bolz lässt wenig Zweifel daran, dass er das Buch als jemand schreibt, der Täter war, zwar mit Abstand zu den Nachbarschafts-Nazis, aber fasziniert von Gewalt, Rausch und deren Steigerungsimperativen." Schumacher, Eskalation erzählen, 24.

überindividuellen Wahrheitssuche".[29] Doch auch wenn Hendriks persönliche „ostdeutsche Geschichte[ ]" (N, 19) über sich hinausweist, lässt sie all jenen Figuren, die unter ihm und seinen *Peers* litten, wenig Raum. Die in den Erzählerkommentaren umrissenen gesellschaftlichen Entwicklungen mögen das Verhalten der Jugendlichen zwar kontextualisieren und die gewonnene Distanz zum Herkunftsmilieu markieren – eine Exkulpation liefern sie dennoch nicht.

Eine scharfe Trennung zwischen dem jugendlichen und dem erwachsenen Hendrik, dem einstigen Mitläufer und nun ‚Bekehrten', scheint demnach nicht recht aufzugehen. Der Romanschluss mag diese Verwerfungen eindrücklich ausstellen. Dies einerseits, da die Fahrt in die Heimat einem Wiedersehen mit seinem Freundeskreis und damit seinen früheren (Mit-)Täter:innen dient, während eine Begegnung mit den Opfern nicht als Handlungsoption in Erwägung gezogen wird. Zum anderen fällt auf, dass der Moment des Aufeinandertreffens der als Gegensatz konzipierten Welten kaum tiefergehend geschildert wird. Der Vorfall, der Hendriks Freund:innen dazu bewegt, überstürzt abzureisen, bleibt Leerstelle, zu einem Dialog von Ost und West kommt es nicht.[30] Das unversöhnliche Ende der Erzählung steht im Zeichen von Sprach- und Reflexionsnot, womit sich die Ohnmacht der Jugendzeit in die Gegenwart fortzusetzen droht. Eine Entscheidung Hendriks für Ost oder West bleibt letztendlich aus, womit seine oben bereits bemerkte doppelte Nichtzugehörigkeit auch auf der Ebene des *discours* sichtbar wird: Die abschließende Selbstverortung wird dem Erzählen entzogen, sie bleibt wie das Romanende programmatisch unabgeschlossen.

6 *Nullerjahre* als Klassenerzählung

Mit der Verhandlung der rechtsextremen Gewaltexplosion nach der Wende verschreibt sich *Nullerjahre* keineswegs einer allein der Vergangenheit zugewandten Aufarbeitung der Postwende-Ära. Lesen lässt sich der Text auch als gegenwartsbezogener Kommentar zum Verhältnis von Ost- und Westdeutschland zu Beginn der 2020er. So ist es die negative Perzeption des Ostens, die seit dem Aufkommen flüchtlingsfeindlicher Proteste um 2015 verstärkt zu beobachten ist, die für den Erzähler zum Movens wird, sich mit seiner Herkunft zu beschäftigen. Virulenz gewinnt der Text, indem er nach den Wurzeln und Kontinuitäten rechtsextremer

---

29 Blome, Rückkehr zur Herkunft, 552.
30 Vgl. Ralf Fischer, Täter statt Opfer. Die Logik des Deutschraps in Romanform: *Nullerjahre* von Hendrik Bolz, Neues Deutschland, 08.06.2022, https://www.nd-aktuell.de/artikel/1164378.coming-of-age-taeter-statt-opfer.html (01.02.2025).

Gewalt fragt, und dies zu einem Zeitpunkt, zu dem eine rechtsextreme Alltagskultur in Teilen Ostdeutschlands erneut Realität zu werden droht.[31]

Besonders spannend erweist sich Bolz' Text in diesem Zusammenhang durch seine täterzentrierte Perspektive, gewährt sie doch seltene Einblicke in jene Gewaltgemeinschaften, die unter Jugendlichen in der Postwendezeit im Osten existierten.[32] Die Omnipräsenz der Gewalt, die Hendriks Jugend prägt, setzt der Erzähler sowohl in Bezug zu seinem Aufwachsen in einer historischen „Ausnahmesituation" (N, 15) wie auch in einem sozialen Brennpunkt, in dem die in den 1990er Jahren etablierte rechtsextreme Gewalthegemonie immer noch den öffentlichen Raum bestimmt. Obwohl die Jugendlichen mit den Neonazis sympathisieren und deren Machtmonopol anerkennen, teilen sie zum Großteil deren ideologische Positionen nicht. Zum verbindenden Element wird nicht ein geschlossenes rechtsextremes Weltbild, sondern der „Hitlergruß aus Spaß als ideologisch leere Geste",[33] der bei einer gleichgültigen Öffentlichkeit kaum auf Empörung trifft. An keiner Stelle des Romans wird die Haltung der Jugendlichen, die von Akzeptanz bis zum offenen Schulterschluss reicht, als Folge einer bewussten ideologischen Auseinandersetzung dargestellt. Stattdessen scheint die von den Neonazis ausgehende Faszination vor allem auf dem Fehlen positiver Autoritätsfiguren, dem Mangel an Gemeinschafts- und Freizeitangeboten sowie der Frustration der Postwendezeit zu beruhen.[34] Diese Erklä-

---

31 Ein Sachverhalt, für den die Wahlerfolge der AfD einen beunruhigenden Beleg liefern. Vgl. Sarah Beham, Landtagswahlen im Osten: Woher der Aufwind für die AfD kommt, Bayerischer Rundfunk, 31.08.2024, https://www.br.de/nachrichten/bayern/landtagswahlen-im-osten-woher-der-aufwind-fuer-die-afd-kommt,UMxnWIu (05.01.2025). Vgl. hierzu auch: David Begrich, Baseballschlägerjahre in Ostdeutschland: Sie waren nie weg, taz, 02.12.2019, https://taz.de/Baseballschlaegerjahre-in-Ostdeutschland/!5642847/ (01.02.2025).
32 Vgl. hierzu die Ausführungen Winfried Speitkamps: „Auf der einen Seite produzieren Gewaltgemeinschaften [...] nur wenig schriftliche Dokumente; Berichte aus der Innenperspektive finden sich selten. Die meisten Quellen sind aus der Außenperspektive verfasst und neigen dazu, Gewaltgemeinschaften entweder als illegitime Phänomene, als kriminelle Banden und Außenseiter zu betrachten oder sie gerade umgekehrt zu idealisieren [...]. Vor allem das in den Quellen schwer fassbare Innenleben der Gruppen bleibt so unter einem Nebel von Mythen und Gerüchten verborgen." Speitkamp, Gewaltgemeinschaften, 185.
33 Michael Pilz, „Für Westsozialisierte ist, was ich beschreibe, völlig fremd", Welt am Sonntag, 15.03.2022, https://www.welt.de/kultur/plus237145287/Nullerjahre-von-Hendrik-Bolz-Vom-Fluch-der-bluehenden-Landschaften.html (01.02.2025).
34 Dem entspricht, dass der gegen Ende der Nullerjahre vorerst schwindende Einfluss der Neonazis keineswegs Folge eines Umdenkens ist, sondern auf der Textebene einer gesteigerten Gleichgültigkeit zugeschrieben wird: „Tatsächlich avancierte der Komplex ‚Neonazis, Zecken und Ausländer' in meinem Umfeld weiter zum absoluten Nervthema, viele Haare wuchsen wieder, die meisten Bomberjacken verschwanden, weit verbreitet war die Einstellung: ‚Lass mich in Ruhe mit dem Scheiß!' [...] [N]ach Jahrzehnten der Totalpolitisierung [sickerte] nun die Politikverdros-

rungslinien korrespondieren mit der Entwicklung des Protagonisten: Seine Nähe zu rechtsextremen Kreisen und seine eigene Gewaltaffinität schwinden mit seinem Wegzug, seiner Annäherung an ein akademisch-linkes Milieu sowie seinem beruflichen und privaten Erfolg.

Anklänge an ein Narrativ, das rechtsextreme Orientierung als Konsequenz eines Aufwachsens in strukturschwachen Räumen und den damit verbundenen Deprivationserfahrungen deutet, sind hier unverkennbar. Aus der Perspektive der Rechtsextremismusforschung erweist sich ein solcher Erklärungsansatz jedoch als problematisch.[35] Zwar mag Prekarität ein begünstigender Faktor sein, mit rechtsextremer Gesinnung zu sympathisieren oder diese zumindest zu akzeptieren, jedoch wird die Komplexität des Phänomens damit kaum hinreichend erfasst. Kulturelle, ideologische und psychologische Aspekte erweisen sich als keineswegs weniger bedeutsam und bedürfen genauerer Betrachtung, um den Dynamiken von Radikalisierungsprozessen nachzugehen und sie verstehen zu können. Auf die ideologischen Ursachen und Hintergründe geht der Text im Rahmen seiner Spurensuche und den damit verbundenen „Ex-post-Rationalisierungen"[36] aber nur am Rande ein. Angeschnitten wird zwar in Form eines Erzählerkommentars die brisante Frage, inwiefern die rezenten Erfolge von Rechtspopulist:innen als Erbe der 1990er und 2000er Jahre respektive deren fehlender Aufarbeitung zu sehen sind, eine historisch weiter zurückreichende Beschäftigung mit den Wurzeln und Kontinuitäten rechtsextremer Ideologie bleibt jedoch aus. Gerade die einseitige Aufarbeitung des Nationalsozialismus in der DDR, in deren Zuge der Faschismus als westliches Problem dargestellt und so eine Auseinandersetzung mit individueller Schuld und gesellschaftlicher Verantwortung verhindert wurde, findet keine Thematisierung. Dies mag verwundern, wirkt die unzureichende Aufarbeitung doch ebenso in den 1990ern und 2000ern wie auch in der Gegenwart nach, indem sie blinde Flecken in der Erinnerungskultur begünstigt und so rechtspopulistischen Strömungen zuarbeitet.[37]

Eine Lektüre von *Nullerjahre* als Autosoziobiografie mag Gefahr laufen, obigem Narrativ zuzuarbeiten respektive sich zu stark auf Klassenkonflikte als aus-

---

senheit in mich, meine Freunde, Bekannte und Klassenkameraden, das hell lodernde Wendefeuer ausgebrannt, verwandelt zu staubiger Asche aus Resignation und Trostlosigkeit, die sich über alles legte, alles begrub und erstickte." (N, 121)

35 Vgl. hierzu weiterführend Tobias Rothmund und Eva Walther (Hg.), Psychologie der Rechtsradikalisierung. Theorien, Perspektiven, Prävention, Stuttgart 2004.
36 Spoerhase, Politik der Form, 31.
37 Vgl. Werner Bergmann und Rainer Erb, Schwieriges Erbe. Der Umgang mit Nationalsozialismus und Antisemitismus in Österreich, der DDR und der Bundesrepublik Deutschland, Frankfurt a. M. und New York 1995.

schlaggebendes Moment für Hendriks schwierige Adoleszenz zu konzentrieren. So mag es zwar die Benachteiligung qua Herkunft sein, die ihn in einem bildungsfernen, gewaltaffinen und ideologisch korrumpierten Umfeld aufwachsen lässt. Dennoch greifen die sozialen Prägungen, Ungleichheiten und Machtverhältnisse als Erklärung für die Faszination von Gewalt und rechtsextremen Gruppen zu kurz. Der Text mag nun einerseits Erfahrungen von Deklassierung und Prekarität als Deutungsmatrize für die Verrohung der Jugendlichen nahelegen, wenn auch die Gewalt nicht explizit als Bewältigungsstrategie für Verlust- und Benachteiligungsempfindungen benannt wird. Anderseits stellt er aber auch infrage, ob die Gewalt tatsächlich alternativlos ist und die desolaten Verhältnisse das Handeln Hendriks abschließend erklären. Immer wieder taucht doch im Verlauf der Handlung ein ‚Außen' zu den Zuständen in Knieper West auf.[38] Alternative Handlungsoptionen werden jedoch immer wieder abgewiesen, ohne dass dies einer zwingenden Notwendigkeit zu folgen scheint.

Eine Lektüre des Romans als Klassenerzählung ist auch in einer weiteren Hinsicht zu differenzieren: So erscheint Hendriks Retrospektive zwar als prototypisches *Transclasse*-Dokument, indem über Inhalt und Faktur an Gattungskonventionen der Autosoziobiografie angeknüpft wird. Doch scheint das Hauptinteresse tatsächlich nicht einer tieferen Auseinandersetzung mit der Transition der Klasse oder der Formulierung eines sozioökonomisch grundierten Klassenbewusstseins zu gelten. Dem entspricht, dass Hendriks Scham, die er als Movens seines Schreibens benennt, zwar mit einem Klassenwechsel zu tun hat, sich von der anderer *transclasses* jedoch unterscheidet. Scham – Chantal Jaquet zufolge der „beständigste Marker auf dem Lebensweg der Klassenübergänger*innen"[39] – resultiert in *Nullerjahre* weniger aus der sozialen Herkunft oder dem Gefühl einer vermeintlichen Unzulänglichkeit aus Sicht des Ankunftsmilieus. Vielmehr bezieht sie sich in Hendriks Fall auf sein Gewalthandeln in der Jugend – womit sich der Fokus von einer Klassenanalyse hin zu einer individuellen moralischen Auseinandersetzung mit vergangenen Taten verschiebt.

Hendriks Scham, aktiver Teil einer Gewaltgemeinschaft gewesen zu sein, verweist schließlich auf die Frage persönlicher Schuld, die er sich selbst im Erwachsenenalter stellt und die sich nicht durch Klassenverhältnisse abschließend beant-

---

[38] Gleich mehrfach bieten sich Hendrik Alternativen zu Knieper West, jedoch entscheidet sich der Protagonist immer wieder aufs Neue für sein gewohntes Umfeld: „[L]eider konnte ich mit anderen Gegenden als Knieper West überhaupt nichts anfangen, da kannte ich keinen, da war nichts los, die interessierten mich nicht. Meine Schule, meine Freunde, meine Plätze, mein Zuhause blieb hier, zwischen den mir wohlbekannten, mir ans Herz gewachsenen Blöcken." (N, 128)

[39] Chantal Jaquet, Zwischen den Klassen. Über die Nicht-Reproduktion sozialer Macht, übersetzt von Horst Brühmann, Konstanz 2018, 10.

worten lässt – auch wenn die Schilderungen seiner Sozialisation eine gewisse Entlastung seines jugendlichen Ichs nahelegen. Einer autosoziobiografischen Lektüre von *Nullerjahre* scheint angeraten, die berechtigte Diskussion über sozioökonomische Ungleichheit, die der Text anstößt, nicht die ideologischen und psychologischen Hintergründe rechtsextremen Denkens ausklammern zu lassen. Allzu leicht mag der Fokus auf die prekären, Mitleid evozierenden Lebensverhältnisse der Jugendlichen dazu führen, Täter:innen in der Rolle des Opfers zu sehen, Nähe zu und Akzeptanz von rechtsextremer Ideologie zu verharmlosen und die Verantwortung der Figuren aus dem Blick zu verlieren. Damit sei keineswegs dafür argumentiert, die Authentizität und Diskussionswürdigkeit der in *Nullerjahre* geschilderten individuellen wie kollektive Problemlagen in Abrede zu stellen. So mag doch das öffentliche Sprechen über eine bisher tabuisierte Generationenerfahrung einer dringend notwendigen ‚Entprivatisierung' ostdeutscher Transformationserfahrungen zuarbeiten, die bisher keine breitere Diskussion erfuhren. Dennoch bleibt es Aufgabe kritischer Leser:innen, auch im Zuge einer klassensiblen Lektüre die narrative Konstruktion und die möglichen Implikationen solcher Darstellungen kritisch zu hinterfragen – gerade um so einen Interpretations- und Erklärungsrahmen zu schaffen, der nicht auf eine verkürzte normative Verurteilung von Radikalisierungsprozessen und Gewalt beschränkt bleibt.

Literatur

Primärliteratur

Bolz, Hendrik: Nullerjahre. Aufwachsen in blühenden Landschaften, Köln 2022.
Gneuß, Charlotte: Gittersee, Frankfurt a. M. 2023.
Grass, Günter: Beim Häuten der Zwiebel, Göttingen 2006.
Meyer, Clemens: Als wir träumten, Frankfurt a. M. 2006.
Müllensiefen, Domenico: Aus unseren Feuern, Berlin 2023.
Präkels, Manja: Als ich mit Hitler Schnapskirschen aß, Berlin 2017.
Rabe, Anne: Die Möglichkeit von Glück, Stuttgart 2023.
Rietzschel, Lukas: Mit der Faust in die Welt schlagen, Berlin 2018.
Schulz, Daniel: Wir waren wie Brüder, München 2022.
Wilpert, Bettina: Herumtreiberinnen, Berlin 2022.

Sekundärliteratur

Bangel, Christian: #baseballschlägerjahre. Ein Hashtag und seine Geschichten, Bundeszentrale für politische Bildung, 02.12.2022, https://www.bpb.de/shop/zeitschriften/apuz/rechte-gewalt-in-den-1990er-jahren-2022/515769/baseballschlaegerjahre/ (01.02.2025).

Begrich, David: Baseballschlägerjahre in Ostdeutschland: Sie waren nie weg, taz, 02.12.2019, https://taz.de/Baseballschlaegerjahre-in-Ostdeutschland/!5642847/ (01.02.2025).

Beham, Sarah: Landtagswahlen im Osten: Woher der Aufwind für die AfD kommt, Bayerischer Rundfunk, 31.08.2024, https://www.br.de/nachrichten/bayern/landtagswahlen-im-osten-woher-der-aufwind-fuer-die-afd-kommt,UMxnWIu (05.01.2025).

Bergmann, Werner, und Rainer Erb: Schwieriges Erbe. Der Umgang mit Nationalsozialismus und Antisemitismus in Österreich, der DDR und der Bundesrepublik Deutschland, Frankfurt a. M. und New York 1995.

Blome, Eva: Rückkehr zur Herkunft. Autosoziobiografien erzählen von der Klassengesellschaft, in: Deutsche Vierteljahrsschrift für Literaturwissenschaft und Geistesgeschichte 94 (2022), H. 4, 541–571.

Bolz, Hendrik: Siegheilrufe wiegten mich in den Schlaf, der Freitag, 28.10.2019, https://www.freitag.de/autoren/hendrik-bolz/sieg-heil-rufe-wiegten-mich-in-den-schlaf (01.02.2025).

Büüsker, Ann-Kathrin: Abgehängter Osten?, Deutschlandfunk, 02.08.2019, https://www.deutschlandfunk.de/der-tag-abgehaengter-osten-100.html (01.02.2025).

Fischer, Ralf: Täter statt Opfer. Die Logik des Deutschraps in Romanform: *Nullerjahre* von Hendrik Bolz, Neues Deutschland, 08.06.2022, https://www.nd-aktuell.de/artikel/1164378.coming-of-age-taeter-statt-opfer.html (01.02.2025).

Gensing, Patrick: Chronologie zu Chemnitz. Ein Tötungsdelikt und die politischen Folgen, tagesschau, 28.05.2022, https://www.tagesschau.de/faktenfinder/chronologie-chemnitz-103.html (01.02.2025).

Jaquet, Chantal: Zwischen den Klassen. Über die Nicht-Reproduktion sozialer Macht, übersetzt von Horst Brühmann, Konstanz 2018.

Lindner, Bernd: Die Generation der Unberatenen. Zur Generationenfolge in der DDR und ihren strukturellen Konsequenzen für die Nachwendezeit, Leipzig 2006.

Lorenz, Julia: Romane über Jugend in Ostdeutschland: Wie geil böse wir waren, taz, 19.02.2022, https://taz.de/Romane-ueber-Jugend-in-Ostdeutschland/!5833587/ (01.02.2025).

Nichelmann, Johannes: Hendrik Bolz: „Nullerjahre". Auf die Fresse kriegen in Stralsund, Deutschlandfunk Kultur, 10.02.2022, https://www.deutschlandfunkkultur.de/hendrik-bolz-nullerjahre-rezension-buchkritik-100.html (01.02.2025).

Oschmann, Dirk: Der Osten: Eine westdeutsche Erfindung, Berlin 2023.

Pilz, Michael: „Für Westsozialisierte ist, was ich beschreibe, völlig fremd", Welt am Sonntag, 15.03.2022, https://www.welt.de/kultur/plus237145287/Nullerjahre-von-Hendrik-Bolz-Vom-Fluch-der-bluehenden-Landschaften.html (01.02.2025).

Rothmund, Tobias, und Eva Walther (Hg.): Psychologie der Rechtsradikalisierung. Theorien, Perspektiven, Prävention, Stuttgart 2004.

Schulz, Daniel: Jugendliche in Ostdeutschland. Wir waren wie Brüder, taz, 01.10.2018, https://taz.de/Jugendliche-in-Ostdeutschland/!5536453/ (01.02.2025).

Schumacher, Eckhard: Eskalation erzählen. Nachwendenarration als Gewaltgeschichte, in: Merkur 77 (2023), H. 12, 16–29.

Speitkamp, Winfried: Gewaltgemeinschaften, in: Gewalt. Ein interdisziplinäres Handbuch, hg. von Christian Gudehus und Michaela Christ, Stuttgart und Weimar 2013, 184–190.

Spoerhase, Carlos: Politik der Form. Autosoziobiografie als Gesellschaftsanalyse, in: Merkur 71 (2017), H. 818, 27–37.

Theweleit, Klaus: Männerphantasien (1977/78), 3. Aufl., Berlin 2019.

Tretbar, Christian: Ist der Osten verloren? Die Schwankenden sind noch zu retten, Tagesspiegel, 29.06.2023, https://www.tagesspiegel.de/meinung/ist-der-osten-verloren-die-schwankenden-sind-noch-zu-retten-10068379.html (01.02.2025).

Zemaníková, Nadežda: Autobiografie – Metaautobiografie – Autosoziobiografie: Ostdeutsches autobiografisches Erinnern im neuen Jahrtausend, in: World Literature Studies 4 (2023), H. 15, 50–60.

Sarah Mahlberg
Endstation Vorstadt

Intersektionalität im suburbanen Raum in Deniz Ohdes *Streulicht*, Shida Bazyars *Drei Kameradinnen* sowie Leif Randts *Allegro Pastell*

1 Einleitung

Deniz Ohdes *Streulicht*, Shida Bazyars *Drei Kameradinnen* sowie Leif Randts *Allegro Pastell* behandeln unterschiedliche Erfahrungen von Privileg und Diskriminierung. Während die Protagonistinnen in *Streulicht* und *Drei Kameradinnen* in den Kategorien *gender*, *race* und *class* diskriminiert werden, ist der Protagonist in *Allegro Pastell* auf all diesen Ebenen privilegiert. Dieser Aufsatz behandelt den Einfluss von Privileg und Benachteiligung auf den semantischen Raum. Es wird sich zeigen, dass mehrfach diskriminierte fokale Instanzen mehr Grenzen im semantischen Raum im Sinne Jurij Lotmans wahrnehmen und überschreiten, wodurch die Erzählung eine höhere Ereignishaftigkeit erhält. Diese Ereignishaftigkeit ist inhaltlich an die Schilderung von Diskriminierungserfahrungen gebunden, die privilegierte fokale Instanzen nicht wahrnehmen.

Die literarische Raumtheorie ist eng an die Figur geknüpft, die im jeweiligen Text als fokale Instanz fungiert. Jurij Lotmans Ereigniskonzept definiert die Überschreitung einer Grenze als Bedingung für ein Ereignis. Was eine Grenze ausmacht, liegt jedoch im subjektiven Empfinden der Figur. Natascha Würzbach verbindet 2004 die Raumtheorie mit den Gender Studies und weist darauf hin, dass fokale Instanzen wie auch Erzählstimmen ein Geschlecht haben.[1] Entsprechend nah liegt die Annahme, dass die fokale Instanz den Raum einem Kontext von *gender*, *race* und *class* entsprechend wahrnimmt. Kimberlé Crenshaws Begriff der Intersektionalität[2] wird daher in diesem Aufsatz direkt mit einem raumtheoretischen Ansatz verbunden und untersucht, inwieweit eine Kombination aus den Erfahrungen von Klassismus, Rassismus sowie Sexismus den erzählten Raum verändert.

---

[1] Vgl. Natascha Würzbach, Raumdarstellung, in: Erzähltextanalyse und Gender Studies, hg. von Vera Nünning, Ansgar Nünning und Nadyne Stritzke, Stuttgart 2004, 49–71.
[2] Vgl. Kimberlé Crenshaw, Das Zusammenrücken von Race und Gender ins Zentrum rücken. Eine Schwarze feministische Kritik des Antidiskriminierungsdogmas, der feministischen Theorie und antirassistischer Politiken (1989), in: Schwarzer Feminismus. Grundlagentexte, hg. von Natasha A. Kelly, Münster 2019, 145–186.

Die drei untersuchten Romane haben eine zentrale Gemeinsamkeit: den Handlungsraum Vorstadt. Die Denkfigur der Verschiebung im Sinne Homi K. Bhabhas und Elisabeth Bronfens[3] schreibt der Vorstadt als sich bewegendem Raum die Funktion zu, Machtstrukturen des Stadtzentrums aufzuzeigen und zu hinterfragen.[4] Dem folgend ist die Vorstadt der ideale Raum, um Fragen von Ausgrenzung und Klasse zu verhandeln. Allerdings ist auch der vorstädtische Raum selbst von Klasse geprägt. So vermitteln Vereine und Promenaden die Idee eines „besseren Lebens"[5] und fungieren dabei klassistisch ausgrenzend den Menschen gegenüber, die weniger großzügig wohnen oder sozial eingebunden sind. Dies soll bei einer näheren Analyse des Romans *Streulicht* von Deniz Ohde deutlich werden. Während unter der Betrachtung des Ortes in *Streulicht* ein intersektionales raumtheoretisches Konzept argumentativ entwickelt wird, wird im zweiten Teil dieses Aufsatzes ein vergleichender Ansatz gewählt. Dem privilegierten Jerome aus *Allegro Pastell* wird Saya aus *Drei Kameradinnen* gegenübergestellt, die dreifach diskriminiert wird. Verglichen werden zwei Szenen in Verkehrsmitteln aus dem Stadtzentrum nach Hause. Der Pendelverkehr als klassisch vorstädtische Praxis wird vor dem Hintergrund der Verdrängung des Wohnraums einer gesonderten Betrachtung unterzogen. Die Verkehrsmittel selbst, die unter den von Marc Augé entwickelten Begriff des Nicht-Ortes fallen, werden in *Drei Kameradinnen* und ein Stück weit auch in *Allegro Pastell* zu erlebten Orten, an denen ihrerseits Verdrängung und Diskriminierung stattfindet. Zunächst soll jedoch das Konzept einer intersektionalen Raumanalyse vorgestellt werden, womit im Anschluss die Romane untersucht werden.

2 Intersektionalität als Raumanalysetool in vorstädtischen Räumen

Diskriminierung ist eine Form der Grenzüberschreitung. Diese Metapher liefert die räumliche Ebene der Erfahrung gleich mit. Die Überschreitung einer Grenze, die nach Lotman revolutionäres Potenzial hat,[6] ist eine räumliche Erfahrung.

---

3 Vgl. Homi K. Bhabha und Elisabeth Bronfen, Die Verortung der Kultur, Tübingen 2011, 4.
4 Vgl. Caroline Merkel, Produktive Peripherien. Literarische Aneignungen der Vorstadt, Würzburg 2016, 230.
5 Vgl. Wolfgang Kaschuba, Urbane Identität: Einheit der Widersprüche?, in: Urbanität und Identität zeitgenössischer europäischer Städte, hg. von Vittorio Magnago Lampugnani, Ludwigsburg 2005, 8–28, hier: 8.
6 Vgl. Jurij Michajlovič Lotman, Die Struktur literarischer Texte, 4. Aufl., München 1993, 339.

Intersektionalität im Sinne einer Untersuchung von Mehrfachdiskriminierung muss entsprechend im literarischen Raum wiederzufinden sein. In diesem Abschnitt möchte ich herausarbeiten, dass Diskriminierung die Raumwahrnehmung ändert und Intersektionalität ein auf die literarische Raumtheorie anwendbares Konzept darstellt.

Kimberlé Crenshaw veranschaulicht die Intersektionalität mit der Metapher einer Straßenkreuzung (engl.: *intersection*), an der zwei Autos aus verschiedenen Richtungen zusammenstoßen. Dieser Aufprall stehe für das Moment intersektionaler Diskriminierung,[7] die Autos würden entsprechend als Achsen der Diskriminierung fungieren, so zum Beispiel *race* und *gender*. Obwohl die Straßenkreuzung eine klar räumliche Metapher der Intersektionalität darstellt, fand jene im Kontext literaturwissenschaftlicher Raumtheorie bislang wenig Beachtung. Es wurden primär Körper und ihre „zentrale Bedeutung [...] als Gegenstand der Analyse intersektioneller Verschränkungen"[8] oder multiperspektivisches Erzählen als Produkt „intersektionale[r] Vielstimmigkeit"[9] in den Blick genommen.[10]

Lotman definiert die Grenze als wichtigstes topologisches Merkmal des Raumes.[11] Wenn eine Figur ihr semantisches Feld nicht verlässt, handelt es sich bei dem Text um eine sujetlose Erzählung, das Überschreiten einer Grenze wiederum

---

7 Vgl. Gabriele Winker und Nina Degele, Intersektionalität. Zur Analyse sozialer Ungleichheiten, 2. Aufl., Bielefeld 2010, 12.
8 Ingrid Bennewitz, Jutta Eming und Johannes Traulsen, Einleitung: Gender Studies – Queer Studies – Intersektionalitätsforschung, in: Gender Studies – Queer Studies – Intersektionalität. Eine Zwischenbilanz aus mediävistischer Perspektive, hg. von dens., Göttingen 2019, 13–28, hier: 25.
9 Eva Raschke, Unzuverlässiges Erzählen als Authentizitätsnachweis in einer unerfassbaren Welt. Beobachtungen zu Shida Bazyars *Drei Kameradinnen*, in: Diyalog: Interkulturelle Zeitschrift für Germanistik 9 (2021), H. 2, 492–505, hier: 502.
10 Gleichzeitig betonen Forschende jedoch einen engen Zusammenhang von Körper und Raum, sprechen von „Verräumlichungen" der Körper, vgl. Wenzel Bilger, Verräumlichungen intersektionaler Identitäten, in: Der postethnische Homosexuelle. Zur Identität „schwuler Deutschtürken", hg. von dems., Bielefeld 2012, 125–150. Natascha Würzbach sieht außerdem den Raum selbst als Körper an und beispielsweise im Konzept „Heimat" Mutter, Ehefrau und Geliebte verkörpert, vgl. Würzbach, Raumdarstellung, 51. „Dass Räume – in welcher Form auch immer – Körper ‚mitbestimmen' und Körper wiederum Räume konstituieren, ist eine in den Kulturwissenschaften mittlerweile gängige Auffassung", konstatierte 2014 die Soziologin Marie-Theres Modes, vgl. Marie-Theres Modes, Raum, Atmosphäre und verkörperte Differenz. Raumbezogene Wahrnehmungsweisen einer anderen Körperlichkeit, in: Verorten – Verhandeln – Verkörpern. Interdisziplinäre Analysen zu Raum und Geschlecht, hg. von Silke Förschler, Rebekka Habermas und Nikola Roßbach, Bielefeld 2014, 335–358, hier: 336. Für entsprechend sinnvoll halte ich es, die Intersektionalität über ihren Fokus auf den Körper hinaus auch als Analysetool für Raumfragen nutzbar zu machen.
11 Lotman, Die Struktur literarischer Texte, 327.

habe revolutionäres Potenzial.[12] Wird nun Raum intersektional untersucht, entstehen, mit Lotman gesprochen, lauter Grenzen und somit viele kleine semantische Felder. So entsteht im narrativen Raum eine netzartige Kartografie und Handlungen erhalten eine größere Ereignishaftigkeit.

Im Folgenden möchte ich meine These stützen, dass sich in Romanen, die Diskriminierung zum Thema machen, viele Trennungslinien finden lassen und dass dies zu einer netzartig angelegten Raumkartografie führen kann. Natascha Würzbach attestierte 2004 in ihrem raumfokussierten Beitrag in *Erzähltextanalyse und Gender Studies* „genderorientierter Erzähltheorie und postkolonialer Narratologie",[13] sie seien „in hohem Maße kompatibel",[14] jedoch kommt der Begriff der Intersektionalität im gesamten Kapitel nicht vor.

Würzbach arbeitet jedoch in ihrer Analyse ausgewählter englischsprachiger Literatur des 19. und frühen 20. Jahrhunderts eine für Frauen besonders relevante Einteilung in private und öffentliche Räume heraus.[15] Darin ist eine potenzielle erste Achse erkennbar; eine Grenze im Raum, die sich aus einer hegemonial männlichen Fokalisierung nicht so stark auftut wie aus einer weiblichen Erzählperspektive heraus. Die Grenze des privaten zum öffentlichen Sektor wird in zeitgenössischen Texten zwar weniger ausgeprägt zu finden sein als in Würzbachs Primärtexten. Dennoch gibt es auch in ihnen die Figur der Hausfrau, die sich vor allem im privaten Raum aufhält, und ihren Ehemann, der am Arbeitsplatz nur unter Männern ist. Somit ist Würzbachs Dichotomie kontextabhängig noch immer zu berücksichtigen. Vor allem bietet sie ein Beispiel dafür, wie sich erlebte Diskriminierung in Romanen räumlich ausdrücken kann: indem sie Grenzen kreiert.

Wenn man jetzt bedenkt, dass eine intersektional diskriminierte Erzählinstanz mehr Grenzen beschreiben kann als eine privilegiertere Instanz, spricht dies mit Lotman also für eine dichte Ereignishaftigkeit des vorliegenden Textes, die aber mit hoher Wahrscheinlichkeit nicht von allen Figuren so wahrgenommen wird. Entsprechend lassen sich Aussagen wie „Das bildest du dir ein" oder „Du nimmst die Dinge eben immer gleich persönlich"[16] in Deniz Ohdes *Streulicht* erklären, wenn die Protagonistin ihrer Freundin Sophia vorwirft, sie auszuschließen und aufzuziehen. Sophia hat die Grenze nicht wahrgenommen und geht davon aus, dass doch gar nichts passiert sei, ergo kein Ereignis vorliege. Durch die vielen Mög-

---

12 Lotman schreibt über das Sujet, es sei ein „,revolutionäres Element' im Verhältnis zum ‚Weltbild'", vgl. Lotman, Die Struktur literarischer Texte, 339.
13 Würzbach, Raumdarstellung, 38.
14 Würzbach, Raumdarstellung, 38.
15 Vgl. Würzbach, Raumdarstellung, 52.
16 Deniz Ohde, Streulicht, Berlin 2020, 124.

lichkeiten der Grenzüberschreitung erhöht sich außerdem das revolutionäre Potenzial. Diesen Annahmen folgend ist davon auszugehen, dass ein intersektionaler Forschungsansatz genauer dazu befähigt, Grenzen im Raum wahrzunehmen und hierüber eine höhere Sujethaftigkeit in vorliegenden Texten zu erkennen.

3 Der intersektionale Raum als Raster in Deniz Ohdes *Streulicht*

Anhand einer Analyse des „Ortes" in Deniz Ohdes *Streulicht* soll die auf Crenshaw und Lotman basierende Hypothese, dass ein intersektionaler Raum eine netzartige Kartografie besitzt, überprüft werden. Die Protagonistin aus *Streulicht* kehrt für die Hochzeit ihrer zwei Kindheitsfreund:innen an den Ort ihrer Jugend zurück und lässt ihr Leben dort Revue passieren. Der Ort wird geografisch nicht näher bestimmt, liegt jedoch an einem großen Industriepark. Die Schul- und Universitätszeit der Protagonistin stehen im Vordergrund. Hier erfährt sie Sexismus, Rassismus und Klassismus und wird oft vom Gefühl begleitet, fehl am Platz zu sein. Während sie sich in den Situationen immer selbst die Schuld gibt, kann die Ich-Erzählerin rückblickend viele Situationen gesellschaftspolitisch einordnen, was den Roman klassischen Aufstiegsgeschichten kritisch gegenüberstellt.

Unter der Annahme, dass die in diesem Kapitel häufig erwähnten „Grenzen" auch als „Achsen" im Crenshaw'schen Sinne interpretiert werden können, wird sich zeigen, wie viel feinmaschiger ein Raum wird, wenn mehrere Diskriminierungskategorien zusammenkommen. Im „Ort", wie die Vorstadt in *Streulicht* stets genannt wird, werden bestimmte Straßen mit Wohlstand und andere mit Prekarität verbunden:

> Sophias Landschaft bestand aus [...] Gruppenräumen und den schönen Straßen. Die Allee vor ihrer Haustür gehörte dazu, mit den Zierahornbäumen, die im Herbst ein tiefes Rot annahmen, den blank geputzten Rillen der Bürgersteige, den „Willkommen"-Schildern an den Gartentoren, die gewissenhaft ausgetauscht wurden, wenn die Sonne sie ausgeblichen hatte. Die Ortsmitte mit dem Kreuz, wo ihre Mutter sich zu kleinen Unterhaltungen mit Bekannten traf, die Einkaufstaschen mit genau der Menge Lebensmitteln in der Hand, die sie für die nächsten zwei Tage brauchte. [...] Meine Landschaft bestand aus dem Gitter über der Abluftanlage des Supermarkts, auf dem ich stand, wenn ich vor der Schule an der Bushaltestelle darauf wartete, dass Sophia um die Ecke kam. Zu mir gehörte der geschlossene Rollladen von *Conny's Eck*, der Bahnhof, die startenden Flugzeuge im Himmelsviereck meines Zimmerfensters, der Strommast, die Mauern des Industrieparks, die aufragenden Röhren, gegen all das rannte ich an, aber es waren meine einzigen Ankerpunkte. Kein Garten umschloss unser Haus, keine Birke spendete mir Schatten, denn aus Schatten bestand ja unser ganzes

> Grundstück, und unsere Wohnung war ein Geheimnis, das wir zu hüten hatten, dessen wir uns schämten.[17]

Wie die Miniaturversion einer Stadt besitzt auch die Vorstadt selbst ein markiertes Zentrum, das die Erzählerin wohlhabenderen Menschen wie Sophias Familie zuweist, während sie sich selbst entsprechend zurücknimmt. „Den Ort selbst durchzieht mithin eine – sowohl buchstäblich als auch im übertragenen Sinne zu lesende – Differenz von Zentrum und Peripherie im Sinne einer sozialräumlichen und kulturellen Segregation",[18] beobachtet Philipp Böttcher. Anders formuliert: Hier verläuft die Klassen-Achse.

Diese bedingt das Gefühl der Protagonistin, sie stehe „am Rande der Gesellschaft",[19] auch wenn sie sich in der Großstadt befindet. Sie trägt die Vorstadt und ihre individuelle durch Grenzen geprägte Raumwahrnehmung mit sich. Böttcher beobachtet im Roman „ein höheres Maß an sozialer Durchmischung, die vor allem für die semiurbanen Räume und industriell durchzogenen städtischen Randzonen typisch war".[20] Das gepaart mit der geringen Fläche einer Vorstadt bedeutet für die Protagonistin nur kleine Räume, die sie als die ihren begreift, und ein zwangsläufig häufiges Stoßen an Grenzen.

Die Erzählerin ordnet vorrangig eine Gruppe von Elementen Sophias Landschaft zu, die der Kulturwissenschaftler Wolfgang Kaschuba in seinem Aufsatz *Urbane Identität: Einheit der Widersprüche* der städtischen Bürgerlichkeit zuweist. Alleen gehören dazu, ebenso die Bürgersteige und die Einfamilienhäuser mit Gärten.[21] Dies zeigt, dass ein eventueller stadtplanerischer Versuch, Vorstädte durch das Etablieren bürgerlicher Elemente aufzuwerten, schnell an seine Grenzen kommen kann: Die Aufwertung spüren nur diejenigen, die sich ohnehin zur bürgerlichen Schicht zählen.

Ärmere Menschen wie die Erzählerin werden jedoch ein zweites Mal an den Rand gedrängt: Zuerst aus der Stadt in die Vorstadt und dann innerhalb der Vorstadt in die beschattete Wohngegend. Die Erzählerin spürt sich nicht dem Bürgersteig zugehörig, sondern dem nahe gelegenen Flugplatz. Sie sortiert Elemente ihrer Landschaft zu, die unästhetisch sind oder Lärm machen. Dazu zählen fast alle sichtbaren Ausprägungen von Infrastruktur. Sie sind das Produkt der Arbei-

---

17 Ohde, Streulicht, 85–86.
18 Philipp Böttcher, Ewig Peripherie? Raumdarstellung, Postmigrationserfahrungen und Gesellschaftsdiagnose in Deniz Ohdes *Streulicht*, in: Internationales Archiv für Sozialgeschichte der deutschen Literatur 48 (2023), H. 2, 481–506, hier: 493.
19 Ohde, Streulicht, 143.
20 Böttcher, Ewig Peripherie?, 493.
21 Kaschuba, Urbane Identität: Einheit der Widersprüche?, 3.

terklasse, ein sichtbares Zeichen, dass diese hier ebenfalls lebt und durch die Funktionalität ihrer Arbeit eine Daseinsberechtigung hat. Räume der Zerstreuung werden Arbeiter:innen in den Augen der Erzählerin jedoch nicht zugestanden.

Alles, was von Schönheit oder Verschwendung zeugt (wie unnötig breite Straßen mit vielen Bäumen oder häufig gewechselte Schilder[22]), ordnet die Erzählerin der Welt des Bürgertums zu. Diese ist eng verbunden mit unausgesprochenen Regeln, deren Kenntnis zwar Spießigkeit, jedoch ebenfalls eine gewisse Exklusivität verkörpert. Genauigkeit, Regelmäßigkeit und Routine formen das Bürgertum. Geheimnisse, Funktionalität und Scham stehen für die Arbeiterklasse. Dadurch, dass die Erzählerin hier eine Grenze wahrnimmt und sie räumlich zuordnet, entsteht die Klassen-Achse im Ort.

Eine weitere Achse wird durch das *gender* bestimmt. Sie verläuft zwischen der Wohngegend, die im Roman primär Frauen und Kinder zu bewohnen scheinen, und dem Industriegebiet, in das die Familienväter jeden Tag verschwinden:

> Sophias Mutter schien im Gegensatz zu meiner einen Plan zu haben, den sie nicht bewusst bedenken musste und der sie trotzdem in allem lenkte. Er hatte sie in dieses Einfamilienhaus gebracht, in eine glückliche Ehe, zu immer glatt rasierten Beinen, zu dem Zierrasen, über dem ein Regenbogen stand, wenn die Sprinklermaschine frühmorgens einen feinen Schauer versprühte. In diesem eingefassten Garten befand sich das Paradies, und es wurde nicht berührt von den Kühltürmen, die hinter der äußeren Hecke auftragten; Sophias Mutter blendete sie einfach aus. Sie gehörten ganz selbstverständlich zur Kulisse des Ortes, sie waren schon immer da gewesen, aber mit ihr hatten sie nichts zu tun, so wenig wie ihr Garten mit seinen penibel errechneten Bewässerungszeiten mit dem eingezäunten Industriepark, wo die Kohleberge mit plumpem Wasserstrahl vor der Selbstentzündung geschützt wurden.[23]

Sophias Mutter, so zeigt es die Textstelle, akzeptiert die Kartografie des Raumes und den ihr zugewiesenen Platz darin. Das anliegende Industriegebiet nimmt sie viel weniger wahr als die Protagonistin, obwohl dort das Geld verdient worden ist, um das Haus, den Garten und den Rasensprenger zu bezahlen. Sophias Mutter glaubt an die traditionelle Arbeitsteilung, nach der sie die Care-Arbeit und ihr Mann die Lohnarbeit übernimmt. Da sie keinen Missstand wahrnimmt, kann sie nach Henri Lefebvre den Raum auch nicht nach ihren Vorstellungen verändern. Biblisch-metaphorisch gesprochen fehlt es ihr an Wissen und Erkenntnis, wodurch sie im Garten, dem Paradies, verbleiben kann. Dieses Paradies ist jedoch fragil, da sich im Laufe des Romans andeutet, dass ihr Mann gewalttätig ist.[24]

---

22 Ohde, Streulicht, 85.
23 Ohde, Streulicht, 39–40.
24 Vgl. Ohde, Streulicht, 227.

Zunächst haben sich durch die zwei beschriebenen Achsen nun jedoch vier Räume gebildet, in denen vier unterschiedliche Figurentypen leben: Die Industrie dominiert der Mann aus dem Wohlstandshaus, der jeden Tag zu seiner gut bezahlten Arbeit aufbricht und abends zurückkommt, verkörpert von Sophias Vater. Der Protagonistin bleibt der Zugang zum Industriegebiet aufgrund ihres *gender* verwehrt, dennoch kann man für eine genauere Nuancierung der Diskriminierungsverhältnisse die weitere Kategorie[25] *class* hinzuziehen. Innerhalb der Industrie, wahrscheinlich aber in einem anderen Stockwerk, arbeitet der Vater der Protagonistin, der jedoch schlechter bezahlt wird und daher in der weniger beliebten Straße wohnt.

Im Wohlstandshaus verbleibt Sophias Mutter als mittelständische Hausfrau, die sich im Ort mit anderen Hausfrauen vernetzt und entsprechend viel Einfluss genießt, allerdings von ihrem Mann finanziell abhängig und somit seinen Wutanfällen ausgeliefert ist.[26] Die Mutter der Protagonistin schließlich hat weder Einfluss in der Wohngegend, noch findet ihre Ehe auf Augenhöhe statt. Die Verräumlichung ihrer Perspektive stellt die Wohnung der Familie dar, die mit viel Scham behaftet ist und in der sie bestimmte Räume immer abschließt, wenn Besuch kommt.[27] Dieses Detail zeigt, dass der mittelständische Besuch mehr Macht über den Wohnraum der Protagonistin hat als ihre eigene Familie.

Der Raum in *Streulicht* bekommt so eine netzförmige Kartografie mit vielen kleinen Feldern. Innerhalb dieser Felder herrscht Verbundenheit, da die dort angesiedelten Figuren sich darin sujetlos bewegen können. Sujetlos ist hier im Sinne Jurij Lotmans zu verstehen, also als das Ausbleiben von Ereignishaftigkeit

---

[25] Unter dem Namen „ask the other question" arbeitete die Rechtsanwältin Mari Matsuda eine Methode heraus, in einer klar diskriminierenden Szene „die andere Frage zu stellen", also bei rassistischen Vorfällen nach heterosexistischen Elementen oder in sexistischen Szenen den Klassismus zu suchen. Für ein „detailliertes Bild des zu analysierenden Gegenstandes" brachte der Literaturwissenschaftler und Historiker Falko Schnicke das Konzept für literaturwissenschaftliche Untersuchungen ins Spiel, vgl. Falko Schnicke, Grundfragen intersektionaler Forschung, in: Intersektionalität und Narratologie. Methoden – Konzepte – Analysen, hg. von Christian Klein, Trier 2014, 1–32, hier: 18. Matsudas Technik verhindert, in die von Crenshaw skizzierte Falle zu tappen und beispielsweise nur Formen von Sexismus wahrzunehmen, den weiße und gebildete Frauen erleben. Stattdessen arbeitet man ihn potenziell auch aus Szenen heraus, die auf den ersten Blick andere Formen der Diskriminierung transportieren.

[26] Sophias Mutter bittet an einer Stelle die Mutter der Protagonistin um Hilfe, weil ihr Mann vor Wut ein Glas zerschlagen habe (vgl. Ohde, Streulicht, 227). Die Mutter der Protagonistin, die heftigere Gewaltausbrüche gewohnt ist, erlebt diesen Moment als Triumph, weil sie zum ersten Mal routinierter vorgeht als Sophias Mutter. Sie sieht dies als „Stärke der Frauen" an (Ohde, Streulicht, 228).

[27] Vgl. Ohde, Streulicht, 32.

in einem homogenen Feld. Beim Überschreiten dieser Grenzen findet ein Ereignis statt, so zum Beispiel, wenn die Protagonistin aus nichtakademischem Haushalt das Gymnasium oder beim *Girls' Day* den Industriepark besucht. In diesen Räumen fühlt sich die Protagonistin weniger sicher und hat Sorge, hinausgeworfen oder „ausgesiebt"[28] zu werden.

Nicht in jedem Roman zeigt sich die rasterförmige Kartografie so deutlich wie in *Streulicht*. Um Intersektionalität im Roman analysieren zu können, muss entweder die Erzählinstanz entsprechend vorgebildet sein und Zusammenhänge benennen können oder aber zumindest die fokale Instanz bereit sein, Dinge zu sehen, die dann ein:e entsprechend vorgebildete:r Leser:in entschlüsseln kann. In *Streulicht* spricht die Erzählinstanz in der Ich-Perspektive rückwirkend über die Erlebnisse der Protagonistin und ordnet diese gesellschaftspolitisch ein. Die Kartografie des Ortes weist den einzelnen Figuren innerhalb ihrer persönlichen Diskriminierungs- oder Privilegienstruktur einen bestimmten Platz zu, was zu einer verdrängungsbedingten Aufteilung des Ortes in unterschiedliche semantische Felder führt. Der Ort ist intersektional strukturiert. Die Protagonistin hat dieses Wissen in ihrer Jugend jedoch nicht und sucht den Fehler daher stets bei sich.

4 Zugfahrt ins Zentrum – Kritik an Nicht-Orten als diskriminierungsfreie Räume

Der vorige Abschnitt hat gezeigt, dass Raum, von einer intersektional diskriminierten fokalen Instanz aus betrachtet, eine rasterförmige Struktur bekommt. Was macht dieses Konzept aber mit Orten, die offiziell gar nicht als Orte gelten? Was geschieht mit anonymen öffentlichen Orten wie Zügen, in denen so wenig individuelle Gestaltung geschieht, dass Marc Augé sie als klassische Nicht-Orte bezeichnet? In diesem Kapitel wird Marc Augés Konzept der Nicht-Orte einer Prüfung unterzogen, denn ein Nicht-Ort kann nur für Figuren ohne Diskriminierungserfahrung existieren. Anhand von *Drei Kameradinnen*, unterstützend auch von *Streulicht*, werde ich außerdem auf die körperlichen Reaktionen auf Diskriminierung im Raum eingehen. Durch Versuche der diskriminierten Figuren, weniger zu werden, sowie die Mimikry als Reaktion auf Diskriminierung ist eine Verbindung von Körper und Raum zu beobachten. Dies unterstreicht die ungleiche Wirkung vermeintlich neutraler Räume auf Individuen.

---

28 Ohde, Streulicht, 80.

Zunächst werde ich jedoch das intersektionale Raumkonzept im ÖPNV betrachten. Dabei untersuche ich die verschiedenen fokalen Instanzen der drei Romane *Die drei Kameradinnen*, *Allegro Pastell* sowie *Streulicht* und zeige unterschiedliche Raster und Grenzen in den Verkehrsmitteln auf. Vergleichend werde ich den Erfahrungen von Saya aus *Drei Kameradinnen* die von Jerome aus *Allegro Pastell* gegenüberstellen. Während Saya dreifach diskriminiert wird, ist Jerome maximal privilegiert. Entsprechend unterschiedlich ist die Raumstruktur des Zuges in den unterschiedlichen Textstellen.

Nicht-Orte sind nach Marc Augé Orte, die von den Individuen, die sich an ihnen befinden, nicht geprägt werden und die als solche auch nicht handlungsbestimmend sind. Der Nicht-Ort „beherbergt keinerlei organische Gesellschaft",[29] so Augé. „Ausgerechnet den Orten, an denen die moderne Gesellschaft massenhaft zusammenkommt, spricht Augé [...] die Gesellschaftlichkeit ab",[30] kritisiert Lars Wilhelmer dessen pauschales Urteil. Und auch dieses Kapitel wird zeigen, dass Augés Annahmen nicht weit genug gehen, um Charakterentwicklungen und Gewalterfahrungen einzelner Figuren in Bussen und Bahnen zu erfassen. Dass der Bus als gesellschaftlicher Raum Figuren nachhaltig verändern kann, soll eine Szene in *Drei Kameradinnen* aufzeigen. Von der Siedlung aus fährt ein Bus ins Stadtzentrum, in dem Saya ein Schlüsselerlebnis hat. Sie hat gerade Besuch von ihren Tanten, die extra für ihren Geburtstag nach Deutschland gekommen sind.[31]

> Als sie in den Bus stiegen, raunzte der Fahrer ihre Lieblingstante an, ob sie denn ein Ticket habe. Die Lieblingstante schaute verwirrt zu Saya, die, ebenfalls verwirrt, sagte: „Nein, wir haben alle kein Ticket, ich habe ja auch noch gar keins gekauft. Vier Fahrscheine bitte." Der Busfahrer stellte ihr wortlos die Fahrscheine aus, schaute sie dabei nicht an und reagierte auch nicht auf ihr „Danke" und „Wiedersehen". [...] Saya sprach im Bus mit den Tanten, aber sie sprach extra leise, weil sie ein ungutes Gefühl dabei hatte, sich zu laut in der gemeinsamen Sprache zu unterhalten. Die Tanten sprachen ebenfalls leise, weil sie sich anpassten und dachten, dass man das in deutschen Bussen so tat.[32]

Momente wie dieser bringen Saya zu der Erkenntnis, „dass Deutschland ganz offensichtlich ein großes Rassismus-Problem habe".[33] Diese Erkenntnis gibt ihr das Gefühl, „als hätte sie jetzt [...] eine erweiterte Sehkraft erlangt, mit der sie Farben wahrnahm, die sie vorher nicht hatte sehen können".[34] Die Busfahrt politisiert

---

29 Marc Augé, Nicht-Orte, 5. Aufl., München 2019, 110–111.
30 Lars Wilhelmer, Transit-Orte in der Literatur, Bielefeld 2015, 46.
31 Vgl. Shida Bazyar, Drei Kameradinnen, Köln 2021, 52.
32 Bazyar, Drei Kameradinnen, 55–56.
33 Bazyar, Drei Kameradinnen, 58.
34 Bazyar, Drei Kameradinnen, 61.

Saya nachhaltig und ist Basis für die weiteren Handlungen im Roman, von ihrer Berufswahl als Workshopleiterin für Antirassismus an Schulen[35] über ihre Diskussionen mit Rechten im Netz[36] bis hin zum Brandanschlag. Saya als Täterin nimmt die Erzählerin später zwar narrativ wieder zurück,[37] die Vorstellung, sie habe einen Anschlag verübt, ist jedoch überhaupt erst glaubhaft, weil Sayas Beschäftigung mit rechter Gewalt über den Roman hinweg so stark geworden ist.

Saya und ihre Tanten erfahren unmittelbar nach dem Betreten des Busses Rassismus durch den Busfahrer. Er fungiert als eine Art Türsteher, der die vier Frauen offensichtlich nicht mitnehmen will, dem durch die rechtliche Lage jedoch untersagt bleibt, sie tatsächlich rauszuwerfen. Dazu müssten sie sich erst unangemessen verhalten oder Regeln verletzen. So, wie er mit ihnen spricht, könnte Saya nie mit ihm sprechen. Infolgedessen benehmen die Frauen sich extra bedacht und rücksichtsvoll. Die Rassismus-Achse verläuft im Roman an der Türschwelle zum Bus entlang.

Der Bus ist also keinesfalls ein neutraler Nicht-Ort. Er ist ein Raum, an dem sich verschiedene gesellschaftliche Gruppen vermischen und wo dementsprechend auch Diskriminierung stattfindet. Saya spürt im Bus von nun an unsichtbare Blicke auf sich haften und fühlt sich geschützter, wenn sie genderkonforme Schönheitsroutinen hinter sich bringt, „alle Gesichtshaare entfernt und einen geraden Scheitel"[38] hat.

Diese Routinen stellen eine Form des „Doing gender"[39] dar. Nach diesem Konzept gilt *gender* als binäres soziales Konstrukt und braucht, um in dieser Binarität zu verbleiben, die Mitarbeit aller Menschen, sich innerhalb einer „Vollzugswirklichkeit"[40] entsprechend zu verhalten und zu präsentieren. Saya präsentiert sich weiblich, weil es in der genderdichotomen Gesellschaft einen Schutzmechanismus darstellt, sich dem männlichen oder weiblichen Geschlecht klar zuordnen lassen zu können.

Neben der *gender*-Ebene schützt das Entfernen der Gesichtshaare Saya auch auf der *race*-Ebene. Starke Körperbehaarung wird, wie Rebecca M. Herzig in ihrer Monografie *Plucked. A History of Hair Removal* ausführt, stark mit rassistischen Stereotypen verknüpft und gelte seit der Ära des Kalten Krieges als „a filthy, ‚foreign' lack

---

35 Vgl. Bazyar, Drei Kameradinnen, 288–290.
36 Vgl. Bazyar, Drei Kameradinnen, 62, 253.
37 Vgl. Bazyar, Drei Kameradinnen, 344–345.
38 Bazyar, Drei Kameradinnen, 57.
39 Vgl. Paula-Irene Villa, Verkörperung ist immer mehr, in: Fokus Intersektionalität, hg. von Helma Lutz, María Teresa Herrera Vivar und Linda Supik, Wiesbaden 2013, 223–242, hier: 97–99.
40 Villa, Verkörperung ist immer mehr, 98.

of hygiene".⁴¹ Diese Praxis, den eigenen Körper zu verändern, Teile von ihm zu entfernen und sich so vor potenzieller Aggression zu schützen, verweist auf die durch Rassismus errichtete Grenze vor dem Bus. Sein Betreten löst ein Sujet aus, das in die körperliche Anpassung Sayas und schließlich ihre Politisierung mündet.

Die Konzeption des Raumes folgt laut Henri Lefebvre einer kapitalistischen Logik: Architekt:innen bauen laut Lefebvre im Sinne des Kapitals, die Räume würden aber vorwiegend von der Arbeiterklasse genutzt, seien jedoch nicht auf ihre spezifischen Bedürfnisse zugeschnitten.⁴² *Drei Kameradinnen* zeigt etwas ganz Ähnliches auf: dass die Architektur von Bus und Bahn darüber hinaus männlichen Bedürfnissen folgt und Frauen entsprechend umdenken müssen. So analysiert die Erzählerin Kasih anhand der Höhe der Halteschlaufen, die „in der perfekten Höhe für Männerarme, nicht für meine"⁴³ angebracht sind, dass dies wohl damit zusammenhänge, dass Männer die Bahn entworfen hätten. All diese Beispiele zeigen, dass der ÖPNV kein für alle Figuren gleichermaßen angenehmes und sicheres Verkehrsmittel darstellt. Verschränkt mit der in *Drei Kameradinnen* beschriebenen Vermutung, dass die Auslagerung migrantischer Einwohner:innen an den Stadtrand politisch gewollt sei,⁴⁴ zeigt der Roman einen Missstand auf: Diejenigen, die auf Busse und Bahnen besonders angewiesen sind, fühlen sich dort besonders unsicher.

Später im Roman wird die Verkehrsanbindung an die Siedlung komplett gekappt. Und obwohl der Bus nie einen Schutzraum für die drei Kameradinnen dargestellt hat, ist es ein Moment der Verzweiflung:

> Erst als wir an der Bushaltestelle vor dem Kinder- und Jugendzentrum standen, auf den Bus warteten und die übrig gebliebenen Äpfel und Müsliriegel in uns reinstopften, sahen wir, dass unsere Buslinie gestrichen worden war. Es war nicht einfach nur ein Bus ausgefallen, man hatte die komplette Linie gestrichen, man hatte die Verbindung, die zwischen der Siedlung und dem Rest der Welt bestanden hatte, durchtrennt und uns nicht einmal vorgewarnt.⁴⁵

Hier erkennt man die Abhängigkeit, in der die Vorstadt zur Großstadt steht. Wie eine Nabelschnur wird die Buslinie dargestellt, mit ihrer Durchtrennung „blutete" die Siedlung „aus, sie wurde krank und begann zu stinken".⁴⁶

---

41 Rebecca M. Herzig, Plucked. A history of hair removal, New York und London 2015, 12.
42 Henri Lefebvre, Die Produktion des Raums, in: Raumtheorie. Grundlagentexte aus Philosophie und Kulturwissenschaften, hg. von Jörg Dünne und Stephan Günzel, Frankfurt a. M. 2006, 330–342, hier: 335–336.
43 Bazyar, Drei Kameradinnen, 189.
44 Vgl. Bazyar, Drei Kameradinnen, 187.
45 Bazyar, Drei Kameradinnen, 180.
46 Bazyar, Drei Kameradinnen, 186.

Während Caroline Merkel schreibt, wie sehr das Stadtzentrum von dem „suburbanen Blick"[47] wie auch von „Impulsen der Provinz und Vorstadt"[48] abhängig sei, um nicht irrelevant zu werden, zeigt sich hier die viel größere Abhängigkeit in die andere Richtung: Für die Siedlung, die in diesem Zusammenhang stark personifiziert wird, ist die Buslinie überlebenswichtig gewesen. Das Wegfallen der Verbindung führt zu weiteren Klassismus- und Rassismus-Grenzen im Raum, die mittellose migrantische Menschen ohne Auto aus dem Stadtzentrum fernhalten. Die Disposition eines weiß-bürgerlich geprägten öffentlichen Verkehrsmittels wird durch seinen Wegfall konsequent fortgeführt. Die drei Kameradinnen müssen fluchend und im Regen zu Fuß nach Hause gehen, was das urbane Klischee der Flaneurin persifliert.[49]

Die Schwelle des ÖPNV stellt für Jerome aus *Allegro Pastell* hingegen keine Grenze dar, dieser fährt für gewöhnlich aber einen gemieteten Tesla. Fährt er doch mal Zug, breitet er sich aus. Zur Deutschen Bahn hat er ein „wirklich gutes Verhältnis".[50] Die U4 vom Frankfurter Zentrum zu seinem Auto macht er „zu seiner eitlen Bühne",[51] indem er sich „mit der Rolle des überglücklichen heterosexuellen Partners"[52] in Szene setzt und dabei hofft, dass sein Umfeld ihn unerträglich finden möge.[53] Dass er das Heterosexuelle dabei betont, zeugt davon, dass er wissentlich der bessergestellten Gruppe angehört und, anstatt das zu reflektieren, diese Zugehörigkeit überperformt. Damit ändert er nichts an der Situation, nimmt mehr Raum ein, als ihm gerechterweise zustünde, und verhält sich somit zwar performativ, jedoch nicht subversiv. Das ist ein typisches Merkmal postironischen Verhaltens, das davon lebt, sich über Inkohärenzen und Wahlmöglichkeiten bewusst zu sein, trotzdem eine bestimmte Entscheidung zu treffen[54] und diese durch besonders affirmatives Verhalten über ihre Widersprüchlichkeit hinwegzutragen.[55]

---

47 Merkel, Produktive Peripherien, 124.
48 Merkel, Produktive Peripherien, 125.
49 Vgl. Bazyar, Drei Kameradinnen, 180–185.
50 Leif Randt, Allegro Pastell, Köln 2020, 74.
51 Randt, Allegro Pastell, 11.
52 Randt, Allegro Pastell, 11.
53 Randt, Allegro Pastell, 11.
54 Vgl. Holger Grevenbrock, Nuria Mertens und Jannes Trebesch, Bedeutungsschwanger? Über das Motiv der Schwangerschaft in Leif Randts *Allegro Pastell* (2020), in: Where Are We Now? – Orientierungen nach der Postmoderne, hg. von Sebastian Berlich, Holger Grevenbrock und Katharina Scheerer, Bielefeld 2022, 91–102, hier: 98.
55 Vgl. Sebastian Plönges, Postironie als Entfaltung, in: Medien und Bildung. Institutionelle Kontexte und kultureller Wandel, hg. von Torsten Meyer et al., Wiesbaden 2011, 438–446, hier: 442.

In all ihren Unterschieden erinnert Jeromes Performanz jedoch auch an Sayas Versuch, ihren Körper besonders feminin wirken zu lassen, weil Jerome ebenfalls Merkmale nach außen trägt, die gesellschaftlich anerkannt sind. Während Saya jedoch mit ihrem Verhalten Aggressionen von sich abwenden will, sehnt Jerome sie sich geradezu herbei. Der direkte Vergleich von *Allegro Pastell* mit *Drei Kameradinnen* entlarvt Jerome in seiner weißen Heterosexualität.

Mit der Regionalbahn, die man eher als vorstädtisches Verkehrsmittel lesen könnte, fährt Jerome eines Nachts nach dem Feiern nach Hause. Hier isst er ein „Ficelle-Baguette, belegt mit scharfer Salami und Edamer",[56] das er sich traditionell vor Regionalbahnfahrten bei LeCrobag[57] besorgt, und hört die erste Sprachnachricht an, mit der seine spätere Freundin Marlene erstmalig Kontakt zu ihm aufnimmt. Sie lädt ihn zum Abendessen ein und er antwortet: „Angenehme Voice-Message! Danke. Bin gerade auf dem Heimweg. Regionalbahn forever. Gerne die nächsten Tage Dinner. Passt dir Dienstag?"[58]

„Regionalbahn forever" ist eine Verballhornung lokalpatriotischer Superlative. Auch Jeromes Partnerin Tanja kokettiert damit, indem sie Jerome in einer Szene ein Selfie schickt, das mit „Selbstportrait mit zuckerfreiem Red Bull in Regionalbahn"[59] betitelt ist. Es suggeriert eine Bodenständigkeit, die insbesondere Jerome als Teslafahrer nicht entspricht, seiner Außendarstellung jedoch die gewünschte Kantigkeit verleiht. Während Augés Konzept der Nicht-Orte den Bussen und Bahnen in *Drei Kameradinnen* nur unzureichend Rechnung trägt, beschreibt es die Regionalbahn in *Allegro Pastell* akkurat: „So wie ein Ort durch Identität, Relation und Geschichte gekennzeichnet ist, so definiert ein Raum, der keine Identität besitzt und sich weder als relational noch als historisch bezeichnen lässt, einen Nicht-Ort",[60] schreibt Augé und trifft mit dieser Annahme den Kern der Szene. LeCrobag als Bäckereikette fehlt ebenfalls die lokale Zuordenbarkeit und die Einzigartigkeit, was ihr Anonymität verleiht.

Diese verlässliche Regelmäßigkeit scheint Jerome zu beruhigen. Er mag Nicht-Orte, weil er sie nicht selbst gestalten muss. Das Auto als Raum bietet indes die

---

56 Randt, Allegro Pastell, 125.
57 Vgl. Randt, Allegro Pastell, 124.
58 Randt, Allegro Pastell, 125. „Angenehm" wird laut Elena Beregow „zum neuen ästhetischen Standardurteil" des Romans, was von einer „Technik der Veroberflächlichung durch solche Wertattribute" zeuge, vgl. Elena Beregow, Oberflächen lesen. Über *Faserland, Allegro Pastell* und die Grenzen der zeitdiagnostischen Generationenthese, in: Wie postdigital schreiben? Neue Verfahren der Gegenwartsliteratur, hg. von Hanna Hamel und Eva Stubenrauch, Bielefeld 2023, 201–222, hier: 213.
59 Randt, Allegro Pastell, 162–163.
60 Augé, Nicht-Orte, 83.

Möglichkeit des individuellen Ausdrucks, was oben in Bezug auf das Wohnen schon als klassischer Exklusionsmechanismus herausgearbeitet wurde: In Jeromes Tesla hängt ein Duftbaum[61] und bestimmt dessen Geruch. Oft spielt er seine Playlist ab in stetiger Nervosität, dass sie seinem Gegenüber nicht gefallen könnte.[62] Jerome fühlt sich nicht zwingend wohl dabei, Raum einzunehmen, macht es aber dennoch permanent. Die Unterscheidung vom öffentlichen Nahverkehr zum Pkw bildet eine Parallele zum Wohnblock im Vergleich zum Haus. Das Auto ist neben einem Statussymbol und einem Raum des individuellen Ausdrucks auch ein Weg, sich von anderen Menschen abzugrenzen und einen faktisch exklusiven und privaten Ort zu schaffen. Es ist somit kein Nicht-Ort.

Die Regionalbahn ist indes im metonymischen Sinne als Raum mit den immergleichen Sitzen und Abteilen zu verstehen und erfüllt so klar die Bedingungen eines Nicht-Ortes. Die Häufung solcher Orte beschreibt Elena Beregow als Klassenmarkierung: „In der hermetisch abgeschlossenen Welt der weißen urbanen Mittelklasse gilt eine Tendenz zur postironischen Ästhetisierung des vermeintlich Normal-Rustikalen."[63]

Natascha Würzbachs Konzept des gegenderten Raumes folgend und dieses entsprechend erweiternd zeigt sich: Durch eine Aneignung des Rustikalen durch die gehobene Mittelklasse wird der Nicht-Ort zu einem Raum weißer Bürgerlichkeit, an dem rassistisch und klassistisch Diskriminierte automatisch anecken müssen. In Kombination mit den männlichen Ingenieuren und den daraus resultierenden hohen Halteschlaufen zeigt sich: Der Nicht-Ort, beispielhaft der ÖPNV, folgt der Logik des Männlich-Bürgerlich-Weißen als vermeintlich unmarkiert und normgebend.

Ganz gegensätzlich dazu verhält sich die Protagonistin in *Streulicht*, die auf dem Weg zur Abendschule die ZEIT liest, weil sie damit einen Aufstieg in die Mittelschicht verbindet: „Ich störte meine Sitznachbarin beim Umblättern der Seiten und für diesen kurzen Moment nahm ich einen Raum ein, der mir nicht gehörte."[64] Die Zeitung, die regelmäßig „zu dick für den Briefkastenschlitz"[65] ist und die sie in ihre Tasche zwängen muss,[66] wird für die Protagonistin zu einem Versprechen des sozialen Aufstiegs. Und tatsächlich schlägt ihre Lehrerin ihr mit Blick auf ihre Tasche vor, doch ihr Abitur nachzuholen.[67] Die Tasche ist ebenfalls vom ZEIT-Verlag, der Plan geht auf. Neben der Symbolwirkung und der anekdotischen Er-

---

61 Vgl. Randt, Allegro Pastell, 15.
62 Vgl. Randt, Allegro Pastell, 270–271.
63 Beregow, Oberflächen lesen, 215.
64 Ohde, Streulicht, 147.
65 Ohde, Streulicht, 145.
66 Vgl. Ohde, Streulicht, 145.
67 Vgl. Ohde, Streulicht, 155.

kenntnis, dass Klasse aufgrund sehr oberflächlicher Parameter zugeschrieben wird, macht vor allem auch der viele Raum, den sie einnimmt, die Zeitung zu einem Symbol der Mittelklasse.

Kyung-Ho Cha beobachtet bei *Streulicht*, ähnlich zu Sayas Bemühungen im Bus, „the protagonist's imitation of the white middle-class subject she desires to be".[68] Ähnlich wie bei Saya geschieht dies über körperliche Routinen, die aus dem Versuch bestehen, „sich mit zerkleinerten Aprikosenkernstücken die oberste Hautschicht vom Gesicht zu reiben",[69] oder der Rasur der Monobraue.[70] Beides sind Versuche, körperlich weniger zu werden, weniger Raum einzunehmen und dadurch den potenziell feindseligen Fokus des Umfeldes von sich zu lenken. Beide Beispiele zeigen auf, wie stark Körper und Raum zusammenhängen. Während Saya und die Protagonistin von *Streulicht* also aus Selbstschutz eine Mimikry[71] weißer Weiblichkeit betreiben und Raum nur einnehmen, wenn es bürgerlich wirkt, sieht Jerome diese Kämpfe nicht, sondern überinszeniert sich in den öffentlichen Raum hinein in dem Wunsch, es möge sein Umfeld verärgern.

5 Fazit

In diesem Aufsatz habe ich die Vorstadt als narrativen Raum zeitgenössischer deutschsprachiger Literatur untersucht. Auf Basis von Jurij Lotmans semantischem Raumkonzept und der Bedeutung der Grenze sowie von Kimberlé Crenshaws Theorie der Intersektionalität wurde ein neues Raumkonzept entworfen, das intersektionale Sachverhalte mitdenken soll. Es zeichnet sich durch eine netzartige Kartografie sowie durch viele Grenzen aus, was nach Lotman für eine höhere Ereignishaftigkeit im Roman stehe. Das Konzept baut auf Natascha Würzbachs und Ansgar und Vera Nünnings Annahmen auf, dass ein Raum wie auch eine Erzählinstanz gegendert sein könnten und das *gender* der Erzählinstanz die Raumwahrnehmung verändere.

Die Kartografie des Ortes weist den einzelnen Figuren innerhalb ihrer persönlichen Diskriminierungs- oder Privilegienstruktur einen bestimmten Platz zu,

---

[68] Kyung-Ho Cha, The postmigrant critique of the Bildungsroman and the epistemic injustice of the educational system in Deniz Ohde's *Scattered Light*, in: Epistemic justice and creative agency. Global perspectives on literature and film, hg. von Sarah Colvin und Stephanie Galasso, New York und London 2023, 131–147, hier: 135.
[69] Ohde, Streulicht, 123.
[70] Vgl. Ohde, Streulicht, 119.
[71] Vgl. Bhabha und Bronfen, Die Verortung der Kultur, 125–127.

was zu einer verdrängungsbedingten Aufteilung des Ortes in unterschiedliche semantische Felder führt. Am Beispiel *Streulicht* lässt sich die intersektionale Raumtheorie gut aufzeigen, was allerdings auch damit zusammenhängt, dass der postmigrantische Roman gesellschaftliche Ungleichheit zum Thema hat. Der Roman ist thesenhaft und der Ort daher intersektional konstruiert. Mit dem neuen raumtheoretischen Konzept könnte Diskriminierung im Raum passgenauer diagnostiziert und analysiert werden.

Das Einnehmen von Raum der privilegierten oder die eigene Zurücknahme der diskriminierten Figuren zieht sich wie ein roter Faden durch die Romane. Auch auf Pendelfahrten, einer für Vorstädter:innen gängigen Praxis, konnte ein solches Verhalten herausgearbeitet werden. Hier wurde insbesondere in *Streulicht* und *Drei Kameradinnen* sehr körperlich auf die räumliche Verdrängung und Diskriminierung reagiert, durch vermeintliche Schönheitsroutinen und eine Mimikry weißer Weiblichkeit. In *Allegro Pastell* fand indes eine Überinszenierung heterosexueller Männlichkeit statt, die als Ausbreitung im Raum verstanden werden darf.

Angewandt auf den vermeintlichen Nicht-Ort ÖPNV erkennt man mit dem neuen Raumkonzept, dass in geteilten Räumen von den einzelnen Figuren unterschiedlich viel Raum eingenommen wird. Öffentliche Verkehrsmittel sind in den untersuchten Romanen eher trennend als verbindend. Die unterschiedlichen Erfahrungen und Diskriminierungsebenen der Figuren entscheiden darüber, ob der ÖPNV als Raum in seiner Position des Nicht-Ortes verbleibt oder nicht. Das intersektionale Raumraster verhindert für die meisten diskriminierten Figuren, dass Bus und Bahn im Status des angenehmen Nicht-Ortes verbleiben können. Für raumtheoretische Überlegungen in der Literaturwissenschaft wünsche ich mir, dass Intersektionalität zukünftig stärker einbezogen wird. Romane, die Diskriminierung behandeln, machen ein intersektionales Raumkonzept erforderlich und profitieren sichtbar von einer entsprechenden Analyse.

Literatur

Primärliteratur

Bazyar, Shida: Drei Kameradinnen, Köln 2021.
Ohde, Deniz: Streulicht, Berlin 2020.
Randt, Leif: Allegro Pastell, Köln 2020.

Sekundärliteratur

Augé, Marc: Nicht-Orte, 5. Aufl., München 2019.
Bennewitz, Ingrid, Jutta Eming und Johannes Traulsen: Einleitung: Gender Studies – Queer Studies – Intersektionalitätsforschung, in: Gender Studies – Queer Studies – Intersektionalität. Eine Zwischenbilanz aus mediävistischer Perspektive, hg. von dens., Göttingen 2019, 13–28.
Beregow, Elena: Oberflächen lesen. Über *Faserland*, *Allegro Pastell* und die Grenzen der zeitdiagnostischen Generationenthese, in: Wie postdigital schreiben? Neue Verfahren der Gegenwartsliteratur, hg. von Hanna Hamel und Eva Stubenrauch, Bielefeld 2023, 201–222.
Cha, Kyung-Ho: The postmigrant critique of the Bildungsroman and the epistemic injustice of the educational system in Deniz Ohde's *Scattered Light*, in: Epistemic justice and creative agency. Global perspectives on literature and film, hg. von Sarah Colvin und Stephanie Galasso, New York und London 2023, 131–147.
Bhabha, Homi K., und Elisabeth Bronfen: Die Verortung der Kultur, Tübingen 2011.
Bilger, Wenzel: Verräumlichungen intersektionaler Identitäten, in: Der postethnische Homosexuelle. Zur Identität „schwuler Deutschtürken", hg. von dems., Bielefeld 2012, 125–150.
Böttcher, Philipp: Ewig Peripherie? Raumdarstellung, Postmigrationserfahrungen und Gesellschaftsdiagnose in Deniz Ohdes *Streulicht*, in: Internationales Archiv für Sozialgeschichte der deutschen Literatur 48 (2023), H. 2, 481–506.
Crenshaw, Kimberlé: Das Zusammenrücken von Race und Gender ins Zentrum rücken. Eine Schwarze feministische Kritik des Antidiskriminierungsdogmas, der feministischen Theorie und antirassistischer Politiken (1989), in: Schwarzer Feminismus. Grundlagentexte, hg. von Natasha A. Kelly, Münster 2019, 145–186.
Dünne, Jörg, und Andreas Mahler: Einleitung, in: Handbuch Literatur & Raum, hg. von dens., Berlin 2015, 1–11.
Grevenbrock, Holger, Nuria Mertens und Jannes Trebesch: Bedeutungsschwanger? Über das Motiv der Schwangerschaft in Leif Randts *Allegro Pastell* (2020), in: Where Are We Now? – Orientierungen nach der Postmoderne, hg. von Sebastian Berlich, Holger Grevenbrock und Katharina Scheerer, Bielefeld 2022, 91–102.
Herzig, Rebecca M.: Plucked. A history of hair removal, New York und London 2015.
Kaschuba, Wolfgang: Urbane Identität: Einheit der Widersprüche?, in: Urbanität und Identität zeitgenössischer europäischer Städte, hg. von Vittorio Magnago Lampugnani, Ludwigsburg 2005, 8-28.
Lefebvre, Henri: Die Produktion des Raums, in: Raumtheorie. Grundlagentexte aus Philosophie und Kulturwissenschaften, hg. von Jörg Dünne und Stephan Günzel, Frankfurt a. M. 2006, 330–342.
Lotman, Jurij Michajlovič: Die Struktur literarischer Texte, 4. Aufl., München 1993.
Merkel, Caroline: Produktive Peripherien. Literarische Aneignungen der Vorstadt, Würzburg 2016.
Modes, Marie-Theres: Raum, Atmosphäre und verkörperte Differenz. Raumbezogene Wahrnehmungsweisen einer anderen Körperlichkeit, in: Verorten – Verhandeln – Verkörpern. Interdisziplinäre Analysen zu Raum und Geschlecht, hg. von Silke Förschler, Rebekka Habermas und Nikola Roßbach, Bielefeld 2014, 335–358.
Plönges, Sebastian: Postironie als Entfaltung, in: Medien und Bildung. Institutionelle Kontexte und kultureller Wandel, hg. von Torsten Meyer et al., Wiesbaden 2011, 438–446.
Raschke, Eva: Unzuverlässiges Erzählen als Authentizitätsnachweis in einer unerfassbaren Welt. Beobachtungen zu Shida Bazyars *Drei Kameradinnen*, in: Diyalog: Interkulturelle Zeitschrift für Germanistik 9 (2021), H. 2, 492–505.
Schnicke, Falko: Grundfragen intersektionaler Forschung, in: Intersektionalität und Narratologie. Methoden – Konzepte – Analysen, hg. von Christian Klein, Trier 2014, 1–32.

Villa, Paula-Irene: Verkörperung ist immer mehr, in: Fokus Intersektionalität, hg. von Helma Lutz, María Teresa Herrera Vivar und Linda Supik, Wiesbaden 2013, 223–242.
Wilhelmer, Lars: Transit-Orte in der Literatur, Bielefeld 2015.
Winker, Gabriele, und Nina Degele: Intersektionalität. Zur Analyse sozialer Ungleichheiten, 2. Aufl., Bielefeld 2010.
Würzbach, Natascha: Raumdarstellung, in: Erzähltextanalyse und Gender Studies, hg. von Vera Nünning, Ansgar Nünning und Nadyne Stritzke, Stuttgart 2004, 49–71.

Robert Walter-Jochum

„Apropos Waffen." – Gentrifizierung und Verdrängung bei Anke Stelling, Enno Stahl und Torsten Schulz

1 Gentrifizierung und Affekt

„Apropos Waffen."[1] Resi, die Protagonistin und Erzählinstanz in Anke Stellings *Schäfchen im Trockenen* (2017), beschreibt ihre Lebenssituation in einer Wohnung, die ihr Freunde zur Untermiete überlassen haben, als sie in ein gemeinsames Baugruppenprojekt gezogen sind, an dem teilzunehmen Resi und ihr Mann Sven – sie Schriftstellerin, er Künstler – sich leider nicht leisten können. Resi hat es aus Sicht der Freunde übertrieben mit ihrer Kritik an derartigen Lebens- und Klassenverhältnissen und bekommt nun „die Quittung":[2] In einem Artikel und wohl auch einem Buch[3] hat sie den Freundeskreis kritisch aufs Korn genommen, der sich auf die Füße getreten fühlt und nun Konsequenzen zieht: Vera und Frank, die eigentlichen Mieter von Resis Wohnung, lassen ihr mit einem kühl aufgestempelten „Zur Kenntnis"[4] den Brief des Vermieters zukommen, der ihre Wohnungskündigung bestätigt. Gegen Resi wird dieser Brief als eine ‚Waffe' der Gentrifizierung eingesetzt: Sie muss davon ausgehen, ihre Wohnung im Prenzlauer Berg zu verlieren, sodass sie aus dem Kiez, in dem sie (als Untermieterin noch) und ihre Freund:innen (als Eigentümer auch in Zukunft dauerhaft) leben, verdrängt wird. Der hierin sichtbare ökonomische Klassenunterschied wurde bisher durch die Freundschaft ausgeglichen bzw. kaschiert, ohne diese Freundschaft schlägt er als Verdrängung voll durch.

Die Lebenssituation von Resi und ihrer sechsköpfigen Familie (deren tatsächliche Existenz im Rahmen erzählerischer Unzuverlässigkeit im Vagen bleibt), zu der neben dem Künstler Sven, ihrem Partner, auch die Kinder Bea, Kieran, Lynn und Jack gehören, veranschaulicht deutlich Prozesse der Gentrifizierung im

---

1 Anke Stelling, Schäfchen im Trockenen, Berlin 2017, 12.
2 Stelling, Schäfchen im Trockenen, 12.
3 Der Text legt, da Resi in diesem Zusammenhang ein Literaturpreis verliehen wird, nahe, dass es nicht bei dem angesprochenen Artikel geblieben ist. Im Zusammenhang mit der partiellen Parallelisierbarkeit der Autorin Anke Stelling mit ihrer Protagonistin Resi wäre ein Verweis auf Stellings vorangegangenen Roman *Bodentiefe Fenster* (2015), der ebenfalls in einem solchen Baugruppenprojekt angesiedelt ist, denkbar.
4 Stelling, Schäfchen im Trockenen, 13.

Prenzlauer Berg. Zu diesem Phänomen gibt es inzwischen eine Vielzahl an Romanen, sodass Monika Wolting bereits vom Genre des „Berliner Gentrifizierungsromans" gesprochen hat.[5] Die intrikate Verknüpfung zwischen Freundschaft, angestammtem Kiez-Biotop, (künstlerischem) Lebensentwurf und dessen wirtschaftlichen Grundlagen bildet die zentrale Konstellation in Stellings Roman ebenso wie – in anderen Mischungsverhältnissen – in Torsten Schulz' *Skandinavisches Viertel* (2018) und Enno Stahls *Sanierungsgebiete* (2019). Für den Zusammenhang „Klassen.Gefühle.Erzählen" scheinen diese Texte mir sehr relevant zu sein, besonders wenn man die Vokabel „Gefühle" gewissermaßen aufgliedert in einen relational-sozialen Aspekt, den ich im Anschluss an die entsprechende Theoriebildung „Affekt" nennen werde, und eine narrativ-individuelle Dimension, für die ich vorläufig beim Terminus „Gefühle" bleibe.

Für den Affekt-Begriff, den die sogenannten *Affect Studies* verwenden, spielt das Konzept der affektiven Relationalität eine zentrale Rolle. Ausgehend von der Spinoza-Lektüre von Gilles Deleuze[6] kann Affekt verstanden werden als eine Kraft, durch die relationale Beziehungen zwischen Entitäten gestiftet werden und dauerhaft geprägt sind. In einem grundlegenden Aufsatz, der die Relationalität von Affekt aus interdisziplinärer Perspektive untersucht, formulieren Jan Slaby und Birgit Röttger-Rössler dieses Verhältnis folgendermaßen: „In Spinoza's monistic and naturalistic metaphysics, affect is viewed as *relations of affecting and being affected* between co-evolving bodies in the immanence of the one ‚substance' (or ‚nature')."[7]

Hiermit sind verschiedene ontologische Überlegungen zur Struktur des Subjekts verbunden, auf die ich mich an dieser Stelle nicht genauer einlassen will – im Begriff Affekt steckt, wie diese Erläuterung nahelegt, aber zunächst einmal ein *„affecting and being affected"*, was man mit ‚betreffen und von etwas betroffen sein' übersetzen könnte. In diesem ‚Sich-gegenseitig-Betreffen' kommt es, folgt

---

5 Monika Wolting, Der ‚Gentrifizierungsroman' in der deutschsprachigen Gegenwartsliteratur, in: Oxford German Studies 50 (2021), H. 2, 252–267. Wolting arbeitet auch soziologische und ökonomische Literatur zum Begriff der Gentrifizierung detaillierter auf, sodass dies hier unterbleiben kann. Mit einem spezifischeren Fokus auf ein verwandtes Romangenre, das die Berliner Gentrifizierung in einen dystopisch-apokalyptischen Kontext setzt und für das sie den Begriff der *„accelerated gentrifiction"* prägen, untersuchen Hanna Henryson und Maria Sulimma das Phänomen. Vgl. auch deren einleitende Darstellung zur Genreentwicklung in Hanna Henryson und Maria Sulimma, „Nothing was solved, only accelerated": Contemporary Berlin Novels as Gentrifictions, in: Narrative 32 (2024), H. 1, 60–79, hier: 61–66.
6 Vgl. Gilles Deleuze, Spinoza. Praktische Philosophie. Übersetzt von Hedwig Linden, Berlin 1988.
7 Jan Slaby und Birgit Röttger-Rössler, Introduction. Affect in Relation, in: Affect in Relation. Families, Places, Technologies, hg. von dens., London und New York 2018, 1–28, hier: 4. Hervorhebung im Original.

man Spinoza, dazu, dass sich Macht- und Kraftverhältnisse verschieben: Durch Affekt wird das „Thätigkeitsvermögen des Körpers vermehrt oder vermindert, erhöht oder beschränkt",[8] was den Blick auf Veränderungen der Affektdynamiken gleichzeitig immer zu einem Blick auf die Veränderung in bestehenden Kräfte- und Machtverhältnissen macht.[9]

Jan Slaby hat ausgehend von dieser Idee des gegenseitigen Betroffenseins und Betreffens ein Konzept entwickelt, das er *„Affective Arragement"* oder „Affektives Arrangement" nennt, das es erlaubt, eine Gesamtheit von Menschen, Orten und Beziehungen zu beschreiben, in der entsprechende Affekte ausgelöst und stabilisiert werden.[10] Ein Affektives Arrangement ist demnach

> eine lokale Anordnung heterogener Elemente – Personen, Räume, Objekte, Technologien, Medien etc. –, die menschliche Akteur:innen und nicht-menschliche Entitäten in einer charakteristischen Dynamik wechselseitiger Affizierung verbindet.[11]

Von diesem Konzept will ich in der Untersuchung der literarisierten Gentrifizierungsprozesse in den genannten drei Romanen ausgehen: Das Zusammenleben von Menschen in einem konkreten Stadtteil und dessen dynamische Veränderung lassen sich, so meine Annahme, gut in den Kategorien der Affekttheorie beschreiben. Für die Textarbeit ist dabei interessant, inwiefern eine spezifische Konstellation greifbar wird, in der der Zusammenhang des Stadtviertels in seinen Auswirkungen auf die Handlungsmacht und den Weltbezug zum Beispiel der Figuren eines Textes sichtbar wird und vor allem sich in den durch Gentrifizierungsprozesse ausgelösten Veränderungen zeigt.

Die affekttheoretische Schule hebt Affekt als ein nicht vollständig benennbares Geschehen des Sich-gegenseitig-Betreffens von einem psychologischen Begriffsinventar ab, das um Konstrukte wie „Emotion" oder „Gefühl" kreist, insbesondere weil diese Begriffe zunächst die Zugehörigkeit eines Gefühls zu einer

---

[8] Benedictus de Spinoza, Die Ethik mit geometrischer Methode begründet, in: ders., Opera – Werke, lateinisch und deutsch. Bd. 2, hg. von Konrad Blumenstock, Darmstadt 1980, 84–557, hier: 261.
[9] Vgl. Jan Slaby und Rainer Mühlhoff, Affect, in: Affective Societies: Key Concepts, hg. von Jan Slaby und Christian von Scheve, London und New York 2019, 27–41, hier: 27.
[10] Vgl. Jan Slaby, Affective Arrangement, in: Affective Societies: Key Concepts, hg. von dems. und Christian von Scheve, London und New York 2019, 109–118; Jan Slaby, Rainer Mühlhoff und Philipp Wüschner, Affective Arrangements, in: Emotion Review 11 (2019), H. 1, 3–12.
[11] SFB 1171, Affektives Arrangement, in: Affective Societies: Key Concepts Online, published by SFB 1171 Berlin, 04.11.2022, https://key-concepts.sfb-affective-societies.de/articles/affektives-arrangement-version-1-0/ (11.06.2025).

individuellen Person fokussieren und nicht die Relationalität einer Beziehung.¹² Gleichwohl ist darauf verwiesen worden, dass keine scharfe Grenze zwischen derartigen affekttheoretischen Überlegungen und Fragen der Emotionen gezogen werden muss, sondern dass Emotionen als in spezifischer Weise verfestigte affektive Logiken begriffen werden können, die durch kulturelle „regimes", aber auch durch spezifische Weisen des Erzählens abgegrenzt werden können. Slaby und Röttger-Rössler halten fest:

> Yet there is a place for emotion within this perspective, namely as recurring sequences of affective interaction that have come to be socially and culturally coded, that is, categorized, narrativized [...] and subjected to normative regulation with regard to agreed-upon „feeling rules" [...] in an „emotional community" [...] or as part of „emotional regimes" [...], displaying varying „emotional styles" [...].¹³

Mich interessieren im Folgenden sowohl relationale Affekte als auch Emotionen oder Gefühle, wenn ich mir anschaue, wie die klassenbezogenen Spannungen, die sich in Gentrifizierungserzählungen zeigen, einerseits zu einer Veränderung der Relationen in den beschriebenen Settings führen und andererseits im Sinne einer kulturell und psychologisch kodierten Verarbeitung als „Gefühle" „narrativisiert" – oder eben einfach: erzählt – werden. Ich frage also: Welche Verhältnisse im sich gentrifizierenden Kiez werden in welchen Veränderungen gezeigt? Und welche emotionalen, gefühlsbasierten Antworten auf diese Veränderungen präsentieren die Texte?

---

12 Die Bandbreite der Emotionstheorien kann hier nicht im Detail wiedergegeben werden, verschiedene wissenschaftliche Felder begreifen aber Emotion als z. B. physiologisch im Individuum und dessen zentralem Nervensystem angesiedeltes Geschehen oder als psychische Vorgänge in einem individuellen kognitiven System, die kognitionswissenschaftlich konstruiert werden können. Phänomenologische und affekttheoretische Zugänge versuchen hingegen, Emotionen zu fassen als „holistische Phänomene, die das verkörperte Subjekt ebenso wie die Situation mit ihren affektiven Qualitäten übergreifen". Vgl. zu einer Darstellung dieses Feldes und der hier nötigen Differenzierungen Thomas Fuchs, Verkörperte Emotionen. Emotionskonzepte der Phänomenologie, in: Emotionen. Ein interdisziplinäres Handbuch, hg. von Hermann Kappelhoff et al., Berlin 2019, 95–101, hier: 95. Zu physiologischen Emotionskonzepten vgl. im selben Band Christina J. Müller und Lars Kuchinke, Lassen sich Emotionen messen? Emotionskonzepte der Physiologie, ebd., 65–72; zu einem kognitivistischen Emotionsverständnis Rainer Reisenzein, Emotionen aus kognitionswissenschaftlicher Sicht, ebd., 81–87.
13 Slaby und Röttger-Rössler, Introduction, 5.

2 Torsten Schulz: *Skandinavisches Viertel*

Das Affektive Arrangement, also das Setting von Bezügen, das der erste Roman, auf den ich eingehen will, anbietet, ist besonders durch die historische Tiefe dieser Bezüge geprägt. Matthias Weber, der Protagonist in Schulz' Roman, etwa 1966 geboren, wächst zu DDR-Zeiten im von ihm so genannten „skandinavischen Viertel" in Prenzlauer Berg auf – für das auch der Terminus ‚Arnimkiez' geläufig ist –, das er sich auf eine sehr spezifische Weise persönlich aneignet: Ausgehend von den nach skandinavischen Örtlichkeiten benannten Straßen in diesem Viertel erschließt er sich dessen Landkarte, die er für sich individuell überformt, indem er auch jene Straßen, deren Namen keine skandinavischen Verweise bieten, privatim umbenennt. Es gibt schon eine Norwegerstraße, eine Finnländische Straße und eine Isländische Straße, ebenso wie die berühmte Bornholmer Straße – im privaten „skandinavischen Viertel" des Protagonisten gibt es jedoch auch eine Odenser Straße (statt der Schönfließer Straße), eine Schwedische Straße (statt der Paul-Robeson-Straße) oder eine Aarhuser Straße (statt der Ueckermünder Straße).[14]

In der Kindheit von Matthias, dessen Großeltern in der Ueckermünder Straße wohnen und der regelmäßig mit den Grenzsoldaten am Übergang Bornholmer Straße in Berührung kommt, zeigt sich durch die Umbenennung der Straßen eine affektive Aneignung der Gegend, die dazu führt, dass er mit ihr in ganz individueller Weise verbunden ist. Daraus ergibt sich für ihn unter anderem eine intime Nähe zu seinem Onkel Winfried, der als Clown und Manegenbauer zu Zeiten der DDR eine einzige begehrte und immer wieder beschworene Auslandsreise nach Helsinki gemacht hat, bevor er dem Alkohol verfallen ist.[15] Und er verheimlicht diesen ‚neuen Stadtplan' vor seinen eigenen Eltern, die sowohl den Onkel verachten als auch das skandinavische Viertel – als Wohnort der eigenen Verwandtschaft, mit der sie eine schwierige Beziehung verbindet – zu meiden versuchen. Nicht zuletzt auch deshalb, weil in der Familiengeschichte ein Fluchtversuch von Matthias' Vater verborgen ist, der nahe dem Grenzübergang Bornholmer Straße gescheitert und mit einer später dauerhaft verschwiegenen Zeit im Gefängnis bestraft worden ist.[16] Der kreativen Anverwandlung des Viertels durch den kindlichen Protagonisten, der die Grenzposten über seinen Wohnort beschwindelt, um sich dort frei bewegen zu können, stehen die Lebenslügen der Familie gegenüber,

---

14 Vgl. Torsten Schulz, Skandinavisches Viertel, Stuttgart 2018, 12–13. Vgl. auch die auf den Umschlaginnenseiten des Romans abgedruckten, vom realen Arnimkiez abweichenden Straßenpläne.
15 Vgl. Schulz, Skandinavisches Viertel, 17–19.
16 Vgl. Schulz, Skandinavisches Viertel, 122–123, 126–127.

mit deren Aufdeckung sich der Roman immer wieder auseinandersetzt.[17] Schulz überzieht das Viertel zunächst also mit einem komplexen Geflecht von Ein- und Ausschlussmechanismen. Diese sind geprägt von den Relationen zur Mauer, zu Westberlin, aber auch zu anderen Teilen des Ostberliner Zentrums, die zugleich eine sehr spezifische Bezugswelt zur eigenen Familie verbergen, vor der der Protagonist sich dann als Erwachsener zurückzieht, indem er auf Distanz geht und seinen Wohnsitz ins Ausland verlegt.[18]

Die zweite historische Ebene des Romans betrifft die Zeit nach der Wiedervereinigung und der Jahrtausendwende: 2001 kommt Matthias zurück nach Berlin, nachdem er eine Zeit lang die Familie und ihre Wirren hinter sich gelassen und mehr schlecht als recht als Journalist in Buenos Aires und Los Angeles gelebt hat. Grund ist, dass die Familie das Vorkaufsrecht für die Wohnung der 96-jährigen Großmutter erhält, die bei dieser Gelegenheit ins Altersheim gebracht werden soll. Matthias kauft – unterstützt von einer Maklerin, die ihm die kapitalistischen Kniffe der modernen Immobilienfinanzierung sowie einen Kredit durch ihren Ehemann zuteilwerden lässt – die Wohnung der Großmutter und erwischt so noch einen guten Zeitpunkt zum Einstieg in diesen lukrativen Markt. Die Maklerin Marina erläutert ihm, wie er selbst Profiteur der anstehenden Aufwertung der Gegend werden könnte:

> „Stellen Sie sich vor [...,] Sie kaufen die Wohnung, vermietet, unsaniert. [...] kriegen wir hin. Darauf geht Ihre Oma ins Altersheim, Sie vermieten neu und fürs Dreifache. Später lassen Sie die Wohnung ein wenig aufhübschen und verkaufen sie in ein paar Jahren für den doppelten Preis. Mindestens."[19]

Der Optimismus der Maklerin, die früh die Logiken der Aufwertung des Sanierungsgebiets durchblickt, wirkt auf Matthias ansteckend und ermöglicht es schließlich, dass er die Gründe, aus denen er die einstige Heimat verlassen hat, in seinen Überlegungen zurückstellt:

> Das kriegen wir hin, hatte sie gesagt. Salopper und zugleich professioneller konnte wohl kaum etwas klingen. Vielleicht war es sogar das Zuversichtlichste, das er seit langem gehört hatte. Warum sollte er sich nicht einfach in die Obhut dieser Zuversichtlichkeit begeben?[20]

---

17 Neben dem verschwiegenen Fluchtversuch des Vaters gehören hierzu etwa eine NSDAP-Mitgliedschaft des Großvaters (vgl. Schulz, Skandinavisches Viertel, 66, 105) und die Krebserkrankung der Mutter, die stirbt, während Matthias im Ferienlager ist (vgl. ebd., 114–117).
18 Vgl. Schulz, Skandinavisches Viertel, 135–136.
19 Schulz, Skandinavisches Viertel, 139.
20 Schulz, Skandinavisches Viertel, 139.

Das tut Matthias – in mehr als einer Hinsicht. Er kauft die Wohnung, da er zu der Einschätzung kommt, dass er „"vermutlich blöd wäre, wenn ich wegen bestimmter Gefühle etwas *nicht* täte"".[21] Er beginnt ein Verhältnis mit Marina, aber er wird auch ihr Assistent: Seine neue Bezugnahme aufs skandinavische Viertel ist die des lernenden Maklers, der zunächst einmal eine einzelne Wohnung für sich selbst hat, dann aber im Lauf der Jahre noch drei weitere günstig kauft und anderen Käufer:innen als ‚kiezgebundener Experte' für Wohnungen nur in dieser Gegend dient. Sein affektiver Bezug zum Viertel hat sich über die Jahre verändert: Was als von Familienproblemen durchdrungene private Topografie entstanden ist, der er entfliehen musste, wird nun – im Kapitalismus – seine eigene Spielwiese; während sein Vater für die „widerlich[e]" Maklerin die Bezeichnung als „Spielerin" viel zu „niedlich" findet,[22] gewinnt Matthias Gefallen an deren Zuversicht und entwickelt den Willen, den alten Kiez mit zu beeinflussen. Seiner Diagnose zufolge ist das Maklertum „Inbegriff des modernen Kapitalismus",[23] dem er sich durchaus mit Sympathien anschließen will – aber als Makler mit einem spezifischen „Maklerherrschaftsprinzip":[24] Sein Ziel ist dabei, nur solchen Leuten im Kiez Wohnungen zu verkaufen, die aus seiner Sicht dorthin passen, und die Gentrifizierung, deren Agent er wird, so zu gestalten, dass seine eigene Wohngegend sich in seinem Sinn weiterentwickelt – keine Wohnungen für studierende Töchter aus reichem Hause, keine für russische Oligarchen, keine für „Jäger und Sammler"[25] wie den Düsseldorfer Bankier, der in jeder Großstadt nach Spekulationsobjekten sucht.

Am Ende des Romans, etwa 15 Jahre später, zieht er jedoch den Kürzeren: Ein Hamburger Immobilienmagnat, bezeichnet als „Krake",[26] Ex-Ehemann einer Kundin, mit der Matthias abermals eine Affäre begonnen hat, hat ihm mit einem Trick eine Wohnung für die eigene Tochter und dann die Tochter seiner neuen Geliebten abgeluchst und kommt jetzt selbst nach Berlin, bebaut die letzte Brache im Kiez mit einem Riesenprojekt und droht, Matthias aus dem Geschäft zu drängen. Die ‚Gentrifizierung mit menschlichem Antlitz', der er sich verschrieben hat, verliert auf mittlere Sicht das kapitalistische Spiel. Aus dem skandinavischen Viertel zieht er sich – vorerst zum Urlaub – nach Skandinavien zurück; am Ende des Romans sehen die Leser:innen ihn in Helsinki, wo er sein Straßenbenennungsspiel aus der Jugend wiederholt, während er auf den Erinnerungsspuren des On-

---

21 Schulz, Skandinavisches Viertel, 140. Hervorhebung im Original.
22 Schulz, Skandinavisches Viertel, 134.
23 Schulz, Skandinavisches Viertel, 134.
24 Schulz, Skandinavisches Viertel, 240.
25 Schulz, Skandinavisches Viertel, 240.
26 Schulz, Skandinavisches Viertel, 240.

kels wandelnd die Straßen für sich nach großen Clowns benennt. Die derart imaginierte Grock-Straße, ein Oleg-Popow-Platz und die nach dem Onkel benannte Winfried-Weber-Straße sprechen dafür, dass er sich an diesem neuen Ort zu verwurzeln beginnt und Opfer einer spezifischen Form der Verdrängung geworden ist, die er sich dank seiner Makler-Einnahmen aus den vergangenen Jahren leisten kann.[27] Aus dem ‚zuversichtlichen' und liebestollen Makler des Jahres 2001, der die Gentrifizierung als Prozess zur erneuten, unbelasteten Wiederinbesitznahme seines Heimatkiezes willkommen geheißen hat, ist um das Jahr 2016 ein verdrängter, melancholischer und einsamer mittelalter Mann geworden, der sich den Kampf ‚David gegen Goliath' nicht mehr zuzutrauen scheint und stattdessen, immerhin „leicht und unbefangen wie noch nie",[28] durch die finnische Hauptstadt flaniert. Matthias' Bezug zum eigenen Kiez wandelt sich zunächst, indem er seinen affektiven Bezug darauf unter den Bedingungen der Gentrifizierung anpasst – und schließlich verlässt er das „skandinavische Viertel" und geht nach Skandinavien, was erneut einen affektiven Umschwung mit sich bringt.

3 Enno Stahl: *Sanierungsgebiete*

In *Sanierungsgebiete*, dem umfänglichen Gentrifizierungsroman von Enno Stahl, wird ebenfalls sehr deutlich, inwiefern ein Kiez unter den Bedingungen der Immobilienaufwertung ein Feld relationaler Affekte ist: Ein vielköpfiges Figurenensemble ist hier miteinander und mit dem sogenannten Kollwitzkiez verknüpft und von den Aufwertungsprozessen in sehr unterschiedlichen Weisen sachlich wie emotional tangiert.

Das Beziehungsgeflecht der Protagonist:innen spinnt sich um den altlinken Autor Otti Wieland, der der Verdrängung in seiner alten, unsanierten Dachgeschosswohnung in der Rykestraße trotzt. Die Rykestraße ist „seine Straße, in der er seit all den Jahren wohnt, lebt, arbeitet, die Straße, die er seit all den Jahren kaum je verlässt",[29] deren Umgebung ihm aber inzwischen fremd geworden ist, „weil die Fremde ihn umgibt, ihm beständig folgt, und er selbst sich fremd ist, fremd den Menschen und ihren Verrichtungen, nicht ihrer Vergangenheit, doch ihrer Gegenwart und Zukunft".[30]

---

27 Vgl. Schulz, Skandinavisches Viertel, 260–263.
28 Schulz, Skandinavisches Viertel, 262.
29 Enno Stahl, Sanierungsgebiete, Berlin 2019, 10.
30 Stahl, Sanierungsgebiete, 11.

Zweitens gehört zum zentralen Figurenquartett des Romans seine Expartnerin Donata Finkenstein, mit der er rund um die Wende ein Verhältnis hatte, aus dem ein gemeinsames Kind entsprungen ist. Donata arbeitet, nachdem sie nach der Wende „einen Weg für sich"[31] gefunden hat, erst als Journalistin, dann als Chefredakteurin der Gewerkschaftszeitung „Voran" und spinnt eifrig Netzwerke als werdende Mitarbeiterin eines potenziellen sozialdemokratischen Bausenators.

Die dritte Zentralfigur ist die Architekturstudentin Lynn, die beste Freundin der von Donata angeheuerten Babysitterin Oksana, die ihre Abschlussarbeit zum „Sanierungsgebiet" im Prenzlauer Berg schreibt und sich bereits gewisse Prenzlberg-Allüren angewöhnt hat: „gleich hinterm Kotti sinkt das Niveau",[32] wie aus ihrer Perspektive beim Weg Richtung Neukölln in der berühmt-berüchtigten U-Bahnlinie U8, die die von sozialen Herausforderungen geprägten Gegenden des Weddings, um den Alexanderplatz und Neuköllns verbindet, festgestellt wird. Und schließlich werden die Leser:innen, viertens, mit dem Lebenskünstler Stone bekannt gemacht, im Prenzlauer Berg geboren, der vor dem „Horror"[33] der Sanierung zunächst nach Neukölln geflohen ist und den alten Kiez meidet („Zu den Szene-Wichsern kriegste mich nich'"[34]) und sich schließlich im Barnim als Bootsvermieter und angehender Kneipenwirt niederlässt, bevor er überraschend früh bei einem Unfall auf einer finsteren brandenburgischen Landstraße stirbt.[35]

Der gemeinsame Kiez bzw. Ex-Kiez ist das Bindeglied zwischen den Figuren, die individuell sehr unterschiedliche Bezüge dazu aufweisen. Untereinander verändern sich ihre Beziehungen Stück für Stück, was den enormen Einfluss des Gentrifizierungsprozesses an den einzelnen Lebensverläufen und Beziehungskonstrukten sichtbar werden lässt. Otti etwa stemmt sich gegen die Verdrängung, die sich sogar in der radikalen Form von Schlägertrupps zeigt, die der neue Hausbesitzer dem sanierungsunwilligen Altmieter auf den Hals hetzt.[36] Einerseits arbeitet er journalistisch in alternativen Zeitschriftenprojekten, andererseits aber wird er auch Teil einer radikalen Zelle von Gentrifizierungsgegnern, die Brände verursachen und durch einen ‚Maulwurf' von der Polizei ausgehoben zu werden drohen.[37] Demgegenüber ist seine Ex-Partnerin Donata viel pragmatischer dabei, sich mit den neuen Verhältnissen zu arrangieren. Für sie liegt im unideologischen Zugriff einer links-reformerischen Gewerkschafterinnen-Einstellung und im Be-

---

31 Stahl, Sanierungsgebiete, 25.
32 Stahl, Sanierungsgebiete, 36.
33 Stahl, Sanierungsgebiete, 41.
34 Stahl, Sanierungsgebiete, 36.
35 Vgl. Stahl, Sanierungsgebiete, 467.
36 Vgl. Stahl, Sanierungsgebiete, 191–192, 229–230, 259–261, 290–292.
37 Vgl. Stahl, Sanierungsgebiete, 272–275, 573.

zug zur sozialdemokratischen Regierungspartei eine Möglichkeit des Karriereaufstiegs, für den sie durchaus kompromissbereit ist. Kritik an der bisherigen Stadtentwicklungspolitik dient ihr nicht zuletzt dazu, sich einen eigenen Job mit Einfluss zu sichern, wenn sie sich zur Verbündeten des innerparteilichen Konkurrenten der amtierenden Senatorin macht.[38]

Lynn, die in einer eigenen, von ihren Düsseldorfer Eltern gekauften Wohnung in der Sredzkistraße wohnt und an der TU Architektur studiert, beginnt sich aus dieser privilegierten Position der ‚Gentrifizierungsgewinnerin' für die Entwicklung des Sanierungsgebiets zu interessieren. Für ihre Diplomarbeit arbeitet sie die sozialen Folgen der Sanierung auf, wobei sie unter anderem mit Ottis „Zelle" in Berührung kommt, aber auch die Ausbeutung ihrer Arbeitskraft als Praktikantin in einem Architekturbüro erlebt,[39] wo sie die technische und geschäftliche Seite des Sanierungsgeschehens aus der Nähe beobachten kann. Stone schließlich ist ein alter Bekannter Ottis und eine Partybekanntschaft von Lynn – sein Ausstieg aus der Stadt, den er selbst als Abschied vom sich modernisierenden Trubel der Neuberliner versteht, kann auch als durch ökonomische Prekarität verursachte Verdrängung verstanden werden.[40]

Im Mosaik der sich ergänzenden Perspektiven wird in Stahls Roman ein vielschichtiges Porträt des Gentrifizierungsprozesses im Kollwitzkiez gezeichnet. Nach der Logik eines „analytischen Realismus"[41] ist dies einerseits gespeist aus differenzierten, in ihren gesellschaftlichen Positionierungen zu unterscheidenden Perspektiven, andererseits ergänzt um einmontierte Materialien und Interviewpassagen, etwa aus dem stadtentwicklungspolitischen Diskurs oder der gentrifizierungskritischen Bewegung der 2010er Jahre.[42]

Die Machart von *Sanierungsgebiete* legt offen, dass ein Phänomen wie die Gentrifizierung ein Prozess ist, der jeweils individuelle soziale Verankerungen mit sehr verschiedenen Folgen in Bewegung setzt und der dementsprechend auch sehr stark voneinander abweichende emotionale Reaktionen provoziert – von der Resignation des Aussteigers über die unternehmerische Kompromissbereitschaft

---

38 Vgl. Stahl, Sanierungsgebiete, 299–305, 328–332, 512–513, 582.
39 Vgl. Stahl, Sanierungsgebiete, 221–224, 261–262.
40 Vgl. Stahl, Sanierungsgebiete, 325–327.
41 Zu diesem von Stahl geprägten Begriff vgl. das Gespräch mit dem Autor im vorliegenden Band und weiterführend Enno Stahl, Analytischer Realismus zwischen Engagement und Experiment, in: Social Turn? Das Soziale in der gegenwärtigen Literatur(-wissenschaft), hg. von Haimo Stiemer, Dominic Büker und Esteban Sanchino Martinez, Weilerswist 2017, 30–50; Enno Stahl, Analytischer Realismus im Roman, in: Lob des Realismus – Die Debatte, hg. von Nicole Gronemeyer und Bernd Stegemann, Berlin 2017, 122–131.
42 Zur Quellenbasis vgl. Stahl, Sanierungsgebiete, 589–591.

der angehenden Politikerin bis hin zur Wut über die soziale Verdrängung beim Alteingesessenen. Aus der höheren Düsseldorfer Tochter Lynn wird so eine sozial aufgeklärte Figur, die sich wissenschaftlich wie auch aktivistisch gegen die Schattenseiten der Gentrifizierung engagiert, dann aber, als sie ein Kind bekommt, das unstete Berliner Leben zugunsten einer geordnet-bürgerlichen Existenz in Düsseldorf aufgibt.[43] An Figuren wie dem ‚fröhlich verdrängten' Stone und dem trotz seines schwindenden Gegenwartsbezugs gegen jede Wahrscheinlichkeit als Autor doch noch reüssierenden und eine neue Nische findenden Otti[44] perspektiviert der Roman die zum Teil auch brutalen Herausforderungen des sozialen Wandels im Kiez über ganz unterschiedlich darauf reagierende Figuren.

Markant ist, wie vielseitig das Gentrifizierungsgeschehen hier erfasst wird – aus der Sicht von Gewinnern der Gentrifizierung ebenso wie aus der von Verdrängten, mit individuellen Perspektiven ebenso wie aus politisch-planerischen Gesamtüberlegungen heraus. Stahls Roman sticht durch diese Öffnung auf die Polyperspektivität und die gesteigerte Komplexität, mit der das Phänomen der Gentrifizierung eingefangen wird, gegenüber den anderen Romanen heraus, verzichtet zu diesen Gunsten jedoch in stärkerem Maße auf eine auf die Lesegewohnheiten entgegenkommende Fokussierung einer dominanten fokalen Figur und eines einheitlichen Handlungsbogens.

4 Anke Stelling: *Schäfchen im Trockenen*

Anke Stellings Roman, den ich am Anfang schon kurz zitiert habe, bildet schließlich aus einer individualisierten Innensicht das Erleben des Gentrifizierungsprozesses aus der Perspektive einer Figur ab, die verdrängt zu werden droht. Resi, die Protagonistin, ist Schriftstellerin. Sie stammt – wie die Autorin selbst und zahlreiche Figuren im öffentlichen Diskurs zur Gentrifizierung im Prenzlauer Berg[45] –

---

43 Vgl. Stahl, Sanierungsgebiete, 582–584.
44 Vgl. Stahl, Sanierungsgebiete, 541–545.
45 Anke Stelling wurde 1971 in Ulm geboren. Pauschalisierend als „Schwaben" bezeichnete Westdeutsche spielen als Diskursfigur sowohl in Debatten über die Hausbesetzer-Szene der 1980er Jahre als auch im Hinblick auf die Entwicklung der Sanierungsgebiete in Ostberlin nach der Wende eine wichtige Rolle. Dieser Diskurs kann hier nicht im Detail nachgezeichnet werden, er erreichte einen markanten Höhepunkt durch ein Interview mit dem damaligen Bundestagsvizepräsidenten Wolfgang Thierse, der Ende 2012 in der Berliner Morgenpost „Artenschutz" als „Eingeborener" des Prenzlauer Bergs gegen die schwäbisch getriebene Kiezveränderung einforderte. Vgl. Wolfgang Thierse im Gespräch mit Florian Kain, Schwaben sollen „Schrippe" sagen – findet Thierse, Berliner Morgenpost, 31.12.2012, https://www.morgenpost.de/politik/article112322462/Schwaben-sollen-Schrippe-sagen-

aus Schwaben und ist gemeinsam mit einem ganzen Freundeskreis nach der Wende nach Berlin gekommen. Anders als sie gehen die Freunde jedoch ‚bürgerlichen' Berufen nach, sind Ärzt:innen, Anwält:innen und Architekt:innen oder haben gut geerbt, was ihnen im Übergang zum fünften Lebensjahrzehnt die Chance bietet, als Mitglieder der Baugruppe „K23" von Mieter:innen zu Wohnungseigentümer:innen zu werden.

Mit einiger Genauigkeit wird in Stellings Roman dieser Klassenhintergrund des Figurenensembles verdeutlicht: Resis Herkunft aus einer weniger gut betuchten Familie (der Vater arbeitet als technischer Zeichner, die Mutter als Buchhändlerin[46]) hat schon in ihrer Jugend zu Ausschlussmechanismen geführt, wenn sie etwa als Nicht-Skifahrerin aufgrund des anderen elterlichen Lebensstils nicht mit dem Freundeskreis in den Winterurlaub gefahren ist.[47] Die Freundschaft und die gemeinsame Zugehörigkeit zu einem bürgerlichen Bildungsmilieu haben jedoch, ebenso wie die ideologische Selbstverortung der Freundinnen und Freunde,[48] über die Jahre die wirtschaftlichen Differenzen innerhalb des Freundeskreises überdeckt.[49] An dem Bauprojekt, das die Freunde aufziehen, beteiligt sich Resi jedoch nicht – weder haben sie und ihr ebenfalls künstlerisch tätiger Partner Sven die finanziellen Mittel dazu noch wollen sie sich vom guten Willen der Freunde, die die Übernahme der ersten Kreditkosten anbieten, abhängig machen.[50]

Den wirtschaftlichen Riss im Freundeskreis, der sich so offenbart, will Resi nun nicht mehr kaschieren, sondern publiziert kritische Texte zum Gentrifizie-

---

findet-Thierse.html (11.06.2025). Zu diesem Phänomen und den dahinter liegenden Verzerrungen vgl. etwa Andrej Holm, Berlin: Es geht gar nicht um die Schwaben, Gentrification-Blog, 05.01.2013, https://gentrificationblog.wordpress.com/2013/01/05/berlin-es-geht-gar-nicht-um-die-schwaben/ (11.06.2025). Auch in Schulz' Roman lernen wir einen schwäbischen Makler kennen, vgl. Schulz, Skandinavisches Viertel, 84; in Stahls Roman ist ein fingierter Zeitungsartikel zum „Schwabenhass in Prenzlauer Berg" einmontiert, vgl. Stahl, Sanierungsgebiete, 474–475.
46 Vgl. Stelling, Schäfchen im Trockenen, 50.
47 Vgl. Stelling, Schäfchen im Trockenen, 65–69.
48 Zu den ideologischen Grundlagen der Baugruppen-Bewegung und ihrer Hinterfragung in den Romanen Stellings vgl. Hanna Henryson, ‚Community is the one true capital': Ideologies of Urban Self-Build Groups in Anke Stelling's Berlin Novels, in: Forum for Modern Language Studies 59 (2023), H. 1, 39–55.
49 Vgl. zur Verankerung dieser Überlegungen in den gesellschaftsdiagnostischen Dimensionen des Romans in Bezug auf Klassendifferenzen und die „feinen Unterschiede" im Leben in der „alten Bundesrepublik" den instruktiven Aufsatz von Philipp Böttcher, Der Mythos von der ‚nivellierten Mittelstandsgesellschaft' und die Soziologie in der Gegenwartsliteratur. Erinnerungen an die alte Bundesrepublik in Anke Stellings *Schäfchen im Trockenen*, in: Jahrbuch der Deutschen Schillergesellschaft 65 (2021), 271–307, hier besonders: 292–299.
50 Vgl. Stelling, Schäfchen im Trockenen, 69–72.

rungsgeschehen, was die Freunde auf Distanz gehen lässt, die ihr vorwerfen, durch ihre Publizistik Macht auszuüben. Sie bekennt: „ich spüre das Wort auch als meine eigene Waffe"[51] – und muss sich so von ihrer Freundin Friederike vorwerfen lassen, sie benutze es, „um andere fertigzumachen'".[52] Dass sie schon längst in Abhängigkeit vom guten Willen ihrer Freund:innen steht, wird ihr dann schlagartig deutlich, als sie von Frank und Vera, die ihr ihre alte Wohnung überlassen haben, die Bestätigung der Kündigung durch den Vermieter weitergeleitet bekommt. Ihre ‚Waffe' ist dieser Brief, Resis machtbewusste Kritik wird beantwortet mit einem ‚Klassenkampf von oben', dem sie sich plötzlich ausgesetzt sieht. Die gemeinsamen linken Ideale der Freundesgruppe scheinen sich verflüchtigt zu haben. Zugleich muss Resi sich von ihrem Freund Ulf – ihrer Jugendliebe – anhören, dass *sie* eigentlich die Täterin sei und sich zum Opfer stilisiere, indem sie ihre Geschichte so erzähle, wie sie sie erzählt hat. „Frieden kehrt ein, wenn man sich auf eine Erzählung einigt, die Rollen festlegt und den Text",[53] stellt Resi fest. „Solange sich alle um die Opferrolle streiten, wird das nichts."[54]

Wie beim Protagonisten von Torsten Schulz' Roman stellt sich auch hier die Frage, ob es eine Möglichkeit gibt, angesichts der widerstreitenden Perspektiven auf das Geschehen zu einer gemeinsamen Wahrheit zu finden. In Stellings Roman wird immer wieder deutlich, dass es ausgehend von der Erzählung der unzuverlässigen Ich-Erzählerin Resi diesen Zugang zur Wahrheit nicht geben kann: Wir sehen die Welt, wie sie Resi uns zeigt – und dass sie sich dabei nicht durchgehend an die Fakten hält, verheimlicht sie keineswegs. Wer erzählt, sitzt am längeren Hebel, was die Wahrheit angeht. Besonders deutlich wird das hinsichtlich der Frage, ob die Kinder, die Resi zu haben angibt, eigentlich tatsächlich existieren. Der Text ist von Resi an ihre Tochter Bea adressiert (er beginnt mit der Wendung: „Hör zu, Bea"[55]) und hat damit einen ‚klassenpädagogischen' Aspekt – schließlich will Resi, anders als ihre eigenen Eltern, die Tochter von einem ähnlich sorglosen Umgang mit der eigenen Klassenlage bewahren. Später jedoch unterstreicht die Erzählerin, dass es die Kinder, von denen sie erzählt hat, zum Glück gar nicht gebe, sie scheinen nur zur Untermalung der Drastik des Geschehens erfunden zu sein.[56] An der Konsistenz der erzählten Welt werden schließlich auch durch ein Erzählen in Varianten, das gegen Ende des Romans zu erkennen ist, Zweifel ge-

---

51 Stelling, Schäfchen im Trockenen, 19.
52 Stelling, Schäfchen im Trockenen, 19.
53 Stelling, Schäfchen im Trockenen, 22.
54 Stelling, Schäfchen im Trockenen, 22.
55 Stelling, Schäfchen im Trockenen, 5.
56 Vgl. Stelling, Schäfchen im Trockenen, 256–257.

sät.⁵⁷ Deutlich wird dabei jedenfalls, dass auf den Faktengehalt einer Erzählung kein Verlass ist, sondern diejenige, die hier erzählt, die erzählte Welt durchaus strategisch zurechtschneidet – ein spezifischer Ausdruck erzählerischer Macht.⁵⁸ Im Falle Resis wird dies im Text auch dadurch deutlich gemacht, dass sie darauf verweist, dass ihr Kurzname „nicht auf Theresia, sondern auf Parrhesia zurückgeht",⁵⁹ was darauf hindeutet, dass das Aussprechen der Wahrheit die zentrale Widerstandsgeste ist, mit der sie agiert – einer Wahrheit indes, die, wie die Unzuverlässigkeit ihres Erzählens deutlich macht, nicht einfach auf der Hand liegt, sondern als individuell *von ihr* erzählte gelesen werden muss.⁶⁰

Der Verlust von Freundschaft aufgrund ihres kritischen Verhaltens ist somit verbunden mit dem Verlust der Wohnung und damit der Möglichkeit, den Lebensstil eines großstädtisch-kultivierten, sich selbst als links wahrnehmenden Milieus im Prenzlauerberger Gründerzeitaltbau beizubehalten. Das Spannungsfeld, das Resis Existenz in diesem Milieu angesichts der eigenen wirtschaftlichen Schwäche prägt, zeigt sich in einer Szene um ihre Ernährung, die wenig gesund ausfällt, aber stilvoll vollzogen wird:

> Ich mache mir ein Unterschichtenmittagessen, Ravioli aus der Dose, und verspeise es auf gehobene Art mit frisch geriebenem Parmigiano von einem Iittala-Teller.
> Ich bin eine Wandlerin zwischen den Welten, eine Mutter, die ihre Armut verbirgt. Sie im Müllbeutel vergräbt und mit ein paar Tricks auf gut bürgerlich macht.⁶¹

Resi malt sich aus, dass es nun womöglich in ein Hochhaus in Marzahn gehen wird – eine Schreckensvision, die die eigene bürgerliche Attitüde, die zum Habitus der Stadtbewohnerin gehört, deutlich werden lässt. Zwischen Resignation und Auflehnung schwankt sie in ihrer Selbstreflexion – was hat man davon, wenn man sich mit den alten Freunden anlegt? Wäre es besser gewesen, zu schweigen, um die Beziehungen zu retten – besonders im Bewusstsein der eigenen wirtschaftlichen Verwundbarkeit? Oder ist man sich selbst die wütende Gegenwehr schuldig, die die Protagonistin in der Auseinandersetzung mit ihrem alten Freund

---

57 Vgl. Stelling, Schäfchen im Trockenen, 262–266.
58 Vgl. zur Inszenierung des mit dem Erzählen verbundenen Machtpotenzials im Roman auch Böttcher, Der Mythos von der ‚nivellierten Mittelstandsgesellschaft', 289.
59 Stelling, Schäfchen im Trockenen, 259.
60 Ausführlich mit Stellings Rückgriff auf die *Parrhesia*-Thematik und deren Theoretisierung bei Michel Foucault geht ein: Stephanie Gleißner, Precarious Narration in Anke Stelling's *Schäfchen im Trockenen* (2018), in: Politics and Culture in Germany and Austria Today, hg. von Frauke Matthes et al., Rochester und New York 2021, 122–139, besonders: 133–139. Vgl. dazu auch Böttcher, Der Mythos von der ‚nivellierten Mittelstandsgesellschaft', 288.
61 Stelling, Schäfchen im Trockenen, 106.

Ulf imaginiert, die in die Tat umzusetzen ihr aber nicht gelingt?[62] Und schließlich: Ist es eigentlich gerechtfertigt, wenn man sich selbst Vorwürfe macht für Verhältnisse, an denen man nicht viel ändern konnte?

Das letzte Kapitel von Stellings Roman bringt die fiktionale Welt, die hier präsentiert wird, weiter ins Wanken.[63] Die Protagonistin erhält einen Preis für ihr Buch, für das sie aus dem Freundeskreis verstoßen worden ist – und behauptet nun plötzlich, dass es ihre zuvor eingeführten vier Kinder zum Glück gar nicht gibt und sie die wohlmeinenden Komplimente ihrer Umwelt, trotz *Care*-Belastung erfolgreiche Autorin zu sein, zurückweisen muss: „‚Ist es wahr, dass du vier Kinder hast?' ‚Nein', sage ich, ‚das ist Quatsch. Wie soll das gehen?' [...] Die Familie gibt es nicht. Ich bin keine, die es schafft".[64] Verschiedene mögliche Enden der Geschichte werden nun offen ausgelotet – in einer Version kommt es zur Versöhnung mit Vera und Frank,[65] in einer anderen fährt die ganze Familie bei imaginären Großeltern zum Weihnachtsfest vor,[66] in einer dritten wird in der Neubauwohnung im Plattenbau-Vorort Ahrensfelde mit niedrigen Decken gefeiert, sodass nur ein kleiner Weihnachtsbaum in der Wohnung Platz hat, da die Deckenhöhe des Gründerzeitaltbaus fehlt.[67] Das (beinahe) letzte Wort geht dennoch an die (imaginäre?) Tochter Bea und fokussiert markanterweise die Gefühlsdimension: „Ich werd's nicht los, Bea: Die Sorge nicht, und nicht die Scham. Egal, was ich mir ausdenke: Es bleibt ein schwacher, ein zu schwacher Trost."[68]

Wenn auch die Wahrheit der Fakten, die die Erzählerin uns anbietet, infrage steht, hat doch offenbar die affektive Dimension dieses Konflikts eine sachliche Evidenz, an der auch die fantasiereiche Resi nicht vorbeikommt: Mit Sorge und Scham bleiben hier zwei Emotionen übrig, deren affektiver Hintergrund im Feld der Klasse liegt – wer über das Geld verfügt, kann sein Leben sorgenfrei gestalten; wer selbstbewusst eine hegemoniale Position im Kiez vertreten kann, braucht keine Scham.

---

62 Vgl. Stelling, Schäfchen im Trockenen, 230–231.
63 Hiermit wird eine wesentliche Dimension „unzuverlässigen Erzählens" deutlich, die man mit Matthias Aumüller so beschreiben kann, „dass einige von den Sachverhaltsaussagen, aus denen der *discours* besteht, nicht zu den Sachverhalten passen, aus denen sich die *histoire* zusammensetzt". Aumüller bezeichnet solche Formen der Unzuverlässigkeit mit dem Terminus der „mimetischen Inkongruenz-Relation". Matthias Aumüller, Unzuverlässiges Erzählen. Studien zur deutschsprachigen Nachkriegsliteratur, Berlin 2023, hier: 5, 15.
64 Stelling, Schäfchen im Trockenen, 257, 259.
65 Vgl. Stelling, Schäfchen im Trockenen, 264–265.
66 Vgl. Stelling, Schäfchen im Trockenen, 264.
67 Vgl. Stelling, Schäfchen im Trockenen, 265.
68 Stelling, Schäfchen im Trockenen, 266.

5 Fazit

Deutlich wird in den Texten mit ihren jeweils sehr unterschiedlichen Akzentsetzungen und Verfahrensweisen, dass Gentrifizierung als Romangegenstand ein Prozess ist, in dem geradezu musterhaft die Dimensionen von Klasse, Gefühlen und Erzählen in ihrer Überschneidung beobachtet werden können.

Ansetzend beim Phänomen des Affektiven Arrangements, als das sich ein Kiez mit seinen Bewohnern beschreiben lässt, wird deutlich, dass durch Gentrifizierung die affektiven Beziehungen auf Grundlage von wirtschaftlicher Klassenzugehörigkeit und sozialen Milieus in Bewegung geraten. Gentrifizierung bietet die Gelegenheit, sich selbst neu zu erfinden, wie es die Maklerfigur Matthias Weber in Torsten Schulz' *Skandinavisches Viertel* tut: Matthias lässt die Vergangenheit im Kiez ruhen, die Familienprobleme drängt er in den Hintergrund zugunsten einer heiteren neuen Selbstverortung in seinem Heimatkiez. Schließlich wird er selbst auch zum Opfer der Verdrängung, wenn ein Immobilienmagnat als potente ‚Krake' die Macht im Kiez übernimmt – genauso, wie es auch Figuren in den anderen Romanen geht, etwa dem kämpferischen Otti Wieland oder dem lebenslustig-experimentierfreudigen Stone in Stahls *Sanierungsgebiete*. Hier und auch bei Anke Stelling entsteht ein Blick auf die Gentrifizierung, der allerdings nicht nur Gewinner- und Verlierergeschichten erzählt, sondern der auch die ganz konkreten wirtschaftlichen Verhältnisse zum Thema macht, die diesen Affektiven Arrangements und ihren Verschiebungen zugrunde liegen. So wird deutlich, dass die Gefühlswelten, die in Bezug auf die Gentrifizierung verhandelt werden, auch auf individueller Ebene alles andere als ‚privat' sind – die Romane bezeugen eindrücklich das Ineinander einer sozialen Realität und ihrer emotionalen Verarbeitung.

Literatur

Primärliteratur

Schulz, Torsten: Skandinavisches Viertel, Stuttgart 2018.
Stahl, Enno: Sanierungsgebiete, Berlin 2019.
Stelling, Anke: Bodentiefe Fenster, Berlin 2015.
Stelling, Anke: Schäfchen im Trockenen, Berlin 2017.

Sekundärliteratur

Aumüller, Matthias: Unzuverlässiges Erzählen. Studien zur deutschsprachigen Nachkriegsliteratur, Berlin 2023.

Böttcher, Philipp: Der Mythos von der ‚nivellierten Mittelstandsgesellschaft' und die Soziologie in der Gegenwartsliteratur. Erinnerungen an die alte Bundesrepublik in Anke Stellings *Schäfchen im Trockenen*, in: Jahrbuch der Deutschen Schillergesellschaft 65 (2021), 271–307.

Deleuze, Gilles: Spinoza. Praktische Philosophie. Übersetzt von Hedwig Linden, Berlin 1988.

Fuchs, Thomas: Verkörperte Emotionen. Emotionskonzepte der Phänomenologie, in: Emotionen. Ein interdisziplinäres Handbuch, hg. von Hermann Kappelhoff et al., Berlin 2019, 95–101.

Gleißner, Stephanie: Precarious Narration in Anke Stelling's Schäfchen im Trockenen (2018), in: Politics and Culture in Germany and Austria Today, hg. von Frauke Matthes et al., Rochester und New York 2021, 122–139.

Henryson, Hanna: ‚Community is the one true capital': Ideologies of Urban Self-Build Groups in Anke Stelling's Berlin Novels, in: Forum for Modern Language Studies 59 (2023), H. 1, 39–55.

Henryson, Hanna, und Maria Sulimma: „Nothing was solved, only accelerated": Contemporary Berlin Novels as Gentrifictions, in: Narrative 32 (2024), H. 1, 60–79.

Holm, Andrej: Berlin: Es geht gar nicht um die Schwaben, Gentrification-Blog, 05.01.2013, https://gentrificationblog.wordpress.com/2013/01/05/berlin-es-geht-gar-nicht-um-die-schwaben/ (11.06.2025).

Müller, Christina J., und Lars Kuchinke: Lassen sich Emotionen messen? Emotionskonzepte der Physiologie, in: Emotionen. Ein interdisziplinäres Handbuch, hg. von Hermann Kappelhoff et al., Berlin 2019, 65–72.

Reisenzein, Rainer: Emotionen aus kognitionswissenschaftlicher Sicht, in: Emotionen. Ein interdisziplinäres Handbuch, hg. von Hermann Kappelhoff et al., Berlin 2019, 81–87.

SFB 1171: Affektives Arrangement, in: Affective Societies: Key Concepts Online, published by SFB 1171 Berlin, 04.11.2022, https://key-concepts.sfb-affective-societies.de/articles/affektives-arrangement-version-1-0/ (11.02.2025).

Slaby, Jan: Affective Arrangement, in: Affective Societies: Key Concepts, hg. von dems. und Christian von Scheve, London und New York 2019, 109–118.

Slaby, Jan, und Rainer Mühlhoff: Affect, in: Affective Societies: Key Concepts, hg. von Jan Slaby und Christian von Scheve, London und New York 2019, 27–41.

Slaby, Jan, und Birgit Röttger-Rössler: Introduction. Affect in Relation, in: Affect in Relation. Families, Places, Technologies, hg. von dens., London und New York 2018, 1–28.

Slaby, Jan, Rainer Mühlhoff und Philipp Wüschner: Affective Arrangements, in: Emotion Review 11 (2019), H. 1, 3–12.

Spinoza, Benedictus de: Die Ethik mit geometrischer Methode begründet, in: ders., Opera – Werke, lateinisch und deutsch. Bd. 2, hg. von Konrad Blumenstock, Darmstadt 1980, 84–557.

Stahl, Enno: Analytischer Realismus zwischen Engagement und Experiment, in: Social Turn? Das Soziale in der gegenwärtigen Literatur(-wissenschaft), hg. von Haimo Stiemer, Dominic Büker und Esteban Sanchino Martinez, Weilerswist 2017, 30–50.

Stahl, Enno: Analytischer Realismus im Roman, in: Lob des Realismus – Die Debatte, hg. von Nicole Gronemeyer und Bernd Stegemann, Berlin 2017, 122–131.

Thierse, Wolfgang, im Gespräch mit Florian Kain: Schwaben sollen „Schrippe" sagen – findet Thierse, Berliner Morgenpost, 31.12.2012, https://www.morgenpost.de/politik/article112322462/Schwaben-sollen-Schrippe-sagen-findet-Thierse.html (11.06.2025).

Wolting, Monika: Der ‚Gentrifizierungsroman' in der deutschsprachigen Gegenwartsliteratur, in: Oxford German Studies 50 (2021), H. 2, 252–267.

Simon Zeisberg

„Ich meine, ich kenne das, was unter der Insel liegt oder dahinter" – Sylt und Klasse als Thema der Popliteratur vor, in und nach Christian Krachts *Faserland*

Auch im Bentley wird geweint. (Clueso & Deichkind)

[I]ch will nach Sylt. Auf ein Fischerboot, wie Tolstoi. Zu ehrlichen Menschen, die ihre Arbeit noch mit den Händen verrichten. (Kracht, *Eurotrash*)

1 Klassengefühle in Kampen: Eine Einleitung

Pfingsten 2024 wurde in den sozialen Medien ein Video geteilt. Es zeigte junge Menschen im Pony Club in Kampen auf Sylt, die zu einem Song Gigi d'Agostinos ausländerfeindliche Parolen skandierten. Einer der Gefilmten deutete einen Hitlergruß an und formte mit den Fingern den Oberlippenbart des Diktators nach.[1] Die xenophobe Grenzüberschreitung erregte die mediale Öffentlichkeit weit mehr als andere Ereignisse dieser Art, die zuvor in Deutschland passiert waren.[2] Aber warum gerade dieser Fall? Ausschlaggebend war offenbar die Tatsache, dass es sich bei den Gefilmten um (mutmaßlich) hochprivilegierte Personen handelte. In den Artikeln war die Rede von „zahlreiche[n] Luxuswagen", die „auf der als ‚Whiskeymeile' bekannten Straße vor dem Lokal" parkten, und von 150 Euro Eintritt für den Club, „Getränke exklusive".[3] In der politischen Aufarbeitung machten Begriffe wie der der „wohlstandsverwahrlosten Parallelgesellschaft" (Nancy Faeser, SPD) die Runde und ließen damit keinen Zweifel, dass Habitus und Schauplatz die gesellschaftliche Bewertung des Geschehens entscheidend mitprägten.[4]

---

[1] Ein Link zum Video wird hier nicht angegeben, um die Weiterverbreitung nicht zu fördern.
[2] Vgl. „Sylt war nicht der Anfang: Wie ein Partysong zur Betriebsanleitung für Rassismus wird", in: Amadeu Antonio Stiftung, https://www.amadeu-antonio-stiftung.de/sylt-war-nicht-der-anfang-wie-ein-partysong-zur-betriebsanleitung-fuer-rassismus-wird-112399/ (25.08.2025).
[3] „Hitlergruß und ‚Ausländer raus'-Gesang in Promi-Club – Wirt streicht Lied von Playlist", in: WELT, 24.05.2024, online unter https://www.welt.de/vermischtes/article251661852/Sylt-Hitlergruss-und-Auslaender-raus-Gesang-im-Pony-Club-Wirt-streicht-Lied-von-Playlist.html (24.03.2025).
[4] „Faeser nennt Vorfall auf Sylt ‚Schande für Deutschland'", in: Stuttgarter Zeitung, 24.05.2024, https://www.stuttgarter-zeitung.de/inhalt.rassistisches-gegroele-faeser-nennt-vorfall-auf-sylt-schande-fuer-deutschland.4bc54c99-5070-4863-8020-61e57f5faaa9.html (24.03.2025).

Open Access. © 2025 bei den Autorinnen und Autoren, publiziert von De Gruyter. Dieses Werk ist lizensiert unter einer Creative Commons Namensnennung 4.0 International Lizenz.
https://doi.org/10.1515/9783111625188-025

Es wird hier sichtbar: Soziale Räume sind keine Container, in denen etwas passiert (das auch anderswo passieren könnte). Sie sind Produkte von Vorgängen des „Platzierens von sozialen Gütern und Menschen" und des „Positionieren[s] symbolischer Markierungen", die es erlauben, Habitus und Raum zu einer dichten Formation des Sozialen zusammenzufassen.[5] Ist der soziale Raum Sylt, wie jede Raumkonstitution dieser Art, geprägt „von den Ressourcen Reichtum, Wissen, Hierarchie und Assoziation",[6] so löst das Handeln in ihm unweigerlich Affekte aus: Die mediale (Re-)Präsentation von Lifestyle-Attributen der Reichen von Sylt – ihrer Locations, Luxusautos, Modevorlieben usw. – triggert Klassengefühle, ganz gleich, ob diese eher in einer diffusen Sehnsucht nach Teilhabe oder aber Abgrenzungsbedürfnissen gegen die Privilegierten bestehen.

Aus literaturwissenschaftlicher Sicht ist die Beobachtung solcher Mechanismen interessant, sobald sie zu Elementen literarischer Strategien werden. Dies war mit Bezug auf Sylt in besonderem Maße in der Phase der Popliteratur um und nach Christian Krachts *Faserland* (1995) der Fall, die im Folgenden in dieser Hinsicht näher untersucht werden soll.[7] Ausgehend von Matthias Horx' Zeitgeist-Reportage *Die wilden Achtziger* (1987), durch die die Beziehung von Sylt und Klasse als Thema in die Popliteratur eingeführt wurde, sollen insbesondere die Sylt-Erzählungen Christian Krachts von den frühen, um 1991 entstandenen Texten über *Faserland* (1995) bis zu *Eurotrash* (2021) in den Blick genommen werden. Die Analyse der Texte wird unter der Annahme vorgenommen, dass die erzählerische Ausgestaltung der Beziehung von Sylt und Klasse bei Kracht von Beginn an im Zeichen zentraler poetologischer Fragestellungen seines Werkes steht. Insbesondere geht es dabei um die Differenz von Oberfläche und Tiefe. Krachts mehrfach gebrochene Poetik der Oberschicht, die auf Sylt als sozialen Raum symbolisch bezogen wird, oszilliert zwischen Schreibweisen der Verdrängung und Schreibweisen der Offenbarung, deren psychosoziale und ästhetische Konsequenzen die poetologische Selbstreflexivität der Texte prägen. Durch die für Kracht typische Technik der Überschreibung bleibt Sylt als klassen- und affektpoetische Zeichenkonstruktion im Werk dauerhaft virulent.[8] Ein Ende ist nicht in Sicht, aber das Vorhandene bietet sich für die philologische (Zwischen-)Auswertung an.

---

5 Martina Löw, Raumsoziologie, Frankfurt a. M. 2001, 158.
6 Löw, Raumsoziologie, 215.
7 Die Popliteratur der 90er ist von Christian Krachts Roman *Faserland* epochal geprägt. Damit wird auch das Sylt-Thema, soweit es nicht schon vorher virulent war, zu einem literarischen Topos. Zur Prägung der Popliteratur der 90er durch Kracht vgl. Moritz Baßler und Eckhard Schumacher, Einleitung, in: Handbuch Literatur & Pop, hg. von dens., Berlin und Boston 2019, 1–28, hier: 16.
8 Der Begriff der Überschreibung ist in der Kracht-Forschung bereits etabliert und bezeichnet dort eine Poetik der artifiziellen Überlagerung von Texten und Schreibweisen zu einem komple-

Insofern bei Kracht die literarische Inszenierung von Sylt bei allen Brechungen letzthin auf Gesten der Provokation ‚von oben' hinausläuft, erscheint es sinnvoll, zumindest exemplarisch auch popliterarische Gegenbewegungen in den Blick zu nehmen. Diese sollen hier vertreten werden durch Benjamin von Stuckrad-Barres kurzen, reportageartigen Text *Ganz unten im Norden* (2001). Stuckrad-Barre präsentiert eine Überschreibung von *Faserland,* deren Pointe in der Dekonstruktion der durch Kracht ikonisierten Oberfläche des *Gosch*-Lokals in List auf Sylt liegt. Auch hier aber kommen Klassengefühle dem Schreiben in den Weg: Die Kritik an den Schattenseiten der Konsumindustrie wird im Text durch die ironische Inszenierung von Habitus-Konflikten des Erzählers unterlaufen. Durch die soziale Doppelrolle als (Pop-)Schriftsteller und Hospitant im Schnellrestaurant gerät der Erzähler in einen habituellen Widerspruch, aus dem er sich nur noch durch die Flucht an den schönen Strand von Sylt befreien kann.

2 Ende der Klassen? Sylt in Matthias Horx' *Die wilden Achtziger*

Matthias Horx' Buch *Die wilden Achtziger,* das den Untertitel *Eine Zeitgeistreise durch die Bundesrepublik* trägt, gehört zu den typischen Produkten des ‚Zeitgeist'-Journalismus der späten 1980er Jahre. Horx, wie Kracht als Autor und Redakteur mit dem stilprägenden *Tempo*-Magazin assoziiert, schildert im Buch eine Deutschlandreise von Sylt nach Berchtesgaden.[9] Dabei geht es ihm darum, eine der zentralen Denkfiguren des *Tempo*-Kosmos gleichsam im Feld zu überprüfen. Laut Markus Peichl, *Tempo*-Chefredakteur der ersten Jahre, sei das Magazin 1986 angetreten, die verkrustete „Status quo-Gemeinschaft" der 68er zu bekämpfen und deren moralisch-politischen Protestritualen eine affirmative „Hinwendung zu Konsum, Mode, Luxus, Körperbewusstsein, Design" entgegenzuhalten.[10] Dirk Frank hat diese Art der subversiven Affirmation von Oberfläche mit einem Begriff

---

xen, metaliterarisch ausgerichteten Erzählgebilde. Vgl. Elias Kreuzmair, Die wilden Neunziger. Zu Intertextualität und Autoreflexion in ‚Faserland', in: Christian Kracht revisited. Irritation und Rezeption, hg. von Matthias N. Lorenz und Christine Riniker, Berlin 2018, 205–227, hier: 206.
9 Auf die Parallelen zwischen den Reiserouten durch Westdeutschland bei Horx und Kracht hat Kreuzmair, Die wilden Neunziger, 215, hingewiesen.
10 Markus Peichl, Die Dame vom ‚Spiegel' oder warum ich ‚Tempo' machte, in: Merian Extra: Der Verlag, o. J., 56–63, hier: 60. Hier zit. nach: Bernhard Pörksen, Die Tempojahre. Merkmale des deutschsprachigen New Journalism am Beispiel der Zeitschrift ‚Tempo', in: Grenzgänger. Formen des New Journalism, hg. von Joan Kristin Bleicher und dems., Wiesbaden 2004, 307–336, hier: 313.

von Diedrich Diederichsen als Symptom einer ‚Gegengegenkultur' der 1980er Jahre beschrieben.[11]

Bei Horx schlägt sich dies in einem explizit postmarxistischen Gesellschafts- bzw. Geschichtsbild nieder, das an die bekannten Thesen Helmut Schelskys erinnert.[12] Seit dem Wirtschaftswunder sei in der Bundesrepublik durch den wachsenden Wohlstand und die sozialdemokratische Umverteilungspolitik „der Graben zwischen [...] Klassen und Schichten tendenziell verschwunden".[13] An die Stelle klassenmäßiger Differenzierung sei der Zeitgeist getreten, womit Horx eine Art medienkultureller Prägung von Jugendlichen und jungen Erwachsenen meint. Der Zeitgeist bestimme den Habitus der nachkommenden Generationen alle paar Jahre neu – nicht durch materielle oder soziale Unterschiede, sondern durch epochemachende Ereignisse wie die Beatles, die Mondlandung, den Deutschen Herbst oder Tschernobyl (vgl. DwA, 14).

Die Akteure der ‚Gegengegenkultur' erscheinen bei Horx in diesem Sinne als Repräsentanten eines Zeitgeistes, dessen Tendenz zu Hedonismus und Materialismus aus der Ablehnung der linken Ideologie der Elterngeneration resultiert.[14] Im Erzähler, der, wie er zu Beginn mitteilt, selbst aus kleinbürgerlichen Verhältnissen stammt und im linken Milieu der 1970er Jahre sozialisiert wurde, löst dies gemischte Gefühle aus (vgl. DwA, 12–13 und 14). Diese treten in den einleitenden Sylt-Episoden des Buches in besonderer Intensität hervor. „Ganz oben" (DwA, 17)[15] in Deutschland werden in den Begegnungen des Erzählers mit den jungen Urlaubern klassen- und ideologiebezogene Empfindlichkeiten sichtbar. Zum Reizpunkt wird dabei zumal der Habitus des Erzählers, den die materialistischen Gesprächspartner:innen mit dem politischen Moralismus der 70er Jahre assoziieren. Die luxusverliebte Tramperin Rebecca, die der Erzähler nach Kampen mitnimmt, verspottet seinen alten Wa-

---

11 Vgl. Dirk Frank, Die Nachfahren der ‚Gegengegenkultur'. Die Geburt der ‚Tristesse Royale' aus dem Geiste der achtziger Jahre, in: Pop-Literatur, hg. von Heinz Ludwig Arnold und Jörgen Schäfer, München 2003, 218–233, hier bes.: 219–221.
12 Vgl. Helmut Schelsky, Die skeptische Generation. Eine Soziologie der deutschen Jugend, Düsseldorf und Köln 1957. In diesem Buch prognostiziert Schelsky die Entwicklung der BRD zu einem Staat der breiten Mittelschicht mit nivellierten Klassengrenzen.
13 Matthias Horx, Die wilden Achtziger. Eine Zeitgeist-Reise durch die Bundesrepublik, München und Wien 1987, 14. Im Weiteren wird aus dem Text unter der Sigle DwA und unter Angabe der Seitenzahl im Fließtext zitiert.
14 So fragt der Erzähler eingangs ganz im Stil Peichls, was man denn unter den Bedingungen der klassenmäßig befriedeten Gegenwart anderes tun solle, um „die linken Lehrer und netten Bürger, die Freizeit-Punks und strickenden Mütter zu ärgern" (DwA, 12).
15 Der Kapiteltitel verweist ironisch auf Günter Wallraffs Skandalreportage *Ganz unten* (1985). Es wird auf diesen Bezug im Zusammenhang mit Stuckrad-Barres Sylt-Text *Ganz unten im Norden* noch einzugehen sein (vgl. Kap. 4 dieses Aufsatzes).

gen, nachdem er sie wegen ihrer Beziehungen zu reichen Männern in die Nähe der Prostitution gerückt hat (vgl. DwA, 21). Ein fanatischer Bodybuilder demütigt ihn als impotenten Schwächling und erkennt in ihm einen Verwandten der „langhaarigen Linksdenker an der Universität", die für ihn „das Bild einer dekadenten, untergehenden Rasse" darstellen (DwA, 24). Gleich zwei Gesprächspartner provozieren Horx damit, dass sie ihre Ausnutzung des Steuersystems als Akt zivilen Ungehorsams ausgeben (vgl. DwA, 28 und 32). Insbesondere einem von ihnen gelingt es, den Erzähler aus der Reserve zu locken. Zunächst meint dieser in dem jungen Mann „einen ganz normal aussehenden Menschen" zu erkennen, „[v]ermutlich Philosophiestudent, konservativ" (DwA, 29). Im Gespräch stellt sich dann aber heraus, dass der vermeintliche Student Immobilien mit Steuertricks finanziert und diese Praxis, Marx zitierend, als eine Fortsetzung des Klassenkampfes mit anderen Mitteln rechtfertigt: „Was ist der Klassenkampf gegen den Steuerkampf! Wie ungleich wirksamer sind unsere Methoden, um aus Armut Reichtum zu machen" (DwA, 32). Horx entzieht sich indigniert dem Gespräch und fährt betrunken mit dem Auto nach Kampen. Dort sieht er im Klub ‚Rotes Kliff' den Springer-Granden Peter Boenisch „mit einer schrill angemalten Tussi" zur Widerstandshymne *Street Fighting Man* der Rolling Stones tanzen (DwA, 32).

Die aus diesen (und weiteren) Erlebnissen resultierende Entscheidung zur Flucht von der Insel – „Spät abends der Entschluß. Ich reise ab." (DwA, 34) – ist nicht nur motivisch interessant, da sie die Sylt-Flucht des *Faserland*-Erzählers antizipiert. Sie ist es auch im Hinblick auf die habituelle Unsicherheit des Erzählers, der in seinem Bezug auf den Zeitgeist zwischen Affirmation und Ablehnung schwankt. Seine Begegnung mit den Reichen und Schönen von Sylt fördert Klassengefühle und Distinktionsbedürfnisse zutage, die im Moment der sozialen Begegnung nicht kontrollierbar erscheinen. Erzählte Klassengefühle und theoretische Habitus-Modellierung befinden sich bei Horx somit nicht im Einklang. Im Gegenteil: Die Gefühle durchkreuzen das an anderer Stelle im Buch skizzierte Programm popkultureller Affekt-Immunisierung und lassen es transparent werden für die Grenzen von „Ironie", „Nicht-Ernstfallhaftigkeit" und „Mut zur Simulation" (DwA, 162), die, wie zu zeigen sein wird, auch in den Sylt-Erzählungen Krachts eine wesentliche Rolle spielen.

3 Unter der Insel oder dahinter: Krachts Sylt-Erzählungen der 90er Jahre

Krachts in den 1990ern entwickelte Verfahren, Sylt als Ort von Klassengefühlen zu erzählen, lassen sich intertextuell nicht zuletzt auf Verfahren und Thematik von Horx' Zeitgeist-Buch zurückführen. Beide Texte präsentieren popliterarische ‚Schreibweisen der Gegenwart' (Schumacher), in denen erzählerisches Präsens und autodiegetische Selbstreferenz der Erzählinstanzen Effekte des Immediaten, Momenthaften und psychologisch Unbewältigten erzeugen.[16] Und in beiden Erzählungen wird die Beziehung von Klasse und Sylt als etwas erzählt, das sich den Körpern und Diskursen der Erzählerfiguren einschreibt, ohne dass diese Macht über die Vorgänge der affektiven und sozialen Entfremdung zu haben scheinen. Ebenso deutlich aber treten im Vergleich die Unterschiede hervor. Sie betreffen zum einen die Art und Weise, wie die Poetik der Entfremdung bei Horx und Kracht literarisch ausgestaltet wird. In Krachts Roman *Faserland* wird, anders als im Reisebericht Horx', mit einem komplexen System aus Leitmotiven gearbeitet, deren Funktion in der Versinnbildlichung latenter psychosozialer Vorgänge liegt. Der zweite Unterschied betrifft die soziale und generationelle Positionierung der Erzählerfigur. Krachts Erzähler gehört, mit Baßler gesprochen, der „Barbour-Salem-Schnösel-Kultur"[17] an, die ihrerseits Teil jener ‚Gegengegenkulturen' der 80er und 90er Jahre ist, auf deren Spur sich Horx in seinem Buch gemacht hatte. Die Beziehung von Klasse und Sylt wird damit bei Kracht perspektivisch umgepolt. In *Faserland* wird der wohlstandsverwahrloste, hedonistische, auf Marken fixierte Reiche selbst zum Erzähler. Seine bekannten Ausfälle gegen (vermeintliche) Sozialdemokraten und andere Agent:innen linker Politik klingen dabei ganz ähnlich wie das, was die Gesprächspartner bei Horx dem in seinem Habitus als Kleinbürgersohn und Nach-68er erkennbar werdenden Erzähler an den Kopf werfen.

Inwieweit dies bei Kracht in ein intertextuelles Erzählen zwischen „Wiederholung und Differenz"[18] mündet, in dem sich die Dynamiken der sozialen Distink-

---

16 Zur Gegenwartspoetik der Popliteratur im Sinne eines „Schreiben[s] der Momenthaftigkeit" vgl. Eckhard Schumacher, Gerade Eben Jetzt. Schreibweisen der Gegenwart, Frankfurt a. M. 2003, 10. Horx' Erzählung setzt im Präteritum an und scheint damit zunächst der Tempus-Konvention von Reiseberichten zu folgen. Mit der Überfahrt nach Sylt wechselt das Erzählen dann jedoch ins Präsens und verbleibt darin mehr oder weniger durchgängig bis zum Ende des Buches.
17 Moritz Baßler, Der deutsche Pop-Roman. Die neuen Archivisten, München 2002, 112.
18 Als Wechselspiel von „Wiederholung und Differenz" hat Schumacher die Poetik Krachts beschrieben, allerdings mit Blick auf den Roman *Imperium*. Vgl. Eckhard Schumacher, Differenz und Wiederholung. Christian Krachts ‚Imperium', in: Christian Kracht trifft Wilhelm Raabe. Die

tion und der literarischen Überbietung spannungsreich überlagern, lässt sich an der Eingangspassage von *Faserland* exemplarisch zeigen. Die Begegnung des Erzählers mit Karin bei Fisch-Gosch in List auf Sylt stellt eine verzerrende Spiegelung der oben erwähnten Begegnung des Horx'schen Erzählers mit der Studentin Rebecca dar, mit der das Sylt-Kapitel in *Die wilden Achtziger* beginnt. Beide weiblichen Figuren weisen körperlich-habituelle Merkmale auf, die das Begehren der männlichen Erzählerfiguren erregen, was hier wie dort in sexualisierenden Bemerkungen mündet.[19] Darüber hinaus teilen Karin und Rebecca die Eigenschaft, in unklaren Studienverhältnissen zu stehen, wobei Rebecca bei Horx von sich aus mitteilt, dass sie nur „manchmal' Kunstgeschichte" (DwA, 20) studiere, während Karins Status als BWL-Studentin in München nicht von ihr, sondern vom Erzähler in Zweifel gezogen wird. Während es Horx bei dieser – durch das Begehren des Erzählers und seine verletzten Klassengefühlen gebrochenen – Sozioanalyse belässt, implementiert Krachts Text mit dem Motiv der Barbourjacke an dieser Stelle eines der Leitmotive des Romans. Als Index einer (Sozio-)Poetik der Oberfläche ersetzt die Jacke in der Begegnung des Erzählers mit Karin alle Fragen nach biografischen Details: „Karin studiert BWL in München. Das erzählt sie wenigstens. Genau kann man sowas ja nicht wissen. Sie trägt auch eine Barbourjacke, allerdings eine blaue." (F, 13)

Durch die Verbindung des Raumtopos Sylt mit klassenmäßig besetzten Objekten wie der Barbourjacke entsteht bei Kracht ein komplexes Konglomerat sozialer Zeichen, das durch die literarische Konstruktion von Oberfläche Codierungen der Klasse zugleich reproduziert wie unterläuft. Diese Ambivalenz manifestiert sich in der Erzeugung von Differenz, durch die die Mechanismen sozialer Zugehörigkeit gezielt irritiert werden. So auch im Fall der Barbourjacke. Krachts Roman greift bei der Modellierung des Motivs auf Eckart Nickels Glosse *Barbourpapa. Die Karriere einer Jacke* (1992) zurück, in der der Autor sich mit der Distinktionsfun-

---

Diskussion um ‚Imperium' und der Wilhelm-Raabe-Literaturpreis 2012, hg. von Hubert Winkels, Berlin 2013, 129–146. Die Anwendbarkeit dieser poetologischen Formel auf den *Faserland*-Roman hat Kreuzmair plausibel gemacht. Vgl. Kreuzmair, Die wilden Neunziger, 206.

[19] Krachts Erzähler merkt an, dass Karin „eigentlich ganz gut" aussehe „mit ihrem blonden Pagenkopf" und „sicher ganz gut im Bett" sei. Dabei affiziert ihn vor allem die Art, „wie sie das Haar aus dem Nacken wirft und sich leicht nach hinten lehnt". Christian Kracht, Faserland. Ein Roman (erstmals 1995), Frankfurt a. M. 2018, 13. Im Folgenden wird aus dem Roman unter der Sigle F im Fließtext zitiert. – Bei Horx fällt der Blick des Erzählers auf die „[o]xydblonden, gelockten Haare" Rebeccas und ihr „Gesicht", zu dem „einem sofort ‚Fotomodell' einfällt". Erwähnt wird dabei auch der Mund der Figur, wobei die „Art, wie sie ihn seitlich hochzieht" eine Anziehung auf den Erzähler ausübt (DwA, 19–20).

tion der Jacke satirisch-ironisch auseinandersetzt.[20] Bei Nickel wird die Barbourjacke zur „Zugehörigkeitsjoppe", hinter der sich ein „hochkompliziertes Gesellschaftssystem" verbirgt: Um zur „Barbourfamilie" zu gehören – der Schicht der jungen, materialistisch orientierten Eliten – muss man eine solche Jacke tragen, allerdings keine ladenneue, sondern, aus Gründen der Trend- und Klassen-Anciennität, eine im richtigen Grad der Abgewetztheit.[21] Bei Kracht wird diese Anforderung von der Figur Karin mustergültig erfüllt. Mit ihrem vermeintlichen BWL-Studium – bei Nickel ist von „vorgetäuschter Betriebswirtschaftssamkeit"[22] die Rede – und ihrem Votum für blaue Barbourjacken, weil diese „schöner aussehen, wenn sie abgewetzt sind" (F, 14), wird sie im Text zur Figur der Wiederholung. Der Erzähler dagegen, selbst Träger einer grünen Barbourjacke, wird diesbezüglich zur Figur der Differenz. Seine Bemerkung „[a]bgewetzte Barbourjacken, das führt zu nichts" (F, 14) lässt sich auf zwei verschiedene Weisen interpretieren, die beide etwas über Klasse aussagen – allerdings in konträren Richtungen. Entweder liegt hier eine Distinktionsgeste zweiten Grades vor, die der Figur möglich wird, weil sie aufgrund ihres sicheren sozialen Standings auf das minutiöse Befolgen der Regeln innerhalb der ‚Barbourfamilie' nicht angewiesen ist – zumal schon 1992 bei Nickel nachzulesen war, dass diese Familie „längst in den Familienalltag eingetreten" ist, was auf eine Erschöpfung des Distinktionspotenzials der Jacke hindeutet.[23] Oder der Erzähler entpuppt sich an dieser Stelle als Un- oder Halbwissender, der die genauen Regeln des sozialen Spiels nicht kennt. Hierfür würde sprechen, dass er später im Roman, in einer typisch Kracht'schen Metalepse, selbst auf eine Figur namens Matthias Horx trifft und sich dabei innerlich darüber ärgert, von dieser niemals als Zielperson für die Trendforschung ausgewählt worden zu sein, wo Horx bei anderen Personen doch jede Kleinigkeit notiert habe (vgl. F, 88). Auch im Sylt-Kapitel werden Hinweise dieser Art lanciert. So endet die Begegnung mit der Barbourjacken-Trägerin Karin vor dem Kampener Café *Kupferkanne*. Nach Karins Aufbruch sieht der Erzähler ein Rentnerehepaar die Kuchenkarte studieren und lässt in seinem Kommentar eine mit kleinbürgerlicher Sittenstrenge assoziierte Auffassung durchscheinen, die auf verborgene ‚unterklassige' Prägungen der Figur hindeuten könnte: „Kuchen jetzt? Es ist schon viel zu spät dafür, denke ich." (F, 24) Die Beziehung von Klasse, Sylt und Objekten

---

20 Vgl. dazu eingehend Matthias N. Lorenz, ‚Barbourpapa'. Eine quellenphilologische Untersuchung zur Textgenese von ‚Faserland', in: Christian Krachts Ästhetik, hg. von Susanne Komfort-Hein und Heinz Drügh, Berlin 2019, 182–198, hier: 195–196.
21 Eckhart Henrik Nickel, Barbourpapa. Die Karriere einer Jacke, in: ruprecht 19 (1992), H. 6, 9.
22 Nickel, Barbourpapa, 9.
23 Nickel, Barbourpapa, 9.

sozialer Distinktion wird an dieser Stelle damit in einen Zustand der Uneindeutigkeit überführt. Es überlagern sich Zeichen verschiedener Herkunft, die die von der popliterarischen Erzählung getriggerten Automatismen der sozialen Zuordnung auf subtile Weise stören und damit, zumindest partiell, auch infrage stellen.

Über die initiale Verortung der Erzählerfigur in List auf Sylt wird deren liminale Anlage im Roman metareflexiv verhandelt. Die berühmten ersten Sätze, die laut Kreuzmair die „doppelte Bewegung" des Erzählens zwischen radikaler Gegenwartsfiktion und literarischer „Arbeit des Überschreibens" paradigmatisch anzeigen und performieren,[24] laufen auf die Pointe hinaus, dass es am nördlichen Ende der Insel Sylt (und Deutschlands) keine Grenze, sondern nur eine Fischbude gebe:

> Also, es fängt damit an, daß ich bei Fisch-Gosch in List auf Sylt stehe und ein Jever aus der Flasche trinke. Fisch-Gosch, das ist eine Fischbude, die deswegen so berühmt ist, weil sie die nördlichste Fischbude Deutschlands ist. Am obersten Zipfel von Sylt steht sie, direkt am Meer, und man denkt, da käme jetzt eine Grenze, aber in Wirklichkeit ist da bloß eine Fischbude. (F, 13)

Der Verweis auf die Grenzenlosigkeit des Raumes ist eine polyvalente Chiffre, in der sich verschiedene konzeptuelle Aspekte von Krachts Erzählen kreuzen und überlagern. In klassensoziologischer Hinsicht verdichtet sich hier eine Spannung zwischen ‚oben' und ‚unten'. Die Lage von Gosch am „obersten Zipfel von Sylt" unterstreicht die soziale Exklusivität des Raumes, in dem die Figur literarisch auftaucht, während das Trinken von Bier aus der Flasche und der Besuch einer „Fischbude" auf habituelle Muster proletarischen Lebensstils verweisen.[25] Man mag in dieser Aufhebung von Grenzen einen Hinweis auf die verborgene *transclasse*-Identität des Erzählers erkennen, die damit am Romanbeginn symbolisch bereits im Raum stehen würde. In jedem Fall aber bedeutet das Konsumverhalten der Figur eine Aneignung kultureller Praktiken der Unterschicht und damit derjenigen Menschen, die vom exklusiven Ort des Geschehens sozial ausgeschlossen bleiben.

Weitere Bedeutungsebenen kommen hinzu und machen deutlich, dass die Reflexion auf Klasse im Roman von Fragen der Psychologie, aber auch der Poetik nicht zu trennen ist. So ist an dieser Stelle daran zu erinnern, dass Mitte der 90er

---

24 Kreuzmair, Die wilden Neunziger, 205–206.
25 Dies im Sinne des ‚notwendigen Geschmacks' nach Bourdieu: Praktiken des direkten, die primären Bedürfnisse befriedigenden Zugriffs auf Kleidung, Speisen oder Getränke, die aus dem beschränkten Zugriff auf materielle und immaterielle Ressourcen resultieren, werden als Bestandteile einer Kultur des Proletariats und des Kleinbürgertums bei Bourdieu von einer Kultur des ästhetisch-distinktiven Geschmacks abgegrenzt, die der Mittel- und Oberschicht eigen sei. Vgl. Pierre Bourdieu, Die feinen Unterschiede. Kritik der gesellschaftlichen Urteilskraft, übers. von Bernd Schwibs und Achim Russer, Frankfurt a. M. 1982, 587–601.

Jahre der Begriff der Grenze durch Jan-Uwe Rogges Bestseller *Kinder brauchen Grenzen* (1993) im populären Erziehungsdiskurs besonders virulent war. Rogges Einwand gegen eine Kultur des erzieherischen Laissez-faire beinhaltete dabei nicht nur eine Abgrenzung von Erziehungsidealen der 68er-Generation, sondern bezog sich auch auf das Problem, dass Kinder durch die schrankenlose Bereitstellung von Konsumgütern in einen Zustand der Überforderung versetzt würden, aus dem langfristig fehlgeleitetes Konsum- und Sozialverhalten resultieren würden.[26] Krachts Versetzen der Romanfigur in den touristisch durchkommerzialisierten Lister Hafen, in dem Marken der Konsummittelindustrie – Gosch und Jever – „in Wirklichkeit" die Grenze ersetzen, kann in diesem Sinne als ironischer Kommentar auf die mediale Debatte um das Thema ‚Wohlstandsverwahrlosung' gelesen werden. Der Umstand, dass es die Figur selbst ist, die eine Grenze erwartet (um dann doch wieder nur auf den nächsten Konsumanreiz zu treffen), bestätigt dabei einerseits das von Rogge unterstellte kindliche Bedürfnis nach Beschränkung. Andererseits drückt sich in der Suche nach dem Anderen der Oberfläche – einer Welt *hinter* den Simulationen des Markenkapitalismus – eine verborgene Sehnsucht nach Tiefe und Bedeutung aus, die sich vor dem Hintergrund der Überschreibungspoetik Krachts als metaliterarische Denkfigur deuten lässt.[27] Sie ist im Roman mit Sylt als raumsymbolischem Konstrukt eng verbunden. In ihrer Ausrichtung auf das Verdrängte, Ungesagte, möglicherweise auch Unsagbare stellt sie eines der zentralen Elemente hochliterarischer Poetik in *Faserland* dar. Ihre Bedeutung für die ambivalente Verhandlung von Klasse und Identität im Text soll im Folgenden daher noch etwas genauer untersucht werden.

Um die literarische Anlage des Romans in dieser Hinsicht besser einschätzen zu können, lohnt ein Blick auf die früheren Sylt-Texte des Autors. Sie repräsentieren in ihrer Unterschiedlichkeit zwei Varianten der Dekonstruktion von Oberschichtenidentität(en). Beim ersten Text handelt es sich um den autofiktionalen Szeneführer *Sylt: American & Dorfkrug*, der 1991 in *Tempo* veröffentlicht wurde. Dieser Text steht *Faserland* in seinem Duktus recht nahe. Das Erzählen der namenlosen Ich-Instanz ist im Präsens gehalten und prägt sich in einem Ton snobistisch-arroganter Kälte aus, der sich erkennbar am Stil von Bret Easton Ellis' *American Psycho* orientiert.[28] In der Auf-

---

26 Vgl. Jan-Uwe Rogge, Kinder brauchen Grenzen, Reinbek bei Hamburg 2003, hier bes.: 88–97.
27 Zur Deutung der Figur als Figur der Tiefe vgl. bereits Fabian Lettow, Der postmoderne Dandy – die Figur Christian Krachts zwischen ästhetischer Selbststilisierung und aufklärerischem Sendungsbewusstsein, in: Selbstpoetik 1800–2000. Ich-Identitäten als literarisches Zeichenrecycling, hg. von Ralph Köhnen, Frankfurt a. M. 2001, 285–305, hier: 293.
28 Christian E. Kracht, Sylt: American & Dorfkrug, in: Tempo 6 (1991), 52. Vgl. dazu auch Lorenz, ‚Barbourpapa', 188, der argumentiert, dass Kracht in *Faserland* die stilistische Nähe zu Ellis strategisch abgebaut habe – etwa durch das Zurückfahren von erzählerisch inserierten Mode- und

zählung von Mode- und Automarken, Champagnersorten und Locations, die in die Geschichte einer exzessiven Partynacht zwischen Westerland und Kampen eingebaut wird, dient das narrative Spacing von Objekten und Personen vor allem dazu, Sylt als Ort eines hedonistischen Oberschichtenmilieus zu präsentieren. Die Störungen, die erzählt werden, deuten dabei zwar auf verborgene Ressentiments und psychosoziale Abgründe hin, werden in ihren Ursachen und Folgen aber an keiner Stelle reflektiert. Im Gegenteil: Die Erzählerfigur berichtet vom eingetretenen Rücklicht des Porsches seiner Begleiterin Sara ebenso ungerührt wie von seiner eigenen übelkeitsbedingten Flucht aus dem Kampener *Dorfkrug*, die die weitere Annäherung an eine mit ihm tanzende jungen Frau verhindert. Der Exzess wird dabei als Normalfall geschildert. Selbst im Moment des Sich-Übergebens klassifiziert der Erzähler die Vorbeigehenden nach den Marken ihrer Garderobe:

> Das Kopfsteinpflaster kommt immer näher, und dann würge ich einen großen gelben Strahl gegen die Hauswand, der dann klatschend zu Boden fällt. Es riecht furchtbar. Eine Gruppe junger Männer in Boss-Anzügen läuft an mir vorbei. Ich sehe auf und lächle sie an. Etwas Speichel läuft mir aus dem Mund.[29]

Lorenz hat bereits darauf hingewiesen, dass die zentralen Motive von *Sylt: American & Dorfkrug* in *Faserland* wieder auftauchen.[30] Auch dort unterbricht die Übelkeit wiederholt die Anbahnung von sexuellen Beziehungen, im Sylt-Kapitel etwa auch im Fall der Beziehung des Erzählers mit Karin (vgl. F, 23). Das Motiv des Erbrechens vor einem Kampener Lokal wird im Roman dagegen auf eine dritte Figur verschoben, was sich im intertextuellen Bezugsraum als Abspaltungsvorgang deuten lässt. In *Faserland* beobachtet der Erzähler, wie „ein völlig betrunkener junger Mann" vor dem Kampener *Odin* „auf die Tür seines maulbeerfarbenen Porsche-Cabrios kotzt" (F, 22). Wiederholung und Differenz stellen in der Sequenz ein paradoxes Verhältnis von Nähe und Fremdheit her. Einerseits kehrt der Ich-Erzähler des früheren Textes in der verfremdeten Gestalt des Porschefahrers wieder, von dem sich der *Faserland*-Erzähler habituell scharf abgrenzt: „Ich sehe schnell auf die Autonummer. D wie Düsseldorf. Aha, ein Werber, denke ich. Das muß man sich mal vorstellen: Ein maulbeerfarbener Porsche." (F, 22) Andererseits beteiligt sich der Erzähler nicht am hämischen Gelächter der anderen Passanten, unter denen er gar den seriösen Hajo Friedrichs zu erkennen meint (vgl. F, 22).

Markenkatalogen, aber auch durch die Absenkung des dargestellten Luxusniveaus von ‚superreich' auf ‚reich' und die psychologische Verschiebung der Erzählerfigur in Richtung von rhetorischer und sozialer Unbeholfenheit.
29 Kracht, Sylt, 52.
30 Vgl. Lorenz, ‚Barbourpapa', 188–189.

Dadurch bleibt eine unterschwellige, sich in den Szenarien von Scham und Blamage zeigende Nähe der Figuren im Spiel. Die verdrängte Angst vor dem Ausschluss aus der ‚feinen Gesellschaft' und das gebrochene Selbstverhältnis der Erzählerfigur(en) werden von Kracht hier in raffinierter Weise als Effekte der (Selbst-)Überschreibung inszeniert, in der die psychologischen Gehalte des Erzählens gleichsam hinter der textuellen Oberfläche verhandelt werden.

Im zweiten frühen Sylt-Text, einer 1991 erschienenen Kolumne für die Heidelberger Studierendenzeitschrift *Schlagloch*, experimentiert Kracht dagegen mit einer Poetik der Tiefe. Wesentliche Elemente der Gosch-Szene von *Faserland* und auch des Romanendes in der Schweiz (Taxifahrt von Zürich nach Kilchberg, Besuch des Thomas-Mann-Grabs) sind hier schon angelegt, werden formal allerdings anders präsentiert. So schildert der Ich-Erzähler seine Erlebnisse im Präteritum und markiert damit eine reflexive Distanz zum Geschehen, die durch das an Proust erinnernde Motiv der *mémoire involontaire* zudem mit hochliterarischer Bedeutung aufgeladen wird. Den Rahmen bildet ein Treffen des Erzählers mit dem PDS-Politiker Gregor Gysi in Zürich, das – vermittelt über das Motiv einer von Gysi gepfiffenen Melodie – beim Erzähler die Erinnerung an ein früheres Treffen bei „Fisch-Gosch, der nördlichsten Fisch-Bude Deutschlands" auslöst.[31] Der Erzählfokus liegt dabei auf Gysi, der „sehr glücklich und gelöst" mit dem Erzähler „ein Jever-Pilsener" trinkt, während hinter den beiden „junge Männer und Frauen ununterbrochen Scampis [brieten], [...] Bestellnummern aus[riefen] und [...] Chablis aus gut gekühlten Flaschen in Plastikbecher [gossen]".[32] Die ‚unerhörte Begebenheit' im Vordergrund verdrängt die Aufmerksamkeit für die Arbeitenden im Hintergrund in der Folge aber völlig. Aus einer Gruppe von Chablis trinkenden, stark betrunkenen „Wahl-Sylter[n] in neonfarbenem Freizeitdress", denen der Erzähler wegen seines Faibles für öffentliche Zügellosigkeiten zunächst zuprostet („Ich mag sowas."), wird Gysi erkannt und als „Ju-den Gregor" und „Der rote Gregor" beleidigt.[33] Gysi trinkt daraufhin „wortlos sein Bier aus" und verlässt das Lokal. Der Erzähler folgt ihm und „abseits" an der Hafenmole kommt es zu einer Szene der stummen Solidarisierung.[34]

---

31 Christian Eduard Kracht, Die Tücken der Ellipse, Folge 1, in: Schlagloch 15 (1991), 9.
32 Kracht, Die Tücken, 9.
33 Kracht, Die Tücken, 9. Gregor Gysi hat jüdische Vorfahren und wurde in der Vergangenheit tatsächlich Opfer antisemitischer Beleidigungen. Vgl. „Wegen jüdischer Vorfahren: Gregor Gysi bekommt antisemitische Mails", in: WELT, 15.11.2013, https://www.welt.de/politik/deutschland/article160308130/Wegen-juedischer-Vorfahren-Gregor-Gysi-bekommt-antisemitische-Mails.html (02.06.2025).
34 Kracht, Die Tücken, 9.

Das Kunstvoll-Raffinierte am frühen Text ist, dass er im Vordergrund eine Erzählung liefert, die die Identifikation mit den Hauptfiguren, Gysi und dem Erzähler, befördert, während deren Habitus im Hintergrund subtil dekonstruiert werden. Der verbale Übergriff, der auf dem antisemitischen Klischee einer jüdisch-marxistischen Verschwörung basiert, löst beim Betroffenen Gysi erkennbar Schmerz aus. Die Solidarität des Erzählers zeugt hingegen von Empathie und einem Bewusstsein für die Abgründe deutscher Geschichte. Dem steht die anfängliche Sympathie des Erzählers für die ‚gegengegenkulturelle' Provokation der „Wahl-Sylter" entgegen, ohne die es zum Vorfall gar nicht erst gekommen wäre. Die Rolle des Erzählers erscheint damit ambivalent: Er ist Agent der Eskalation und Deeskalation gleichzeitig.

Auch Gysis Habitus wird im Text unterschwellig infrage gestellt. Dass das ehemalige SED-Mitglied Urlaub auf Sylt macht und dabei keinen Blick für die fragwürdigen Arbeitsverhältnisse im Schnellrestaurant hat – wie zitiert: die „jungen Männer und Frauen" arbeiten „ununterbrochen", während Gysi „glücklich und gelöst" sein Bier trinkt –, wirft Zweifel an seiner Rolle als politischer Vertreter der Interessen von Arbeiter:innen auf. Horx' These, dass der „Graben zwischen [...] Klassen und Schichten" im Wohlfahrtsstaat Bundesrepublik „tendenziell verschwunden" (DwA, 14) sei, wird damit im Text unterlaufen. Die sozialen Unterschiede sind durchaus noch da. Der von den privilegierten Gästen ausgetragene Konflikt hat sich perspektivisch allerdings von denjenigen, die materiell benachteiligt sind, weit entfernt.

Ein Abgleich mit der Gosch-Szene aus *Faserland* zeigt, in welche Richtung die Kracht'sche Poetik der Verdrängung sich im Roman entwickelt hat. Der Klassenkonflikt erscheint hier nämlich weitgehend ins Innere der Erzählerfigur verlegt, während die äußere Handlung an Bedeutung verliert. Vom Lärm des Ausrufens von Bestellungen abgelenkt, stellt sich der Erzähler vor, eines der Muschelgerichte könnte vergiftet sein:

Andauernd ruft jemand von Gosch über das Mikrophon irgendwelche bestellten Muschelgerichte aus und das lenkt mich immer wieder ab, weil ich mir vorstelle, daß eine der Muscheln verseucht ist und heute nacht irgendein chablistrinkender Prolet ganz schlimme Bauchschmerzen kriegt und ins Krankenhaus gebracht werden muss mit Verdacht auf Salmonellen oder irgendsowas (F, 14)

Die Rachefantasie gegen den „chablistrinkende[n] Prolet[en]" hat im Kontext der Überschreibung des frühen Textes einen doppelten Boden. Sie konserviert eine Affektresonanz, die im Zusammenhang der Romanhandlung allerdings ins Leere läuft. Ohne den Vorfall mit Gysi offenbart die Abfälligkeit des Erzählers nichts anderes als dessen eigene habituelle Unsicherheit, die sich in diffusen Aggressionen ‚nach unten' entlädt. Die Nähe zu den reichen Pöblern in der frühen Kolumne wird damit offensichtlich. Unterstrichen wird diese durch den Umstand, dass der Erzähler von seinem Vergiftungsfluch wenig später selbst eingeholt wird. Nach der zweiten Portion Scampi wird ihm „richtig schlecht, weil ja auch die Scampis irgendwie komisch geschmeckt haben." (F, 15) Durch die ironische Schleife, die aus dem Fremdbezug einen (unbewussten) Selbstbezug – aus Aggression Autoaggression – werden lässt, wird die Verknüpfung von verdrängter Deklassierungsangst und Unterschichtenverachtung im Roman auf subtile Weise literarisiert. Gerade dort, wo die provokative Oberflächlichkeit des Erzählers alle im früheren Text noch vorhandenen Details der sozialen Beobachtung einzuebnen scheint, entsteht im Roman psychologische Tiefe.

Anders als in den beiden früheren Texten spielt in *Faserland* das Motiv der Sylter Landschaft dabei eine entscheidende Rolle. Wo der Erzähler diese im Text das erste Mal bewusst wahrnimmt – auf der Autofahrt mit Karin von List nach Kampen –, löst sie in ihm Gefühle aus, für die er keine passende Sprache findet. Während „[l]inks und rechts der Straße Sylt" an ihm „vorbei[rast]" (F, 15) – eine Umkehr von Agency, die auf die machtvolle Wirkung von Sylt auf das Unbewusste der Figur hindeutet –, sucht er nach Worten für sein Erleben. Dabei verheddert er sich in einer inkonsistenten Mischrhetorik, in der die – für ihn typische – floskelhafte Oberflächlichkeit einem Pathos der Tiefe begegnet:

> Sylt ist eigentlich superschön. Der Himmel ist ganz groß, und ich habe so ein Gefühl, als ob ich die Insel genau kenne. Ich meine, ich kenne das, was unter der Insel liegt oder dahinter, ich weiß jetzt nicht, ob ich mich da richtig ausgedrückt habe. Ich kann mich natürlich auch täuschen. (F, 15)

Die Andeutung von Tiefe ‚unter' oder ‚hinter' der Oberfläche steht im Kontrast zur Gosch-Sequenz, in der die Erwartung, auf einen ‚anderen Raum' zu stoßen, an der Verstellung des Blicks auf die Landschaft noch scheitert. Die Spannung, die damit in Bezug auf Sylt als symbolischer Formation entfaltet wird, ist metapoetisch aussagekräftig, da sie das für den Roman charakteristische Wechselspiel zwischen einem Erzählen der Oberfläche und einem Erzählen der Tiefe paradigmatisch anzeigt.[35] So auch im Kontext der zitierten Stelle: Während Karin ihr oberflächli-

---

[35] Nicht genauer eingegangen werden kann an dieser Stelle auf die symbolische Verbindung von Sylt und Zürichsee im Roman. Sie ist als Schreibplan im leitmotivischen Pfeifen Gysis in *Die Tücken der Ellipse* bereits angelegt. In *Faserland* verklammert Kracht Anfang und Ende nicht mehr über ein akustisches Signal, sondern über die Symbolik des Versinkens, die in der Kindheitserinnerung an die Sylter Rungholt-Sage eingeführt wird (vgl. F, 19) und am Ende, im Rahmen der als Suizidunternehmung wahrscheinlich gemachten Bootsfahrt, in einem Feuerwerk der Anspielungen auf Goethe (u. a. *Wahlverwandtschaften*) und Thomas Mann (u. a. *Der Tod in Vene-*

ches Geplauder über Mode, das Wetter und andere Dinge trotz des anhaltenden Schweigens des Erzählers nicht einstellt, erlebt dieser immer wieder intime Momente des Erinnerns, die – wie schon in der Gysi-Kolumne von 1991 – an das Konzept der *mémoire involontaire* bei Proust angelehnt sind. Die Bedeutung des Vergangenen bleibt dem Erzähler dabei aber konsequent verborgen. So löst etwa die Erinnerung an die körperliche Nähe zu einer Spielkameradin am Kampener Strand in ihm angenehme Gefühle aus, ohne dass er Verbindungen zu den Berührungsängsten gegenüber Frauen in der Gegenwart herstellen würde (vgl. F, 22–23). Auch die historisch-mythische Tiefendimension, die die Erinnerungen an die Suche der Sylter Bevölkerung nach Görings Ehrendolch oder an die in der Kindheit erzählte Legende von der versunkenen Stadt Rungholt eröffnen, wird vom Erzähler nicht ausgedeutet (vgl. F, 17–19). Der Verlust der Kindheit scheint jedoch mit Schmerz verbunden und mündet in Gesten der Verdrängung. Als der Geruch der Holzbohlen am Kampener Strandaufgang den Erzähler zu Tränen rührt, weil er ihn an die ersten Ferientage als Kind erinnert („beim ersten Tag auf Sylt war das immer der schönste Geruch"), verfällt er in Übersprungshandlungen und empfindet seine Trauer als Peinlichkeit: „Ziemlich peinlich, das Ganze, aber Karin hat davon nichts mitbekommen [...]." (F, 16)

Dass Verdrängung und Selbstentfremdung ihren Ursprung dabei (auch) im kindlichen Erleben von Klassendifferenz haben, zeigt die umfangreichste Sylt-Reminiszenz im Roman: die Erinnerung des Erzählers an seine Kindheitsfreundschaft mit Henning Hansen. Sie findet sich außerhalb des ersten Kapitels und ist in mehrfacher Hinsicht als Schlüsselmoment im (gestörten) Selbstbezug des Erzählers markiert. Strukturell ist sie hervorgehoben, da Kracht sie – zwischen dem Erbrechen im Frankfurter Hotelzimmer und dem Barbourjacken-Tausch im Frankfurter *Eckstein* – nahezu exakt in der Mitte des Romans platziert hat. Über das Motiv des Erbrechens schließt sie die lange Motivreihe der Übelkeit (vorläufig) ab, die mit der versteckt-autoaggressiven Vergiftungsfantasie des Erzählers gegen den ‚chablistrinkenden Proleten' zu Beginn des Sylt-Kapitels implementiert wurde. Auch im Hinblick auf ihren Überschreibungscharakter signalisiert die Passage eine herausgehobene, nämlich hochliterarische Bedeutung. Das Motiv der kindlichen Freundschaft mit einem Jungen des Nachnamens Hansen legt eine

---

dig) kulminiert. Wie in der Schweiz eine Grenze gegeben ist, von der aus die „Maschine" Deutschland distanziert betrachtet werden kann (F, 159), markiert auch Sylt eine solche Grenze. Hier heißen „die Menschen so [...], als ob das gar nicht mehr Deutschland wäre, sondern so ein Mittelding zwischen Deutschland und England" (F, 18). Die Hoffnung, auf diesen anderen Raum zu treffen, wird im Roman allerdings nicht erfüllt. Sylt löst zwar Reflexe der Tiefe im Erzähler aus – seine bewusste Annäherung an das Erbe der deutschen Literatur, inklusive der (tödlichen) Tiefe der ‚Klassiker', findet aber erst in der Schweiz statt.

Spur zu Thomas Manns Erzählung *Tonio Kröger* (1903). Dort heißt der Freund der Hauptfigur nicht Henning, sondern Hans Hansen, und es geht im Erzählen um die – vor dem Hintergrund homoerotischer Neigungen sich entfaltende – schmerzvolle Auseinandersetzung Tonios mit der Differenz von Kunst und Leben.[36] In *Faserland* steht dagegen die Klassendifferenz im Mittelpunkt. Anders als bei Mann stammt der Junge mit dem Nachnamen Hansen bei Kracht nicht aus der Oberschicht.[37] Hennings Vater, so glaubt der Erzähler sich zu erinnern, „hatte einen Getränkemarkt oder so etwas ähnliches" (F, 79).[38] Während bei Mann die Entfremdung von Hans in Tonios kindlicher Einsicht mündet, dass er als Künstler „in einem rätselhaften Gegensatz zu den Anderen, den Gewöhnlichen, den Ordentlichen" leben müsse,[39] scheitert auch die Freundschaft in *Faserland* an der ‚Gewöhnlichkeit' und ‚Ordentlichkeit' des Freundes Henning, die hier allerdings mit dessen sozialer Herkunft assoziiert ist. Zunächst scheint das Normale auf den

---

[36] Die Verknüpfung von Sylt-Thema und Thomas Mann liegt auch aus Sicht der Autorenbiografie(n) nahe. Thomas Mann urlaubte 1927 einige Wochen in Kampen und verliebte sich dort in den siebzehnjährigen Klaus Heuser, zu dem er noch über Jahrzehnte Kontakt hielt. Bekanntestes Zeugnis der Schwärmerei ist der Eintrag Manns ins Gästebuch des Kampener Hotels *Kliffende*, dessen Pathos der Tiefe sich vor dem biografischen Hintergrund als Sublimierung homoerotischen Begehrens deuten lässt: „Nicht Glück oder Unglück – der Tiefgang des Lebens ist es, worauf es ankommt. An diesem erschütternden Meere habe ich tief gelebt [...]." Thomas Mann, Eintrag ins Gästebuch des Hotels ‚Kliffende' (11.09.1927), in: ‚Herzlich zugeeignet'. Widmungen von Thomas Mann 1887–1955, hg. von Gert Heine und Paul Schommer, Lübeck 1998, Widmung Nr. 126. Zur möglichen Homo- oder Bisexualität des *Faserland*-Erzählers vor dem Hintergrund der in den Roman eingebauten Mann-Referenzen vgl. David Clarke, Dandyism und Homosexuality in the Novels of Christian Kracht, in: Seminar 41 (2005), 36–54; Gary Schmidt, Fear of the Queer? On Homosexuality, Masculinity and the Auratic in Christian Kracht's Anti-Pop Pop Novels, in: German Pop Literature. A Companion, hg. von Margaret McCarthy, Berlin und Boston 2015, 209–235, hier bes.: 222–229. Es sei an dieser Stelle erwähnt, dass auch der weibliche Kindheitsschwarm Tonios, Inge Holm, in Krachts Roman verdeckt wiederkehrt. Die oben schon erwähnte Erinnerung an das Spielen mit einem Mädchen am Strand von Kampen geht von einer liebevollen Beschreibung ihres Armes aus, wie sie sich ganz ähnlich schon bei Mann findet. Während der Erzähler in *Faserland* dem Mädchen „weißen Sand über den Arm rieseln lassen und beobachtet" habe, „wie sich der feine Sand in ihren Armhärchen verfangen hat" (F, 22–23), nimmt der verliebte Tonio wahr, wie Inge ihre „Klein-Mädchen-Hand zum Hinterkopf führte, wobei der weiße Gaze-Ärmel von ihrem Ellenbogen zurückglitt". Thomas Mann, Tonio Kröger, in: ders., Schwere Stunde und andere Erzählungen (1903–1912), Frankfurt a. M. 1999, 15–81, hier: 25.

[37] Bei Mann wird eingangs der große Wohlstand der Familien Kröger und Hansen betont und als Aspekt sozialer Gleichrangigkeit ausgestellt: Tonios und Hans' „Väter waren große Kaufleute, die öffentliche Ämter bekleideten und mächtig waren in der Stadt". Mann, Tonio Kröger, 16.

[38] Die Formulierung „Hansens waren so eine Sylter Familie" (F, 79) erinnert dabei sehr an die genealogisierenden Erzählanfänge bei Mann, einschließlich *Tonio Kröger*.

[39] Mann, Tonio Kröger, 41.

Faserland-Erzähler – wie ja auch auf Tonio – eine besondere Anziehung auszuüben. Er genießt die Fahrten zum Eiskaufen als Beifahrer auf dem Bananensitz von Hennings Fahrrad und findet es „großartig, daß Henning sich nur mit solchen Dingen beschäftigte. Das Leben war eben normal für ihn." (F, 79)[40] Die kindliche Wahrnehmung einer nicht-hierarchischen, auf geteilten Bedürfnissen basierenden Beziehung wird zugleich aber auch schon infrage gestellt. Der Erzähler fällt sich selbst ins Wort, um richtigzustellen, dass am Ende er das teurere Eis gekauft habe: „Na ja, eigentlich war das ja so, daß er [Henning Hansen] sich nur Berry leisten konnte, und ich, da ich natürlich immer mehr Geld hatte, habe uns dann jedesmal Grünofant gekauft." (F, 79) Beim Besuch bei Henning zu Hause, der für den Erzähler aufgrund des exzessiven Konsums von Eis und Zigaretten im Erbrechen endet – eine weitere Bestätigung der psychosozialen Index-Funktion des Motivs –, fällt diesem die Heizanlage aus der Nachkriegszeit auf, in die der Freund vom Vater abgezählte Markstücke einwerfen muss, „damit sie lief" (F, 80). Das Staunen über die Verhältnisse, in der Mittel knapp sind und Ausgaben im Blick behalten werden müssen, ist Ausdruck einer empfundenen Fremdheit, in der sich die Klassendifferenz affektiv reproduziert. Auch im Rückblick kann der Erzähler den „rätselhaften Gegensatz zu den Anderen, den Gewöhnlichen, den Ordentlichen" (Thomas Mann) nur über die Projektion eines ungerechten Abgrenzungswillens des Freundes deuten. Nachdem Henning von seinem Vater dabei erwischt worden sei, „wie er Geld aus dem Einmachglas neben der Heizung genommen" habe, habe man sich „immer weniger gesehen und am Schluß gar nicht mehr" (F, 80). Der Grund hierfür, den der Erzähler „[h]eute" zu erkennen meint, sei gewesen, dass Henning „es einfach nicht ertragen konnte, daß er immer nur Berry hat kaufen können und ich immer Grünofant" (F, 80). Die Verantwortung für das Scheitern der Freundschaft wird damit einseitig Henning und dessen Gefühlen zugeschrieben, während die dissoziative Macht der Ungleichverteilung von ökonomischem, sozialem und symbolischem Kapital aus der Reflexion der Figur symptomatisch ausgeschlossen wird.

Dass die Kracht'sche Figur sich dafür am Ende der Passage im Spiegel des Hotelzimmers auch noch selbst anlächelt – „so ein richtig freundliches Lächeln" (F, 80) –, mag auf der Oberfläche des Textes provozieren, erscheint auf der Ebene der verdeckten (Klassen-)Psychologie des Romans – dem literarisch elaborierten System der Symptome von Verdrängung und narzisstischer Kompensation – allerdings durchaus konsistent. Im Gegensatz zu Tonio, der im erwachsenen Wie-

---

40 Dass das Konzept der ‚Normalität' ironisch auf Horx' *Die wilden Achtziger* verweist, wo der Erzähler bei seiner Suche nach der Normalität auf Sylt eben nicht fündig wird, unterstreicht den Überschreibungscharakter von *Faserland*.

dererleben der Vergangenheit zur kathartisch erfahrenen Erkenntnis in die eigene hybride Identität zwischen Künstler- und Bürgertum gelangt,[41] bleibt dem *Faserland*-Erzähler die anerkennende Einsicht in die Ursachen seiner Selbstentfremdung bis zum Romanende verwehrt. Die vom Text subtil nahegelegte Möglichkeit, dass sich der Erzähler – in einem klassenmäßigen Sinne – „zwischen zwei Welten" bewegt, in deren keiner er „daheim" ist (Thomas Mann),[42] bietet einen Schlüssel zur Deutung, der die Figur als Trägerin von verdrängten Deklassierungsängsten begreifbar macht. Die metapoetische Codierung der Oberflächen-Tiefen-Differenz in Bezug auf die Insel Sylt findet hierin ihre psychosoziale Grundierung: Was auf der Oberfläche des Textes an Zeichen von Klasse lesbar wird, besitzt eine Tiefendimension, in der das Eindeutige bei näherem Hinsehen dem Uneindeutigen weicht. Sylt bleibt im Roman damit eine Chiffre der (sozialen) Differenz, die literarisch gerade dadurch wirksam ist, dass sich ihre Bedeutung in letzter Konsequenz nicht erschließen lässt.

4 Arbeiten, wo andere Urlaub machen: Benjamin von Stuckrad-Barres *Ganz unten im Norden*

Benjamin von Stuckrad-Barres ursprünglich in der *Welt am Sonntag* erschienener autofiktionaler Text *Ganz unten im Norden*, der unter dem Titel *Gastronomie* auch in den Sammelband *Deutsches Theater* (2001) eingegangen ist, ist als hintersinnige Kontrafaktur des ikonischen Erzählanfangs von *Faserland* angelegt.[43] Geschildert wird hier die Hospitanz des als der Autor selbst erkennbar werdenden Erzählers im Lister Fischrestaurant Gosch. In den anderthalb Tagen seiner Mitarbeit erlebt er den Fischverarbeitungsvorgang in der Rolle eines Angestellten, stampft Krebsfleisch, verbrennt sich die Finger an Spülgut, fährt Kühlboxen mit Fisch aus und wird am Ende vom cholerischen ‚Wirt des Jahres', dem Restaurant-Gründer Jürgen Gosch, aus nichtigen Gründen gefeuert. Während der Erzähler in *Faserland* für die Arbeitenden bei Gosch, wie gesehen, keinen Blick hat, richtet Stuckrad-Barres Text

---

41 Vgl. Mann, Tonio Kröger, 74–78 und 81.
42 Vgl. Mann, Tonio Kröger, 81.
43 Vgl. Benjamin von Stuckrad-Barre, Ganz unten im Norden, in: Welt am Sonntag, 05.08.2001, https://www.welt.de/print-wams/article613905/Ganz-unten-im-Norden.html (18.06.2025); Benjamin von Stuckrad-Barre, Gastronomie, in: ders., Deutsches Theater, Köln 2001, 83–91. Da die Fassungen bis auf wenige, hier zu vernachlässigende Unterschiede gleichlautend sind, wird im Folgenden, aufgrund der überprüfbaren Seitenzahlen, aus der Buchfassung zitiert. Der Nachweis erfolgt unter der Sigle ‚G' im Fließtext.

den Fokus auf die Wirklichkeit hinter der kommerziellen Produktion von Urlaubserlebnissen. In ihrer sozialen und hygienischen Fragwürdigkeit dekonstruieren die Vorgänge dabei die touristische Perspektive auf „Hafen, Kutter, Öljacken, Wind" (G, 83), deren Illusionscharakter dem Erzähler allerdings von vornherein bewusst ist. Wenn er mitteilt, dass er am Abend vor dem ersten Arbeitseinsatz der „Jeverreklamenromantik" (G, 83) im Lister Hafen erlegen sei, versteht sich dies nicht nur als ironischer Seitenblick auf Krachts Text.[44] Es dokumentiert auch die ambivalente Haltung der Figur, die die psychagogische Macht der Werbeästhetik erkennt, sich ihr aber doch hingibt, um das „Syltgefühl[ ]" (G, 89) vor dem ersten Arbeitseinsatz noch einmal am eigenen Leibe genießen zu können.

Die Idee, den Fokus auf die Ausbeutungsverhältnisse hinter der Kulisse der Insel der ‚Schönen und Reichen' zu richten, ist nicht neu. Schon Horx' Sylt-Kapitel „Ganz oben oder Die verschwundene Normalität" spielt, wie Stuckrad-Barres Text, mit dem Titel von Wallraffs Bestseller-Reportage *Ganz unten* (1985), wobei die topologische Umkehrung von oben und unten die soziale Differenz zwischen migrantischem Arbeiter:innenmilieu und Sylter Reichtum ironisch anzeigt. Einen genaueren Blick auf die Arbeitenden der Insel richtet Horx aber nicht. Dies tut allerdings der *Tempo*-Autor Lorenz Schröter in seinem 1990 entstandenen Text *Sylt (I knew I was right)*.[45] Während Horx sich auf seine Suche nach der Normalität begibt (und auf Sylt erwartungsgemäß nicht fündig wird), macht sich der von der Wohlstands-Ignoranz der Sylt-Touristen degoutierte Schröter auf, das Gute auf der Insel zu finden. Dies führt ihn zu den Sylter Saisonarbeiter:innen:

> Die Könige von Sylt stehen hinter dem Tresen, schaufeln Eis in Butterwaffeln, dampfen Milchschaum auf, gabeln Tortellini auf den Teller, gießen Ginger Ale ein, schütteln die Kissen, schalten den Taxometer ein. Sie stehen im Küchendampf, die frisch geduschten Leiber verschwitzen langsam, Speisedampf kriecht in die Hemden, altes Fett klebt sich unter die Fingernägel, die Haare fallen ins Gesicht, vom Reste essen blühen Pusteln auf.[46]

Stuckrad-Barre verzichtet auf heroisch-pathetische Zuspitzungen dieser Art. Sein Text bleibt, trotz investigativer Absicht, im Kern von Ironie geprägt. Schon die

---

[44] Es handelt sich bei der Eingangsszene insgesamt um eine Art Wiederholung der *Faserland*-Exposition. Stuckrad-Barres Erzähler steht, wie der bei Kracht, vor *Gosch*, trinkt ein *Jever* und isst Krustentiere, allerdings nicht Scampi mit Knoblauchsauce, sondern Krabbenbrötchen (vgl. G, 83).
[45] Vgl. Lorenz Lorenz [Lorenz Schröter], Sylt (I knew I was right), in: Der Freund 7 (2006), 108–112. Da der 1990 ursprünglich für *Tempo* geschriebene, dort aber abgelehnte Text Schröters erst 2006 in Krachts und Nickels Zeitschrift *Der Freund* veröffentlicht wurde, dürfte er Stuckrad-Barre zum Zeitpunkt der Abfassung seines Sylt-Textes noch nicht bekannt gewesen sein. Zur Geschichte des Textes vgl. die einleitenden Bemerkungen von Kracht und Nickel in Lorenz, Sylt, 108.
[46] Lorenz, Sylt, 110.

Wahl des ursprünglichen Titels *Ganz unten im Norden* deutet auf diese Spannung hin: Die Amalgamierung des bekannten Sylter Werbeslogans „In Deutschland ganz oben"[47] mit dem Titel von Wallraffs Enthüllungsbuch verweist einerseits auf das ‚ernsthafte' Aufklärungsprogramm des Textes: die Dekonstruktion des touristischen ‚Syltgefühls' durch den Blick auf Vorgänge der Ausbeutung von Arbeitenden und der Natur (etwa durch die im Text erwähnten Aquakulturen der Krabbenindustrie, Konservierungsmittel, Müllproduktion). Andererseits hat sich Stuckrad-Barre in einem Interview nach Erscheinen von *Deutsches Theater* nicht ohne Grund selbstironisch als „Westentaschenversion" Wallraffs bezeichnet.[48] Dahinter steckt nicht nur die Einsicht, dass der Rechercheaufwand von anderthalb Tagen Arbeit in einem Sylter Fischrestaurant kaum ins Verhältnis gesetzt werden kann zu den monatelangen verdeckten Arbeitseinsätzen Wallraffs als Türke Ali Sinirlioğlu in der Bau-, Schwer- und Atomindustrie. Es ist auch ein Signal der ironischen Abgrenzung des Popliteraten vom politischen Dokumentaristen, dessen Methoden und ideologisch-kulturelle Ansichten gerade in *Ganz unten* durchaus problembehaftet sind. So führt Wallraffs weitreichende Identifikation mit der von ihm eingenommenen Rolle des türkischen Arbeiters zu fragwürdigen Behauptungen darüber, was migrantisch geprägte Menschen ‚ganz unten' in der deutschen Arbeitswelt erleben und empfinden.[49] Solche Repräsentationsansprüche werden im Text Stuckrad-Barres vermieden oder durch die Ironie der Erzählinstanz gebrochen. So wird etwa dem in derselben Schicht wie der Erzähler eingesetzten namenlosen Polen trotz seines prekären Status als Arbeitsmigrant keine Opferrolle zugeschrieben. Der Erzähler unterstellt nicht, der Mann sei aus Armut zum Arbeiten nach Sylt gekommen, sondern akzeptiert dessen Erklärung, er habe Abstand von seiner Freundin gebraucht, um bei möglichst stumpfer Tätigkeit über die Beziehung nachzudenken (vgl. G, 85). Die Ironie zielt in diesem wie in anderen Momenten eher ‚nach oben': Die Eingriffe der Vorgesetzten, die bei Stuckrad-Barre

---

[47] Der Slogan findet sich mindestens seit den 1980ern auf Postkarten und auf Artikeln mit Sylt-Merchandise und wurde auch im offiziellen Marketing der Insel eingesetzt. Welche Agentur für die ursprüngliche Kampagne zuständig war und welche Laufzeit diese hatte, konnte im Rahmen dieses Aufsatzes nicht recherchiert werden.

[48] Peter Wenig und Andreas Eckhoff, „Letzte Ausfahrt Wussow", Ein Gespräch zwischen Paul Sahner und Benjamin von Stuckrad-Barre, in: GQ, Nr. 2, Februar 2002, o. S.

[49] Zu Recht wurde dem Buch daher vorgeworfen, es arbeite seinerseits mit rassistischen Stereotypen. Anstelle der Agency der tatsächlich Betroffenen stehe eine „patronisierende Repräsentation der türkischen ‚Gastarbeiter'" im Vordergrund. Frank Biess, ‚Ganz unten'. Günter Wallraff und der westdeutsche (Anti-)Rassismus der 1980er Jahre, in: Zeithistorische Forschungen 19 (2022), H. 1, 17–47, hier: 39.

durchweg cholerisch auftreten, erscheinen als überflüssige Störungen einer von Fleiß und Solidarität geprägten Arbeitswelt (vgl. G, 85, 88 und 90–91).

Zugleich ironisiert der Text auch die Versuche des Erzählers, mit dem hierarchiebedingten Verlust der eigenen Autonomie umzugehen. So empfindet er Scham gegenüber den ausländischen Kollegen, als er sich mithilfe aufgeschnappten Wissens über Krustentiere beim Vorgesetzten streberhaft einzuschmeicheln versucht (vgl. G, 86). Ebenso beschämend verläuft die abschließende Konfrontation mit Restauranteigentümer Jürgen Gosch: Nachdem der Erzähler eine Reihe sinnlos anmutender Befehle des „kluge[n] Geschäftsmann[es]" (G, 90) servil befolgt hat, wagt er es, für seine nicht-deutschsprachigen Kollegen das Wort zu ergreifen. In einer rhetorisch geschickt aufgebauten Rede, die seinen Bildungshintergrund deutlich unter Beweis stellt, betont er die Fähigkeit der Arbeitenden zur selbstständigen Problemlösung – mit der Folge, dass Gosch ihn in einer slapstickartigen Szene um die Tische jagt und schließlich dazu zwingt, seine Arbeitskleidung abzulegen: „[I]ch stehe halbnackt vor dem schreienden Wirt des Jahres, zwischen uns nur noch der Schweineeimer." (G, 91)

Das ironische Doppelverhältnis von Nähe und Distanz zum *Faserland*-Erzähler, der bei *Gosch* ebenfalls (aber unbewusst) in zwiespältige Klassengefühle verwickelt wird, tritt hier deutlich zutage. In der öffentlichen Blamage des Bildungsbürgers liegt ein Moment der Entlarvung, das in mehrere Richtungen gleichzeitig weist: Die Nacktheit des Erzählers entblößt nicht nur die Ausbeutungsverhältnisse im Restaurantbetrieb sowie die blinden Flecken popliterarischer Oberflächenästhetik, sondern verweist ebenso auf die Fragwürdigkeit – man könnte auch sagen: den Sündenfall – des aus schriftstellerischen Gründen gespielten sozialen Rollenspiels. Die zwischenzeitliche Identifikation des Erzählers mit den Arbeitenden, sprachlich manifestiert in der Verwendung des kollektiven ‚Wir',[50] geht zwar über bloße Pose hinaus. Sie beruht auf vorübergehend geteilten körperlichen und psychischen Belastungen, bleibt im Text jedoch stets an die Einsicht gebunden, dass ein Verstehen der Klassengefühle der Anderen aus der Perspektive des Klassenfremden nicht möglich ist. Dies wird nicht zuletzt an der Irritation des Erzählers angesichts der Einladung in ein Bordell sowie an seiner Unfähigkeit deutlich, die exzessive Fäkalsprache des ihn einladenden Kolle-

---

50 Das ‚Wir' wird im Text gleichsam unter der Hand eingeführt: Zunächst arbeitet der Erzähler nach Anweisung allein und bezieht sich pronominal nur auf sich. Dann ergibt sich eine persönliche Verbindung zum polnischen Kollegen, der etwas Privates von sich preisgibt. Als schließlich der Vorgesetzte zu schreien beginnt, wechselt das Erzählen in die erste Person Plural und reflektiert damit auf das Entstehen von Gemeinschaft durch Solidarität in Situationen der Machtlosigkeit: „Jemand kommt herein und schreit, wir sollen leiser sein mit den Flaschen [...]. Er geht wieder raus, wir gucken uns an, haben zusammen Ärger gekriegt, sind also jetzt ein Team [...]." (G, 85)

gen ohne ironische Brechung wiederzugeben.[51] Darüber hinaus markiert seine Bereitschaft, dem Restaurantchef zu widersprechen und damit die eigene Entlassung zu riskieren, als solche einen Klassenunterschied: Die Konfrontation scheint nur möglich aus der sozioökonomisch abgesicherten Position des Erfolgsschriftstellers heraus, für den die Entlassung offensichtlich keine existenzielle Bedrohung darstellt, sondern, im Gegenteil, gutes Erzählmaterial bietet.[52]

Entsprechend doppeldeutig bleibt auch die abschließende Flucht des Erzählers an den Strand. Das eingeklemmte Stück Krebsfleisch, das er beim Ausziehen seiner Schuhe entdeckt, kann als Hinweis darauf verstanden werden, dass die Figur aus dem Erlebnis ‚etwas mitgenommen hat'. Auch hier spielt Ironie aber die entscheidende Rolle: Die Flucht an den Strand, einschließlich des Ausziehens der Schuhe, bewegt sich verdächtig nah am Konzept des Nordsee-Eskapismus, den die zu Beginn des Textes erwähnte Jever-Werbung seit den 1990er Jahren erfolgreich inszeniert hatte.[53] Die Strandszene ist somit beides: Sie konserviert eine Spur, die auf die Wirklichkeit sozialer Ungleichheit und Ausbeutung der Natur verweist, ist aber auch Zeugnis von deren Auflösung in einem von *emotional branding* überformten Raum, in dem die (Wieder-)Herstellung von Konsumbedürfnissen am Ende nicht durch Wissen, sondern durch affektive Codierung und symbolische Überdeterminierung erfolgt.

5 Sylt revisited: Transklassismus als literarische Simulation in Krachts *Eurotrash*

Die popliterarischen Sylt-Texte der 1980er, 1990er und frühen 2000er haben einen Ableger in der Gegenwart gebildet. Mit *Eurotrash* (2021) hat Christian Kracht vor wenigen Jahren einen autofiktionalen Text vorgelegt, der sein Frühwerk, insbe-

---

51 Die gesamte Schilderung des Kollegen als „dicker, schwitzender Mann", dessen einziges „verständliche[s] Wort [...] ‚Scheiße'" (G, 89) lautet, deutet auf die Milieugrenzen hin, die in diesem Fall auch im Moment der geteilten Arbeitserfahrungen nicht überwunden werden können.
52 Aufgrund seines autofiktionalen Charakters ist nicht zu sagen, in welcher Weise der Text reale Erfahrung und publikumswirksame Fiktionalisierungsstrategien aufeinander bezieht. Die Tendenz zu Cartoon und Slapstick, die sich insbesondere am Ende zeigt, deutet auf stärkere fiktionale Überformungen hin, die vor allem dem Ziel zu dienen scheinen, die Pointe des Textes, die Entlassung des Erzählers durch den zügellos-cholerischen Restaurantchef, wirksam zu erzählen.
53 So zieht sich auch die Figur im populären Jever-Spot die Schuhe aus, um ihr Aussteigen aus der „Hektik" des Berufsalltags zu dokumentieren. Vgl. https://www.youtube.com/watch?v=PheoYf3uQws (24.06.2025).

sondere den Debütroman *Faserland* (1995), nicht nur retrospektiv neu kontextualisiert, sondern auch werkpoetisch umcodiert. Das Erzählen von Erinnerung nimmt in *Eurotrash* eine Form an, die in vielfältiger Weise auf die Motive der Verdrängung in *Faserland* bezogen ist. Der Erzähler trägt nun den Namen Christian Kracht, die Handlung greift reale biografische Konstellationen auf – etwa die Geschichte des Vaters Christian Kracht senior (1921–2011) oder die Schreibbiografie Krachts als *Faserland*-Autor –, stellt diese aber durch literarische Überformungen zugleich in den Schwebezustand des Fiktiven. Der Text verspricht nicht Authentizität im Sinne biografischer Faktentreue, sondern inszeniert die narrative Arbeit am eigenen Werk als fortgesetzte Doppelbewegung zwischen erinnerndem Selbstbezug und gezielter Manipulation des historisch-biografischen Diskursfeldes.[54]

Diese Konstellation hat unmittelbare Auswirkungen auf die Inszenierung von Sylt als sozialem Raum. Die Sylter Landschaft und mit ihr die Motive der schmerzvoll-nostalgischen Annäherung an die Kindheit spielen in *Eurotrash* keine Rolle mehr. Vielmehr konzentriert sich das Erzählen auf die im Gestus der Enthüllung vorgetragene Thematisierung der belastenden Verhältnisse in den Kampener Häusern der Familie des Erzählers. Das schambesetzte Aufstiegs- und Repräsentationsstreben des aus der Unterschicht stammenden Vaters und die schuldbehaftete Familiengeschichte der Mutter, deren Vater in Kampen seiner ungebrochenen Treue zur NS-Ideologie frönt, bilden die Folie für den biografischen Selbstbezug des Erzählers, dessen Versuch, sich Kampen – und damit auch: Repräsentationszwänge, soziale Komplexe und deutsche Geschichte – vom Leib zu schreiben, als Akt der Vergangenheitsbewältigung inszeniert wird.

Wie in der Forschung bemerkt wurde, ist das Insistieren auf Erinnerung im Roman literarisch allerdings doppelbödig. Durch die Konstruktion aus populären Modellen der Psychoanalyse und Soziologie, aus kulturellen Stereotypen und historisch-literarischen Referenzen aller Art entsteht ein artifizielles Gebilde, das bei näherem Hinsehen eben doch keine Erinnerungsliteratur ist (und sein will), sondern „deren scheinbar authentisches Imitat [...], das Erinnerungsdiskurse und Gedächtnisbildung hinterfragt und einsehbar macht, wie Erinnerungsliteratur (nicht) funktioniert".[55] Das gilt auch für die im Text zu findende Darstellung der

---

54 Vgl. Nicolai Busch, Christian Kracht – „Türsteher der rechten Gedanken"?, in: ders., Das ‚politisch Rechte' der Gegenwartsliteratur (1989–2022). Mit Studien zu Christian Kracht, Simon Strauß und Uwe Tellkamp, Berlin und Boston 2024, 122–254, hier: 250.
55 Vgl. Stephan Feldhaus, Christian Krachts rhizomatisch-selbstreferenzielle Werkpolitik als Modalität der Störung von Erinnerungsdiskursen (‚Imperium', Poetikvorlesungen, ‚Eurotrash'), in: Literarische Formen des Erinnerns. Die deutschsprachige Gegenwartsliteratur zwischen Aufstörung und Stabilisierung, hg. von Carsten Gansel und Thomas Möbius, Berlin und Boston 2024, 387–410, hier bes.: 400–410.

Beziehung von Klasse und Sylt. Kampen erscheint hier als ein sozialer Raum, in dem sich gängige Stereotype über die moralische Verkommenheit von Eliten sowie deren Tendenz zur sozialen Exklusion bestätigen – ohne dass diesen Klischees im Text etwas Substanzielles entgegengestellt würde. Die Schilderung, wie der Großvater nach dem Krieg „seine Kenntnisse aus der Reichspropagandaleitung direkt bei der Werbeagentur Lintas anwenden" durfte und sich „unter anderem die Namen der Waschprodukte Badedas und Duschdas" ausdachte,[56] während er in Kampen seine alten SS-Netzwerke pflegte und sein Haus zum Privatmuseum nationalsozialistischer Kunst ausbaute,[57] setzt bei der bekannten historischen Wahrheit an, dass das in der NS-Zeit von Tätern erworbene soziale und ökonomische Kapital nach 1945 oftmals wirksam blieb und neue Karrieren in der Bundesrepublik ermöglichte.[58] Durch die stereotype Überzeichnung dieser Wahrheit, die erzählerische Verbreitung von popkulturellem Nazi-Kitsch und den Umstand, dass der Großvater in der Darstellung des Romans „etwas zu sehr jenem ‚autoritärem Charakter'" entspricht, „den zuerst Erich Fromm im Anschluß an Freud und später Adorno beschrieben haben",[59] wird der Bogen aber gezielt so überspannt, dass der Eindruck entsteht, es doch eher mit einem Simulakrum von (Familien-) Geschichte zu tun zu haben.[60] Die Aussage des Erzählers, dass die von ihm präsentierten Zusammenhänge „kaum zu glauben" seien, „wenn man einmal wirklich darüber nachdachte" (E, 67), bestätigt diesen Eindruck auf ironische Weise. Sollte zu diesem Zeitpunkt die kritische Distanzierung der Lesenden vom Erinnerungsdiskurs des Romans noch nicht eingesetzt haben, dürfte sie es spätestens dann tun, wenn klar wird, dass das vom Erzähler angekündigte ‚wirkliche Nachdenken' über die Folgen der NS-Verstrickung der eigenen Familie – einschließlich der Frage nach der Partizipation des Enkels am vom Großvater stammenden sozialen und ökonomischen Kapital – letztlich gar nicht stattfindet. An seine Stelle rücken

---

[56] Christian Kracht, Eurotrash, Köln 2021, 67. Zitate aus dem Text werden im Folgenden unter der Sigle ‚E' im Fließtext nachgewiesen.
[57] So wird geschildert, dass das Haus des Großvaters mit Bildern des NS-Malers Wilhelm Petersen ausgestattet gewesen sei, der später als Zeichner der Mecki-Comics im bundesdeutschen Massenorgan *Hörzu* Karriere machte (vgl. E, 33–35).
[58] Diese Einsicht wurde bereits im 1959 erstellten Bericht des englischen Botschafters in Bonn, Sir Christopher Steel, formuliert – allerdings mit dem beschwichtigenden Zusatz, dass ein Rückfall der deutschen Gesellschaft in den Faschismus insgesamt trotzdem unwahrscheinlich sei. Vgl. Ulrich Brochhagen, Nach Nürnberg. Vergangenheitsbewältigung und Westintegration in der Ära Adenauer, Hamburg 1994, 266.
[59] Busch, Christian Kracht, 252
[60] Zum Simulakrum als Begriff zur Beschreibung der Poetik des Romans vgl. Feldhaus, Christian Krachts rhizomatisch-selbstreferenzielle Werkpolitik, 410.

zum einen die erwähnten Topoi und Klischees, zum anderen die gleich zu Romanbeginn vielleicht etwas vorschnell geäußerte Resilienzbehauptung des Erzählers. Nachdem er zunächst sein Bewusstsein für die Macht des Verdrängten ausgerechnet mit einem C. G. Jung-Zitat nachweist – also genau denjenigen Autor der Psychoanalyse bemüht, dessen Haltung zum Nationalsozialismus nicht immer eindeutig war –,[61] gibt er schließlich an, selbst darüber zu staunen, wie er die pathologischen Verhältnisse in Kampen überwunden habe und „ein halbwegs normaler Mensch" (E, 22) geworden sei. Das versteckte Horx-Zitat, aber auch der ironische Rückbezug auf die Henning-Hansen-Episode in *Faserland* machen stutzig: Dass eine Sylt-sozialisierte Figur von Christian Kracht (und namens Christian Kracht) die schon in den 80ern ,verschwundene Normalität' (Horx) verkörpern soll – und welche ,Normalität' eigentlich: die der Klassengrenzen? –, erscheint angesichts der festgestellten Drehrichtung der popliterarischen Sylt-Diskurse wenig glaubwürdig. Es werden auch hier offensichtlich Werkpositionen ironisch überschrieben. Stereotype und Autofiktion überlagern den Diskurs der ,authentischen' Erinnerung.

Das Muster wiederholt sich in der Erzählung vom Vater, dessen sozialer Aufstieg im Text eng mit der Herausbildung von Elitennetzwerken des Nachkriegsjournalismus zwischen Hamburg und Kampen verknüpft wird. Hier ist die erzählerische Anlage allerdings deutlich komplexer. In *Eurotrash* entsteht über die Erinnerungen des Erzählers an den Vater das skizzenhafte Porträt einer *transclasse*-Figur, die zwischen tüchtigem Aufsteiger, Hochstapler und scheiterndem Eliteimitator changiert – und deren Verhältnis zu Klasse und Repräsentation hochgradig ambivalent bleibt.[62] Der Gegensatz zwischen dem Ort der Her-

---

[61] Die vom Erzähler pathetisch vorgetragene Weisheit, „alles, was nicht ins Bewußtsein steigt, kommt als Schicksal zurück" (E, 16), findet sich nahezu wortgleich in C. G. Jungs *Aion* (erstmals 1951): „The psychological rule says that when an inner situation is not made conscious, it happens outside, as fate." Carl G. Jung, Christ, A Symbol of the Self, in: ders., Collected Works, Volume 9, Part 2: Aion: Researches into the Phenomenology of the Self, hg. von Gerhard Adler und R. F. C. Hull, Princeton 1959, 36–71, hier: 71.

[62] Zum Begriff als Bezeichnung von Personen, die durch sozialen Aufstieg eine andere gesellschaftliche Klasse erreichen, ohne ihre Herkunft vollständig zu verlassen, also in einem Zustand permanenter Differenzerfahrung leben, vgl. Chantal Jaquet, Les transclasses ou la non-reproduction, Paris 2014. Jaquets These, dass die Gesellschaft Vorgänge der Überschreitung von Klassengrenzen nach dem Muster stereotyper Imaginationen sozialer Mobilität zu deuten oder zu erzählen pflegt, trifft auf Krachts Erzählerfigur geradezu idealtypisch zu: Sämtliche stereotypen Figurationen des Aufsteigers werden in Bezug auf den Vater bemüht: Er ist Selfmade-Man, Parvenü und tragikomische Figur gleichzeitig – und damit am Ende kaum etwas anderes als eine Projektionsfläche für Konzepte, die das invariable Muster an die Stelle der differenzierten Analyse von Biografien und sozialen Strukturen setzt.

kunft des Vaters – dem proletarisch geprägten Hamburger Stadtteil Altona – und den Immobilien in Kampen, Gstaad, Cap Ferrat, Sea Island, Morges und London, die er nach seinem Aufstieg im Hause Springer kauft, wird im Text im Sinne einer Topografie des Sozialen erzählerisch betont. Der Erzähler erweist sich dabei allerdings als wenig klassensensibel. Die Kindheitserfahrungen des Vaters im proletarischen Milieu Altonas werden umstandslos zu allgemeinen Gegebenheiten proletarischen Lebens erklärt: „Sein Vater war Taxifahrer gewesen, in Hamburg-Altona, mit allem, was das beinhaltet. Die abendlichen Kneipentouren, bei denen der kleine Junge mitziehen mußte, die alkoholisierten, dumpfen Schläge seines Vaters, die wilhelminische Erbarmungslosigkeit der Unterschicht." (E, 45–46) Die klischeehafte Verbindung von proletarischer Herkunft und Alkoholismus, erst recht aber die Unterstellung einer generellen Erbarmungslosigkeit der ‚Unterschicht', in der angeblich historisch überlebte autoritäre Formen weiterwirken konnten, legen Vorurteile der Figur frei, die es fraglich erscheinen lassen, ob eine Aufarbeitung dieser Aspekte ihrer Herkunftsgeschichte zum Zeitpunkt des Erzählens tatsächlich schon stattgefunden hat.[63]

In diesem Sinne bietet der Text an, die verächtliche Darstellung der Herkunftswelt des Vaters als einen Vorgang transgenerationaler Übertragung zu deuten: Wenn es vom Vater heißt, er sei aus „Angst vor der Provinzialität" und „der eigenen niedrigen Herkunft" nach dem Krieg „in das Umfeld von Axel Springer" (E, 46) ‚getänzelt' – was dann später auch zum Kauf des Hauses auf Sylt führt –, so spiegelt sich diese Angst des Vaters im Affekt des Sohnes Jahrzehnte später noch wider. Die psychosoziale Spur, die der Text hier legt, wird in der Erinnerung an die Kindheit in Kampen anekdotisch unterfüttert. Bevor sich der Vater das eigene Haus in Kampen kauft, findet er mit seinem Sohn, dem Erzähler, Unterkunft beim Arbeitgeber Axel Springer. Im Gästezimmer des Hauses, in dem der Erzähler übernachtet, befindet sich ein Waschbecken, das ihm als Notbehelf dient: Aus Angst, über den Flur zur Toilette zu gehen, uriniert er regelmäßig in das Becken. Als dieses schließlich „streng zu riechen" (E, 36) beginnt, versucht der Erzähler, den Geruch mit Seifenlauge, Waschmittel und Herrenparfüm zu überdecken. Die Angst vor Entdeckung kulminiert in einer kindlichen Vorstellung von Schuld und Bestrafung, in der sich das Machtgefälle zwischen dem Vater und

---

[63] Die diskriminierenden Aussagen werden im Text freilich wiederum ironisch durchkreuzt. So ist es auf der Reise des Erzählers die (aus der Oberschicht stammende) Mutter, die exzessiv trinkt, während der Taxifahrer in jeder Hinsicht nüchtern bleibt und zuverlässig seinen Job erledigt. Auf die intertextuelle Dimension der Motivik, die sich aus den arroganten Interaktionen des *Faserland*-Erzählers mit Hamburger Taxifahrern ergibt (vgl. F, 31–32 und 39), kann hier nicht näher eingegangen werden, da sie vom Sylt-Bezug der Texte wegführt.

seinem Chef spiegelt: „Ich hatte Angst, daß Axel Springer meinen Vater hinauswerfen würde, wenn es herauskam, daß ich immer in sein Waschbecken gemacht hatte." (E, 36) Auffällig ist, dass hier – wie an kaum einer anderen Stelle in *Eurotrash* – das Erzählen des Verdrängten, das man aus *Faserland* kennt, als Muster reaktiviert wird. Die ererbte Unsicherheit des Sohnes über den sozialen Status, den der Vater erlangt hat (und wieder verlieren könnte), äußert sich in Vermeidungshandlungen und Ängsten, die sich dem Körper des Kindes einschreiben. Die aus dem Englischen bekannte Wendung ‚I stink' erfährt dabei eine bedrückende Rückübersetzung ins Buchstäbliche: Die Angst vor dem Nicht-Genügen im sozialen Kontext – genauer: vor der Exklusion durch die ‚echten' Repräsentanten der Oberschicht – wird über die Affekte des Selbstekels und der Scham symbolisch verhandelt.

Es kann auch hier zweifellos darüber diskutiert werden, ob die Verschiebung hin zu einem Erzählen der Tiefe als ein Vorgang verstanden werden kann, der die für den Roman typischen Dynamiken der Störung von Erinnerungsdiskursen suspendiert, oder ob die Darstellung in ihrer geradezu idealtypischen Einlösung des Jaquet'schen *transclasse*-Konzepts nicht selbst wiederum den Charakter eines Simulakrums annimmt.[64] Im zweiten Fall würde der Text eine Erhellung von Zonen des Verdrängten nur vorgeben, während in Wirklichkeit das abstrakte, von den Büchern Ernaux', Eribons und anderer gefütterte Modellwissen der Lesenden in einem Zirkel der Selbstreferentialität leerlaufen würde. Dass diese Frage – zumindest mit Blick auf die Sylt-Passagen des Romans – nicht eindeutig zu beantworten ist, unterstreicht die Raffinesse der Kracht'schen Autofiktion. Die Klassengefühle und abwertenden Gesten der Erzählinstanz gegenüber dem Vater und seiner Herkunftswelt bilden die von Spannungen und Rissen durchzogene Identität des Erzählers als Sohn einer *transclasse*-Figur ab – und machen dessen Erzählen damit als psychologischen Vorgang lesbar –, sie könnten andererseits aber auch Teil eines bodenlosen literarischen Spiels sein, in dem die topologischen,

---

[64] Diese zweite Möglichkeit kommt erst recht ins Spiel, wenn man die Ausführungen des Erzählers zum Scheitern des Vaters in der High Society Londons miteinbezieht. Hier heißt es einleitend, dass der Vater „England geliebt" habe, „doch man hatte ihn nicht reingelassen" (E, 46). Es folgt eine minutiöse Analyse der ‚feinen Unterschiede' im Habitus der englischen Oberschicht, die der Vater nicht erkannt habe. Das abfällige Urteil, dass an den „englischen Maßanzügen" des Vaters „der Geruch der deutschen Arbeiterschicht" geklebt habe (E, 47), zeigt wiederum aber nicht nur die Zerrissenheit des Vaters zwischen den Klassen – es ist auch ein Indiz für die Nicht-Akzeptanz von Hybridität durch den Sohn. Gleichzeitig werden im Abschnitt so viele Klischees des *transclasse*-Diskurses bedient, dass es schwerfällt, dem Erzählen den Status authentischer Gesellschaftsbeobachtung zuzuschreiben.

sozialen, psychologischen und ästhetischen Zeichen als Elemente einer bloßen Simulation von Sinn und Tiefe ironisch ausgestellt werden.

Eine ähnliche Ambivalenz zeigt sich auch auf der Ebene der Aufwertung kulturellen Kapitals, wie der Erzähler sie in Abgrenzung zur stumpfen Repräsentationslogik der Vaterwelt vornimmt. Bereits in der Kampen-Passage wird eine axiologische Perspektive eingeführt, in der Kunst und Literatur als substanzielle Werte gegen die sinnentleerten Manifestationen symbolischen und ökonomischen Kapitals in Stellung gebracht werden. Während der Vater den Lebensstil seines Oberschichten-Mentors Axel Springer imitiert und sich „immer dort Häuser" kauft, „wo er sich Anschluß an eine Gesellschaft erhofft [...], die ihn sonst niemals akzeptiert hätte" (E, 44), findet der Sohn sein Vorbild im literaturergebenen Verleger Peter Suhrkamp. Dieser habe Springer damals sein Kampener Haus verkauft, „um mit dem Erlös die deutschen Übersetzungsrechte für Prousts ‚Auf der Suche nach der verlorenen Zeit' kaufen zu können, was mir heute wie ein sehr guter Handel erscheint" (E, 35–36).

Die distinktive Stoßrichtung hinter Aussagen wie dieser ist offensichtlich. Über die Kontrastierung der Kapitalsorten wird vom Erzähler eine Zone der klassenlosen, immateriellen Hingabe ans Werk und an die (dichterische) Sprache profiliert, in die er sich selbst als Autor und Kenner der Kunst hineinplatziert.[65] Das Manöver erweist sich bei näherem Hinsehen allerdings als fragwürdig. Schon die Formulierung in der oben zitierten Passage gibt Anlass zum Zweifel: Indem der Erzähler Suhrkamps Entscheidung für die Literatur als „sehr gute[n] Handel" bezeichnet, bleibt er einer Logik des Nutzendenkens und strategischen Hin- und Herspielens von Kapitalsorten verhaftet, die der an anderer Stelle pathetisch bemühten Denkfigur eines ‚Lebens in der Sprache' implizit zuwiderläuft (vgl. E, 40–42). Bei Suhrkamps Entscheidung geht es nicht um einen Akt der Entsagung zugunsten der Literatur (ganz abgesehen davon, dass man ein Haus in Kampen auch erst einmal besitzen muss, um es zu verkaufen). Vielmehr handelt es sich, wie der Erzähler selbst andeutet, um eine kluge Umverteilung von Kapital, die Prestige und damit Unternehmenserfolg zur Folge hatte. Der Habitus der kulturel-

---

[65] Dies spiegelt sich nicht zuletzt in der textinternen Darstellung der Entstehung von *Faserland*. Die Aussage des Erzählers, er habe sich seinerzeit von „Pizza-Baguette zum Aufbacken und Toastbrot mit Kühne-Senf und Ravioli aus der Dose" (E, 64) ernährt und sei schließlich aus Geldnot aus der Einzimmerwohnung in Hamburg-Ottensen (Altona) ausgezogen, zeichnet das Bild eines geld-, welt- und selbstvergessenen ‚armen Poeten', der aus dem Nichts das ‚große Werk' geschaffen habe. Dass der Roman dabei ausgerechnet in Altona entstanden sein soll, stellt eine Parallele zur Herkunft des Vaters her. Die Lebenswege, die in dem einen Fall auf Geld und sinnentleerte Renommiergegenstände, im anderen auf Literatur und Kunst hinauslaufen, haben eine gemeinsame Wurzel und machen gerade dadurch die Differenz der Bourdieu'schen Kapitalsorten augenfällig.

len Distinktion, den der Erzähler vertritt – und der ihn gegen die Widersprüche der *transclasse*-Existenz des Vaters immunisieren soll –, erscheint damit von vornherein gebrochen: Er verbirgt (mehr schlecht als recht) die ökonomisch-materielle Basis von Literatur und macht gerade dadurch die Wirkmacht kulturellen Kapitals als sublimierte, konvertible Form verfügbarer ökonomischer und symbolischer Ressourcen deutlich.

Dass über Suhrkamp auch der metapoetische Bezug auf Proust, der für die psychologisierende Ding- und Erinnerungspoetik des Romans insgesamt von Bedeutung zu sein scheint, dabei in der Kampen-Passage verankert wird, unterstreicht die Bedeutung der Konstellation, die hier beschrieben wurde. Die poetische Auratisierung von Objekten der Erinnerung, die der Erzähler als fleißiger Proust-Imitator vornimmt, folgt der ironischen Logik der gleichzeitigen Dementierung und Demonstration von Oberschichtenhabitus und Distinktionsstreben. Ein Beispiel, das hierhergehört, weil es auf die Strand-Episode im Sylt-Kapitel von *Faserland* anspielt, ist die Beschreibung der Longines-Fliegeruhr, die der Erzähler vom jüdischen Freund des Vaters, dem englischen Luftwaffenoffizier und Schriftsteller George Clare, erhält. Während in *Faserland* die alte Luxusuhr am Handgelenk Sergios dessen Zugehörigkeit zur Oberschicht zum Ausdruck bringt – und dabei offenbar eine subtile *old money*-Botschaft sendet, die den Erzähler affektiv herausfordert –,[66] wird die alte Longines-Uhr als auratisches Objekt, das auf Konzepte wie jüdischen Widerstand, Demokratie, Kunst und Zivilisation verweist, in *Eurotrash* poetisch transzendiert. Die ins Kitschige gesteigerte Beschreibung der „schlanken Finger" des Majors, mit denen er das „grüne[ ], sich langsam auflösende[ ] Stoffarmband" der Uhr „sachte" löst, während „draußen vor dem Fenster im Garten der englische Regen leise die Rosen benetzt[ ]" (E, 29), kippt dabei freilich in ihre eigene ironische Dekonstruktion um. Je mehr die Uhr poetisch bedeuten soll, desto durchsichtiger wird der Versuch, ihre eigentliche Funktion als diskreter Marker der Zugehörigkeit zur Oberschicht zu verdecken. Das abgetragene Uhrenarmband, das an die abgewetzten Barbourjacken in *Faserland* oder die verschmutzten Chukka-Boots der Londoner Gentlemen in *Eurotrash* erinnert, erfüllt allzu genau die vom Erzähler selbst kundig dargelegten Kriterien der *reverse snobbery*, an denen der Vater bei seinem Versuch, in die englische Upper Class

---

66 Auf mögliche Komplexe deutet die passiv-aggressive Formulierung des Erzählers hin, Sergio sei „so einer", der stets alte Rolex-Uhren und dazu rosa Hemden und teure Lederslipper tragen „müsse" (F, 18).

aufgenommen zu werden, noch gescheitert war.[67] Damit wird auch die Uhr (bzw. ihre Beschreibung) als Kompensationsgeste des Erzählers lesbar: Die scheinbare Abstinenz von Repräsentationsansprüchen basiert auf ambivalenten Klassengefühlen, die durch die Poetisierung von teuren Prestigeobjekten nicht überwunden, sondern literarisch nur re-maskiert werden.

6 Fazit

Die Analyse hat gezeigt, dass Sylt in der deutschsprachigen Popliteratur seit den 1980er Jahren nicht nur als sozialer Raum der Oberschicht markiert wird, sondern als literarische Projektions- und Reflexionsfläche für gemischte Klassengefühle und die poetologischen Herausforderungen dient, die sich daran knüpfen.

In Matthias Horx' *Die wilden Achtziger* spielt die Poetik nur insofern eine Rolle, als der Text die Konfrontation des Erzählers mit den Reichen von Sylt in Form eines offenen, auch im Schreiben nicht verarbeitbaren Konflikts präsentiert. Die vom Erzähler eingangs vertretene These vom ‚Ende der Klassen' wird auf der Ebene der Affekte dabei unterlaufen. Sowohl die Aggressionen der Reichen als auch die zwischen Empörung und Resignation schwankenden Gefühle des aus dem Kleinbürgertum stammenden Erzählers deuten auf die Wirkmacht sozialer Unterschiede hin, die sich über den popkulturellen Rekurs auf den Zeitgeist nicht nivellieren lassen.

Christian Krachts frühe Sylt-Texte und die Sylt-Passagen in *Faserland* sind als Überschreibungen von Horx' Buch und vielen weiteren kleineren und größeren – bis hin zu weltliterarischen (Thomas Mann) – Texten angelegt. In einem mehrstufigen Prozess transformieren sie den Diskurs gemischter Klassengefühle und instabiler habitueller Selbstbezüglichkeit, indem sie ihn in eine psychologisch komplexe, von Leitmotiven gesteuerte Poetik der Verdrängung einbinden. Sylt selbst wird dabei zur Chiffre des Erzählens: In der Imagination des Erzählers erscheint die Insel als ein Gebilde zwischen Oberfläche und Tiefe, aus dem heraus Erinnerungen ans Tageslicht drängen – ohne in ihrer Bedeutung vom Erzähler allerdings erkannt zu werden. In diesem Sinne weicht im Text das vermeintlich Eindeutige dem Uneindeutigen: Die Zeichen der Klasse, die auf der Oberfläche des Textes lesbar werden – die Symbole des Reichtums und der sozialen Distinktion –,

---

[67] Auf den ‚foxed'-Style und die ‚reversed snobbery' der englischen Oberschicht, die den Vater wegen seiner Herkunft aus der Arbeiterschicht ausgeschlossen habe, geht der Erzähler im zweiten Kapitel detailliert ein (vgl. E, 46–47).

besitzen eine Tiefendimension, in der verdrängte Deklassierungsängste und psychosoziale Unsicherheiten der Hauptfigur erzählerisch greifbar gemacht werden.

Benjamin von Stuckrad-Barres Text *Ganz unten im Norden* überschreibt sowohl Horx' Zeitgeistbuch als auch Krachts *Faserland*, indem er den Fokus auf die Arbeitsrealitäten im ikonischen *Gosch*-Lokal in List auf Sylt legt. Als Imitation der Undercover-Reportagen Günter Wallraffs angelegt, bewegt der Text sich an der Grenze von parodistischer Subversion und dokumentarischem Ernst. Indem der Text zeigt, dass ein Verstehen fremder Klassengefühle aus der privilegierten Position des (Pop-)Schriftstellers letzthin nicht möglich ist, liefert er einen kritischen Kommentar zu den identifikatorischen Reportagen Wallraffs. Zugleich inszeniert der Text aber auch die relative Folgenlosigkeit der gemachten sozialen Erfahrung: Die Verstrickung des Erzählers in die ‚Bewusstseinsindustrie' der Werbung wird am Ende nicht gelöst, sondern bleibt – trotz des Wissens um die kapitalistische Kehrseite des ‚Syltgefühls' – unbewusst weiterhin wirksam.

Im (vorläufig) letzten Text der Reihe von Überschreibungen steht Christian Krachts Roman *Eurotrash*, der die popliterarischen Sylt-Darstellungen der ‚langen' 90er Jahre autofiktional fortführt und zugleich literarisch umcodiert. Die Erinnerungen des Erzählers an Sylt, die hier nun im Gestus der Aufdeckung verdrängter Familiengeheimnisse präsentiert werden, sind von Störsignalen durchsetzt, die nicht nur den Diskurs der Aufarbeitung als solchen ironisch unterwandern, sondern auch Hinweise auf die neuralgischen Punkte in der Klassenbiografie der Erzählerfigur geben. Diese liegen einerseits in der NS-Vergangenheit der Familie mütterlicherseits begründet, andererseits – und vor allem – aber haben sie mit der proletarischen Herkunft des Vaters zu tun. Die verächtliche Abgrenzung von dem nach Anerkennung in der Oberschicht strebenden Vater entlarvt die gemischten Klassengefühle des Sohnes, dessen Versuch, sich durch die Betonung seiner Teilhabe am kulturellen Kapital von Literatur und Kunst aus den Widersprüchen seiner Herkunft zu befreien, im Text ironisch durchsichtig gemacht wird. Hinter den ins Kitschige übersteigerten poetischen Sinnstiftungsgesten des Erzählers verbergen sich unbewältigte soziale Komplexe, durch die der Text eine subtile Verbindung zur Erzählanlage von *Faserland* aufrechterhält. Die dort gestellte Frage, was hinter Sylt steckt, bleibt in diesem Sinne literarisch weiterhin spannend.

Literatur

Primärliteratur

Horx, Matthias: Die wilden Achtziger. Eine Zeitgeist-Reise durch die Bundesrepublik, München und Wien 1987.
Kracht, Christian E.: Sylt: American & Dorfkrug, in: Tempo 6 (1991), 52.
Kracht, Christian Eduard: Die Tücken der Ellipse, Folge 1, in: Schlagloch 15 (1991), 9.
Kracht, Christian: Faserland. Ein Roman (erstmals 1995), Frankfurt a. M. 2018.
Kracht, Christian: Eurotrash, Köln 2021.
Lorenz Lorenz [Lorenz Schröter]: Sylt (I knew I was right), in: Der Freund 7 (2006), 108–112.
Mann, Thomas: Eintrag ins Gästebuch des Hotels ‚Kliffende' (11. September 1927), in: ‚Herzlich zugeeignet'. Widmungen von Thomas Mann 1887–1955, hg. von Gert Heine und Paul Schommer, Lübeck 1998.
Mann, Thomas: Tonio Kröger, in: ders., Schwere Stunde und andere Erzählungen (1903–1912), Frankfurt a. M. 1999, 15–81.
Nickel, Eckhart Henrik: Barbourpapa. Die Karriere einer Jacke, in: ruprecht 19 (1992), H. 6, 9.
von Stuckrad-Barre, Benjamin: Ganz unten im Norden, in: Welt am Sonntag, 05.08.2001, https://www.welt.de/print-wams/article613905/Ganz-unten-im-Norden.html (18.06.2025).
von Stuckrad-Barre, Benjamin: Gastronomie, in: ders., Deutsches Theater, Köln 2001, 83–91.

Sekundärliteratur

Baßler, Moritz: Der deutsche Pop-Roman. Die neuen Archivisten, München 2002.
Baßler, Moritz, und Eckhard Schumacher: Einleitung, in: Handbuch Literatur & Pop, hg. von dens., Berlin und Boston 2019, 1–28.
Biess, Frank: ‚Ganz unten'. Günter Wallraff und der westdeutsche (Anti-)Rassismus der 1980er Jahre, in: Zeithistorische Forschungen 19 (2022), H. 1, 17–47.
Bourdieu, Pierre: Die feinen Unterschiede. Kritik der gesellschaftlichen Urteilskraft, übers. von Bernd Schwibs und Achim Russer, Frankfurt a. M. 1982.
Brochhagen, Ulrich: Nach Nürnberg. Vergangenheitsbewältigung und Westintegration in der Ära Adenauer, Hamburg 1994.
Busch, Nicolai: Christian Kracht – „Türsteher der rechten Gedanken"?, in: ders., Das ‚politisch Rechte' der Gegenwartsliteratur (1989–2022). Mit Studien zu Christian Kracht, Simon Strauß und Uwe Tellkamp, Berlin und Boston 2024, 122–254.
Clarke, David: Dandyism und Homosexuality in the Novels of Christian Kracht, in: Seminar 41 (2005), 36–54.
„Faeser nennt Vorfall auf Sylt ‚Schande für Deutschland'", in: Stuttgarter Zeitung, 24.05.2024, https://www.stuttgarter-zeitung.de/inhalt.rassistisches-gegroele-faeser-nennt-vorfall-auf-sylt-schande-fuer-deutschland.4bc54c99-5070-4863-8020-61e57f5faaa9.html (24.03.2025).
Feldhaus, Stephan: Christian Krachts rhizomatisch-selbstreferenzielle Werkpolitik als Modalität der Störung von Erinnerungsdiskursen (‚Imperium', Poetikvorlesungen, ‚Eurotrash'), in: Literarische Formen des Erinnerns. Die deutschsprachige Gegenwartsliteratur zwischen Aufstörung und Stabilisierung, hg. von Carsten Gansel und Thomas Möbius, Berlin und Boston 2024, 387–410.

Frank, Dirk: Die Nachfahren der ‚Gegengegenkultur'. Die Geburt der ‚Tristesse Royale' aus dem Geiste der achtziger Jahre, in: Pop-Literatur, hg. von Heinz Ludwig Arnold und Jörgen Schäfer, München 2003, 218–233.

„Hitlergruß und ‚Ausländer raus'-Gesang in Promi-Club – Wirt streicht Lied von Playlist", in: WELT, 24.05.2024, online unter https://www.welt.de/vermischtes/article251661852/Sylt-Hitlergruss-und-Auslaender-raus-Gesang-im-Pony-Club-Wirt-streicht-Lied-von-Playlist.html (24.03.2025).

Jaquet, Chantal: Les transclasses ou la non-reproduction, Paris 2014.

Jever-Werbespot der 90er Jahre, https://www.youtube.com/watch?v=PheoYf3uQws (24.06.2025).

Jung, Carl G.: Christ, A Symbol of the Self, in: ders., Collected Works, Volume 9, Part 2: Aion: Researches into the Phenomenology of the Self, hg. von Gerhard Adler und R. F. C. Hull, Princeton 1959, 36–71.

Kreuzmair, Elias: Die wilden Neunziger. Zu Intertextualität und Autoreflexion in ‚Faserland', in: Christian Kracht revisited. Irritation und Rezeption, hg. von Matthias N. Lorenz und Christine Riniker. Berlin 2018, 205–227.

Lettow, Fabian: Der postmoderne Dandy – die Figur Christian Krachts zwischen ästhetischer Selbststilisierung und aufklärerischem Sendungsbewusstsein, in: Selbstpoetik 1800–2000. Ich-Identitäten als literarisches Zeichenrecycling, hg. von Ralph Köhnen, Frankfurt a. M. 2001, 285–305.

Lorenz, Matthias N.: ‚Barbourpapa'. Eine quellenphilologische Untersuchung zur Textgenese von ‚Faserland', in: Christian Krachts Ästhetik, hg. von Susanne Komfort-Hein und Heinz Drügh, Berlin 2019, 182–198.

Löw, Martina: Raumsoziologie. Frankfurt a. M. 2001.

Peichl, Markus: Die Dame vom ‚Spiegel' oder warum ich ‚Tempo' machte, in: Merian Extra: Der Verlag, o. J., 56–63.

Pörksen, Bernhard: Die Tempojahre. Merkmale des deutschsprachigen New Journalism am Beispiel der Zeitschrift ‚Tempo', in: Grenzgänger. Formen des New Journalism, hg. von Joan Kristin Bleicher und dems., Wiesbaden 2004, 307–336.

Rogge, Jan-Uwe: Kinder brauchen Grenzen, Reinbek bei Hamburg 2003.

Schelsky, Helmut: Die skeptische Generation. Eine Soziologie der deutschen Jugend, Düsseldorf und Köln 1957.

Schmidt, Gary: Fear of the Queer? On Homosexuality, Masculinity and the Auratic in Christian Kracht's Anti-Pop Pop Novels, in: German Pop Literature. A Companion, hg. von Margaret McCarthy, Berlin und Boston 2015, 209–235.

Schumacher, Eckhard: Gerade Eben Jetzt. Schreibweisen der Gegenwart, Frankfurt a. M. 2003.

Schumacher, Eckhard: Differenz und Wiederholung. Christian Krachts ‚Imperium', in: Christian Kracht trifft Wilhelm Raabe. Die Diskussion um ‚Imperium' und der Wilhelm-Raabe-Literaturpreis 2012, hg. von Hubert Winkels, Berlin 2013, 129–146.

„Sylt war nicht der Anfang: Wie ein Partysong zur Betriebsanleitung für Rassismus wird", in: Amadeu Antonio Stiftung, https://www.amadeu-antonio-stiftung.de/sylt-war-nicht-der-anfang-wie-ein-partysong-zur-betriebsanleitung-fuer-rassismus-wird-112399/ (25.08.2025)

„Wegen jüdischer Vorfahren: Gregor Gysi bekommt antisemitische Mails", in: WELT, 15.11.2013, https://www.welt.de/politik/deutschland/article160308130/Wegen-juedischer-Vorfahren-Gregor-Gysi-bekommt-antisemitische-Mails.html (02.06.2025).

Wenig, Peter, und Andreas Eckhoff: „Letzte Ausfahrt Wussow", Ein Gespräch zwischen Paul Sahner und Benjamin von Stuckrad-Barre, in: GQ, Nr. 2, Februar 2002, o. S.

Autor:innenverzeichnis

Eva Blome ist Literatur- und Kulturwissenschaftlerin und seit 2025 Professorin für Allgemeine Kulturwissenschaften an der Universität der Bundeswehr München. Zuvor hatte sie Vertretungsprofessuren an der Universität der Bundeswehr München sowie der Universität Hamburg inne. Von 2013 bis 2019 war sie Juniorprofessorin für Gender Studies an der Universität Greifswald; 2023 erfolgte dort die Habilitation. Promotion an der Universität Konstanz 2008; zuvor Stipendiatin im Graduiertenkolleg *Die Figur des Dritten* (2003–2006) und im Anschluss Postdoc im Exzellenzcluster *Kulturelle Grundlagen von Integration* (2007–2011) sowie Wissenschaftliche Mitarbeiterin (2011–2013; bei Prof. Dr. Juliane Vogel) an der Universität Konstanz. Studium der Deutschen Philologie, Ethnologie und Soziologie an der Universität Göttingen und der Université d'Aix-en-Provence/Marseille. Aktuelle Buchpublikation: *Ungleiche Verhältnisse. Bildungsgeschichten als literarische Soziologie* (Wallstein 2025); Forschungsschwerpunkte: Literatur und Kultur vom 18. Jahrhundert bis zur Gegenwart, Literatur- und Kulturtheorien, Literatursoziologie, Gender Studies und Intersektionalitätsforschung, Postcolonial Studies, Medialität sozialer Ungleichheit, Feldforschungsromane und Ethnopoesie.

Julia Bodenburg arbeitet als Wissenschaftliche Mitarbeiterin und Leiterin des Theaters „Studiobühne" am Germanistischen Institut der Universität Münster. Forschungsschwerpunkte: Literaturwissenschaft als Kulturwissenschaft, Theorie und Geschichte des Dramas, Transkulturalität, Gendertheorie und Intersektionalität, Literatur und Klasse, Literatur und Anthropologie (Tier-Mensch-Relationen, Anthropophagie). 2021 Habilitation, Neuere deutsche Literatur, Habilitationsschrift: *Chor und communitas. Transformationsgeschichte des Chors im Drama*. 2023–2025 Vertretungsprofessur für Neuere deutsche Literatur am Germanistischen Institut der Universität Münster; 2022–2023 Akademische Oberrätin a. Z. ebenda; 2017–2020 Fritz-Thyssen-Forschungsstelle *Transformationen des Chors. Zur Neubewertung einer ambivalenten dramatis persona*. 2009–2017 Wissenschaftliche Mitarbeiterin, Germanistisches Institut, Münster; Promotion 2009 mit einer Arbeit zum Verhältnis von Tier und Mensch in Literatur, Kultur und Philosophie um 2000. Forschungsaufenthalt in Canberra, Australien; Gastdozentur in Taschkent, Usbekistan; 1997–2004 Studium der Neueren deutschen Literatur, Komparatistik und Erziehungswissenschaften in Münster und Oslo, Norwegen.

Kevin Drews ist Juniorprofessor für Literatur und Theorie am Institut für Geschichtswissenschaft und Literarische Kulturen der Leuphana Universität Lüneburg. Forschungsschwerpunkte: Literatur und Zeitgeschichte vom 19. Jahrhundert bis zur Gegenwart, Literarische Chronistik, Literatur und Wissen, Das Politische der Literatur, Walter Benjamin. Promotion an der Universität Hamburg mit der Arbeit *Inmitten der Extreme. Ästhetik und Politik bei Walter Benjamin und Salomo Friedlaender* (Fink/Brill 2023). Aktuelles Forschungsprojekt zum Wandel der Erinnerungskultur in der Postmigrationsgesellschaft. Aktuelle Publikationen: „ein Registrieren von Impulsen, Aussagen, Erinnerungsbildern". Chronistische Schreibverfahren in Peter Weiss' „Die Ästhetik des Widerstands", in: *Weimarer Beiträge* 70 (2024), H. 2, 218–238; The "Age of the Chronicler"? Literary Contemporary History in Juli Zeh's Novels *Unterleuten*, *Über Menschen*, and *Zwischen Welten*, in: *Juli Zeh: A Critical Companion*, hg. von Necia Chronister, Sonja E. Klocke und Lars Richter, Berlin und Boston 2024, 49–74; Walter Benjamins zeitdiagnostische Rezensionstätigkeit zwischen Text und Kontexten. Exemplarische Analysen eines Spannungsverhältnisses, in: *Monatshefte* 115 (2023), H. 2, Special Issue: Der Journalist als Produzent. Walter Benjamins publizistische Texte und die Medienlandschaft der Zwischenkriegszeit, hg. von Carolin Duttlinger und Daniel Weidner, 204–222.

Carolin Führer ist Lehrstuhlinhaberin für Neuere Deutsche Literatur/Literatur- und Mediendidaktik an der Eberhard-Karls-Universität Tübingen. Forschungsinteressen: Theorie und Empirie ästhetischer Rezeption und Bildung unter den Bedingungen der Digitalität sowie Lesen und Schreiben im Kontext von Künstlicher Intelligenz; Theorie, Empirie und Didaktik des grafischen Erzählens, der Erinnerungskultur sowie der Lyrik und digitalen Literatur; Relativität und Normativität fachlicher Lehr-/Lernprozesse. Publikationen zum Themenfeld des Bandes: Prekarität erzählen. Klasse und Subjektorientierung aus literaturdidaktischer Sicht, in: *Informationen zur Deutschdidaktik* 3 (2023), 65–73; Prekäre Kindheit und Jugend. Soziale Frage(n) in kulturwissenschaftlicher und literaturdidaktischer Perspektive, in: *Ökonomisches Wissen und ökonomische Bildung im Literaturunterricht*, hg. von Uta Schaffers und Nicole Mattern, Baltmannsweiler 2020, 114–127; Liebeslyrik und Gesellschaftskritik? Regime des Kapitalismus bei Kurt Drawert und Durs Grünbein, in: *POEMA. Jahrbuch für Lyrikforschung* 3 (2025) (zusammen mit Marit Heuß).

Sarah Carlotta Hechler hat in Allgemeiner und Vergleichender Literaturwissenschaft zu Annie Ernaux' autosoziobiografischen Formen an der Freien Universität Berlin promoviert und ihre Dissertation im Januar 2025 verteidigt. Sie war zudem Mitglied der Friedrich Schlegel Graduiertenschule für literaturwissenschaftliche Studien. Seit September 2022 ist sie assoziierte Doktorandin am Centre Marc Bloch in Berlin, wo sie von 2019 bis 2022 Wissenschaftliche Mitarbeiterin war und an der Organisation des Forschungsschwerpunkts *Kritisches Denken im Plural* mitgewirkt hat. Zuvor hat sie ihr Masterstudium an der Schnittstelle von Literatur, Philosophie und Sozialwissenschaften an der École des Hautes Études en Sciences Sociales in Paris abgeschlossen. Ihre zwei Bachelorstudien der Politik- und Literaturwissenschaft hat sie an der Ludwig-Maximilians-Universität München mit Auslandsaufenthalten in Paris und Venedig absolviert.

Katja Holweck studierte Germanistik und Romanistik in Mannheim und Paris und ist Wissenschaftliche Mitarbeiterin am Lehrstuhl für Neuere deutsche Literatur und qualitative Medienanalyse an der Universität Mannheim. Sie promoviert zum dramatischen Werk Christian Dietrich Grabbes. Ihre Forschungsinteressen umfassen das Drama des Vormärz, die Literatur um 1900, Romane und Novellen der Jahrtausendwende sowie das Theater der Gegenwart. Zuletzt erschienen: *Saša Stanišić. Poetologie und Werkpolitik*, hg. mit Amelie Meister, Berlin 2023; *Vexierbilder. Autor:inneninszenierung vom 19. Jahrhundert bis zur Gegenwart*, hg. mit Alina Boy und Vanessa Höving, Paderborn 2021; *Christoph Schlingensief. Resonanzen*, hg. mit Vanessa Höving und Thomas Wortmann, München 2020.

Gesa Jessen studierte Allgemeine und Vergleichende Literaturwissenschaft und Kunstgeschichte an der Freien Universität Berlin und promovierte an der University of Oxford zur Beziehung von Natur und Literatur im 19. Jahrhundert. Sie arbeitet als Wissenschaftliche Mitarbeiterin im Sonderforschungsbereich *Affective Societies – Dynamiken des Zusammenlebens in bewegten Welten* an der Freien Universität Berlin. Sie forscht zu Politiken der Lesegefühle, Liebe als umstrittener Emotion sowie Natur und Literatur und der untoten Romantik. Aktuelle und kommende Erscheinungen: *Nature after Romanticism. Literary German Explorations of the Natural World 1820–1850* (Legenda 2026). „Rückkehr ins Fremde – Balzacs Colonel Chabert lesen im 21. Jahrhundert", Nachwort in Honoré de Balzac/Ulrich Esser-Simon (Hg.), *Colonel Chabert*, Berlin 2025. Reading relations, in: *Affective Societies – New Key Concepts*, hg. von Jan Slaby und Christian von Scheve, London und New York 2026.

Barbara Juch ist Autorin und Theatermacherin und lebt in Wien. Sie studierte Englische Literatur in Wien und New York sowie Critical Studies an der Akademie der Bildenden Künste Wien. Ihr Lyrikdebüt *BARBARA* (2020) und ihr Essayband *SPORT* (2023) wurden im Verlagshaus Berlin veröffentlicht. Ihre Theaterarbeiten führten sie u. a. an die Kammerlichtspiele Klagenfurt, das Burgtheater Wien, das Schauspielhaus Graz und an das Kosmos Theater Wien. barbjuch.com

Sophie König ist Wissenschaftliche Mitarbeiterin in der Neueren deutschen Literaturwissenschaft am Institut für deutsche und niederländische Philologie der Freien Universität Berlin. Arbeitsschwerpunkte: Literatur und Visuelle Kultur, literarische Form, Drama, Theater und Bühne sowie aktuell Literatur und politische Praxis und Theorie (18.–21. Jhd.). Nach dem Studium der Europäischen Literaturen, Germanistik und Politikwissenschaft in Berlin und Oxford erfolgte 2020 die Promotion an der Universität Hamburg mit der Arbeit zum *Das literarische Triptychon: Poetik einer transmedialen Form von der Moderne bis in die Gegenwart* (Fink 2023). Gastaufenthalte am Deutschen Forum für Kunstgeschichte Paris und an der Universität Zürich.

Sarah Mahlberg hat Internationale Beziehungen und Neuere deutsche Literatur an der Universität Erfurt und der Freien Universität Berlin studiert. Sie arbeitet als Journalistin.

Ilija Matusko hat Soziologie und Politikwissenschaften studiert, lebt und arbeitet in Berlin, u. a. für die *taz*. Er war Stipendiat im Herrenhaus Edenkoben, im Alfred-Döblin-Haus und im Künstlerdorf Schöppingen. *Verdunstung in der Randzone* (Suhrkamp 2023) ist sein Debüt, für das er vor Erscheinen ein Stipendium des Fritz-Hüser-Instituts erhielt.

Arnold Maxwill ist Wissenschaftlicher Mitarbeiter am Fritz-Hüser-Institut für Literatur und Kultur der Arbeitswelt in Dortmund. Seine Forschungsschwerpunkte sind die Literatur des Ruhrgebiets, Arbeit in der Literatur, regionale Literaturgeschichte, Bergarbeiterdichtung, literarische Nachlässe, Gegenwartsliteratur und Produktionsbedingungen des Schreibens. Konzeption und Publikation von Anthologien, Sammelbänden, Neuausgaben sowie Archivfunden. Er erhielt den LWL-Preis für westfälische Landeskunde 2020 und den Gallitzin-Preis (Literaturwissenschaft) 2023.

Tanja Prokić ist Literatur- und Medienwissenschaftlerin, Vertretungsprofessorin für Neuere deutsche Literatur und Medien an der Ludwig-Maximilians-Universität München. Aktuelle Arbeitsschwerpunkte: Plattformkultur, Medienästhetik und Affekte; Gegenwartsliteratur; Theorien für das 21. Jahrhundert. Aktuelle Publikationen: „There is no Alternative" – Die Poetik der Affekte in *Allegro Pastell* und *GRM. Brainfuck,* in: *Popliteratur 3.0. Soziale Medien und Gegenwartsliteratur*, hg. von Stephanie Catani und Christoph Kleinschmidt, Boston und Berlin 2023, 103–121; Die Weißen der Kritik. Zur Ästhetik der Grenze in den Aktionen „Die Toten kommen" und „Flüchtlinge fressen. Not und Spiele" des Zentrums für Politische Schönheit, in: *Die mediale Umwelt der Migration. Kulturelle Aushandlungen im 20. und 21. Jahrhundert*, hg. von Roswitha Böhm und Elisabeth Tiller, Bielefeld 2022 (zusammen mit Lars Koch).

Bastian Schlüter ist Wissenschaftlicher Mitarbeiter (Dauerstelle mit Schwerpunkt Lehre) am Institut für deutsche und niederländische Philologie der Freien Universität Berlin. Interessengebiete: Kinder- und Jugendliteratur, Literatur der Klassischen Moderne und des 18. Jahrhunderts. Jüngere Veröffentlichungen zur KJL des Kaiserreichs und der DDR.

Lea Schneider ist Autorin, Übersetzerin und Literaturwissenschaftlerin. Sie promovierte an der Friedrich Schlegel Graduiertenschule sowie am Exzellenzcluster 2020 *Temporal Communities* (FU Berlin) mit der Arbeit *Radikale Verletzbarkeit. Schreibweisen bewusster Selbstentblößung zwischen Social Media und Literaturbetrieb* (Bielefeld 2024). Gegenwärtig ist sie als Wissenschaftliche Mitarbeiterin im Einstein-Projekt *Afterwords* (FSGS) sowie am Institut für deutsche und niederländische Philologie (FU Berlin) tätig. Zuletzt erschienen u. a. der Gedichtband *made in china* (Verlagshaus Berlin 2019) sowie der Essay *Scham* (Verlagshaus Berlin 2021).

Friederike Schruhl-Hildebrand ist akademische Rätin a. Z. am Lehrstuhl für Neuere deutsche Literaturwissenschaft an der Universität Bayreuth (Prof. Dr. Martin Huber). Zuvor war sie Wissenschaftliche Mitarbeiterin an der Georg-August-Universität Göttingen (DFG-Graduiertenkolleg *Literatur und Literaturvermittlung im Zeitalter der Digitalisierung*) und der Humboldt-Universität zu Berlin (Lehrstuhl: Prof. Dr. Steffen Martus). Forschungsinteressen und Publikationen zur Literatur des 18. Jahrhunderts und der Gegenwart, Wissenschaftsgeschichte (Schwerpunkt: Digital Humanities), Praxeologie der Literaturwissenschaft, Geschichte des Lesens.

Enno Stahl studierte Germanistik, Philosophie und Italianistik (1997 Dr. phil.) und lebt in Neuss. Er veröffentlichte Prosa, Lyrik, Essays, Glossen und Kritiken in Zeitungen und Rundfunk sowie in Zeitschriften und Anthologien. Herausgeber von zahlreichen Bänden zur Literatur- und Kulturgeschichte. 2004 erschien sein Roman *2PAC AMARU HECTOR*. Im Verbrecher Verlag erschienen außerdem die Romane *Diese Seelen* (2008), *Winkler, Werber* (2012), *Spätkirmes* (2017) und *Sanierungsgebiete* (2019) sowie die Untersuchung *Für die Katz und wider die Maus. Pohlands Film nach Grass* (2012) und der kritische Essayband *Diskurspogo. Über Literatur und Gesellschaft* (2013), dem der Essayband *Diskursdisko. Über Literatur und Gesellschaft* (2020) folgte.

Lara Tarbuk hat Germanistik und Slavistik in Belgrad, Freiburg, Berlin und Sankt Petersburg studiert. Sie ist Wissenschaftliche Mitarbeiterin am Institut für Germanistik und Medienkulturen der TU Dresden. Zuvor war sie von 2020 bis 2025 als Wissenschaftliche Mitarbeiterin an der Freien Universität Berlin tätig und wurde dort mit der Arbeit *Aufführungen der Republik. Dramatische Entwürfe theatraler Ereignisse in Stücken von Bertolt Brecht und Ödön von Horváth* promoviert. Zu ihren Arbeitsschwerpunkten gehören die Literatur der Weimarer Republik, Drama und Theater sowie postmigrantische Gegenwartsliteratur.

Robert Walter-Jochum studierte Neuere deutsche Literatur, Neuere Geschichte, Philosophie und Politikwissenschaft in Berlin und Brüssel. Seit 2009 Wissenschaftlicher Mitarbeiter am Institut für deutsche und niederländische Philologie der Freien Universität Berlin. 2015 Promotion mit einer Arbeit zur *Autobiografietheorie in der Postmoderne* (Bielefeld 2016). 2016–2018 Mitarbeiter im Sonderforschungsbereich *Affective Societies*, dort affekttheoretisch orientierte Forschung zu Hassrede in Öffentlichkeit und Kunst in einem interdisziplinären literaturwissenschaftlich-soziologischen Teilprojekt. Seit 2018 Dauerstelle als Lehrkraft für besondere Aufgaben. Forschungsschwerpunkte: Affekte und Emotionen in der Literatur(wissenschaft), besonders Hassrede; Literatur und Religion; Autobiografietheorie; Gegenwartsliteratur.

Jana Maria Weiß ist Literaturwissenschaftlerin und lehrt und forscht als Postdoc an der Kulturwissenschaftlichen Fakultät der Europa-Universität Viadrina, Frankfurt (Oder). Nach ihrem Studium in Berlin und Oxford war sie von 2018 bis 2025 Wissenschaftliche Mitarbeiterin am Sonderforschungsbereich *Affective Societies* und am Institut für deutsche und niederländische Philologie der Freien Universität Berlin – mit Auslandsstationen in Chicago, Rom und Peking. 2024 hat sie mit der Arbeit *Eine ‚grauere Sprache'. Paul Celans Poetik der Mehrsprachigkeit* an der Friedrich Schlegel Graduiertenschule für literaturwissenschaftliche Studien promoviert. Zuletzt erschienen: „‚[E]ine Sprache ausstellen'. Weltsprachenkonzepte auf der *documenta 2* (1959) und in Hans Magnus Enzensbergers *Museum für moderne Poesie* (1960)", in: *arcadia* 2 (2024), 106–126.

Franziska Wilke studierte Literatur-, Kunst- und Medienwissenschaften sowie British and American Studies an der Universität Konstanz und Literatur, Philosophie und Ästhetik an der Europa-Universität Viadrina in Frankfurt (Oder). 2022 schloss sie als Stipendiatin ihre Promotion *Digital Lesen. Wandel und Kontinuität einer literarischen Praktik* ab, die im selben Jahr erschien. Sie arbeitet am Lehrstuhl Literaturwissenschaften Osteuropa als Wissenschaftliche Mitarbeiterin. Aktuell verfolgt sie das Habilitationsprojekt zu *Zirkeln schreibender Arbeiter in der DDR*. Sie forscht und lehrt mit den Schwerpunkten Narratologie, Leseforschung, Digitale Literatur und Transmedialität sowie Sozialistischer Realismus und DDR-Literatur.

Lisa Wille studierte Germanistik, Kunstwissenschaft und Philosophie sowie Wirtschaftswissenschaften an der Universität Kassel. 2024 Ernennung zur *Athene Young Investigator* (Nachwuchsgruppenleiterin) am Institut für Sprach- und Literaturwissenschaft der Technischen Universität Darmstadt. Promotion 2019 mit einer Arbeit zur *Bürgerlichen Identitätsproblematik in Heinrich Leopold Wagners dramatischem Werk* (Königshausen & Neumann 2021). Aktuelle Projekte sind u. a. das Habilitationsprojekt *Kontinuitäten der Amerikanisierung: Literarische Konsumkultur von der Weimarer Republik bis zur Nachkriegszeit* sowie das drittmittelgeförderte Rhein-Main-Kooperationsprojekt *Die Unversöhnlichkeit der Aufklärung* (gemeinsam mit Oliver Völker). 2022 Visiting Researcher an der Georgetown University in Washington, D.C. und an der University of British Columbia in Vancouver. Forschungsschwerpunkte liegen neben der Literatur des 18. und 20. Jahrhunderts im Bereich Gender Studies, Literatur und Soziologie sowie Gegenwartsliteratur (bes. Intersektionalität, Prekariat, Klassismus). Publikationen u. a. zus. mit Silke Horstkotte und Julia Schöll: *Identitätspolitik in der deutschsprachigen Gegenwartsliteratur*. Themenheft der *Zeitschrift für interkulturelle Germanistik* 15 (2024), sowie zus. mit Franziska Schößler: *Einführung in die Gender Studies*. 2., aktualisierte, überarbeitete und erweiterte Aufl., Berlin und Boston 2022.

Simon Zeisberg ist Wissenschaftlicher Mitarbeiter im Institut für deutsche und niederländische Philologie der Freien Universität Berlin. Schwerpunkte seiner Forschung: Literatur und Wissenskulturen der Frühen Neuzeit, Beziehungen von Ökonomie und Literatur, Dokument und Dokumentarismus in der Literatur des 20. und 21. Jahrhunderts.

www.ingramcontent.com/pod-product-compliance
Lightning Source LLC
Chambersburg PA
CBHW020603300426
44113CB00007B/491